교 육 학 개 론

Foundation of Education

제9판

교육학개론

Foundation of Education

제9판

Allan C. Ornstein
Daniel U. Levine
지음

김성봉 · 박정환 · 박종필
박태수 · 양진건 · 오성배
옮김

아카데미프레스

역자 서문

사회 변화로 인해 교직의 인기가 높아지면서 교사가 되고자 하는 학생들이 상당히 증가하고 있다. 이렇게 교사가 되고자 하는 학생들은 교육학 개론으로부터 시작으로 일련의 교육학 강좌를 이수하고 교사 자격증을 받게 된다.

그러나 교육학 강좌를 담당하고 있는 입장에서 볼 때, 교육학 관련 강좌를 이수하는 학생들은 해당 학기에 이수하는 강좌에만, 즉 교육학의 전체 영역 중 특정 부분에만 초점을 두고 교육학을 단편적으로 이해할 뿐, 교육학 각 분야의 연계성이나 전체적인 맥락에 대한 이해는 상당히 부족한 것 같다. 이는 특히 일반 교직 과정 및 교육대학원에서 교직 과정을 이수하는 학생들의 경우에는 더욱 그러하다.

이러한 문제에 대한 관심에서 출발하여, 역자들 사이에서는 교육학 개론 강좌에 대한 팀티칭 논의가 이루어졌다. 즉, 역자들이 각자의 전공분야를 돌아가면서 강의를 하자는 것이었다. 그러나 이러한 논의는 여러 가지 현실적인 문제의 벽에 부딪치게 되었고, 그 다음 대안으로 '그렇다면 가장 잘 구성된 외국의 개론서를 선정하여 각 분야의 전공자가 해당 전공 부분을 번역하여 책을 출판하자'는 쪽으로 의견이 모아졌다. 왜냐하면 이미 많은 수의 교육학 개론 서적들이 출판되어 있고 이들은 각각의 장점도 가지고 있지만, 교육에 관한 기본적이면서도 종합적이고 포괄적인 이해를 이끌어 내는 데는 부족한 면이 있다고 판단했기 때문이다.

이러한 과정을 거쳐 선정된 책이 Allan Ornstein과 Daniel Levine이 저술한 『Foundations of Education』(9th ed.)이다. 이 책은 미국에서 출판되는 교육학 개론서 중 가장 유명한 서적 중의 하나로, 비록 우리나라의 책이 아니긴 하지만 교육 및 교육학 관련 최근 경향과 교육학 전반에 관한 내용들을 종합적이고 포괄적으로 제시하고 있다. 특히 이 책은 우리나라의 개론서들에서는 잘 다루어지지 않는 주제인 정치 및 법적 측면들을 다루고 있어 우리나라의 그것과 비교해 볼 수 있는 기회를 제공해 준다. 또한 이 책에 제시되어 있는 각종 인터넷 자료 및 웹사이트는 교사로서의 전문성 신장 및 교육 현상 이해에 크게 도움이 될 수 있다.

이 책의 제목에서 볼 수 있는 바와 같이, 이 책의 일차적인 대상은 직전 교육을 받고 있는 대학생이나 초임 교사들이다. 그러나 이 책은 교육에 관심을 가지고 있는 학부모나 일반인들에게도 크게 도움이 될 수 있을 것이며, 현재의 문제점을 진단하고 개선 방안을 세우는 데 많은 도움을 줄 수 있을 것이다.

이 책이 출간되기까지 많은 시일이 소요되었다. 이는 역자들의 게으름과 세심함이 동시에 작용한 결과이다. 오랜 기간 동안 세심하게 살펴보았지만, 출간이 된 지금 저자들이 의도가 우리말로 제대로 옮겨졌는지 부끄러운 마음이 먼저 든다. 끝으로, 이 책이 출판되기까지 많은 수고를 아끼지 않은 아카데미프레스 홍진기 사장님을 비롯한 관계 직원들의 노고에 감사드린다.

2007. 8.

역자 일동

저자 서문

『Foundations of Education』 9판은 교육학 개론 과목에서 일반적으로 다루는 주제와 내용들을 종합적으로 고찰 및 분석한다. 이 책은 교직을 준비하는 학생들뿐만 아니라 미국 교육에 영향을 미치는 교육 관련 주요 쟁점과 정책에 관해 공부하고자 하는 사람들을 대상으로 한다.

독자와 목적

이 책은 교육학 기초 과정의 교육학 입문 과정 및 다양한 상급 과정에서 사용할 수 있다. 교육학에 처음 입문하는 학생들을 위해, 이 책은 오늘날 미국 교육이 직면하고 있는 문제와 쟁점 및 교직에 대한 명확한 이해를 제공한다. 또한 이 책은 최신의 참고문헌을 제시하고 원전(primary sources)에서 각종 연구와 내용들을 인용하였기 때문에 상급 과정에서도 활용할 수 있다.

이 책의 목적은 이전 판인 8판의 목적과 동일하다. 즉, 다학문적인 관점을 제시하는 가운데 다양한 교육학의 기초 및 중요한 현대의 쟁점들에 관한 종합적인 지식과 정보를 제공하는 것이다. 우리들은 실용적인 방식으로 기본적인 개념 및 연구 결과를 요약하고 종합하고자 하였으며, 쟁점이 되고 있는 사항들에 대해서는 너무 단순하게 또는 지나치게 복잡하게 접근하지 않고 균형 잡힌 시각에서 다루고자 하였다.

개정판의 목적 및 특징

9판은 세 가지 목적에 초점을 두었다. (1) 전반적이고 실질적으로 적절한 교과 내용의 확인 · 분석, (2) 학생들을 위해 본문 내용의 효과성 증대, (3) 교직을 준비하는 학생들을 지도하는 과정에서 교수들이 강조하길 원할 것 같은 내용 제공.

최신의 실질적인 교과 내용을 적절하게 반영하고자 하는 첫 번째 목적을 달성하기 위해, 우리는 이 책의 전반에 걸쳐 다음과 같은 주제들을 보다 자세하게 다루고자 노력하였다.

- **다양성.** 이 책 전반에 걸쳐 학생들의 다양성과 다문화주의를 강조한다. 예를 들어, 교사 집단 구성의 다양성이 중요한 이유, 인종 차별 폐지의 현황 및 그 외 평등권을 보장하기 위한 여러 가지 경향들, 그리고 학생들의 다양성 증가에 대한 교육적 대응 등에 대해 다룬다. 오늘날 전세계 및 미국의 현실에 비추어, 이 책에서는 이슬람 인구에 관한 내용을 확대하려고 특히 노력하였다.
- **공학.** 교육에서 공학의 역할이 점차 증가하고 있다는 것을 강조한다. 교육 분야에 있어서 공학의 역사, 교육 개혁에서 공학의 위치, 그리고 디지털 기술이 아동에게 미치는 영향을 다루는 부분에서 공학의 중요성을 강조한다.
- **기준과 책무성.** 여러 장에 걸쳐 지역, 주 및 연방 정부의 기준이 규정하는 수준의 성취도에 도달하도록 학생, 교사와 학교에게 책무성을 강조하는 것과 관련된 새로운 정보를 추가하였다. 또한 여러 장에 걸쳐 No Child Left Behind Act에 관한 기본적인 정보와 책무성 및 교육 개혁에 관한 조항들을 제시한다.
- **자신의 교육 철학 형성.** 이 책의 전반에 걸쳐 개인적인 교육 철학 형성 및 개인적 철학과 일상 수업 현실과의 관련성을 강조한다.

9판에서 특히 강조되는 그 외 중요한 최근의 주제에는 전문성 신장, 학교 단위 책임 경영제, 인성 교육, 중국 및 인도 교육의 역사, 교사와 학생을 대상으로 하는 공격에 대한 법적인 보호, 학교 선택과 charter school, 교육과정과 평가 기준, 예상되는 수업 혁신과 학부모의 관여, 장애 학생 지도 및 평등한 교육 기회 제공을 위한 방법, 학교와 다른 기관들 간의 협동, 학급 규모에 관한 연구, 국가 간 성취도 형태 등이 있다.

1, 2, 7, 8, 12, 13장에 No child Left Behind Act에 관한 새로운 절이 추가되었으며, 3장에 "이슬람, 아랍의 학습과 교육", 4장에 "포스트모더니즘", 5장에 "Freire: 해방 교육", 6장에 "아랍계 미국인", 9장에 "학교 내에서 기도와 종교에 관한 정부의 지침", 10장에 "맞벌이 부부의 아이들과 지역사회 학습센터", "괴롭힘과 그 예방에 관한 연구", 11장에 "사회 계층, 대학 입학, 그리고 국가적 문제점들", 14장에 "기술 교육", 그리고 16장에 "방과 후 및 여름 학교 프로그램"에 관한 절이 새로 추가되었다.

또한 우리는 교사 채용 경향, 학생 및 학교 현황, 학교 재정 추세, 가족의 변화, 학교 운영상의 변화 및 학생의 성취도 등과 같은 현대의 주제들에 관한 최신의 자료를 수집하려고 노력하였다.

개정된 내용은 상당 부분 인터넷에서 이용할 수 있는 자료에 의존하고 있다. 이러한 이유에서 상당 부분의 참고문헌에는 페이지가 표시되어 있지 않다. 학생들은 자신들의 관심 영역을 대학 및 지역사회 도서관 등에서 「American School Board Journal」과 「Scientific American」 등 같은 간행물과 「New York Times」와 「Education Week」 등 같은 뉴스 매체 등에서 우리가 인용한 자료들을 검색할 수 있을 것이다(Education Week의 경우, 대부분의 기사는 **www.edweek.org**에서 검색할 수 있다). 접근성을 높이기 위해 인터넷에 연결된 어떤 컴퓨터에서나 사용할 수 있도록 URLs 주소를 제공한다(이들 웹사이트는 우리가 이 책을 저술하고 있는 당시에는 접속이 가능하였다). 대부분의 학술 논문과 잡지 기사의 경우, 초기 URLs 주소를 제공한다. 해당 사이트에 접속한 다음 초기 화면에서 "Archive"나 "Back Issues" 등을 클릭하여 해당 주제에 관한 글을 발견하거나 초기 화면에 있는 검색 기능을 사용할 수도 있다. 이 책에 언급된 모든 웹사이트는 이 책의 홈페이지에 링크되어 있다.

두 번째 목적(학생의 이해 증진)을 달성하기 위해 핵심 질문, 가장자리 주석, Taking Issue, 각 장 요약 등과 같이 이전 판에서 학생들에게 도움이 되었던 부분들을 완전하게 업데이트하였다. 또한 가능한 명확하고 유익하게 새로운/기존의 주제들을 기술하고자 노력하였으며, 가독성과 이해도를 높이기 위해 이전 판에 제시된 내용들을 수정하였다. 핵심적인 내용을 요약하여 제시하는 Overview도 더욱 확대하여 각 장에 제시하였다.

끝으로, 교직에 대한 준비를 돕는 세 번째 목적을 강조하기 위해 각 장에 **In This Case**를 새로 추가하였다. In This Case에는 각 장의 내용과 관련된 가상적인 예를 제시하여 해당 장에 제시된 개념을 적용하고 비판적으로 사고할 수 있도록 고안된 질문들에 답하도록 하였다. 또한 각 장에는 교육공학과 관련된 최근의 발전을 학생들이 학습하고 앞으로의 사용에 대비한 정보를 제공하기 위해 **Technology @ School**이 제시되어 있다.

내용과 조직

16장으로 구성된 이 책은 6부로 나누어져 있다. 1부(교직에 대한 이해)는 오늘날 교사들이 근무하는 풍토 및 수업에 대한 영향을 다룬다. 직업 시장 및 직업 지위상의 변화와 교사에 대한 권한 부여, 학교 단위 책임경영제, 대안 자격증 등과 같은 쟁점들을 자세하게 다룬다.

4개의 장으로 이루어진 2부(역사적 기초와 철학적 기초)는 미국 교육의 발전에 영향을 미친 각종 사건과 사상을 고찰함으로써 현재의 교육 실제 및 경향을 이해하기 위한 역사적 · 철학적 맥락을 제공한다. 이들 장은 학생들에게 수업의 초기에 철학에 대한 이해를 가능하게 하며, 이는 이 책의 그 다음 부분에 제시되는 내용들에 대한 종합적인이해 및 비판적 사고를 가능하게 하는 지적 토대를 제공해 준다.

3부(정치적, 경제적, 법적 기초)는 초 · 중등교육의 조직, 지배구조 및 행정, 공교육 재정과 교육의 법적 측면을 고찰한다.

4부(사회적 기초)는 사회와 학교 간의 관계를 고찰한다. 4부는 3개의 장으로 구성되어 있으며, 여기서는 문화와 사회화, 사회 계층, 인종과 교육 성취도 간의 복잡한 관계, 그리고 모든 학생들에게 평등한 교육 기회를 제공하기 위한 다양한 프로그램 등에 대해 논의한다.

5부(교육과정의 기초)에서는 사회의 변화가 어떻게 교육 목적, 교육과정과 수업 방법상의 변화를 이끌어 내는가를 고찰한다. 여기서는 4장에서 다룬 특정 철학이 오늘날 교육의 목표, 교육과정 및 그 외 영역들과 어떻게 연결되는지를 제시한다. 5부는 최근의 교육과정 동향을 살펴보는 것으로 끝맺는다.

6부(국제적 및 미국적 관점에서의 효과적인 교육)는 전세계의 학교 및 그 발전에 관해 비교 고찰하며, 학교 효과성을 증진시키기 위한 미국의 노력을 심도 깊게 분석한다.

교육학적 특징

『Foundations of Education』 9판은 학생들이 내용을 쉽게 이해하고 익힐 수 있도록 돕기 위한 여러 가지 특징을 가지고 있다. 몇 가지 주목할 만한 특징들은 다음과 같다.

- **신설**—각 장에 제시되어 있는 **In This Case**는 해당 장에서 논의된 개념을 학생들이 적용하고 비판적으로 사고할 수 있도록 도와준다. 여기서 학생들은 신규 교사들이 직면할 수 있는 상황을 제시하는 짧은 사건을 읽고 각 상황에 가장 적절하게 대응하는 방법에 관한 비판적·응용적 사고를 촉진하는 질문들에 답한다. 더 많은 사건들은 홈페이지에 제시되어 있다.
- 각 장에 제시되어 있는 **확장된 주제별 Overview**는 핵심 주제와 내용들을 요약 및 비교한다.
- 각 장에 제시되어 있는 **Technology @ School**은 교육 공학에 관한 최근의 변화에 보조를 맞출 수 있게 도와주며, 교사가 되었을 때 적용할 수 있는 여러 가지 중요한 정보를 제공한다. 몇 가지 예를 들어 보면, 3장의 "세계의 여러 곳과 연결하기", 10장의 "학생들의 미디어 독해력 향상 도와주기", 13장의 "인터넷상에서 바람직하지 않은 정보로부터 학생들 보호하기" 등이 있다.
- **핵심 질문 및 다시 한 번 생각해 보기.** 각 장의 초반부에 제시되어 있는 핵심 질문은 각 장의 내용에 대해 미리 생각해 볼 수 있게 하는 기회를 제공한다. 핵심 질문과 관련된 다시 한 번 생각해 보기는 각 장의 주요 절이 끝나는 부분에 제시되어 있으며, 각 장에서 논의된 개념을 개인적 상황에 적용함에 있어 이해도를 높이기 위해 사용된다.
- **Taking Issue**는 교육 분야에서 논쟁의 대상이 되고 있는 주제를 다루며, 양쪽의 주장을 모두 제시하여 왜 그 주제가 중요한지, 그리고 오늘날의 학교에는 어떤 영향을 미치는지 이해하도록 한다. 대안 자격증, 성과급, Magnet School, 인성 교육, 국가 교육과정 설정 등과 같은 쟁점이 대표적인 예들이다. 교수들은

Taking Issue를 토론이나 과제로 제시할 수도 있다.

위에 제시된 특징들을 쉽게 찾을 수 있도록 하기 위해, 이 책의 앞부분에는 각각의 색인표가 제시되어 있다.

이와 함께, 아래와 같이 이전 판에 제시되어 있었던 그 외 중요한 교육학적 특징들도 그대로 수록되어 있다.

- 각 장의 앞부분에 제시되어 있는 핵심 질문은 논의될 주요 주제들을 강조한다.
- 가장자리 주석은 본문 전체에 걸쳐 중요한 사항을 강조한다.

감사의 글

여러 사람들의 도움과 피드백이 없었다면 9판이 출판되지 못했을 것이다. 특히 Towson University의 James Lawlor 교수는 2장, 7장, 8장, 13장, 14장의 개정에 상당히 많은 도움을 주셨다. 이러한 기여는 그 자신의 지식의 폭과 예리한 통찰력을 보여준다. Chicago에 위치한 Loyola University의 교육 및 역사학과 명예교수인 Gerald Gutek은 3장, 4장, 5장, 6장의 저자로서 이 책의 저술에 크게 기여하였다.

여러 명의 학자들이 유용한 제안과 사려 깊은 반응을 보여 주었고, 이는 지금까지 책을 저술하는 데 안내 역할을 하였다. 이번 판의 내용에 대한 기여와 양심적 판단에 대해 아래의 학자들에게 감사를 표한다.

Bemidji State University의 Barbara R. Bridges

Western Connecticut State University의 Theresa J. Canada

Limestone College의 Eric J. Heinrich

George Mason University의 William R. Martin

Slippery Rock University의 Susan L. Peterson

Concordia University의 William C. Rietschel

또한 이전 판에 도움을 주었던 많은 검토자들에게도 감사드린다.

Calumet에 소재한 Purdue University의 H. Rose Adesiyan

Rhode Island College의 Louis Alfonso

University of Texas of the Permian Basin의 Terry J. Anderson

Fresno 소재 California State University의 Mario L. M. Baca

University of South Alabama의 Harold B. Bickel

Ball State University의 Nacy A. Blair

James Madison University의 Les Bolt

Rhode Island College의 John A. Bucci

Kansas State University의 Paul R. Burden
West Connecticut State University의 John Caruso, Jr.
Fredonia 소재 SUNY의 Charles R. Colvin
Massachusetts 주 North Adams State University의 Jack Conklin
South Carolina 주 Newberry College의 James F. Cummings
North Arizona University의 Arnold Danzig
Grand Valley State College의 Donald C. Edinger
Florida A & M University의 Virden Evans
Morehead State University의 Jerry R. Franklin
College of Santa Fe의 Kate Friesner
Southeastern Oklahoma State University의 F. H. George
Kansas State University의 Judith A. Green
Eastern Michigan University의 Thomas W. Gwaltney, Jr.
Northeast Louisiana University의 Dwight Hare
Hayward 소재 California State University의 JoAnn Hatchman
Northeast Louisiana University의 Ralph R. Karst
Towson University의 James Lawlor
West Virginia State College의 Edith Lombardo
Montgomery 소재 Auburn University의 Derwyn McElroy
Central Michigan University의 Colleen A. Moore
Fairmont State College의 William Phillips
University of Florida의 Richard R. Renner
Kokomo 소재 Indiana University의 Maureen A. Reynolds
West Chester University의 Patrick Socoski
San Joanquin Delta Community College의 Jack Stirton
Ball State University의 John P. Strouse
Georgia 주 Oglethorpe University의 T. Lavon Talley
Rowan University의 Margaret Tannenbaum
University of Florida의 Sevan G. Terzian
Carroll College의 Roderick M. Thronson
California 주 Chapman University의 Cheryl Valdez
University of Central Oklahoma의 J. W. Weatherford
Central Missouri State University의 Lowell E. Whiteside
West Virginia University의 Jody Messinger Wolfe

또한 이번 개정 작업의 모든 부분에 크게 기여한 편집자인 Sheralee Connors에게도 감사를 표하고 싶다. 특히 그녀는 Technology @ School, 각 장 내 및 각 장 간의 조직 개선, Overview 내용 준비 및 저자들이 실수와 시간 낭비를 피할 수 있도록 도와주었으며, 촉박한 일정 속에서 적절한 내용을 찾고 구체화하는 데 큰 도움을 주었다. Marion Czaja는 In This Case를 만들어 내는 데 도움을 주었고 여러 가지 상당한 아이디어를 제공해 주었다. Houghton Mifflin사의 수석 편집자인 Lisa Mafrici와 수석 보조 편집자인 Sue Pulvermacher-Alt는 제시간에 우수한 책이 나올 수 있도록 전반적인 리더십을 발휘하였다. 이 책의 출판에 기여한 또다른 사람들로는 Lindsay Frost와 Aileen Mason, 편집 보조인 Neil Reynolds, 표지 디자이너 및 미술 편집자인 Jean Hammond, 출판 담당인 Marie Barnes 등이 있다. 또한 우리는 원고를 정리한 Karen Keady, 교정을 본 Norma Frankel, 그리고 색인 작업을 한 Edwin Durbin에게도 감사를 표한다.

차 례

제2부 역사적 기초와 철학적 기초

제3부 정치적, 경제적, 법적 기초

제5부 교육과정의 기초

제6부 국제적 및 미국적 관점에서의 효과적인 교육

제 1 부

교직에 대한 이해

교사가 되기 위한 동기, 준비, 조건 1

당신의 친척들이나 친구들은 당신이 교사가 되는 데 관심에 있는 것에 대하여 의문을 제기해 왔을지도 모른다. "정말 아이들과 생활하기를 원하는 거야?" 또는 "아이들에 대해서는 잊어버리고 보수가 많은 비즈니스 관련 전문직이나 찾아보지 그래?"

어쩌면 당신은 어린이들과 젊은이들이 능력 있고 책임감 있는 성인으로 성장하도록 돕는 일의 중요성을 설명하려고 애썼을 것이다. 당신은 오늘날 학교에서 교사들이 높은 보수는 말할 것도 없고 더 많은 권한과 더 많은 책임감을 얻고 있다는 점을 지적했을지도 모른다. 물론 당신은 아직도 교직의 잠재적 기회, 보람, 어려움뿐만 아니라 가르치는 일에 대한 자신의 동기에 대해서 숙고하고 있는 중일지도 모른다. 이 장에서는 이와 같은 주제들을 고찰할 것이며, 교사가 되고자 하는 동기, 교사의 공급과 수요, 보수 규모, 준비, 그리고 교사의 노력을 향상시키고 교사에게 더 많은 결정권을 주기 위한 노력들을 함께 고찰할 것이다. 이 장을 읽으면서 다음의 질문들을 생각해 본다.

핵심 질문

- 교사가 되고자 하는 일반적인 이유는 무엇이며, 당신의 이유는 어떻게 그것들과 비교되는가?
- 현재 교직의 취업 추세는 어떤가?
- 교사들은 어느 정도의 보수와 복지 혜택을 받는가? 다른 직업에 비해서는 어떤가?
- 교사들은 어떻게 양성되는가? 그들은 어떻게 자격을 얻는가?
- 교사 교육에 있어서 현재의 경향은 어떤가?
- 교사들은 자신의 일에서 어떤 점을 만족스러워하고 어떤 점을 불만스러워하는가?
- 교사의 질과 수업 여건상에 어떤 변화가 일어나고 있는가?

교직 선택하기

교사가 되는 길은 당신이 처음으로 가르치는 일을 직업으로 선택할 때부터 시작된다. 여기에서 우리는 교직을 선택하는 몇 가지 동기들을 검토할 것이다. 우리는 또한 너무나 적은 수의 대학생들만이 교사가 되고 있다는, 점차 증가하는 우려에 대해서도 살펴볼 것이다.

교직을 선택하는 동기

■ 가르치기를 선택하는 이유

교직을 직업으로 선택하는 데에는 이상적인 것과 실질적인 많은 동기들이 있다. 흔히 사람이 가르치기를 원하는 이유는 그 자신의 **개인적인 교육 철학**에서 나오는데, 이 주제에 대해서는 앞으로 여러 번 논의하게 될 것이다. 만약 당신이 교직에 입문하려고 생각하고 있다면 자신에게 그 이유를 물어보라. 당신의 동기는 (1) 어린이를 아주 좋아함, (2) 지식을 채워 주고 싶은 욕망, (3) 가르치는 일에 대한 관심과 열정, (4) 사회에 가치 있는 봉사를 수행하고자 하는 욕망과 같은 사항일 것이다. 어쩌면 당신은 직업 안정성, 연금 혜택, 그리고 다른 직업들이 요구하는 훈련(training)에 비하여 교직을 준비하는 데 있어서의 상대적 용이함을 바라고 있는지도 모른다.

■ 교직에 입문한 이유

한 연구는 76개의 학교와 교육대학에서 표본 조사에 참여한 예비 교사들에게 교직을 선택하는 이유를 진술하도록 요청하였다. 응답자의 90%는 "어린이들이 성장하고 배우는 것을 돕는 것"을 그 이유로 꼽았다. 다음으로 높은 비율을 차지한 것은 "도전적인 분야인 것 같아서"(63%)였고, 그 다음 근소한 차이로 "근로 조건이 좋아서"(54%), "좋아하는 선생님의 영향을 받아서"(53%), 그리고 "소명 의식과 가르치는 일의 명예로움"(52%)으로 이어졌다. 이와 같은 이유들은 지난 15년 동안 수행되었던 다른 여러 연구들에서 언급되었던 것들과 유사하였다. 또한 이 연구들 중 몇몇은 자신의 초등학교와 중등학교 선생님들을 존경하고 따르는 것이 교사가 되려는 결심을 형성하는 데 중요한 역할을 하는 경우가 흔하다는 결론을 내렸다(Cruickshank, 1990; Farkas et al., 2000). 이 장의 "In This Case"도 역시 사람들이 교사가 되기로 결정하는 이유들을 살펴보고 있다.

다시 한 번 생각해 보기

당신이 교사가 되고자 하는 이유는 조사에 참여했던 교사들의 이유와 어떻게 비교되는가? 당신의 목록도 같은 순서로 분류되는가? 이 목록에 다른 어떤 이유들을 첨가할 수 있겠는가?

교사 집단의 다양성: 점차 고조되는 우려

미국의 학생 구성이 점차적으로 다양화되어 가고 있음에도 불구하고, 교사 집단은 그

In This Case

숙 고

"여러분 각자는 교직에 들어가기를 원한다는 것이 확실한가요?" Johnson 교수가 물었다. "교직에 대한 도전은 종종 스트레스 요인이 된다는 것을 기억하세요. 교직에 들어가는 교사들의 약 반 정도가 몇 년 이내에 떠납니다. 그러니 왜 여러분이 교사가 되기를 원하는지 내게 말해 보세요. Josephine이 먼저 할까요?"

"할머니가 교사였고, 어머니도 교사입니다. 그분들 둘 다 그 직업이 얼마나 보람 있는 일인지 내게 늘 말씀하셨어요. 나는 아이들을 좋아해요. 여름 캠프에서 어린이들과 했던 경험이 너무 좋았고요. 그래서 지금 나는 초등학교에서 가르치는 일을 선택하고 있어요."

"나는 지도하고 가르치는 것을 하고 싶어요."라고 Mark가 말했다. "내 생애에서 가장 좋았던 시절은 농구나 테니스를 했던 때죠. 코치들은 내가 규율을 따르고 학업에도 주의를 기울이도록 하는 일을 자기들이 할 일로 삼았어요. 이러한 경험들은 내게 새로운 가치와 새로운 규율을 가르쳐 주었고, 내 삶과 더불어 하고 싶은 일이 무엇인가에 대한 비전을 제시해 주었습니다. 나는 고등학교 수준에서 일하고 싶어요."

"나는 가르치는 일에 대한 대단한 열망은 없어요." 하고 Patricia가 말했다. "나는 졸업 후에 내 스스로 생활비를 벌어야 해요. 부모님은 내년 이후에는 내가 경제적으로 자립해야 한다는 것을 분명히 했지요. 나는 화가가 되고 싶고, 처음에 가르치는 일로 스스로 자활하게 되면 그 일을 할 수 있을 거라고 생각해요. 이 지역에는 여러 미술관이 있고, 만약 내가 중학교나 고등학교에서 가르치는 일을 얻을 수 있다면 어쩌면 지방에서 몇몇 작품들을 전시할 수 있게 될 것이고, 수수료를 좀 벌고 내가 원하는 길을 갈 수 있겠죠."

"나는 부자가 되지 않을 거라는 것을 알아요."라고 Peter가 말했다. "그러나 학생의 얼굴에서 '아하' 하는 것을 지켜보는 데는 어쩔 수 없는 어떤 것이 있어요. 나는 여름 동안에 수영과 다이빙을 가르치고 있어요. 한 가지 기술이 마침내 성공했을 때, 그 아이의 승리감은 그것을 가치 있는 일로 만들기에 충분하지요. 나는 초등학교에서 체육을 가르치고 싶어요."

"여러분 각자는 이 선택을 한동안 고려해 왔던 것 같습니다. 다른 학생들이 언급했던 몇 가지 다른 이유들도 함께 생각해 보도록 하지요. 가르치는 일은 세계를 여행하기 위하여 이용할 수 있는 직업이기도 합니다. 국제학교와 외국인 사립학교들은 정기적으로 당신과 같은 사람들을 찾고 있습니다. 제2 언어로서 영어를 가르치는 일은 많은 사람들에게 중국, 일본, 한국으로 가는 무료 티켓을 제공해 주고 있지요. 혹은 여러분은 교회 학교에서 선교사로서 가르칠 수도 있습니다.

또 하나 중요한 고려 사항은 주(국가)의 퇴직 제도가 대개 상당히 안정적인 장기적 복지 혜택을 제공한다는 것입니다. 그런 종류의 안정성은 오늘날 비즈니스 세계에서는 찾기가 힘들지요.

이 토론의 후속으로 교직을 선택한 이유에 대해 생각하는 글을 써 보세요. 그리고 다음 주 수업에 가지고 오세요."

질 문

1. 예비 교사들이 교직을 선택한 자신의 동기에 대해서 성찰하는 것이 왜 중요한가?
2. 당신은 왜 교직을 선택하였는가?
3. 지리적으로 당신은 어디에서 가르치기를 원하는가? 그 이유는? 당신이 교육을 마칠 때가 되면 그 지역의 임용 계획은 어떤가?

에 따른 보조를 맞추지 못하고 있다. 예를 들면, 아프리카계 미국인, 아시아계 미국인, 라틴아메리카계 미국인 학생들은 공립학교의 거의 40%를 차지하고 있지만, 이 소수 집단 출신의 초·중등교사는 일반적으로 16%를 밑도는 것으로 추정된다. 이러한 불균형은 대도시 지역에서 특히 심각한데, 이들 지역의 경우 소수 집단 학생들이 입학

학생 집단에 비해 교사 집단은 다양성이 부족하며, 소수계 출신 교사의 부족 현상은 더욱 심화될 것으로 예상된다. 일부 단체에서는 소수계 출신 교사의 수를 증가시키기 위한 새로운 프로그램들을 마련하기 위해 노력하고 있다.

자 수의 거의 90%를 차지한다.

교사들 중에서 소수 집단의 이와 같은 과소화(underrepresentation)는 미래에 더욱 더 심화될 것으로 예상된다. 현재 교사 교육(teacher education) 전공자의 경우 10% 정도만이 아프리카계 미국인이거나 라틴아메리카 출신이다. 그렇지만 이 소수 집단의 구성원들은 가까운 미래에 초등학교와 중등학교에서 훨씬 더 높은 비율을 차지할 것으로 예상된다. 최근 몇 년 동안에는 아시아계 미국인 교사의 부족이 또한 중요한 문제가 되고 있다. 지금 아시아계 미국인은 K-12 학생 인구의 약 4%를 구성하고 있지만 아시아계는 겨우 교사 집단의 2%만을 차지하고 있다(Gehring, 2000; McNulty, 2000).

■ 교사 다양성의 증대가 필요한 이유

학생 인구의 특성을 반영하여 교사 인력의 다양성을 증가시키는 것은 중요한 목표로 폭넓게 인식되고 있다. 한 가지 이유로는, 문화나 소수 민족 출신 교사들은 비소수 집단 교사들보다 일반적으로 소수 집단 학생들을 위한 긍정적인 역할 모형으로서의 역할을 더 잘 할 수 있는 위치에 있다. 대부분의 경우, 특히 저소득층의 학생들을 지도하는 교사가 노동자 계층의 가정에서 성장한 경우, 소수 집단의 교사들은 또한 소수 집단 학생들의 기대와 학습 스타일을 더 잘 이해할 것이다(11, 12장 참조). 예를 들면, Lisa Delpit 등과 같은 분석가들은 많은 흑인 교사들은 비소수 집단 교사들보다 흑인 학생들이 지나치게 우호적인 교사에게 잘 반응한다고 잘못 생각하는 경향이 덜하다고 지적해 왔다. 또한 아시아계, 라틴아메리카계 그리고 다른 소수 집단 출신 교사들이 영어 능력이 부족한 학생들과 함께 일할 필요가 있다(Delpit, 1998; Brown, 2000).

■ 다양성 증대를 위한 제안

American Association of College of Teacher Education(AACTE)의 관계자들은 소수 집단 출신 교사의 비율이 낮은 것은 "심각한(devastating)" 상황을 초래하고 있다고 주장한다. 다른 단체들과 더불어, ACCTE는 소수 집단 출신 교사들의 수를 증가시키기 위한 다양한 새로운 프로그램을 위한 법안을 제안하고 발의하는 일을 도와 왔다. 장래의 소수 집단 출신 교사들에 대한 재정 지원 증가, 소수 집단 출신의 예비 교사 모집 강화, 그리고 소수 집단 학생들을 끌어들이기 위한 프로그램을 준비하고 있다.

다시 한 번 생각해 보기

오늘날 소수 집단과 비소수 집단 대학생들에게 가르치는 일이 더 매력적인 직업 선택이 되도록 하는 것은 무엇일 거라고 생각하는가? 당신이 소수 집단의 구성원이라면, 무엇이 당신을 교직으로 끌어들이는가? 당신과는 다른 민족이나 사회경제적 배경을 가지고 있을지도 모르는 학생들과 일하기 위하여 어떻게 준비할 것인가?

공급과 수요

당신은 교사가 되려고 하는가? 얼마나 많은 돈을 벌게 될까? 공급과 수요의 경제적 원칙에 따르면 이 두 질문은 서로 관련된다. 교사의 공급이 수요를 초과할 때, 보수는 감소하는 경향이 있다. 역으로, 높은 수요와 낮은 공급은 보수를 증가시키는 경향이 있다. 2장에서 논의되고 있는 것처럼, 공급과 수요는 또한 특정 직업에 따르는 사회적 지위와 명성에도 영향을 미친다.

임용 기회

■ 변화하는 형태

1960년대와 1970년대에는 출산율 저하로 인하여 교사가 남아돌았다. 대학생들과 교사 교육자(teacher educator)들이 상당한 과잉 공급을 인식함에 따라서 교사 교육 프로그램의 등록자 수가 감소했고, 교사가 되는 데 관심을 가진 대학생의 비율이 1968년 23%에서 1982년에는 5%로 하락했다. 그 이후로 그 흐름은 역전되어 왔다. 교직에 관심을 가진 대학생의 비율이 1980년대 후반과 1990년대 동안 거의 100% 상승했다(Sepgupta, 1997; Nelson & Drown, 2003).

분석가들은 앞으로 여러 해 동안 많은 지원자들이 있을 것이고, 또한 많은 교사 일자리가 있을 것이라고 예측한다. 여러 가지 이유로 인해서 앞으로 10년 후면 200만 명 이상의 새로운 교사가 필요하게 될 것이다(Riley, 1999)

■ 교사 부족이 예상되는 이유

1. 제2차 세계대전 후 베이비붐 세대가 아이를 출산하기 시작할 때, "작은" 베이비붐 현상이 있었다. 이 아이들이 지금은 K–12 학교에 다니고 있다. 게다가 최근 몇 년 사이에 많은 이민자들이 미국으로 들어오고 있다. 결과적으로 학교 등록

표 1.1 1990~2012년의 공 · 사립 유치원, 초 · 중등학교 재학생 수(단위: 100만 명)

	전체	공립	사립	전체에 대한 사립의 비율
1990	46.4	41.2	5.2	11.2
2000	53.1	47.7	5.9	11.1
2012(예상)	53.7	47.7	6.0	11.1

주: 대부분의 유치원과 유치원 이전 단계의 학생들을 대상으로 함.

출처: Debra E. Gerald and William J. Hussar, *Projections of Education Statistics to 2012.* (Washington, D.C.: U.S. Government Printing Office, 2002), Table 1.

자 수는 증가하고 있는 추세이다(표 1.1 참조).

2. 현직 교사의 상당수가 앞으로 10년 후면 정년퇴임 시기에 이르게 될 것이다.
3. 많은 지역의 교육 개혁자들이 학급 규모를 줄이고, 취학 전 교육을 확대하며, 과학과 수학에 더 많은 강조점을 두고, 더 많은 교사를 필요로 하는 여러 변화를 도입하려고 시도하고 있다.
4. 교사가 되는 데 요구되는 높은 기준은 공급을 제한하고 있다.
5. 많은 주들이 더 많은 교사들에게 담당 교과에 대한 자격을 취득하도록 요구하고 있다.
6. 직업 불만족 또는 다른 직업을 추구하고자 하는 욕망 때문에 많은 교사들이 매해마다 교직을 떠나고 있다.

■ 부족하지 않을 것이라는 이유

그러나 앞으로 10년 후에 광범위한 교사 부족 현상이 일어날 것이라는 의견에 반대하는 학자들도 있다. 한 가지 이유로는, 근래의 부족 현상이 주로 도시 지역 및 수학이나 과학과 같은 특정 교과에만 한정되어 있으며, 많은 지역에서는 잠재적 교사 부족 현상을 보고하지 않았다는 것이다. 게다가 과거보다는 교직을 떠나는 교사들의 수가 더 적어지고 있으며, 증가되었던 학생의 수가 정상화되고 있다는 것이다. 보수 인상 또한 전직 교사들을 학교로 돌아오게 할 것이며, 교사가 되는 교육을 받았으나 교직에 들어서지 않았던 사람들을 끌어들일 것이다. 더구나, 많은 주들이 대안 자격증(alternative certification)을 통하여 교사가 되는 과정을 간소화하고 있다(이 장의 후반부에서 다시 논의될 것이다)(Murphy & DeArmond, 2003).

■ "특수 분야"의 부족

교사 부족 문제에 대한 양측의 주장을 보면, 심각한 교사 부족 현상이 다음 10년 후에 광범위하게 나타날 것인지를 결정하는 것은 어려워 보인다. 그러나 장애아 교육, 보상 교육(remedial education), 이중 언어 교육(bilingual education), 과학과 수학, 그리고 외국어 등과 같은 "특수 교육" 분야에서는 부족 현상이 계속될 것으로 보인다. 또한, 많은 시골 지역과 심각한 인구 증가 현상을 기록하고 있는 몇몇 도시와 교외 지역, 특히 남부와 남서부 지역 등지에서는 여전히 교사 공급 부족이 이어질 것이다(Fideler, Foster & Schwartz, 2003; Rotherham, 2003).

■ 개선된 프로그램

사립학교 임용 기회. 예비 교사들은 다음 10년 동안에 사립학교에서 많은 임용 기회를 찾을 수 있을 것이다. 표 1.1에서 볼 수 있는 바와 같이, 사립학교들은 전국의 초등학교와 중등학교 학생의 10% 이상을 수용하고 있다. 공립학교와 마찬가지로 많은 사립학교들은 과학, 수학, 컴퓨터, 장애 아동 교육, 이중 언어 교육과 같은 분야를 전공한 교사들을 더 많이 고용함으로써 교육 프로그램을 개선하고 있다.

■ 등록 형태의 변화

수년 전만 해도 사립학교에 다니는 대다수의 학생들이 가톨릭 계통의 학교에 재학하고 있었으나, 이러한 현상은 지금 변화하고 있다. 지난 30년에 걸쳐 가톨릭 학교의 등록 학생 수는 감소해 왔고, 다른 많은 사립학교들이 설립되었다. 비종교계 학교들과 복음주의 및 근본주의 교회 단체가 후원하는 학교의 등록 학생 수가 증가하고 있다. 더구나 많은 가톨릭 학교들은 평신도 교사의 비율을 증가시키고 있으며, 이러한 현상은 계속될 것으로 보인다(Baker & Riordan, 1998; MacDonald, 2003).

앞으로 10년 후에 대규모의 교사 부족 현상이 일어나든 일어나지 않든, 통찰력 있는 예비 교사들은 임용 기회를 향상시킬 수 있는 어떤 조치들을 취할 것이다. 이 중 몇 가지가 "Overview 1.1"에 요약되어 있다.

다시 한 번 생각해 보기

당신은 높은 수요가 있는 교사직에 들어가려고 준비 중인가? 그렇지 않다면 임용 가능성을 높이기 위하여 할 수 있는 일은 무엇인가?

보수와 동향

■ 보수의 인상

전통적으로 교사들은 낮은 연봉을 받았다. 예를 들면, 1960년대 교사의 평균 연봉은 현 달러 시세로 보아 2만 6,000달러도 채 안 되었다. 2003년도를 기준으로 하면 이 수치는 4만 5,000달러 이상으로 상승했다. 오늘날 부유한 지역에 근무하는 중견 교사들은 8만~10만 달러를 받는 경우가 흔하다. 더구나 교사들은 방과 후 프로그램, 운동, 연극, 그리고 그 외의 과외 활동을 지도함으로써 수입을 추가로 벌어들일 기회가 많으며, 몇몇은 연봉이 10만 달러를 훨씬 웃도는 행정직으로 승진하기도 한다. 게다가 공립학교 교사들은 대개 다른 근로자들에 비해서 훌륭한 부가 급부(연금과 보험 등)를 받는다(Chambers & Bobbitt, 1996).

■ 주(state) 간의 차이

교사의 보수는 주마다, 그리고 주 내에서도 상당히 다르다. 그림 1.1은 주들 간의 다양성의 범위를 보여 준다. 가장 보수가 많은 세 주(캘리포니아, 미시간, 코네티컷)의 전반적인 평균 연봉은 가장 보수가 적은 세 주(노스다코타, 오클라호마, 사우스다코타)의 연봉보다 훨씬 높다. 물론 우리는 상대적인 생계비를 고려해야 한다. 예를 들면, 북부 평원에 있는 주들에서 사는 것보다는 뉴욕에서 사는 것이 훨씬 돈이 많이 든다. 연봉은 주 내부에서도 상당히 차이가 나는데, 그런 곳에서는 평균 주 보수 수준이 높다. 부유한 도시 근교 지역의 연봉 수준은 일반적으로 대부분의 다른 학교구의 연

[Overview 1.1] 고용 전망을 개선하기 위한 방법

사전 준비	조사 · 계획	자료 정리	지원	면접 준비
당신이 거주하는 주의 자격 요구 조건을 확인하고 정확하게 따른다. 당신을 다차원적으로 만들어 주는 데 필요한 능력(skill)을 획득하고, 교내 신문을 지도하거나 감독하는 것과 같은 활동들에 도움이 될 수 있는 준비를 갖춘다. 당신의 전문적 활동, 성취, 보상 등 모든 것을 기록한 최신 파일을 관리(유지)한다. 교실 참관에서 배운 것에 관해 잘 정리해서 메모해 둔다. 구체적으로 가르치는 일에 관련된 일지를 기록하기 시작한다. 당신이 보고 들은 것에 관하여 성찰하고 당신 자신의 아이디어를 개발하기 위하여 그것을 이용한다.	공석이 있는 학교 구역에 관한 정보를 수집한다. 가능한 정보 출처는 당신의 취업 계획/배치 지원 부서와 주 교육부의 교사 채용 부서를 포함한다. 전문 단체가 운영하는 컴퓨터화된 직업 은행이나 그 이외에 인터넷상에서 이용 가능한 사이트를 찾아본다. 당신이 특히 관심을 갖고 있는 학교 구역을 방문하거나 전화해 보거나 편지를 쓴다. 미리 지원 전략을 계획한다.	깔끔하고 정확하고 분명한 이력서를 준비한다. 학습 계획, 동료 비평(평가), 관련 경력 설명서, 상관의 평가, 그리고 가능하다면 당신이 가르치는 것을 녹화한 비디오테이프 등을 포함하는 전문성 있는 포트폴리오를 준비한다. 당신이 제출하게 될 성적 증명서에 포함시켜야 할 다른 자료들에 대하여 당신의 취업 계획/ 배치 지원 부서에 조언을 구한다.	가능하면 빠른 시일 내에 교직에 지원을 시작한다. 즉시 여러 공석에 지원한다.	시간을 들여서 교육과 배움에 대한 당신의 철학을 명료화한다. 당신이 믿고 있는 것에 대하여 알고 그것을 설명할 수 있도록 한다. 면접에 따른 다른 질문들에 대해서도 준비를 한다. 특히 교실 관리, 학습 구상(lesson design), 그리고 경력에 관련된 질문들을 예상한다. 면접 이전에 그 학교 구역(district)에 관하여 할 수 있는 한 많은 것을 학습한다. 예를 들면 조직, 가르치는 직책의 수준(level), 학교의 유형, 첨단 기술(기자재) 사용 등이다.

봉보다 상당히 더 높다.

■ 경력 및 교육 정도에 따라 다양한 연봉

연봉에서 가장 큰 변수는 경력 및 교육 연수이다. 경력이 많고 교육을 더 받은 교사들은 교육과 경력이 덜한 교사들보다 더 많은 보수를 받는다. 표 1.2는 메릴랜드 주 세인트 매리 카운티에서 사용하고 있는 경력과 추가 교육기간에 근거한 일반적인 보수표이다. 단체 협상을 통해 결정된 2004년도 보수표에 따라 정규 자격증을 가진 1년차 교사에게 35,272달러를 지급했고, 가장 높은 수준의 경력과 교육을 받은 교사에게

그림 1.1 교사의 평균 연봉.

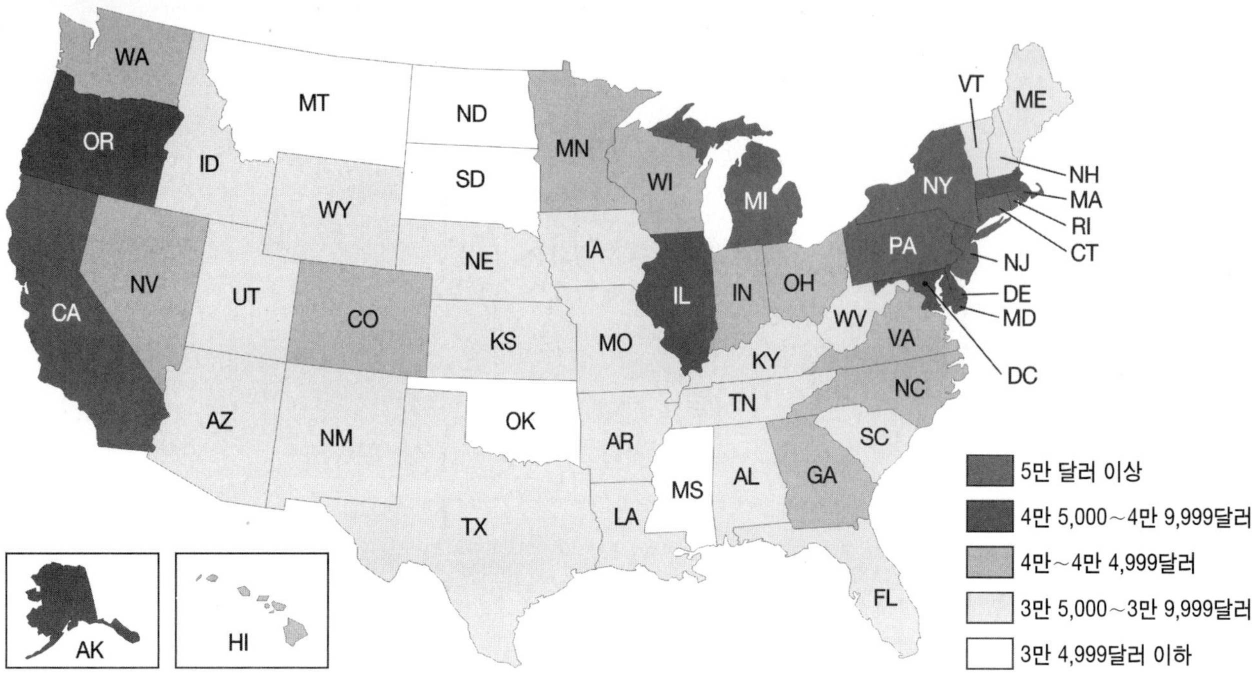

출처: F. Howard Nelson and Rachel Drown, *Survey and Analysis of Teacher Salary Trends 2002* (Washington, D.C.: American Federation of Teachers, AFL-CIO, 2003) Table II-2에서 인용함, **www.aft.org**에서도 볼 수 있음.

는 68,119달러를 지급했다. 학교구에 따라 그리고 주에 따라 그 차이가 다양하게 나타나고 있지만, 경력 및 교육 연수에 따라 보수에 큰 차이가 있다.

■ 초봉

비록 보수표의 가장 상층부에 있는 교사가 상당한 연봉(특히 수업기간이 채 10개월도 안 된다는 것을 고려할 때)을 받고 있다 하더라도, 초봉은 몇몇 다른 전문직에 비해서 아직도 낮은 경향이 있다. 이러한 문제를 인식하면서, 많은 정치 지도자와 교육 지도자들은 높은 자질을 갖춘 교사들을 끌어들이고 유지하기 위하여 신규 교사와 중견 교사 모두를 위한 연봉을 인상하기 위한 노력을 계속해 오고 있다. 그림 1.2는 이러한 노력의 결과를 보여 준다. 인플레이션이 일어나던 1970년대 동안, 교사들의 연

표 1.2 메릴랜드 주 세인트 매리 카운티 소재 공립학교 교사들의 보수(2004년, 단위: 달러)

	학사 학위와 정규 자격증	석사 또는 상급 자격증	석사, 상급 자격증과 15학점 이상 이수	석사, 상급 자격증과 51학점 이상 이수
첫해	35,272	37,224	38,206	40,163
5년째	37,058	40,090	41,605	46,251
10년째	44,730	46,749	49,326	53,920
30년째	49,731	60,909	63,556	68,119

주: 모든 교사는 최초 자격증을 발급받은 지 10년 이내에 상급 자격증을 받아야 한다.

출처: 인터넷 웹사이트 St. Mary's County, Maryland, Public Schools(**www.smcps.k12.md.us**).

그림 1.2 교사, 공무원 및 전체 근로자의 연간 평균 소득(2002년, 단위: 달러)

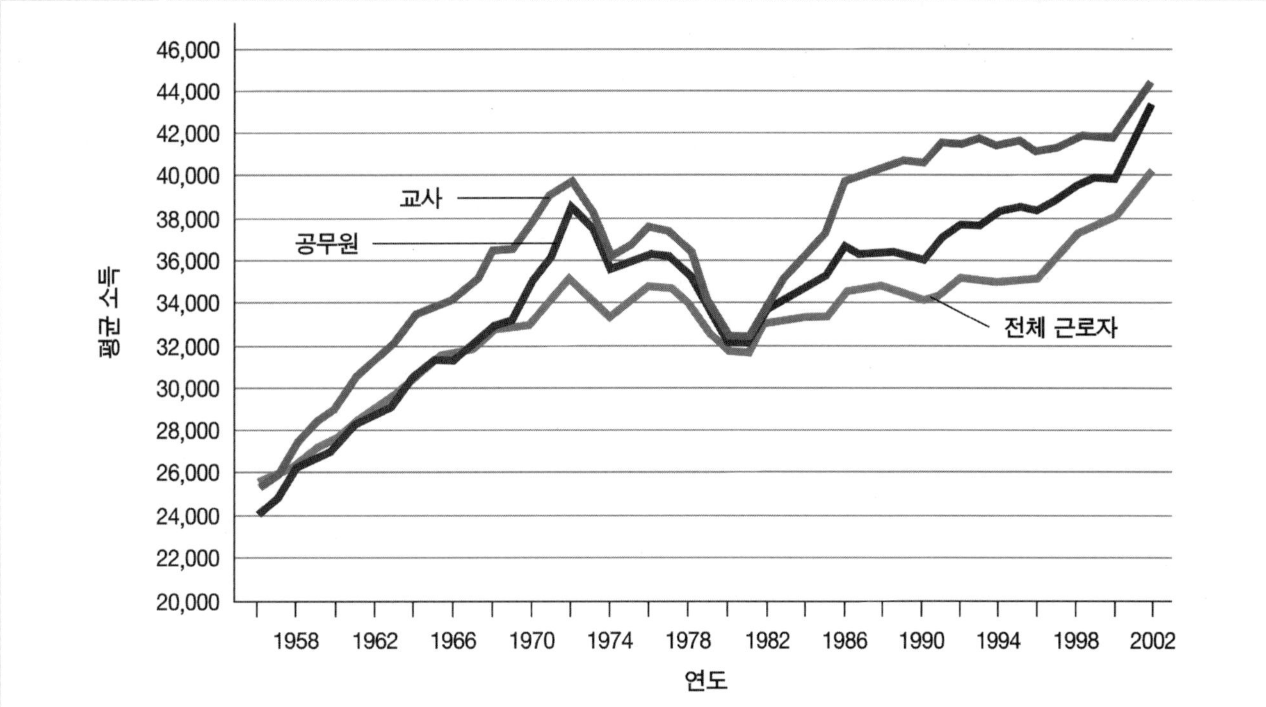

출처: F. Howard Nelson and Rachel Drown, *Survey and Analysis of Teacher Salary Trends 2002* (Washington, D.C.: American Federation of Teachers, AFL-CIO, 2003) Table I-1에서 인용함, **www.aft.org**에서도 볼 수 있음.

봉은 인플레이션에 비해서 그리고 모든 근로자들의 평균 연봉에 비해서 하락했으나, 1980년 이후에는 계속 증가하고 있다.

다시 한 번 생각해 보기

당신은 어느 정도의 초봉을 예상하는가?

교사 준비하기

▪ 교사 양성의 혁신

식민지 시대와 19세기 초까지만 해도 교사가 되기를 원했던 사람은 누구나 대체적으로 지방 장관이나 종교기관과 연관된 이사회(a board of trustees)의 승인을 얻었다. 고등학교나 대학 졸업장은 불필요한 것으로 여겨졌다. 읽고 쓸 줄 알고, 도덕적 성격을 갖고 있기만 하다면 학교에서 가르칠 수 있었다. 1820년대 무렵에 공식적인 자격증이 불필요하기는 했지만, 미래의 교사들은 사범학교(normal school)에 다니기 시작했다(6장에서 논의된다). 결국 이러한 사범학교들이 교육대학(teacher college)이 되었고, 그 교육대학의 대부분은 지금은 단과대학과 종합대학으로 다양화되었다. 오늘날 모든 공립학교 교사들은 공인된 자격이 있어야 한다. 대안 자격증과 임시 자격증을 제외하고, 모든 주에서는 교직에 들어서려면 학사 학위나 5년간의 대학 과정을 요구하고 있다.

자격증

■ 자격 요건

미국 공립학교에서 가르치기를 원하는 예비 교사들은 자신이 선택한 과목 분야나 학년 수준(grade level)에서 주 정부로부터 자격을 인정받아야 한다. 한때는 대부분의 주들이 지원자가 적절한 전문적 준비와 도덕적 성품을 갖추고 있다는 것을 증명하는 서류를 근거로 해서 자격증을 수여했다. 그러나 교육의 질에 대한 일반 대중의 불만족 증가는 자격증 관행에 변화를 가져왔다(Kaye et al., 2003).

■ 갱신 자격증

지난 수십 년 동안 교사 자격증은 대개 평생 동안 유효한 것이 발행되었다. 지금 몇몇 주들은 3년에서 5년 동안만 유효한 자격증을 발행한다. 현재 종신 재직권을 소지하고 있는 교사들이 영향을 받는 것은 아니지만, 갱신할 수 있는 자격증을 가진 교사들은 대체로 자신의 자격증을 갱신하기 위하여 긍정적인 평가 결과나 대학에서 학점을 이수한 증거 서류를 제출해야 한다.

■ 주 간의 다양성

자격증을 취득하기 위한 필요 조건의 편차. 자격증 취득을 위한 필요 조건은 주마다 아주 다르다. 교사 양성 프로그램에 있어서의 결과상의 차이는 신규 교사들이 얼마나 잘 준비를 갖추고 있는지를 결정하는 문제를 일으킨다. 중등학교 자격을 위한 일반 교육(general education)(즉, 미술과 과학)에 요구되는 학기당 시수는 30학점에서 약 70학점에 이르기까지 전국적으로 다르다. 교사 교육(teacher-education) 과정에서 요구되는 최소 시수와 교과목을 가르치는 데 요구되는 학기 수도 역시 주의 요구 조건에 따라서 달라진다. 여기에다가 강좌명이 동일한 강좌들도 교육기관마다 서로 다른 내용을 다룰 수 있다는 사실을 더해 보면, 왜 주와 교육기관별 요구 조건은 모두 종합했을 때조차도 교사들이 동일한 기술(능력, skills)과 개념들을 공부하고 있음을 보장할 수 없는지 알 수 있을 것이다.

■ 교사의 주 간 이동

교사 자격증의 상호 교환(reciprocity). 주와 주 사이의 자격증 필요 조건의 차이는 전통적으로 전국의 교사들이 다른 주로 이동하는 것을 억제하였다. 예를 들면, 뉴욕에서 가르칠 수 있는 자격을 갖추고 있다 하더라도, 일리노이 주에서 가르칠 수 있는 자격 요건은 충족시키지 못할 수도 있다. 교육의 질에 관심을 갖고 있는 단체들은 일반적으로 주들 간의 호환성 부족을 비판했다. 많은 교육자들은 교사들의 주 간 이동이 쉬워진다면 (1) 교사 수요와 공급의 균형을 유지하고, (2) 교사가 될 기회를 향상시키며, (3) 지역 학교 시스템에 있어서의 학문적 근친교배(inbreeding)와 지역주의를 감소시키고, (4) 교사들 간의 사기를 진작시키는 데 도움이 될 것이라고 주장했다.

■ 지역적 자격증

일찍이 1900년 무렵 몇몇 주들 간에 상호 교환 계약(reciprocity compacts)이 체결되었다. 최근 몇 년 동안, 주들 간의 양성 필요 조건을 인정해 주는 지역적 합의가 이루어져 왔다. 대부분의 주들은 계약에 해당되는 지역에서 인정하는 기관에서 주가 승인하는 프로그램을 마친 교사들에게 자격증이나 면허를 발행하는 데 동의하는 계약에 서명하고 있다. 게다가, 다양한 단체들은 교사의 지리적 이동성을 개선하기 위한 전국 차원의 방법을 개발하고 있다.

다시 한 번 생각해 보기

당신의 주는 다른 주들과 교사 교육 협약(agreement)에 참여하고 있는가? 만약 그렇다면, 당신이 소속된 교육기관의 졸업생들은 자동적으로 협약에 참여한 주들에서 교사직에 지원할 자격을 갖게 되는가? 그렇지 않다면, 근처의 어느 주에서 교사 자격증을 가장 쉽게 취득할 수 있는가?

■ 비전통적인 양성

대안 자격증(alternative certification). 대부분의 주들은 **대안 자격증** 프로그램을 도입해 왔는데, 부분적으로는 더 능력 있는 지원자들을 끌어들이고자 하는 것이고, 부분적으로는 과학과 수학 같은 분야에서의 현재 교사 인력 부족과 예상되는 부족 상황에 대응하려는 것이다. 이 프로그램들은 미래의 교사들이 학교나 교육대학에서 전통적인 양성 과정을 이수하지 않고서도 자격을 취득할 수 있도록 해준다. 예를 들면, 뉴저지 주에서 시행하고 있는 한 프로그램은 "대학에서 교육학을 공부하지 않는 재능 있는 사람들"을 끌어들이려고 노력한다. 전국적으로 20만 명 이상의 교사들이 대안 자격증 프로그램을 통해서 자격을 취득했다. 이 집단 내의 많은 새로운 교사들은 군대를 제대한 이후에 교직을 얻으려고 노력하고 있다(Feistritzer, 2003).

■ 대안 자격증에 대한 비판

대안 자격증 프로그램은 임용 후 처음 몇 년 동안 강도 높은 장학과 초기 몇 년 동안 교육과정 이수를 제시한다. 이런 프로그램들은 거의 항상 가르치는 방법을 배우는 한편 전문적인 신장 활동과 학점 이수를 요구한다. 대안 자격증 프로그램에 대해서 체계적인 검토를 여러 번 실시한 결과, 이러한 프로그램들이 교육을 잘 받은 사람들을 끌어들이고 있고, 흔히 강도 높은 관리 감독의 목적을 충족시키고 있다는 몇 가지 고무적인 증거를 얻게 되었다. 그렇기는 하지만, 최근의 몇 가지 평가는 의문점을 제기해 왔다. 예를 들어 여러 대안 자격증 프로그램에 대한 자료에 따르면, 많은 참가자들이 학교구가 제공하기로 되어 있는 연수나 장학을 거의 혹은 전혀 받지 않았다는 사실이 드러났다. 몇몇 참가자들은 큰 빚을 졌고, 그 후에 교사직도 구할 수 없었다고 한다(Miller & McKenna, 1998; Berry, 2000).

■ Teach for America

가장 잘 알려진 대안 자격 프로그램은 "Teach for America"라고 불리는 국가적 노력이다. 최근 대학을 졸업한, 학업 성적이 우수한 학생들을 끌어들이기 위하여 고안된 Teach for America 프로그램은 예비 교사를 확보하고 8주 동안 집중 교육을 시켜 심각한 도시 문제를 갖고 있는 학교구에 이들을 배치시키는 데 수천만 달러를 지출하고 있다. 처음의 몇 가지 보고서는 긍정적인 전망을 제시하였다. 예를 들면, 몇 년이 지나자 이 프로그램의 참가자 중 1/4 이상이 소수 계층에 속하는 사람들이고, 중등학교 참가자 중 많은 사람들이 몹시 필요로 하는 수학과 과학 전공자들이었다. 만 명 이상의 예비 교사들이 교육을 받았고, 약 6,000명의 참가자들이 아직 교직에 남아 있거나 학교구 내에서 다른 직업을 갖고 있다. 여러 연구들은 TFA 참가자들의 기여에 관한 긍정적인 결과들을 보고해 왔다. 그러나 다른 연구들은 이들 예비 교사 중 상당수가 힘든 학교에서의 조건에 좌절감을 겪었으며, 임용기간이 끝나기 전에 사직했다는 결과를 제시하고 있다(Kopp, 1997; Macke et al., 2001).

대안 자격 프로그램의 인기가 점차 상승하고 있음에도 불구하고, 대부분의 교사들은 전통적인 교사 교육 프로그램에 참여하고 있다. "Taking Issue"에서는 대안 자격 프로그램에 대한 찬성과 반대 주장을 몇 가지 제시한다.

다시 한 번 생각해 보기

당신이 가르치기를 원하는 주에서의 자격 요건은 무엇인가? 자격 요건을 어떻게 알아낼 수 있는가? 교사로 재직하는 동안 지리적 이동성에 대하여 어떻게 준비할 수 있는가?

교사 교육 동향

지난 20여 년에 걸쳐 상당수의 교사 양성 프로그램은 조기 현장 경험의 중요성을 강조하고 있다. 최근에는 5년차 및 5년제 양성 프로그램의 확대, "성찰하는(reflective)" 교사 양성 강조, 컴퓨터 및 기술 활용의 증가, 장애아 및 특수아 지도 방법 학습 강조, 다문화 및 다민족 환경을 대비하는 프로그램 등이 강조되고 있다.

■ 조기 배치

빠른 현장 경험. 많은 교사 양성 프로그램은 미래의 교사들에게 양성 과정 초기에 상당한 시간을 초등학교나 중등학교에서 보내도록 요구함으로써 보다 실용화되고 있다. 당신이 이 프로그램 중의 하나에 참가하는 학생이라면, 교육심리나 교수법과 같은 과목들에 초점을 맞추는 전문 강좌가 현지 학교에서의 교실 관찰, 교사 보조자로서 할 일, 또는 다른 현장 경험과 밀접하게 연결되어 있다는 것을 알게 될 것이다. 조기의 계속적인 현장 경험을 강조하는 양성기관들은 수업 관찰에서 시작하여 보조 교사로서 활동하기, 이어서 전통적인 "교생 실습"과 같이 수업에 관한 모든 책임을 맡는 형태로 양성 프로그램을 구성하고 있다(Swanson, 1995; Berliner, 2000).

5년차 및 5년제. 1980년대에 여러 주 및 상당수의 교육대학들이 5년차 양성 프로그램을 도입했거나 5년제 양성 프로그램을 확대시켰다. 5년차 양성 프로그램은 학사 학위를 받는 4년 동안에는 교직 관련 내용에 대해 거의 또는 전혀 다루지 않다가 5년차에 다룬다. 이에 반하여, 5년제 양성 프로그램은 학부 과정 전체를 통해서 전문적 준비를 할 수 있도록 하고 점차적으로 임상적인 경험과 교육에 초점을 맞춘다(Darling-

Taking Issue	질문 우리는 전통적인 교사 교육 필요 조건을 무시하는 대안 자격 프로그램을 장려해야 할까?	
대안 자격증	**찬성**	**반대**
많은 주들이 전통적인 교사 교육 필요 조건을 무시하는 대안적인 자격 프로그램들을 도입해 왔다. 일반적으로 이 프로그램들은 대학 졸업생이 수업(teaching) 경험에 적응하도록 돕고, 그리고 나서 그들을 정직 교사직에 배치시키는데, 그곳에서 그들은 가르치는 것과 교육에 대하여 배우는 한편, 자격을 얻는 데 필요한 교육을 받는다.	1. 근무하면서 가르치는 것을 배우는 것은 현실 세계에서 무엇이 효과가 있고 없는지 결정하고, 성공적인 교사들과 대화하고 관찰하고 모방할 수 있는 더 좋은 기회를 제공할 수 있다.	1. 많은 참가자들이 당면한 요구(immediate demands)가 너무 압도적이라는 것을 알게 되고, 그들의 능력(skills)을 충분히 계발하고 연마하지 못하기 때문에, 근무하면서 가르치는 것을 배우는 것은 흔히 성공적이지 못한 것으로 판명된다.
	2. 전업 교사와 통합된 전문적 연구는 주로 이론적인 대학 과정보다 더 의미가 있고 실용적일 수 있다.	2. 여러 대안 자격 프로그램에 관한 초기 자료에 나타난 바에 의하면 실제로 학교구는 참가자들에게 전문적인 연구를 위하여 제공할 충분한 자료가 부족하거나, 다른 우선 사항이 있다.
	3. 자격을 얻기 위하여 수년간 공부를 하지 않아도 되는 대안 프로그램들은 수학, 과학, 그리고 이중 언어 교육과 같은 교사 수급이 부족한 분야에 교사 후보자를 끌어들일 수 있다.	3. 이 프로그램들은 단기적 구제(relief)만을 제공할 뿐이다. 많은 참가자들은 자신이 그 일에 적합하지 않거나 관심이 없다는 것을 깨닫고 첫해 동안이나 그 직후에 물러난다.
	4. 대안 프로그램은 소수 집단 교사들, 기술 과목 분야에 특별한 능력(skill)이 있는 은퇴한 사람들, 그리고 교육 제도를 개선하는 데 중요한 공헌을 할 수 있는 다른 후보자들을 끌어들이는 데 도움이 된다.	4. 대안 자격 프로그램은 이직률이 높고, 잘 교육받고 경험 있는 교직원이 가장 필요한 도심 학교(도시빈민 밀집 학교)에 종종 경험 없는 사람들을 배치하기 때문에 교육의 불평등을 증대시킨다.
	5. 경쟁하는 대안 프로그램들은 대학들이 교사 연수(teacher-training) 프로그램을 개선하도록 자극할 것이다.	5. 경쟁하는 대안 프로그램들은 대학들이 수년간의 연구 과정을 거쳐서 성찰하는(reflective) 교사들의 이해와 능력(skill)을 발전시키는 교육(training)을 제공하는 일을 혼란시킨다.

Hammond, 1998, 2000).

■ "사려 깊은" 교사

성찰적 수업. 근래에 이르러 학생들의 사고(thinking)와 이해 능력(comprehension skills)의 개선이 강조됨에 따라서 많은 교육기관들이 성찰적 수업을 교사 교육의 중심 주제로서 강조하고 있다. 성찰적인 교사들은 자주 자신이 가르친 결과를 관찰하고 그것에 대하여 생각하며, 그에 따라서 가르치는 방법을 조정한다. 탐구 중심적 교사 교육, 전문가 의사결정, 그리고 고차원적인 자기 성찰과 같은 밀접하게 연관된 용어들도 역시 이 개념을 설명한다. 수많은 양성기관이 자기 성찰에 전념할 수 있도록 준비시키기 위하여 프로그램을 재조정해 왔으나 그 프로그램들은 가지각색이고, 성찰적 수업이 무엇을 의미하는지에 대한 합의도 이루어지지 않고 있다(Stewart, 1994;

Yost et al., 2000).

■ 교사들을 위한 기술 훈련

컴퓨터와 기술 활용. 아마도 당신의 교사 양성 프로그램은 당신에게 어느 정도는 컴퓨터 교육을 제공할 것이고 컴퓨터 실습실을 이용할 수 있게 할 것이다. 교사 양성 프로그램을 전국적으로 조사해 본 결과, 90% 이상이 컴퓨터 실습실을 확보하고 있었다. 이 실습실들은 미래의 교사들에게 컴퓨터 사용에 적응하도록 하는 것, 초등학교와 중등학교를 위하여 개발된 하드웨어와 소프트웨어를 소개하는 것, 수업 설계(lesson design)와 전달을 위해 첨단 기술(technology)에의 관심과 능력을 강화시키는 것 등과 같은 다양한 활동과 목표를 포함하고 있다. 많은 학생들도 역시 교수법 강좌에서 첨단 기술을 접하고 있다. 그러나 일부 예비 교사들에게 최신 기술을 사용할 수 있도록 준비시키기 위해 필요한 예산이 부족한 상태에 있다(Coker & Wilson, 1997).

■ 통합 교육을 위한 준비

장애아 지도. 많은 주들과 교사 교육(teacher-training)기관들은 미래의 교사들이 심각한 장애를 가진 학생들과 함께 일하는 데 필요한 준비를 갖추도록 요구하고 있다. 교사로서 당신은 당신의 반에 특별한 도움이 필요한 학생을 갖게 될 가능성이 있을 것이다. 장애를 가진 학생들은 가능하고 또 실행 가능성이 있는 한 많이 정규반에 넣어서 차별 교육을 하지 않도록 법으로 요구되고 있으며, 장애를 가진 학생들이 아무리 광범위한 특별 도움을 필요로 한다고 하더라도 이들을 완전히 통합(inclusion)하는 방향으로 점차 흘러가고 있다(이와 관련된 내용은 12장 참조). 결과적으로 대부분의 교사들은 특별한 도움이 필요한 학생들에 대한 책임을 어느 정도 예상할 수 있다(Strawderman & Lindsey, 1995).

- 고등 교육기관의 교수진과 유능한 현장 교육자들이 미래의 교사들에게 장애를 가진 학생들과 일하기 위한 접근 방법을 배우도록 도와주는, 협력적이고 여러 분야에 걸친 상호간의 노력
- "정규" 교사와 "특수 교육" 교사 양성 프로그램들을 통합하기 위한 조정
- 미래의 모든 교사들은 특별한 도움이 필요한 학생들을 위한 한 개 이상의 강좌를 수강하도록 하고/또는, 현재의 강좌들은 그 주제에 관한 많은 자료들을 통합하도록 많은 주에서 요구할 것

■ 다문화 학급을 위한 준비

다양한 환경에서 가르치기 위한 준비. 미국 학교에 소수 인종과 소수 민족 집단 출신의 학생 수가 증가함에 따라, 교사 양성 프로그램에 미래의 교사들이 다양한 환경에서 성공적으로 기능을 발휘할 수 있도록 하는 데 도움이 될 요소들이 포함되고 있다. 교사 자격을 주는 데 있어서도 이와 유사한 노력이 진행 중에 있다. 예를 들면, Educational Testing Service(ETS)가 개발한 Praxis III 교사 성취도 평가 방법에는 교사 지원자들이 학생들의 배경 지식과 경험에 익숙해지는 것이 왜 중요한가에 대한 "포괄적 이해"를 증명할 수 있어야 한다고 명시되어 있다(Smith, 1998; Claycomb, 2000).

다시 한 번 생각해 보기

여기에 제시되어 있는 경향 중에서 특히 어떤 것이 당신의 교사 양성 프로그램을 설명하는가? 이러한 경향 중 어떤 것이라도 당신이 바람직하다고 여기는 방향을 설명하고 있는가?

예비 교사: 능력과 평가

최근 몇 년 사이에 교사 집단의 질 개선, 특히 예비 교사의 능력 향상과 이들의 교수 능력을 평가하는 것에 관하여 많은 논의가 집중되어 왔다.

교사 능력

■ 표준화 검사 점수

교사의 "질(quality)"에 관한 논의는 흔히 the Scholastic Assessment Test(SAT), the American College Test(ACT)와 같은 표준화 검사를 통해 측정되는 "능력(ability)" 점수에 초점을 둔다. 경영 및 수많은 다른 전공 학생들과 마찬가지로, 1970년대에 예비 교사들 사이에서 이러한 검사의 점수가 하락했다. 예를 들면, 1973년과 1981년 사이에 교사가 될 의도를 가지고 있는 대학생들의 평균 SAT 언어 영역 점수는 418점에서 397점으로 떨어졌다. 그러나 1982년 이래로 교사가 될 생각을 갖고 있다고 말하는 대학생들의 검사 점수는 상당히 증가했으며, 일반적으로 비즈니스, 심리학, 의학을 전공하는 학생들의 점수와 비슷했다. 게다가, 최근의 연구들에 의해서 밝혀진 바에 따르면 교사들의 평가 평균 점수는 대학 교육을 받은 다른 성인들의 점수와 거의 같았다(Cardina & Roden, 1998).

교사 평가

■ 기본 기능 평가

교사의 질 향상을 위한 노력은 예비 교사, 신규 교사, 때로는 중견 교사들을 대상으로 하는 **기본 기능 평가**에 초점을 두고 있다. 읽기, 수학, 의사소통 그리고/또는 전문 지식이 부족한 교사들은 수업에 비효과적이라는 주장에 따라, 많은 주들은 예비 교사들이 읽기와 언어, 수학, 과목 관련 전문성, 전문적 지식에 대한 일정 형식의 최소 기능 검사를 통과하도록 요구하고 있다. 현재 40개 이상의 주가 이러한 목적을 위하여 ETS에 의해서 개발된 Praxis 평가를 사용하고 있으며, 교사 자격을 받기 위해서 일련의 Praxis 시험에 합격해야 한다(Darling-Hammond, 1998).

■ Praxis 평가

■ 평가에 대한 비판

예비 교사들과 현직 교사들을 평가하는 것은 논란의 대상이 되고 있다. 많은 정치 지도자들은 평가를 교사에 대한 일반 대중의 신뢰를 향상시키기 위하여 할 수 있는 소수의 실행 가능한 조치들 중 하나로 여기고 있다. 반대자들은 그 과정이 필기시험에 능하지 않은 사람들을 부당하게 제외시킨다고 주장한다. 많은 반대자들은 현재의 평가는 소수 집단과 문화적 비주류 출신 후보자들에 대해서 편견을 가진다고 믿는다. 비평가들은 예비 교사들이 치르는 표준화 검사는 현장에서의 수업 효과성(teaching effectiveness) 척도와는 거의 연관성이 없다는 것을 보여 주는 자료를 인용하기도 한다(D'Costa, 1993).

■ 평가에 대한 지지

평가에 찬성하는 사람들은 거의 모든 교사들이 업무를 효과적으로 수행하려면 읽기, 쓰기, 수학에서 최소한 7학년이나 8학년 정도(현재 몇몇 평가에 명시되어 있는 최소 수준)의 능력을 갖춰야 한다고 주장한다. 많은 찬성론자들은 연구를 통해 최소 기준을 정당화하고 보다 타당한 평가 문항을 고안하기 위한 정보가 충분히 제공되고 있다고 주장한다(Murname, 1991; Glenn, 1998). 어느 경우든지 평가는 아직 매우 인기가 있으며, 교사 양성 프로그램과 학습이 당신이 치러야 하는 시험에 합격하도록 준비하는 데 도움이 될 것이라는 것을 명심해야 한다.

다시 한 번 생각해 보기

당신의 주에서는 교사가 시험에 합격해야 하는가? 만약 그렇다면 그 요구 조건은 무엇인가? 당신의 주와 교육기관의 합격률과 불합격률은 어느 정도인가?

■ 매사추세츠 주에서의 논쟁

예비 교사들을 평가하는 것에 관한 논쟁은 매사추세츠 주가 주 전역에 걸쳐 시험을 시행한 후인 1998년에 전국적으로 주목을 받게 되었다. 예비 교사의 30%가 읽기와 쓰기에서 실패했고, 수학 자격의 경우 예비 교사의 63%가 교과 관련 평가에서 실패했다. 주 교육위원회의 의장이 "사실을 말하자면 … 너무나 많은 예비 교사들이 똑똑한 10학년 학생이면 어려움 없이 통과했을 시험에 실패했다. 책임감이 있는 사람이라면 누구도 이런 시험에 실패한 교사들에게 자신의 아이는 고사하고 누구의 아이도 맡기려고 하지 않을 것이다."라고 발표한 이후에, 매사추세츠 주와 그 외 주들의 입법자들과 교육자들 사이에 교사 양성 프로그램에 들어가기 위한, 그리고 교사 자격증을 취득하고 유지하기 위한 적절한 평가 성취도 수준(test performance level)에 관련하여 계속적인 토론과 논의가 제기되고 있다(Silber, 1998; Hoff, 2000).

교사의 업무 여건

교사가 된 사람들은 일반적으로 자신의 일에 만족하고 있을까? 업무 여건은 만족도에 상당한 영향을 미치며, 우리가 앞으로 보게 될 것처럼, 업무 여건은 교육 개혁에 대한 많은 요구에 부응하여 변화하고 있다. 이 변화들 중 여러 사항이 교사의 업무 만족도를 향상시키는 것으로 보인다.

교사 만족도

Metropolitan Life Insurance Company를 위해 시행된 여론 조사에서, 교사들은 "대체적으로 당신은 직업으로서 가르치는 일에 얼마나 만족하십니까?"라는 질문을 받았다. 응답자의 대부분은 "아주 만족함"이나 "다소 만족함"으로 대답했다. 거의 반 정도는 자신이 일을 시작했을 때보다 가르치는 일에 더 열성적이 되었다고 응답했다. 최근의 여러 다른 여론 조사에서도 비슷한 결과가 제시되었다(National Center for Educational Statistics, 1995; Latham, 1998).

■ 전국적 조사

교사들이 직업에 만족하는 한 가지 중요한 이유는 학생들의 학습과 성장을 향상(advancing)시킬 때 성공했다고 느낀다는 것이다. 최근의 교사 연봉 인상, 교사들의 전문 지식에 대한 널리 퍼진 인식, 학생, 부모들과의 대인 관계의 질(quality)도 역시 만족을 증진시키는 요인으로 작용하고 있다. 교사들이 자신의 직업에 대한 이와 같은 면과 그 외의 다른 면들에 대해서 대체적으로 긍정적인 것으로 보이기 때문에, 이들이 일반적으로 일에 높은 만족감을 나타내는 것은 놀라운 일이 아니다.

■ 만족의 이유

그러나 많은 교사들은 자신의 일에 불만을 나타낸다. 전국에 걸친 조사에 의하면 상당수의 교사들은 학생들과 상담하고, 학습 계획을 세우고, 다른 교육적 기능을 할 시간이 충분하지 않다고 생각하고 있다. 장학 담당자의 기대의 모호성, 반응 없는 관리자들(administrators), 노후한 시설, 관련 없거나 비효과적이라고 인식되는 직원 개발에의 의무적인 참여, 물품과 장비의 부족, 광범위한 서류 작업과 기록 업무, 조직의 결정에 대한 불충분한 정보 제공 등도 불평의 원인이 되고 있다. 교사 연봉과 수업 여건의 개선은 미래에 이와 같은 불만족스러운 면들을 줄여 주게 될 것이다(Anderson, 1999; Carpenter, 2000).

■ 불만족의 이유

주와 지역의 기준 그리고 교사 스트레스

가르치는 일은 상당한 스트레스를 유발할 수 있는 어려운 직업이다. 최근 몇 년 사이에 학생 수행 능력에 대한 주와 지역(district)의 기준(standards) 도입은 이 스트레스를 상당히 가중시키고 있다. 기준은 종종 표준화된 시험과 학교, 그리고 가끔은 각각의 개별적인 반별 성취도 발표를 포함하는 책무성 체제(accountability mechanism)를 동반한다. 모든 주들은 현재 모든 학교구 내에서 어느 정도 동일한 형식의 평가를 요구하고 있다. 이 평가 중 많은 것들이 "고부담(high stakes)"을 수반하는데, 예를 들면 학생들이 한 학년에서 다른 학년으로 통과할 수 있을지, 졸업할 자격을 갖추고 있는지, 또는 여름학교에 출석해야 할 것인지, 학교들이 낮은 평가 점수 때문에 폐교되거나 집중적으로 정밀 검사를 받아야 하는지 등이다.

■ 고부담 평가

이러한 결과로 많은 교사들이 학생들의 시험 점수를 높여야 한다는 심한 압박감을 느끼고 있다. 이러한 반응은 특히 학업 성취도가 낮은 학교들에서 만연되어 있으나,

■ 시험에 대비한 수업

주나 학교구들이 매년 더 높은 학업 성취도를 요구하는 지역에 있는 학업 성취도가 높은 학교에서조차도 이러한 현상이 발생한다. 결국 많은 학교의 교직원들은 매 학년도의 많은 시간을 시험 준비와 수업 자료를 얻고 활용하는 데 있어서 시험 준비 자료를 강조하는 데 할애하게 되는데, 총괄하여 이러한 관례는 "시험 대비용 수업(teaching to the tests)"이라고 알려져 있다. 이 책의 다른 부분에서 우리가 지적하고 있는 것처럼, 교사들이 자신의 교육 초점을 시험 보는 기술(tested skill)로 좁히고 있으므로, 이러한 상황은 기준 설정 운동(standard movement)이 학생 수행 능력의 향상을 용이하게 하는가 아니면 방해가 되는가에 대한 논쟁의 여지가 있는 질문을 야기하고 있다. 비록 몇몇 교사들이 주와 학교구에서 실시하는 평가에 명시된 많은 학습 목표에 계속적인 주의를 요구하는 틀(frameworks) 안에서 매력적이고 질 높은 교육을 제공할 수 있는 방법을 찾고 있다고 보고하고 있으나, 이러한 교사들조차도 그와 같은 틀 안에서 효과적으로 기능하는 것을 배워 감에 따라서 전형적으로 높은 수준의 스트레스를 경험한다(McNeil, 2000).

스트레스에 대처하기

■ 가르친다는 것은 스트레스를 가져올 수 있음

가르치는 일에는 어렵고 긴장된 순간들이 있다. 각종 연구들도 역시 초등학교와 중등학교에서 가르치는 것은 근래에 들어서 스트레스가 더욱 커지고 있음을 제시하고 있다. 이에 부응하여, 많은 전문 단체들과 학교구들은 스트레스 대처 기법과 다른 스트레스 감소 방법에 초점을 두는 강좌와 워크숍을 제공하고 있다.

■ 대처 기술

전문가들은 운동, 휴식, 취미 생활, 충분한 영양 섭취, 명상, 또는 다른 휴식 기법, 개인적인 일의 효율적인 계획, 휴가 등이 스트레스가 심한 일을 극복하는 데 도움이

전국적인 조사에서 대부분의 교사들은 자신의 경력에 만족을 표시하였다. 그러나 교사들은 부족한 시간, 모호한 기대와 책무성에 대한 요구 등으로 불만을 경험하고 있다. 임용 첫해에는 특히 많은 스트레스를 받을 수 있으며, 신규 교사들은 스트레스 감소에 우선점을 두어야 한다.

될 수 있다고 지적한다. 전문성 재개발 활동(renewal activities)이나 지원 집단(support groups)에 참여하고, 가정생활과 직장을 분리하며, 변화에 대한 열린 마음가짐을 유지한다면 스트레스를 줄일 수 있을 것이다. 1년차 교사들은 새로운 직장에 들어가면서 특별한 스트레스를 경험하기 때문에 전문 단체, 학교구, 심지어 미국 교육부에서도 지원 프로그램(supportive programs)을 제공하고 있다. 이 장에 있는 "Technology @ School"은 그 한 가지 노력을 설명한다.

이미 알고 있는 것과 같이, 많은 교사들은 청소년들과 함께 일하고자 하는 욕망과 도전적이고 명예로운 분야로 들어가려는 욕망으로 동기 유발(motivated)되어 있으며, 대부분은 자신의 일에 만족하고 있다. 그러나 "가르치는 일 외적인(non-teaching)" 사항들에 대해서, 그리고 성취도의 기준을 올리도록 하는 현재의 교육 개혁에 대해서 불만을 제기하고 있다. 다음에 제시되어 있는 것처럼, 교사들이 어려움을 느끼고 있는 수업 여건의 개선을 위한 전국적인 노력이 진행 중이다.

교육 개혁과 수업 여건

지난 20년에 걸친 교육 개혁을 위한 많은 요구들 중 가장 널리 알려진 것은 미국의 교육 상황에 대한 일련의 **국가 보고서**(national reports)에 제시되어 있다. 가장 두드러진 개혁 노력 중 한 가지는 연방 정부가 제시한 "No Child Left Behind Act"이다. 이것과 우리가 여기에서 설명하는 다른 개혁 노력은 근본적으로 교사의 근무 여건(job condition)을 변화시켜 왔고 또 변화시킬 것이다.

■ A Nation at Risk에서 확인된 문제점들

국가 보고서. 1980년대 중반 이후로 수많은 보고서들이 미국의 교육 문제에 초점을 두었다. 국가 보고서들 중에서 가장 잘 알려지고 가장 영향력이 있었던 **A Nation at Risk**는 미국 교육부가 후원한 National Commission on Excellence in Education이 준비한 것이었다. 미국이 "한때는 상업, 산업, 그리고 기술 혁신에서 도전받지 않을 만큼 탁월했는데 지금은 전세계의 경쟁자들에 의하여 추월당하고 있다"는 점에서 "위험에 처해 있다"고 주장하면서, 그 쇠락의 중요한 한 단면이 학교에서의 "점차 심해지는 평범화 현상"이라고 이 위원회는 결론지었다. 여기에서 우리는 교직이 더욱 보람 있고 존중받는 직업이 되도록 하기 위한 보고서의 제안을 주목할 필요가 있다(NCEE, 1983; Houston, 1999).

■ 교직에 대한 제안

- 교직에 입문할 수 있는 기준을 더 높게 설정한다.
- 교사들이 전문적으로 경쟁력이 있고 시장 감각이 있으며(market-sensitive), 업무 능력을 토대로 하는 직업이 될 수 있도록 교사의 연봉을 개선하고, 따라서 그것이 우수한 교사들을 보상할 수 있는 시스템의 일부가 되도록 한다(다른 말로 하면, 교직에 관한 장에서 논의되는 관례인 성과급 제도를 도입한다).

TECHNOLOGY @School

예비 교사를 위한 인터넷 사이트

www.ed.gov/inits/teachers/achive-wantobe.html로 가서 "그래서 당신은 교사가 되기를 원하나요?"라는 제목의 웹 페이지를 연다. 이 웹 페이지에서 클릭 가능한 hypertext 제목은 다음과 같다.

- "교사채용정보센터"는 "직장을 찾고 있는 미래의 교사들과 자격을 갖춘 교사들을 찾고 있는 학교, 학군, 그리고 주들을 위한 온라인 자료 제공 공간"이다.
- "교직 첫해에 예상되는 것"은 "각종 상을 수상한 1년차 교사들의 솔직하고 다양한 논의를 제공한다."
- **www.ed.gov/teachers/become/about/survivalguide/index.html**에서 이용 가능한 "신규 교사들을 위한 생존 가이드"는 "각종 상을 수상한 1년차 교사들의 회고록"을 제공한다. 이 문서에 있는 부분(section)은 노련한 교사, 부모, 교장과 일하는 방법에 대하여 조언한다. 그 서문 메시지에서 가져온 요약문은 다음과 같다.

"흥하느냐, 망하느냐?"가 의미하는 것

우선, 첫해의 교사들은 여전히 가장 도전적인 과정에 배정되는 것을 면할 수 없다-전문성 신장 및 가르치는 데 추가적인 전문 지식이 필요한 학생들. 더구나 많은 신규 교사들은 일을 시작하기 전에 학교 정책과 절차에 대해서 아주 잠깐 동안의 오리엔테이션만을 받을 뿐이다. 그리고 흔히 동료들과 앉아서 교수 방법에 관하여, 또는 시간과 교실 관리, 대처 전략 등과 같은 매일매일의 딜레마를 논의하도록 할당된 시간이 하루 중이든 주중이든 전혀 없다.

다행히 몇 가지 유망한 새로운 방안들이 이미 진행 중에 있다. 예를 들면, 텍사스 주 코퍼스 크리스티에 소재한 Texas A&M 대학 출신의 1년차 교사들을 위한 프로그램 졸업자 100%가 가르치는 일을 시작한 지 5년이 지난 후에도 역시 교직에 남아 있다. 한편 그 대학에 따르면, 5년 이후에도 여전히 교직에 남아 있는 비율이 50% 정도라고 한다.

텍사스 주의 Induction Year Program은 1년차 교사들에게 석사 수준(master's level)의 전문성 계발을 독려하는 한편, 그들을 지원하고 교육(support and instruction)하기 위하여 구상된 것이다. 그 프로그램은 교실 관리, 의사소통 기술(skill), 규율과 같은 실질적인 문제(issues)에 초점을 둔다. 또한 교직원들은 교사의 업무 능력을 평가하기 위하여 참가자들의 수업을 정기적으로 방문한다. …

대학의 교사 준비 프로그램 외에도, 학교구들은 가르치는 첫해를 성공적인 것으로 만들기 위하여 그 이상의 일을 하고 있다. 델라웨어 주에서 오하이오 주의 콜럼버스, 네브래스카 주의 오마하에 이르기까지 학교구들은 멘토링, 동료 지원, 그리고 다른 형태의 안내(guidance)와 지원(support)을 포함하는 새로운 교사들을 위한 유도 프로그램을 마련하였다.

당신은 또한 주의 교육부들과 교육자료정보센터(Educational Resources Information Center: ERIC) 문서 "그래서 당신은 교사가 되기를 원하나요?"를 설명하는, 연결해 볼 만한 표제들을 찾게 될 것이다. 이 문서들에서 제공된 정보와 제안을 소화하는 것 이외에도, 당신은 다른 미래 교사들과 그 의미와 함축성을 논의하거나, 당신 자신의 주나 다른 주들에서의 자격과 지원 가능성(certification and assistance possibilities)에 관한 정보에 익숙하도록 할 수 있다.

- 유급 채용기간을 1개월 더 추가한다(역자 주: 미국의 경우 일반적으로 여름방학 동안에는 보수가 지급되지 않는다).
- 유능한 사람들이 초임 교사에서부터 중견 교사 그리고 최종적으로 수석 교사로 승진하는 경력 계단 제도(career ladder)를 시행한다.
- 우수한 학생들을 교직에, 특히 과학과 수학 같은 부족한 분야에 끌어들이기 위하여 장학금과 융자금(loans) 같은 유인책을 이용한다.
- 수습 교사들(probationary teachers)을 준비시키고 감독하는 데 수석 교사(master teacher)가 관여하게 한다.

■ No Child Left Behind Act

No Child Left Behind Act. 2001년에 No Child Left Behind Act 법의 통과와 함께 교사 질 개선 활동은 전국 교육 개혁 운동의 핵심적인 부분이 되었다. 우리는 이 책의 다른 부분, 특히 12장에서 학생 성취도를 다루는 NCLBA의 중요 요소들을 논의할 것이다. 여기서는 연방의 자금을 지원받는 학교구에 속한 교사들은 2005년에서 2006년까지 "매우 우수"해야 한다는 요구 조건과 관련된 부분(section)만 살펴본다.

■ 매우 우수한 교사

이 부분에서의 요구 조건들은 2003년 미국 교육부 문서에서 설명되었다(www.ed.gov/teachers/nclbguide/nclb-teachers-toolkit.pdf에서 볼 수 있는 "교사들을 위한 업무 편람" 참고). 그 업무 편람은 NCLBA가 "초등교육과 중등교육을 지원하는 연방 정부의 노력을 전반적으로 분석하고" 있으며, "2013학년도에서 2014학년도 말까지 모든 아이들이 주가 정한 교육 기준(standard)에 맞는 등급에 이를 수 있도록 하는 목표를 정하고" 있음을 지적한다. 이러한 분석의 일환으로, NCLB는 "교실 수업에 관여하는 교사들에게 요구되는 최소한의 자격(qualification)을 약술하고 있다. 그것이 요구하는 바에 의하면, 주들은 핵심 교과의 모든 교사들이 2005학년도에서 2006학년도 말까지 더 높은 자격을 갖추도록 하는 목표를 성취하기 위한 계획을 개발해야 한다(U.S. Department of Education, 2003).

■ 세 가지 요건

NCLB 하에서 "우수한 교사"는 (1) 석사 학위, (2) 주에서 요구하는 정규 자격과 자격증(면허증), (3) 자신이 가르칠 각 핵심 과목에서 주가 요구하는 능력(competency)을 증명해야 한다.

■ 능력의 정의

초등학교 신규 교사들은 "읽기나 언어 기술(language arts), 쓰기, 수학 그리고 기본적인 초등학교 교과 과정의 다른 분야들에서 과목에 대한 지식과 가르치는 기능(skill)에 대한 엄격한 시험에 통과함으로써" 능력(competency)을 증명할 수 있다. 중학교와 고등학교 신규 교사들은 "자신이 가르치는 각 교과에 대한 엄격한 정부 차원의 평가에 합격함으로써, 또는 전공 교과와 동일한 학문적 전공 또는 과정(course work), 그 이상의 학위, 또는 그보다 등급이 높은 자격이나 자격증을 보유함으로써 능력을 증명할 수 있다. 어떤 수준에서든지 교사로서 이미 고용되어 있는 사람들은 신규 교사들을 위한 요구 조건을 충족시키거나, 주가 정의하는 "높고 객관적이고 동일한 평가 기준(HOUSSE)"을 충족시킴으로써 능력을 증명할 수 있다. 주들은 지금 현재의 교사들의 능력을 평가하기 위한 HOUSSE 기준을 정의하고 확립하는 작업을 진행 중이다. 많은 사람들은 성공적인 교실 경험, 그 교사가 배운 것을 평가하는 질 높은 전문성 신장 프로그램에의 참여, 교육과정(curriculum) 개발 팀에의 참가, 그리고 학문 분야에서의 지식을 발전과 관련된 다른 활동들에 관여했던 햇수를 통합해서 계산하도록 하는 점수 체계(point system)를 사용하고 있다.

NCLB의 실행 이후 교사의 질과 관련하여 다음과 같은 변화가 이루어지고 있다(Keller, 2003; Hunter, 2004).

■ 초기의 전개

- NCLBA가 통과됨에 따라 연방 정부는 교사들과 행정가들을 위한 대안 자격 프로그램을 고안하고 실행하는 것, 교사 성과급 체제를 확립하는 것, 교사가 부족한 교과나 아주 가난한 학교에서 가르치는 데 대한 상여금을 제공하는 것, 교사들을 대상으로 한 담당 교과에 대한 지식 평가, 그리고 주들이 질 개선 방안을 수행하는 데 도움을 줄 수 있는 Teacher Assistance Corps를 형성하는 것 등과 같은 활동을 위해서 수백만 달러를 분배하기 시작하였다. 게다가, Educational Testing Service는 23개 주와 함께 과목 관련 지식을 다루는 Praxis II test에서 공통의 통과 허용 점수를 정하려고 협력 중이다.

■ 발전 보고서

- 2003년, 교육부 장관인 Rod Paige는 교사 자질에 관한 Second Report on Teacher Quality를 발표했는데, 거기에서 그는 NCBLA를 준수하려는 여러 주들의 노력에 관한 자료를 제시하였다. 예를 들면, 이 법안이 통과된 처음 2년 동안에 35개의 주는 교사 자격 필요 조건을 개발하고 이것들을 학생 성취 기준과 연결시켰으며, 32개 주는 예비 교사들에게 적어도 한 가지 교과 분야에서 평가에 통과하도록 요구하였고, 8개 주를 제외한 모든 주는 초임 교사들을 위한 주 전체에 걸친 평가를 요구하였다.

■ 자료에 대한 논쟁

- 불행히도 모든 교실에 우수(highly qualified) 교사를 확보하려는 주의 활동에 대하여 논란도 제기되었다. 예컨대 U.S. General Accounting Office가 2003년 발표한 바에 의하면, 많은 주들이 우수 교사들을 위한 NCLBA의 요구 조건의 진행 사항을 사정하기 위하여 국회가 필요로 했던 종류의 자료를 수집하지 않고 있었다. 2003년에 교육부에 제출된(또는 제출되지 않은) 자료에 나타난 바에 의하면, 많은 주들은 능력(competency)을 증명하기 위한 기준을 정의하지 못하고 있었다.

  좀더 빠르게 움직였던 주들 중에서 22개 주는 적어도 90%의 강좌가 우수 교사들에 의하여 가르쳐졌다고 보고했다. 동의하지 않는 몇몇 관찰자들은 과학과 수학, 그리고 다른 과목을 가르치는 수많은 교원들이 "전공이 아닌 교과의" 수업을 하고 있거나, 능력(competency)을 증명하지 못한 분야에서 가르치고 있었는데 이러한 현상을 아주 가난한 학교에서 두드러졌다는 사실을 지적했다. 이들은 그 자료(연례 보고서의 자료)가 정확하지 않거나, 또는 "우수 교사"를 정의하는 기준이 낮게 설정되었거나, 아니면 둘 다를 포함한다고 결론지었다.

- 여러 단체들이 NLCB 시행에 대하여 성급함과/또는 회의를 표현했다. 예를 들면, The Education Trust는 연방 정부가 다수 학생들의 성취도를 높이기 위하여 도시 학교 교사들이 진정으로 자격을 갖추어 나가도록 보장하기 위하여 하는 일이 거의 없다고 비판했다. Association of Community Organizations for Reform Now는 자격을 갖추지 못한 교사들이 존재한다는 것을 학부모들에게 통보하겠다는 NCLBA의 약속이 지켜지지 않고 있다는 결론을 내렸다. 비록 NCLBA가 교사들의 전문성을 높이게 될 개혁을 약속하고, 어떤 면에서는 이들의 근무 조건을 개선하고 있다 하더라도, 그런 야망에 찬 약속들이 충족될 수 있을 것인가에 대해서는 두고 봐야 할 것으로 보인다.

■ 성급함과 회의론

NBPTS와 INTASC. 1987년 Task Force on Teaching as a Profession의 권유에 따라, Carnegie Corporation은 전문적 능력과 지식 기준을 충족시키는 교사들에게 자격증을 발행하는 비영리 단체인 National Board for Professional Teaching Standards (NBPTS)를 설립하였다. 교과 지식과 효과적인 교수 방법 둘 다에 초점을 두는 이 단체의 기준은 주의 자격 평가보다 상당히 더 엄격하다. 평가 방법은 면접, 포트폴리오, 컴퓨터와 비디오 모의 수업, 그리고 다른 혁신적인 요소들을 포함한다. 이 위원회의 자격을 얻으려면 학사 학위, 주의 교사 자격증, 그리고 적어도 3년간의 성공적인 수업(teaching) 경험을 갖추고 있어야 한다. 3,000명 이상의 교사들이 NBPTS 자격을 취득하였다(Rotberg, Futrell, & Lieberman, 1998).

■ NBPTS 자격증

교사 수행 능력을 위한 기준—이 경우에 초임 교사들의 수행 능력—도 미국 교육부의 예산 지원을 받아서 Interstate New Teacher Assessment and Support Consortium(INTASC)에 의하여 개발되고 있다. INTASC에 관한 정보는 **www.cesso.org/acadfact.html**를 찾아보기 바란다. 30개 이상의 주가 INTASC에 참가하고 있다.

■ INTASC 기준

Holmes 및 그 외 단체. 1986년 이후, 교직 개혁(teaching profession reform)은 주요 대학의 교육대학장 협의체인 Holmes Group의 주된 관심사였다. 1996년, Holmes Partnership으로 개명한 이 단체는 Tomorrow's Teachers(1986), Tomorrow's Schools (1990), Tomorrow's Schools of Education(1995)을 포함한 일련의 보고서들을 발표하였다. 다른 보고서에서 강조된 개혁 이외에도, Holmes Partnership은 예비 교사는 학교에서의 조기 경험이 필요하다고 강조했다. 결과적으로 이 단체는 **professional development schools**(PDSs)의 창설에 초점을 두었다. 전통적인 "실험(laboratory)" 학교처럼, PDS는 지방의 학교구와 교육대학을 연결하도록 구상되었으나, 실험학교보다는 좀더 포괄적이고 체계적인 방법을 제시하고 있다. 대학의 교직원들은 교실 교사로서 기능을 하고 새로운 교사들을 위한 멘토(조언자)로서의 역할을 한다. 지지자들에 따

■ Holmes Group의 제안

르면, PDS들은 중견 교사, 초임 교사, 교사 교육자, 행정가들이 함께 협력하여 학습자 공동체를 만들어 낼 수 있게 하고, 성취도가 낮은 학생들의 교육 기회를 개선할 수 있다. 지금은 1,000개 이상의 professional development school들이 있다(Holmes Group, 1986; 1990; 1995).

■ PDSs 지지

American Federation of Teachers, the American Association of Colleges of Teacher Education(AACTE), National Education Association을 포함한 다른 단체들은 PDS들과 유사한 학교를 위한 계획을 수립하려는 작업을 하고 있다. 아직 초기 단계에 있기는 하지만 AACTE 조사에서 나타난 바에 의하면, 많은 학교들과 교육 대학들이 professional development school들이나 그와 유사한 기관들과 협력하고 있다. 그러나 자금 부족, 학교구와 고등 교육기관 간의 협력 장애로 인해서 원만하게 진행되지 못하고 있다(Lieberman & Miller, 1990).

■ Renaissance Group의 제안

또한 교사 양성 대학으로 구성된 고등 교육기관 협의체인 Renaissance Group도 교직 개혁을 지지하고 있다. Renaissance Group이 주장하는 바는 교생 실습을 학생들의 마지막 학년까지 미루어 놓는 것보다는 학생들의 대학 경험의 전반을 통해서 이루어지도록 통합되어야 하며, 광범위하고 서로 관계되는 분야와 임상 경험(clinical experience)이 결합되어야 한다는 것이다. 1999년, 이 단체의 10개의 회원기관은 교사 교육 프로그램을 강화하기 위한 855만 달러의 보조금을 획득했다.

■ 국가 보고서 및 제안에 대한 비판

국가 개혁에 대한 반응. 앞에서 설명한 다양한 국가 보고서들과 그에 따른 변화에 대한 반응은 다양하게 나타나고 있다. 우리는 이미 NBCLA의 교사 질 조항의 시행에 관련하여 몇몇 논란과 불만이 출현했음을 지적한 바 있다. 의심할 여지없이 이와 같은 변화들은 교육 문제에 주의력을 모으는 데 도움이 되었다. 특정 제안은 상당한 지지를 받기도 하였다. 그러나 많은 교육자들은 보고서와 법률이 그 진단과 해결에 있어서 극도로 단순화된 것이고, 그 제안 중 몇몇은 상당한 저항과 비평에 직면하고 있다고 믿고 있다.

예를 들면, 연구원들뿐만 아니라 많은 교사와 행정가들은 일부 교사들에게 동료교사들보다 더 큰 권한을 부여하고 더 많은 보수를 주는 "수석 교사"와 "경력 계단" 접근법(approach)을 비판해 왔다. 게다가, professional development school들을 비판하는 사람들은 학교구와 고등 교육기관 사이의 협력 관계를 방해하는 일치되지 않은 관심뿐만 아니라 PDS의 고비용과 예산 부족에 초점을 두어 왔다. 또한 개혁 활동에 참여하는 교사들이 수많은 상반되는 변화 요구로 인해서 과중한 부담을 갖게 될 것이라는 우려도 있다(Johnson, 1987; Johnson, 2001).

■ 주 정부의 개혁안

의견 일치가 부족하기는 하지만, 거의 모든 주 정부가 한두 개의 국가 보고서와 일치하는 조치들을 취해 왔고, 모든 주는 NCLB를 준수하는 활동을 이미 시작했다. 대부분의 주는 교사 연봉을 올리고, 교사 교육 입문 및 자격증 취득을 위한 조건을 강화했으며, 신규 교사들에 대한 평가를 강화하고 있다.

교육 개혁과 교사 권한 부여. 몇몇 개혁 노력은 특히 교사 권한 부여를 다루고 있는데, 이것은 흔히 결정과정에서의 교사들의 역할을 강화시키려는 학교 단위 책임제와 관련되어 있다. 예를 들면, 교원 단체와 교육위원회 사이에 이루어진 단체 협상에 따라 학교 정책과 실행을 결정하는 데 교사들에게 더 큰 역할이 부여되고 있다. 그런 조항들은 전형적으로 교직원들에게 교육 방법과 자료를 선택하고, 그들의 학교에서 자금이 어떻게 쓰여야 할 것인가를 결정하는 더 많은 기회를 부여한다(학교 단위 책임제는 2장에서 자세히 논의한다).

■ 학교 단위 책임경영제

교사 권한 부여를 통하여 교육을 개선시키려는 최근의 여러 실험은 훨씬 더 야심만만하고 포괄적이다. 예를 들면, 플로리다 주 데이드 카운티의 많은 학교들은 학교에서의 교육 프로그램을 재구조화하기 위하여 교사들과 행정가들이 함께 협력하는 자율적 운영 접근법(self-governance approach)을 채택해 왔다. 교직원들은 직원의 수와 기능을 결정할 수 있다. 이러한 방안의 일환으로 교육위원회는 학급당 최대 학생 수, 수업 일수, 과목당 시수 등과 같은 영역에서의 규제를 폐지하였다(Fuhrman & Elmore, 1995).

■ 데이드 카운티의 자율적인 운영

어떤 관점에서 보면 뉴욕 주 로체스터의 접근법은 훨씬 더 포괄적이다. 1987년 이후, 교육위원회와 로체스터 교원 단체 사이의 협약에는 다음과 같은 사항들이 포함되어 있다(Richardson, 1993).

■ 로체스터의 포괄적인 개혁

1. "수석" 교사에 대한 카네기 모형에 바탕을 두고 교수 경력 프로그램이 확립되었다. 이 프로그램에서 교사들은 네 단계를 거친다. (a) 수습(신규) 교사들은 중견 교사들의 감독하에서 일한다. (b) 교사들은 수습기간(internship)을 마치고 임시 자격증을 갖게 된다. (c) 전문 교사들은 영구 자격증을 갖게 된다. (d) 수석 교사, 적어도 10년의 경력을 가진 교사들은 10% 더 긴 시간을 일하고, 그 절반의 시간은 멘토로서의 역할을 하며, 교육 개선을 계획하거나, 또는 다른 지도적 역할을 하는 데 시간을 할애한다. 네 명의 교사와 세 명의 행정가로 이루어진 패널에 의해서 선택되는 수석 교사의 연봉은 7만 5,000달러이다.
2. 교사들의 임무(assignment)를 결정할 때 전통적인 연공제의 관례를 따르는 대신에, 각 학교의 교직원위원회는 전근을 원하는 교사들과 면담하고 그 학교의 필요에 근거하여 결정한다. 동시에 전문 교사(professional teacher)와 수석 교사들은 근무 연수보다는 필요에 따라 임무를 할당받으며, 따라서 흔히 성취도가 가장 낮은 학생들과 학급을 가르친다. 로체스터 교원 단체 회장인 Adam Urbanski가 언급하고 있는 것처럼, "이런 학생들의 성공을 1년차 교사들에게서 기대해서는 안 된다. 이들은 단지 그 일(가르치는 일)을 배우는 것만으로도 할 일이 충분하기 때문이다. 가장 힘든 임무를 떠맡고 있는 신참 교사들은 의료직

에서 말하자면 숙련된 외과 의사가 찰과상을 치료하는 동안 심장 절개 수술을 시행하는 인턴과 동등할 것이다."

이와 같은 실험의 성공과 실패에 대하여 결론을 내리는 것은 아직 시기상조이다. 개혁을 위한 이러한 노력은 많은 장애물을 만날 것이고, 이러한 과정에 참여하는 교육자들은 교사의 권한 부여를 개선된 학교 기능으로 전환하는 방법을 배워야 할 것이다.

다시 한 번 생각해 보기

여기에서 설명된 노력 중에서 어떤 것을 당신이 가르치고 싶어했던 학교구에서 볼 가능성이 가장 많은가? 어느 개혁이 교사들에게 불만과 스트레스를 야기할 것이라고 생각하는가? 왜 그런가?

교직에 대한 전망

■ 교사에 대한 긍정적인 전망

1980년대의 학교 개혁 운동 이전까지, 교육을 전공하는 대학생들은 교사들을 대상으로 한 구매자 시장(buyer's market)과 직면했으며, 연봉, 지위, 일반적 매력 면에서 분명히 쇠퇴하고 있는 분야로 들어서는 것이 현명한가에 대하여 많은 이들이 의심을 가졌다. 지금은 국가적 관심이 교육에 집중되어 있고, 교사의 전망에 대해서도 좋은 소식이 있다. 교사 과잉 공급 패턴이 완화되었고, 모든 수준의 정부들(연방, 주, 지방을 다 포함하는)이 교사 임용과 양성을 개선하고자 활동하고 있다. 학교에서 젊은이들이 배우고 성장하는 것을 돕는 데 헌신적인 사람들은 자신의 야망을 실현할 상당히 전문적인 기회를 가지게 될 것이다. 앞으로 몇 년 동안 교직(teaching profession)은 그 일이 미국 사회에 상당히 중요하다는 새로워진 홍분과 훨씬 더 큰 의미를 계속해서 경험하게 될 것이다.

요 약

❶ 교직에 들어서는 많은 이유가 있지만, 연구에서 나타난 바에 의하면 대부분의 교사들은 어린이들을 돕거나 사회에 봉사하기 위하여 그렇게 한다.

❷ 많은 교육자들은 학생 인구의 특징을 더 잘 반영하기 위하여 교사 인력의 다양성을 증가시키는 방법에 초점을 두고 있다.

❸ 새로운 교사들에 대한 수요가 계속될 것으로 보인다.

❹ 최근 몇 년 사이에 교사 연봉이 급격히 증가하고 있다.

❺ 교사 자격을 위한 필요 조건은 주에 따라, 그리고 고등 교육기관들 사이에서도 다르다.

6. 일반적으로 교사 교육은 더욱 실질적이고 현실 지향적이 되어 가고 있다. 이런 방향으로의 흐름은 초등학교와 중등학교 교실에서의 조기 현장 경험에 대한 규정(provision)을 포함한다. 다른 중요한 추세(흐름)는 5년제 프로그램과 5년차 프로그램의 도입, 성찰적인 교사를 개발하는 데 대한 관심을 포함한다. 교사들도 또한 점차적으로 최신 기술을 사용하고, 특별한 도움이 필요한 학생들과 함께 일하며, 아주 다양한 환경에서 가르칠 준비를 갖추어 가고 있다.

7. 초봉과 그 외의 직업상의 어떤 면에 대한 불만에도 불구하고, 대부분의 교사들은 교직의 대부분의 면들에 만족하고 있다.

8. 교사 인력 자질에 대한 국가적 우려가 만연되어 있다. 교육에 관한 국가 보고서들과 No Child Left Behind Act는 자격증 발급에 대한 더 높은 기준과 수석 교사라는 높은 연봉을 받는 직책의 확립을 유도했다.

9. 많은 학교구들이 학교를 효과적으로 하기 위하여 교사들에게 권한을 부여하는 접근법을 실험하고 있다.

10. 점차 높아져 가는 교육에 대한 일반인들의 우려, 학교에서 일어나고 있는 변화, 교사의 전망에 대한 개선으로 인하여 교사의 역할에 새로운 흥분과 중요성이 생기고 있다.

교 직 2

20세기 이전까지 교사 양성 교육은 거의 이루어지지 않았고, 교사들은 자신의 고용 조건에 대해서도 거의 발언권이 없었다. 교사 양성 교육은 1년이나 2년으로 이루어져 있었고, 가끔은 사범학교(normal school)나 교육대학에서 그보다 더 적게 이루어지기도 했으며, 교사들은 학교 밖에서의 행동에 대하여 엄격한 규칙과 규정들을 따라야 했다. 작은 학교들과 학교구들에 서로 분리되어 있고 조직이 되어 있지 않았으므로, 교사들은 교육위원회에 의하여 정식절차 없이 해고될 수도 있었다. 많은 교사들은 지역 사회 구성원이 반대하는 자료를 가르칠 수 없다는 말을 듣기도 하였다.

시대는 변한다. 오늘날, 교사들은 전공 분야의 수업(instruction), 내용, 방법들에 관하여 전문적 지식을 갖춘 전문가가 되려고 열망한다. 게다가 이들은 단체로서 잘 조직이 되어 있고, 그들의 학교 외적인 행동에 의해서가 아니라 업무 능력에 의하여 판단되는 더 큰 권리를 획득하였다. 또한 종종 이들은 근무 조건에 대한 결정과정에 참여하기도 한다. 많은 경우에 이들은 학교 행정가들, 대학교의 연구원들, 정부 관료들, 그리고 그들이 재직하는 지역 사회와 더 강한 유대감을 형성하고 있다. 이 장의 첫 부분에서는 교사들이 완전한 전문가적 지위를 획득하기 위해 투쟁하고 있는 방법들을 설명하고, 두 번째 부분에서는 교사 단체들의 영향력과 지위가 어떻게 성장해 왔는지 논의한다. 이 장을 읽으면서 다음 질문들을 생각해 본다.

핵심 질문

- 가르치는 일이 완전한 전문직이 되어 간다는 것을 나타내는 경향은 무엇인가?
- 어떤 면에서 가르치는 일은 완전히 전문직이 아닌가?
- 성과급은 교직에 도움이 되는가, 혹은 방해가 되는가?
- 두 주요 전문직 단체인 NEA와 AFT의 목적과 활동은 무엇인가?
- 다른 중요한 교사 전문직 단체는 무엇인가?
- 교육 대학생과 초임 교사들은 어떤 전문직 단체에 가입할 수 있는가?

교직은 전문직인가?

교직이 완전한 의미에서 전문직인가 아닌가의 문제는 수십 년 동안 교육자들의 관심사였다. 몇몇 교육자들은 전문직의 이상적인 특징을 파악하고 이러한 항목들을 기준으로 교사들을 평가함으로써 교직이 전문직인가를 결정하려고 노력해 왔다. 다음은 25년 이상에 걸쳐 이루어진 저명한 권위자들의 연구에 근거한, 완전한 전문직의 특징이다(Corwin, 1965; Howsam et al., 1976; Rosenholtz, 1989).

■ 전문직의 특성

1. 공공 서비스, 직업에의 평생 헌신
2. 보통 사람이 이해하는 수준을 넘어서는 정의된 지식 체계와 기술
3. 장기간의 전문화된 교육
4. 자격 기준과/또는 해당 직종에 입문하기 위한 필요 조건에 관한 통제
5. 선택된 일의 범위에 관하여 결정하는 데 있어서의 자율권
6. 제공하는 서비스에 관련된 판단과 행동 결과에 대한 책임 수용, 일련의 업무 수행 기준
7. 전문직 구성원들로 구성된, 자치권을 가진 단체
8. 개인적 성취(업적)를 인정해 주는 전문적인 협회나 엘리트 집단
9. 제공하는 서비스와 관련된 모호한 문제나 의심스러운 점들을 명료화하는 데 도움을 줄 수 있는 윤리 강령
10. 높은 위신과 경제적 지위

■ 준전문직으로서의 교직

일반적으로 의견이 일치되는 바에 의하면 교직은 위의 특징 중 몇 가지가 부족하기 때문에 완전한 의미에서 전문직이 아니지만, 이러한 특징들을 성취하는 과정에 있는 "준전문직(semiprofession)" 또는 "전문직화되고 있는 직종(emerging profession)"으로 볼 수 있을 것이라는 것이다. 여러 사회학자들은 간호나 사회사업도 또한 준전문직이라고 주장한다(Etzioni, 1969).

특히, 교직은 네 가지 중요한 영역에서 법률과 의학 같은 전문직에 뒤떨어져 있는 것으로 보인다. (1) 보통 사람이 이해하는 수준을 넘어서는 지식 체계와 기술, (2) 자격 기준과/또는 해당 직종에 입문하기 위한 필요 조건에 대한 통제, (3) 선택된 일의 범위에 대하여 결정하는 자율권, (4) 높은 위신과 경제적 지위. 다음 단락에서 우리는 교직에서의 이 네 가지 면을 탐색한다.

정의된 지식 체계

■ 합의된 지식이 없음

모든 전문직은 구성원들을 일반대중과 분리하고 그들에게 그 직업에 대하여 통제력을 발휘할 수 있게 허용하는 특정 지식에 관하여 독점권을 가지고 있다. 전문직 구성

특정 직업의 전문성 및 위신은 업무의 복잡성, 정의된 지식 체계와 관련되어 있다. 이러한 기준에서 볼 때 교직은 어떠하다고 생각하는가?

원들은 이 정의된 지식 체계를 숙달함으로써 그들의 전문성을 확립하며, 그들은 그 지식을 숙달하지 않은 사람들에게 구성원 자격을 부인함으로써 돌팔이들과 훈련받지 않은 아마추어들로부터 일반대중을 보호한다. 과거에는 "교육(education)" 또는 "수업(teaching)"이 합의된 전문화된 지식 체계를 갖지 못하였다(Yinger & Nolen, 2003; Johnson, 2001). 또한 가르치는 일은 물리학과 의료 분야 같은 전문직에서 찾을 수 있는 광범위한 절차와 확립된 방법론도 없었다. 결과적으로 너무나 많은 사람들, 특히 문외한인 일반대중들이 마치 자신이 전문가인양 교육에 대하여 말하고 있는데, 이것은 많은 갈등과 가끔은 부정적인 대화의 원인이 되고 있다(Gideonse, 1989; Rowan, 1994).

■ 교사 교육에 대한 합의 부족

또한 잘못 정의된 지식 체계로 인해 교사 교육과정 내용이 주마다 다르고 주 내에서도 교사 교육기관들 사이에서도 다르게 된다. 교사 양성은 일반적으로 세 가지 주요 구성 요소로 이루어진다. (1) 교양 교육, (2) 전문 과목 분야 교육-학생의 "전공"이나 "부전공", (3) 전문가 교육. 거의 모든 교육자들은 좋은 교사 양성이 이 세 가지 구성 요소에 달려 있다는 데 동의한다. 그러나 각각의 구성 요소가 상대적으로 어느 만큼 강조되어야 하는 것인가에 대한 상당한 논쟁이 제기되고 있다. 예를 들면, 교육 전공 학생은 전공 과목 분야와 전문가 교육에 비해서 얼마만큼의 시간을 교양 교육에 할애해야 할 것인가? 실제의 학교 환경에서 실습을 강조하는 임상 경험(clinical experience)이 전문가 교육과정에 어느 정도 포함되어야 하는가에 대해서도 관점이 다양하다. 따라서 당신의 교사 교육 프로그램은 다른 대학교나 단과대학 프로그램과 다를 수도 있을 것이다.

■ 양성 과정의 주요 구성 요소

James Koerner는 자신의 아주 비판적인 책 『The Miseducation of American

Teacher』에서 이 문제를 더 설명하였다. Koerner의 주장에 의하면, 너무나 많은 교직 과정(education courses)을 요구함으로써—어떤 주의 교육대학에서는 60시간 정도까지—그리고 이 과정들을 너무 "쉽게" 함으로써, 교육대학들이 학문적 내용을 희생시킨 교육학(교수법, pedagogy)에 숙달된 교사들을 배출하고 있다는 것이다(Koerner, 1963). 비록 비평가들이 요구되는 교직과정의 수를 줄이는 데 도움이 되기는 했지만 논란은 계속되고 있고, 따라서 교사 양성을 위한 분명한 국가적 기준을 확립하는 것을 특히 어렵게 하고 있다.

■ NCATE 기준

그러나 상황은 점차 변화하고 있다. **The National council for Accreditation of Teacher Education(NCATE)**은 수강해야 할 강좌(course)와 이 강좌를 가르칠 교수의 자격을 명시하는 기준을 설정하였다. 이 점에서 많은 교사 교육기관들이 NCATE의 기준을 여전히 충족시키지 못하고 있다. 2003년 무렵 교사를 양성하는 1,200개의 대학 중 45%가 NCATE의 인가를 받지 못하였다. 그러나 대부분의 NCATE 구성원들은 NCATE의 기준을 충족시키기 위하여 부지런히 노력하고 있으며, 이들 중 85%가 2003년까지 NCATE의 승인을 획득했다. 또한 2003년까지 36개 주가 교사 교육 프로그램에 대한 주의 평가를 위하여 NCATE 단위 기준(unit standards)을 채택했다. NCATE 기준은 점차 교사 양성의 규범(norm)이 되어 가고 있다. 더구나 American Association of Colleges for Teacher Education(AACTE)은 1995년에 NCATE의 인가 확대를 위해 노력하기로 결정하였다. 이를 위하여 ACCTE는 승인 과정 동안 비인가 기관들에 대한 자문과 같은 기술 지원을 확대하고 있다.

다시 한 번 생각해 보기

당신의 기관은 NCATE의 승인을 받았는가? 웹사이트 www.ncate.org에서 NCATE 기준을 찾아보고 이에 대해 더 알아본다.

입문 및 자격증에 필요한 조건 통제

■ 자격증의 다양성

대부분의 전문직이 그 직업에 들어가는 것과 자격증 발급에 관한 공통된 필요 조건들이 있음에 반하여, 교직은 역사적으로 이것이 부족하였다. 1장에서 지적한 것처럼, 최근의 개혁은 대부분의 주에서 교사 지망생들에게 최소 능력 평가를 통과하도록 요구하고 있으며, National Board for Professional Teaching Standards와 같은 단체들은 가르치는 능력을 측정하기 위한 방법들을 확립하고 있다. 그러나 자격 조건들이 아직도 주마다 크게 다르고, 능력 평가에 대한 추세는 광범위한 논란을 일으키고 있다. 여러분은 근처의 다른 주들과 비교하기 위하여 주에서 요구되는 자격과 평가를 살펴보길 원할 수도 있다.

더구나, 중등학교에 근무하고 있는 많은 교사들은 자격 외적인 수업을 하고 있는 것 같다. 다시 말하면 인정된 전문 분야가 아닌 다른 것을 가르치고 있는 것 같다는 것이다. 이 문제는 특히 과학과 수학에서 심각하다.

■ 대안 자격증에 대한 논란

1장에서 다루었던 대안 자격에 대한 추세 때문에 전망은 더욱 흐려진다. 대학 교육을 받은 은퇴자, 산업체 근로자, 그리고 제2의 직업을 찾는 경험 있는 사람들로부터 교사를 채용하는 이러한 과정은 과학, 수학, 컴퓨터 교육 등과 같은 특정 과목의 교사 부족 현상을 해소하거나, 새로운 교사들의 질을 높이기 위하여 의도된 것이다. 대안 자격은 흔히 일반인과 교육위원회 위원들로부터 실용적이고 혁신적인 것으로 찬사를 받고 있다. 반면에 대부분의 교사 단체들은 대안 자격을 전문직에 대한 위협으로 보고 있다. 한 비평가는 "뭔가를 아는 사람들은 자동적으로 가르칠 수 있다는 가정은 … 교사의 질에 관한 문제를 해결하지 못할 것이다."라고 썼다(Shulman, 1987). AACTE는 석사 학위 수준과 감독하에 이루어지는 실습과 연계한 대안 자격 과정(alternative licensing procedures)을 지지하는 중간 입장을 취하고 있다.

■ 교사 조직의 관여

자격에 대한 다른 필요 조건들에 대하여 어떻게 생각하고 있든지 간에, 교사들은 전통적으로 이 문제들에 대하여 거의 의사를 표명하지 않았다. 그러나 교사 단체들은 주 의회 및 교육부와 협력하여 자격기준을 수정하고, 전문직 실무위원회(이 장의 후반부에서 논의됨)를 설립하기 시작하고 있다. 교사들이 더 많은 권한을 가질수록—그들 자신의 면허 과정에 대하여 더 많은 통제력을 발휘할수록—가르치는 일은 완전한 전문직으로서 더욱 확실히 인식될 것이다.

업무에 관한 의사결정의 자율권

■ 전문가 통제 v. 일반인 통제

전문직에서 외부자가 아니라 그 집단의 구성원이 관련된 업무의 본질(nature)에 관한 전문적인 판단을 할 자격을 갖는 것으로 추정된다. 사실, 일반인에 의한 통제(control)는 전문직의 천적(natural enemy)으로 여겨진다. 이는 전문가들의 권한을 제한하며 외부의 간섭에 문을 열어 주는 것이다. 전문가들은 대개 자신의 능력 분야와 고객들과의 관계에 대하여 자신에게 독점적인 권한을 부여하는 규율과 관습을 확립한다.

■ 전통적인 교사 투입 부족

이와 대조적으로 교사들은 전통적으로 교육과정(curriculum) 결정에 거의 아무런 영향력을 행사하지 못하고, 교과서 선택 또는 압력단체(pressure group)들이 논란의 여지가 있다고 여기는 주제를 논의할 때는 비판받기 쉽다. 사실, 학교 관료들(school officials)은 종종 교과서를 선택하고, 보조금 신청안(grant proposals)을 작성하거나 일선 학교와 지역 사회의 관계를 해결하는 등의 일에 도움을 받기 위해 교직 경험이 거의 없는 외부의 "전문가(experts)"를 고용한다(Apple, 1990; Hess, 1994). 학교 개혁 발의안조차도 교사들보다는 종종 정부 관료들과 기업체 지도자들, 그리고 시민 단체들로부터 제안된다.

■ 교수 방법의 표준화

교육 개혁과 교사 권한 부여. 많은 주와 지역 학교구에서의 개혁 노력은 수업을 계획하고 전달하는 방법을 포함하고 있었다. 교사들은 대체적으로 이 표준 방법들을 따르는 능력으로 평가받는다. 세 가지 예를 들자면, 아칸소, 미주리와 텍사스 주에서는 교사 평가를 위한 지침(guidelines)에 시범 수업을 실시할 때 교사들이 따라야 하는 일반적인 수업—주제 제시, 자료 제시, 이해 정도 확인, 교사 주도 개별적인 연습, 과제 논의—을 명시하였다.

■ 표준화된 방법의 역효과

어떤 연구자는 적절한 수업(teaching) 방법에 대한 행정적 규정과 결합하여 학생들에게 법적으로 광범위한 평가를 요구하는 것이 교사 집단의 "비전문화"와 "단순화"에 기여했다는 결론을 내리고 있다. **비전문화**는 학생들이 쉬운 시험에서 좋은 성적을 받을 수 있도록 하기 위해 교사들에게 교육과정과 수업을 단순화하도록 장려하거나 요구할 때 발생한다. Linda McNeil, Robert Rothman, 그리고 그 외의 다른 관찰자들이 보고한 바에 의하면, 많은 교사들은 교육과정을 시험에 맞도록 단편화하는 "방어 수업(defense teaching)", 이해에 대한 사실적인 역류를 강조함으로써 주제를 "신비화"하며, 학생들의 복종을 이끌어 내기 위하여 자료를 단순화한다(McNeil, 1986; Rothman, 1995). 아마도 여러분은 학생이었을 때나 교실 관찰 혹은 현장 경험에서 방어 수업을 경험했음을 기억할 것이다.

■ 수동성에 대한 보상

수업 방법을 명시하는 것은 교사 평가에서 부정적인 결과를 초래한 것처럼 보인다. 남서부의 한 관찰자가 설명한 것처럼, 평가 방법들은 빈번히 "과학실험, 영어 작문, 또는 컴퓨터 프로그래밍 등과 같은 어려운 과제(task)를 수행할 수 있도록 학생들을 도와주는 교사가 아니라, 상대적으로 수동적인 학생들에게 강의하고 질문하는" 교사들을 보상한다. 다른 지역을 연구한 연구자들은 특정한 수업 방법을 규정하는 것이 교사들에게 수동적인 학습과 단순한 내용에 대한 암기를 강조하도록 유도하는 사례들을 설명해 왔다(Wise, 1988; Smyth et al., 1997). 최근에 들어서야 학교 단위 책임경영제(이 장의 후반에 논의됨)와 다른 형태의 교사 참여가 이루어지면서 이러한 상황은 변화하기 시작하였으며, 교사, 장학 담당자, 학교 행정가들은 점차적으로 구성주의적 수업 방법에 헌신하고 있음을 보여 주고 있다. 여러분은 학생들과 함께 어렵지만 적극적인 학습 과제를 통하여 힘들여 노력하는 기회를 가지기를 바란다.

■ 대중에 대한 책무성

비록 단체 협상이 교사와 행정가들 사이에 새로운 합의를 만들어 내기는 했지만, 대부분의 사람들은 아직도 교사들을 공복으로 생각하고 일반 대중에 의하여 고용되고 선출되고 임명된 학교 행정가들과 일반 대중에게 책무성을 갖는 것이 당연하다고 생각한다. 납세자들과 이들의 대표자들은 세금을 내고 고객을 제공하기 때문에 결정 과정의 상당한 몫을 "합리적으로" 주장한다. 따라서 많은 상황에서 교사들은 지시 사항이 교사들의 전문적 판단에 위배되는 경우에도 학부모, 교장, 교육감, 교육위원회 위원들의 의견에 따라야만 한다.

높은 위신과 경제적 지위

■ 위신이 높은 직업

직업의 위신은 특정 사회가 어떤 직업에 부여하는 존경을 의미한다. 여러분은 교직이 위신이 높은 직업이라고 생각하는가? 일반적으로 사회에 특별히 가치 있는 공헌을 하고 있는 것으로 인식되는 경우에 그 직업은 위신이 높은 것으로 평가된다. 높은 수준의 교육이나 기술을 필요로 하고 육체적 노동이 거의 필요하지 않은 직업들도 역시 위신이 있는 경향이 있다. 이러한 사회적 지위의 면에서 초등학교나 중등학교 교사의 업무는 역사적으로 비교적 높게 평가되어 왔다.

■ 교사의 위신

아마도 가장 널리 알려진 직업적 위신에 대한 연구는 National Opinion Research Center(NORC)에 의해서 수행된 연구들일 것이다. 500개 이상의 직업에 관한 연구에서 주요 직업에 대한 가장 높은 평균 점수는 82점으로 내과 의사와 외과 의사였고, 가장 낮은 점수는 9점으로 구두닦이였다. 초등학교 교사는 60점을 얻었고, 중등학교 교사는 63점을 얻었는데, 둘 다 상위 10% 이상이었다. 게다가 "오늘날의 사회에서 '존경받고 있다'고 느낀다"라고 응답한 교사들의 비율은 최근 수십 년에 걸쳐서 상당히 증가하였다. 전국 차원의 한 연구에서 응답자의 70%는 고등학교 교사들이 "아주 존경받는다" 또는 "상당히 존경받는다"고 응답하였다(North & Hatt, 1947; Hodge et al., 1964).

■ 복잡한 업무에서 나타나는 위신

교사들이 직업적 위신을 유지해 왔거나 증가시키기조차 한 한 가지 이유는 그들의 평균 교육 수준이 지난 세기에 걸쳐서 크게 높아졌기 때문이다. 또다른 한 가지 이유는 가르치는 일(teaching)의 복잡한 성격 때문일 것이다. Brian Rowan은 다른 직업들과 교사들의 업무를 비교하면서, 업무의 복잡성이 직접적으로 직업적 위신과 연관된다는 것을 알아내었다. 모든 다른 직업들의 75%보다 더 복잡한 교직은 위신에서 아주 높은 위치를 차지하였다. 교사 업무의 복잡성은 논리적이거나 과학적인 사고의 원리들을 적용하여 문제를 정의하고, 자료를 수집하고, 사실을 확립하고, 결론을 이끌어 낼 필요성에서 명백해진다. 교사가 되기 위해서 여러분은 언어(읽기, 쓰기, 말하기)에 아주 능숙해야 하며, 무엇보다도 많은 부류의 사람들—어린이, 청소년, 학부모, 동료, 상사 등—과 효과적으로 일해야 한다. 사람들과의 이런 일은 가르치는 일을 다른 대부분의 직업과 구분시켜 준다. 그러나 사회는 내과 의사, 대학 교수, 변호사, 엔지니어 등과 같은 전문직에 더 높은 위신을 부여하는데(물론 더 높은 보수도), 주로 이들은 일반적으로 좀더 추상적인(복잡한) 것으로 여겨지는 정보를 다루어야 하기 때문에, 그리고 이 분야들은 더욱 엄격한 학문적 준비와 자격증을 필요로 하기 때문일 것이다(Hoyle, 2001).

■ 봉급 경향

1930년대 이래로 교사들의 봉급이 산업체 근무자의 평균 봉급보다 더 많이 증가하기는 했지만, 교사들의 보수는 엔지니어, 간호사, 회계사, 또는 비즈니스 전공자 등과 같은 일반 대학 졸업자의 보수보다 낮은 상태이다(Lindquist & Endicott, 1992). 게다가 교사들은 아직도 변호사, 사업체 중역, 그리고 비슷한 수준의 공식 교육을 받은 몇몇 다른 전문직 종사자들보다 훨씬 적은 보수를 받는다. 예를 들면, 교사인 당신과 비슷한 수준의 공식 교육을 받은, 회사 중역이 된 당신의 동창생은 연간 15만 달러의 연봉을 받을 것이고, 몇몇은 50만 달러 이상의 연봉을 받는 경우도 있을 것이다. 그럼에도 불구하고 지위 일관성 가설(status-consistency hypothesis)에 의하면, 한 집단은 그 성취(위신과 봉급)를 다른 집단의 성취와 비교하는 경향이 있으며, 비슷한 직업과 비슷한 교육 연한을 가진 사람들의 보상에 맞추려고 애쓴다(Corwin, 1970). 이것이 사실이라면, 우리는 교사들이 자신의 몫(lot)을 다른 사람들의 것과 비교하여 다소 불만족을 느낀다고 예상할 수 있다. 과거에는 이러한 불만이 교사 호전성(teacher militancy)의 중요한 이유가 되었으며, 몇몇 교사들에게 교직을 떠나도록 하는 동기를 부여하기도 하였다(Natale, 1993; Gonzales, 1995).

■ 지위 일관성 가설

이로 인해 교육 개혁에서 교사들은 주목의 대상이 되었고, 봉급을 인상하도록 학교구에 압력을 넣어 왔다. 낙관적인 계획이 항상 이행되었던 것은 아니지만(Ornstein, 1990), 교사들과 다른 고등교육을 받은 집단 간의 소득 격차는 줄어들기 시작할 것이다. 교직 단체들의 도움과 함께, 교육의 기준을 높여야 한다는 압력과 연결되어 교사들은 계속해서 상승된 지위를 경험해야 할 것이다.

■ 상승하고 있는 교사의 지위

다시 한 번 생각해 보기

앞에 제시된 전문직의 특성–정의된 지식 체계, 자격증과 입문의 통제(조절), 결정과정의 자율성, 또는 높은 위신과 경제적 지위–중에서 어느 것이 여러분의 개인적인 전문직 정의에 가장 중요한가? 이들 영역에 있어서 교직이 다른 전문직에 뒤떨어져 있다는 사실이 여러분에게는 중요한가? 왜 그런가? 또는 왜 그렇지 않은가?

전문성을 향한 추세

우리가 보아 온 것처럼, 비록 가르치는 일이 아마도 완전히 전문화된 직업으로 여겨지지 않고 있다 할지라도 어떤 추세(trends)는 그것이 그 방향으로 움직이도록 도와왔다. 예를 들면, **단체 협상**은 교실 활동에 대한 교사들의 의사결정 권한을 향상시킬 수 있다. 전문화된 수업을 향한 장기적 추세의 여러 다른 주요한 면들을 살펴보자.

단체 협상의 범위

1980년 무렵 교사들은 미국 대부분의 지역에서 자신들의 대표자들로 하여금 공식적으로 고용주와 교섭을 하도록 하는 권리를 획득하였다. 만약 여러분이 공립학교에 다녔다면, 여러분의 선생님들의 계약은 아마도 단체 협상을 통하여 교섭되었을 것이다.

단체 협상의 정도와 성격은 이를 허용하거나 금지하는 법이 없는 상태에서 수행된 교섭부터 파업 권리에 의해서 뒷받침되는 전면적인 계약 교섭에 이르기까지 다양하였다. 이와 대조적으로 사립학교에서는 단체 협상이 없다.

■ 단체 협상은 전문직의 활동인가?

어떤 면에서 단체 협상은 비전문적이거나 혹은 반전문적인 활동으로 여겨질 수도 있다. 예를 들면 법, 의학, 또는 성직의 경우 단체 협상이 고용 조건을 결정하는 조직에서 일하는 전문가는 거의 없다. 그렇기는 하지만 단체 협상은 교사들에게 근무 조건과 교사로서의 효율성을 결정할 수 있는 더 큰 권한을 부여함으로써 교직의 전문성을 상당히 높일 수 있다.

■ 단체 협상의 초점 변화

단체 협상은 봉급 문제 이외의 다른 관심사(concerns)에 점차 영향을 미치고 있다. 오늘날에는 그 초점이 종종 동료 평가, 경력 계단, 성과급, 기준 설정, 학교 단위 책임 경영제 등에 집중되고 있는데(Fischer, 2003), 이 주제들은 나중에 논의될 것이다. 교사의 교섭 단체는 종종 전문직의 관심사와는 반대되는 최저 수입을 위한 문제를 제기하는 "밀고/당기기(push/pull)"라고 느낀다(Bolton, 2001). 앞으로는 학교 개혁 운동, 학교 재구조화, 그리고 교사 권한 부여(teacher empowerment) 등이 더 큰 책무성과 적대적 협상의 감소를 대가로 교사들에게 좀더 많은 전문적 자율권, 교직 단체의 권한, 더 높은 보수를 주게 될 것이다. 이런 상태로 계속하면 단체 협상은 교육위원회와 교사들 간의 갈등을 해결하는 것을 넘어서서 교직의 전반적인 지위를 올리게 될 것이다(Zirkel, 2003; Keene, 1996).

전문직 실무위원회

■ 전문성 기준 설정

교육자들이 직업적인 실무 기준을 설정하는 데 있어서 완전한 자율권을 성취할 수 있을 것 같지는 않으나 그들의 역할은 증가해 왔다. 오늘날 두 주(메인 주와 사우스다코타 주)를 제외한 모든 주들은 **주 전문직 실무위원회**(state professional practice boards) 혹은 유사한 단체를 설립하였으며, 그 단체는 교사 자격을 위한 기준을 정한다. 이 위원회들은 최소 능력(minimum competency)을 위한 기준을 정의하고, 비전문적이거나 비생산적인 행동에 대하여 교사들을 질책하고, 극단적인 경우에 교사의 자격을 정지시킴으로써 교직의 질을 향상시킨다. 그렇기는 하지만, 이들 주 위원회 중에서 다수의 교사들로 구성된 위원회는 거의 없으며, 몇몇 주들은 위원회에 교사가 참여하는 것을 요구하지도 않는다(Wood, 2001).

■ NEA의 입장

National Education Association(NEA)은 전문직 실무위원회의 개념에 찬성해 오고 있으나, 실무위원회가 교사들에 의해 통제되어야 하며, 학교 행정가들과 대학 같은 다른 집단들에게는 최소한의 대표성만이 주어져야 한다고 믿는다. NEA는 변호사, 의사, 회계사처럼 교사들도 자신들의 직업을 관리할 수 있다고 주장한다(Harman, 2001).

■ 전국위원회

다른 교육자들은 주별로 설립되는 위원회들보다는 전국위원회를 지지한다. 이것이 American Federation of Teachers(AFT)의 일관적인 입장이었으며, 이는 많은 국가 특별전문위원회(national task force)들에 의하여 환영을 받아 왔다. 1장에서 언급했던 것처럼 Carnegie Corporation이 National Board for Professional Teaching Standards (NBPTS)의 설립을 도왔다. 지금 NEA는 이 단체를 지지하고 있는데, NBPTS 부서장들 중 2/3가 "수업 전문가들(teaching professionals)", 즉 교사노동조합, 교과협회, 수업을 잘 하는 것으로 알려진 교사들의 대표자이기 때문이다(Porter, 1990; Wise, 1994). 현재, NBPTS는 24개 자격증 분야에서 1만 6,000명 이상의 교사들에게 국가 자격증을 수여해 왔다. 결국에 그 프로그램은 40개 이상의 자격 분야를 망라할 것으로 예상된다. 비록 NBPTS 자격이 자발적인 것이고 고용 조건으로서 요구되는 것은 아니지만, 많은 교육자들은 지방 교육위원회와 교육감들이 교사들에게 국가 자격을 신청(지원)하도록 촉구하는 유인책을 개발하기를 바라고 있다. 49개 주가 이미 자격증 취득 비용이나 봉급 증액의 형태로 지원을 시작하였다. 국가위원회와 40개의 자격 분야에 대한 정보를 더 원하면 **new.nbpts.org**를 참조하라.

중재된 입문

중재된 입문은 근무 환경에서 성공적으로 전문적인 지식을 적용하는 방법을 배우는 데 도움을 주는, 신중하게 감독된 단계(stage)들을 통하여 전문직에 들어오도록 유도하는 관례를 언급한다. 예를 들면, 의사가 되고자 하는 사람은 1년 또는 그 이상 인턴으로 근무하고, 그리고 나서 레지던트를 거친 뒤에 완전한 자격을 갖춘 전문가로 인정받게 된다.

■ 신규 교사들에 대한 지원 부족

Dan Lortie는 사회학적인 관점에서 교사의 직무를 연구했고, 교직은 "임시로" 들어가는 것으로 특징지어진 직업들과 잠재적인 구성원들에게 어려운 요구 조건을 부과하는 직업 사이에 놓여 있다고 결론지었다. 예를 들면, 비서직의 지식과 기술(skill)은 의사나 심지어 간호사의 지식과 기술보다 상당히 덜 힘들다(Lortie, 1975). 더 신중하게 중재된 입문이 부족하다는 것은 새로운 교사들이 이전의 교육자들에 의하여 개발된 원리나 실무로부터 이익을 얻을 기회가 비교적 거의 없다는 것을 의미한다. 흔히 교사들은 교실에서 시행착오를 통하여 가르치는 방법을 배운다고 이야기한다. 또한 이들은 교직의 처음 몇 년은 분노와 외로움, 두려움, 그리고 마음의 상처조차 겪는 기간일 수 있다고 이야기한다(Farber, 1991; Grossman, 1990). 비록 거의 모든 직업이나 전문직이 처음에는 문제와 불안을 가져올 수 있기는 하지만, 좀더 체계적으로 중재된 입문은 아마도 스트레스를 어느 정도 완화시켜 줄 수 있을 것이다.

■ 임상적 환경으로서의 professional development school

더 많은 대학들이 교생실습 이전에 교사가 되고자 하는 학생들이 1년간 교실 경험을 하는 임상적 환경으로서(1장에서 설명했던) professional development school을 교사 양성 기관과 학교구는 professional development school에서의 조기 실습 경험, 멘토링과 상담 등을 통해 현직 입문시 신규 교사들의 스트레스를 줄일 수 있도록 노력하고 있다.

이용하고 있다. 이와 같은 다학기 접근법(multisemester approach)—중견 교사들과 대학 교수들의 지도하에 있는 실제 교실에서—은 교직(teaching profession)에로 좀 더 체계적으로 유도할 수 있다(Abdul-Haqq, 1997; Guskey, 2003).

■ 전이기간 설정

교직은 지금 입문기와 전이기의 필요성을 인식하고 있다. 교직에 들어온 처음 몇 년 동안은 수습 교사로 간주될 것이다. 1980년대 초 이래로 30개 이상의 주에서 주 차원의 안을 요구하거나, 이 목적을 위한 예산을 제공하고 있다. 오하이오 주의 톨레도와 같은 학교구에서는 수습 교사나 인턴 교사들에게 중견 교사들이 피드백과 도움을 제공하고 있다. 업무 능력 평가 접근법(performance-assessment approaches)은 신규 교사들이 가장 중요한 수업 기술을 숙달했는지를 결정하는 데 도움이 될 수 있다. 다른 지역들은 특별히 교육받은 멘토 교사를 배정하거나 지원 팀을 구성하여 신규 교사들, 특히 "성취도가 낮은" 학생들을 가르치도록 배정받은 교사들을 지원한다. 멘토 교사들은 신규 교사들을 돕기 위한 수업 시수 경감이나 수당을 받기도 한다. 많은 다른 학교구에서는 모든 교사들이 평가되지만, 기대와 연수기간은 수습 교사와 중견 교사에 따라서 달라진다(Wise et al., 1987). 몇몇 대학들은 직접적인 장학이나 직원 능력 계발을 통하여, 또는 둘 다를 통하여, 교사가 될 졸업생들을 위한 전이 지도를 제공한다. 전반적으로 좀더 신중하게 중재된 입문에 대한 추세는 계속될 것이다. "우수한 자격을 갖춘 교사들"을 요구하는 No Child Left Behind와 같은 연방 법과 마찬가지로 주요 교사 노동조합과 여러 교육 개혁 단체들은 이를 지지하고 있다(우리는 1장에서 우수 교사에 대해서 정의하고 논의하였다).

교직원 능력 계발

여러분의 교사 연수는 정규직으로 채용될 때 끝나는 것은 아니다. 교직은 엄격하고 끊임없는 훈련이 요구되고, 그것을 우리는 흔히 **교직원 계발**(staff development)이라고 언급하는데, 학교구의 교직원들을 위한 추가 교육과 연수를 의미한다. 시대에 발맞춘 준비를 하기 위하여, 그리고 새로운 학급 운영 기술을 얻기 위하여, 교사들은 전통적으로 다양한 종류의 현직연수에 참가해 왔다.

■ 변화에 보조 맞추기

NEA와 AFT는 교사의 전문적 성장에 꼭 필요한 것으로서 교직원 능력 계발의 개념을 지지한다. 미국의 교사들은 노령화 집단(an aging group)이며(평균 교사 나이가 50세이고 20년간의 경력을 가지고 있다), 상당수의 주들은 교사들에게 교사 자격증을 유지하려면 교직원 능력 계발 프로그램에 참가하도록 요구하고 있다. 10년 미만의 경력을 가진 젊은 교사들은 새로운 학위(대개는 석사 학위)를 취득하기 위하여 교직원 능력 계발 프로그램을 이용하는 경향이 있고, 한편 10년 이상의 경력을 가진 베테랑 교사들은 전문화된 워크숍이나 연수교육에 참가하는 경향이 더 많다. 수요가 높은 교직원 능력 계발 주제에는 학생들의 읽기와 쓰기 기술 향상시키기, 특수 교육 및 통합 교육 대상 학생 지도, 적극적인 학습 전략, 교육과정 조정, 학교 단위 책임경영제, 그리고 법적인 쟁점과 관심사 등이 있다.

■ 교직원 능력 계발의 중요성 증가

교직원 능력 계발을 위한 또 하나의 중요한 초점은 교육 관련 기술(technology)에 대한 교사들의 지식과 기능(skill)을 향상시키는 것이다. 이러한 노력은 문서 작업과 성적 계산과 같은 기본적인 컴퓨터 사용 능력을 가르치는 것에서부터 인터넷 자료, 상호작용적 비디오, CD-ROM, 그리고 원격 학습에 대한 좀더 정교한 사용법을 가르치는 것에 이르고 있다(Duffield, 1997; Norton, 2001).

AFT도 점차 증가하고 있는 중요한 교육연구 결과들에 교사들을 노출시킬 수 있도록 자체적으로 Educational Research and Dissemination(ER&D) 프로그램을 개발해 왔다. 일련의 대학 워크숍은 최신 연구와 실질적인 교실 적용을 탐색하고 있다. 종합대학들은 워크숍 지도자로 활동할 1,500명 이상의 교사들을 교육시켰고, 이러한 프로그램은 계속 증가하고 있다. "Technology @ School"이 설명하고 있는 바와 같이, 교사들도 역시 전문성 신장을 위하여 인터넷을 사용할 수 있다.

다양한 교직원 개발 프로그램은 교사들에게 자신의 교직 경력에 영향을 미칠 수 있는 의사결정에 자신의 목소리를 반영할 수 있도록 만들고 있다. 이 프로그램들은 또한 교직도 다른 완전한 전문직과 마찬가지로 장기적이고 계속적인 훈련이 요구된다는 개념을 확립하는 데 도움이 된다.

성과급

교사 보수(remuneration)에 있어서의 실질적인 변화가 진행 중에 있다. 점차 많은 수

■ 성과급에 대한 비판

TECHNOLOGY @School

인터넷상의 전문성 계발 기회

당신이 가르치는 일을 하려고 준비하고 있거나, 교실에서의 첫해를 경험하고 있거나, 또는 베테랑 전문가라 하더라도, 전문성 신장과 계발은 교직에서의 성공에 중요하다. 인터넷은 교사, 학생, 심지어 학부모들을 위한 풍부한 과학기술 자료들을 제공한다.

특히 신규 교사들은 보결 수업, 자격, 전문적 기대와 행동에 관한 정보뿐만 아니라 이력서 쓰기, 면접을 위한 조언과 같은 구직 정보가 필요하다. New-teacher.com(**www.geocities.com/Athens/Delphi/7862**에 있는)은 이 모든 주제들과 그 이상의 것을 망라한다. 신규 교사들은 또한 교실 조직, 게시판에 대한 아이디어, 수업 전략, 교육자들을 위한 자료, 심지어 평가 항목, 묶음 시간표, 그리고 학생들에게 동기를 유발시키는 것에 관한 유용한 정보를 **New-teacher.com**에서 얻을 수 있다.

자신의 인터넷 기능과 학생들의 인터넷 기능을 확장시키는 데 열심인 초보 교사들과 베테랑교사들은 Kathy Schrock의 "Guide for Educators-Internet Information"(**school.discovery.com/schrockguide/yp/iypabout.html**)을 볼 수 있다. 정보 찾기에 관한 개별 지도와 인터넷에 관한 자료를 얻으려면 "About the Net"을 클릭하라. "Graphics"를 클릭해서 어린이와 교사를 위한 오려 붙이기 조각 그림, Web graphics, 교육적인 목적을 위한 사진들에 접속해서 학교 관련 그래픽 사이트에 연결한다. 이것들은 이 사이트에서 활용할 수 있는 많은 자료들 중 몇 가지에 지나지 않다. 또한 신규 교사들은 **www.daisy7693@aol.com**에서 이용할 수 있는 Jennifer Cox의 "Annotated List of Useful Websites"를 방문할 수도 있다.

Kathy Schrock의 "Guide for Educators-Educational Resources Lists"(**School.discovery.com/schrockguide/dere.html**에 있음)는 조기 아동 교육자료들에 관한 특별한 항목뿐만 아니라 초등교사들이나 중등교사들을 위한 일반적인 교육자료가 풍부하다. 각 자료 분야는 추가 자료 사이트들과 연결되어 있고, 따라서 Schrock의 사이트를 탐색하는 것은 교사 자료를 위하여 인터넷을 항해하는 것을 쉽게 만들어 주고 있다. 덧붙여서 이 사이트는 전문직 개발, 학습 계획, 사고 기능(thinking skills), 학습센터, 특수 교육, 인터넷 프로젝트, 온라인 출판에 관한 정보들을 보유하고 있다.

신규 교사들을 도와주는 일에 관심이 있는 베테랑 교사들은 New-Teacher.com에 있는 "Mentoring New Teachers"를 클릭하면 훌륭한 전문성 계발 경험을 찾을 수 있을 것이며, 그곳에는 웹사이트와 listservs뿐만 아니라, 연구 요약, 멘토 프로그램을 개발하기 위한 아이디어와 새로운 교사 소개가 멘토 교사들에게 도움이 될 것이다.

의 교육위원회들이 **성과급**(우수한 업무 수행에 보답하기 위하여 기본급에 추가 지급하는 것)은 교사들에게 동기를 유발시키고, 수업 활동의 수월성을 촉진하는 비용 효과적인 방법이라는 입장을 취하고 있다. 그러나 교사노조와 다른 비평가들은 성과급 제도의 유보를 표명하고 있다. 몇몇이 주장하는 바에 의하면, 교사의 업무는 측정하기가 복잡하고 어려우며 성과의 평가는 흔히 주관적이 될 수 있는데, 특히 단 한 사람 –학교장– 의 손에 맡겨질 때 그렇다는 것이다(Brandt, 1992; Jacobson, 1995). 교사들과 전문직 단체들은 동료 평가에 대하여 더 편안함을 느끼고 있다. 몇몇 보고서에 따르면, 성과급이 시행될 때 교사들은 종종 정당하지 않은 사람이 우대 보수(preferential pay)를 받도록 선정되었다고 믿었다. 몇몇 관찰자들은 이러한 보상이 많은 교

Taking Issue	질문 개별적인 교사들은 성과를 바탕으로 해서 특별 봉급 인상을 받아야 하는가?	
성과급	**찬성**	**반대**
전통적으로 교사들은 가르친 햇수(연한)와 취득한 학위를 바탕으로 하여 보수를 받아 왔다. 그러나 최근의 방안은 수업 기술, 업무 습관, 지도력, 또는 학생 성취도에서 평균 이상이라고 고려되는 교사들에게 특별 수당을 제공한다.	1. 담당 학생들이 시종일관 성취도 평가에서 높은 점수를 받거나 건강한 사회적 태도를 갖고 있는 교사들은 탁월한 교사이거나 시민들에게 역할모형임에 틀림이 없다. 그런 교사들은 그들의 업적에 대하여 여분의 보상을 받을 만하다.	1. 성취와 사회적 태도에 관련된 요인이 너무 다양해서 가정, 사회적 계층, 동료 집단 영향으로부터 교사의 기여도를 구분하는 것은 불가능하다.
	2. 자신의 학생들에게 창조적이고 흥미 있는 교육 경험을 제공하고, 수업 준비를 열심히 하며, 학생들에게 자신만의 시간을 많이 할애하는 교사들도 특별한 보상을 받을 자격이 있다.	2. 열심히 일하는 것은 측정 가능할 수도 있겠지만, 많은 "창조적인" 활동들은 반드시 좋은 수업과 상호 관련되지는 않는다. 만약 창조성이 기준이라면 성과급은 학생들의 학습에 대해서가 아니라 교사의 명백한 창의력에 대해서 보상될 수도 있을 것이다.
	3. 성과급은 교사들에게 다양한 교수 방법을 개발하고, 사고에 있어서 더욱 독립적이 되며, 교과서나 교사용 지도서를 능가하도록 장려함으로써 교직 순응주의를 완화시킬 수 있다.	3. 교사의 성과를 평가하는 사람들은 무의식적으로 학교구의 정책에 도전하지 않고 혁신적인 방법으로 학교의 안정성(stability)을 위협하지 않는 것처럼 보이는 사람들에게 호의를 보일 것이다. 그러므로 성과급은 복종을 조장한다.
	4. 몇몇 성과급 계획은 교사들에게 7만 5,000달러 이상을 벌어들이도록 한다. 기본 봉급 이상을 벌 수 있는 이러한 기회가 없다면, 능력 있고 야심 있는 사람들은 기업체와 같은 성과급을 많이 지급하는 직업을 선택할 것이다.	4. 기업체들은 제품의 가격을 올림으로써 과도한 성과급 보상을 상쇄할 수 있지만 학교들은 세금을 올려야 한다. 납세자들은 종종 그러한 보상을 지지하지도 않고, 지지할 수도 없다.
	5. 성과급은 교사들이 업무 능력을 향상시키도록 하는 자극제로서의 역할을 함으로써 교직의 우수성을 촉진한다. 각 교사는 더 나은 수업 방법과 학생 복지에 더 높은 관심을 갖도록 격려된다. 비즈니스와 대부분의 다른 전문직들은 그와 같은 동기 요인을 제공하는데, 교직에서는 왜 안 되는가?	5. 정의에 의하면, 성과급은 오직 소수에게만 돌아간다. 그와 같은 계획은 충분한 직책의 부족으로 인해서 기회를 놓친, 동등하게 자격을 갖춘 교사들을 불리하게 한다. 더구나 성과급을 위한 경쟁은 교사들이 서로 겨루게 하고, 정치적 게임을 조장하며, 좋은 교육에 필수적인 동료 간의 협력을 파괴한다.

사들을 희생시키면서 비교적 극소수의 교사들에게 돌아가며, 교육자들 사이의 단결과 동료 간의 협력 관계를 위협할 것을 염려한다. 더구나 성과급 예산은 흔히 불충분해 왔다. 필요한 것은 소수의 봉급 인상 및 교사들을 서로에게 대항하여 경쟁하도록 하는 것이 아니라, 모든 교사들의 봉급을 인상하는 것이다. "Taking Issue"에서는 성과급의 찬성과 반대에 대한 논쟁이 제시되어 있다.

■ 경력 계단

논란이 계속되고 있는 와중에도 성과급의 개념은 많은 학교구들과 주 전체로 퍼져 나가고 있다. 오늘날 성과급은 가끔 경력 계단 프로그램과 연결되는데, 이 경력 계단 프로그램은 교사가 진급할 수 있는 명확한 단계들을 만든다. 1991년에 노스캐롤라이나는 "보수 차등화(differential pay)"라고 불리는 주 차원의 성과급을 시행하였으며, 이로 인해 지역 학교구들이 성과나 추가 책임을 토대로 해서 교사들에게 할당된, 그들의 정상 봉급의 3%까지 더 받았다. 전반적으로 교사들의 봉급 상한선을 높이고 성과를 토대로 한 차별(distinctions)을 두려는 추세는 더 우수한 학생들을 교직으로 끌어들일 것이고, 훌륭한 교사들이 다른 분야의 경쟁력 있는 봉급을 좇아서 교실을 떠나는 일을 막아 줄 것이다.

학교 단위 책임경영제

■ 학교 수준에서의 의사결정

우리가 보아 온 것처럼, 많은 교육 개혁안은 교사 권한 부여—자신의 일과 경력에 영향을 미칠 수 있는 결정에 교사의 참여를 높이는 것—를 포함하고 있다. 이 중 하나가 **학교 단위 책임경영제**인데(학교 단위 의사결정 또는 협동적 의사결정으로도 알려져 있음), 교육감이나 교육위원회보다는 개별 학교가 교과 과정, 수업, 교직원 개발, 예산 분배, 교직원 인사에 관한 많은 결정을 하는 체계이다. 학교 교사들, 행정가들, 그리고 흔히는 학부모들이 함께 학교의 미래를 위한 계획을 개발한다.

■ 전문가로서의 교사

학교 단위 책임경영제의 기초가 되는 가정은 책임과 결정을 공유한 사람들은 자신들이 하고 있는 일에 믿음을 가질 것이고, 공동의 목적을 향하여 더욱 효과적으로 일하게 될 것이라는 것이다. 이러한 개혁은 교사는 전문가이며, 계획을 작성할 때 이들의 능력을 활용해야 한다는 것을 인정하고 있다. (1장에 제시한) 플로리다 주의 데이드 카운티, 뉴욕 주의 로체스터 카운티에서의 개혁안은 학교 단위 책임경영제를 상당 부분 포함하고 있다. 비슷한 안을 가진 다른 학교구로는 루이스빌, 시카고, 덴버, 로스앤젤레스, 필라델피아, 볼티모어 등이 있다.

■ 참여하고자 하는 의사

학교 단위 책임경영제의 운명은 특히 교장과 교사들 간의 관계, 교사들이 자신들의 행동을 이끌어 나가겠다는 의지, 그리고 교사들이 문제를 해결하고 합의에 이르는 데 기꺼이 할애할 수 있는 시간의 양에 달려 있다. 학교 단위 책임경영제의 옹호자들은 대부분의 교사들이 참여의 증가를 환영하며, 교사의 사기와 전반적인 학교 분위기가 극적으로 개선되었다고 주장한다(Apodaca-Tucker, 2002).

■ 학교 단위 책임경영제에 대한 비판

비평가들은 협동의 결과가 항상 유용한 것은 아니라고 주장한다. 학급 경영, 필요한 기자재, 일상적인 사무, 업무 조건 등과 같은 매일매일의 수업 관련 문제들을 논의하는 데 상당한 시간이 소요되고, 그러므로 학교 효과성이라는 더 큰 문제를 위한 시간이 거의 남지 않는다고 그들은 말한다. 게다가, 일부 행정가들은 리더십의 공유를 위한 훈련을 받지 않은 교사들은 협동이 아닌 적대적인 단체 교섭 자세로 되돌아갈

In This Case

학교 단위 의사결정 팀

휴식시간 동안 교사 휴게실에서, 1년차 교사인 Anna Solemini는 동료 교사들이 최근의 직원 연수일에 관하여 얘기하는 것을 들었다. 학교 운영진이 제공하는 유용한 연수 프로그램이 부족한 것에 불평이 집중되었다. 중견 교사인 Julia Smith는 "왜 그들은 우리 모두를 앉혀 놓고 학습 스타일에 관한 또다른 발표를 듣게 했을까요? 우리 대부분은 적어도 세 번이나 그것을 들었는데!"라고 의문을 제기했다.

또다른 고참 교사인 Robert Garza는 "나는 그들이 전문성 계발을 위하여 우리가 원하는 것이 무엇인지에 좀더 주의를 기울여 주었으면 좋겠어. 나는 우리 그룹이 요구했던 하나의 주제도 기억할 수가 없어. 학교 단위 의사결정 팀은 계속해서 우리가 봄에 완성한 조사를 무시하고 있는 것 같아. 나는 교사들의 기술 사용을 향상시킬 수 있는 도움을 요청했다고 알고 있어. 내 두 친구는 교실 관리(운영)에 관한 도움을 요청했어. 학습 스타일은 그것에 대하여 어느 정도 관계가 있기는 하겠지만 정곡을 찌르는 것은 아니야."라고 말했다.

다른 한 교사는 Anna가 여러 다른 견해들 중 몇 가지를 이해하는 데 도움이 되는 중요한 점을 덧붙였다. 그녀는 학교 단위 의사결정 팀이 전문성 계발을 위한 주제들을 결정했으며, 아마도 교사들로부터 나온 아이디어들은 그 팀에게 잘 제시되지 않은 것 같다고 설명했다. 교사들은 실질적인 조사 일람표가 만들어져서 그 팀에게 제시되었는지 알고 싶어했다. 결국에 그들 각자는 이번 가을의 전문성 계발을 위한 두 가지 주제를 선택하기 위하여 지난 봄에 조사를 마쳤다. 전문성 계발을 위한 그들의 의견을 요청한 것이 교사들에게 전문가로서 권한을 부여하는 한 방법이라면, 조사 결과를 무시하는 것은 그와 동등하게 교사들을 비전문화하는 방법이라고 그녀의 새로운 동료들은 의견을 표현했다.

학교 단위 의사결정 팀의 다른 역할들 중 몇 가지에 관하여 들은 후에, Anna는 학교 단위 의사결정 팀에서 일하는 것이 학교에 도움이 될 수 있다고 생각하기 시작했다. 그 경험은 또한 그녀의 전문성 신장에 도움이 될 수도 있을 것이었다. 그녀는 Julia에게 어떻게 관여할 수 있는지 물었다. Julia가 말했다. "걱정 마세요. 당신이 여러 해의 경험을 쌓고 다른 교사들에게 영향을 미칠 수 있을 때까지, 행정당국은 당신을 그 직책에 고려하지조차 않을 거예요."

"그러나 나는 교사들이 학교 단위 의사결정 팀에 선출된다고 생각했어요."라고 Anna가 말했다. "교사들은 어떤 요인들이 중요하다고 여기나요?"

"내가 이미 지적한 똑같은 항목들이지요. 경험과 영향력 말이에요."

"그러나 나는 그것이 나와 같은 신규 교사들에게는 좋은 학습 경험일 될 수 있다고 생각해요."라고 Anna가 말했다.

"저, 내 생각에는 당신이 학교 단위 의사결정 팀에서 일을 맡지 않는다 하더라도 이 첫 한 해는 아마도 충분히 어렵다는 것을 알게 될 겁니다. 만약 당신이 그 모든 회의에 참석할 시간이 있고 정말로 이것을 하고 싶다고 믿는다면, 우리 교장선생님과 동료 교사들에게 그 사실을 알리도록 하세요. 다만 너무 이상적이 되지 않도록 하세요. 분명히 당신은 최근 교육을 받은 결과 많은 새로운 아이디어들을 가지고 있을 테지만, 현실 세계에서의 결정은 좀 더 까다롭거든요."

질 문

1. 학교 단위 의사결정 팀에 합류하려고 노력하기 전에 Anna는 어떤 추가 정보를 구해야 할 것인가?
2. 오직 중견 교사들만이 학교 단위 의사결정 팀에서 활동하도록 선택되거나 선출될 것이라는 Julia의 견해에 대해서 어떻게 생각하는가?
3. 왜 몇몇 교사들은 학교 단위 의사결정 팀에서 활동하는 것에 반대할 가능성이 있는가?
4. 당신의 견해로는, Anna의 계획이 교사 휴게실에서의 불평보다 더 효과적일 것 같은가, 혹은 덜 효과적일 것 같은가?

수 있을 것이라고 주장한다(Radnofsky, 1994; Hankin et al., 2000). 게다가, 몇몇 학교구들은 학교 단위의 결정 과정에 학부모들이 의미 있게 참여하도록 하는 것이 어렵다는 것을 발견하였다.

학교 단위 책임경영제를 확대하는 것은 기대의 차이를 해결하려는 의지와 인내심이 필요할 것이다. 그러나 일단 시행되면 의사결정권의 공유는 교사들에게 권한을 부여하는 데 도움이 될 것이고 이들의 전문적 지위를 더욱 강화시켜 줄 것이다.

다시 한 번 생각해 보기

교직에서 전문성이 점차 증가하고 있는 것이 당신에게 어떤 영향을 미칠 것이라고 생각하는가? 신규 교사들을 도우려고 상당한 노력을 기울이는 학교의 일자리를 구하려고 하는가? 당신은 의료직에서와 유사한, 완전한 전문 교사가 되기 전에 인턴과 레지던트 교사 수준이 있는 중재된 입문 프로그램을 선호하는가? 당신은 학교 단위 책임경영제의 리더십 공유를 효과적으로 수행하기 위하여 어떻게 자신을 준비시킬 것인가?

교사 단체

■ NEA와 AFT

비록 오늘날의 근무 조건에 개선이 필요한 면이 있기는 하지만, 교사들이 한때 견뎌야 했던 구속과는 상당히 대조적이다. 예를 들면, 1922년의 위스콘신 주의 교사 계약은 여성 교사에게 데이트, 결혼, 8시 이후 외출, 흡연, 음주, 아이스크림 가게에서 서성거리기, 머리 염색, 마스카라나 립스틱 사용을 금지했다. 교직이 전문직으로 발전하는 데 있어서 중요한 요인은 교사들을 위한 전문직 단체의 성장이었다. 가장 주요한 두 단체인 National Education Association(NEA)과 American Federation of Teachers(AFT)는 일반적으로 라이벌로 여겨지며 회원, 인지도, 권력을 얻기 위하여 경쟁하고 있다. "Overview 2.1"은 이 두 단체 사이의 주요한 차이점들을 요약하고 있다. 일부 교육자들은 이러한 분열이 건강한 전문적 경쟁을 낳을 수 있다고 믿고 있기는 하지만, 그것이 교직에 유해한 것—힘의 분산과 자원 낭비—이라고 여기는 사람들도 있다. 또다른 사람들은 하나의 통합된 목소리로 교사들을 대변하지 않는다면 교사들이 완전한 전문적 지위를 얻지 못할 것이라고 주장한다.

■ 단체 구성원의 혜택

당신이 선호하거나 가입하고 싶은 교사 단체가 어느 것이든지 상관없이, 중요한 단계는 헌신적이고 적극적인 구성원이 되는 것이다. 단체의 회원 자격은 당신 자신의 전문성을 높여 줄 것이고 당신에게 동료 관계를 얻도록 해줄 것이다. 당신의 지지는 또한 많은 교사들의 봉급, 근무 조건, 복지 혜택을 개선하는 데 도움이 된다. 또한 대부분의 전문 단체들이 발행하는 저널, 잡지, 또는 소식지를 읽는 것은 교육 분야의 최근 동향과 보조를 맞출 수 있을 것이다.

[Overview 2.1] NEA와 AFT의 비교

	NEA	AFT
총회원 수	270만 명	100만 명
일선 교사	220만 명	50만 명
회장	Reg Weaver	Sandra Feldman
회장의 임기	2년(최대 6년까지 가능)	2년(임기 제한 없음)
조직관	전문직 조직	AFL-CIO에 가입한 노조
조직의 분위기	비교적 공식적(사무직)	비교적 비공식적(노동직)
주요 근거지	교외 및 농촌 지역	대도시 및 중간 규모의 도시

National Education Association(NEA)

■ NEA의 회원

NEA는 많은 지역, 주, 전국 수준에서 교육에 관여하는 복잡하고 다면적인 단체이다. AFT와는 달리, NEA는 전국적 수준에서 교사들과 행정가들 모두를 포함한다. 표 2.1에서 보여 주는 것처럼 회원 수는 2003년에 총 270만 명에 이르렀다. 2002년 NEA 회원들 중 일선 교사의 수는 200만 명 이상이다. 이 숫자는 전국 270만 공립학교 교사들의 3/4을 차지한다. 주로 그 회원이 교외 지역과 시골 지역에 있는 NEA는 미국에서 다섯 번째로 큰 압력단체이다. 주 지부들은 대개 가장 영향력 있는 주 수준의 교육 압력단체에 속한다.

■ NEA의 서비스

NEA는 광범위한 전문적 서비스를 제공하고 있다. 연구 부서는 해마다 교직의 지위에 관한 연구를 시행하며, 또한 연례적으로 연구 보고서와 여론 조사 결과를 발행한다. NEA의 주요 간행물은 월간 신문인 「NEA Today」이다. 또한 50개 주의 지부 대부분이 월간지를 발행한다.

표 2.1 NEA와 AFT의 회원 수

연도	NEA 회원 수	AFT 회원 수
1960	714,000	59,000
1970	1,100,000	205,000
1980	1,650,000	550,000
1990	2,050,000	750,000
1995	2,200,000	875,000
1998	2,300,000	950,000
2003	2,700,000	1,000,000

출처: "The AFT Soars", *The 1988-90 Report of the Officers of the American Federation of Teachers* (Washington, D.C.: AFT, 1990), p.15; *NEA Handbook, 1986-87* (Washington, D.C.: NEA, 1986),Table 4, p. 142; *NEA Handbook, 1994-95* (Washington, D.C.: NEA, 1995), Table 1, p. 164; *NEA Handbook, 1997-98*, Table 1, p. 166; **http://www.nea.org/aboutflea/faq.html** (2003).

American Federation of Teachers(AFT)

■ AFT의 회원

1916년에 창립된 AFT는 AFL-CIO 노동단체에 가입하고 있다. 원래는 일선 교사들에게만 개방되었지만 1976년에 회원 수를 증가시키기 위하여, AFT는 간호사와 같은 전문직 학교 직원과 식당 직원, 시설 관리인, 운송 노동자 등과 같은 비전문직 학교 직원들을 목표로 하였다. 2003년에 회원 수는 100만 명을 막 넘어섰는데(표 2.1), 그 중에서 50만 명이 교사이다.

■ AFT의 서비스

과거에는 AFT가 NEA보다 연구와 출판 지원이 저조하였으나, AFT는 전문 잡지인 「American Educator」를, 그리고 월간 신문인 「American Teacher」를 발행한다. 또한 지방의 지부들도 역시 각자 월간 소식지를 발행한다. NEA와는 달리, AFT는 항상 그 회원들에게 지방, 주(총 22개 주), 전국 단체에 동시에 가입하도록 요구해 왔다.

■ AFT와 교사 호전성

AFT는 1960년대와 1970년대에 빠르게 확장되었으며, 그 당시 지부들은 교사 파업과 그 외 호전적인 행위의 선봉에 섰다. AFT는 노동조합들이 전통적으로 활성화되고, 호전적인 전술이 흔하며, 일반적으로 교사들이 자신들을 대표하는 강력한 단체를 원해 왔던 많은 대도시 지역에서 지배적인 교사 단체가 되었다. 노동조합의 전술이 지지를 덜 받았던 농촌과 교외 지역에서는 NEA가 우세하다.

NEA와 AFT 이외에도 325개 이상의 전국 교사 단체가 존재한다. 다음 절에서는 그 기본적인 형태 중 몇 가지를 다룬다.

다시 한 번 생각해 보기

NEA와 AFT의 목적과 활동 중에서 어느 쪽이 더 당신의 흥미를 끄는가? 왜 그런가?

특화된 전문 단체

■ 교사 관련 단체

근무 현장인 교실에서, 교사들(그리고 교육 대학생들)에게 가장 도움이 되는 전문 단체는 대개 자신들의 전공 분야에 초점을 두는 단체이다. 그와 같은 교과 중심의 전문 단체는 비슷한 관심을 가진 교사들을 위한 모임의 장을 마련해 준다. 이 전문 단체들은 관례적으로 지역 모임과 전국 모임을 제공하고, 최신의 수업 기법을 제안하며, 해당 학문 분야에서의 최근의 논쟁점을 열거하고, 현행 연구와 실제와의 관계를 요약하는 전문 잡지를 제공한다. "Overview 2.2"의 왼쪽 난은 구체적인 교과에 초점을 두는 15개의 주요 단체들을 제시하고 있다.

■ 학생 관련 조직

전국 단위의 또다른 단체들은 특정 종류의 학생들의 욕구와 권리에 초점을 맞추며, 이 어린이들과 청소년들이 잘 준비된 학교 직원들에 의해 교육을 받을 수 있도록 보장하고 있다. 이러한 15개 단체들이 "Overview 2.2"의 오른쪽 난에 제시되어 있다. 이 단체들은 지역 모임과 전국 모임을 열고 월간 및 계간 저널을 발간한다.

[Overview 2.2] 교사들을 위한 특화된 주요 전문 단체

특정 교과에 초점을 두는 조직	학생 또는 나이에 초점을 두는 조직
1. American Alliance for Health, Physical Education, Recreation and Dance	1. American Association for Gifted Children
2. American Council on the Teaching of Foreign Languages	2. American Association of Workers for the Blind
3. American Industrial Arts Association	3. American Association for Asian Studies
4. American School Health Association	4. American Montessori Society
5. American Vocational Association	5. American Speech-Language-Hearing Association
6. Association for Education in Journalism	6. Association for Childhood Education International
7. International Reading Association	7. Association for Children with Learning Disabilities
8. Modern Language Association	8. Council for Exceptional Children
9. Music Teachers National Association	9. Music Teachers National Association
10. National Art Education Association	10. National Art Education Association
11. National Business Education Association	11. National Business Education Association
12. National Council for the Social Studies	12. National Council for the Social Studies
13. National Council of Teachers of English	13. National Council of Teachers of English
14. National Council of Teachers of Mathematics	14. National Council of Teachers of Mathematics
15. National Science Teachers Association	15. National Science Teachers Association

■ 기타 전문 단체

또다른 유형의 단체는 Association for Supervision and Curriculum Development와 Phi Delta Kappa 같은 다양한 교과 및 학생들과 관련된 전문 단체이다. 이 단체들은 혁신적인 수업 실제를 강조하고, 전체 교육 분야에 영향을 미치는 새로운 흐름과 정책들을 설명하며, 광범위한 회원을 가지고, 일반적으로 교직의 발전을 위해 노력한다.

종교적인 교육 단체

■ 종교 교육 조직

유치원에서 중등학교까지 대략 37만 5,000명의 사립학교 교사들이 있는데, 그 중에서 13만 5,000명이 종교적인 교육 단체에 속해 있다. 가장 큰 종교 교사 단체들 중 하나는 National Association of Catholic School Teachers(NACST)인데, 이 단체는 1978년에 창립되었고, 현재 주로 대도시에 거주하는 5,000명 이상의 교사들로 구성되고 있다. 가톨릭 K-12 학교 교사들 중 NEA나 AFT에 속해 있는 교사는 거의 없다.

가장 크고 오래된 가톨릭 교육 단체는 National Catholic Education Association인데, 8,146개의 기관과 20만 명의 가톨릭 교육자들로 구성되어 있다. 대부분의 회원들은 교장, 장학 담당자, 또는 교육감으로 재직하는 행정가이다. 회원인 교사는 거의 없다(Wunder, 2001).

학부모-교사 단체

학부모-교사 단체는 지방, 주, 전국 수준에서 교육 문제를 해결하는 데 있어서 학부모들과 교사들이 함께 노력하기 위한 토론의 장을 제공한다. 교사로서 당신은 학부모-교사 단체에서 적극적인 역할을 할 수 있으며, 교육과정과 교육 프로그램, 학생 정책, 그리고 학교-지역 사회 관계에 관하여 학부모들과 함께 활동할 수 있다.

■ 사친회의 회원

이들 중 가장 대표적인 단체는 1897에 창립된 사친회(Parent-Teacher Association: PAT)로 2003년에 전체 50개 주에서 54개의 지부와 2만 3,000개의 분회를 가지고 있으며, 655만 4,000명의 회원들(대부분 어머니들)로 이루어진 단체이다. 각 PTA 분회는 해당 학교와 지역 사회의 실정에 맞는 조직 형태 및 서비스를 만들어 낸다. (일부 분회에서는 학생들의 참여를 강조하기 위해 PTSA를 사용한다.) PTA 회원 자격은 어린이와 청소년의 복지를 증진시키고, 교사, 학교와 더불어 일하며, PTA의 목표를 지지하는 데 관심이 있는 사람이라면 누구에게나 개방되어 있다. 「Our Children: PTA Today」와 「What's Happening in Washington」은 이 연합회의 공식적인 월간지이다. PTA 웹사이트(www.pta.org)의 "Where We Stand" 난은 온라인 기자실(press room)과 법률 정보를 제공한다.

■ 전국 단위 PTA의 활동

미국에서 가장 큰 어린이 옹호 단체로서, 전국 PTA는 계속해서 사회와 어린이의 요구 변화에 따르는 어린이 복지를 평가하고 있다. 수년 동안 전국 PTA는 텔레비전에서 폭력을 줄이고, 어린이용 텔레비전 프로그램의 질을 개선하기 위하여 활동해 왔다. 이 단체는 또한 학교 교육을 개선하고 학교와 도서관 자료 검열에 대항하여 싸우는 것뿐만 아니라 독서, 도시 교육, 성교육과 에이즈 교육, 어린이 영양과 안전 교육, 그리고 약물 남용 방지와 관련된 활동적인 프로그램들을 전개하고 있다.

예비 교사들을 위한 단체

■ 교직 이해를 위한 도움

교사가 되고자 하는 학생들은 전문 단체에 가입할 수도 있다. 이 단체들은 당신이 질문에 대답하고, 교직을 조사하고, 전문적 윤리, 기준, 교육(training)에 대한 이상을 형성하고, 지역과 전국 모임에서 다른 학생들과 교육자들을 만나며, 교직의 최근 동향을 따라잡도록 하는 데 도움을 줄 수 있다.

"Overview 2.3"에는 학생들이 가입할 수 있는 전문 단체들의 목록이 제시되어 있다. 이 단체들에 가입하는 데 관심이 있으면 교수들에게 적절한 정보를 요청한다. 일부 단체들은 학생 회원에게 회비를 받기도 한다. 당신의 대학 도서관은 각 단체의 저널을 갖추고 있을 가능성이 가장 크다. 각 호의 첫 페이지 또는 두 번째 페이지에 회원 등록을 위한 정보와 비용 그리고 인터넷 주소가 제시되어 있다.

[Overview 2.3] 학생들이 가입할 수 있는 전문 단체

단체명과 위치	회원 구성과 회원 수	초점	주요 저널
Student National Education Association Washington, D.C. **www.flea.org**	학부생 4만 6,000명	예비 교사, 교직에 대한 이해, 책임 정도	*Tomorrow's Teachers* (연감), *NEA Today* (월간)
Pi Lambda Theta, Bloomington, Ind.	학부생, 대학원생, 교사, 행정가 1만 1,500명	명예 단체, 수업	*Educational Horizons* (계간)
Phi Delta Kappa, Bloomington, Ind. **www.pdkintl.org**	학부생, 대학원생, 교사, 행정가, 교수 13만 명	명예 단체, 연구, 서비스, 리더십과 수업, 쟁점, 경향과 정책	*Phi Delta Kappan* (월간), *Fastbacks* at reduced rates
Kappa Delta Pi, Lafayette, Ind. **www.kdp.org**	대학원생, 교사, 행정가, 교수 2만 9,700명 학부생 2만 5,300명	명예 단체, 수업	*Educational Forum* (계간), *Kappa Delta Pi Record* (계간)
American Educational Research Association, Washington, D.C. **http:aera.net**	대학원생, 교수 2만 2,500명 학부생 4,500명	연구와 실제 적용	*Educational Researcher* (격월간), *American Educational Research Journal* (계간), *Review of Educational Research* (계간), *Educational Evaluation and Policy Analysis* (계간)

다시 한 번 생각해 보기

- 이 장에 제시되어 있는 전문 단체들 중에서 당신은 어느 것에 가장 관심이 있는가? 나중에 가입하는 것이 도움이 될 것 같은 단체는 어느 것인가?
- 당신이 관심을 갖고 있는 전문 단체에 대한 정보를 좀더 얻으려면 어떻게 해야 하는가?

요 약

❶ 아직 완전한 전문직은 아니지만 교직은 전문직이 되어 가는 방향으로 이동하고 있다는 것은 일반적으로 동의되는 사실이다.

❷ 단체 협상은 교사들에게 근무 조건과 교사로서의 효율성을 결정할 수 있는 더 큰 권한을 부여하는, 교직의 필수적인 부분이다.

❸ 많은 교육 동향(trends)이 교사 전문성의 수준을 높이고 있다. 예를 들면, 주 전문직 실무위원회와 National Board for Professional Teaching Standards는 교사들

에게 교직에 들어오는 기준을 설정하는 일에 참여할 수 있게 한다. 중재된 입문과 교직원 개발 프로그램은 가르치는 일이 장기적이고 계속적인 교육을 요하는 어엿한 전문직이라는 생각을 확립하는 데 도움을 준다. 성과급과 학교 단위 책임경영제는 봉급 인상과 좀더 전문적인 책임을 갖는 기회를 제공한다.

❹ NEA와 AFT는 지금 대다수의 현장 교사들을 대표한다. 이 단체들은 교사들의 봉급과 근무 조건을 개선해 왔고, 학교에서 가르치는 일과 배우는 일에 영향을 미치는 결정에 교사들이 더 큰 목소리를 낼 수 있도록 해주었다.

❺ 많은 전문 단체들은 학부생들이나 대학원생들과 교사들에게 개방되어 있다. 모든 단체들이 다양한 경력 수준의 교육자들에게 가치 있는 정보와 서비스를 제공한다.

제2부

역사적 기초와 철학적 기초

제3장
미국 교육의 세계사적 기원

제4장
교육의 철학적 기원

제5장
교육의 선구자들

제6장
미국 교육의 발전사

3 미국 교육의 세계사적 기원

교사로서 직면하게 되는 각종 쟁점들에 대한 건전한 관점을 갖기 위해, 이 장에서는 교육과 학교 교육이 어디서 기원하고 어떻게 발달해 왔는지, 그리고 어떻게 현재의 상황에 이르게 되었는지를 살펴본다. 가장 긴급한 교육 현안일지라도 그 역사적 기원을 고찰하지 않는다면 그에 대한 이해가 부족하게 된다. Bradley 위원회의 주장처럼, 학생들은 '세계의 여러 민족들이 남긴 다양한 문화유산을 경험하고 미국과 다른 나라의 제도를 형성해 온 정치적 · 종교적 · 사회적 사상들의 기원과 변화에 대해 이해해야 한다.' 이 장의 "In This Case"에서는 서구 교육의 기원에 대한 이해가 오늘날 교사의 일상적인 교육 활동에 어떤 도움이 될 수 있는 방법에 대해 탐구한다.

이 장에서는 다양한 문화들이 어떻게 현 교육에 기여해 왔는지에 대해 조명한다. 세계적 관점을 견지하기 위해 중국, 인도, 이집트 그리고 서구 문화권의 교육 발달과정을 다룬다. 과거의 교육적 제도들과 실제적 교육의 흐름을 따라가면서 우리는 역사를 현재를 비추고 미래로 나아갈 방향을 제시할 수 있는 도구로써 활용하는 것이다.

역사적으로 교사들은 지식, 일반 교육, 학교 교육, 교수 학습의 본질에 대한 많은 문제들에 계속적으로 직면해 왔으며 이런 문제들은 아직도 미해결 상태에 있다. 학교 교육에 참여할 수 있는 개인 혹은 집단의 권리는 어떻게 변화해 왔는가? 성, 인종, 사회경제적 계층의 편견으로 인해 교육의 기회는 어떻게 제한되어 왔는가? 이 장을 읽으면서 다음의 질문들을 생각해 본다.

핵심 질문

- 주요 역사적 시점에서 지식, 일반 교육, 학교 교육, 교수 학습은 어떻게 정의되어 왔는가?
- 이 장에서 다루는 각 역사적 시점에서는 각각 교양인을 어떻게 정의했는가?
- 인종, 성, 사회경제적 요소들이 과거 교육의 기회에 어떻게 영향을 미쳤는가?
- 언제부터, 어떻게 학교 교육이 문화 전파와 변혁의 도구로 사용되었는가?
- 어떤 교육 내용, 어떤 교수 방법이 다양한 역사적 시기에 사용되었는가?
- 어떤 주요 교육자들의 관념이 근대 교육에 기여했는가?

In This Case

옛 것과 새로운 것

Eddie Albrecht는 말을 하면서 교실 복도를 왔다 갔다 하고 있었다. 그는 주요 전쟁들의 원인, 참전한 장군들 그리고 각 전쟁의 결과에 대해 아이들이 받아 적도록 했다. 걸어 다니면서 그는 학생들이 제대로 받아 적고 있는지를 확인했다. 그는 학생들이 이 내용을 모두 익혀 다음 주 시험을 준비하도록 했다.

Eddie의 가르치는 방법을 지켜본 Allredd 박사는 다음과 같이 말했다. "Eddie, 당신 교습 방법을 개선하는 방안을 생각했으면 좋겠군요. 당신은 Homer식의 교수 방법을 사용하고 있어요. 학생들에게 대부분의 정보를 말해 주는 것이죠. 아마 당신을 가르친 역사 선생님이 그런 방식을 썼나 보군요. 그런데 그 방법이 과연 당신에게 효과적이었나요?"

Allredd 박사는 계속해서 말했다. "다음번에는 Socrates식 교수 방법을 활용해 보세요. 수업 중에 질문을 하고 당신이 수업을 진행하기에 앞서서 학생들이 이미 알고 있는 지식을 끌어 내게 해 보세요. 또한 조별로 조사하고 그들이 발견한 점을 발표할 수 있도록 해 보세요."

"나는 박사님이 전통적인 교육 방식을 활용하라는 줄 알았어요." Eddie가 말했다.

"나는 당신이 어떻게 고대, 중세, 르네상스 시대의 교육자들이 교수 학습에 접근해 나아갔는지를 알았으면 했어요." Allredd 박사가 대답했다. "또한 당신이 왜 그 교육자들이 그런 방식을 사용했는지 이해했으면 했어요. 그렇다면 현대 교육이 어떻게 과거의 기술적인 면을 포함하고 있는지 알 수 있을 테니까요. 예를 들면 오늘날 학교 교육에서도 어느 정도의 암기는 필요하죠. 당신은 학생들이 몇몇 필수적인 내용들을 알아야 한다고 생각하겠죠. 또한 정부 당국에서도 학생들이 어느 정도의 기초 지식을 가지기를 원하고요. 하지만 그 내용 자체만이 답은 아니라고 봐요. 우리는 학생들이 고차원적인 사고를 할 수 있도록 도와줘야 해요. Erasmus가 그런 교수 방법을 사용했죠."

"Allredd 박사님, 어느 정도 알 것 같네요. 전 분명히 학창 시절에 역사 수업이 괴롭기도 했지만 수업의 대부분을 굉장히 즐겼거든요. 역사 수업 시간에 연구, 읽기, 쓰기를 했었죠. 전 제가 좋아하는 역사적 인물들에 대한 간행물을 읽는 것을 좋아했어요. 미국의 영웅들이 활동했던 역사적인 장소들로 현장 학습을 가는 것도 좋아했고요. 제 생각엔 이런 경험들이 저의 인문주의적이고 과학적인 접근을 가능하게 한 것 같군요. 저 역시 제 수업에 그런 접근 방식들을 반영했으면 좋겠어요. 이런, 만약 제가 아이들의 사고 능력을 강조해서 그것을 신장시키는 쪽으로 가르치려면 철저하게 계몽주의적이어야겠군요."

Allredd 박사는 웃었다. "Eddie, 좋은 생각이에요. 그리고 또한 오늘날 학교 교육의 목적과 당신 학생 개개인에게 어떤 교육이 효과적일지도 생각해 보세요. 과거에 했던 것들이 전부 오늘날 상황에 적합하지 않다는 점도 기억하시고요."

질 문

1. 가르치는 데 과거의 교육 접근 방식이 실제로 어떤 도움을 주고 있는가?
2. 오늘날 미국 교육의 목적은 무엇이라고 생각하는가?
3. 어떤 문화적 유산들이 오늘날 교육에 가장 큰 영향을 미쳤다고 생각하는지 설명하라.

문자 발명 이전 시대의 교육

■ 문화 전달

우리의 논의는 읽고 쓰기가 발명되기 이전, 우리의 조상들이 여러 세대에 걸쳐 문화를 구전하던 문자 발명 이전 시대로부터 시작된다. 우리는 가족 구성원 간의 정보 습득의 기원을 살펴보고 이것이 왜 오늘날까지도 큰 영향력을 발휘하고 있는지를 살펴볼 것이다. 우리는 컴퓨터를 활용하여 정보를 전자적으로 저장하고 검색하는 시대에 살고 있지만 문자 발명 이전 시대 교육에 대한 연구는 왜 학교가 학생들에게 생존 필수 기술을 가르침에 있어서만큼은 과거나 지금이나 별다른 변화가 없는지를 이해할 수 있도록 해준다.

■ 시행착오 학습

문자 발명 이전 시대에 살던 사람들은 가뭄과 홍수, 야생 동물, 그리고 호전적인 부족들과 대항해야 하는 환경에서 살아 남기 위한 문제들과 직면했다. 시행착오를 거쳐 그들은 생존 기술을 발달시켰고 그것이 시간이 지나면서 문화적 유형으로 변했다.

문화가 지속되기 위해서는 반드시 그것이 어른 세대로부터 아이들 세대로 전승되어야 한다. 문화 적응을 통해 아이들은 집단의 언어와 기술을 배우고 집단의 도덕적 · 종교적 가치를 받아들이게 된다.

■ 도덕률

장기간에 걸쳐 여러 집단은 생존 기술을 개발하고 그것을 다음 세대에 전했다. 그들은 어린이에서 어른으로 넘어가는 시기에 의식적인 춤과 음악 그리고 연극을 통해서 강력한 초자연적 의미를 부과하고 도덕적 의무를 부여했다. 그러므로 이런 과정을 통해 젊은이들은 집단에서 통용되는 행동과 함께 금기시되는 행동도 배우게 되었다.

■ 구전

과거를 기록할 쓰기 능력이 발달되지 않았기 때문에 문자 발명 이전의 사회에서는 구전, 즉 이야기하기를 통해 문화유산을 전달했다. 능숙한 이야기꾼인 집단의 연장자 또는 제사장이 집단의 과거와 관련된 설화를 노래하거나 암송하였다. 신화와 전설이 뒤섞여 있는 구전은 젊은이들에게 집단의 영웅과 그들의 승리와 패배의 이야기를 전해 주었다. 노래와 이야기를 통해 젊은이들은 집단의 구술 언어를 배울 수 있었고 시간과 공간에 대한 추상적인 생각을 발달시켰다.

■ 이야기하기

이야기와 그 이야기를 전달하는 과정은 오늘날에도 중요하며, 특히 유치원과 초등학교 저학년생들에게 알맞은 교육 방식이다. 이야기를 통해 아이들은 그들의 문화, 영웅, 전설, 과거를 접하게 된다.

■ 읽고 쓰는 능력

도구 고안자로서 사람은 기술의 가장 초기의 예라고도 할 수 있는 창, 도끼 그리고 다른 도구들을 만들었다. 이와 비슷하게 언어 사용자로서 우리는 상징을 창조하고 조작한다. 이런 상징들이 기호, 상형문자, 글자로 표현되고, 성문 언어가 창조됨으로써 우리는 읽고 쓰는 능력, 더 나아가서는 학교 교육의 뛰어난 문화적 진보를 이룰 수 있었다.

다음의 포괄적 범위의 참고사항을 통해 우리는 문자 발명 이후의 사회에서 학교 발달의 세계적인 움직임을 이해할 수 있을 것이다. 그러한 이유로 우리의 역사적 고찰은 중국, 인도, 이집트의 고대 제국으로부터 시작한다.

고대 중국의 교육

중국 문명의 긴 역사와 방대한 영향력은 교육의 진보에 대한 아주 중요한 통찰력을 제공한다. 세계에서 가장 인구가 많은 현대의 중국은 세계 주요 강대국 중 하나이다.

역사적으로 중국은 그 문명이 정치적 · 사회적 · 교육적 발전의 절정에 달했던 거대한 제국이었다. 중화제국은 기원전 2200년부터 서기 1912년까지, 4000년 이상의 역사를 여러 왕조들에 의해 통치되었다(Shaughnessy, 2000). 중화제국에서 시작된 많은 교육 전통—특히 유교—은 오늘날에도 영향을 끼치고 있다("Overview 3.1"에 제시된 중국과 다른 나라의 주요 역사적 시점 참조).

중국의 교육적 유산을 통해 우리는 문화적 지속성을 유지하기 위한 중국인들의 계속적인 노력을 엿볼 수 있다. 다른 사람들과 마찬가지로 고대 중국인들은 자민족 중심적이었으며, 그들의 언어와 문화가 다른 나라의 것들에 비해서 뛰어나다고 믿었다(Prazniak, 1996). 외국인들을 야만인이라 비웃던 중국인들은 내부 지향적이었으며, 다른 문화의 가치를 낮게 평가했다. 중화제국은 다른 문명으로부터의 기술 도입을 꺼렸으며, 결국 이것은 제국을 고립시키고 약화시켜 19세기에는 외국의 착취에 무방비할 수밖에 없었다. 새로운 사상, 그 중에서도 특히 과학과 기술 부문에 있어서의 사상의 도입과 자국의 문화유산을 지키는 것은 오늘날 중국을 포함한 여러 나라에 있어 중요한 교육 문제이다. 중국인들의 이를 위한 노력을 통해서 우리는 교사로서 꼭 한 번 물어보아야 할 문제들에 대한 답을 얻을 수 있을 것이다. 학생들이 과거의 문화적 · 과학적 업적들을 올바로 인식하면서 사회적 기술적 변화에 개방적이게 하기 위해서는 어떻게 해야 하는가? 문화적 지속성과 변화의 관계는 무엇이며, 교육은 이 둘을 어떻게 증진시킬 수 있는가?

유교 교육

■ 집단 충성

중국, 일본, 한국, 싱가포르 사람들을 포함한 많은 사람들은 공자(기원전 551~479)를 뛰어난 철학가이자 스승으로서 공경한다. 2000년 이상 공자의 도덕 체계는 인격 양성과 가족과 집단에의 충성, 사회 정치적인 조화에 중점을 두면서 중국 문명과 교육을 형성시켜 왔다.

■ 조화의 필요성

공자는 중국 역사상 무질서한 혼돈, 반역, 충돌의 시기인 전국 시대에 살았다. 라이벌 관계에 있던 군주들은 교활하고 이중적이었으며 잔인한 무력을 이용해서 권력을 장악하기 위해 충돌했다. 조약은 성립되었다가도 이내 무산되었다. 뇌물을 통한 이익 도모와 중상 모략이 비일비재했다. 이런 혼란기에 대한 대응 방편으로 공자는 중국에 평화와 조화를 재건하기 위해 도덕적 교육 철학을 발전시켰다. 지식이 무력을 대신할 수 있다고 확신한 그는 정의와 공정함 그리고 질서를 통해 중국을 지배할 수 있는 미래의 정부 관료들을 교육하기 위한 학교를 세웠다.

■ 의식과 예의범절

공자에게 있어서 교육의 궁극적인 목표는 성실하고 지속적인 공부를 통해 필요한 지식을 습득하여, 폭력이 아닌 선의 길로 나아가는 고귀한 성품의 사람을 만드는 것이었다. 급격한 변화에 의한 불안을 줄이기 위해, 공자는 계층 사회에서 사람의 관계

[Overview 3.1] 주요 연대표

주요 역사 시점	교육 목표	대상
문자 발명 이전 사회 기원전 7000~5000년경	집단의 생존 능력과 결속력을 다짐	집단의 아이들
중국 기원전 3000~서기 1900	유교 원칙에 따라 제국을 통치할 수 있는 전문 지식 관료 양성	상류층 남자
인도 기원전 3000~현재	베다 경전을 통한 올바른 행동과 의식 함양	카스트 제도의 상류층 남자
이집트 기원전 3000~300년경	제국을 관리할 제사장 서기(priest-scribe)의 양성	상류층 남자
그리스 기원전 1600~300년경	아테네: 시민 의식과 도시국가의 일체감을 키우고 다재다능한 인재를 양성하는 것 스파르타: 군인과 그 지휘자 양성	시민권이 있는 남자(7~20세)
로마 기원전 750~서기 450	공화국, 후에 가서는 제국을 위한 시민 의식을 기르는 것 행정과 군대에 필요한 자질을 익히는 것	시민권이 있는 남자(7~20세)
아라비아 기원전 700~서기 1350	이슬람 신앙에 충실한 종교적 의무감을 기르는 것 수학, 의학, 과학 분야의 전문적 지식 습득	상류층 남자(7~20세)
중세 500~1400	종교적 의무감, 지식, 의식 습득 자신의 계층에 알맞은 역할을 하는 인간 육성	상류층 남자 또는 수도자, 수도회에 들어간 여자(7~20세)
르네상스 1350~1500	고대 (그리스와 로마) 문명에 정통한 인문주의자 양성 왕을 보필할 조정 관료의 양성	귀족 집안과 상류층 남자(7~20세)
종교 개혁 1500~1600	특정 종파의 종교적 의무감 고취 일반적인 읽고 쓰기 능력 신장	7~12세의 민족 학교 남녀 학생 인문주의 학교에 다니는 7~12세의 상류층 청년

교수 방법	교육과정	교사와 교육기관	근대 교육에 끼친 영향
비형식적 교육, 아이들이 어른들의 기술과 가치 모방	수렵, 채집 등의 생존 능력, 이야기, 신화, 노래, 시, 춤	부모, 부족의 연장자, 제사장	기술과 가치 전달을 위한 비형식적 교육의 강조
암기와 고전 암송	유교 경전	정부 관료	공무원 필기시험, 직업 필기시험
암기와 경전의 해석	베다와 다른 종교 서적	브라만의 제사장 학자	문화 전파와 동화, 영적 해탈
암기와 받아 적은 문서의 모방	종교, 기술 서적	제사장과 서기	우수한 성직자들에게 교육 규제와 서비스를 맡김, 교육을 관료 정치를 위해 이용
초급학교: 훈련, 암기, 암송 상급학교: 강의, 토론, 담화	아테네: 읽기, 쓰기 산술, 연극, 음악, 체육, 문학, 시 스파르타: 훈련, 군가, 군사 전략	아테네: 가정교사와 학교, 소피스트, 철학자 스파르타: 군인 관료	아테네: 다재다능하며 자유로운 교양인의 개념 스파르타: 군대 복무의 개념
초급학교: 훈련, 암기, 암송 수사학 학교: 연설	읽기, 쓰기, 산술, 12표법, 법학, 철학	사립학교와 교사, 수사학 학교	실질적 행정 능력을 위한 교육의 강조, 교육과 시민 의무를 연결
초급학교: 훈련, 암기, 암송 상급학교: 모방과 토론	읽기, 쓰기, 수학, 종교 서적 연구, 과학	모스크, 궁중학교	아라비아 숫자와 계산법, 과학과 의학 분야에서 고전의 재등장
초급학교: 훈련, 암기, 암송, 노래 대학과 상급학교: 문서 분석과 토론	읽기, 쓰기, 산술, 교양, 철학, 신학, 공예, 군사 전략과 기사도	지역 교구, 예배당, 가톨릭 학교, 대학, 도제살이, 기사단	최상위 교육기관으로서의 대학의 구조, 내용, 조직 형성, 지식의 조직화와 보존
암기, 번역, 그리스 · 로마 고전의 분석	라틴 어, 그리스 어, 고전 문학, 시, 미술	고전 인문주의 교육자들과 리세, 김나지움과 같은 학교, 라틴 어 학교	고전 문학에 표현된 문학적 지식, 우수성, 스타일의 강조, 학교의 이중 체계
민족학교: 암기, 훈련, 교화, 교리 문답적 강의 인문학교: 고전 문학의 해석, 분석	읽기, 쓰기, 산술, 교리 문답, 종교 개념과 의식, 라틴 어, 그리스 어, 신학	대중을 위한 민족 초급학교, 상류층을 위한 고전 학교	대중에게 읽고 쓰는 능력을 장려하기 위한 보편적 교육, 교리의 일관성 보장을 위한 감독 체계가 있는 학교 체계, 사회경제적 계층과 직업 목표에 기초한 학교의 이중 체계

를 지배하는 의식과 예절을 어떻게 깨닫게 할 것인가에 중점을 두어 그의 도덕적 교육 체계를 확립했다. 그가 생각한 이상적인 계층 관계는 사람들이 아래위의 다른 사람들과 긴밀히 연결되어 있는 도덕적 사다리로 묘사할 수 있다. 여기서 이런 계층 관계에 속한 모두는 자신의 분수와 의무, 책임 그리고 다른 사람을 대하는 적절한 예절을 알아야 한다.

■ 위계 질서

교사로서 당신은 어떻게 학생들이 긍정적인 인간관계와 가치를 발전시킬 수 있도록 도와줄 것인가? 그런 가치들은 전통적 기준을 반영할 것인가, 아니면 개방적인 것이 될 것인가? 계층적 도덕 관계의 개념은 교육, 특히 인격 형성에 있어서 중요한 점을 시사한다. 공자의 지배와 종속의 계층 관계 개념은 오늘날 미국의 평등에 기초한 인간관계의 개념과는 다른 점이 많다.

평등한 조건에서 관계에 지속적으로 임한 개인들은 관계를 재정립하고 새로운 관계를 만들며 관계의 범위를 확립할 수 있는 것이다. 평등한 사회에서의 인격 교육은 우리가 모든 개인을 평등하게 대하고 그들을 존경하며 그들의 이질성을 중요시해야 한다는 도덕 원칙을 일깨워 준다.

대조적으로, 유교 윤리는 유연한 행동 유형보다는 고정된 유형을 택했다. 사람들은 그들의 위치, 신분, 업적에 따라서 존경받는 정도가 다르다. 인격 교육은 공동체를 구성하는 관계망 내의 개인의 역할을 배우고, 사회의 조화를 보장해 주는 지정된 행동 양식을 따르는 것이다.

변화, 참신함 그리고 혁신이 예상치 못한 결과—예상치 못한 변화는 당시 사회적인 문제였다—를 불러오기 때문에 공자는 전통에 기초한 도덕 체계를 확립했다. 과거의 평화와 안정, 평안을 유지시키는 특정 행동은 의식으로 발전, 오늘날 사람들에게 전달되어 실행될 가치가 있는 것으로 여겨졌다. 공자에 따르면, 스승의 자질이 있는 사람은 자신의 정신을 새롭게 하고 그가 이미 친숙한 것들에서 새로움을 찾는다(Lau, 1979).

■ 교사에 대한 존경

중국에서 사제 관계는 다른 관계와 마찬가지로 명확하다. 학생들은 교사에게 깊은 존경과 경의를 표한다. 공자의 제자들은 그를 '스승'이라고 불렀다. 이런 교육, 배움, 교사에 대한 존경은 유교가 지식과 교육적 힘의 원천을 이루는 중국과 동아시아 교육의 중요한 특징이다(Reid, 2000).

중국 교육이 세계 및 서양 교육에 끼친 영향

■ 시험의 중요성

고대 중국의 중요한 교육적 유산은 국가 시험 체계, 즉 과거이다. 중국 교육자들은 학생들의 학문적 경쟁력을 평가하기 위해서 포괄적인 쓰기 시험을 개발했다. 학생들은 스승과 함께 제국 혹은 사찰의 학교에서 고대 중국 문학과 유교 경전을 공부함으로써 과거에 대비했다. 과거는 실제적인 문제들을 풀기보다는 암기한 정보를 다시 기억해 내는 것을 중요시했다. 과거의 과정은 당시의 사회 체계와 같이 계층적이고 선택적으로 운영되었다. 학생들은 수많은 엄격한 과거 시험을 순서에 따라서 통과해야 했다. 과거에 낙방하면 그 과정에서 배제되었다(Schirokauer, 1991). 중화제국에서는 몇 안 되는 합격자들이 제국의 고위 관료직에 오를 수 있었다. 교육과 과거 제도는 상류층 남자들을 위한 배타적인 것이었다. 정부 관직에 오를 수 없는 여자는 학교 교육에서도 배제되었다.

오늘날 국가 고사, 특히 대입 고사는 현대 중국과 일본의 교육을 지배하고 있다고 해도 과언이 아니다. 영국과 같은 다른 나라들도 국가 고사를 고안해 내었다.

■ 표준화와 사정

미국에서 2001년 가결된 No Child Left Behind Act에서는 3학년에서 8학년 학생들의 읽기, 수학 학업 성취도를 측정하기 위해 1년에 한 번 시험 보는 것을 의무화하고 있다(U.S. Department of Education, 2001). 당신은 학창 시절 이런 정규 시험을 본 적이 있을 것이다. 교사로서 당신은 그런 시험을 행할 것이므로, 당신의 수업에 이런 외부의 시험이 어느 정도 영향을 줄 것인지 판단해야 한다. 이 법안의 전제는 학교가 학생들의 학업 성취에 책임이 있다는 것이다. 그러나 비평가들은 정규 시험을 통해 아이들의 성취도를 측정하게 되면 교사는 시험에 대비한 획일화된 교수 방식을 쓸 수밖에 없다고 비판한다.

다시 한 번 생각해 보기

당신은 고대 중국 교육의 내용을 요약하여 어떻게 이 문제들에 답할 것인가? 미국 학교의 국가 고사는 당신이 가르치는 것에 어떻게 영향을 줄 것인가?

고대 인도의 교육

■ 문화적 균형

중국과 마찬가지로 인도에도 고대 문명이 존재했다. 기원전 3000~1500년까지 모헨조다로와 하라파 지역의 인더스 강 유역에서 문명들이 꽃피기 시작했다. 인도 교육의 역사는 침입자들의 공격의 일반적인 유형을 보여 준다. 침입자들이 들어온 이후에는 토착 주민들과의 문화적 충돌이 뒤따르며, 나중에는 다시 사회문화적 균형을 되찾는 것이다. 이런 문화적 균형 안에서 침입자들은 인도의 문화에 녹아들어 갔고 토착 주민들 역시 침입자의 사상을 도입하게 되었다(Stanley, 1998 참조).

■ 간략사

인도의 초기 침입자들은 아리아 인들로서, 인도에서 힌두 어를 사용하는 대다수 사람들의 조상이다. 그들은 기원전 1500년경 인도를 정복, 토착인인 드라비다족을 지배했다. 그 이후 이슬람교도들이 인도를 점령하여 13세기에는 무굴 왕조를 확립했다. 그리고 18세기에 이르러 영국이 인도를 식민지화했다.

아리아 인들에 의한 문화적 변화는 매우 강력한 사회적 · 교육적 영향을 끼쳤으며, 그 영향력은 오늘날까지도 이어지고 있다. 아리아 인들에 의해서 그들의 종교인 힌두교와 계층 사회 질서인 카스트 제도(caste system)가 인도에 도입되었다.

■ 힌두교

힌두교는 인도의 강력한 문화적 원천이며, 폭넓은 종교적 신앙과 세련된 의식을 특징으로 한다. 힌두교는 윤회—사람의 영혼은 여러 번의 환생을 경험하며, 사람의 지위는 그가 의무와 의식을 얼마나 잘 수행하느냐에 따라 결정이 된다—를 강조한다. 환생은 영혼이 가장 높은 영혼의 단계에 이를 때에 끝나며, 이로써 사람은 신성한 힘인 브라마에게로 되돌아간다(Sharma, 2003).

■ 카스트 제도

4개의 카스트 계층은 사제이며 교육자인 브라만, 통치자, 재판관, 전사를 포함하는 크샤트리아, 상인인 바이샤, 그리고 농부인 수드라이다. 카스트 제도의 맨 아래에는 가장 비천한 일을 하는 최하층 천민이 있었다. 카스트 제도 내에서는 사회적 이동이 존재하지 않았다. 사람들은 그들이 태어난 카스트 계층에 안주했으며, 어른들을 모방하면서 그들의 의무와 역할을 배워 나갔다. 학교 교육은 상류층, 그 중에서도 특히 브라만을 위한 것이었다. 카스트 제도를 기초로 한 차별을 비합법화함으로써 오늘날 인도는 최하위 카스트 계층을 위한 적극적인 행동을 취하고 있다. 그러나 미국의 인종차별주의와 같이 차별은 여전히 존재한다.

인도 교육의 진화

인도 교육은 서로 다른 문화들이 융합되는 일반적인 역사 유형을 반영한다. 초기의 학교는 아리아 인에 의한 문화적 변형을 보여 준다. 고대 인도에는 다음과 같은 학교가 있었다.

■ 베다 경전

- 성직자 계층을 위한 브라만 학교는 종교, 철학, 베다 경전(Vedas)을 중요시했다. 베다 경전은 인도의 서사시이자 종교 철학시인 바가바드 기타, 그리고 우파니샤드로 나누어진 힌두교의 신성한 책으로, 보편적인 영혼의 진리를 찾는 것을 삶의 목표로 묘사하고 있다. 인도 교육자들은 진리를 탐구하기 위해서는 엄격한 명상이 필요하다고 믿었다. 현대 초월 명상법과 요가는 내적 영혼의 진리와 평안을 찾는 이런 고대 인도의 교육 원칙을 따르는 것이다.
- Tols는 교실이 한 개인 학교로 한 명의 교사가 종교와 법을 가르쳤다.
- 왕자들이 후원한 왕실학교에서는 문학, 법, 행정을 가르쳤다.

■ 학교와 수업

힌두 교육 철학은 종교적 목적을 강조하며, 고유한 사제 관계를 규정한다. 교사는 ayoha라고 하는데, 학생들이 모든 생명을 존중하며 진리를 추구하도록 지도하는 역할을 했다. 학생들은 지혜의 원천인 교사를 존중하고, 교사는 학생들을 모욕해서는 안 되었다.

■ 무굴 왕조

무굴 왕조는 이슬람교도가 세운 왕조로서, 이슬람교와 페르시아, 아라비아의 철학, 과학, 문학, 천문학, 수학, 의학, 예술, 음악, 건축학을 도입했다.

■ 영어의 도입

18세기 후반 영국인들이 인도에 들어 왔을 당시, 인도의 학교는 힌두교도나 이슬람교도 혹은 소수의 불교도, Jain 교도, Parsi 교도에 의해 관리되고 있었다. 10%의 인도의 아이들 특히 남자 아이들만이 학교에 다녔다. 브라만 계층이 관리하는 힌두 상급학교는 종교 서적, 수학, 천문학, 그리고 산스크리트 문법을 가르쳤다. 이슬람 학교는 마드라사(Madarassah)라고 불렸는데, 모스크에 붙어 있었으며, 문법과 코란을 가르쳤다(James, 1998).

영국인들은 인도를 식민지화하면서, 인도가 많은 언어와 종파로 갈려 있음을 알고, 영어를 정부와 통상의 공식 언어로 지정, 영국 지배하에서 행정 업무를 맡아 볼 수 있는 인도인들을 육성하기 위한 영어 학교를 설립했다.

인도 교육이 세계 및 서양 교육에 끼친 영향

고대 인도의 교육적 유산은 어떻게 교육이 문명을 수세기 동안 지탱시킬 수 있었는지 그 실례를 보여 준다는 것이다. 문화 동화와 재수용을 통해 인도 문명은 오늘날까지 생존해 오고 있다. 오늘날의 민족 및 종교적 분쟁 상황을 볼 때, 인도는 다양한 문화를 융합하고 존중하는 데에 있어서 계속 극심한 도전을 겪을 것이다. 인도의 상황은 미국의 인종 차별주의와 같이, 사회에서의 세뇌에 의해서 영속했던 카스트 제도가 오늘날 교육과정을 통해 올바르게 바로잡힌 것을 보여 준다. 교사로서 당신은 학생들의 다양성에 직면할 것이다. 당신은 수업에서 문화적 다양성을 증진시키는 수단인 다문화주의를 어떻게 활용할 것인가?

다시 한 번 생각해 보기

당신은 고대 인도 교육의 내용을 요약하여 어떻게 이 문제들에 답할 것인가? 문화적 다원주의에 접근하는 인도와 미국의 방식에는 어떤 공통점과 차이점이 있는가?

고대 이집트의 교육

세계에서 가장 먼저 탄생한 문명 중 하나인 고대 이집트는 초기의 다른 민족과 마찬가지로 강 유역에서 발달했다. 삶을 지탱해 주는 나일 강물 덕분에 농경 집단은 조그만 촌락을 세웠고 그것이 후에는 강둑의 조그만 부족 왕국이 되었다. 기원전 3000년경 이 왕국들은 거대한 제국에 편입되어, 그것이 후에 가서는 굉장히 조직화되고 중앙 집권적인 정치 대국이 되었다.

■ 변화하지 않는 우주

이집트의 중요한 종교 · 정치적 원칙은 황제인 파라오가 신적인 존재라는 점이다. 신성한 황제의 통치권이라는 개념은 이집트 제국에 신성화된 기원을 부여하여 사회적 · 문화적 · 정치적 · 교육적인 안정을 주었다. 지식과 가치관은 질서 있고 정연하고 불변하며 영원한 우주를 반영하는 것으로 여겨졌다. 왕과 제사장을 동일시하는(king priest) 개념 역시 이집트 사회의 최고 제사장에게 높은 지위와 막강한 권력을 부여하였다. 교육 체계는 최고 제사장을 제국의 문화의 수호자로 만들었으며, 이로써 이들의 지위와 권력을 강화시켰다.

종교적·세속적 관심

교육적으로 이집트 인들은 세속적이면서 초월적이었다. 초자연적인 신에 사로잡혀 있으면서도, 그들은 나일 계곡의 관개 기술과 거대한 피라미드와 신전을 디자인하고 건축하는 기술을 발달시켰다. 광대한 제국을 다스리고 방어하기 위해서 이집트 인들은 치국책을 공부했다. 또한 미라에 대한 관심은 의학, 해부학, 보존학을 연구하는 계기가 되었다. 그리고 그들은 상형문자를 발명했는데, 이로써 성문 문화를 창조하고 전파할 수 있게 되었다.

■ 사원과 왕립학교

이집트 제국은 고등교육을 받은 관료들에게 세금을 걷고 기록하는 일을 하도록 했다. 기원전 2700년경에는 사원과 왕립학교의 광대한 체계가 수립되었다. 학교의 기본 목표는 서기들에게 읽고 쓰기 능력을 교육시키는 것으로, 학생의 대부분이 제사장이었다. 학교는 주로 신전의 한 일부분이어서, 정규 교육과 종교의 관계를 더욱 두텁게 했다(James Mulhern, 1959). 초등교육을 받은 소년들은 미래의 직업에 적합한 읽고 쓰기 능력을 배웠다. 특수 상급 학교는 특정 제사장, 정부 관료, 의사를 위한 것이었다.

■ 서기 교육

서기 양성 학교에서, 학생들은 나일 강 근처에서 자라는 갈대를 이용하여 만든 파피루스 위에 적힌 문서들을 베끼면서 상형문자를 배워 나갔다. 교사들은 학생들에게 받아쓰기를 시키기도 하였다. 이런 교육의 목표는 문서의 정확한 복사본을 만들기 위함이었다. 학생들은 종종 그들이 철저히 암기할 때까지 짧은 문장을 암송하기도 했다. 이보다 높은 단계에 올라간 학생들은 수학, 천문학, 종교, 시, 문학, 의학, 건축학을 배웠다.

이집트에 관한 역사적 논쟁

■ 전통적 해석

고대 이집트가 서양 문명을 형성하는 데 기여한 역할에 대해서는 많은 논쟁이 이루어지고 있다. 기원전 332년 이집트는 알렉산더 대왕에게 정복당했으며 고대 그리스에서 발원한 헬레니즘 문명의 일부가 되었다. 전통적 역사 해석에 따르면 고대 이집트 문명은 대단히 정적인 독재정치 체제였으며, 이집트가 남긴 주요 문화유산은 거대한 건축 기념비밖에 없다. 이러한 해석은 그리스 문화, 그 중에서도 아테네의 민주정을 서양 문명의 요람이라고 본다.

■ Bernal의 이론

Martin Bernal은 대단히 논쟁의 여지가 있는 해석을 내놓았는데, 고대 이집트로부터 그리스 사람들이 정부, 철학, 예술, 과학의 많은 개념을 차용했다는 것이다. 더 나아가서 그는 지리적으로 북부 아프리카에 속해 있는 이집트의 사람들은 아프리카 인들이므로 서양 문화의 기원은 아프리카에서 찾을 수 있다고 주장한다(Bernal, 1987). 이에 대해 비평가들은 이집트와 그리스 사이에 상호작용이 존재하기는 했다는 점은 인정하지만, Bernal이 고대 그리스에 대한 이집트의 영향력을 지나치게 강조한다고 비판한다. 역사가들은 이 문제에 관해서 계속 논쟁을 벌이고 있으나, 현재까지의 발견에 의하면 이집트와 그리스의 접촉, 특히 크레타와의 접촉이 그리스 인들이 수학과 같은 이집트의 지식과 예술 형식을 접할 수 있는 계기가 되었음은 분명하다.

■ 힘의 원천으로서의 과거

이런 흥미진진한 역사적 논쟁은 중요한 이데올로기적 의미를 갖는다. 과거를 해석하는 그 누구든지 현재를 비추고 형성할 수 있는 힘을 얻는 것이다. 특히 이 논쟁은 현재 학교에서 진행 중인 아프리카 중심주의와 아프리카 중심 교육과정에 대한 논의와 맞물려 있다. 다음 부분에서 우리는 고대 그리스를 살펴본다. 이집트 인들에게 직간접적으로 영향을 받았든지 안 받았든지 간에 그리스는 계속해서 교육의 역사에서 중요한 부분을 차지할 것이다. 그러나 주의할 것은 대부분의 역사 문화는 서로 많은 부문에서 차용되며, 그리스의 기원도 이집트를 포함한 다른 곳으로부터 기인할 수 있는 것이다.

고대 그리스와 로마의 교육

고대 그리스와 로마의 교육 역사는 오늘날 교사들이 계속해서 직면하는 많은 문제들의 기원을 설명해 준다. 그리스 인과 로마 인들이 논쟁했던 교육 관련 문제들은 '무엇이 진, 선, 미인가', '아이들이 따르기에 적합한 표본은 누구인가', '교육은 어떻게 올바른 시민을 형성시키는가?', '교육은 사회, 경제, 정치적 변화에 어떻게 대응해야 되는가'였다.

■ Homer식 교육

많은 세대가 극적인 긴장감으로 가득한 Homer의 서사시인『Iliad』와『Odyssey』에 열광해 왔다. 기원전 1200년에 생겨난 Homer의 서사 작품은 그리스 인들로 하여금 그들 자신과 그들의 문화를 정의하는 기준이 되었다. 문자 발명 이전 사회에서 의식적 예식이 그러했듯이, Homer가 극적으로 묘사한 트로이에 대항하여 싸운 그리스 용사들의 이야기는 중요한 교육적 목적으로 활용되었다. (1) 그것은 구세대에서 젊은 세대에게로 문화를 전파하여, 궁극적으로는 문화의 보존을 가능케 했다. (2) 신화와 역사적 기원을 통하여 그리스 인의 정체성을 심어 주었다. (3) 젊은이들의 성격 형성에 영향을 주었다(Goldman, 1989). Agamemnon, Ulysses, Achilles를 비롯한 많은 용사들은 영웅의 전형이 되었으며 이런 역할 모델을 통해 젊은 그리스 인들은 삶을 의미 있게 하는 가치와 용사에게 요구되는 행동 방식, 한 사람의 몰락을 자초하는 결함에 대해 배울 수 있었다(Beck, 1986).

고대 그리스의 학교에서 알파벳을 배우는 있는 학생을 그린 그림

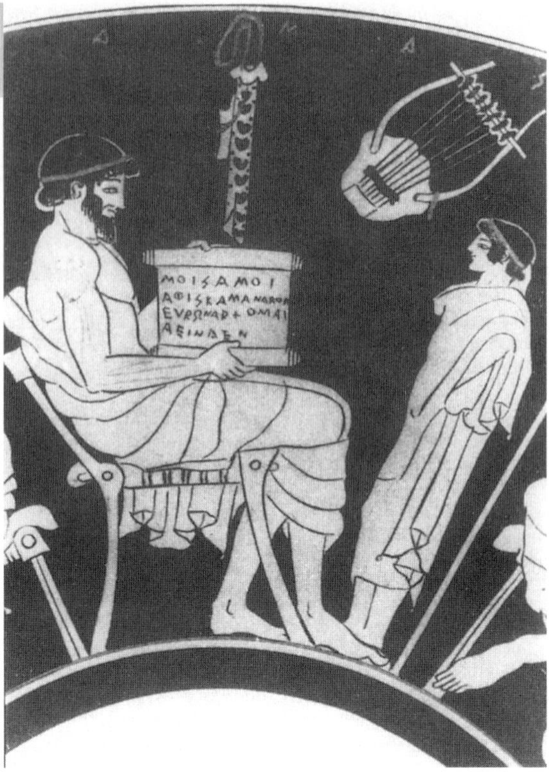

■ 시민 교육

고대 그리스는 훌륭한 시민을 형성하는 교육의 역할을 보여 준다. 미국인들이 훌륭한 시민을 교육시키는 정확한 공식이 없다고 믿는 것처럼, 그리스 인들도 이 문제에 대해 논쟁했다. 중국이나 이집트와는 다르게 고대 그리스는 시민의 의무와 권리를 따로 규정하는, 아테네와 스파르타와 같은 서로 경쟁 관계에 있는 작은 도시국가들로 분리되어 있었다. 여러 가지 정부의 형태를 거친 이후, 아테네는 공동의 시민 의무를 강조하는 민주정으로 발달하였다. 아테네의 주 라이벌이었던 스파르타의 경우는 독재 군사정이었다(Kennell, 1995). 이런 명확히 다른 정부들에 맞추어 각 도시국가, 즉 폴리스는 고유의 시민 교육 방식을 가지고 있었다.

■ 문화적 적응과 형식 교육

그리스 인들은 문화 적응—도시국가의 전체 문화로의 흡수와 참여—과 정규 교육 간의 상호 관계의 중요성을 인식했다. 문화 적응을 통해 그리스의 젊은이들은 그 사회의 시민이 되기 위한 준비를 했다. 정규 교육은 사회가 기대하는 올바른 삶에 더 완전히 다가갈 수 있도록 필요한 지식을 제공했다. 예를 들어, 아테네 인들은, 자유인은 그의 시민 의무를 수행하고 개인적인 성장을 하기 위해 교양 교육을 받아야 한다고 생각했다(Kevin Robb, 1994). 이와 대조적으로 스파르타 인들은 군사 교육을 위한 목적으로 정규 교육을 실시했다.

■ 노예들의 역할

그리스 사회는 노예의 노동에 적어도 부분적으로 의존했다. 여자와 아이들을 포함한 대부분의 노예들은 전쟁 포로거나 법적으로 노예 상태에 예속된 자들이었다. 아테네의 소수의 교육 받은 노예들은 부유층 자녀들을 교육시키는 일을 했지만, 대부분의

노예들은 특정 농업, 상업 기술을 익히기 위한 훈련을 받았다. 아테네 인들은 교양 교육은 자유인에게만 적합하다고 보았고 노예에게는 적합치 않다고 생각했다. 직업 교육과 교양 교육을 분리하는 것에 관련한 현재의 논의는, 아테네 인들이 노예들의 직업 훈련과 자유인의 교양 교육을 구분한 데에서 그 기원을 찾을 수 있다.

■ 여성 교육

그리스 사회는 남성 중심의 사회로, 소수의 예외적인 여성들만이 정규 교육을 받았다. 아테네에서 여성은 법적, 경제적 권리가 아주 제한되어 있었으며 소수만이 학교에 다녔다. 더 운이 좋은 젊은 여성은 가정교사로부터 교육을 받을 수 있었다. 여사제나 종교 숭배자들은 신전의 학교에서 종교 의식을 배웠다. 이와는 반대로 스파르타의 젊은 여성들은 미래의 스파르타 군인 양성을 위해 건강한 자식들을 낳도록 체육과 군사 훈련을 받았다.

소피스트

기원전 5세기의 변화하는 경제는 그리스, 특히 아테네에 새로운 사회 교육적 유형들을 제공하였다. 기존의 귀족들은 아테네의 확장과 식민지화를 통해 이익을 본 새로운 상업 계층들로 대체되었다. 이런 사회경제적 변화는 소피스트들을 위한 환경을 제공했다.

■ 유동적인 교사들

소피스트들은 떠도는 교육자들로, 새로이 부상하는 상업 계층에게 대중 연설을 가르치기 위한 새로운 교수 방법을 발달시켰다. 연설 능력은 아테네와 같은 민주정에서는 대단히 중요한 요소였는데, 이는 연설을 통해 의회와 법원에 자신의 뜻을 효과적으로 관철시킬 수 있기 때문이다.

■ 문법, 논리학, 웅변

소피스트들은 학생들의 의사소통 능력을 발달시켜 그들이 성공적인 웅변가와 입법가가 되도록 도왔다. 소피스트들이 가르친 가장 중요한 과목들은 논리학, 문법, 수사학으로, 이 과목들은 이후에 교양 과목으로 발전하였다. 논리학은 정확한 논쟁을 위한 규칙을 뜻하는데, 이것은 학생들이 자신의 주장을 명확하게 하도록 도와주었으며, 문법은 효과적으로 언어를 사용할 수 있도록 도와주었다. 수사학(Rhetoric)은 설득력 있는 담화를 공부하는 것으로 미래의 웅변가들에게 특히 중요했다.

■ 하나의 도구로서의 지식

소피스트들은 (1) 군중심리를 이용하여 청중에게 호소하는 방법, (2) 설득력 있고 납득이 가는 주장을 하는 방법, (3) 대중 연설의 기술—논쟁에서 이기기 위해서 어떤 단어와 예, 추론적인 문장을 사용할 것인지를 아는 것—을 학생들에게 가르침으로써 그들이 대중적 논쟁에서 이길 수 있도록 교육시킬 수 있다고 주장했다.

만약 그들이 오늘날 살아 있다면, 소피스트들은 그들의 교육 접근 방식이 사람들이 궁극적으로 원하는 것—다른 사람들을 설득하여 주장을 받아들일 수 있도록 생각을 조직화하고 강력하게 주장하는 능력—을 제공했다고 주장할 것이다. 그러나 소피스트 비평가들은 그들이 문제의 본질을 추구하기보다 논쟁에서 이기는 것만을 강조한다고 비난했다.

소피스트들은 오늘날 정치인들이나 유명 인사를 미디어를 이용해서 포장하는 이미지 창조자들과 다름없다. 오늘날 정치 토론이나 정치인들의 논쟁은 아테네 시내의 광장에서가 아닌 텔레비전에서 벌어지지만, 소피스트들은 그들의 기술이 오늘날에도 유효하게 남아 있다고 주장할지도 모른다. 오늘날에도 청중을 알고 그들이 원하는 것을 알며 숙련된 설득력으로 그들을 납득시키는 것은 여전히 중요하게 남아 있다. 오늘날에도 사람들은 포커스 집단, 여론 조사, 중상 비방적 광고를 효과적인 설득 수단이라고 생각한다.

■ Protagoras의 방법

많은 점에서 소피스트들은 아주 현대의 교육 접근 방식과 흡사한 것을 발달시켰다. 소피스트 중 잘 알려진 Protagoras(기원전 485~414)는 대단히 효과적인 다섯 단계의 교수 전략을 내놓았다(Schiappa, 2003). 그는 (1) 뛰어난 연설로 학생들이 교사가 무엇을 그들에게 가르치려 하는지를 알 수 있도록 했다. 이 연설이 학생들이 따라 하는 표본이 되었음은 물론이다. 그리고 Protagoras는 학생들이 (2) 유명한 웅변가들의 연설을 살펴서 그것을 유용한 표본으로 만들게 하였고, (3) 공부의 중심이 되는 논리학, 문법, 수사학을 익히도록 하였으며, (4) 실험적으로 연설을 시킨 후 그것을 평가하여 학생들이 피드백 할 수 있도록 하였다. 마지막으로 (5) 학생 연설가들은 대중 연설을 했다. Protagoras의 방법은 미래의 교사들이 교양과 전문 과목을 공부하고 다양한 교수 전략을 배우며 경험 있는 교사의 지도하에 교원 실습을 하는 오늘날 교사 교육 프로그램과 흡사하다.

■ 항구적 진리 혹은 상대주의

고대 그리스의 소피스트들의 등장은 오늘날에도 논쟁의 여지가 남아 있는 중대한 교육 문제들을 제기했다. 도덕적 상대주의자였던 소피스트들은 우리가 알아야 할 것들은 처한 상황에 따라서 다르다고 주장했다. Socrates, Plato, Aristotle는 소피스트의 상대주의에 도전하여, 우리가 반드시 알아야 할 절대적 진리의 존재를 주장했다. 연설의 스승으로 불리는 Isocrates도, 우리는 무엇이 진리인지 아는 것과 동시에 그것을 우리가 살고 있는 상황에 적용시킬 수 있어야 한다는 말로 이런 절대주의와 상대주의의 논쟁을 해결하려 하였다. 이제 이 네 명의 교육 철학자들의 견해에 대해 살펴보자.

Socrates: 자아 성찰에 의한 교육

■ 보편적 원리

지식은 사람들이 사용하는 상황에 따라 달라진다고 주장한 소피스트와 달리, Socrates(기원전 469~399)는 지식은 모든 공간과 시간에서 보편적으로 진실한 그 무엇에 바탕을 두고 있다고 믿었다. Socrates는 생각하고 질문하고 가르치는 학문적 자유를 굳게 지지한 사람으로서 교육 역사에서 중요하게 다루어진다. 그는 또한 그의 사상의 많은 부분을 체계화시킨 Plato의 스승으로서의 의미를 갖는다(Scott, 2000).

■ 도덕적 우월성

Socrates의 철학은 인간은 도덕적으로 뛰어나도록 노력해야 하며, 현명하게 살아야 하고, 이성적으로 행동해야 한다는 도덕 원칙을 강조했다. 도덕적 우수성은 소피스트들의 기술적 훈련보다 훨씬 우위에 있다고 그는 믿었다.

■ Socrates적 교사의 역할

Socrates에게 있어 교사의 개념은 소피스트들의 생각과는 달랐다. 그는 지식이나 지혜가 교사에서 학생들에게로 전달될 수 있다고 생각하지 않았다. 왜냐하면 진실한 지식은 개인의 머리에 잠재해 있기 때문이다. Socrates에 따르면, 교사는 올바른 질문들로 학생들이 중요한 문제들을 비판적으로 생각할 수 있도록 해야 한다. 그는 또한 참된 교양 교육은 배우는 자들에게 그들의 머리에 잠재된 진리를 의식 속에서 끌어내어 생각할 수 있도록 자극해야 한다고 생각했다.

■ 자아 성찰, 대화, 문답 교수법

Socrates의 교육 목표는 개인들이 자아 성찰을 통해 그들 자신이 누구인지 깨닫도록 도와주는 것이었다. 이런 방식으로 개개인은 모든 사람들에게 보편적으로 존재하는 지식을 찾을 수 있는 것이다. 교사로서 Socrates는 유도 질문으로, 학생들이 영원한 인간의 문제라고도 볼 수 있는 삶의 의미와 진리, 정의에 대해 생각하도록 했다. 그러면서 학생들은 기본 개념들을 명확히 하고 비판하고 재구성할 수 있는 활발하며 엄격한 토론 혹은 대화에 참여하게 되는 것이다. Socrates에게 있어 대화는 의견을 나누는 것에 그치지 않았다. 대화는 근본적인 진리를 찾을 수 있도록 그들 자신을 비추어보게 하고 비판하도록 하는 수단인 것이다. 이런 접근 방식은 오늘날에도 Socrates식 방법, 즉 문답법(Socratic method)으로 알려져 있다. 교사로서 당신은 학생들의 현재 혹은 역사적 문제들 혹은 문학 작품에 관한 비판적 사고를 끌어 내기 위해서 Socrates식 방법을 사용할 것이다.

Socrates는 아테네의 저잣거리를 자주 방문하여 젊은이들을 매료시켰고, 그들은 Socrates와 함께 종교, 정치, 도덕 그리고 예술적 문제에 관한 비판적 고찰을 했다. 그러나 Socrates는 사회 비평가였기 때문에 주변에 적들이 많았다. 그래서 오늘날에도 그러하듯이 높은 계층을 포함한 몇몇 사람들은 그런 비판적 사고가 기득권층을 뒤흔들고 사회를 불안하게 만들 것을 두려워했다. 기원전 399년, 신들에 대한 불경죄와 아테네의 젊은이들을 부패시켰다는 이유로 Socrates는 사형을 선고받았으며 그는 그 선고를 받아들였다.

Plato: 절대적 진리와 가치

■ 보편적이고 영원한 이데아로서의 실재

Socrates의 제자인 Plato(기원전 427~346)은 스승의 교육의 길을 그대로 따랐다. Plato은 기원전 387년 철학 학교인 아카데미아를 세웠다. 그는 가치에 관한 담론인 『Protagoras』와 정치, 법, 교육에 관한 논문인 『Republic』 그리고 『Laws』를 썼다(Stauffer, 2001). 소피스트의 상대주의를 비판하면서, Plato은 현실은 완벽한 이데아 —진리, 선, 정의, 미와 같은 보편적 관념들—의 불변하는 세계로 구성되어 있다고 주장했다. 우리가 현실에서 볼 수 있는 이런 개념들의 각각의 구체적 예는 선의 이데아에 존재하는 보편적이고 절대적인 개념들의 불완전한 표상인 것이다.

■ 회상

Plato의 지식 이론은 회고(reminiscence)에 기초하는데, 이는 개인이 자신의 머리에 잠재되어 있는 기억을 돌이키는 과정을 뜻한다. 회고는 태어나기 전 인간의 영혼은 모든 진리와 지식의 원천인 이데아의 정신 세계에서 살았다는 것을 전제로 한다. 태어나면서 이런 내제된 생각들은 잠재의식 속에 묻혀버리는 것이다. Plato에게 배움이란 이런 완벽한 생각들을 재발견하고 상기해 내는 것을 뜻하였다(Gutek, 2005).

■ 보편주의 대 상대주의

상대주의의 유동성에 반대해서, 절대주의는 우리의 감각이 현실을 왜곡하기 때문에 참된 지식은 지적이며 불변하고 영원하며 감각적인 것이 아니라고 주장한다. 세상에는 언제 어디에 살건 모든 사람들에게 적용되는 단 하나의 완벽한 이데아가 있다. 그리고 진리는 언제나 진실하기 때문에 교육 역시 보편적이며 변화가 없어야 한다. 이런 생각에 대한 논쟁은 "Taking Issue"에 실려 있다.

■ 보유 관념

생각이 머릿속에 잠재되어 있다는 믿음은 초기 서양 교육에 막강한 영향을 끼쳤다. 인도의 교육 역시 앞 장에서 살펴보았듯이, 내제된 지식에 대한 믿음을 반영한다. 베다 교육은 내제된 지식을 발견하는 명상을 장려한다. 서구에서 내제된 생각에 관한 이론들은 후에 Locke, Pestalozzi, Dewey를 비롯한 여러 사람들에 의해서 도전을 받게 된다. 오늘날 구조주의에 대한 관심을 포함한, 후의 많은 교육 논쟁은 Plato의 이데아론에 대한 반론이라고 볼 수 있다.

■ 『Republic』

Plato의 이상적 사회. Plato은 『Republic』에서 지적 엘리트라 볼 수 있는 철왕이 다스리는 완벽한 사회를 구상했다. Plato의 이런 유토피아적인 국가는 실현되지 못했지만, 그의 생각들은 특정 유형의 이상화된 교육의 버전을 제시한다는 점에서 유용하다. 『Republic』은 국민을 (1) 지적 지도자인 철왕, (2) 군인, (3) 물건과 서비스를 제공하는 생산자, 이렇게 세 계층으로 분류했다. 그리고 각 계층은 개인의 지적능력에 의해 결정된다.

이런 Plato의 생각은 공자, 고대 인도의 관념과 공통점이 있다. 이 세 가지 예에서 모두 사회는 계층으로 구성되어 있으며, 지적인 사람이 가장 권위 있는 높은 계층에 위치하는 것이다. 이런 계층 사회와 반대로 소피스트들은 어느 누구나 힘을 부여하는 기술을 습득한다면 높은 자리에 올라갈 수 있다고 주장했다.

■ 사회적 역할에 부응하는 교육

공화정치하에서 계층이 정해지면, 개인들은 그들의 사회적 역할에 맞는 교육을 받게 된다. 철왕은 지도력 양성 교육을 받으며, 그들의 뒤를 이을 다음 세대를 가려 내어 다음 세대가 지정된 역할을 잘 수행해 나가도록 그들을 가르칠 책임이 있다. 두 번째 계층인 군인의 교육은 지성보다는 용맹에 중점을 두었으며, 그들은 공화정을 수호하고 철왕을 섬기는 훈련을 받았다. 세 번째 계층이며 가장 수가 많은 생산자는 농부나 장인이 되는 직업 훈련을 받는다. 각각 다른 내용의 교육을 통해 공화정에서 그 구성원들은 적절한 기능을 수행하며 그것이 전체 사회의 조화와 효율성에 기여하는 것

Taking Issue	질문 교육은 보편적 진리에 기초해야 하는가, 아니면 문화, 시기, 장소에 따라 다른 믿음과 가치에 기초해야 하는가?	
종신 재직권	**찬성**	**반대**
보편적 진리냐 문화 상대주의냐? 고대 그리스에서는 교육이 보편적 진리를 반영해야 할 것인지, 장소와 시기에 따라 다른 상대적 믿음을 반영해야 할 것인지 자주 논의되었다. 진리가 불변하다고 믿은 Plato은 때와 상황에 따라 모든 것을 상대적으로 해석하는 소피스트와 이 문제를 가지고 논쟁을 벌였다. 오늘날에도 학교가 기본적인 도덕심을 심어 주기를 원하는 사람들, 학생들이 자신들의 가치를 명확하게 할 수 있기를 바라는 사람들에 의해 이 문제는 계속해서 다루어지고 있다. 절대주의자들은 오늘날의 진리는 예부터 항상 진리였다고 주장한다. 상대주의자들은 특정 시기와 장소에 따라 변용되는 가치관이 삶을 더 만족스럽게 만든다고 주장한다.	1. 진리는 보편적이며 영원하다. 인간이 진리를 찾으려는 노력을 계속하는 한 그 여정은 계속해서 우리를 똑같은 보편적 사상과 가치로 이끌 것이다. 진리는 때와 장소에 관계없이 항상 참된 것이다. 대중들의 여론을 바꾼다고 해서 진리가 바뀌지 않는다.	1. 진리라 하는 것은 일시적 지식으로, 때와 장소에 따라서 다르다. 그 당시의 삶의 문제를 해결하는 데 도움을 주는 것들을 우리는 진리라고 한다.
	2. 인종, 민족, 언어 사용 집단에 차이가 있어도 똑같은 인간인 만큼 우리는 같은 바람과 꿈을 가지고 있다.	2. 사회는 상대적이며 변화한다. 인간의 행동은 사회, 경제, 정치, 기술적 변화에 적응할 수 있도록 유연해야 한다.
	3. Socrates와 Plato이 주장한 것과 같이 교육이란 학생들이 무엇이 진리이고 선이며 미인지에 대해 생각해 보도록 해야 한다. 특히 컴퓨터에 의해 주도되는 새로운 정보화 시대에, 우리는 영속적 진리와 가치에 기초를 둔 교육이 필요하다.	3. 교육은 실용적 도구이며 개인적, 사회적 순응을 위한 수단이다. 그러므로 교육은 신기술을 효과적으로 사용할 수 있도록 도와주는 새로운 학습 방식을 중시해야 한다. 학생들이 진선미에 관한, 대답이 나오지 않는 질문들에 대해 생각하게 하기보다 컴퓨터를 잘 다룰 수 있는 방법을 교육시키는 것이 낫다.
	4. 학교는 문화와 정치적 장벽을 뛰어넘는 종교, 철학, 수학, 과학 그리고 다른 과목들에서 발견되는 보편적 진리와 가치를 강조해서 가르쳐야 한다.	4. 학교 교육은 사람들의 필요 욕구에 기초하는 것으로, 문화와 시기에 따라 다르다. 그래서 학생들로 하여금 그들만의 현실 개념을 가지게 하려는 구조주의자들의 생각이 오늘날 학교에서 유용한 것이다.

이다. 오늘날 학교에서의 능력별 반편성을 비판하는 사람들은, Plato의 계층 편성과 비슷한 반편성을 위한 선발 제도가 사실상 사회 계층의 이동보다는 현상 유지를 추구한다고 비판한다.

■ 여성 교육

아테네 인들과 달리 Plato은 여성이 남성과 같은 특권과 의무를 가져야 한다고 주장했다(Brumbaugh, 1987). 여성 역시 Plato이 인간에 부여한 세 가지 계층에 속했다. 뛰어난 지식 습득 능력을 가진 여성은 철학적 엘리트가 될 수 있으며, 능력이 이보다 부족한 다른 여성들은 낮은 계층에 속하는 것이다. 남성과 같이 여성도 그들의 능력과 지정된 직업에 상응하는 교육을 받아야 했다.

■ 국영 탁아소

Plato의 교육과정. Plato의 교육과정은 평등 사회보다는 계층 사회에 더 적합하다. 부모가 아이들에게 그들의 무지와 편견을 그대로 물려주는 것을 방지하기 위해 Plato은 탁아 전문가들이 아이들을 길러야 한다고 주장했다. 아이들은 부모와 떨어져 국영 탁아소에서 자라면서 올바른 습관을 기르고 나쁜 습관을 제거하는 것이다.

■ Plato의 기본 교육과정

6~18세까지 아이들은 학교에 다니며 음악과 체육을 배웠다. Plato의 정의에 따르면 '음악'은 읽기, 쓰기, 문학, 산술학, 합창, 무용을 포괄하는 하나의 광범위한 과목이었다. 읽기와 쓰기를 배우고 난 후 학생들은 지정된 고전을 읽어야 했다. Plato은 문학이 성격 형성에 지대한 영향을 끼친다고 보았으며, 따라서 아이들이 진리와 권위에의 복종, 용맹, 그리고 감정 절제를 다룬 시와 이야기를 접해야 한다고 보았다. 기초적 산술을 익힌 후 학생들은 그것을 기하학이나 천문학에 적용했다. 체육은 군사 훈련에 유용한 검술, 활쏘기, 창던지기, 말타기 등으로 구성되었으며, 인격 형성과 신체 발달에 중요한 과목으로 고려되었다. 이외에도 Plato은 그의 교육과정에 식이요법과 위생을 포함시켰다.

■ 고등교육

18~20세의 학생들은 이전보다 강화된 신체 군사 훈련을 받았다. 미래에 철왕이 될 학생들은 이에 더해서 10년 동안 수학, 기하학, 천문학, 음악 그리고 과학 부문에서의 고등교육을 받아야 했다. 30세가 되어 철왕 계층에 적합하지 않다고 여겨지는 사람들은 일반 백성으로 전락했다. 지적인 능력이 가장 탁월한 사람들만이 절대적 진리에 관한 원칙들을 규명하는 형이상학과 같은 고등 철학 교육을 받을 수 있었다. 교육과정이 완전히 끝나면 철왕들은 공화정의 군사 정치 업무를 맡아보며, 50세가 되면 공화정의 원로 정치가가 되는 것이다.

Aristotle: 이성 교육

Plato의 제자였던 Aristotle(기원전 384~322)는 Alexander 대왕의 가정교사였다. Aristotle는 아테네 철학 학교인 Lyceum을 설립하였으며 물리학, 천문학, 동물학, 식물학, 논리학, 윤리학, 그리고 형이상학에 관한 광범위한 저서들을 남겼다. 그의 Nicomachean 윤리학과 정치학은 사회, 정부, 교육의 연관성을 규명한다(Rowe & Brodie, 2002).

■ 객관적 실재

현실은 순수 이데아의 영역 안에 존재한다고 믿었던 스승 Plato과 달리 Aristotle는 객관적인 현실이 존재한다고 믿었다. Plato이 철학적 이상주의를 창시한 데 반해 Aristotle는 현실주의를 확립했다.

Aristotle는 객체는 우리의 정신 밖에 존재하고 있으므로 감각이나 추상 작용을 통해서 객체에 관한 지식을 얻을 수 있다고 주장했다. 또한 그는 인간은 사고하고 판단하는 힘, 즉 지성을 가지고 있다고 주장했다. 그는 이성적 존재로서 인간은 우주를 지배하는 자연 법칙을 이해하고, 이에 따라 살 수 있는 잠재력을 가지고 있다고 보았다.

■ 지식의 근원으로서의 감각

Aristotle에게 이해의 과정은 주변 환경의 객체를 감지하는 데서 시작된다. 이런 감각적 경험을 통해 개인은 객체에 대한 개념을 형성한다. Aristotle 학파의 사람들은 감각적 경험이 이해와 교육의 시작이라고 주장했는데, 이는 18, 19세기에 이르러 Locke와 Pestalozzi와 같은 교육자들에 의해 강조된다.

Aristotle의 교육 방식. Aristotle의 저서 『Politics』에서 그는 선한 공동체는 구성원의 합리성에 전적으로 의존한다고 주장했다. 합리성 양성을 위한 교육이 없다면 공동체는 위험에 봉착한다. Plato과 같이 Aristotle는 교양 교육과 직업 훈련을 구분했다. Aristotle는 교양이 인간의 지식의 시야와 의식, 선택의 폭을 넓혀 주는 것으로 보았다. 그리고 직업 훈련은 제한된 가치만을 가지고 있다고 보았다. 오늘날 교육자들 사이의 교양 교육과 직업 훈련에 관련된 논쟁은 Aristotle와 다른 그리스 이론가들이 고찰한 문제이기도 하다. 교사로서 당신은 학생들이 당신에게 왜 필요하지 않은 것들을 배워야 하느냐는 질문을 받았을 때 이와 같은 문제에 봉착하게 될 것이다. 특정 기술과 과목은 가르치고 다른 것은 가르치지 않는 데에 대한 당신의 이론적인 근거는 무엇인가?

■ 합리성 함양으로서의 교육

Aristotle는 학교 교육의 의무화를 주창했다. 유아 학교는 놀이, 신체적 활동과 적절한 이야기로 구성되었다. 7~14세의 아동들은 기본적 계산력과 읽고 쓰기 능력 그리고 미래에 교양 교육을 받기 위해 필요한 도덕적 행동에 관련된 교육을 받았다. 그들의 교육과정에는 또한 적절한 정서 배양을 위해 체육과 음악이 포함되어 있었다. 15~21세까지의 젊은이들은 수학, 기하학, 천문학, 문법, 문학, 시학, 수사학, 윤리학, 정치학을 공부했다. 21세의 학생들은 물리학, 우주학, 생물학, 심리학, 논리학, 형이상학과 같은 더욱 이론적인 과목들을 공부했다.

■ Aristotle의 교육과정

여성이 남성보다 열등하다고 믿었던 Aristotle는 남성의 교육에만 중점을 두었다. 여자 아이들은 미래의 아내와 어머니로서, 가정주부로서의 역할과 육아 의무를 다할 수 있도록 훈련받았다.

■ 여성들의 제한적인 역할

Aristotle의 지식 이론. 현실주의자였던 Aristotle는 이상주의자인 Plato과 다르게, 지식은 관념 속에 이미 존재하는 이데아에서 나오기보다 객체에서 나온다고 보았다. Aristotle에 의하면 지식은 언제나 객체에 관련된 것이다. 교육은 객체의 구분을 주요 문제로 삼아야 한다. 예를 들면 Aristotle의 교육 방식을 사용해 식물학을 가르칠 때, 당신은 식물학상 일반적인 범주에 속하는 나무에 대해 가르치고 각각의 종을 구성하는 특정 나무에 대해 가르칠 것이다.

■ 사물에 기초한 개념으로서의 지식

Aristotle식 학교의 최종 목표는 학생들의 합리성을 키우는 것이다. 학문기관으로서 학교는 학구적이고 과학적인 원칙에 바탕을 둔 규정된 교육과정을 제공해야 한다. 교사는 학과목에 대한 전문적 지식을 가지고 있어야 하며, 학생들에게 지식을 장려하고 전달하는 데 숙련되어 있어야 한다. Aristotle의 철학은 서양 교육에 지대한 영향을 끼치고 있다. 기독교 교리와 더불어 그의 철학은 중세 스콜라 철학 교육과 현실주의의 기초가 되었다.

■ 아리스토텔레스의 지속적인 영향

Isocrates: 웅변과 수사학

그리스의 수사학자 Isocrates(기원전 436~338)는 그의 잘 짜여진 교육 이론으로 잘 알려져 있다. 그의 교육 이론은 지식과 수사학 모두를 강조했다(Haskins, 2004). 그의 이론은 소피스트와 Plato의 논쟁에서 중간적 입장을 취한 것으로, 논문 '소피스트에 대항하여'는 그의 수업에 사용된 방법을 설명해 준다.

■ 웅변술 강조

Isocrates의 교육의 근본적 목표는 명확한 사고를 지닌 합리적이며 진실한 웅변가를 만드는 것이었다. 그는 시민 개혁을 위해서는 효율적 행정가가 될 수 있는 덕이 높은 지도자를 교육시키는 일이 필요하다고 믿었다. 교양 수업에서 Isocrates는 사고의 이성적 표현이라고 할 수 있는 수사학이 도덕성과 정치적 지도력을 키우는 데 가장 중요하다고 생각했다. 수사학 교육은 예술과 과학을 효율적인 의사소통 방식과 결합시키는 것이다. 뛰어난 웅변가는 공공의 이익을 증진할 수 있는 고결한 주장을 해야 한다. 웅변가는 비난하기보다 사람들이 좋은 정책을 따를 수 있도록 설득하는 일을 해야 한다. Isocrates는 소피스트들이 수사학을 설득적 수법이나 대중과의 관계를 위한 기술 정도로만 가르치는 것에 반대했다.

Isocrates의 학생들은 그의 학교를 4년간 다니면서 수사학, 정치학, 역사, 윤리학을 배웠다. 그들은 모범적인 웅변을 분석하고 따라 했으며 대중 연설을 연습했다. 모범이 되는 교사였던 Isocrates는 그의 지식, 기술, 도덕 행위를 학생들에게 보여 줌으로써 그들에게 영향을 줄 책임이 있다고 믿었다.

■ Plato과 소피스트 간의 균형

Isocrates는 소피스트들의 우둔한 기회주의를 반대했지만 또한 Plato의 교육은 순수하게 이론적이고 추상적이어야 한다는 주장도 거부했다. Isocrates에게 교육은 지식을 통해 공공 의무를 제대로 수행하는 데에 기여하는 것이었다. Isocrates는 교육에서의 수사학 전통에 영향을 끼쳤는데, 특히 로마의 교육 이론가인 Quintilian에게 많은 영향을 주었다. 수사학의 인간주의적인 측면을 인식한 Isocrates는 또한 개방적 교양인의 이상형을 확립하는 데에도 기여했다.

고대 로마의 교육

그리스 문화와 교육이 동부 지중해에서 발달하고 있을 때, 로마 인들은 이탈리아 반도와 서부 지중해에 걸쳐 그들의 정치적 지위를 강화하고 있었다. 작은 공화정에서 대제국으로의 이동 과정에서 로마 인들은 처음에는 전쟁과 정치에만 관심이 있었다. 그러나 로마 제국이 생기고 나서, 그들은 제국을 유지하는 데 필요한 행정, 법, 외교에 관심을 가지게 되었다. 그리스 인들이 철학으로 잘 알려져 있다면, 로마 인들은 실질적 정치인들과 유능한 행정가, 숙련된 일반인들을 교육시키는 데 집중했다고 볼 수 있다.

■ 교육 접근

고대 그리스에서와 같이 로마 인의 소수만이 정규 교육을 받았다. 학교 교육은 학비를 댈 돈이 있고 학교 수업에 참여할 시간이 있는 자들에게만 제한되어 있었다.

■ 초등 · 중등학교

상류층의 여자 아이들이 종종 읽기와 쓰기를 집에서 혹은 가정교사를 통해 배운 반면, 상류층 남자 아이들은 ludus라 불리는 초등학교에 다녔으며 후에는 라틴 어와 그리스 어 문법 선생님이 가르치는 중등학교에 진학했다. 그들은 pedagogues라고 불리는 교양 있는 그리스 노예를 동반했는데, pedagogues는 교수 방법이라는 뜻의 pedagogy에서 유래된 말이다.

■ 웅변가의 이상

로마의 교육 이상향의 예는 웅변가에서 잘 나타난다. 로마의 이상적 웅변가는 공공생활—원로원, 법조인, 교사, 공무원, 정치가—에서 넓은 분야에 걸쳐 개방적으로 교육을 받은 남자였다. 로마 웅변의 이상형을 고찰하기 위해 Quintilian에 대해 살펴보자.

Quintilian: 웅변의 달인. Marcus Fabius Quintilianus(서기 35?~95?), Quintilian은 로마제국에서 가장 잘 알려진 수사학자 중 하나였다. 황제는 그에게 라틴 수사학 분야의 첫 의장직을 맡겼다.

■ 성장 단계에 기초한 교수

Quintilian의 체계적 교육 논문인 「웅변 교육(Institutio Oratoria)」은 (1) 수사학을 배우기 전 단계의 교육, (2) 수사학 및 교육 이론과 (3) 대중 연설 연습을 포함했다. Quintilian은 중요한 교육적인 지적을 했는데 그것은 바로 교육은 인간의 성장 발달 단계에 기초해야 한다는 것이다. 오늘날 학생들의 개인차에 대한 교사의 고민에 대해 그는 교육이 학생들의 준비성과 능력에 맞아야 한다고 조언한다. 그는 아동의 초기 행동 형성 과정이 중요하다고 강조했으며, 교사들은 학습을 흥미롭고 매력 있는 것으로 만듦으로써 학생들에게 동기를 부여해야 한다고 주장했다.

태어나서 7세가 되기까지의 교육의 첫 번째 단계의 아이들은 충동적이며 즉각적인 욕구에 관심을 쏟으므로, 그는 부모들이 아이들을 위해서 잘 훈련되고 구변이 좋은 유모, pedagogues, 동료를 선별할 수 있어야 한다고 주장했다.

■ 읽기, 쓰기

7~14세에게 해당하는 Quintilian 교육의 두 번째 단계에서 아동은 감각적 경험을 통해 학습하고 명확한 생각을 하며 기억력을 훈련시켜야 한다. 아이는 이제 자신이 말했던 언어를 쓰는 능력을 습득하게 된다. ludus에서 읽기와 쓰기를 가르치는 초등 교사인 litterator는 존경할 만한 품성과 교육 경쟁력을 가지고 있어야 한다. 읽기 쓰기 교육은 천천히 그리고 철저히 다루어져야 하며, 아동은 글자가 새겨진 상아 조각을 활용해서 알파벳을 배운다. 수세기 이후의 Montessori와 같이, Quintilian은 아동들이 글자의 윤곽을 따라가면서 쓰는 방법을 배울 수 있다고 주장했다. 그는 학교 일과에는 게임과 여가를 위한 휴식 시간을 두어서, 학생들이 쉬고 에너지를 보충할 수 있도록 해야 한다고 주장했다.

■ 교양 교육

교육의 세 번째 단계는 14~17세에 해당되는데, 이 단계에서 Quintilian은 교양 교육을 강조했다. 학생들은 그리스 어와 라틴 어 문법, 문학, 역사 그리고 두 언어 두 문화의 신화학을 공부했다. 학생들은 또한 음악, 기하학, 천문학, 체조를 배웠다.

■ 수사학 연구

미래의 웅변가들은 수사학 공부를 해야 했는데, 이는 17~21세의 교육 제4단계에서 행해졌다. Quintilian의 수사학 교육에는 연극, 시, 법, 철학, 대중 연설, 낭독법, 논쟁이 포함되었다(Murphy, 1987). 체계적인 말하기 연습인 낭독법은 가장 중요했다. 적절한 준비가 되면 새내기 웅변가는 토론회에서 대중 연설을 했다. 그리고 수사학자에게 전문적 비판을 받았는데, 교사는 권위적 입장에서 인내심과 요령을 가지고 심사숙고하여 학생들의 잘못을 고쳐 주었다.

그리스·로마 교육이 세계 및 서양 교육에 끼친 영향

■ 교양 교육

서양 문화와 교육은 고대 그리스와 로마에서 풍부한 유산을 물려받았다. 서양 문명을 구성하는 많은 문화적, 교육적 양식들이 고대 그리스와 로마에서 발달했다. 그리스인과 로마 인들은 인간의 우수성을 고양할 수 있다고 믿었기 때문에, 사회의 정치적 안녕을 위해 교육의 기능이 중요하다고 보았다. 그러나 교양 교육과 직업 훈련의 구분을 포함한 그리스 로마의 이런 교육적 관행은 서양 교육 역사에서 계속되어 온 교육과정에 관련된 논쟁을 불러일으켰다.

그리스와 로마 인들의 많은 사상들이 아랍 학자들에게 영향을 주었으며 그들은 그 사상들을 보존하고 해석했다. 유럽 인들이 아랍의 학문을 접하면서 이 사상들은 유럽 문화로 그리고 후에는 미국 문화로 전파된다.

다시 한 번 생각해 보기

당신은 고대 그리스 · 로마 교육의 내용을 요약하여 어떻게 이 문제들에 답할 것인가? 교사로서 당신은 어느 시기의 업적을 받아들일 것인가? 어느 시기의 업적을 개선할 것인가?

이슬람, 아랍의 학습과 교육

아랍 인들의 이슬람 문명은 다른 세계에서 지식을 흡수하고 그것을 재해석하여 또 다른 세계로 전달함으로써 세계적, 문화적, 교육적 원동력이 되었다. 이슬람 문화의 기원은 Mohammed(569~632)에서 시작한다. Mohammed는 종교 개혁가이자 전향자였다. Mohammed는 610년 Mecca의 Arabia에서 그의 종교 의무를 수행하였는데, 회개의 필요성과 정직하며 도덕적인 삶을 전도했다. 점차 그는 자신의 사상을 새로운 종교인 이슬람(Islam) 교로 조직해 나갔다. 오늘날 이슬람교도는 세계 인구의 1/8을 차지한다. 이슬람교는 중동과 북아프리카의 아랍 국가에서 지배적인 종교이며, 그 영향력은 인도네시아, 말레이시아, 파키스탄 그리고 다른 아시아 국가들에까지 뻗친다. 또한 이슬람교를 따르는 무슬림들은 소수일지라도 전세계 국가에 퍼져

이슬람교와 문화는 전세계에 널리 퍼져 있으며, 21세기 현재 이슬람교도와의 상호 교류는 증대되고 있다. 이 사진은 아시아에 있는 이슬람 학교의 학생들을 촬영한 것이다.

살고 있다.

Mohammed의 추종자들은 예언자 Mohammed가 코란에 적힌 알라신의 계시를 드러낸다고 믿었다. 아랍 어로 적힌 코란은 이슬람교의 성스러운 종교 서적일 뿐만 아니라 아랍을 포함한 여러 이슬람 국가의 권위적인 도덕적 법적 근거이다. 코란의 많은 부분은 아랍과 이슬람 문화의 결속성에도 기여했다. 한때 서로 싸우던 아랍 부족들이 세계에 이슬람을 전파한다는 이념하에 결속한 것이다.

661년경 이슬람 세력은 팔레스타인, 시리아, 페르시아, 이집트를 장악하고 거기에 이슬람교를 공식 종교로 만들었다. Baghdad, Cairo, Damascus, Cordoba와 같은 도시들은 이슬람 문화와 교육의 중심지로 알려지게 되었다. Baghdad는 특히 아랍 인, 그리스 인, 페르시아 인, 유대 인 학자들이 생각을 교환하는 주된 교육의 중심지가 되었다.

Mohammed의 추종자들은 정복과 개종을 통해 이슬람의 영향력을 계속해서 넓혀갔다. 북 아프리카 정복 이후 이슬람 세력은 스페인에까지 흘러들어갔다. 여기서 아랍 인들과 서구의 기독교인들이 세력, 영토 싸움을 벌였지만 또한 서로의 생각을 차용하는 계기가 되기도 했다. 스페인의 이슬람 혹은 Moor 왕조는 기독교 세력이 스페인을 장악하기 전인 1492년까지 존속했다. Moor 왕조 시기, 인구 50만 명, 700여 개의 모스크와 70개의 도서관을 확보하고 있던 Cordoba는 아랍 문화와 교육의 중심지가 되었다.

이슬람 학자들은 Aristotle, Euclid, Archimedes, Hippocrates와 같은 많은 고대 그리스 작가들의 작품을 아랍 어로 번역했다. 이런 번역 작품들은 이슬람 교육에 있어 중요한 위치를 차지했고, 아랍 인과 유럽 인들의 접촉을 통해서 서구 교육에 다시 소개되었다. 특히 Ibn-Rushd, Averroës(1126~1198)는 Aristotle에 관한 중요한 해석을 내놓았는데, 이는 후에 중세 유럽의 스콜라 학파 교육자들에게 영향을 끼쳤다.

이슬람 지식은 천문학, 수학, 의학의 발전을 가져왔다. 수학의 경우, 아랍 학자들은 인도 인들로부터 숫자 체계를 받아들이고 거기에 가장 중요한 0을 첨가했다. 이 혁신은 번거로운 라틴 숫자 체계를 대신하게 된다.

21세기에도 아랍, 이슬람 문화와 서구 세계와의 상호작용은 계속되고 있다. 현재 서구 특히 미국과 아랍권 사이에 분쟁이 존재하고 있지만, 그 반면 아랍 인들과 미국인들 사이에 긍정적인 만남도 이루어지고 있다. 특히 많은 미국인들이 아랍 문명과 이슬람교가 세계 문화에 미친 업적에 대해 주의를 기울이고 배우려 하고 있다.

2001년 9월 11일의 세계 무역 센터 공격과 이에 대한 미국의 '테러와의 전쟁'이라는 반응 이후, 아랍 문화와 이슬람교를 공부하려는 관심이 높아지고 있다. 몇몇 테러리스트들이 아랍 국적인 것으로 밝혀지긴 했지만, 그들이 아랍 사람들의 생각이나 이슬람교의 믿음 전체를 반영하는 것은 아니다. 세계의 역동성을 이해하기 위해 미국의 학교와 대학들에서는 아랍 사람들과 그들의 문화 그리고 이슬람교에 관한 수업들을 교육과정에 포함시키려는 노력을 기울이고 있다.

다시 한 번 생각해 보기

당신은 고대 아랍 교육의 내용을 요약하여 어떻게 이 문제들에 답할 것인가? 당신은 앞에서 배운 교육의 여러 원천에서 비롯된 업적들을 교육에 적용시킬 수 있는가?

중세 문화와 교육

■ 학습의 퇴조와 소생

역사가들은 로마 제국의 몰락에서 르네상스 사이(500~1400년)의 천년을 중세라고 부른다. 서구 문화와 교육에 있어 이 시기는 그리스 · 로마 고전 시기 말에서 우리가 근대라고 부르는 시기 사이에 존재한다. 중세는 초기의 교육의 쇠퇴와 스콜라 학파 교육자들에 의한 교육의 소생을 특징으로 한다.

■ 학습기관

서로마 제국이 몰락하고, 로마의 교황이 이끄는 가톨릭 교회는 제국의 몰락으로 인한 정치적, 문화적, 교육적 공백을 부분적으로 메우는 데 성공했다. 중세 시기 유럽의 정규 초등교육은 지역 교구의 교회, 예배당, 수도학교에서 행해졌다. 중등교육의 경우는 수도학교와 가톨릭 학교 모두가 일반 교육과정을 제공했다. 고등교육의 경우, Paris, Bologna, Salerno, Oxford, Cambridge 대학에서 이루어졌다(Jaeger, 1994). 상인과 장인 길드들 역시 기초 교육과 무역 훈련을 제공하는 학교들을 설립했다. 기사들은 성에서 군사 전략과 기사도를 배웠다.

■ 학교 교육 접근

초기 그리스 로마 시기에도 그러했듯이, 중세에도 극소수의 사람들 주로 신부, 수사 혹은 다른 성직의 의무를 수행할 남성들만이 학교에 다녔다. 대다수의 사람들은 봉건 영주의 땅에서 일하는 소작농이었으며, 대부분이 문맹이었다.

■ 중세 여성 교육

중세 여성의 조건은 그들의 사회경제적 지위에 따라 달랐다. 중세 기독교 이념이 영혼의 평등과 결혼의 신성함을 강조했지만, 여성은 성에 따라 규정된 전통적 역할을 수행할 수밖에 없었다. 소작농과 평민 계층의 여자 아이들은 어머니가 하는 것을 따라 하면서 가사와 육아를 배웠다. 귀족 계층의 여성들은 그들 계층의 규칙을 배우고 성이나 영지 내부의 일을 맡아보는 등 기사도에 적합한 여성의 역할을 익혔다(Bennett, 2000). 중세 교회는 종교 공동체 안에서 여성에게 교육의 기회를 제공했다. 수도원과 같이 수녀원도 도서관과 학교를 갖추고 수녀들이 그들 공동체의 종교적 규범을 따르도록 교육했다.

Aquinas: 스콜라 교육

■ 신앙과 이성의 조화

11세기에 이르러 중세 교육자들은 연구, 교육, 교수 방법인 스콜라 철학(Scholasticism)을 발달시켰다. 스콜라 철학자들은 진리의 상호 보완적 원천으로 신앙과 이성에 의존했다. 그들은 교구의 사제들이 남긴 성서와 신성한 글들을 신의 말씀으로 이해하였으나 인간의 이성 역시 신뢰했다. 스콜라 철학자들은 인간의 정신은 성서의 권위를 통해 진리의 원천인 가장 중요한 원칙들을 추론할 수 있다고 보았다.

■ 그리스 이성과 성서와의 조화

스콜라 철학과 교육은 Paris 대학의 도미니크회 수도사였던 Saint Thomas Aquinas (1225~1274)의 신학대전에 의해서 절정에 다다랐다. Aquinas는 권위의 조화를 주로 다루었는데 그것은 바로 성서의 믿음과 Aristotle의 그리스 철학을 연관시키는 것이다. Aquinas는 신앙과 이성을, 신, 인간의 본질, 우주, 그리고 신과 인간의 관계에 대한 기본적인 문제들에 답하는 수단으로 사용했다(Selman, 1994). Aquinas는 인간이 신체와 영혼을 가지고 있는 존재라고 보았다. 비록 세상에 일시적으로 살다 가지만 인간의 최종 목표는 신이 존재하는 내세를 체험하는 것이다. Aristotle와 마찬가지로 Aquinas는 인간의 지식은 감각적 경험에서 시작되며 개념화를 통해 완성된다고 주장했다(Aquinas를 포함한 많은 교육자들의 사상은 "Overview 3.2" 참조).

Aquinas는 『de Magistro』에서 교사의 사명은 신앙, 사랑, 학습을 결합시키는 것이라고 밝혔다. 교사들은 정관적 학자임과 동시에 학습의 적극적인 행위자, 담당 과목의 전문가, 숙련된 강사 그리고 인류를 사랑하는 사람이어야 했다.

■ 교과 교육

스콜라 학파의 교사들은 성직자였으며, 학교들은 교회에 의해 운영되고 보호되었다. 교육과정은 교양 교육의 전통에 따른 정규 과목들로 이루어졌다. 예를 들어, 고등교육에서 배우는 과목들은 논리학, 수학, 자연 철학, 윤리 철학, 형이상학, 신학이었다. 스콜라 학파 교사들은 연역법을 사용하여 조직화된 지식 체계를 만들어 갔다. 그들은 기본 원칙과 이런 원칙들의 함축적 의미를 강조했다. 정규 교육과 더불어 Aquinas는 가족, 동료 그리고 주변 환경을 통한 비정규 교육도 중시했다(Donohue,

[Overview 3.2] 주요 교육 이론가(~1600년대까지)

이론가	철학적 성향	인간 본성에 대한 관점
공자 기원전 551~478(중국)	계층적 인간관계와 역할에 기초한 윤리 체계 설립, 복종을 통한 질서와 안정을 중시	인간은 자신의 지위에 따른 의무를 받아들이는 대단히 안정된 사회 질서를 필요로 한다.
Socrates 기원전 469~399(그리스)	사회 · 교육적 인습 타파론자, 철학적 이상주의와 정치적 보수주의를 추구	인간은 이성적 자아 성찰을 통해 자신을 자각한다.
Plato 기원전 427~346(그리스)	철학적 이상주의자, 사회 · 정치적 보수주의자	인간은 지적 능력에 따라 계층이 나누어진다.
Aristotle 기원전 384~322(그리스)	철학적 현실주의자, 고전 현실주의에 바탕을 둔 사회 · 정치 · 교육적 관점 견지	인간은 행동을 지배하는 이성 능력이 있다.
Isocrates 기원전 436~388(그리스)	수사학자, 자아와 사회를 위한 웅변 교육	인간은 담화를 통해 사회 정치적 진보를 이룰 수 있다.
Quintilian 35~95(로마)	수사학자, 개인적 이득과 공공의 의무를 위한 웅변술	특정 개인은 그들의 성향, 교양 지식, 웅변술에 따라 지도자의 능력을 가지고 있다.
Aquinas 1225~1274(중세 이탈리아 신학자)	기독교 신학과 아리스토텔레스의 현실주의 철학	인간은 영혼과 신체를 가지고 있다.
Erasmus 1465~1536(네덜란드 르네상스 인문주의자)	기독교 교육, 사회적 · 지적 비평가였던 교육자	인간은 심오한 업적을 이룰 잠재력이 있으나 반대로 엄청난 무지를 소유하고 있기도 하다.
Luther 1483~1546(독일 프로테스탄트)	Protestant 신학 교육, 신앙심에 따른 구원과 개인적 양심	인간은 믿음으로 구원받을 수 있다. 개인적 양심은 성서와 개혁된 신학으로 형성될 수 있다.

1968).

중세 시대 이후 오늘날에 이르기까지 Thomism이라고 불리는 Aquinas의 철학은 그의 철학을 학교 신앙 공동체의 기초로 삼는 가톨릭 학교에 교육적으로 큰 영향을 미쳤다. 미국의 가톨릭 학교는 사립학교 중 가장 큰 비중을 차지하여 2,511,050명의 학생과 8,102개의 학교를 보유하고 있는 실정이다. Thomism은 전교과 필수 교육과정의 개념을 창안한 Mortimer Adler와 같은 비종교적인 인문주의자들에게도 영향을 끼쳤다.

교육과 교육과정에 대한 관점	업적과 영향
교육은 조상과 전통 공경을 통해 사람들이 사회·정치적 역할을 준비하도록 한다. 고대 중국 고전의 교육과정과 공자 어록, 선택적 시험	유교 윤리는 수세기에 걸쳐 영속적인 중요성을 가진 가치 체계를 창조함으로써 중국 문화를 형성해 왔다.
철저한 지적 대화를 통해 기본적 인간 문제에 대한 대답을 찾는 방식, 교육은 도덕적 우수성을 키우는 데 초점을 두어야 함	교육 방식인 Socrates식 문답법, 롤모델로서의 교사
잠재된 생각 끌어 내기; 음악, 체조, 기하학, 천문학, 기초 문예 기술, 철왕을 위한 철학	지적 능력에 따라 학생들을 구분하는 학교, 정치, 시민 목적에 따른 교육
객관성과 과학성의 강조, 기초 문예 기술, 수학, 자연 과학, 철학	개방적으로 교육받은 다재다능한 인간상의 강조, 이성의 중요성
수사학 공부, 기초 문예 기술, 정치학, 역사, 수사학, 낭독법, 대중 연설	공적인 업무와 정치에서의 지식의 사용, 교사의 교육은 이론과 실제를 겸비해야 한다.
기본 문예 기술, 문법, 역사, 문학, 연극, 철학, 대중연설, 법	학습에서의 동기의 역할, 개인차 인식
교육은 인간 본질에 기초해서 정신적 신체적 측면에서 적절하게 이루어져야 한다.	도덕 행위자로서의 교사, 절대적 신학적 목표와 연관된 교육, 신학과 철학의 결합, 로마 가톨릭 학교에서의 철학 기초
비판과 분석을 중요시하는 학문적 엘리트를 위한 교육	학문과 사회 비판에서 중고등교육의 역할, 비판적 사고의 강조
읽기, 쓰기, 산수, 종교를 가르치는 초등학교, 고전, 라틴어, 그리스 어, 종교를 가르쳐서 미래의 지도자를 양성하는 중등학교, 직업 훈련	보편적 교양 강조, 종교 가치와 직업 기술, 지식을 강조하는 학교, 종교, 학교 교육, 국가의 긴밀한 관계

서양 교육에 미친 중세 교육의 영향

■ 지식의 보전과 제도화

중세 교육자들은 지식의 보존과 제도화를 통해 교육에 기여했다. 지식의 보존과 제도화란 지식을 체계화된 틀을 통해 제공하는 것이다. 지역 교구, 수도회, 가톨릭 학교들은 이런 방식으로 지식을 전달했다. 이런 경향의 전형은 오늘날의 대학의 원형인 중세 대학들이었다. 중세 교육자들은 정해진 틀 안에서 지식을 가르친 것뿐만 아니라 기록과 편찬을 통해 지식을 보존했다.

다시 한 번 생각해 보기

당신은 중세 유럽 교육의 내용을 요약하여 어떻게 이 문제들에 답할 것인가?

르네상스의 고전 인문주의

■ 고전의 인간적 측면 소생

르네상스는 14세기에 시작되어 15세기에 그 절정에 다다랐으며, 그리스와 라틴 고전의 인문주의 측면의 부활을 가져왔다. 이 시기는 중세와 근대 사이에 존재한 변화의 시기였다. 고전 인문주의 르네상스 학자들은 중세 스콜라 학자들과 같이 과거에서 권위를 찾고 고전 문학을 강조했다. 고전 인문주의자들이 스콜라 학자들과 다른 점은, 신학보다는 문예에 관심이 있었다는 점이다(Hale, 2000).

■ 이탈리아에서의 고전적 인본주의

르네상스는 이탈리아에서 특히 두드러졌는데 이탈리아의 상업적 부흥이 예술과 문예의 확산을 가져왔다. 이탈리아의 고전 인문주의자들은 지적 엘리트로서 지식의 관리자를 자처했다. 이탈리아의 Dante, Petrarch, Boccaccio의 작품들은 인문주의 문예의 부활을 반영하는 것이었다. 이탈리아의 귀족들은 인문주의 학교를 설립, 자녀들로 하여금 다시 소생한 고전 교육을 받도록 했다.

■ 하나의 모델로서의 조정 관료

스콜라 철학을 부정한 고전 인문주의 교육자들은 Isocrates와 Quintilian에게 다시 주목했다. 그리스와 라틴 고전에서 그들은 문예적 우수성과 스타일의 표본, 이상적 교양인, 그리고 고대의 지혜를 중시하는 관점을 발견한다. 인문주의 교육자들에게 조정 관료는 교양인의 표본이었다. 조정 관료는 품격과 기품을 갖춘 고전 문예를 익힌 사람으로서, 군주를 도와 정사를 맡아보는 재주 있는 외교관을 뜻했다. Baldesar Castiglione(1478~1529)은 그의 저서인 『The Book of the Courtier』에서 조정 관료와 고전 그리스 · 라틴 문예, 정중한 예절을 다루는 그들의 교육에 대해 묘사한 바 있다.

■ 조정 관료 교육

■ 비판적 사고

르네상스 인문주의 교육자들은 문학가들이었다. 그들은 작가이자 시인이었으며 통역가이자 비평가였다. 예술가들은 사회와 취향의 비평가로서 그들의 작품에 재치와 매력 그리고 풍자, 학식을 표현했다. 오늘날의 비판적 사고를 강조하는 풍토를 앞질러 인문 교육자들은, 기존 관습에 도전하고 문예와 삶에 있어서의 진부함을 포착하고 개선하는 비판적 사고를 하는 사람을 키우는 것을 목표로 했다. 북부 유럽의 고전 인문주의 학자들은 중세 신학의 업적들을 비판적으로 고찰했다.

그러나 르네상스 인문주의자들은 숙성된 문학 작품으로부터 인간 본질의 개념을 증류시킴으로써 대중들과 거리를 두었다. 포도주가 우아한 저녁 식사에 어울리듯이 인문주의 교육은 감정 전문가를 위한 것이었다. 인문주의 교육은 모두에게 제공된 것이 아니라 엘리트들을 위한 것이었다.

■ 학교에 대한 제한적 접근

르네상스 시대에 학교 수업을 받는 기회가 극적으로 늘어난 것은 아니었다. 인문주의 예비학교와 중등학교는 귀족 자녀들과 상류층에게 개방되었다. 초등학교는 상업

르네상스 시기에 젊은 상류층 여성들을 위한 교육과정은 예술, 음악, 바느질, 춤, 시와 같은 특정한 공부들이 그들의 성(性)에 적합하다는 생각을 반영했다.

을 주로 하는 중류층을 위한 것이었다. 사회경제적으로 낮은 계층의 자녀들은 정규 교육을 거의 받을 수 없었다.

Erasmus: 비평가이자 인문주의자

■ Erasmus의 교육관

Desiderius Erasmus(1465~1536)는 르네상스 시대의 대표적인 고전 인문주의 학자였다. 그는 교사의 표본은 국제적 관점을 견지한 인문주의라고 생각했다. 이런 교사는 어느 한 지역에 제한되지 않는 세계적인 자세를 가져야 했다. 인문주의 교사는 여러 방면의 교양 지식에 뛰어나야 했으며, 특히 고전 작품들을 해석하는 데 도움이 되는 문학, 언어, 역사, 종교에 특출해야 했다. Quintilian과 마찬가지로 Erasmus는 폭넓은 교육적 관점을 견지하고 있었으며 부모들에게 아동들의 자세와 행동을 형성하는 초기 교육이 중요하다고 조언했다. 그는 아동에게는 예절과 문화적 표본이 되는 부모와 교사의 역할이 중요하다고 보았다.

■ 서적과 문학 권고

인문학자인 Erasmus는 문학을 가르치는 것을 중시했다. 그는 학생들이 자신들의 삶에서 작가가 책에서 의도하는 바를 탐구하고 양서를 읽기를 권했다. 그는 교사들에게 책의 의미를 탐구할 수 있는 대화, 게임, 활동들을 활용하도록 장려했다. Erasmus는 다음과 같은 문학 교육 방식을 고안해 내었다. 그것은 (1) 작가의 이력 살펴보기, (2) 작품의 양식과 장르 살펴보기, (3) 줄거리에 대해 이야기하기, (4) 책의 도덕적·철학적 함의 살펴보기, (5) 작가의 문체 분석하기이다(Woodward, 1964).

Erasmus는 전쟁과 폭력을 반대하였으며, 이러한 그의 생각은 『The Education of

■ 폭력 반대

the Christian Prince』(1516)라는 그의 저서에 잘 나타나 있다(Sider & Payne, 1994). 그는 왕자를 교육시킬 때에는 왕국의 백성들—그들의 전통, 관습, 직업, 문제들—에 대해 왕자가 충분히 이해하도록 해야 한다고 주장했다. 국가가 공포와 권모술수로 지배되어야 한다고 믿었던 Machiavelli와 달리, Erasmus는 왕자에게 국민들로부터 지지를 얻도록 조언했으며 외교와 같은 평화를 증진시키는 방법을 배울 것을 권했으며 전쟁을 삼갈 것을 조언했다.

르네상스 교육이 세계 및 서양 교육에 끼친 영향

■ 고전 언어 및 문학에 대한 강조

르네상스 인문주의자들은 교양인의 특질인 라틴 어와 그리스 어를 습득할 것을 강조했다. 수세기에 걸쳐 이런 고전 인문주의자들의 취향은 서구의 중고등교육의 기원을 형성했다. 유럽과 미국의 많은 대학들이 19세기 후반 이전까지 라틴 어를 입학 조건의 하나로 규정했다.

■ 인본적(과학적이 아닌) 지식

Erasmus를 포함한 여러 르네상스 교육자들이 인문주의, 인간중심의 지식 개념을 가진 것은 주목할 만하다. 그러나 인문주의 교육자들은 과학적 질문을 통해 인문주의적 주제에 접근하기보다 문예를 통해 그들의 문제를 탐구했다. 이러 접근 방법은 후에 Rousseau, Comenius, Pestalozzi, Dewey에 의해 경험을 배제하고 문예만을 강조한다는 비판을 받는다.

1423년 유럽의 인쇄 기술의 발달은 읽고 쓰기 능력과 학교 교육을 극적으로 바꾸는 계기가 되었다. 인쇄 기술이 발달되기 이전, 학생들은 교사들이 말하는 것을 일일이 받아 적어야 했다. 대학 강의는 근본적으로 학생들이 교수의 말을 기록하는 것이었다.

■ 인쇄술

15세기 중반에 이르러 유럽 인들은 금속활자의 발명을 경험하게 된다. 독일의 금속 세공가인 Johannes Gutenberg가 인쇄를 위한 단단한 금속 합금을 발명한 것이다. 1455년 발간된 성경은 최초의 인쇄물이었다. 인쇄 기술은 더 많은 사람들이 정보에 접근할 수 있게 해주었다(Febvre & Martin, 1990). 인쇄 기술은 '정보 혁신'을 가져왔다. 인쇄 기술의 발달은 오늘날 컴퓨터 정보 보급의 시작과 맞먹는 그 당시의 경이적인 기술 혁신이었다(인쇄 기술의 발명을 포함한 교육 역사의 중요한 사건들에 대해서는 "Overview 3.3" 참조).

다시 한 번 생각해 보기

당신은 르네상스 교육의 내용을 요약하여 어떻게 이 문제들에 답할 것인가? 오늘날 학교에는 어떤 면에서 인문주의적인 요소가 남아 있는가?

[Overview 3.3] 1650년까지 서구 교육 역사의 중요한 사건

시기	정치적 · 사회적 사건		중요한 교육적 사건	
그리스	기원전 1200	트로이 전쟁	기원전 1200	Homer의 『Iliad』, 『Odyssey』
	기원전 594	아테네 헌법 개정	기원전 399	Socrates의 재판
	기원전 479~338	그리스 문화의 전성기	기원전 395	Plato의 『Republic』
	기원전 445~431	Pericles 시대	기원전 392	Isocrates, 아테네에 학교 설립
	기원전 431~404	아테네와 스파르타의 펠로폰네소스 전쟁	기원전 387	Plato, 아카데미 설립
			기원전 330	Aristotle의 『Politics』
로마	기원전 753	로마 창건	기원전 449	초등학교인 ludi에서 라틴 어 교육 실시
	기원전 510	로마 공화정 창시		
	기원전 336~323	Alexander 대왕	기원전 167	로마에 그리스 문법 학교 설립
	기원전 272	로마의 이탈리아 반도 장악	96	Quintilian의 웅변 교수론
	기원전 146	그리스, 로마에 복속		
	기원전 49~44	Julius Caesar의 독재		
	기원전 31	로마 제국의 시작		
	476	서로마 제국의 몰락		
중세	713	아랍의 스페인 장악	1079~1142	Abelard, 『긍정과 부정』의 저자
	800	Charlemagne가 신성 로마 제국의 관을 받음	1180	Paris 대학, 교황의 윤허장과 인정받음
	1096~1291	십자군 전쟁	1209	Cambridge 대학 창설
	1182~1226	St. Francis	1225~1274	Thomas Aquinas, 『Summa Theologiae』의 저자
르네상스	1295	Marco Polo의 원정	1428	고전 인문주의 교육자 Da Feltre, 만투아에 궁정학교 설립
	1304~1374	Petrarch, 송시와 14행시의 작가		
	1313~1375	Boccaccio, 이탈리아 국민 문학의 창시자	1507~1586	Sturm, 독일 김나지움 창시자
			1509	Erasmus의 『Praise of Folly』
	1384	공동 생활 형제회(Brethren of Common Life)의 설립		
	1393~1464	Cosimo de' Medici, Florence의 예술과 교육 장려		
	1423	인쇄 기술의 발명		
종교 개혁	1455	성경 인쇄	1524	Luther의 '기독교 학교의 대리인으로 독일의 모든 도시의 시장과 시의원에게 보내는 편지'
	1492	Columbus, 아메리카 대륙 발견		
	1517	Luther가 종교 개혁의 발단이 된 95개조 발표	1524	Luther의 동료인 Melanchthon, 독일에 Luther교 학교 설립
	1509~1564	John Calvin, 신교 개혁가, Calvinism의 창시자	1630~1650	John Knox, 스코틀랜드에 Calvinism 학교 설립
	1509~1547	영국의 Henry 7세, 성공회의 창시자		
	1540	Loyola, 예수회 설립		
	1545	Trent 공의회에서 로마 가톨릭의 반개혁 운동 시작		

종교 개혁과 교육

■ 로마 교황의 권위로부터의 자유

16~17세기의 종교 개혁은 북부 유럽 인문주의자들의 중세 기관과 권위에 대한 비판에서 촉발되었다. 인문주의가 중세 스콜라 철학을 대체하면서 종교적 결속성을 강조하는 가톨릭의 권위는 많은 부분 상실되었다. 이것은 결국 교육 논쟁까지 이어지는 다양한 종교적 의견이 등장하는 계기가 되었다.

상업에 종사하는 중류층과 강력한 민족 국가의 부상은 개혁의 움직임을 촉진시켰다. 그러나 신교 개혁가들—John Calvin, Martin Luther, Philipp Melanchthon, Ulrich Zwingli—은 초기에는 교황의 권위에서 벗어나 그들의 종교 교리와 관습을 해명하는 데 중점을 두었다(Godfrey, 2003). 그러면서 신교 개혁가들은 그들만의 독자적인 교육 이론을 수립하였고, 학교를 설립하였으며, 교육과정을 조직하고 개혁 신조로 아이들을 이끌었다.

■ 일반 대중들의 읽고 쓰기 능력 신장

Luther, Melanchthon, Calvin 그리고 많은 종교 개혁 지도자들은 지식, 전반적 교육, 학교 교육에 관한 문제들에 대해 고민했다. 그 이유는 그들이 신교의 신앙을 전파하는 데 이런 강력한 무기들을 필요로 했기 때문이다. 그들은 성경이 최고의 권위를 가진 지식의 원천이라고 믿었다. 성경을 읽는 것이 속죄에 가장 중요하다고 보았던 그들은 일반 초등교육에서 읽고 쓰기 능력을 신장시키는 것을 장려했다.

신교도들은 민족학교(vernacular schools)를 설립하여, 아동들이 라틴 어가 아닌 자국어를 사용하도록 가르쳤다. 이런 초등학교들의 기초 교육과정은 읽기, 쓰기, 수학, 종교였다. 가톨릭 미사와 예배는 여전히 라틴 어로 진행되었지만, 신교와의 경쟁에서 우위를 점하기 위해 가톨릭 학교에서도 자국어를 가르치기 시작했다.

■ 교리 문답

신교와 가톨릭 모두 학교를 올바른 신앙과 종교 관습을 아동들에게 가르치는 장으로 활용했다. 공식 허가를 받은 교회의 구성원만이 교사로 임용되었으며, 교사들은 인가된 교리만을 가르치도록 감독을 받았다. 교리의 일관성을 보장하기 위해 종교 교육자들은 교리 문답법을 발명했다. 교리 문답법은 묻고 답하면서 특정 종파의 교리와 관습을 요약하는 것이다. 암기는 학교 교육에 항상 존재했지만, 교리 문답에서는 이를 더욱 강조했다. 교리 문답의 목적은 아동들이 교리를 외우고 그것을 내재화하는 것이었다. 이런 문답법은 학교 교육에서 강력한 영향력을 발휘해서, 역사나 지리와 같은 세속적 과목에서도 사용이 되었다.

예를 들어, Calvin의 제네바 교회의 교리 문답은 다음과 같다.

교사: 인간 삶의 궁극적인 목표는 무엇인가?
학생: 인간을 창조하신 신을 아는 것입니다.

19세기, Davenport의 미국 역사 수업에서도 비슷한 방법이 사용되었다.

Q: 렉싱턴 전투는 언제 일어났는가?

A: 1775년 4월 19일에 일어났다. 미국 혁명을 위한 최초의 피를 흘린 전투가 바로 이 전투이다.

■ 읽고 쓰기 능력의 향상

대중의 읽고 쓰기 능력을 강조하고 학교 수업에의 참여 기회가 늘어나면서 종교 개혁은 교육과 문맹률에 있어 커다란 변화를 가져왔다. 예를 들어, 1500년경 영국에서는 10%의 남성과 2%의 여성만이 읽고 쓰기 능력을 가지고 있었던 데 반해 1600년대에 다다라서는 그 비중이 남성 28% 여성 9%로, 1700년대에는 남성 40%, 여성 32%로 높아졌다. 읽고 쓰는 사람의 비율은 북부 유럽이 남부 유럽보다, 도시가 농촌보다, 상류층이 하류층보다 높았다(Maynes, 1985).

■ 학교 출석률 향상

이런 수치들이 말해 주듯이 종교 개혁가들은 여자 아이와 남자 아이 모두가 동등하게 초등 민족학교에 다니도록 했으며, 이런 그들의 노력은 두 성별의 학교 수업 참여도를 증가시켰다. 그럼에도 불구하고 종교 개혁가들은 상류층 남자 아이들을 위한 고급 고전 인문주의 예비학교와 중등학교는 남겨두었다. 독일의 김나지움과 같은 예비학교와 중등학교, 영국의 라틴 어 입문 학교, 프랑스의 lycee에서 상류층 남자 아이들은 대학 입학에 필요한 라틴 어와 그리스 어를 배웠다. 이런 엘리트들은 후에 교회나 국가의 지도자층을 형성했다.

많은 강력한 인물—Calvin, Zwingli, Ignatius Loyola, Henry 7세—들이 종교 개혁과 로마 가톨릭의 반개혁 운동에 지대한 영향을 끼쳤다. Martin Luther는 그 중에서도 뛰어난 개혁가였다.

Luther: 종교 개혁가

■ Luther의 가톨릭 교회에 대한 도전

Martin Luther(1483~1546)는 서구 역사와 교육에 지대한 영향을 끼친 중요한 종교 개혁가이다. 독일의 Augustinian 수도회의 수도사였던 그는 가톨릭의 관행에 비판적이었다. 1517년 비텐베르크에서 그는 성당 대문에 로마 가톨릭 교회와 교황에 도전하는 95개조를 붙였다. Luther의 이러한 도전은 종교 개혁의 촉매제가 되었으며 종교 개혁은 서부 유럽 전역으로 확산되었다.

■ 종교 개혁의 일부로서의 교육

Luther는 교육이 종교 개혁의 강력한 수단이라고 보았다. 그는 교회, 국가, 가정, 학교가 중요한 개혁 대상이라고 보았다. Luther는 가정이 아동들의 성격과 행동을 형성하는 데 중요한 역할을 한다고 보고, 가족 단위로 성서를 읽고 기도하는 것을 장려했다. 그는 부모들이 아이들에게 직업 훈련을 시켜서 어른이 되면 자립하여 생산적인 시민이 될 수 있도록 해야 한다고 조언했다.

■ Luther의 학교 교육관

Luther의 '기독교 학교의 대리인으로 독일의 모든 도시의 시장과 시의원에게 보내는 편지'에서 그는 공직자들이 교육 의무를 다해야 한다고 주장했으며 학교 교육의 정치적, 경제적, 정신적 이득을 강조했다. 그는 학교에서 박학하고 규율을 지키며 생산적인 시민과 교회 구성원을 배출하기 위해서는, 학교가 국가의 공직자들에 의해 조직되고 감독을 받아야 한다고 보았다. 김나지움에서의 고등교육과 대학은 Luther 교회에서 종사할 훌륭하게 교육받은 성직자들을 배출할 수 있어야 했다.

■ Luther의 여성 교육관

Luther의 여성 교육관은 전통적인 제한적 관점을 반영했지만 개방적인 생각도 포함되어 있었다. Saint Paul의 영향으로 그는 가정의 가장인 남편은 아내에게 권위를 행사할 수 있다고 보았다. 가사와 육아는 여성에게 할당된 역할이었다. 반면 Luther는 자국어로 성경 읽는 것을 강조해서 여자 아이들도 남자 아이들과 함께 초등학교에 다니도록 하였다. 그리하여 학교 교육은 여성에게도 자녀 교육을 시킬 수 있는 역할을 부여하였다.

■ 학교 규칙

교육 개혁을 계획하고 실행하기 위해 Luther는 Philipp Melanchthon(1497~1560)에게 주로 도움을 청했다. 가톨릭 교회의 학교 규제를 배제하기 위해 Luther와 Melanchthon은 국가가 학교를 감독하고 교사 자격을 부여해야 된다고 보았다. 1559년 Melanchthon은 '비텐베르크의 학교 규칙'을 내놓았는데 이것은 다른 독일 국가들에서도 표본이 되었다. 이 규정은 모든 마을의 초등 민족학교가 종교, 읽기, 쓰기, 산수, 음악을 가르칠 것을 명시했다. 고전 중등학교인 김나지움에서는 대학에 진학할 젊은 이들에게 라틴 어와 그리스 어로 수업을 제공하도록 했다.

종교 개혁기의 교육이 세계 및 서양 교육에 끼친 영향

종교 개혁기의 교육에는 복선형 교육 체계(dual-track system of schools)를 포함한 많은 르네상스 시기의 영향이 남아 있었다. 민족학교는 사회경제적으로 낮은 계층의 기초 교육을 담당한 데 반해, 여러 고전 인문주의 입문 학교들은 상류층에게만 고등교육을 제공했다. 유럽의 제국주의자들은 식민지에 이런 이중의 학교 구조를 도입했다.

성서 읽기를 장려함으로써 종교 개혁가들은 후세의 교육가들에게 읽고 쓰기 능력을 강조하는 전례를 남겼다. 이를 통해 일반 학교 교육이 실현될 수 있었다.

종교는 고대에서 21세기에 이르기까지 교육과 학교 구조에 엄청난 영향을 끼치고 있다. 이제까지의 많은 학교들이 교회, 신전, 모스크와 연관이 있었다. 미국에서도 초기의 학교와 대학은 종교와 연관을 맺고 있었다. 오늘날 약 4,354,420명의 미국의 초·중등학교 학생들이 종교 학교에 다닌다.

18세기에 이르러 교육에 대한 종교의 영향은 도전을 받게 된다. 계몽주의에 의한 자연주의와 이성주의의 등장으로 서부 유럽에 이성의 시대가 열린 것이다.

다시 한 번 생각해 보기

당신은 종교 개혁기의 교육 내용을 요약하여 어떻게 이 문제들에 답할 것인가? 당신은 종교 개혁기의 교육에서 사용된 암기 방식을 어떻게 수업에 활용할 것인가?

교육에 있어서 계몽주의의 영향

이성의 시기로 불리는 계몽주의 시기인 18세기를 고찰하면 오늘날 미국의 정치 기관들이 그 당시의 산물임을 알게 된다. 계몽주의 사상은 Rousseau, Pestalozzi, Froebel과 같은 주요 교육 개혁자들에게 영향을 끼쳤다. 이런 유럽 개혁가들의 사상은 미국에도 전파되었다.

■ 이성과 과학적 방법

계몽주의 사상에서 가장 중요한 것은 이성의 힘이다. 계몽주의 철학자, 과학자, 학자들은 이성 능력을 활용해 문제를 해결함으로써 인간이 그들의 삶과 조직을 한층 더 발전시킬 수 있다고 보았다(Hoff, 1994). 과학적 질문을 하는 것을 강조한 이런 사상가들은, 우주가 기능하는 규범적 과정인 '자연 법칙'을 발견하려고 시도하였다. 그들은 또한 사회 개혁을 위한 이론들을 고안해 내었다. 예를 들어, 미국과 프랑스 혁명의 근저를 이루는 이데올로기들은 이성을 통해 정치적 질서를 재구성하는 것이었다. 계몽주의 이데올로기에는 학교는 학생의 이성 능력을 키우고 그들을 미신으로부터 해방시키도록 해야 한다는 내용을 포함하였다.

대표적 계몽주의자들로는 Diderot, Rousseau, Franklin, Jefferson이 있다. 이들은 인간이 새롭고 더 발전된 사회로 진보해 나간다고 보았다. 그들은 더이상 고대 그리스 · 로마의 황금기에 주목하지 않았다. 이성 능력과 과학적 방법을 통해 인간은 진보할 수 있기 때문이다. 그러므로 학교는 학생들이 개방적 사고와 질문하는 태도, 과학의 경험주의 방식을 활용하려는 열정을 겸비하는 것을 장려하는 진보적 기관이어야 한다.

■ 진보에 대한 신념

계몽주의 사상들은 미국에서 싹텄으며, 이것은 후에 사회와 교육이 정치적 민주화와 일반적 교육으로 나아갈 것이라는 긍정적 믿음으로 발전했다. 이런 사상은 Benjamin Franklin의 실용적이며 과학적인 교육과 Thomas Jefferson의 국가가 학교를 지원할 것을 주장한 것에 힘입은 것이다. 개인의 능력을 통해 미래를 바꿀 수 있다는 확신으로, 미국인들은 교육을 진보의 가장 중요한 요소로 인식하게 되었다(Feller, 1995).

4장에서는 미국의 교육 철학을 고찰한다. 많은 철학들은 우리가 이제까지 다룬 시기에 발전되었다. "Technology @ School"은 세계의 교육에 대해 배울 수 있는 방법들을 제시한다.

TECHNOLOGY @ School

세계의 학교들을 연결하기

많은 다양한 문화와 전통이 미국 교육의 발전에 기여했다. 또한 세계 다른 지방의 교육 체계 역시 세계적 전통에 의해 형성되었다. 문화간 이메일 교실 연결(www.teaching.com/IECC)을 통해 세계의 다양한 학교들의 공통점과 차이점을 살펴보자. 이 프로그램은 유용한 정보들을 제공해 줄 뿐만 아니라 여러 나라의 교사와 학교를 이메일을 통해 연결해 준다.

다른 나라의 학생들과 서신 교환을 할 수도 있다. 학생들은 서로의 학교와 일상생활에 관한 정보를 공유할 수 있을 것이다. 이런 이메일 교환 프로그램을 많은 사이트에서 제공하고 있다. 문화간 이메일 교실 연결(www.teaching.com/IECC), 국제 우정 프로그램(www.globalschool.net.org/programs/friendship.html), 이팔(ePal) 교실 교환(www.epals.com), 키드링크(www.kidlink.org), 키팔클럽(www.teaching.com/keypals) 등이 그것이다. 이 사이트들은 당신의 학생들과 다른 나라의 학생들이 같이 할 수 있는 과제 등에 관한 아이디어들도 제시해 준다.

학생들과 이런 프로그램을 진행하기 전에 모든 설비와 통신자를 잘 파악하고, 학생들이 학교의 컴퓨터 규정을 준수하도록 하며, 다른 나라의 학생들과 서신 교환을 할 때에는 네티켓을 지킬 수 있도록 하자.

다시 한 번 생각해 보기

당신은 계몽주의 시기의 교육 내용을 요약하여 어떻게 이 문제들에 답할 것인가? 특히 미국 교육에 큰 영향을 미친 경향은 무엇인가?

요 약

❶ 우리는 이 장의 앞부분에서 교수 학습의 본질에 관한 역사적 문맥의 문제들을 고찰하였다. 지식이란 무엇인가? 교육이란 무엇인가? 학교 교육은 무엇인가? 학교를 다니는 주체는 누구인가? 교수 학습은 어떤 방식으로 진행되어야 하는가? 현대의 교육자들은 계속해서 이런 문제들을 고찰하고 있다. 어떤 사람은 고대 중국의 공자와 같이 전통 지식과 가치를 강조하고, 이집트에서와 같이 문화 보존을 중시한다. 어떤 사람은 Plato이 그랬던 것처럼 절대적 틀에서 답을 발견하려고 한다. 다른 사람들은 변화하는 지식의 인식 방법과 교육의 역할에 따라 반응을 달리한다.

❷ 문자 발명 이전 사회에서 그랬던 것처럼 학교 교육은 계속해서 한 세대에서 다음 세대로 문화유산을 전달한다.

❸ 국제적 상호 의존도의 증가는 교육의 세계적 문맥의 중요성을 증대시킨다. 고대 중국, 인도, 이집트, 그리스와 같은 문화적으로 다양한 사회의 교육을 살펴봄으로써 우리는 지식, 교육의 목적, 교육을 받는 주체에 대해 생각할 수 있다.

❹ 많은 미국의 교육기관들과 교육과정은 유럽에서 유래되었다. 고대 그리스에서는 교양인, 이성적 질문, 사고의 자유와 같은 개념들을 Socrates, Plato, Aristotle가

체계적으로 진술했다. 수사학 교육의 개념과 방식은 소피스트들에 의해 고안되었고, Isocrates에 의해 개선되었으며 로마의 수사학자였던 Quintilian에 의해 한층 발전되었다.

5. 중세에는 대학의 기초가 성립되었다. 중세 교육은 아랍 인에 의해 서구 세계에 전래된 수학, 과학의 업적들을 반영했다. 르네상스 고전 인문주의 교육자들은 다재다능하며 개방적 교육을 받은 인간의 개념을 발전시켰다. 종교 개혁가들은 읽고 쓰기 능력을 강조하였으며 민족 교육은 식민지 미국 학교에 직접적인 영향을 주었다. 계몽주의는 특히 미국 교육에 큰 영향을 끼쳤다.

6. 고대 그리스와 로마의 고전주의 시기에서 15세기 종교 개혁기까지 소수의 아이들이 학교에 다녔다. 종교 개혁에 의해 더 많은 사람에게 학교 교육의 기회가 돌아갔다.

7. 서구 유럽 사회의 학교는 사회경제적 계층차에 의해 이중적인 구조로 발전되었다. 일반 사람들은 초등학교에 다녔으며 상류층 남자들은 대학 입시를 준비하는 예비학교에 다녔다. 여자 아이들은 초등학교에 다녔지만 중 · 고등교육에서는 거의 배제되었다.

교육의 철학적 기원 4

교사들은 매일 중요한 업무에 봉착한다−수업 준비, 학생 평가, 원만한 학급 분위기 조성. 이런 일들을 어떻게 처리하느냐에 따라 교사로서의 성패가 좌우된다. 당신은 교무실에서 이루어지는 사소한 대화에서 전문 워크숍, 회의에 이르기까지 이런 업무를 효과적으로 처리하는 방법에 대해 듣는다. 매일 교사들이 접하는 긴급한 사안들이 원활한 교사의 업무 수행을 방해하는 경우도 있지만, 이런 교사의 업무에 대한 의견을 생각해 보고 나누다 보면, 이런 업무들을 더욱더 깊은 철학적 측면에서 바라볼 수 있을 것이다.

이 장은 교육에 대한 당신의 의견을 생각해 보고 그것을 당신 고유의 교육 철학으로 만들 수 있도록 도와주는 철학 이론의 개략적인 틀을 제시한다. 다음의 기초적인 질문들은 이 장을 읽는 데 도움을 줄 것이며, 자기 고유의 교육 철학을 완성하는 데에도 도움이 될 것이다.

핵심 질문

- 철학은 어떻게 세분화되며, 그 구분은 어떻게 정의되는 것인가? 이런 철학적 구분은 교사로서의 신념과 진리와 가치 교육에 어떤 영향을 주는가?
- 교육의 주요 철학과 이론은 무엇인가? 당신의 교육 경험에 두드러지게 나타난 철학이나 이론이 있는가? 이런 철학은 지식에 대한 당신의 신념과 도덕 가치에 대한 실천 방식에 도움에 되는가?
- 교육 철학과 이론은 학교 교육과정과 교수 학슈 방식에 어떤 영향을 주는가? 올바른 학교 교육과정과 수업 방식, 교사의 학생이나 동료 교사와의 도덕적 관계, 문화적 다양성에 대한 태도는 무엇인가?
- 규범화 운동과 교육 기술의 중요성 증대와 같은 현대의 교육 경향은 당신의 교육 철학에 어떤 영향을 주는가?

당신은 교사로서 당신이 가르치는 내용과 방식에 대해 주의 깊게 생각하게 될 것이다. 또한 당신은 학생들의 삶에 당신의 존재가 어떤 차이를 가져다 줄 것인지를 생각할 것이다. 이런 진지한 고민은 교사의 자아 성찰의 시작이 된다. 당신은 다음과 같은 질문을 통해 자기 고유의 교육 철학을 창조해 낼 수 있을 것이다.

- 무엇이 진리이며, 그것을 어떻게 알고 어떻게 가르칠 것인가?
- 무엇이 옳고 그르며, 도덕 가치를 어떻게 가르칠 것인가?
- 학교와 교육과정은 진리와 가치를 어떻게 보여 줄 것인가?
- 교수-학습은 개인의 진리와 가치에 관한 신념을 어떻게 반영하는가?

■ 기본적 질문 및 철학적 쟁점

필자들은 이 장 전반에 걸쳐 위의 기본적 물음들에 대해 고찰할 것이다. 이런 질문들은 쉽게 답할 수 있는 것이 아니며, OX나 선다형으로 대답할 수 있는 것도 아니다. 위의 물음에 대한 당신의 대답은 항상 변화의 소지를 가지고 있으며 생각할수록 복잡해질 것이다. 그러나 이런 질문에 대해 생각해 봄으로써, 당신은 고유의 교육 철학을 창조할 수 있을 것이다. 우리가 포트폴리오를 통해 학생들을 계속적으로 평가하듯이, 교사들은 교실에서 있었던 사건, 성공적인 일, 문제점을 계속해서 기록한다. 학생부나 이런 교사들의 기록 모두 위의 질문들에 대해 생각해 볼 수 있는 교육적 사건들에 대한 틀을 제공해 줄 것이다. 개인적인 교육 철학을 창조하는 일은 쉽지 않고 빨리 이루어지지 않는다. 하지만 개인적인 면에서나 직업적인 면에서 가치가 있는 일이다.

■ 철학과 이론

이 장은 다섯 가지 교육 철학과 네 가지 교육 이론을 다룬다. 이상주의나 현실주의와 같은 체계화된 철학은 세계관을 표현하는 생각 체계로, 교육에 관련된 세계관도 여기에서 다룬다. 반면 교육 이론은 교육 자체와 학교에 중심을 둔다(표 4.1 참조). 이 장에서 다루는 일반 철학은 좀더 구체적인 교육 이론과 연관지어 다룬다. 예를 들어, 본질주의 이론은 현실주의 철학과 연관이 있다. 또한 진보주의는 실용주의에서 비롯

표 4.1 교육 철학과 교육 이론의 차이점

일반적 ↔ 특수적	
철학	**이론**
광범위, 체계적, 완전함, 세계적	교육에 중점, 완벽하지 않음 철학 체계 도입
형이상학, 인식론, 가치론, 논리학과 관련된 요인들	교육과정, 교수 학습 등과 같은 교육 세부 사항과 관련된 요인들
일반 철학 체계에서 유추된 통찰력	일반적인 철학이나 학교 상황에서 유추된 통찰력

되었다.

현재의 교육 목표와 교육과정에 대한 논의를 이해하려면 서로 상충되는 철학적 근원을 먼저 탐구해야 한다. 그전에 철학 용어와 분야에 대해 살펴보자.

특수 용어

모든 연구 분야에는 특수 용어가 사용된다. 교육 철학도 형이상학, 인식론, 가치론, 논리학과 같은 기본 용어를 사용한다. 철학 용어와 교육의 관계는 표 4.2에 설명되어 있다.

■ 실재와 존재

형이상학(metaphysics)은 궁극적 실재(reality)의 본질을 밝힌다. 무엇이 실재이며 무엇이 실재가 아닌가? 물질 세계에서 분리된 정신적 존재 영역이 있는가? 예를 들면, 이상주의자들은 실재라는 것은 기본적으로 비물질적이고 추상적 혹은 정신적인 개념으로 생각한다. 현실주의자들은 실재라는 것을 인간으로부터 독립적으로 존재하는 객관적 규칙이라고 보았다. 학교에서 이루어지는 수업은 많은 교육과정 편성자들과 교사, 교과서 집필자들은 학생들에게 "실재"를 설명하기 위해 노력을 반영하고 있다. 교사인 당신은 여러 교과서에서 실재에 대해 다양한 해석을 하거나 다른 강조점을 두고 있는 것을 발견하게 될 것이다.

■ 지식과 앎

인식론(epistemology)은 지식과 앎을 다루는 철학으로, 교수-학습 방식에 영향을 준다. 인식론은 "세계에 대한 지식과 진리에 대한 우리의 이해는 어디에 기반을 두고 있는가?", "우리의 지식은 어디에서 오는 것인가? 신의 계시에서 오는 것인가 아니면 잠재된 기억에서 비롯되는 것인가, 그것도 아니면 경험적 증거를 통해서인가?"와 같은 질문을 제기한다. 상이한 철학은 상이한 인식론적 개념을 가지고 있다.

인간의 사상은 질서 정연한 실재적 구조를 따라야 한다고 보는 교사는 질서 정연하

표 4.2 교육과 철학의 관계

철학의 구분		관련 교육 문제
형이상학 실재란 무엇인가?	→	가치 있는 지식: 교과 과정
인식론 지식의 기반은 어디인가?	→	교수 학습 방법: 교육 방법
가치론 무엇이 도덕적이며 옳은가? (윤리) 무엇이 미이며 선인가? (미학)	→	행동, 성격, 예절, 평가, 표현
논리학 우리는 어떻게 사고할 수 있는가?	→	교과목, 강의, 단원의 조직과 구성

고 순차적인 교과 지도를 강조할 것이다. 반면에 내용보다 과정이 더 중요하다고 믿는 교사들은 질문이나 문제 해결을 중시할 것이다.

▪ 가치 있는 것은?

가치론(axiology)은 가치를 규정하는 철학으로서 윤리와 미학으로 구분된다. **윤리**(ethics)는 도덕 가치와 올바른 행동 규범을 고찰하고, **미학**(aesthetics)은 미와 예술에 있어서의 가치를 다룬다. 학교에서 이런 가치들을 직접적으로 다루는지의 여부를 떠나 교사는－일반적으로 사회나 부모와 같이－자신이 생각하는 진선미의 개념에 따라 아이들의 행동을 칭찬하거나 처벌하며, 이로써 간접적으로 가치관을 전달한다. 또한 학교 환경 전체가 교육 공동체의 가치를 대변한다.

▪ 연역적 · 귀납적 사고

논리학은 정확하고 유용한 사고와 관계된 철학으로, 우리의 주장을 명확히 형성할 수 있도록 도와주는 추론의 규칙을 다룬다. **연역법**(deductive logic)은 일반적 진술에서 특수한 예나 적용으로 나아가는 방식이다. **귀납법**(inductive logic)은 후속적인 증명을 위해 특수한 예에서 잠정적인 일반화로 이동한다. 교육과정과 교육은 논리적 개념에 의해 조직된다. (연역법 접근 방식처럼) 교과목 자체에서, 수업이 어떻게 조직되어야 하고 학생들에게 어떻게 전달되어야 하는지 논리적으로 지시하고 있지는 않은가? 아니면 교사는 (귀납법 접근 방식처럼) 어떻게 가르쳐야 할 것인지를 결정할 때 학생들의 흥미, 준비 자세, 경험을 단서로 사용해야 하는가?

용어 정리를 바탕으로 우리는 다양한 철학과 이론을 살필 수 있을 것이다. 각각의 주요 개념을 정리한 후 앞에서 제기된 문제들에 대해 답해 보고, 이를 자기만의 교육철학에 적용시킬 수 있을 것이다(“Overview 4.1” 참조).

다시 한 번 생각해 보기

교사인 당신에게 가장 큰 영향을 주는 철학 분야는 형이상학, 인식론, 가치론, 논리학 중 무엇인가? 그리고 그 이유는 무엇인가?

이상주의

▪ 대표적인 이상주의 사상가

이상주의(idealism)는 오래된 전통 철학 중 하나로, 고대 아테네에서 이상주의 원칙을 발달시킨 Plato으로부터 시작된다. 독일의 George W. F. Hegel은 이상주의에 바탕을 둔 포괄적인 세계관을 내놓았다. 미국에서는 Ralph Waldo Emerson과 Henry David Thoreau가 초절론이라고 하는 다양한 이상주의 사상을 내놓았다. Friedrich Froebel의 유치원 이론은 이상주의에 기반을 두고 있다(Gutek, 2004). 힌두교나 불교와 같은 아시아의 종교들도 이상주의와 관련된 종교적 견해에 바탕을 두고 있다.

[Overview 4.1] 교육 철학

철학	형이상학	인식론	가치론	교육적 의미	지지자
이상주의	실존은 정신적이고 불변한다.	앎은 잠재된 생각을 끄집어내는 것이다.	가치는 절대적이고 영원하다.	인류 문화의 위대하고 영속적인 사상을 주제로 한 교과 중심 교육과정이다.	Emerson Froebel Hegel Plato
현실주의	실재는 객관적이며, 내용과 형식으로 이루어져 있다. 자연 법칙에 기초하며 고정되어 있다.	앎은 감각과 추상화로 구성된다.	가치는 절대적이고 영원하며 자연 법칙에 기초한다.	인문주의와 과학적 원칙을 강조하는 교과 중심 교육과정이다.	Aquinas Aristotle Broudy Maritain Pestalozzi
실용주의(경험주의)	실재는 개인과 환경, 경험과의 상호작용으로 항상 변화한다.	앎은 경험의 결과로 과학적 방법을 사용한다.	가치는 상대적이다.	과학적 방법에 따른 문제 해결에 중점을 둔 교육이다.	Childs Dewey James Peirce
실존주의	실재는 주관적이며 본질 이전에 존재하는 것이다.	앎은 개인의 선택을 위한 것이다.	가치는 자유롭게 선택되어야 한다.	교실에서의 대화는 개개인이 중요한 선택을 통해 자아상을 창조한다는 인식을 촉진할 수 있다.	Sartre Marcel Morris Soderquist
포스트모더니즘	형이상학이 사회 경제적 지배를 위해 만들어진 역사적 구조물이라 하여 배격한다.	텍스트의 기원과 주류층 집단이 텍스트를 사용하는 방식을 파악하기 위해 텍스트를 해체한다.	비주류층의 가치를 강조한다.	학교는 주류층에게 권력을 위임하는 민주적 비판 및 사회적 변화의 장소이다.	Derrida Foucault

주요 개념

■ 보편적이고 영원한 진실

형이상학. 이상주의자들은 정신적 또는 영적인 것만이 궁극적으로 실재하는 것이라고 믿었다. 그들은 우주란 보편적 사고인 일반화된 지성과 의지 작용의 표현이라고 보았다. 인간 정신의 정수 또는 영혼은 영속성과 역동성을 제공하는 영원한 인간의 본질이라고 보았다. 이런 사상의 정신적 세계는 영원하고 규범적이며, 진리와 가치는 절대적이고 보편적이다.

■ 대우주와 소우주

초절론자와 같은 이상주의자들은 실재를 설명하기 위해 대우주와 소우주 같은 개념을 사용한다. **대우주**(macrocosm)란 보편 정신을 뜻하며 제1원인, 창조자 혹은 신을 뜻한다. 대우주 정신은 실재의 총체를 뜻하는 것이다. 그것은 하나이며 모든 것을 포함하는 완전한 자아로서, 다른 것들은 그 부분을 구성한다. 보편적 대우주의 정신은 계속해서 사고하며 가치를 평가한다. **소우주**(microcosm)는 전체의 제한된 부분이다. 그러나 소우주는 대우주와 같은 정신적 성질을 공유하고 있다.

■ 잠재적 지식

인식론. 이상주의자들은 잠재된 사상을 기억해 내는 것을 강조한다. 이런 **선험적 사상**(a priori ideas)은 그것에 관련된 인간의 경험 이전에 독립적으로 존재하는 지식인 것이다. 자기 성찰을 통해 개개인은 자신의 정신을 고찰하고 대우주 정신의 모사를 발견한다. 따라서 교육은 학생들이 폭넓고 일반적이며 일체화된 우주에 대한 견해를 견지할 수 있게 도와줘야 하는 것이다(Gutek, 1997).

■ 교과의 위계

이상주의 교사들은 전통적 학문과 교과에 바탕을 둔 위계화된 교육과정을 선호한다. 서열의 맨 상층부에는 가장 일반적인 학문인 철학과 신학이 자리한다. 이런 일반적이고 추상적인 과목들은 시공간, 상황을 초월하며 다양한 상황에 적용이 가능하기 때문이다. 수학 역시 추상 작용에 관련된 능력을 키워 주기 때문에 중시된다. 역사와 문학은 도덕적·문화적 표본의 원천으로 간주되기 때문에 위계의 상층부에 자리한다. 서열의 하층부에는 특수한 인과 관계에 초점을 맞추는 자연과학이 자리한다. 언어는 배우는 모든 과정에서 유용한 수단이기 때문에 중시된다. 이상주의자들은 지식의 가장 높은 단계에서는 이 모든 교육과정의 관계를 파악하고 통합할 수 있게 된다고 보았다.

■ 지속되는 가치

가치론. 이상주의자들은 우주를 보편적이고 영원한 것으로 보기 때문에 가치 역시 불변하며, 모든 사람들에게 적용 가능한 것이라고 본다. 따라서 윤리적 행동은 인류 문화의 영원한 지식과 가치를 반영한다. 철학, 신학, 역사학, 문학, 예술은 이런 가치의 유산을 전달하기에 유용한 수단이다. 따라서 이러한 교육은 학생들이 훌륭한 표본을 많이 접하게 하는 것을 중요시한다. 그 훌륭한 표본이란 많은 시간에 걸쳐 계속 이어지고 있는 고전을 뜻한다.

■ 논리적 일관성

논리학. 이상주의자들은 논리학 역시 전체-부분의 관계에 기초를 두고 있다고 본다. 특정 생각이나 원칙과 같은 부분은 일반적인 성질을 가지는 전체에서 이끌어 낼 수 있으며, 전체에 부합한다. 이상주의 교사들은 일반 원칙이나 규칙을 강조하고 거기에서 세부적인 예를 이끌어 내는 연역적 논리에 따라서 강의를 구성할 것이다. 예를 들면 이상주의 교사는 친구를 괴롭히는 것이 초래하는 해로운 결과를 토론하기 이전에 일반적인 비폭력의 개념을 설명할 것이다.

기본적 질문

■ 보편적 생각에 관한 지식

이상주의 교사에게 "지식이란 무엇인가?"를 질문하면, 그들은 지식이란 실재의 기초를 구성하는 정신적 원칙과 관련되는 것이라고 대답할 것이다. 이런 실재에 대한 지식은 생각이라는 형태를 가진다. 지식이 보편적 생각에 관련된 것이라면, 교육은 학습자의 의식에서 생각을 이끌어 내는 지적인 과정인 것이다.

■ 학교 교육: 지적인 진실의 추구

더 나아가서 이상주의 교사에게 "학교 교육은 무엇인가?"라고 물으면, 학교는 학생들이 진리를 발견하고 추구하는 장이라고 대답할 것이다. 학교는 교사와 학생들이 Socrates나 Plato이 처음 생각한 질문을 탐구하는 지적 기관이다. 그 질문이란 "인생에 있어 진, 선, 미는 무엇인가?"이다. 답은 우리의 머릿속에 잠재되어 있으므로 우리는 우리의 의식에서 답을 이끌어 내기 위해 깊게 생각해야 한다. 우리는 진리의 지적 추구를 위해 방해가 되는 요소들을 제거해야 한다.

누가 학교에 다녀야 하는가? 이상주의자들은 모든 사람이 학교를 다녀야 한다고 대답할 것이다. 모든 학생의 지적 지능이 다 같은 것은 아니지만, 우리는 각자의 능력의 한계에 다다를 때까지 그것을 키워야 하는 것이다. 재능 있는 학생들은 교사가 제공할 수 있는 가장 큰 지적 도전을 필요로 한다.

■ Socrates식 문답법

우리는 어떻게 가르쳐야 하나? 이상주의자들은 사고와 학습이란 의식으로부터 생각을 끄집어내는 과정이라고 말한다. 이를 위한 효과적인 방법은 **Socrates식 문답법**(Socratic method)을 활용하는 것이다. Socrates식 문답법이란, 유도 질문을 통해 교사가 학생들이 스스로 인식할 수 있도록 촉진시키는 것이다. 이상주의 교육법의 다른 하나는 표본을 모방하는 것이다. 그러므로 교사는 학생들이 본받을 수 있는 훌륭한 표본이 되어야 한다. 따라서 그들에게는 문화유산에 관한 폭넓은 지식과 모범적 삶이 요구된다.

■ 높은 기준

이상주의자들은 높은 지적 기준을 유지하고 하향 평준화에 저항함으로써 교육의 질을 유지하려 한다. Plato의 『Republic』에 따르면, 소수만이 지배권을 가진 엘리트 계층인 철왕이 될 수 있도록 지적 기준이 높아야 된다고 보았다. 오늘날 이상주의자들은 거기까지 나아가지는 않지만 그들의 교육 목표 역시 지적 능력 계발을 포함하며, 그들은 일반적으로 모든 학생들이 교육의 가장 높은 단계까지 이를 수 없다는 사실을 받아들인다.

이상주의자들은 학업 성취도를 평가하는 데 있어서 정규 시험의 결과만이 그 방법은 아니라고 보지만, 일반적으로 그들은 교육의 규범화 운동을 지지한다. 이상주의자들은 높은 기준이 교사와 학생 모두에게 높은 기대치를 가지게 해준다고 생각한다.

오늘날 교사에게 주는 의미

■ 직업 훈련이 아닌 지적 발전

이상주의는 교수 학습의 지적 환경을 조성하려고 한다. 이상주의는 오늘날 사회에 만연한 소비 지상론과 직업 교육 주지주의를 거부한다. 이상주의는 교사를 학생들의 잠재력의 충분한 발휘를 도와주는 중요한 행위자로 보며, 교사 자신과 학생들이 문화유산의 훌륭한 요소들과 친숙해지도록 장려한다. 교사들은 학생들을 위대하고 영속적인 예술, 문학, 음악 작품인 고전으로 인도하고, 학생들은 이러한 문화유산이 지닌, 시간에 의해 검증된 가치들을 경험하고 공유하게 된다.

기술은 이런 문학, 예술의 위대한 작품들을 학생들에게 전달해 주지만, 이상주의자들은 어디까지나 기술은 교육의 도구라고 주장한다. 내용이 가장 중요하지, 그 내용을 담은 기술 장치가 가장 중요한 것은 아니라는 것이다.

■ 이상주의적 수업

교사는 수업을 준비하는 데 이상주의를 어떻게 활용할 수 있을까? 예를 들어, 5학년 사회 교사는 인도 독립의 아버지인 Mohandas Gandhi의 삶과 도덕적 영향을 다룬 단원을 통해 사상의 힘과 고차원적인 도덕률을 가르칠 수 있을 것이다. 학생들은 Gandhi의 자서전을 공부하고 남아프리카의 인종 차별주의와 영국의 인도 식민 정책에 저항한 Gandhi의 대표적인 사상인 비폭력 원칙에 대해 생각해 볼 수 있을 것이다.

다시 한 번 생각해 보기

당신이 이제까지 받은 수업에서 어떤 이상주의적 요소를 발견할 수 있었는가? 철학의 어떤 요소가 교사인 당신에게 가장 와 닿는가? 어떤 것에 공감할 수 없는가? 그 이유는 무엇인가?

현실주의

■ 대상들의 실재 세계

고대 그리스 철학자인 Aristotle는 객관적 지식과 가치를 중시하는 현실주의(realism)를 개발했다. 3장에서도 다루었듯이 중세의 Thomas Aquinas는 아리스토텔레스주의와 기독교 교리를 결합한 Thomism이라는 종교적 현실주의를 표명하였다. Alfred North Whitehead는 20세기 초반의 현실주의의 전통을 잇는 인물이었다. 현실주의는 "(1) 인간이 창조하지 않은 실존의 세계가 있다. (2) 인간 정신은 실재 세계를 인식할 수 있다. (3) 지식은 개인과 사회적 행동의 가장 신뢰할 만한 지표이다."와 같은 견해를 가진다. 다음 견해들은 현실주의가 교육에서 가지는 의미를 고찰하는 첫걸음을 제공할 것이다.

주요 개념

■ 앎: 지각과 추상화

형이상학과 인식론. 현실주의자들은 물질 세계를 인식 주체의 정신과 독립적인 외부의 것으로 파악한다(Alston, 1996). 모든 사물은 물질로 이루어져 있다. 물질은 반대로 특정 사물의 구조를 취한다.

인간은 감각과 이성 능력으로 이런 사물을 인식한다. 앎은 지각과 추상화라는 두 현실주의 철학은 학생들이 과학 시간에 하는 것처럼 광물학과 같은 범주로 대상들을 조직하는 것과 감각적 학습을 강조한다.

단계를 포함하는 과정이다. 인식 주체는 처음으로 사물을 인식하고 색깔, 크기, 무게, 냄새, 소리와 같은 감각적 정보를 의식에 기록한다. 의식에서는 이런 정보들을 영속적인 특질과 그렇지 않은 것으로 분류한다. 필요한 특정 특질을 식별해 냄으로써 학습자는 사물의 개념을 형성하고, 이런 개념이 특정 계층에 속한다는 것을 깨닫는다. 이런 분류의 작업은 학습자로 하여금 사물이 같은 계층의 구성 요소들과 특정 특질을 공유한다는 사실을 알게 된다.

■ 조직화된 교과의 교육과정

이상주의자들과 같이 현실주의자들도 조직된 교육과정과 독립된 교과목이 현실을 이해하는 가장 효과적인 방법이라고 생각한다. 과학자들과 학자들이 하는 것처럼 교육과정을 조직화한다는 것은 사물을 분류하는 복잡한 과정이라고 볼 수 있다. 예를 들어, 과거 인간의 경험은 역사로 조직화될 수 있다. 식물학은 분류에 따라 식물들을 체계적으로 배우는 것이다. 국가, 정부, 입법부, 사법 체계와 같은 정치 기관은 정치학에서 다룬다. 현실주의자들은 이런 과목들에 대한 체계적 질문을 통해 현실에 대한 지식을 습득한다.

■ 현실에 바탕을 둔 합리적 행동

가치론. 현실주의자들의 지식 개념을 따르면 특정 규범이 지적 행동을 규율한다. 예를 들어, 인간은 이성적으로 행동해야 하며, 행동은 현실에서 사물들이 기능하는 방식과 일치해야만 이성적이라고 할 수 있다. 실재에 대한 학습을 통해 사람들은 자연적 · 물리적 · 사회적 법칙에 기반을 둔 이론들을 발달시킬 수 있다. 자연 법칙은 보편적이며 영속적이고, 이에 기반을 둔 가치들 역시 그러하다.

■ 연역적 · 귀납적 논리

논리학. 현실주의 교사들은 연역적 논리와 귀납적 논리를 모두 사용한다. 예를 들어, 식물학 수업에서 학생들은 다른 색깔, 향기, 크기의 장미를 살펴보지만 귀납법을 통하여 이 모든 장미가 한 종이라고 결론짓는다. 반면에 학교에 장미를 심는 과제를 한다고 가정했을 때, 학생들은 원예 서적을 참고하여 연역적으로 장미를 키우기에 적합한 장소와 적당한 비료, 물의 양을 파악하게 된다.

기본적 질문

■ 대상에 관한 지식

철학적 반문을 시작하기 위해서 우리는 지식이 무엇인지에 대해 알아야 할 필요가 있다. 현실주의자들은 지식이란 우리가 사는 물질 세계와 관계된 것이라고 대답할 것이다. 우리가 무엇인가를 알고 있을 때, 우리의 지식은 어떤 대상에 관한 것이다. 우리의 개념은 세계에 실제로 존재하는 대상에 부합할 경우에만 유효하다(Newman, 2002).

■ 교과 내용 지도를 통한 교육

현실주의자들은 정규 교육이란 교육과정 원칙에 의해 조직화되고 분류된 지식을 공부하는 것이라고 정의하였다. 역사학, 언어, 과학, 수학은 이런 조직화된 지식 체계의 일부이다. 우리가 그것을 알면 우리가 사는 세계에 대해 더 잘 알게 되는 것이다. 이런 지식은 우리의 일상 행동에 좋은 지표가 된다.

현실주의자들은 학교란 학생들에게 객관적 세계에 대한 지식을 제공하기 위해 사회가 설립한 주요 학문 기관이라고 본다. 모든 사람들은 이성적 잠재력이 있기 때문에 학교 교육은 모두에게 제공되어야 하며, 학생들이 같은 교육과정을 따라 이성적 결정을 할 수 있도록 도와주어야 한다.

오늘날 교사에게 주는 의미

■ 치료가 아닌 학습을 위한 교실

현실주의적 관점의 수업에서 교사는 읽기, 쓰기, 계산하기와 같은 기술과 역사, 수학, 과학과 같이 교과화된 지식 체계를 가르칠 중요한 의무가 있다. 현실주의 교사들은 학생들이 이성적임과 동시에 감정적이라고 생각하지만, 그들은 교실을 감정이나 행동 교정을 위한 교화의 장으로 보지는 않는다. 현실주의 교사는 이렇게 학문의 장이라는 학교의 1차적 목표를 저해하는, 비학문적인 활동에 반대한다.

■ 교과 내용 전문가로서의 교사

가장 기본적인 교육적 의무를 수행하기 위해, 현실주의 교사는 자신의 교과를 정확히 알고 있어야 한다. 예를 들어, 역사 교사는 탄탄한 배경 지식을 가진 역사가가 되어야 한다. 게다가 현실주의 교사들은 자신의 교과목과 타 교과목 간의 관계를 설명할 수 있도록 교양 과목과 과학에 대한 일반적 교육이 되어 있어야 한다. 현실주의 교사들은 강의, 토의, 발표, 실험과 같은 다양한 방법을 사용한다. 내용 이해는 가장 중요하며, 방법론은 필요하지만 목표에 도달하기 위한 종속적인 수단이다.

■ 현실주의 접근법의 예

현실주의 경향의 고등학교 물리 교사는 Isaac Newton의 운동의 법칙에 관한 수업을 어떻게 구상할까? 먼저 교사는 학생들이 Newton을 역사적 문맥에서 이해하도록 하고, 그의 과학적 업적에 대해 설명할 것이다. 그 다음에는 실험을 통해 운동의 법칙을 설명할 것이다. 그리고 학생들은 실험과 그것을 설명하는 과학적 일반화의 틀에 대해 토론을 할 것이다. 마지막으로 학생들은 Newton의 운동의 법칙을 이해한 것을 바탕으로 시험을 볼 것이다(Phenix, 1961).

현실주의자들은 독해와 같은 기술적 영역과 수학, 과학, 역사와 같은 과목 영역에서의 학생들의 학업 성취 목표를 구체화하는 기준을 세우는 것에 찬성할 것이다. 정규 시험은 학생들이 교과 과정을 얼마나 잘 습득하고 있는지, 교사들이 얼마나 학생들을 잘 가르쳤는지를 나타내는 견고한 비교 자료를 제시한다. 교육 기준은 학교와 교사들의 책임 의식을 유지시켜 준다.

현실주의자들은 기술과 교육과정의 경쟁력 증진 방법의 하나로 기술을 사용하는 것을 지지한다. 그들은 교육과정이 가급적이면 좀더 현실적이고 효과적이기를 원한다.

다시 한 번 생각해 보기

당신이 받은 교육에서 현실주의의 예를 찾아볼 수 있는가? 현재 당신의 개인적인 교육 신념에서 현실주의 철학과 비슷한 점을 찾아볼 수 있는가?

실용주의

■ 실용주의의 창시자들

실용주의(pragmatism)는 행동을 통해서 사상을 검증할 필요성을 강조한다. 실용주의의 창시자로는 Charles S. Peirce(1839~1914), William James(1842~1910), George Herbert Mead(1863~1931), John Dewey(1859~1952)가 있다. Peirce는 경험적으로 사상을 증명하는 과학적 방법의 사용을 강조하였고, James는 심리학, 종교, 교육에 실용주의 철학을 적용시켰다. Mead는 인간의 유기적 조직체에 대해 배우고 이를 체험하는 아동의 발달 과정을 강조하였다. 특히 Dewey는 교육에 실용주의를 적용시켰다(Dewey, 1902; 1916; 1923; 1998).

5장에서는 교육의 선구자로서 Dewey에 대해 고찰한다. 이 장에서는 변화, 과정, 상대성, 경험의 재구성을 조명한 그의 실용주의적 혹은 경험주의적 철학을 중심적으로 살펴본다.

■ 유기체와 환경

Dewey는 Charles Darwin의 진화론의 영향을 받아 유기체와 환경이라는 용어를 교육에 도입했다. Dewey는 인간을 생명을 지속하고 성장과 발달을 촉진시키기 위한 동인을 가진 생물학적이며 사회적인 유기체로 파악했다. 모든 유기체는 거주지 혹은 환경에서 산다. 교육은 인간의 최적 성장을 위한 학습 환경을 창조하는 과정이다.

■ 문제 해결

이상주의와 현실주의가 실제의 지식이나 교육 원칙을 강조한 반면, Dewey는 문제 해결 과정을 강조했다. Dewey에게 학습이란 개인이 문제 해결을 하는 과정에서 이루어지는 것이었다. 이런 경험주의적 인식론을 통해 학습자는 개인이나 집단의 구성원으로서, 과학적 방법을 활용해서 개인적 · 사회적 문제를 해결할 것이다. Dewey에게 있어 문제 해결 방법은 다양한 상황에 적용이 가능한 것이었다(Dennis & Stickel, 1981).

주요 개념

■ 경험

형이상학과 인식론. 보편적이고 불변하는 실재라는 형이상학적 기초에 의존하는 이상주의나 현실주의와는 다르게, 실용주의 혹은 경험주의는 형이상학이 검증 불가능한 공리라고 본다. 형이상학보다 실용주의자들은 인식론에 더 중점을 둔다.

■ 경험의 검증

Dewey의 경험주의 철학에 따르면, 인식론적인 상황에는 인간 혹은 유기체와 환경이 관여한다. 따라서 개인과 환경의 상호작용인 경험(experience)이 중요하다. 개인은 살기 위해, 성장 발달을 위해 환경과 상호작용을 하는 것이다. 이런 상호작용은 인간과 환경 모두를 변화시킨다. 앎이란 따라서 학습자와 환경의 교류 과정인 것이다.

Dewey는 선험적인 이상주의적 · 현실주의적 견해를 부정하고, 경험의 검증이라는 개념을 도입했다. 인간의 목적이나 계획은 그것들을 실천하고 실천 결과를 평가함으로써 유효화된다. 각각의 상호작용은 다른 문제에도 적용이 가능한 일반적인 측면을 가지고 있긴 하지만, 각각의 사건은 다소 성격이 다르다. 효율적인 사람은 과학적 방법을 통해 문제를 해결하고, 특정 문제 해결의 예에서 도출해 낸 보편적 개념을 또다른 경험에 적용할 것이다.

Dewey는 교육과정에 “결과에 의한 평가”라는 개념을 도입했다. 특정 교육 프로그램, 교육과정 계획, 혹은 방법론적 전략이 예상된 목표를 성취했는가? 이에 대한 가장 효과적인 검증 방법은 제안을 시도해 보고 결과를 판단하는 것이라고 Dewey는 믿었다(Fishman & McCarthy, 1998).

■ 영원한 실재는 없음

계속해서 변화하는 현실로 인해 영원한 실존이나 보편적 진실에 기반을 둔 교과 과정은 성립할 수가 없다. 인간은 조사와 검증이 더 필요한 일시적 평가를 통해서 환경과 상호작용을 하는 것이다. 그러므로 실용주의자들에 의하면 우리는 변화하는 지적 양식을 다루기 위한 방법이 필요한 것이다. Dewey의 이론을 신봉하는 사람들은 문제 해결이 원하는 결과를 얻어 낼 수 있게 변화를 유도하는 가장 효과적인 방법이라고

■ 인간과 환경의 재구성

주장한다. 현실에는 인간과 환경의 계속적인 변화나 재구성이 존재하는데, 인간은 그 변화의 과정으로부터 이익을 얻는다. 문제 해결을 통해 재구성된 모든 인간의 경험은 인류의 경험 축적에 도움이 된다.

■ 가치의 상대성

가치론과 논리학. 실용주의 가치론은 굉장히 상대적이다. 계속 변화하는 우주는 가치 역시 변화하며 시·공간, 상황에 따라 상대적이라는 사실을 말해 준다. 개인과 사회의 발전에 기여하는 것을 우리는 가치 있다고 본다. 경험을 제한하는 것은 가치가 없는 것이다. 더 나아가 우리는 과학적 가정을 검증할 때와 같이 검증과 재구성을 통해 가치를 명백히 할 수 있다(Caspary, 1990; Westbrook, 1991).

■ 귀납적 논리

이상주의나 현실주의의 제1원칙에서부터 출발하는 연역적 논리와 달리 과학적 방법을 사용하는 경험주의 논리는 귀납적이다. 일시적 평가는 경험적 증거에 의존하고 있으며 검증이 되어야 한다.

기본적 질문

■ 잠정적인 지식

지식, 교육, 학교 교육, 지도 방식에 관련된 질문에 관한 실용주의자들의 대답은 이상주의자나 현실주의자의 대답과는 사뭇 다르다. 지식은 일시적이며 변화와 개정의 소지가 있기 때문에, 실용주의자들은 영원한 지식 체계인 진리보다는 지식을 구성하고 사용하는 과정에 더 중점을 둔다.

■ 경험 과정

실용주의자들은 교육을 경험적 과정으로 생각한다. 이는 세상과 인간이 상호작용을 하면서 접하는 문제들을 해결하는 것을 뜻한다. Dewey는 인간이 환경과 지적인 태도와 주의 깊은 생각으로 상호작용을 하였을 때, 가장 큰 개인적·사회적 성장을 경험하게 된다고 주장했다. 문제 해결에 있어 가장 지적인 방법은 과학적 방법을 이용하는 것이다.

■ 학제 간 접근

실용주의자들은 학제 간 교육을 선호한다. 실용주의자들에 따르면, 문제에 직면했을 때 사람들은 한 과목에서가 아니라 다양한 출처에서 문제를 해결할 정보를 찾아낸다. 예를 들어 환경 파괴의 문제를 정의하고 해결 방법을 제시할 때, 우리는 역사적·정치적·사회적·과학적·기술적·국제적 원천들을 고려해야 하는 것이다. 실용주의자에게 있어 교양인은 이런저런 원천에서 얻은 정보를 문제에 어떻게 적용할지를 아는 사람이다. 실용주의 관점과 다르게 이상주의자들과 현실주의자들은 학제 간 교육을 의문시하는데, 이는 학생들이 조직화된 교과목을 통해 지식을 먼저 습득해야 된다고 보기 때문이다.

■ 사회의 축소판으로서의 학교

Dewey와 같은 실용주의자들은 학교를 더 넓은 사회와 긴밀하게 연결된, 교사와 학생으로 구성된 작은 지역 공동체로 본다. 학교는 세 가지 주요 기능을 한다. 그것은

■ 문화유산의 전승

문화유산을 단순화·순화하고, 균형을 잡는 것이다. 단순화를 위해 학교는 유산의 요소들을 선택하고, 학생들의 준비 자세와 흥미에 맞추어 이를 단원으로 제작하여 복잡

함을 줄인다. 순화 과정에서는 인간의 상호작용과 성장을 제한하는 요소들은 버리고 가치 있는 문화유산을 선택한다. 학교는 균형을 잡는 과정에서 선택되고 순화된 문화유산들을 조화롭게 통합시킨다.

■ 문화적 다양성, 그러나 공유된 학습 과정

다양한 문화 집단이 존재하는 사회에서 실용주의 학교는 한 문화 집단의 아이가 다른 문화 집단의 아이들을 이해하고 존중하도록 가르친다. 문화적 다양성이 전체 사회를 풍부하게 만들어 주는 것은 사실이나, 실용주의자들은 모든 문화 집단이 과학적 방법을 사용할 것을 주장한다. 그들은 학교는 공동 학습 과정을 강조함으로써 사회적 일치를 이루어야 한다고 믿는다. 진실로 통합되고 민주적인 배움의 공동체인 학교는 모두에게 열려 있어야 하며, 모든 문화권의 사람들이 폭넓은 정보를 공유하도록 장려해야 한다.

오늘날 교사에게 주는 의미

■ 도구로서의 교과

이상주의자와 현실주의자들은 교과목을 가르치는 것이 그들의 주된 의무라고 생각하지만, 실용주의자들은 지적으로 문제를 해결하는 과정을 더 중요시한다. 실용주의자들이 교과목을 무시한다기보다는 문제 해결의 도구로서 교과목을 인식하는 것이다. 그들은 교실에서 권위를 내세우기보다, 학생들의 조사와 활동을 장려해서 학습 과정을 안내하는 것이다. 실용주의 교사들은 학생들이 교실의 기술 매체를 활용해서 접근이 가능한 많은 정보들을 찾아 문제 해결을 하는 것을 도와주는 역할을 한다(Hickman, 2001).

■ 과학적 방법의 적용

실용주의 수업의 학생들은 개인적 · 사회적 · 지적 문제의 전반에 걸쳐 과학적 방법을 활용한다. 교사들은 학생들이 학교 안팎의 상황에 이런 문제 해결 방법을 적용함으로써 학교와 사회가 연결될 수 있다고 보았다. 이메일이나 인터넷과 같은 의사소통 수단은 더 넓은 공동체와 생각, 통찰력, 경험 등을 공유할 더 많은 기회를 제공한다.

■ 공동체로서의 교실

실용주의 교사들은 학생들이 그들의 흥미와 문제 의식을 서로 나누도록 함으로써 교실을 학습 공동체로 만들려고 한다. 실용주의 교육자들은 문화적 다양성과 문화적 공통성을 중시한다. 각각의 문화는 다른 문화와 다른 가치 체계를 가지고 있지만, 이런 문화들 간의 의사소통을 통해 학생들이 더 민주적인 공동체를 이룰 수 있다고 보았다. 실용주의 교사들은 현상을 단순히 유지하기보다 현재의 사회 체계에 계속적으로 도전해야 한다. 그들은 지식이 비결정적이며 한도가 없는 것임을 인식하고, 교육목표를 통해 지식을 실천할 수 있도록 해야 하는 것이다.

■ 모험가로서의 교사

■ 표준화 운동에 대한 의문 제기

실용주의자들은 표준화 운동, 특히 정규 시험에 의존하는 것에 심각한 의문점을 제기한다. 이런 시험들은 학생들을 타인이나 타기관에 의해 세워진 목표와 기대에 종속되게 하고, 학생 자신의 경험, 문제 의식에서 비롯되는 목표와 기대를 배제한다. 더 나아가, 객관식 시험은 문제 해결 능력보다는 학생들이 지정된 내용을 얼마나 숙지하고 있는지만을 측정한다. 학생들의 정규 시험 결과로 자신의 능력을 검증받는 교사는 문제 해결보다는 과거의 시험 유형을 가르치는 데 급급할 것이다.

■ 실용주의자의 수업

우리는 교실 수업에 어떻게 실용주의를 적용시킬 수 있을까? 대학의 교사 교육 수업에서 "No Child Left Behind" 법안에서와 같이, 국가적 교육 기준을 만드는 방식의 하나로 정규 시험을 도입하는 것에 대해 생각한다고 해 보자(표준화 검사에 대해서는 "Technology @ School" 참조). 학생들은 다음과 같은 활동을 할 것이다.

1. 문제의 문맥 설정: 왜 그것이 문제가 되는가? 정규 시험을 통해 국가 기준을 설립하는 것을 지지하는 사람은 누구이고, 반대하는 사람은 누구인가?
2. 주요 용어 정리를 통한 문제의 정의
3. 학제 간 연구 수행 및 전문 교육가, 교육심리학자, 정치가와 같은 다양한 정보원으로부터 쟁점에 관한 정보 수집
4. 제안을 수용 또는 거부하면서 가능한 해결 방법을 모색
5. 사회적 공감대를 만들고 해결 방법을 실천함으로써 문제 해결—예를 들어, 법입안자들에게 제안하는 글을 쓰는 것

다시 한 번 생각해 보기

실용주의는 미국 교육에 지대한 영향을 끼치고 있다. 당신의 교육 경험에서 이런 철학의 영향을 찾아 볼 수 있는가? 당신의 수업에도 실용주의를 활용할 것인가?

실존주의

실존주의(existentialism)는 절망과 희망을 다루는 철학으로, 개인적 차원에서 삶을 고찰한다. 실존주의 교육은 정체성과 헌신, 선택에 관한 깊은 자아 성찰을 장려한다.

주요 개념

■ 개인적 성찰

실존주의 작가인 Jean-Paul Sartre(1905~1980)는 "실존은 본질보다 앞선다."라는 말을 했다. 곧 인간은 그 어떠한 협의도 없이 세상에 태어난 것이다. 우리는 우리가 만들지도 않은 이 세상에 그냥 존재하는 것이다. 그러나 우리는 의지를 가지고 있기 때문에 선택할 수 있고, 우리의 실존의 목적을 설정할 수 있는 것이다. 우리의 삶에서 우리는 항상 선택을 해야 하는 상황에 처한다. 사소한 선택도 있지만, 삶의 목적과 의미에 관련된 결정은 개인적 자아 정의(self-definition)를 이끌어 낸다. 우리는 고유의 정의를 설정하고, 우리의 본질을 만들어 가는 것이다. 우리는 선택에 따라 우리 자신을 만들어 나간다. 실존주의자들은 우리의 선택에 대해 우리가 완전히 책임을 지듯

■ 선택을 통한 창조

TECHNOLOGY @ School

표준화 검사에 대한 논쟁

미국에서는 지역 학교 차원, 주 차원, 국가 차원에서 표준화 검사를 도입하고 있다. "No Child Left Behind" 법은 표준화 검사를 실시할 것을 명백히 주 정부에 지시하고 있다. 많은 주에서 표준화 검사는 학생의 실력 증진과 교사의 효율성을 측정하는 데 도움을 주고 있다.

표준화 검사를 찬성하는 사람들은 표준화 검사의 도입이 미국 교육 개혁의 중요한 수단이라고 본다. 반대자들은 이것은 개혁이 아닌 퇴보의 움직임이라고 비난한다. 교사로서 당신 역시 이런 폭넓고 급변하는 논쟁에 관여할 것이다. 당신은 이 중요한 문제에 관한 당신의 견해를 형성함과 동시에, 인터넷 토론에 참여할 수 있을 것이다.

미국 교육부 웹사이트(www.edu.gov)를 통해 "No Child Left Behind" 법을 포함한 주 차원, 국가 차원의 표준화 검사의 상태와 최근 결정 사항에 대한 기본적인 조사를 해 보자. 그리고 버몬트 대학의 진보주의 교육에 대한 John Dewey 프로젝트 웹사이트(www.uvm.edu/~dewey)와 기초교육위원회 웹사이트(www.c-b-e.org)를 방문하여 표준화 검사에 대한 두 가지 다른 철학적 견해를 살펴보자.

이런 기초 조사를 바탕으로 표준화 검사에 대한 고유의 철학적 입장을 내세우고, 찬반 의견을 들어 보자. 어떤 교육 철학과 이론이 이런 성격의 시험을 지지하며, 또 어떤 철학과 이론이 반대하는가? 당신 고유의 교육 철학에 기초를 둔 당신의 입장은 무엇인가?

이, 인간의 자유도 완전한 것이라고 말한다.

■ 실존적 불안

인간이 개인의 본질을 창조한다는 개념은, 인간이 보편적 범주에 속한다고 보았던 이상주의자나 현실주의자들의 주장과는 차이가 있다. 더 나아가 이상주의자들과 현실주의자들은 개인이 의미 있고 설명 가능한 세계에 살고 있다고 본 반면, 실존주의자들은 우주란 인간의 소망, 욕망, 계획과 무관하다고 믿는다. 실존주의는 불안의 개념에 중점을 둔다. 우리는 우리가 언젠가는 죽을 것이라는 사실과, 이 세상에 사는 것은 일시적이라는 것을 알고 있다. 이런 철학적 불안감으로 인해 개인은 자유와 복종, 사랑과 미움, 평화와 전쟁에 관한 선택들을 하는 것이다. 우리는 선택을 통해 다음과 같은 질문을 이끌어 낸다. 나의 존재와 지금의 나를 만든 선택의 과정은 과연 세상에 어떤 차이를 줄 수 있을까?

■ 자기 결정 선택

실존주의자들에 따르면 우리는 다른 행위자—타인, 제도, 다른 기관—가 우리의 선택의 자유에 가하는 계속적인 위협에 대처해야 한다. 삶에 대한 개개인의 반응은 다음의 질문에 대한 답을 반영한다. 나는 스스로 결정하는 사람이 될 것인가, 아니면 다른 사람들이 나를 정의하는 대로 지낼 것인가? 하지만 실존주의는 절망 뒤의 희망을 본다. 개개인은 사랑하고, 창조하고, 존재할 잠재력을 가지고 있다. 개개인은 자신을 돌아볼 수 있는 진정한 인간이 될 수 있다. 진정한 인간이란 자유로운 자, 자유를 인식하는 자, 삶의 모든 선택이 개인의 가치 창조 행위임을 아는 자를 뜻한다(Greene, 1978; Morris, 1966).

기본적 질문

■ 개인적 가치 창조

실존주의자들은 실존주의 철학의 체계화를 의도적으로 피하기 때문에 실존주의를 형이상학, 인식론, 가치론, 논리학으로 구분하는 것은 힘들다. 앞서 진술된 바와 같이 실존주의자들은 우리 자신이 선택을 통해 자아의 본질을 설정한다고 믿는다. 인식론적의 관점에서 보면 개인은 원하는 지식을 선택한다. 실존주의자들은 가치론을 가장 중요시하는데, 인간 개개인이 선택을 통해 자기 고유의 가치를 창조하기 때문이다.

실존주의자들은 우리가 물리적 실재의 세계에 살고 있으며, 이런 실재를 이해하기 위해 효과적이고 과학적인 지식을 발달시켜 온 것을 안다. 그러나 우리의 삶의 가장 중요한 측면은 개인적이며 비과학적이다. 따라서 실존주의자들은 인간의 조건에 대한 지식과 우리의 개인적 선택이 대단히 중요하다고 생각한다. 또한 그들은 교육의 가장 중요한 목표는 선택의 자유와 의식의 자각을 통해 자아 인식의 감각을 길러서 진실한 인간이 되는 것이라고 본다.

■ 모든 사람에게 동일한 기회

실존주의자들에 따르면, 학생들은 그들의 삶과 선택에 대한 토론을 해야 한다. 우리 모두가 처한 상황과 가진 능력이 비슷하기 때문에, 학교 교육에 있어서도 동등한 교육의 기회를 부여받아야 하는 것이다. 학교에서 교사와 학생은 질문하고, 답을 제시하고, 의견 교환을 할 기회를 가져야 한다.

■ 질문과 대화

■ 실존주의 교육과정

실존주의 교사는 학생들이 삶, 사랑, 죽음의 의미에 대해 철학적으로 사고하고, 질문하고, 의견 교환에 참여하도록 장려한다. 이런 질문에 대한 답은 개인적이며 주관적이기 때문에 표준화 검사로 측정할 수 없다. 실존주의 교육과정은 철학적 대화를 이끌어 내는 것들로 구성되어 있다. 특히 가치 있는 교과목은 감정, 미학, 시와 관련된 교과목과 같이 개인의 선택 행위를 명확하게 그려 내는 것이다(Greene, 1988). 문학과 전기류는 인간의 선택 과정을 잘 드러내는 중요한 자료이다. 학생들은 인간의 조건과 결정 과정을 명확히 그려 낸 연극이나 영화를 보고 토론해야 한다.

■ 자기 표현

문학적, 극적, 전기적인 교과목과 함께 학생들은 자기 표현 방식을 가져야 한다. 그들은 예술 매체를 활용하여 자신의 감정이나 통찰력 등을 극적으로 표현하는 데에 자유로워야 한다. 개인의 선택과 자유를 증진시키는 교육 기술 매체는 실존주의 교육에서 유용한 것으로 간주된다. 예를 들어, 학생들은 멀티미디어 제작을 통해 자기 표현 능력을 증진시킬 수 있다. 반면에 실용주의자들은 사고와 정보 접근에 있어 획일성을 장려하는 기술의 적용을 배제한다.

오늘날 교사에게 주는 의미

■ 인식을 강조하는 교사

교사들이 구체적인 목표를 사전에 정할 수 없다는 점에서 실존주의 교육은 쉽지 않다. 실용주의에 있어 교육 목표라는 것은 학생 개개인에 맞추어 결정되는 것이다. 실존주의 교사는 학생들에게 특정 목표를 정해 주기보다, 학생들에게 교육과 자아 정의의 궁극적 책임이 자신들에게 있다는 것을 일깨워야 한다. 교사는 학생들이 자각할 수 있도록 도와주는 방법의 일환으로 그들의 선택의 자유를 제한하는 기관, 권력, 상황에 대해 고찰하게 한다. 더 나아가 실존주의 교사는 선택의 자유를 최대화하기 위해 개방적인 수업을 한다. 이런 개방적 교육 환경에서 교육은 학생들의 결정에 의해 이루어진다.

■ 외부 기준은 교육의 비인간화를 가져옴

실존주의자들은 표준화 운동, 특히 학업 성취도를 측정하기 위한 표준화 검사를 강조하는 풍조를 반대한다. 이런 표준화 운동은 개인의 선택과 자유를 박탈하는 것이다. 똑같은 기준에 의해 수업을 진행하는 것은 교육 배경의 개성을 없애는 것이다.

실존주의 학교: Summerhill

■ Summerhill: 자유의 예

영국에 위치한 A. S. Neill의 Summerhill 학교는 특정 교육 철학에 속하는 것을 반대하지만, 이곳은 사실상 교육 목표, 교육과정, 교수 학습 접근 방식에 있어 실존주의적 테마를 기본으로 하는 곳이다. Neill은 학생들에게 원하는 무엇을 언제 배울 것인가 하는 선택의 자유를 부여하는 교육적 실험의 장으로서 Summerhill 학교를 설립했다. Neill은 외부의 제약에서 자유로울 때, 학생들이 진정으로 배우고 싶어하고 그들의 학습 계획을 열정적으로 따르는 것을 발견하였다.

■ 실존주의자의 수업

문학, 연극, 영화는 실존주의 교육의 중요한 수단이다. 제2차 세계대전 동안 유럽에서 600만 명의 유태인을 학살한 Holocaust를 공부하는 고등학교 역사 수업 현장을 그 예로 들어 보자. 학생들은 Steven Spielberg의 영화 『Schindler's List』를 통해, 유태인 강제 수용소의 노동력을 활용해 이익을 얻던 Oscar Schindler가 나치의 가스실에서 죽어 갈 그의 노동자들을 살리기 위해 중대한 결단을 내리는 것을 본다. 그리고 학생들은 Schindler라는 한 인간의 도덕적 지위와 무분별하며 잔인한 세상에서 그가 한 선택에 대해 생각해 볼 수 있을 것이다.

다시 한 번 생각해 보기

당신이 받았던 교육에서 실존주의의 영향을 찾을 수 있는가? 당신의 교수 계획에서 이런 철학은 어떤 위치를 차지하는가?

포스트모더니즘

포스트모더니즘(postmodernism)은 현대의 주요 철학 중 하나로서, 우리는 근대 역사가 끝난 포스트모던 시대에 살고 있다고 주장한다. 포스트모더니즘의 기원은 독일 철학자 Friedrich Nietzsche(1844~1900)와 Martin Heidegger(1899~1976)에서 찾을 수 있다. Nietzsche는 절대적 진리에 대한 형이상학적 주장에 반대했다. 그에 따르면 이런 주장은 신화와 미신적 믿음을 대체하기 위해 고안된, 마찬가지로 거짓된 주장이라는 것이다(Nietzsche, 1967; Cooper, 1996). 현상학이라는 철학을 창시한 Heidegger는 인간은 현상과 상호작용하면서 개인의 직관과 인식, 사고를 통해 현실에 대한 주관적 진리를 구성한다고 주장했다.

■ 구성주의와의 관계

포스트모더니즘은 심리학이며 교육 방법 중 하나인 **구성주의**(constructivism)의 의미를 많이 함축하고 있다. 포스트모더니스트들과 구성주의자들은 우리가 경험을 통해 우리의 믿음과 지식을 구성한다고 주장한다. 따라서 학습자는 주변 환경과의 상호작용을 통해 지식에 대한 관점을 키워 나가는 것이다. 인간의 구상물인 지식은 일시적이고, 추측성이며, 학습자가 획득할수록 개선될 수 있는 것이다. 지식은 절대 완전하지 않다. 우리는 경험을 통해 계속 지식을 추가하고 개선한다. 언어를 통해 경험과 생각을 공유하는 공동 학습은 지식을 개인적이고 사회적인 구성물로 만든다(Zahorik, 1995).

주요 개념

■ Derrida와 Foucault

포스트모더니즘은 프랑스 철학자인 Michel Foucault와 Jacques Derrida에 의해 더욱 발전했다. Foucault는 보편적이고 불변적인 지식에 대한 주장을 도외시한다. 그는 사람들, 특히 전문가들이 객관적 진리라고 하는 것은, 역사 시점에서 권력자들이 다른 사람들에게 행사하는 이론적 근거일 뿐이라고 주장한다. 포스트모더니스트들은 종속과 소외라는 개념을 사용한다. 그들은 어느 사회에서든, 특히 미국과 같은 근대 자본주의 사회에서는 경제적 · 사회적 · 교육적으로 혜택을 받은 계층이 사회에서 소외된 계층을 지배한다고 생각한다.

Derrida는 기원, 계통, 텍스트나 규범의 의미를 찾는 방법으로 **해체**(deconstruction)라는 개념을 발달시켰다[규범(canon)이란 주어진 문화권의 권위 있는 지식으로 평가받는 것을 뜻한다]. 텍스트는 주로 책을 의미하지만 대화, 영화나 연극 혹은 다른 문화적 표현 방식을 띌 수도 있다. 교육에서 텍스트는 주로 교육과정 안내서, 비디오, 그리고 교과서를 포함한 서적을 뜻한다. 해체의 목적은 형이상학적 진리에 대해 생각하기보다, 텍스트를 정치 권력 관계에 관여하는 역사적 문화적 구성물로 이해하기 위함이다.

예를 들어, 고전(great books) 교육과정에서는 책을 규범으로 사용한다. 하지만 많은 포스트모더니스트 사상가들은 이런 텍스트들은 아시아나 아프리카 문화를 소외시키며, 서구 문화만을 강조한다고 주장한다. 포스트모더니스트들은 Plato의 『Republic』이나 Aristotle의 『Nicomachean Ethics』는 영속적이며 보편적인 권위를 상실했다고 말한다. 이것들은 해체될 수 있는 역사적 조각들에 불과할 뿐이다.

■ 텍스트의 해체

규범과 텍스트의 해체를 통해 포스트모더니스트들은 "(1) 특정 시기의 어떤 사건과 상황이 특정 규범을 장려하는가? (2) 특정 문화권과 사회에서 이러한 규범에 특권적인 지위를 부여하는 것은 누구이며, 누가 이런 규범을 통해 이익을 보는가? (3) 이러한 규범이 소외된 개인과 집단의 목소리를 배제하는 이유는 무엇인가?"와 같은 질문을 한다. 이런 질문에 대한 대답은 특정 문화권과 사회에서 실제적으로 사회, 경제, 정치, 교육적 힘을 가진 사람들을 조명한다.

포스트모더니스트들은 정규 교육과 관련해서, 교육과정이 어떻게 조직되었는지에 대해 중점적으로 묻는다. 어떤 텍스트가 교육과정의 공식적인 지식을 대표하는가? 우리는 어떤 텍스트와 경험을 교육과정에서 배제하는가? 우리는 다양한 집단의 세력 관계를 설정하고 유지하기 위해 어떻게 텍스트를 해석할 것인가?

기본적 질문

포스트모더니스트 교육자들은 지식, 전반적 교육, 학교 교육, 지도 방식에 대한 전통적인 가정들을 해체시킴으로써 의식을 불러일으키고 변화를 가져오려고 한다. 포스트모더니스트들은 학교와 교과 과정이 객관적 진리와 과학적 담화의 보고가 아닌, 어떤 관점은 지배적이고 어떤 관점은 소외되는, 관점의 충돌의 장이라고 보았다.

■ 현상을 재생산하는 학교

포스트모더니스트들은 미국 공립학교가 공식적인 이론적 근거에 의해 정당화된 사회 · 정치 · 경제적 체계로 구성된 주요 기관이라고 주장한다. 이런 이론적 근거는 사회의 특권적 지위를 법제화하고, 여기에서 소외된 사람들의 권한을 박탈하려는 의도로 만들어진 것이다. 또한 이런 근거들은 학교가 (1) 적절하고 공평하게 모든 아동들을 교육시키고 있으며, (2) 사회적 · 경제적 이동성을 촉진시키고, (3) 민주 사회의 지속을 위해 필요하다는 주장을 한다. 포스트모더니스트들은 이런 주장에 맞서서 공립학교가 다른 공식 기관들처럼 (1) 남성 중심적, (2) 유럽 중심적, (3) 자본주의 중심적인—자유 시장 이데올로기에 의해 사유 재산과 기업 정신을 찬양하는—사회를 재생산하는 것을 촉진한다고 주장한다. 예를 들어, 유색 인종과 같은 다른 집단의 경험은 교과목의 공식적 설명에서 배제되는 것이다(Martel & Peterat, 1994).

■ 교육과정에 대한 논쟁

포스트모더니스트들은 교육과정이 충돌의 근원이며, 기득권을 차지하기 위한 집단들 간의 문화적 전쟁이라고 본다. 우리가 교육과정에 논의의 여지가 있다고 본다면 해체의 작용에 대해 이해할 수 있을 것이다. 중등교육에서 기준이 되는, 문화적으로 핵심적인 교육과정에 대한 많은 논의들이 진행되어 왔다. 핵심 교과 과정에 관련된 제안은 종종 서구 문화의 전통적 규범만을 반영한다. 포스트모더니스트들은 이런 규범은 남성 중심적, 유럽 중심적, 서구 자본주의의 문화를 대표하는 것으로 본다. 그들은 아프리카 인, 아시아 인, 라틴아메리카 인, 아메리카 원주민, 여성주의자, 경제적 소외 계층, 게이와 레즈비언 같은 소수 집단의 업적 역시 교육과정에 포함시켜야 된다고 주장한다. 포스트모더니스트들은 다양한 내용을 포함하는 교육과정을 지지한다. 이런 교육과정은 모든 학생들의 문화적 배경을 다룸과 동시에 학교 교육에서 학생들이 더 많은 것을 배울 수 있도록 해주기 때문이다.

■ 표현으로서의 수업

포스트모더니스트들은 교육이 표현을 수반한다고 본다. 이때 표현이란 언어, 이야기, 이미지, 음악을 포함한 여러 가지 문화적 구성물들을 포함하는 모든 종류의 문화적 표현 혹은 담화를 뜻한다(Ellsworth, 1994). 포스트모더니스트들은 교사들이 그들의 중대한 역할을 깨닫고, 모든 학생들의 문화적 배경을 충분히 다룰 필요가 있다고 주장했다. 교사는 공식적으로 인정된 지식만을 전달할 것이 아니라, 비판적으로 그리고 심사숙고해서 폭넓은 인간 경험을 제공해야 한다(Ellsworth, 1994). 포스트모던 시기 학교의 학생들은 많은 사람들의 의견과 자서전, 전기류—개인적 · 사회적 역사—를 포함한 많은 이야기를 수렴해야 한다. 소외된 계층에 관심을 기울이고 그들의 의식을 일깨우는 담화의 참여자가 되도록 만드는 것은 매우 중요하다(Doll, 1993).

오늘날 교사에게 주는 의미

■ 권한 부여

포스트모더니스트들은 교사들이 학교의 목적, 교육과정의 내용과 조직, 교사 직업의 역할과 의무를 비판적으로 검토해서 그들 자신에게 권한을 부여할 것을 촉구한다. 권한의 부여란 교사가 자신의 미래를 형성할 책임, 학생들이 자신의 미래를 형성하는 것을 도와줄 책임을 받아들이는 것을 뜻한다(Kincheloe, 1993).

■ 단위 학교 중심 철학

교사와 학생에게 권한을 부여하는 과정은 그들이 일하고 생활하는 학교와 지역사회에서 시작된다. 교육 철학을 추상적인 형이상학적 추론에서 이끌어 내는 이상주의자나 현실주의자와는 다르게, 포스트모더니스트들은 교사들에게 자신들이 위치한 장소에 기반해서 교육 철학을 창조할 것을 촉구한다. 교사, 학생, 공동체 구성원들은 장소에 기반을 두고 지배에 관련된 주된 문제들을 생각해 보아야 한다. 이때 그들은 이런 질문을 검토할 수 있을 것이다. 그 질문이란 "(1) 누가 실제적으로 학교를 통제하고 교육과정을 설립하며 학문적 기준을 세우는가? (2) 그 동기는 무엇인가? (3) 현재의 교육과정을 정당화하는 이론적 근거는 무엇인가?"이다. 포스트모던 학교의 교육과정은 개인과 집단의 정체성의 문제나 통제와 권력 관계의 문제를 분석하고, 공동의 행동으로 나아갈 수 있는 문화 정치와 사회적 비판을 장려한다. 이런 비판적 분석은 사람들에게 권한을 부여하고, 특정 집단의 경제적 · 정치적 이익과 특권에 도전함으로써 사회를 바꿀 수 있을 것이다.

■ 표준을 해체하는 포스트모더니스트

포스트모더니스트들은 다양한 집단의 의견을 경청하는 것이 학교의 문화 다양성, 다문화주의 논쟁과 중요한 관련이 있다고 주장한다. 또한 포스트모더니스트 교육자들은 기존의 기준에 대한 비판적인 물음을 던진다. 특히 그들은 No Child Left Behind 법에서와 같이 학교가 표준화 검사를 통해 학생들의 성취도를 측정하려고 하는 것에 의문을 가진다. 그들은 다음의 질문들을 통해 세력 관계에 대해 조사할 것이다. 시험

한 학생이 자신의 형에 관한 시를 통해 자신의 개인적인 삶의 일부분을 다른 학생들과 공유하고 있다. 포스트모더니스트들은 모든 학생의 개인적인 이야기를 교육과정에 포함시키고, 지배 집단의 지식만을 전달하는 형태를 피하라고 주장한다.

을 주관하고, 시험 문제를 출제하고, 시험 결과를 판독하는 사람들은 각각 누구인가? 시험 결과는 어떻게 활용되는가? 정치가, 학부모, 교사, 학생들이 정해진 기준 내에서 하는 역할과, 시험을 통해 그 기준을 검증하는 과정에서 하는 역할은 무엇인가?

비슷한 질문들을 수업에서 사용되는 기술을 분석하는 데 적용할 수 있다. 인터넷은 생각의 공유와 공동의 문제 인식을 위한 빠른 의사소통 수단을 제공함으로써 사람들에게 권한을 부여한다. 비슷하게, 기술이 주류층에 의해 통제되면 사회 지위를 유지하고 소외 계층의 권한을 박탈하는 쪽으로 작용할 수 있다. 포스트모더니스트 교사는 학생들이 사용하는 소프트웨어가 특정 집단의 이익만을 대표하고 있는 것은 아닌지, 학생들이 기술에 접근하는 데 권력의 문제가 개입되어 있지는 않은지 고찰할 필요가 있다.

■ 포스트모더니즘식 수업

포스트모더니즘식 수업이란 무엇일까? 미국 고등학교 역사 수업의 예를 살펴보자. 학생들은 멕시코 전쟁 후 미국에 양도를 강요당했던 지역에 살고 있는 소외된 멕시코인들을 살펴본다. 그들은 어떻게 라틴아메리카 인들과 다른 소외 집단이 미국 역사에서 그들의 목소리를 내었는지에 대해 토론할 것이다. 그리고 여기에서 얻은 교훈을 활용하여 자신들이 사는 지역에서의 세력 관계를 고찰하고, 여러 사람들의 목소리를 반영할 수 있는 구조적인 해결 방안을 제안하는 과제를 할 것이다.

다시 한 번 생각해 보기

당신이 받은 교육에서 포스트모더니즘의 영향을 발견할 수 있는가? 당신의 수업 계획에서 이런 철학은 어떤 위치를 차지하는가?

교육 이론

다음 부분에서 우리는 네 가지 교육 이론을 살펴보게 된다. 바로 진보주의, 비판 이론, 영원주의, 본질주의이다("Overview 4.2" 참조). 철학이 형이상학, 인식론, 가치론, 논리학으로 구분되는 반면, 이론은 좀더 특정한 현상과 과정을 설명한다. 교육 이론은 학교, 교육과정, 교수 학습의 역할과 기능을 설명한다. 어떤 이론은 철학에서 비롯되기도 하고, 어떤 이론은 실천에서 비롯된다.

진보주의

■ 전반적인 개혁 운동

진보주의(progressive) 교육은 19세기 후반에서 20세기 초반 미국인들의 생활 일반 개혁 운동의 한 부분이었다. John Dewey의 경험주의와 관련이 있지만, 진보주의 교육 운동은 다양한 요인들로 구성되어 있다. 어떤 진보주의자들은 사회 개혁의 수단으로 교육을 활용하는 반면, 다른 이들, 특히 행정가들은 학교를 효율적이고 비용 효과적으로 만드는 데 중점을 둔다. 행정 진보주의자들은 교육과정의 다양성을 촉진시킬 수 있고, 교실이 더 많이 수용할 수 있는 대규모 학교를 설립하고자 노력하였다(Zilversmit, 1993).

■ 교육에서의 진보주의

진보주의 교육은 전통적 학교 교육에 대한 반발에서 시작되었다. G. Stanley Hall이나 Francis Parker, William H. Kilpatrick과 같은 교육자들은 생각 없는 일상과 기계적 암기, 권위주의적 수업 운영을 반대했다. 진보주의 교사들은 학생들의 흥미와 요구를 강조하는 교육 스타일과 방법을 발전시켰다. 그들의 수업은 보다 유연성 있고 관용적이며 개방적이었다.

주요 개념

■ 진보주의자들이 반대한 관행

진보주의 교육 연합은 다양한 관점을 포함하는 기구로서, 진보주의 교육자들 자체 내에서도 의견이 다르기 때문에 어느 특정 교육 철학에 자신들의 관점을 맞추지 않는다. 그럼에도 이들은 일반적으로 다음과 같은 전통적 학교 관행은 옳지 않다고 보았다. (1) 권위주의 교사, (2) 책에 기반을 둔 교육 방법, (3) 사실 정보의 수동적 암기, (4) 사회와 학교의 분리, (5) 수업 분위기 조성을 위한 신체적 · 심리적 강압. 선호도에

[Overview 4.2] 교육 이론

이론	목적	교육과정	교육적 의미	지지자
진보주의(실용주의에서 발전)	학생의 흥미와 요구에 맞춘 교육	활동과 과제	문제 해결 능력과 조별 활동을 강조하는 교수 방법, 촉진자인 교사	Dewey Kilpatrick Parker Washburne
비판 이론(신마르크스주의와 포스트모더니즘에서 발전)	비판적 문제에 대한 의식 일깨우기	소외 계층에 관련된 기록	사회 충돌 문제에 중점	McLaren Giroux
항존주의(현실주의에서 발전)	이성적 인간의 교육	교과목을 지성을 키우기 위해 계층적으로 배열 (예: 양서 목록)	서구 문화유산의 위대한 업적에 나타난 영원한 인간의 문제에 중점	Adler Bloom Hutchins Maritain
본질주의(이상주의와 현실주의에서 발전)	쓸모 있고 경쟁력 있는 인간의 교육	기초 교육: 읽기, 쓰기, 산술, 역사, 영어, 과학, 외국어	문화유산을 전달하며, 사회경제적 효율성에 기여하는 기술과 교과목을 강조	Bagley Bestor Conant Morrison

대해서는 의견 조율이 힘들지만, 진보주의 교육 연합의 구성원들은 일반적으로 다음의 의견에 찬성한다. (1) 아동은 자연적으로 성장할 수 있도록 자유로워야 한다. (2) 직접적 경험에서 우러나오는 홍미는 학습의 가장 좋은 자극제이다. (3) 교사는 학습을 장려해야 한다. (4) 가정과 학교 간의 친밀한 협력은 필수적이다. (5) 진보주의 학교는 실험의 장이 되어야 한다.

■ 진보주의자들이 찬성한 관행

관습적 교육과정을 반대하는 진보주의자들은 활동, 경험, 문제 해결, 과제를 활용한 대안적 교육과정을 가지고 실험적인 교육을 실시했다. 아동 중심의 진보주의 교사들은 경쟁보다 공동 학습을 강조했다. 사회 중심적 진보주의자들은 사회 재건주의자(social reconstructionists)라고도 하는데, 학교를 사회 개혁의 중심으로 삼을 것을 주장했다(Cremin, 1961). 게다가 진보주의 학교, 특히 진보주의 사립학교는 전통적인 억압과 제한에서 아이들을 해방시키려고 한다.

■ 학교에서의 진보주의적 개혁

기본적 질문

진보주의자들은 독단적 견해를 싫어하기 때문에 지식, 교육, 학교, 교수 학습에 관한 물음에 한 가지로 대답하지 않는다. 그러나 일반적으로 진보주의자들은 지식이 보편적이기보다는 개인의 경험에서 우러나오는 상대적인 것이라고 본다. 교육은 사고와 감각 창조의 자유를 뜻한다. 진보주의자들은 모든 아동들이 학교에 다닐 자격이 있다

■ 반전통적

고 본다.

■ 아동 중심 및 사회 개혁자

전통주의와 권위주의에 대항해서 한데로 뭉쳐 있지만, 어떤 진보주의자들은 아동의 자유를 더 강조하고 어떤 진보주의자들은 사회 개혁을 중요시한다. 아동 중심 진보주의자들은 학교가 아동들이 자유롭게 실험하고 놀고 자신을 표현하는 장이 되기를 바란다. 사회 개혁 진보주의자들은 학교가 사회 변화를 위한 기관이 되어야 한다고 주장한다.

■ 준비도, 흥미와 욕구

진보주의자들은 아동의 준비 자세와 흥미가 교육과정과 지도 방식을 결정하므로 교과목은 미리 결정될 필요가 없다고 본다. 교육에 있어 유연한 태도를 견지하는 진보주의 교사들은 문제 해결, 현장 학습, 창조적 예술 표현, 과제와 같은 학습 활동을 활용할 것이다. 그들은 교수 학습이 적극적이고, 흥미 있으며, 항상 변화하는 과정이라고 생각한다.

■ 현실 구성

교육 공동체를 만들어 가는 일원으로서 진보주의 교사들은 학생들이 공유된 경험에 기초해서 공동으로 과제를 하기를 원한다. 이런 접근 방식은 구조주의 접근 방식과 유사하다. 구조주의는 진보주의와 비슷하게, 학생들이 공동으로 활동하여 지식 기반을 넓히고 개선할 수 있는, 사회와 상호작용적이며 과정 중심적인 참여 학습을 중시한다.

오늘날 교사에게 주는 의미

■ 진보주의 전략의 예

오늘날 학교에서는 진보주의 이론을 어떻게 수업에 활용할 수 있을까? 중학교 사회 수업에서 라틴아메리카 인들이 미국인들의 생활에 기여한 점을 고찰한다고 가정하자. 학생들은 우선 라틴아메리카 인이라는 용어의 의미를 파악하고, 이 분류에 속하는 다양한 민족 집단을 살펴본 후, 조별로 나뉠 것이다. 각각의 조는 특정 라틴아메리카 인 집단을 조명하여 공동 레포트를 작성할 것이다. 조별 활동은 다음과 같은 것을 포함할 수 있을 것이다. A조는 멕시코 출신 미국인들의 기원, 이민, 주요 거주지와 문제들을 조사한다. B조는 푸에르토리코 출신 미국인들에 대해 위와 비슷한 조사를 한다. C조는 쿠바 출신 미국인들에 대해 조사한다. 각 조는 프린트 자료와 영화, 삽화, 특정 집단을 대표하는 초대 연사를 활용한 다각적인 보고를 하게 될 것이다. 그리고 공동 학습 경험의 일환으로, 전체 수업에서는 각 조의 보고서를 활용하여 세 민족 집단의 문화적 공통점과 차이점, 그리고 미국 사회에 기여한 점을 살펴볼 수 있을 것이다.

교사는 과제 중에 정보 제공자로서의 역할을 해야 한다. 각 조와 상의를 통해 교사는 도서관, 웹사이트, 공동체 정보를 제시하고, 학생들이 조사를 하는 방법과 조사 과정에서 일어나는 문제를 해결하는 방법을 발견하도록 도와주어야 한다. 교사는 학생들이 서로의 정보를 공유하여 공동의 결론에 이를 수 있게 지도해야 한다.

다시 한 번 생각해 보기

진보주의는 미국의 많은 학교에서 강한 영향력을 발휘한다. 당신도 학교에서 이런 방식을 활용한 수업을 하고 싶은가? 그 이유는 무엇인가?

비판 이론

비판 이론(critical theory)은 대단히 영향력 있는 현대 교육 이론으로서, 착취적 권력 관계를 밝히고 평등, 공정성, 정의를 이끌어 내기 위한 학교와 사회의 적극적인 분석 비평을 촉구한다. 많은 이론의 가정들이 포스트모더니즘과 실존주의 철학, 신마르크스주의, 여성주의, 다문화 이론, Paulo Freire의 개방적 교육에서 나왔다. 비판 이론의 주요 사상가로는 Henry Giroux와 Peter McLaren이 있다.

주요 개념

■ 신마르크스주의의 영향

비판 이론은 모든 기관은 경제적 기반에 기초하며, 인간의 역사는 사회경제적 계급 간의 사회경제적 통제를 두고 벌어진 싸움이라고 주장했던 19세기의 중요한 철학자 Karl Marx의 이데올로기의 영향을 받았다. 비판 이론가들은 계급 투쟁과 소외라는 Marx적 개념을 자주 사용한다. 소외(alienation)는 사회적으로 무시되어 사회 주변부에 자리하는 인간의 사회적 심리적 상태를 뜻한다.

■ 강력한 집단의 지배

비판 이론가들에 의하면 비판 의식은 교육적 · 경제적 기대와 기회를 포함한 개인의 사회적 지위가 인종, 민족, 성, 계급에 의해 조건지어진다는 인식을 필요로 한다. 지배적인 상류 사회 경제 계급은 사회적 · 정치적 · 경제적 · 교육적 기관을 통제하며, 자신들이 원하는 지위를 유지, 재생산하는 데 권력을 사용하고, 사회적 · 경제적으로 열등한 계급을 자신들에게 종속시키려 한다(Carnoy, 1998). 미국에서는 역사적으로 도시와 농촌의 빈민, 아프리카 인들과 아메리카 원주민, 라틴아메리카 여성, 게이와 레즈비언들이 주된 종속 집단이었다(Martel & Peterat, 1994). 그러나 비판적 교육을 통해서 종속적인 계급과 집단은 그들이 착취당하고 있다는 것을 인식하고, 지배에 저항하며, 억압 유형을 붕괴시키고, 자신들에게 권한을 부여한다.

기본적 질문

■ 새로운 공공 철학

이 장의 앞에서 다루었던 포스트모더니즘 철학의 영향을 상당히 받은 만큼, 비판 이론가들은 지식, 교육, 학교, 교수 학습에 대한 질문들에 대한 의식을 일깨우고자 한다. 그들은 지식이 사회적 · 정치적 · 경제적 · 교육적 권력, 통제의 문제와 관련 있는 것으로 본다. 특히 비판 이론가들은 인종, 민족, 언어, 계층, 성 때문에 사회에서 소외되고 종속된 위치에 있는 사람들의 의식을 일깨우고자 한다(Giroux & McLaren, 1989).

■ 사회 통제

비판 이론가들은 경제적 · 정치적 · 사회적으로 지배적인 계층이 학교를 통제하고 이를 사회 유지와 통제의 장으로 활용한다고 주장한다. 통제권을 제공하는 사회적 위치를 유지하기 위해, 지배 계층의 아이들은 특수 교육기관에 다니면서 사업 분야, 산업 분야, 정부 분야에서 고위직에 오를 수 있도록 교육을 받는다. 종속 집단의 아이들은 그들의 권한을 배척하는 조건에 수긍하도록 교육을 받는다. 예를 들어, 경제적으로 궁핍한 도시나 쇠락해 가는 촌락의 학교들은 주로 아프리카나 라틴아메리카계의 빈민층이 다닌다. 주로 재정이 궁핍한 이런 학교들은 노후한 건물과 부족한 교육 자료를 활용해서 수업을 한다.

■ 권한 부여

전형적인 도심 빈민 거주 지역의 학교와 많은 다른 학교들은 거대하고 계층적인 교육 관료제의 틀에 속해 있다. 학교 내에서 교사들은 각자의 교실에 따로 배치되어 있다. 더 나아가 학부모와 다른 지역 공동체의 구성원들은 학교와 거의 상호작용을 하지 못하고 거리를 두고 있다. 교육과정 역시 고위 행정가들에 의해 결정된 것으로, 학생들이나 공동체 사람들의 삶의 경험과 연관된 지역의 주도권이 부재하다.

■ 공식적 교육과정

비판 이론가들은 교육과정을 두 가지 측면에서 본다. 그것은 정규 공식 교육과정과 **숨겨진 교육과정**(hidden curriculum)이다. 공식적으로 지정된 교육과정은 학생들에게 전달되어야 할 필수 기술과 교과목을 다룬다. 숨겨진 교육과정은 학교 환경을 통해 학생들이 배워 나가야 하는 행동과 태도를 뜻한다. 비판 이론가들은 이런 교육과정이 지배 계층의 지위를 유지시키는 데 기여한다고 본다.

지배 계층은 공식 교육과정을 통해 그들의 특정 신념과 가치를 지식의 법제화된 틀을 활용해서 학생들에게 전달한다. 예를 들어, 역사학의 공식 입장은 유럽계 미국인의 국가 성립과 산업화의 성공만을 미국인의 역사적 경험으로 정의하고 있다. 아프리카계 미국인이나 아메리카 원주민, 라틴아메리카 인들은 공식적인 설명에 주변적이며 추가적인 역할을 할 뿐이다. 비판 이론가들은 학생들에게 지정된 특정 정보만을 전달하기 위해, 공식적으로 공인받은 교과서만을 사용하는 방식으로 학교의 지도 방식이 획일화되어 있다고 지적한다. 비판적 사고와 분석 대신 이런 지도 방식은 학생들에게 공식적으로 구성된 형태의 지식만을 재생산하게 한다.

■ 숨겨진 교육과정

학교를 기초로 한 사회적 통제의 주요 요소는 숨겨진 교육과정에 있다. 숨겨졌다는 뜻은 이것이 간행된 주의 법령이나 지역 학교 규칙에 명시되지 않았다는 것을 말한다. 이것은 특히 공립학교 환경에 파다하다. 예를 들어, 남자가 여자보다 수학이나 과학을 더 잘 한다는 성에 관련된 태도는 성에 대한 고정관념을 생산하여 교육과정과 미래의 직업 입문에 영향을 끼친다.

특권 계층이 역사적으로 학교를 장악해 왔지만, 비판 이론가들은 그들의 지배가 필연적이라고 보지는 않는다. 그들은 현 통제의 유형에 도전하고, 이런 지배 고리를 끊으려고 노력한다. 그들은 교사와 학교는 소외된 자들의 의식을 일깨우고, 그들에게 권한을 부여할 수 있다고 본다. 그들은 학교가 젊은이들이 높은 윤리적 삶을 살기 위해 학습하는 민주적 대중의 장으로 거듭나기를 바란다.

■ 학생의 삶에 관한 이야기

비판 이론가들은 학교와 교육과정에 있어 진실로 합법적인 지식과 가치는 일시적인 상황과 그들이 사는 공동체, 그들이 다니는 학교와 같은 학생들의 특정 맥락에서 나온다고 본다. 교사는 주변 공동체의 조건을 살펴봄으로써 학생들의 의식을 일깨우는 역할을 해야 한다. 학생들은 자신의 생활상을 공유하고 집, 학교, 공동체에서의 경험을 모은 공동 조별 자서전을 만들 수 있을 것이다. 더 나아가 이들은 각각의 경제 계층과 인종, 민족, 언어 집단의 역사에 자신들의 자서전을 연결시킬 수 있을 것이다.

미국의 진실로 다문화적인 사회는 공식적인 하나의 이야기보다 더 많은 형태의 미국인의 경험담을 제공한다. 각 인종, 민족, 언어 집단의 구성원들은 이야기를 듣기보다 자신의 이야기를 펼칠 수 있어야 한다. 자기 고유의 정체성을 발견한 학생들은 고정관념과 허위 진술을 가려 내는 방법을 개발하여 학교 안과 밖의 세뇌에 저항할 수 있을 것이다. 이들은 자신의 삶을 통제하는 방법을 배우고 미래를 만들어 나갈 수 있을 것이다(Sleeter & McLaren, 1995).

오늘날 교사에게 주는 의미

■ 교사들이 권한을 가져야 한다.

비판 이론가들은 교사들이 (1) 학교의 통제에 도전하는 사람들이 누구인지를 알고, (2) 학생들이 자아 정체성을 갖는 것을 도와줌으로써 학생들을 이해하며, (3) 학교와 지역 사회의 개선을 위해 지역 주민들과 협동하고, (4) 진실된 교육 개혁을 위해 노력하는 다른 교사들과 연대하며, (5) 미국 사회가 직면한 정치적 · 사회적 · 경제적 · 교육적 문제에 관한 비판적 담화에 참여할 것을 촉구한다.

■ 교사의 권한에 대한 외부의 제한

교사의 노동 조건을 비판하면서, 비판 이론가들은 교사의 직업적 삶을 결정짓는 교사의 영향력이 굉장히 제약되어 있다는 것을 알게 되었다. 교사 단체가 아닌 주 이사회에서 교사직에 관한 임용 요구 사항을 결정하고 있다. 규격화된 학업 성취 평가의 결과가 학교의 효율성과 교사의 경쟁력을 말해 주기 때문에, 교사들은 주 의회 의원들과 특정 학교, 수업과는 관련 없는 전문가들이 마련한 기준에 의해 그 자질을 검증받는다.

■ 기술 활용에 대한 질문

신마르크스주의의 관점에서 교육과정을 분석하는 교육자인 Michael Apple은 수업에서의 교육 기술에 대한 많은 논의가 진실한 변화를 위한 것이기보다는 그저 수사학적인 것에 불과하다고 경고한다. Apple은 교육 기술의 목적에 관련된 진정한 물음을 고려한다. 비판 이론가들이 제기하는 차별과 빈곤이라는 근본적 문제를 밝혀내는 데 교육 기술이 사용되지 않는 한, 학교 내적 조건에서 비롯된 교육보다는 외부에서 기인한 몰개성적이고 미리 포장된 스타일의 교육을 추구할 수밖에 없다(Apple, 2000).

■ 비판적 접근의 수업

교사들은 비판 이론 접근 방식을 활용해서 중학생들이 사회 시간에 인종, 민족 유

In This Case

공식 교과 과정에 대한 학생들의 인식과 느낌

다음의 사례 연구는 Peter McLaren의 『Life in Schools: An Introduction to Critical Pedagogy in the Foundations of Education』에서 발췌한 것이다. 이 사례 연구는 비판 이론 철학가인 McLaren이 캐나다 노스요크 교외의 토론토의 학교에서 가르친 경험에 바탕을 둔 것이다. 학교 주변에는 많은 저임금 노동자들이 살고 있었다. 그래서 학교는 대도시 빈민가 학교의 성격을 띠게 되었다. 사례 연구는 학교 교장인 Fred와 McLaren이 학생들의 현실에 대한 느낌과 인식을 토론한 것을 보여 준다.

4월 25일 화요일

내가 이 학교에 온 뒤 처음으로 많은 학부모들이 면담에 참석했다. 각 학부모와 15분 동안 면담하기로 예정했지만 실제로는 한 시간이 넘게 걸릴 때도 있었다.

학부모들이 모두 떠난 뒤 나는 복도에서 Fred를 보고, 조용히 이야기를 하기 위해 그의 사무실로 향했다. 나는 그에게 학부모의 대부분이 이혼한 사람들이며 가난하다는 사실에 무척 슬프다고 말했다.

Fred는 헛기침을 하고 나를 향해 말했다. "이 학교에서 우리가 해야 할 일은 아이들 그 자체를 이해해 주는 것입니다. 우리는 그 아이들의 부모가 이혼을 했다거나, 아버지가 알코올 중독자이거나, 어머니가 집에 자주 들어오지 않는다는 사실로 우리 마음을 우울하게 만들 필요가 없어요. 물론 교사로서 우리는 그런 점을 간과할 수 없어요. 그런 점들이 우리 교육을 방해하도록 놔 두어서도 안 되고요. 우리는 아이들 스스로가 자신이 가치 있다는 것을 느낄 수 있도록 해 줘야 해요."

"아이들이 스스로 자신이 가치 있다는 것을 깨닫게 할 방법을 생각해 봐야겠군요."

"교사들은 자신의 편견에 대해 생각을 해 봐야 해요. 아이들의 가치와 지위를 인정한다고 하면서도 사실상 그들의 가치를 보잘것없다고 보잖아요. 그건 정말이지 부정적이라고 봐요. 우리는 학생들에게 정보만을 가르쳐 주는 딱딱한 관계가 아닌, 서로가 느낌을 나눌 수 있는 그런 관계를 만들어야 돼요. 가난한 아이들에게는 그것이 더 힘들겠지만요. 아이들이 옷 입는 방식이나 출신에 상관없이 모두가 가치 있는 인간임을 상기시켜 줘야 하니까요." Fred는 감정적으로 변했다. 그의 턱은 떨렸으며, 그는 말을 하면서 팔을 휘둘렀고, 그의 눈은 불타고 있었다.

"일탈 행동을 하는 가난한 아이들에게 다가서는 방법은 수학을 집중적으로 가르쳐 주는 것이 아니라, 당신이 그들을 인간으로 대하고 있다는 점을 그 아이들에게 상기시켜 주는 거예요. 교육과정에 대해서는 잊어버리세요. 아이들에게 진심으로 대하세요."

질 문

1. 학생들의 교육에서 공식 교육과정의 역할에 대한 Fred의 생각은 어떠한가?
2. 교수 학습의 기반으로서 학생들의 경험, 삶에 Fred는 어떤 중요성을 두고 있는가?
3. Fred는 교육에서의 생각(인식적 측면)과 감정(정서적 측면) 간의 갈등을 어떻게 풀어 나가려 하는가?
4. Fred와 McLaren의 논의에 비판 이론가들은 어떤 의미를 두겠는가?

산을 탐구하게 할 수 있다. 학생들은 먼저 자신의 가족, 관습, 축제 등에 관한 이야기를 통해 문화유산에 대한 인상을 공유할 수 있다. 그리고 학부모나 조부모를 초대 손님으로 해서 아이들에게 그들의 문화에 대한 경험을 들려줄 수 있을 것이다. 학생들은 가족 사진, 예술품 등 지역 공동체의 삶과 문화를 반영하는 것들을 활용하여 다문화 전시회를 열 수 있을 것이다.

다시 한 번 생각해 보기

교사인 당신에게 비판 이론은 문화적 다양성의 측면에서 어떤 영향을 주고 있나? 교사의 권한 부여를 위한 비판 이론 전략은 무엇인가?

항존주의

■ 고전에 포함되어 있는 진리

항존주의(perennialism)는 문화적으로 보수적인 교육 이론으로 전통과 고전의 권위에 중점을 둔다. 항존주의는 다음을 표방한다. (1) 진리는 보편적이며 장소, 시간 또는 사람에 따라 달라지지 않는다. (2) 좋은 교육이란 진리를 찾고 이해하는 과정을 뜻한다. (3) 진리는 문명의 위대한 업적에서 발견할 수 있다. (4) 교육은 지성을 계발시키는 개방적 운동이다.

항존주의는 현실주의 원칙에 그 기원을 둔다. 이상주의와 현실주의의 교육적 공통점으로 인해 어떤 교육 이론가들은 항존주의와 이상주의를 연결지으려고도 한다. 그러나 Robert Hutchins나 Mortimer Alder와 같은 주요 항존주의자들은 그들의 교육 이론이 Aristotle의 현실주의에 기초한 것이라고 주장한다.

■ 합리성을 함양하는 학교

인간은 이성적이라는 Aristotle의 주장에 기초해서, 항존주의자들은 학교의 주된 역할이 지성 계발에 있다고 본다. 그들은 학교를 다목적 기관으로 활용하자고 주장하는 이론, 특히 학교를 직업 훈련의 장으로 활용하려는 경제 이론에 반대한다. 항존주의자들도 직업 훈련과 경쟁력의 필요성을 알기는 하지만, 학교보다도 기업체나 산업계에서 더 효과적인 직업 실습 훈련을 제공할 수 있다고 본다. 사회 적응이나 직업 훈련과 같은 비학문적 요구는 학교를 학생들의 지성 계발이라는 주된 목표에서 멀어지게 한다.

■ 항존주의 교육과정

항존주의자들의 가장 중요한 교육 목표는 진리를 찾고 퍼뜨리는 것이다. 그들은 진리가 보편적이고 불변하며, 참된 교육 또한 보편적이고 지속적이라고 믿는다. 그러므로 학교의 교육과정 역시 계속해서 제기되는 인간의 삶에 대한 테마를 강조하는 영속적 성격을 갖는 학과로 이루어져야 된다고 본다. 학교의 교육과정은 이성을 키워 주는 경험적 지식에 바탕을 둔 학과목과 윤리적 행동과 예절을 가르쳐 주는 윤리적 · 미적 · 종교적 원칙에 관련된 학과목을 포함해야 한다. 이상주의자, 현실주의자들과 같이 항존주의자들은 역사, 언어, 수학, 논리학, 문학, 인류 사회, 과학을 포함하는 교육과정을 선호한다. 문학과 예술의 고전들이 이런 과목 내용의 주를 이룬다. 항존주의자들은 이런 과목들을 습득하는 것이 지성 계발에 필수적이라고 본다.

■ Hutchins: 교육은 의식을 개발한다.

시카고 대학 총장이었던 Robert Hutchins는 명료한 항존주의 이론가이다. Hutchins는 이상적인 교육이란 "지성의 힘을 키워 주는 것… 이상적 교육은 특별한 목적에 국한한 교육이 아니며, 일시적 필요에 중점을 둔 교육이 아니다. 이상적 교육은 특수 교육도 아니고 전문직 준비 교육이 아니다. 그것은 실용주의 교육이 아니다. 이상적 교육은 의식 개발을 위한 교육이다."라고 묘사했다(Hutchins, 1963).

■ 서양 문명의 위대한 고전

Hutchins는 특히 서구 문명의 위대한 고전들에 대한 집중적인 공부와 토론을 강조한다. 그는 고전을 통해 우리가 과거 위대한 정신들과 대화할 수 있는 위치에 있을 수 있다고 생각한다. 영원한 테마를 다루고 있는 이런 고전은 학생들이 진실한 문화 참여자가 될 수 있도록 도와준다. 고전은 지성을 길러 주고, 학생들의 비판적 사고 능력을 신장시켜 준다. 고전과 더불어 Hutchins는 학생들이 문법, 수사학, 논리학, 수학, 철학을 공부해야 된다고 주장했다.

■ 고전 중심의 교육과정에 대한 비판

이 장의 앞에서도 살펴보았듯이, 포스트모더니스트 비평가들은 Hutchins의 이러한 교육과정이 서구의 문화가 아시아나 아프리카와 같은 다른 문화권보다 우위를 점하려는 시도라고 본다. 이런 관점에서 Hutchins의 고전 교육은 역사의 특정 시점의 지배적인 고전들을 다시 가르치는 것일 뿐이다. 예를 들어, 포스트모더니스트들은 고전에 역사적 기반을 둔 의미를 파악하기 위해 텍스트를 분석하는 것을 추구한다.

전 교과 필수 교육과정의 제안

■ 전 교과 필수 교육과정

Mortimer J. Adler의 『The Paideia Proposal: An Educational Manifesto』는 항존주의의 부활이다(Adler, 1982). 'paideia'는 인간의 총체적 교육 형태를 뜻하는 그리스 어이다. 모든 사람들의 일반 교육을 받을 권리를 주장하면서, Adler는 미국 민주 사회의 모든 학생들이 똑같은 양질의 학교 교육을 받아야 한다고 주장했다. 전 교과 필수 교육과정은 언어, 문학, 예술, 수학, 자연과학, 역사, 지리, 사회를 포함한다. 이런 학과목들은 고차원적 사고로 이끌어 주는 읽기, 쓰기, 말하기, 듣기, 계산, 관찰, 측정, 평가, 문제 해결 능력과 같은 지적 기술을 계발시켜 준다(Adler, 1982).

기본적 질문

■ 일반적 교육과정

진보주의자들은 교육 엘리트주의를 조장한다는 점에서 항존주의를 비판한다. 이런 주장을 부정하는 항존주의자들은 모든 사람들이 양질의 교육을 받을 권리가 있다는 점을 들면서 그들의 교과 과정이 참으로 민주적이라고 맞받아친다. 그들은 학생들은 모두가 일반 교육을 받을 권리가 있기 때문에 이런 권리를 침해해서는 안 된다고 주장한다. 어떤 학생들은 학문적 교과 과정을 밟고 다른 학생들은 직업 훈련을 받는 것은 교육받을 권리의 진정한 평등성을 부인하는 것이다.

■ 문화적 상대주의 반대

항존주의자들은 실용주의, 진보주의, 비판 이론과 관련이 있는 **문화적 상대주의**를 강하게 부정한다. 문화 상대주의에 따르면 진리는 상황에 따라 변하는 임시적 성격을 띤다. 시간과 장소에 따라 변화하는 환경이 영속적이고 보편적으로 유효하기보다 임시적이고 상황적으로 유효한 진리를 만들어 내는 것이다. 『The Closing of the American Mind』의 저자, Allan Bloom과 같은 항존주의자들은 문화 상대주의가 민족성을 약화시키기 때문에 옳지 않다고 본다. 그들은 문화 상대주의가 도덕적으로 옳고 그른 행동에 대한 보편적 기준을 부정한다고 주장한다(Bloom, 1987).

오늘날 교사에게 주는 의미

이상주의자와 현실주의자들같이 항존주의자들도 교실이 학생들의 지적 성장을 위한 환경이라고 본다. 학생들의 지성을 자극하기 위해서 교사들은 진리를 사랑하고 이에 기초해서 삶을 살아가는, 개방적 교양 교육을 받은 사람들이어야 한다. 항존주의 교사들에게 있어서 교양 교육은 교육 방식에 관련된 수업보다 더 중요하다.

초등학교에서 항존주의 교사들은 읽고 쓰는 능력을 길러 주고 진리를 찾기 위한 인생의 여정의 준비를 도와주는 읽기, 쓰기, 계산과 같은 기본적 기술을 습득하는 것을 강조할 것이다. 항존주의 중학교 교사들은 역사, 문학, 철학과 같은 고전에서 발견할 수 있는 영원한 인간의 문제에 대한 강의를 할 것이다. 이상주의와 같이 항존주의자들도 세대를 넘어 사람들의 흥미를 자극한 고전의 교육을 강조한다. 항존주의 학교, 행정가, 교사, 학생들은 학업에 있어 높은 기준을 유지해야 한다.

■ 학습 내용 강조

항존주의자들은 높은 학업 수준을 지지하지만 학생들의 경쟁력을 평가하기 위한 시험을 의문시한다. 만약 시험이 영속적인 교과와 고전을 강조한다면 그들은 이런 시험을 선호할 것이다. 그러나 이런 내용에 기초하지 않은 기준은 평가 과정에 관련된 의문을 불러일으킨다. 똑같은 기준을 교육 기술에 적용시킬 수도 있을 것이다. 항존주의자들은 예술과 문학의 고전을 전달해 주는 기술은 선호하지만, 이런 고전을 대체하는 기술에 대해서는 교육과정을 진부하게 하는 것으로 간주한다.

■ 항존주의식 수업

계속해서 제기되는 인간의 문제와 가치를 강조하는 항존주의식 수업의 예를 Louisa May Alcott의 『Little Women』을 읽고 토론하는 중학교 문학 시간에서 찾아보자. 학생들은 Marmee, Jo, Beth, Meg, Amy와 같은 주인공들과 March가가 직면한 문제에 대해 토론한다. 토론을 통해 학생들은 March가의 슬픔과 기쁨이 오늘날 모든 가족들에 적용이 되는 것을 깨닫는다. 저녁식사에서 할머니는 이 수업에 참가했던 Alice에게 "오늘은 학교에서 뭘 배웠니?"라고 질문을 한다. Alice는 "『Little Women』을 읽었어요."라고 대답한다. Alice의 엄마와 할머니는 그들 역시 소녀 시절에 그 책을 읽었다고 말한다. 계속되는 대화에서 Alice와 어머니, 할머니는 책의 인상을 공유한다. 이런 방식으로 항존주의 테마는 시간과 세대를 뛰어넘는 기억이 되는 것이다.

"Taking Issue"에서는 항존주의자들의 아동 중심, 교과 중심의 교육과정에 대한 의문점을 살펴본다.

Taking Issue

질문 교육은 아이들의 흥미와 필요에 중점을 둔 아동 중심으로 운영되어야 하는가?

교육: 아동 중심, 교육과정 중심?

미국 교육에서 계속되고 있는 논의는 교육과정과 교수 방법이 아이들의 흥미와 필요에 중점을 두어야 할 것인지, 문화전달에 중점을 두어야 할 것인지이다. 실용주의자들과 진보주의자들은 교육이 아이들의 흥미에서 비롯되어야 한다고 주장한다. 이런 흥미는 아이들과 더 큰 세상을 연결시켜 주는 과제로 아이들을 이끌어 줄 수 있다고 그들은 생각한다. 이상주의자, 현실주의자, 항존주의자, 근본주의자들은 이런 의견에 반대한다. 그들에 따르면 학교는 지정된 교과목을 통해 사회의 성숙한 구성원인 어른들에 의한 문화유산을 미성숙한 구성원인 아이들에게 전달해야 된다는 것이다.

찬성	반대
1. 아이들이 처한 환경에서의 경험은 그들이 기술과 지식을 습득해야 할 필요와 흥미를 제공한다. 아이들은 직접적인 경험에서 얻은 흥미에 따라 효율적으로 학습할 수 있다.	1. 시간에 걸쳐 문명화된 사람들은 시행착오에 의해 문화를 발달시켰다. 그러므로 학생들의 흥미와 필요에 따른 교육은 이런 시행착오를 필요 없이 반복하는 것으로, 시간 낭비이다. 어른들이 아이들에게 의식적이고 효율적으로 문화유산을 전달하는 것이 중요하다.
2. 학습은 학생들과 환경이 접촉하는 과정이다. 과제는 학생들에게 현실에 대한 독자적인 개념을 구성하는 실천적인 학습 과정을 제공해 준다.	2. 특히 읽고 쓰기, 계산과 같은 특정 기술과 수학, 과학, 언어, 역사와 같은 특정 과목은 위대한 사상가들에게서 나온 것이다. 이런 조직화된 지식은 의식적으로 순서에 따라 아이들에게 전달되어야 된다.
3. 흥미를 가질 때 아이들은 문제를 해결하고 과제에 몰두하는 데 필요한 노력을 기울이게 된다.	3. 기술과 교과목에 흥미가 없다 해도 아이들의 사회 참여를 위해 이런 지식들이 전달되어야 한다.
4. 아동 중심의 학습 과정은 진정한 배움 공동체를 만들 수 있는 공동 학습을 가능하게 한다.	4. 아이들의 흥미에 기반한 교육과정은 세대 간 문화 전파를 위험에 빠뜨리는 일이다.

다시 한 번 생각해 보기

당신의 교육 경험에는 항존주의의 영향이 있는가? 이런 이론이 당신의 수업에 어떤 영향을 줄 것으로 생각되는가?

본질주의

기본 교육으로 알려진 **본질주의**(essentialism)는 특정 기본 기술과 교과목은 인간 문명을 지속시키는 데 필요하다고 주장한다. 이런 기본에는 읽고 쓰기 능력, 계산 능력, 역사, 수학, 과학, 언어, 문학과 같은 과목이 포함된다. 세대에 걸쳐 이런 기본 지식을 전달하기 위한 의식적인 교육은 문명의 영속성과 생존을 보장한다. 필요한 지식을 전달하지 못하는 것은 문명을 위험에 빠뜨린다. 배울 것은 많은데 시간이 제한되어 있다는 사실은 교육과정과 교수 방식을 주의 깊게 계획하고 조직해서 교사에게서 학생들에게 지식이 효과적으로 전달되어야 한다는 것이다.

신본질주의

1980대부터 1990년대에 우리는 기초 교육과 신본질주의 운동의 부활을 보게 된다. 정치적 · 문화적 보수주의자들과 연계한 신본질주의자들은 기존 학교에 대해 비판하고, 특히 공립학교에서 잘 나타나는 교육 체계의 결함을 고치기 위한 교육과정을 제안한다.

■ 기본을 무시하는 새로운 접근

신본질주의자들은 새로운 경험적 교육 접근 방식이 읽고 쓰기, 계산과 같은 기초 기술의 체계적인 교육을 약화시켰다고 주장한다. 이것은 결과적으로 문맹률 증가를 불러온다. 사회 증진 정책은 공립학교의 뛰어난 아이들이 또래 아이들과 진도를 맞추기 위해서 이미 알고 있는 것을 또 배우게 한다. 신본질주의자들은 이러한 정책들이 학문적 기준을 낮추고, SAT나 ACT와 같은 표준화 검사에서의 학생들의 성적 저해를 초래했다고 비난한다. 게다가 어떤 신본질주의자들은 도덕적으로 자유 방임적인 학교의 환경이 근면, 책임감, 애국심과 같은 기본적 시민의 기치를 약화시키는 것에 우려를 표명하였다.

■ 새로운 기초

이런 결함들을 바로잡기 위해 미국 교육부에서 후원한 국가 보고서인 'A Nation at Risk'에서는 모든 고등학생들이 영어, 수학, 과학, 사회, 컴퓨터 과학으로 이루어진 '새로운 기초'라는 엄격한 교육과정을 이수할 것을 제안한다(NCEE, 1983).

■ 표준화 운동의 출발

'A Nation at Risk'와 기초 교육을 테마로 한 다른 비판적 보고서에 의해서 표준화 운동이 시작되었다. 이 운동의 가장 중요한 주제는, 미국 교육은 학생들의 학업 성취를 위한 높은 학문적 기준과, 표준화 검사를 통해 학업 성취 과정을 측정하는 것에 의해 증진될 것이라는 것이다. 2000년에는 표준화 운동이 미국 전역의 학교에 영향을 미쳐서 모든 주들이 기초 과목에 대한 정규 시험을 요구하는 법을 제정하게 되었다.

■ No Child Left Behind

표준화 운동은 2001년, 초 · 중등학교 법인 "No Child Left Behind" 법안 제정에 의해 구체화되었다. 이 법은 포괄적이지만, 그 주요 특징으로는 본질주의적 기초 교육 접근 방식을 강화하는 것을 들 수 있다. 이 법은 표준화 운동의 근간을 이루는 신본질주의자들의 전제에 기초하고 있다. 그것은 바로 학생들의 학업 성취도가 정규 시험을 통해 객관적으로 측정될 수 있다는 것이다.

■ NCLB의 조건

"No Child Left Behind" 법을 실행하고 있는 지역을 지원하기 위해, 주 정부는 3~8학년 모든 학생들의 읽기와 수학 능력을 매년 측정하는 프로그램을 설립했다. 이런 접근 방식을 찬성하는 사람들은 이런 시험이 학업 성취도가 떨어지는 학생들이 전반적인 학업 성취도를 개선할 수 있도록 개선점을 제공해 준다고 주장한다. "No Child Left Behind" 법은 전체 학생을 포함한 불리한 조건에 있는 학생들의 학업 성취를 증진시키는 데 학교구가 책임이 있다고 규정한다. 주에서는 성적 향상이 없는 학교와 학교구를 파악하고 도와준다. 3년 이상 기준에 미치지 못할 경우 학생들은 다른 공립학교나 사립학교로 전학 갈 수 있다(NCLB, 2001).

기본적 질문

■ 기초 교육을 위한 학교의 역할

본질주의자들은 교사와 학교가 비학문적 영역에 치중해서 그들의 가장 중요한 임무를 도외시해서는 안 된다고 주장한다. 그들은 학교를 사회 · 경제 문제를 해결하기 위한 장으로 활용하는 것에 반대한다. 그들은 이런 문제들을 관련 교과에서 다루는 데에는 반대하지 않지만, 학교가 정치화되고 정치적 · 사회적 · 경제적 행동 강령을 사용하는 데는 부정적이다. 학교의 올바른 역할은 학생들에게 기본 지식을 가르쳐서 사회에서 효과적이고 효율적으로 기능하게 하기 위함이다.

■ 한정된 교과 경계 선호

본질주의자들은 과목을 구별하고 논리적 · 순차적 원칙에 따라 조직된 교육과정을 선호한다. 과거를 무시하고, 교과목의 구분을 반대하며, 소위 교과목의 연계를 강조하는 교육과정은 현실적으로 교육적 혼란을 초래한다. 본질주의자들은 교과목을 익히는 과정은 누적적이라고 본다. 기초 기술—읽기, 쓰기, 계산—은 다른 과목과 기능에서도 활용이 가능하다는 점에서 생산적인 힘을 가지고 있다. 기초를 통해 학생들은 고차원적 사고를 요하는 더 복잡한 교과로 나아갈 수 있다. 교육과정의 기준과 학과목은 그 범위가 명확히 규정되어 있어야 하고, 지식이 누적될 수 있도록 조직되어 있어야 하며, 학생들이 미래에 대비할 수 있도록 짜여져 있어야 한다.

■ 혁신에 대한 회의적 태도

본질주의자들은 학생들이 협력 방식으로 자기 고유의 지식을 창조한다고 하는 구성주의와 같은 혁신적 과정적 학습 접근 방식에 의문을 갖는다. 본질주의자들은 문명화된 사람들은 과학자, 학자, 다른 전문가들에 의해 고안 되고 조직된 지식을 활용하여 효과적이고 효율적으로 학습한다고 주장한다. 우리는 이미 알려진 사실들을 시간과 자원을 낭비하면서까지 다시 고안해 낼 필요가 없는 것이다.

오늘날 교사에게 주는 의미

■ 본질적인 기술의 전수

본질주의자들에게 있어 교육 목표는 인간 문화의 필수적인 요소를 전달하고 유지하는 것이다. 학교는 인간의 필수 지식을 젊은 세대에게 물려주어 미래의 세대가 이것을 유지하고 다시 전달하도록 할 구체적이고 규정된 의무가 있다(Ravitch, 2000). 이 목표를 달성하기 위해 교사들은 (1) 기초 지식에 관련된 규정된 교육과정을 만들고, (2) 애국심, 근면, 노력, 시간 엄수, 권위의 존중, 예절과 같은 전통적 가치들을 가르치며, (3) 서구 문명과 전통적 미국의 가치를 강조하고, (4) 원칙과 규범에 의해 효율적이고 효과적인 수업을 진행하며, (5) 사회 증진이 아닌 학생의 학문적 성취를 증진시켜야 한다.

■ 본질주의식 수업

본질주의 논리는 사실을 배우고 이러한 사실들을 일반화하는 귀납적 방식으로 이루어진다. Booker T. Washington과 W. E. B Du Bois라는 미국의 두 흑인 지도자의 차이점을 배우는 고등학교 역사 수업을 살펴보자. 먼저 교사는 두 사람에 대한 읽기 자료를 줄 것이다. 그리고 교사는 학생들이 Washington과 Du Bois의 환경, 교육, 정책에서의 차이점에 대해 토론하도록 시킬 것이다. 이런 교사 주도의 수업 후에 학생들은 왜 Washington과 Du Bois가 그렇게 행동을 했는지를 이해하고, 그들이 미국 흑인 사회와 미국 역사에 끼친 영향에 대해 평가하게 될 것이다.

다시 한 번 생각해 보기

표준화 검사를 강조하는 본질주의적 경향이 당신의 수업에 어떤 영향을 미칠 것이라고 생각하는가?

자기 고유의 교육 철학 만들기

우리는 교육에 관련된 주요 철학과 이론을 살펴보았다. 이제 지식, 교육, 학교 교육, 교수 학습에 관한 맨 앞의 질문으로 돌아가 보자. 당신은 다음과 같은 질문에 대해 생각해 보면서 당신만의 교육 철학을 구성할 수 있을 것이다.

- 당신은 지식이 보편적이며 영원한 진리에 기반을 두고 있다고 생각하는가, 아니면 때와 장소에 따라 다르다고 생각하는가?
- 교육의 목적은 무엇인가? 문화유산을 전달하는 것인가, 경제 사회적 기술을 습득하는 것인가, 비판적 사고를 기르는 것인가, 아니면 사회를 비판하고 개혁하는 것인가?
- 학교는 왜 존재하는가? 기술과 교과목을 가르치기 위해서인가, 개인적 자아 형성을 위해서인가, 인간의 지적 능력을 기르기 위해서인가, 애국적이고 경제적으로 생산적인 시민을 양성하기 위함인가?
- 교육과정은 어떻게 짜여져야 하는가? 기초 지식을 포함해야 되는가, 경험과 과제를 포함해야 하는가, 고전을 포함해야 되는가, 질문 과정과 비판적 대화를 포함해야 되는가?
- 학생에게 있어 교사는 어떤 존재인가? 문화유산을 전달하는 사람인가, 교수 학습의 지식을 전해 주는 사람인가, 위대한 사상을 고찰하는 것을 도와주는 사람인가, 자기 표현과 자아 형성을 도와주는 사람인가, 지식을 구축시켜 주는 사람인가, 문제 해결 능력을 길러 주는 사람인가?

요 약

❶ 당신의 교육 철학을 발달시키기 위한 방향을 제공하기 위해서 이 책에서는 '형이상학, 인식론, 가치론(윤리와 미학), 논리학'의 뜻을 정의했으며, 이런 철학적 구분이 어떻게 전반적 교육, 학교 교육, 지식, 교수 학습과 관련되는지를 살폈다.

❷ 당신의 교육 철학의 틀을 위해서 우리는 이상주의, 현실주의, 실용주의, 실존주

의, 포스트모더니즘의 교육 철학을 살펴보았으며 진보주의, 비판 이론, 항존주의, 본질주의와 같은 교육 이론을 살펴보았다.

3. 이런 철학과 이론을 기본으로 해서 당신은 당신의 개인적 교육 철학을 형성하고 교육과정과 교수 학습의 바탕이 되는 철학적 기초를 이해할 수 있을 것이다.

5 교육의 선구자들

이 장에서는 위대한 교육 선구자들이 어떻게 그들의 교육 철학과 이론을 발달시켰는지 살펴본다. 각각 차이점은 존재하지만 이들 선구자들은 모두 아동기의 중요성과 환경의 교육적 역할을 강조했다. Johann Amos Comenius, Jean-Jacques Rousseau, Johann Heinrich Pestalozzi와 같은 초기 선구자들은 학교 교육을 오랫동안 지배해 왔던 아동의 비행과 수동적 학습과 같은 기존의 개념에 도전했다. 아동 비행 이론은 아이들은 악한 특성을 가지고 태어나며, 이런 비행의 특성은 권위적인 교사에 의해 없앨 수 있다고 주장한다. 반면 초기 교육 선구자들은 아이들은 근본적으로 선하며 자연이 그들의 교육의 실마리를 제공한다고 주장했다.

Friedrich Froebel이나 Maria Montessori, Herbert Spencer, John Dewey, Jean Piaget, Paulo Freire와 같은 후기 교육자들은 초기 교육 선구자들의 자연주의 이론을 더 발전시켰다. 그들은 (1) 교육은 인간의 자연스런 성장 발달 과정을 따라야 하며, (2) 아이들은 매일 사물과 상황과의 상호작용을 통해 학습해야 한다고 주장했다. Froebel의 유치원, Montessori의 준비된 환경은 아동 발달에 기초한 학습 환경을 구성하려는 의도적인 노력이다. Dewey와 Piaget는 교육의 기초로, 아이들의 환경과의 상호작용의 중요성을 강조했다. Herbert Spencer는 개인이 환경에 적응할 수 있도록 실용주의 교육의 표본을 확립했다. Freire는 개인들이 더 나은 삶을 위해 그들의 사회적 · 정치적 환경 조건을 바꿀 수 있도록 교육을 개방할 것을 주장했다. 이 장을 읽으면서 다음의 질문들을 생각해 본다.

핵심 질문

- 교육의 선구자로 불리는 사람들은 누구인가?
- 교육의 선구자들은 자신의 교육 철학을 어떻게 발달시켰는가?
- 교육의 선구자들은 지식, 전반적 교육, 학교 교육, 교수 학습에 대해 어떻게 정의했는가?
- 교육의 선구자들은 아동과 환경에 관한 전통적 개념에 어떻게 도전하였으며 어떤 변화를 일구어 냈는가?
- 오늘날 교수 학습에 선구자들의 업적 중 어떤 사상과 실천이 남아 있는가?
- 당신의 교육 철학 형성에 어떤 선구자의 업적이 도움이 되는가?

Comenius: 새로운 방법의 탐구

■ 백과사전식 지식

Comenius로 알려진 Jan Komensky(1592~1670)는 Moravia 지방의 Nivnitz에서 태어났다. 그는 유럽의 가톨릭과 신교의 종교 전쟁이 한창이었던 종교 개혁기 후기—증오와 폭력의 시대—에 살았다. 그의 가족들은 박해에 시달렸던 소규모 종파인 Moravia 형제단 소속이었다. 교단의 주교이자 교육자였던 Comenius는 강제로 그의 나라를 떠나 유럽의 다른 나라를 떠돌 수밖에 없었다. 이런 종교적 불관용이 끝나기를 바라면서 그는 보편적인 이해를 위한 백과사전적 지식이라는 새로운 교육 철학을 만들어 냈다. 선구자적인 평화 교육자로써 그는 보편적으로 공유된 지식이 민족적·종교적 증오심을 극복하고 평화로운 세계 질서를 창조해 낼 훌륭한 지혜를 촉진시킬 것으로 믿었다.

■ 자연적 도구에 의한 언어 학습

Comenius는 르네상스 인문주의 교육자들과 자연주의 개혁가 사이에 속하는 과도적인 인물이었다. 그의 교육 철학인 백과사전적 지식은 감각적 학습에 강조점을 둔 현실주의와 유사하다. 이런 점은 후에 Locke, Rousseau, Pestalozzi에 의해 더욱더 발달하였다.

Comenius는 교과 과정에서 라틴 어의 중요성을 강조했지만 그의 교수 방식은 수동적 암기보다는 감각을 활용했다. 『Gate of Tongues Unlocked』이라는 책에서 그는 라틴 어 교육과 학생들의 자국 언어 학습을 연관시켰다. 수업은 처음에는 짧고 간단한 문장으로 시작하다가 더 나아가면 더 길고 복잡한 문장을 배우게 된다. 대단히 창의성이 풍부했던 Comenius는 『The Visible World in Pictures』라는 초기 그림책을 교수 보조 자료로 펴내기도 했다(Power, 1991).

■ 아동의 요구 및 발전 존중

교수 학습 원리. Comenius는 아이들의 자연적인 필요와 흥미를 존중했으며, 아이들이 유전적으로 악하며 교사들은 그들을 훈련시키기 위해 체벌을 해야 된다는 전통적인 의견에 강력히 반대했다. 그 대신 Comenius는 교사들이 즐겁고 재미있는 교실을 만드는 점잖고 사랑이 많은 사람이어야 한다고 보았다. 그는 수업과 수업 자료가 아이들의 자연적 성장 발달에 맞아야 한다고 주장했다. 아이들이 배우도록 재촉하거나 배우지 못하도록 억압하는 것에 대한 경고로, Comenius는 아동들은 특정 기술이나 과목을 배울 준비가 되어 있을 때만이 가장 효율적으로 배운다고 충고했다. 그는 교사들에게 학습 수준을 점진적·누진적으로 끌어올리고, 쉽고 즐겁게 받아들일 수 있을 만큼의 단원으로 나누어서 가르쳐야 한다고 충고했다.

■ 수업의 원리

그의 교육 철학을 구성하면서 Comenius는 다음과 같은 교육 원칙을 내세웠다. (1) 개념을 설명하기 위해 사물이나 사진을 사용할 것, (2) 학생들의 실제 생활에 수업에서 배운 것을 적용시킬 수 있도록 할 것, (3) 직접적이고 간단한 수업을 할 것, (4) 세부 사항을 가르치기에 앞서 일반 원칙을 강조할 것, (5) 모든 생명체와 물체가 전 우주의 한 부분임을 강조할 것, (6) 사건 순서에 따라 수업하고 한 시기당 한 가지만을 강

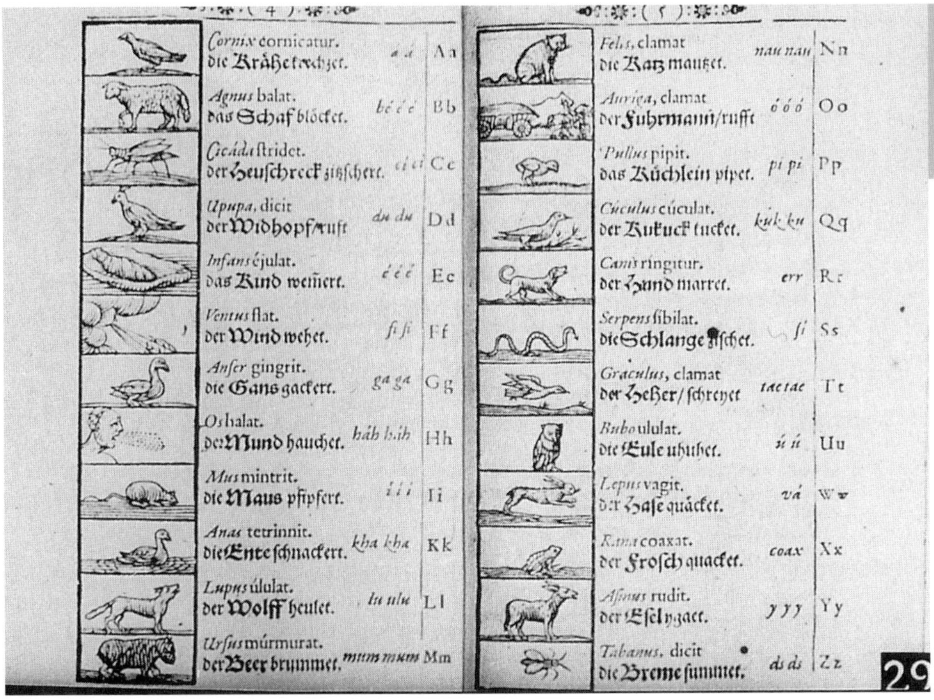

Comenius의 『Orbis Pictus』에 실린 삽화. 그림은 단어를 나타내고, 이어서 라틴 어와 독일어로 제시된다.

조해서 가르칠 것, (7) 학생들이 세부적인 교과목을 완전히 이해할 수 있도록 할 것. Comenius의 이런 학생들의 준비 자세에 바탕을 둔 교육, 구체적인 사물, 실례, 설명을 제시하는 것, 체계적인 수업과 같은 원칙들은 오늘날의 교사들에게도 유용하다.

■ 평화를 가져오는 보편적인 지식

교육과 학교 교육. Comenius는 종교와 문화적 다양성을 존중하는 다문화 원칙을 중시했다. 그는 학교 교육이란 보편적 지식과 가치를 통해서 국제적인 이해와 평화를 증진시킬 수 있다고 믿었다. 그는 당시의 기술 변화를 잘 이용한 혁신가였다. 그는 그의 새로운 교육 방법을 장려하기 위해 그 당시 발명된 인쇄 기술을 이용해 교과서를 발행했다. Comenius는 교육을 활용하여 도덕과 종교적 관용을 증진시키려고 하였는데, 이 점은 오늘날 우리에게 특히 폭력과 테러로 분열된 세계에 중요한 시사점을 가져다 준다.

■ 진보주의와 자연주의

오늘날 교육에 끼친 영향. Comenius는 17세기 사람이지만, 그의 사상은 현대 교육에도 잘 맞는다. 그는 효과적이고 효율적인 학교를 위한 계획을 발달시켰으며, 그가 주장한 아이들의 활동적이고 참여적인 학습은 이미 아동 중심의 진보주의 교육의 전조가 되었다. 교사는 인내와 친절을 통해 아이들이 그들이 살고 있는 세상을 이해하도록 도와주어야 되는 것이다. Rousseau나 Pestalozzi, 그리고 진보주의자들과 같은 후세의 이론가들이 자연주의 교육에 있어서의 Comenius의 선구자적 업적에서 많은 영감을 받았다.

[Overview 5.1] 교육의 선구자

선구자	역사적 문맥	교육 목표	교과 과정
Comenius 1592~1670 (체코)	17세기 종교 개혁에 따른 종교 전쟁	아동의 자연적 성장 발달 과정에 맞춘 교육, 평화와 지식 이해에 기여	자국 언어, 읽기, 쓰기, 수학, 종교, 역사, 라틴 어, 보편적 지식
Locke 1632~1704 (영국)	1688년 영국 명예 혁명	감각 인식을 통한 사고 발달, 자치 능력이 있는 인간 교육	읽기, 쓰기, 산수, 외국어, 수학, 역사, 시민 교육, 체육
Rousseau 1712~1778 (스위스 · 프랑스)	18세기 프랑스 계몽주의	아동의 내적, 자연적 선함을 더욱 발달시킬 수 있는 학습 환경 조성	자연, 환경
Pestalozzi 1746~1827 (스위스)	19세기 초 Napoleon 시대 이후 산업화의 시작	인간의 도덕적, 정신적, 신체적 힘을 조화롭게 발달시키는 것, 명확한 사고를 위한 감각 인식의 활용	객관적 수업, 형식, 숫자, 소리
Froebel 1782~1852 (독일)	19세기 철학적 이상주의의 부활과 민족주의의 부상	준비된 환경에서 아동의 잠재적 정신 발달	노래, 이야기, 게임, 은물, 작업
Spencer 1820~1903 (영국)	1859년의 Darwin의 진화론과 19세기 산업체의 부상	인간의 효율적, 경제적, 과학적 삶	실용적 과학적 과목
Dewey 1859~1952 (미국)	20세기 초기 미국 진보주의 운동, 과학의 발달, 실용주의 철학의 부상	인간의 개인적, 사회적, 지적 성장에 기여	만들기와 실천하기, 역사, 지리, 과학 문제들
Addams 1860~1935 (미국)	20세기 초반 대량 이민과 도시 변화	이민자들의 민족 문화유산 보존 및 미국 사회 동화	미술, 과학, 문제 해결을 포함한 도시 생활에서 활용할 수 있는 폭넓은 실제적 기술
Montessori 1870~1952 (이탈리아)	19세기 후반에서 20세기 초반 여성주의의 대두, 아동 교육에의 관심 집중	준비된 환경에서 아동의 감각적, 신체적, 지적 발달 함양	운동 감각 기술, 미리 계획된 자료
Piaget 1896~1980 (스위스)	20세기 Freud, Hall, Jung 등의 심리학자들에 의한 심리학 발달	아동의 성장 발달 유형에 맞춘 교육 내용	구체적이고 형식적인 방법
Freire 1921~1997 (브라질)	20세기 후반 신 식민주의와 세계화에 대한 비판	착취 상황에 대한 의식 고취	읽고 쓰기 모임과 비판적 대화

교육 방식	교사의 역할	중요성	오늘날 학교에의 영향
준비와 인간 성장 단계에 기초, 점진적 · 직접적 · 순서적인 방법, 사물의 활용	학습의 자유 방임적인 촉진자, 아동의 발달 단계에 맞춘 교육	아동에 대한 더욱 인간적인 관점 발달, 감각을 활용한 교육 방식 고안	아동 발달 단계에 맞추어 조직된 학교
감각에 의존, 느리고 점진적이고 직접적인 학습	감각적 경험의 장려, 경험적 방법을 활용한 교육	감각에 바탕을 둔 지식 이론 발달	감각적 관찰을 중시한 학교 교육
감각에 의존, 자연을 경험하는 학습	아동에게 사회적 관습을 부과하기보다 자연스러움을 장려	아동의 악행 이론에 대한 낭만주의적 반란, 아동 중심 진보주의의 선구자	아동의 자유를 중시한 자유 방임 학교 교육
감각에 의존, 객관적 수업, 간단한 것에서 어려운 것 순으로 학습, 가까운 것에서 먼 것 순으로 학습, 구체적인 것에서 추상적인 것 순으로 학습	가정과 같은 학교 환경을 조성함으로써 학습의 성실한 촉진자로써 행동할 것, 특수한 방법 활용에 숙련되어 있을 것	개선된 초등교육 방식 고안	정서 안정과 객관적 학습에 기초를 둔 학교 교육
자발적 활동, 놀이, 모방	아동의 성장 촉진	특수 초기 아동 학습 환경인 유치원 창시	아동의 창의력 증진을 위한 유치원
감각과 과학적 방법에의 의존, 활동	기초 활동으로 교육 내용을 조직할 것	대표적으로 과학적 방법을 중시한 교과 과정 이론가	과학적 지식과 경쟁적인 가치를 중시하는 학교 교육
과학적 방법에 따른 문제 해결	학습자의 공유된 경험에 기초한 학습 환경 조성	실용주의적 경험주의 교육 철학 발달	공동체적 맥락에서의 문제 해결과 활동을 강조하는 학교 교육
학습자의 주변, 문화, 필요에서부터 시작, 더 넓은 사회적 현실과 관계로 나아감	학생들의 상호 학습 경험에 관여	도시와 다문화 교육에 관한 진보주의 이론 발달	미국 문화 맥락에서 문화적 다양성과 다원주의에의 존중
자발적 학습, 활동, 실제적 감각적 형식적 기술, 실제 생활을 위한 활동	준비된 환경에서 교훈적인 자료를 활용한 학습의 촉진자, 지도자	널리 쓰이는 초기 아동 교육의 방법과 철학 고안	지적 · 발전적으로 자극이 되는 초기 아동 학교 교육
개별화된 프로그램, 구체적 자료를 통한 탐구와 실험	인식 발달 단계에 따른 교육 내용 조직	인식 발달 이론 창안	인식 발달 단계에 맞추어 조직된 학교 교육
개인, 집단 기록의 활용	삶의 실제적 조건에 대한 인식 촉진	비판적 인식에 대한 실천과 이론 형성	비판 이론과 개방 교육에 영향

다시 한 번 생각해 보기

당신은 앞 장의 질문들과 Comenius의 입장을 어떻게 연관시킬 것인가? Comenius라면 아이들이 현대의 폭력과 테러리즘의 위협을 어떻게 이해하도록 교육시킬 것인가?

Locke: 경험주의 교육자

■ 양도할 수 없는 권리

영국의 내과 의사이자 철학가였던 John Locke(1632~1740)는 영국이 더 나은 대의제 정부가 될 수 있도록 만든 중요한 정치 변화를 지지했다. 그는 Plato의 잠재된 생각이라는 이상주의적 인식론을 비판하고 감각에 의한 사고를 강조했다.

Locke는 영국의 절대적 지도자가 되려고 했던 James 2세에 반대했다. James는 1688년 명예혁명으로 인해 폐위되었다. 1689년에 쓰여진 『The Second Treatise of Government』에서 Locke는 국가는 인간과 정부의 계약에 의해 성립되며, 국가는 구성원들의 동의하에 지배되는 것이라고 주장했다. 그는 모든 사람들은 삶, 자유, 사유재산에 관련한 양도 불가한 권리가 있다고 단언했다. Locke의 철학은 대의제 정부의 개념, 입법부, 행정부, 사법부의 균형과 견제 원칙에 많은 기여를 했다. Thomas Jefferson 등의 미국 건국자들은 Locke의 사상의 많은 부분을 따랐다.

■ 자치를 위한 교육

Locke의 이론은 모든 시민들은 그들 고유의 정부를 구성하고 지도자를 선택할 수 있음을 암시한다. 이런 과정을 지적이고 책임 있게 수행하기 위해 모든 시민은 교육을 받아야 했다. 이런 시민 교육 사상은 19세기 미국 공교육 운동의 주요 원칙이 되었으며 오늘날 공립학교의 주요 의무로 남아 있다(Locke와 다른 교육 선구자들의 사상은 "Overview 5.1" 참조).

■ 백지 상태의 마음

교수 학습 원리. 1690년 출판된 『An Essay Concerning Human Understanding』에서 Locke는 우리가 어떻게 사고하는지를 고찰했다(Locke, 1994). 그는 태어날 때 사람의 머리는 백지 상태라고 주장했다. 우리는 우리의 감각이 가져다 주는 세상에 대한 정보를 통해 지식을 점차적으로 획득하게 된다. 단순한 사고들을 연합시켜서 우리는 더 복잡한 사고를 하게 되고 이것이 나중에는 비교, 성찰, 일반화를 통해 더 발달하는 것이다.

■ 경험주의와 과학적 방법

Locke는 현실주의와 유사하게 감각을 강조하지만, 모든 인간의 사고는 감각에 기초한다고 주장하는 그의 경험주의(empiricism) 철학은 Aristotle, Comenius, 그리고 다른 현실주의자들을 뛰어넘는 것이다. 감각의 강조는 경험주의와 현상을 관찰함으로써 가정이나 설명에 이르는 논리인 귀납법과 연결시켰다. Rousseau와 Pestalozzi, 그리고 과학적 방식—실험을 통해 가정을 검증하는—이 교수 학습의 가장 좋은 접근 방식이라고 주장한 Dewey는 Locke가 강조한 환경 기반의 학습을 더욱 발달시켰다. 사실상 Locke의 경험주의는 4장에서 다룬 실용주의의 전조였다고 볼 수 있다.

교육과 학교 교육. 1697년 『Some Thoughts Concerning Education』에서 Locke는 정식 교육은 어린 시절부터 시작된다고 밝혔다. 건강한 신체에 건강한 정신이 깃든다는 것을 강조한 그는 아동의 물리적 · 사회적 환경, 식이요법, 활동에 대한 주의를 불러일으켰다. 아이는 신선한 공기로 숨 쉬어야 하고, 충분히 잠을 자야 하며, 영양가 있는 풍부한 음식을 먹어야 한다. 또한 자주 목욕을 해야 하고, 규칙적으로 운동을 해야 하며, 놀이 시간을 가져야 하는 것이다.

■ 좋은 환경의 필요성

Locke는 학습이란 점진적인 과정이 되어야 한다고 말했다. 읽고 쓰기, 수학 교육은 느리고 누적적이어야 한다. 이런 기초에 더해서 Locke의 교육과정은 외국어 회화 특히 프랑스 어 회화, 수학, 역사학을 포함했다. 체육과 게임은 장려되었다. 그는 이런 기초가 도덕적 인간을 양성하고 사회, 경제, 정치 분야의 경쟁력 있는 경영자들을 만드는 교육 목표를 달성할 수 있게 해준다고 믿었다(Grant & Tarcov, 1996).

■ 느리고 누진적인 학습

오늘날 교육에 끼친 영향. Locke의 대의제 정치 기관에 관련된 주장은 미국의 민주주의와 시민 교육 분야에서 공립학교의 역할을 형성하는 데 기여하였다. 우리의 사상을 구성하는 과정인, 감각 중심의 경험주의적 인식론은 경험적 학습 과정과 교육에 있어 과학적 방법의 사용을 장려하였다. Locke의 이러한 선구자적 업적은 실용주의적 경험주의 철학과 구성주의 심리학에 많은 영향을 주었다(Locke, 2002).

■ 현대의 실용주의적 접근에 미친 영향

■ 시민 교육

다시 한 번 생각해 보기

당신은 앞 장의 질문들과 Locke의 입장을 어떻게 연관시킬 것인가? Locke의 사상은 현대 교육, 특히 경험주의와 구성주의에 어떤 영향을 끼쳤는가?

Rousseau: 자연주의 인간 교육

스위스 태생의 프랑스 이론가인 Jean-Jacques Rousseau(1712~1778)는 미국과 프랑스 혁명의 전조가 되는 지식인 운동의 시기에 살았다. 그는 Paris 지식인들의 모임에 참여했는데, 이 모임은 기존 교회와 절대 귀족의 사회적 지위를 의문시하였다. 그는 『On the Origin of the Inequality of Mankind』, 『The Social Contract』와 같은 작품에서 사회적 불평등을 일으키는 부, 사유 재산 , 특권의 구분을 비판했다. Rousseau에 의하면 자연 상태에서 인간은 순수하고 자유로우며, 사회경제적 인위(artificiality)에 의해 부패되지 않은 고결한 자연인(noble savages)이라는 것이다. Rousseau는 아동에 관한 그의 개인적인 모순된 행동으로 비판을 받는다. 그는 그의 글에서 아동의 자유를 존중하라고 강조했으나 정작 자신의 아이들을 기르고 교육시키기보다 고아원에 맡겼던 것이다.

■ 자연 상태에서의 고결한 자연인

Rousseau는 그의 교육 철학을 1762년의 유명한 소설인 『Emile』에 반영했다. Emile

■ Emile: 교육 소설

은 태어날 때부터 어른이 되기까지의 한 소년의 교육에 관련된 이야기이다. 소설에서는 아동의 비행 이론과 말과 문어에 전적으로 의존하는 교육을 비판했다. Rousseau는 이런 관습은 아동의 자연적 흥미와 성향을 무시하는 것이라고 믿었다. 그는 또한 아동은 학교를 비롯한 사회의 강제적 기관에서 자유로워야 한다고 믿었다.

Rousseau의 교육 이론은 우리가 앞장에서 살핀 여러 철학과 이론을 접목시킨 것이다. Locke와 같이 그는 잠재된 사고라는 이상주의적 인식론을 부정하고 현실주의를 신봉했다. 아동은 그들의 환경을 탐구할 자유를 필요로 한다는 Rousseau의 선구자적 사상과 환경의 직접적인 경험을 강조하는 학습은 진보주의 교육자들에게 영향을 주었다.

■ 발달 단계

교수 학습 원리. Comenius와 같이 Rousseau는 인간 발달 단계의 중요성을 인식했다. 『Emile』에서 Rousseau는 다섯 가지 발달 단계를 제시했다. 그것은 유아기, 아동기, 소년기, 청소년기, 그리고 청년기이다. 각 단계에서는 다음 단계로 이어지는 적절한 교육이 요구된다. 아동의 자연적인 선함을 보존하기 위해 Rousseau는 초기 발달 단계에는 사회의 부패에서 자유로워야 한다고 주장했다. 따라서 Emile은 부패한 사회의 유혹에서 멀리 떨어진 시골에서 가정교사에게 교육을 받았다(Owen, 1982). 이런 Emile의 교육을 위한 Rousseau의 설정은 오늘날 가정교육 운동의 전조가 되었다. Rousseau는 학교가 종종 올바르지 못한 수업으로 아이들을 잘못 가르친다고 믿었다.

■ 유아기: 환경과 최초 접촉

Rousseau의 첫 단계인 유아기(태어나서 다섯 살까지)의 아이는 환경 속의 사물들과 첫 접촉을 가지며 자신의 감각을 통해 직접적으로 학습한다.

■ 아동기: 감각을 통한 세상 접촉

아동기(5~12세)의 아이는 자신의 행동이 불쾌하거나 유쾌한 결과를 초래한다는 것을 인식하면서 자신의 성격을 형성하게 된다. 호기심이 많은 아이는 적극적으로 환경을 탐구하고 감각을 활용하여 세상에 대해 학습한다. Rousseau는 눈, 귀, 손, 발을 최초의 교사라고 일컫는다. 그리고 그는 감각이 학습자가 모르는 단어를 가르쳐 주는 교사, 침묵으로 가득한 교실, 교사의 매보다 교육에는 더 효과적이라고 보았다. Emile의 교사는 이 단계에서 책을 읽히게 하기보다는 자연과의 직접적인 상호작용을 장려한다.

■ 소년기: 자연과학

소년기(12~15세)에 Emile은 식물과 동물의 성장 주기를 관찰하면서 자연과학을 배운다. 주변 환경을 탐구함으로써 Emile은 지도를 통해서보다 더 현실적으로 지리에 대해 배운다. 게다가 Emile은 정신과 육체적 활동을 연결하기 위한 수공업과 목공예 등을 배운다.

■ 청소년기: 사회 진입

Rousseau의 다음 발달 단계는 청소년기(15~18세)이다. Emile은 이제 바깥 세상과 상대할 준비, 사회, 정부, 경제, 상업에 대해 배울 준비가 되었다. 그의 미적 취향은 박물관, 미술 전시회, 도서관, 극장의 방문을 통해서 길러진다. 마지막 발달 단계(18~20세)에 이르면, Emile은 Paris를 비롯한 다른 외국을 여행하며 다른 사람과 사회를 접한다. 미래의 아내인 Sophie를 만난 후 Emile의 이야기는 그가 그의 교사에게 자신의 아이들도 자신과 같은 방식의 교육을 시킬 것이라고 말하는 것으로 끝이 난다.

■ 교육 대 학교 교육

교육과 학교 교육. Rousseau는 사회적인 것보다 자연적인 것을 선호했으며 최초의 지식 습득의 수단으로 인간의 직관을 강조했다. 그는 학교는 학습을 방해하는 때가 종종 있다고 믿었다. 학교는 사회적 기관이기 때문에 아동들에게 전통적 관습에 자신들을 맞추도록 강요한다는 것이다. 학교 교육은 아동들을 자연적인 인간이 되게 하기보다 어른들이 선호하는 역할을 하도록 만든다. 자연의 아이인 Emile은 그의 자연적 본능과 충동을 억제하기보다 그것을 따랐다. 기쁨이 그 결과라면 Emile은 알맞은 보상을 받은 것이며, 그의 행동이 고통을 초래했다면 그것은 그가 초래한 결과이다. 어느 쪽이든 그는 경험을 통해 배웠다. Rousseau는 다음과 같은 주요 사상을 활용하여 그의 개인적인 교육 철학을 형성하였다. 그것은 (1) 아동기는 인간 발달에 있어 중요한 기초가 된다. (2) 아동의 자연적 흥미와 직관은 환경에 대한 주의 깊은 탐구의 귀중한 시작이다. (3) 인간은 그의 삶의 주기에서 필요한 발달 단계를 거친다. (4) 어른의 강요는 아동의 발달에 부정적인 영향을 끼친다. 이런 생각들은 교육과 학교 교육에 계속적인 영향을 행사하게 된다.

■ 진보주의 교육자에 미친 영향

오늘날 교육에 끼친 영향. Rousseau의 중요한 사상 중 하나는 교육과정이 아동의 흥미와 요구를 반영해야 한다는 것이다. 어른들이 규정한 것에 일치시키려 하는 교육과정은 옳지 못한 것이다. 이런 생각은 아동 중심의 진보주의 교육에 깊은 영향을 주었다. 미국에서 아동 중심 진보주의는 아동의 흥미와 요구에 기초를 둔 교육을 고안해 내는 계기가 되었다. Rousseau의 사상은 아동이 간접적 자료로 학습하기보다 자신의 현실을 해석하며 학습한다는 구성주의적 관점의 전조가 되기도 했다.

다시 한 번 생각해 보기

당신은 앞 장의 질문들과 Rousseau의 입장을 어떻게 연관시킬 것인가? Rousseau의 사상은 현대 아동 중심적 · 구성주의적 교육을 어떻게 예기했는가?

Pestalozzi: 감각과 감정의 교육자

스위스 교육자인 Johann Heinrich Pestalozzi(1746~1827)의 생애는 유럽과 미국의 중요한 변화와 함께했다. 그는 공장 생산 제품이 가내 수공업 제품을 대체하는 초기 산업 혁명기에 살았다. 초기 산업화로 인해 여자와 아이들은 일터로 몰리는 등 가족의 생활에도 변화가 일어났다. 이런 가족과 아동의 경제적 변화의 영향에 관심을 가진 Pestalozzi는 사랑이 넘치는 가족과 같이 아이들을 키울 수 있는 학교를 구상했다. 그의 가정과 학교의 관계에 대한 생각들은 오늘날 빠르게 변화하는 사회에서도 적용된다. Pestalozzi는 Rousseau의 『Emile』에 깊은 영향을 받았다. 그는 인간은 자연적으로 선하지만 사회에 의해 부패하며, 전통적 학교는 암기와 반복을 강조하는 낡은 것이고, 교육 개혁을 통해 사회도 개혁시킬 수 있다는 Rousseau의 주장에 전적으로 동의했다(Gutek, 1999).

■ 단체 수업

Pestalozzi는 Burgdorf와 Yverdon에 아이들을 가르치고 교사들을 양성할 학교를 설립했다. 여기서 그는 아동들이 사랑을 받으며 느긋하게 학습할 수 있는 효율적인 단체 수업을 고안해 내었다(Pestalozzi, 1900).

철학적으로 Pestalozzi는 현실주의자이다. 그는 감각에 의해 수집된 추상적 정보에 의해 머릿속에서 개념이 형성된다고 주장하였다. 그의 사물을 활용한 교육은 Froebel과 Montessori, 그리고 진보주의 교육자들에게 영향을 주었다.

■ 따뜻하고 안전한 학교

교수 학습 원리. Pestalozzi의 교수접근 방식은 보편적 방식과 특수한 방법으로 조직되어 있다. 보편적 방식은 구체적 교육이 있기 전에 자리해 있어야 하는 자유롭고 감정적으로 안정된 가정과 같은 학습 환경을 만들어 준다. 이 과정에서 감정적으로 안정되어 있는 교사는 학생들의 신뢰와 호의를 얻을 수 있는 것이다.

■ 감각 학습

일반적 방식이 선행된 후에는 특수한 방식이 뒤따른다. 사고는 감각에서 시작된다는 Locke와 같이 Pestalozzi는 감각적 학습을 중시하는 실물 교육(object lesson)을 창안했다. 이런 접근 방식에서 아이들은 그들 환경에 있는 사물들—식물, 돌, 인공물을 포함해서 우리 일상생활에서 접할 수 있는 것들—에 대해서 공부한다. 사물의 형태를 알기 위해 아이들은 그것을 그려본다. 그들은 또한 그 사물을 세어보고 이름을 붙여 본다. 이렇게 해서 그들은 사물에 관련된 형태, 수, 이름 또는 소리에 대해 배우는 것이다. 이런 수업에서 그리기, 쓰기, 숫자 세기, 더하기, 빼기, 곱하기, 나누기, 그리고 읽기 능력이 길러진다. 초기의 쓰기 수업은 아이들이 위 아래로 획을 그리거나, 개방되거나 폐쇄된 곡선을 그리는 그리기 수업에서 시작된다. 이런 활동은 손의 근육을 단련시켜 아동이 후에 글자를 쓸 수 있도록 도와준다. 여기서 Pestalozzi는 말만 하는 교육이나 추상적인 교육은 효과가 없다는 Rousseau의 주장을 따르고 있는 것이다. Rousseau와 같이 그는 수업이 학습자의 가정과 가족 생활에서 유래하는 감각적 경험에 기초해야 된다고 보았다. 이런 기본적인 관념에 대한 혁신은 후에 진보주의 학교 개혁에서 중요한 부분을 차지하게 된다.

■ 수업 전략

자연스러운 교육을 위해 Pestalozzi는 다음과 같은 전략들을 구상해 내었다. 교육은 (1) 추상적 개념을 배우기 전에 구체적인 사물에서 시작해야 하며, (2) 학습자의 환경에서부터 시작한 다음 그 범위를 확장해야 하며, (3) 복잡한 것을 배우기 전에 간단한 것으로부터 시작하며, (4) 점진적 · 누적적 그리고 천천히 이루어져야 한다.

■ 자연주의적 학교 교육

교육과 학교 교육. Rousseau와 같이 Pestalozzi는 자연 원칙에 기초한 학습을 강조하였으며 인간 감정의 중요성을 역설했다. 그러나 Rousseau와 다르게 그는 개인교사가 아닌 단체 교육을 강조했다. Rousseau와 Pestalozzi 모두 '지식'이란 자연과 자연의 유형, 법칙을 이해하는 것이라고 정의했다. Locke와 같이 Pestalozzi는 자연 현상을 주의 깊게 관찰함으로써, 그들이 처한 환경에 대해 배우는 경험적 학습을 강조했다.

■ 사랑스런 환경에서 느리고 정확한 학습

Comenius와 같이 Pestalozzi는 아동들은 천천히 배워야 하며 꼼꼼히 이해하는 과정이 필요하다고 보았다. 그는 가난하고 배고프며 사회적 심리적 장애가 있는 아이들에게 각별히 헌신했다. 아이가 배고프면 Pestalozzi는 가르치기 전에 우선 그 아이에게 음식을 먹였다. 아이가 겁에 질려 있을 때 그는 아이를 안정시켰다. 그에게 있어 교사란 교수 방식에 숙련되어 있어야 할 뿐 아니라 아이들을 사랑하는 사람이어야 했다. 사실상 Pestalozzi는 성공적인 교육을 위해 인류애는 필요 조건이라고 믿었다.

■ 미국에 도입된 Pestalozzi의 교육

오늘날 교육에 끼친 영향. Pestalozzi의 실물 교육은 19세기 미국 초등 교육과정에 도입되었다. 그는 학생들이 주변 환경의 사물을 조작하면서 학습할 것을 강조했는데, 이는 과정 중심 학습(process-based learning)의 전조가 되었다. 교육이 마음과 감성을 이끌어 가야 한다는 그의 믿음은 교육자들이 인지 학습과 정서 학습을 위한 수업을 하도록 자극했다. 미국 교육자들이 어려움에 처한 아동들에게 관심을 가지면서, Pestalozzi의 사상 특히 그의 보편적 방식은 다시 조명을 받게 되었다. 그는 정서적 안정이 지식 학습에 필요 전제 조건이라고 보았는데, 이는 오늘날 가정과 학교가 협조 관계가 되어야 한다는 것과 맥을 같이 한다.

다시 한 번 생각해 보기

당신은 앞 장의 질문들과 Pestalozzi의 입장을 어떻게 연관시킬 것인가?

Froebel: 유치원 운동

■ 이상주의와 민족주의

독일의 교육가인 Friedrich Froebel(1782~1852)은 아이들의 정원이라고 불리는 유치원이라는 초기 아동 교육 학교를 발달시킨 선구자로 잘 알려져 있다(Brosterman, 1997). Froebel은 19세기 초기의 두 가지 경향에서 영향을 받았다. 그것은 (1) 철학적 이상주의의 부활과 (2) Napoleon 시기 이후의 민족주의의 성장이다. 앞 장에서도 살펴보았듯이 이상주의는 정신에 기초한 실재를 강조한다. 이상주의자들은 국가란 세계 정신을 구체화한 것이라고 보았다. Froebel은 독일의 전통과 민담을 강조하는 교육이 작은 국가로 분열되어 있는 독일을 하나의 큰 국가로 통합시키는 데 기여할 것이라고 보았다. 그의 이상주의는 Locke의 경험주의에 대항한 반작용이었지만, 그의 교육 철학은 Rousseau와 Pestalozzi가 제안한 것처럼 아동 본성의 가치를 강조하였다. 그래서 Froebel은 이상주의, 민족주의, 아동의 자유와 같은 여러 사상을 그의 교육 철학의 틀에서 한데 묶어 내려 하였다.

■ Pestalozzi의 제자

Froebel은 1808~1810년까지 Pestalozzi의 Yverdon 학교에서 수습 교사로 일했다. 그는 Pestalozzi의 교육 방식의 일부—자연, 자유 분방한 학교 분위기, 객관적 교육의 강조—를 수용하기는 했지만, Pestalozzi의 이론에는 적절한 철학적 기초가 결핍되어 있다고 보았다. Froebel은 구체적인 사물은 아동의 머리에서 이에 상응하는 생각을 불러일으킨다는 주장으로 Pestalozzi의 사물을 통한 학습에 더 상징적인 의미를 부여하였다. 그는 아이들을 위한 정서적으로 안정된 환경인 학교라는 Pestalozzi의 비전을 적극적으로 받아들였지만 대단히 정신적인 차원의 개념은 제거했다. Pestalozzi와 같이 그는 교사란 아이들의 준비 자세와 요구에 민감해야 하며, 미리 정해진 설명을 듣고 아이들이 모르는 부분을 암기하도록 하는 감독자의 역할을 지양해야 한다고 주장하였다.

■ 유치원: 준비되고 허용적인 환경

교수 학습 원리. 철학적 이상주의자였던 Froebel은 모든 아이들의 자아는 자발적 학습을 촉진하는 정신적 정수를 가지고 있다고 믿었다. 그래서 그는 아동의 내적 정신을 자발적 환경을 통해 밖으로 표출시킬 수 있는 '준비된 환경'인 유치원을 구상하였다.

■ 은물과 활동

1837년 Blakenburg에 처음 세워진 Froebel의 유치원은 게임, 놀이, 노래, 이야기, 공작 등을 특징으로 하는 자유로운 환경이었다. 유치원의 노래, 이야기, 게임은 이제 아동의 상상력을 키워 주고 그들에게 그들 문화권의 민담의 영웅들과 가치를 소개시켜 주는 초기 아동 교육의 표본으로 자리 잡았다. 게임은 아이들의 사회화를 도와주며 신체적 운동 능력을 발달시켜 준다. 다른 아이들과 어울리면서 그들은 한 집단의 일원이 되며 고차원적인 사회화 학습 활동을 하게 된다. 초등 교육과정은 '은물'을 포함하는데 여기서 '은물'이란 구, 정육각형, 원기둥과 같이 규정된 형태를 가지고 있는 사물들로, 사물과 관련된 대표적 개념들을 인식하는 데 도움을 주도록 고안된 것들이다. 게다가 Froebel의 유치원은 '활동'을 그 특징으로 했는데 여기서 '활동'이란 아이들이 재료를 가지고 만들기 놀이를 하는 것이다. 예를 들자면 찰흙, 모래, 판지, 막대기를 이용해서 성, 도시, 산 등을 만드는 것이다.

■ 교사 인성의 중요성

교육과 학교 교육. 우리의 학교와 교사에 관련된 첫인상은 유치원에서 비롯된다. Froebel은 유치원 교사의 인성은 대단한 중요성을 가진다고 보았다. 유치원 교사는 인간성의 존엄을 존중해야 하며 높은 문화적 가치를 구현하여 아이들이 이런 가치를 모방할 수 있도록 해야 하는 것이다. 무엇보다도 유치원 교사는 섬세해야 하며 아동들이 항상 접근 가능해야 하고 개방적이어야 한다.

■ 유치원 운동의 확대

오늘날 교육에 끼친 영향. Froebel주의는 곧 국제적 교육 운동으로 확산되었다. 1848년 이후 미국으로 이민 온 독일인들은 유치원 체계를 미국에 도입했으며, 이것은 이제 미국 학교 체계의 한 부분으로 자리 잡았다. 미국 교육에 Froebel의 유치원을 도입한 주요 인물로는 Elizabeth Peabody가 있다. 그는 영어 유치원을 설립하였으며, 유치원 체계를 미국 학교 체계의 일부로 편입시키는 데 힘썼다.

다시 한 번 생각해 보기

당신은 앞 장의 질문들과 Froebel의 입장을 어떻게 연관시킬 것인가?

Spencer: 사회적 Darwin주의자, 실용주의 교육자

▪ 진화론

Herbert Spencer(1820~1903)는 영국의 사회 이론가이다. 그의 사상은 19세기 후반에서 20세기 초반 미국에서 엄청난 인기를 누렸으며 그 영향력은 대단했다. 그는 Charles Darwin이 자연과 변화에 대한 사람들의 사고방식을 바꾸었던 그 시대에 살았다. Darwin에 따르면, 종은 긴 시간 동안 자연적 · 점진적으로 진화한다. 특정 종의 구성원들은 생존해서 환경의 변화에 적응함으로써 자신들을 재생산한다. 그들의 자손이 그런 적응 특성을 물려받으면서 그들 역시 생존하게 되고 그 종의 생명을 이어나가는 것이다. 그리고 적응하지 못한 종은 결국 사라진다.

▪ Darwin에 근거한 사회 이론

Spencer는 사회적 Darwin주의(Social Darwinism)의 주요 지지자로서 가장 우수하게 적응한 개인은 그들의 기술, 지성, 적응력 덕에 생존한다고 믿었다. 경쟁은 자연적이며 윤리적인 힘으로써 인간 중 가장 뛰어난 자들을 사회경제적 사다리의 정점에 올려놓는다. 경쟁에서 이긴 자들은 진 자들 위에 군림하며, 그들은 온 세계를 계승하고 그들의 지성과 생산적인 그들의 자식들을 통해서 세계를 번성하게 한다. 게으르고 멍청하고 약한 것으로 판명되는 개인은 천천히 사라져 간다. 사회적 Darwin주의에 따르면 경쟁은 점진적이며 필연적으로 진보를 가져온다.

▪ 공립학교 반대

Spencer는 공립학교가 저급의 표준에 영합함으로써 저질 평준화를 조장하고 있다고 비난했다. 사립학교는 학생을 두고 다른 사립학교와 경쟁을 벌인다. Spencer는 오늘날의 보증 제도와 같이 최고의 학교가 가장 영리한 학생들과 가장 역량 있는 교사들을 끌어들인다고 믿었다(Kazamias, 1966).

▪ 공리적 목적을 위한 교육

교수 학습 원리. Spencer는 사회적 Darwin주의의 신봉자이기도 했지만, 교육의 자연주의 전통을 따르는 사람이기도 했다. 인문주의 고전 교육보다 그는 산업화된 사회에서는 유용한 과학적 목표에 기초한 공리주의 교육(utilitarian education)을 필요로 한다고 보았다. 현대 교육과정 이론의 창시자로서 Spencer는 교육은 생존을 지탱하는 데 필수적인 활동들에 바탕을 두고 있어야 한다고 주장했다.

▪ 직업 연구

Spencer는 학습자와 환경이 관여하는 감각적 학습을 주창했다. 그는 기계적인 암기와 설명을 반대했으며 교육이란 점진적 · 누적적이어야 하며 느긋한 과정에서 이루어져야 한다고 보았다. Spencer는 시장을 겨냥한 교육을 선호하였으며 과학과 공학에 기초한 기술적 · 전문적 준비를 강력히 주장했다(Dreyer, 1993).

Spencer의 교육 이론은 자연주의와 과학과 기술을 중시한 근본주의의 견해를 합친 것이다. 그는 교육과정은 과학적 기술적 혁신과 그 속도를 같이 해야 한다고 보았으며 그 당시의 학교들이 학생들의 기술 교육에 소홀히 하고 있다고 비판했다.

교육과 학교 교육. Spencer는 전통 학교들의 말과 문어에 의존한 고전적인 교육과정에 반대했다. 그의 생각에 가장 가치 있는 과목이란 물리, 생물, 사회 과학, 그리고 공학과 같은 분야에서의 응용 기술이었다.

■ 과학 강조

현대 교육과정 구성의 전조가 되는 이론적 근거를 활용하여 Spencer는 인간의 활동을 인간 생존과 진보 능력에 따라 분류했다. 과학은 특히 중요한데, 효율적인 일상활동 전반에 응용될 수 있기 때문이다(Haines, 1992). Spencer는 교과 과정에 들어가야 할 다섯 가지 활동을 명시했는데, 그것은 (1) 모든 활동의 기초가 되는 자아 보존 활동, (2) 인간의 경제적 자립을 돕는 직업 전문 활동, (3) 육아 활동, (4) 사회적 · 정치적 활동, (5) 여가 활동이다.

■ 교육과정 설계에 미친 영향

오늘날 교육에 끼친 영향. 미국 교육자들은 Spencer의 사상에 수용적이었다. 1918년 NEA의 'Cardinal Principles of Secondary Education'은 Spencer의 기본 일상 활동 목록을 반복한 것이나 다름이 없었다. 현대 교육과정 구성은 인간의 필요와 활동에 관련된 교육 내용에 있어서는 계속적으로 Spencer의 영향을 반영한다.

19세기 후반 미국 사회 과학을 지배한 사회적 Darwin주의는 John Dewey의 경험주의와 진보주의 개혁에 의해 뒤로 밀려난다. 그러나 사회적 Darwin주의 주요 사상은 오늘날 신보수주의 세력의 행동 강령에서 다시 나타나고 있다. 여기에는 사립학교 진학 보증, 정부의 규제력 약화, 시장 가치가 있는 기본 지식을 통한 경제적 생산성 향상 등을 포함한다.

다시 한 번 생각해 보기

당신은 앞 장의 질문들과 Spencer의 입장을 어떻게 연관시킬 것인가? Spencer의 생각을 오늘날 교육에서 발견할 수 있는가?

Dewey: 경험을 통한 학습

■ 학교와 사회

■ 실험학교

John Dewey(1859~1952)는 미국의 가장 중요한 철학가 중 한 사람이다. 그는 자신의 선구자적 경험주의 교육 철학을 20세기 초반 미국에서 있었던 사회적 · 정치적 · 과학적 · 기술적 변화 속에서 발달시켰다. 정치적 측면에서 진보주의 개혁 운동은 그의 사고를 자극하였으며, 그는 과학에 있어서의 상대주의적 개념을 그의 철학에 도입했다. 사회를 변화시킬 수 있는 기술의 힘을 예리하게 인식한 Dewey는 기술을 민주적 목적을 위해 활용하기를 바랐다. 그는 사회 진보의 수단으로써 교육을 바라보았으며 사회와 긴밀히 연결된 학교를 구상하였다. 1896년에서 1904년까지 시카고 대학의 실험학교의 담당자로 있으면서 그는 아동의 학습 활동과 과제의 기초로 그의 실용주의 교육 철학을 활용했다(Dewey, 1902; Tanner, 1997).

■ 직면한 문제

교수 학습 원리. Dewey의 『The Child and the Curriculum』은 시카고 대학 실험학교에서 사용되었던 원리와 실천에 관한 지침이 되었다. 아이들은 그들의 환경을 탐구하고 통제하려고 하는 사회적으로 적극적인 인간으로 간주되었다. 세상과의 상호작용을 통해 학습자는 개인적 사회적 문제에 직면하게 된다. 이런 문제들은 아동으로 하여금 그들의 지성을 통해 어려움을 해결하게 하고 그들의 지식을 적극적으로 수단적 방식으로 활용하게 도와준다. Dewey의 접근 방식에 대한 찬성과 반대 의견은 "Taking Issue"에 언급되어 있다.

Dewey에게 있어 과학적 방식은 문제 해결에 있어서 가장 효율적인 과정이다. 아이들이 문제 해결을 위해 과학적 방식을 사용할 때, 그들은 깊이 생각하는 방식과 그들의 경험을 개인적 사회적 성장으로 이끄는 쪽으로 발달시킬 수 있는 방법을 배우게 된다. 다음 단계는 Dewey의 교수 · 학습에서 과학적 방법을 활용하는 데 있어서 대단히 중요한 점들이다.

■ 과학적 방법에 의한 학습의 단계

1. 학습자는 그들을 진정으로 흥미롭게 하는 '실제 경험'을 해야 한다.
2. 이런 경험을 통해 학습자는 사고를 촉진시키는 '실제 문제'를 발견하게 된다.
3. 학습자는 문제 해결을 위한 정보를 찾게 된다.
4. 학습자는 문제를 해결과 관련해 가능하고 구체적인 해결 방안을 찾는다.
5. 학습자는 문제에 방안들을 적용시킴으로써 해답을 찾는다. 이런 식으로 학습자는 지식을 구성하고 그것을 유효하게 한다.

■ 문제 해결을 위한 지식 재구조화

Dewey는 지식을 타성적인 정보라기보다는 문제 해결을 위한 수단으로 보았다. 우리는 과거의 생각, 발견, 발명과 같은 인류의 지식의 원천을 활용하여 오늘날 문제에 관한 가설적 해결 방안을 구성하고, 그것을 실험해서, 현재의 필요에 비추어 지식을 재구성한다. 인간과 환경은 항상 변화하기 때문에 지식도 계속적으로 다시 구성이 되어야 하는 것이다. 문제가 해결이 되면 그 해결 방식은 새로운 지식의 원천이 되는 것이다.

■ 개인적 · 사회적 성장을 위한 교육

교육과 학교 교육. Dewey는 교육이란 집단의 미성숙한 구성원들이 집단 생활에 참여하기 위해 배우는 사회적 과정이라고 보았다. 교육을 통해 아이는 그들의 문화유산을 처음 접하고, 그것을 문제 해결에 적용하는 방식을 배우게 된다. Dewey가 말하듯이 교육은 '경험에 의미를 줄 수 있도록, 원하는 결과를 얻을 수 있는 능력을 신장시킬 수 있도록 경험을 재구성하는 것'이다(Dewey, 1916).

■ 세 수준의 교육과정

Dewey의 교육과정은 세 단계의 학습 활동 과정으로 이루어져있다. 첫 번째 단계는

Taking Issue	질문 Dewey의 경험주의 탐구 방식은 미국 학교의 교수 학습의 기초가 되어야 하는가?	
Dewey의 경험을 통한 학습 John Dewey가 경험론 또는 실용주의적인 철학을 발달시키고 그것을 교육에 적용하면서 그의 접근 방식에 대한 많은 논쟁이 있었다. Dewey의 방식에 찬성하는 사람들은 교육학 교수들로, 과학적 방법을 활용한 경험에 의한 학습을 강조한다. Dewey의 방식에 반대하는 사람들은 체계적인 교육과정 학습을 약화시키고 상대주의적 가치를 장려함으로써 그것이 학업 기준과 성취를 낮춘다고 주장한다.	**찬성**	**반대**
	1. Dewey의 방식은 아동의 직접적 경험과 경험으로부터 발달된 학교 교육과정의 연속성을 제공한다. 이런 연속성 때문에 학생들은 배움에 대한 흥미와 동기를 가지게 되고 더 폭 넓은 교육적 중요성을 가지는 분야에서 그들의 흥미를 추구할 수 있는 것이다.	1. 아동과 청소년의 흥미와 필요를 강조함으로써 Dewey의 방식은 어른의 문화유산 전달이라는 중요한 역할을 간과하고 있다. 그의 방식은 또한 학습에 흥미를 가지기 전에 노력을 기울여야 한다는 사실을 과소평가하고 있다.
	2. 현실의 선험적 개념에 기초한 절대성으로부터 벗어나 Dewey의 방식은 학생들이 기존 전통과 가치에 의문을 가지게 한다. 그의 방식은 발명, 발견, 혁신으로 이어지는 경험주의적 태도를 가지게 하며 사람들이 변화하는 세상의 문제를 해결할 수 있는 수단으로써 지식을 습득하게 한다.	2. Dewey의 방식은 과학적 방법이 아무 문제에나 문제의 맥락에 대한 깊은 지식 없이 적용될 수 있다는 잘못된 가정을 하게 만들 소지가 있다. 반대로 학생들은 경험적이 아니라 체계적으로 교과목을 배우는 것이 중요하다. 교과목, 특히 수학과 과학을 습득하지 못하는 것은 학생들에게 결함을 안겨줄 수 있다.
	3. Dewey의 탐구 방식은 사고, 질문의 자유를 필요로 하기 때문에 사회에서의 민주적 참여를 장려한다. Dewey의 방식은 그러므로 미국의 대의제 기관과 개방적인 토론을 강조하는 문화와 잘 맞아떨어진다.	3. Dewey의 방식은 대단히 상대적이고 상황적이어서 보편적 진리와 가치의 존재를 무시한다. 미국 민주주의가 생존하고 번성하려면 기본적이고 전통적인 가치를 중시해야 하며 모든 가치를 의문시해서는 안 된다.
	4. Dewey의 교육 목표는 더 나은 성장을 위한 인간의 성장인데, 이것은 교사와 학생들이 개인적·사회적 문제에 대해 자유롭게 대응하는 교육적 유연성을 장려한다. 이런 방식의 교육은 환경에 대한 유연적인 반응을 장려하는데 이것은 오늘날의 기술적이고 상호 의존적인 세상에 꼭 필요한 것이다.	4. Dewey의 교육의 단 하나의 목표인 더 나은 성장을 위한 성장은 지적 성취와 경제적 생산성을 장려하는 기준의 필요성을 무시한다. 학교, 교사, 학습자는 교육과정을 이끌 독립적인 목표가 있어야 한다. 인간 성장에 대한 불투명한 생각은 충분치 못하다.

'만들기와 실천하기'로, 아이들이 환경을 탐구하고 그들의 생각을 구체적인 형식으로 나타낼 수 있는 과제를 하는 것을 뜻한다. 이런 초기의 활동은 감각과 운동 신경을 발달시켜 주며 합동 조별 과제를 통한 사회성을 길러준다. 두 번째 단계는 역사와 지리 관련 과제를 통해 아이들의 시공간 개념을 넓혀 주는 것이다. 세 번째 단계인 '과학'은 학생들로 하여금 생물학, 화학, 사화 과학 등의 다양한 과목을 접하게 하며, 이런 과목들을 통해 문제 해결을 위해 정보를 활용하는 법을 배우게 된다.

이런 세 가지 교육과정 단계는 학습이 단순하게 이루어지는 것이 아니라 환경에 대한 주의 깊은 관찰, 활동 계획, 활동 결과에 대한 고찰과 실험으로 이어지게 한다.

■ 민주적이고 자유로운 학교

민주적 교육과 학교 교육의 주창자로서 Dewey는 학교가 학생들이 모든 생각과 신념, 가치를 실험해 볼 수 있는 개방적인 환경이기를 바랐다. 민주적 기관으로써의 학교는 모두에게 열려 있어야 하며 모두가 이용 가능해야 한다. 민족, 인종, 성, 경제 계층에 의한 구분을 반대한 Dewey는 인간들이 공동의 문제를 해결하기 위해 그들의 경험을 공유할 때만이 공동체가 더 풍부해진다고 믿었다.

■ 진보주의에 미친 영향

오늘날 교육에 끼친 영향. John Dewey는 미국 교육에 엄청난 영향을 주었다. 교육에 실용주의를 적용시킴으로써, 그는 학교 교육이 변화와 혁신에 열려 있게 만들었다. Dewey의 학생들의 경험을 사회적으로 확장시킨다는 생각은 학생들의 흥미와 필요를 강조하는 진보주의 교육을 촉진시켰다. 오늘날 학교 교육과 사회적 목적을 연결시키려는 교육자들은 Dewey의 이런 선구자적인 개념을 따르는 것이다.

Dewey는 실천 중심 또는 과정 중심 접근(process oriented approach) 교수 방법에 영향을 주었다. 예를 들어, 모든 교육 환경에서 언어 교육을 강조한 '총체적 언어 교육 접근'은 Dewey의 경험주의 철학에서 나온 최근의 현상이다.

다시 한 번 생각해 보기

당신은 앞 장의 질문들과 Dewey의 입장을 어떻게 연관시킬 것인가? Dewey의 생각을 오늘날 교육 개혁에서 발견할 수 있는가?

Addams: 사회화 교육

Jane Addams(1860~1935)는 Hull-House의 창시자이며, 사회 분야와 여성 인권에 있어서 선구자적인 인물이다. 그는 사회화 교육(socialized education)이라는 교육 이론을 발달시켰다. 그녀의 교육 철학은 이민자, 도시민, 여성의 교육을 강조하였으며 그녀는 현대 다문화 여성 교육의 선구자였다.

■ Hull-House

Jane Addams는 1889년 이민자들로 인해 문화적으로 다양한 환경을 가진 시카고 서부 근교에 Hull-House를 세웠다. Addams와 젊은 중산층 여성으로 구성된 그녀의 동료들은 이민자들을 교육시키는 동시에 그들로부터 교육을 받았다. Hull-House는 이민자들이 취업하고 임대료를 지불하며 건강 진단을 받고 자녀들을 교육시키는 방법을 가르쳐 주는 곳이었다.

■ 다문화주의의 주창자

교수 학습 원리. Addams는 도시화, 산업화 그리고 기술이 교육의 의미와 목표에 도전함과 동시에 이를 확장시켰다고 믿었다. 현대의 직업은 사회적 목적과 참된 민주적 공동체를 재창조하는 데 필요한 사회적 관계를 의식적으로 연결할 필요가 있다고 보았다(Addams, 1905).

다문화주의의 초기 지지자로서 Addams는 새로운 이민자들과 미국 사회를 연결시키려고 노력하였다. 그녀는 다양한 문화가 미국 문화에서 공존할 수 있다고 믿었다. Addams는 다양한 민족과 인종의 역사, 관습, 노래, 공예, 이야기가 공립학교 교육과정에 포함되기를 바랐다(Addams, 1909).

Addams는 여성 인권의 주창자로서 빅토리아 시대의 억압에 대항했다. 그녀는 여성의 교육적 선택권과 기회를 제한시키는 전통 교육과정을 거부했다. 그녀는 여성이 자신들의 삶을 규정하고 직업을 선택하는 것을 장려하는 교육을 받기를 바랐다. 그녀는 또한 여성이 정치와 사회에 전적으로 참여하고 아동 노동 금지를 요구하는 개혁이나 세계 평화를 위한 운동에 참여하기를 바랐다(Addams et al., 2002).

■ 다기능적 교육

교육과 학교 교육. Addams의 '사회화 교육'은 진보주의와 실용주의의 영향을 받은 것으로, 미국이 농촌에서 도시 산업 사회로의 변화하면서 잃어버린 공동체 의식을 회복하는 것을 추구했다. 그녀는 교육이 다기능적이어야 한다고 믿었다. 학교는 공동체 기관으로써 사회 복지 사업, 주택 문제등과 관련된 다른 공동체 기관과 연결이 되어 있는 것이다. 이와 비슷하게 교사 역시 사회 복지가와 연결되어 있다. Addams는 진보주의 개혁이 사회와 학교의 간격을 축소시킨 이후라야 학교가 다기능적인 역할을 수행할 수 있을 것으로 보았다. 또한 그녀는 교육과정이 기술 사회와의 연결을 통해 아동의 환경을 탐구하는 폭넓은 경험을 제공해야 한다고 보았다.

오늘날 교육에 끼친 영향. Addams의 철학은 오늘날 교육에서 아주 중요한 위치를 차지하고 있다. 교육은 성적 편견에서 벗어나야 한다는 그녀의 신념은 오늘날 남녀평등, 자신의 삶과 직업을 규정하고 선택할 자유와 같은 현대 여성 교육의 목적과 맞아떨어진다. 산업화는 더 넓은 사회적 목적을 고취하는 역할을 해야 한다는 그녀의 신념 역시 기술을 소비 위주의 물질주의를 조장하는 데 사용하기보다, 더 나은 의사소통과 나눔을 장려하는 데 써야 한다는 주장에 적용시킬 수 있다. 전쟁 없는 세계를 위한 그녀의 여성 평화 운동은 폭력과 테러리즘으로 물든 이 세상에 필요한 메시지를 전달하고 있다.

다시 한 번 생각해 보기

당신은 앞 장의 질문들과 Addams의 입장을 어떻게 연관시킬 것인가? Addams의 사상은 오늘날 사회 교육 문제에 어떻게 적용시킬 수 있는가?

Montessori: 준비된 환경

■ 아동기 초기와 여성주의

이탈리아의 교육자인 Maria Montessori(1870~1952)는 국제적으로 잘 알려진 초기 아동 교육 방식을 고안해 내었다. Montessori의 삶에 있어서, 그리고 그녀가 살았던 시기에 두드러진 두 가지 중요한 경향은 초기 아동기의 중요성에 대한 인식과 여성주의의 발달이었다. Pestalozzi나 Froebel과 같이 Montessori는 아동의 초기 경험이 후기의 삶에 중요한 영향을 미치는 것으로 인식했다. 선구자적인 여성 교육자인 그녀는 열정적으로 성적 편견으로 인해 여성은 고등교육이나 전문 직업 교육을 받아서는 안 된다고 주장하는 사람들에게 도전했다. 여성 교육에의 장애물에 도전하면서 그녀는 로마 대학에 입학했으며 이탈리아에서 처음으로 의학 박사 학위를 받은 여성이 되었다.

내과 의사로서 Montessori는 정신적, 심리적으로 장애가 있는 아동들을 돌보았다. 그녀가 이 아이들에게 적용한 방식은 아주 효과적이어서 그녀는 이것을 모든 아이들에게 적용시킬 수 있다고 결론지었다.

■ 구조화된 활동 강조

교수 학습 원리. 1908년 Maria Montessori는 로마 슬럼가의 불우한 아이들을 위한 Casa dei Bambini라는 아동 학교를 설립하였다. 이 학교에서 Montessori는 '특별히 준비된 환경'을 고안해내었다. 그녀는 아이들을 관찰한 것에 기초하여 아이들에게 적절하다고 생각되는 방법, 교재, 활동을 특징으로 하는 특별한 환경을 창조하였다(Maria Montessori, 1964). 또한 그녀는 특수 교육의 초기 선구자였던 Itard와 Sequin의 이론에 대한 광범위한 연구를 통해 자신의 이론을 다듬었다. Montessori는 기존 학교 교육의 가정과는 반대로, 아이는 교사로부터의 자극이나 상벌을 통한 동기 부여 없이도 자신들이 흥미를 느끼는 일을 하려는 내적 필요성을 가지고 있다고 보았다. 구조화하는 것을 좋아하고 노는 것을 선호하는 아이들은 자신들에게 주어진 활동을 충분히 습득할 때까지 똑같은 행동을 반복한다. 사실상 아이들의 자발적 학습 능력은 그들이 읽고 쓰는 것을 가능하게 하는 것이다.

■ 활동의 유형

교육과 학교 교육. Montessori의 교육과정은 세 가지 주요 활동과 경험을 가지고 있다. 그것은 실제적, 감각적, 형식적 기술과 학문이다. 이것은 아이가 식탁을 차리고, 음식을 나르고, 접시를 씻고, 옷을 입고 기본 예절과 사회 에티켓을 지키는 것과 같은 실제적 활동으로 인도하기 위해 고안되었다. 반복적인 활동은 감각과 신체의 조화를 가져온다. 형식적 기술과 학과목은 읽기, 쓰기, 산술이다. 아이들은 글자 퍼즐을 이용해서 알파벳을 배운다. 읽기는 쓰기를 배운 후에 배우며, 다양한 크기의 색이 칠해진 막대기를 통해 아이는 측정과 계산을 배운다.

■ 가르치기 위한 자료

Montessori 학교에서는 실제적 · 감각적 · 형식적 기술 발달에 도움이 되도록 미리 수업(가르치기 위한) 자료를 만든다. 끈을 묶거나 단추를 채울 수 있는 틀, 저울추, 소리나 냄새로 구분이 가능한 장난감 등이 그 예에 해당된다. 준비된 환경에서 학습을 진행하기 때문에 Montessori 교육자들은 교사라기보다 감독자로 불린다. 이런 감독자의 지도 아래 아동들은 의도된 기술 습득, 감각적 경험, 지적 결과를 획득하기 위해 규정된 방식으로 재료를 활용하게 된다.

■ 주요 공헌점

오늘날 교육에 끼친 영향. 교육 분야에서의 Montessori의 선구자적 업적은 초기 아동 교육이 후기의 발달을 위해 중요하다고 주장한 것이다. 그녀의 다른 중요한 교육적 오늘날 Montessori 학교의 아동들은 학습을 유발하도록 준비된 환경에서 수업을 위해 특별하게 고안된 자료를 사용한다.

업적은 (1) 특정 활동과 재료가 감각적 · 동적 · 인지적 학습에 필요한 특정 발달 시기와 발달 상태에 대한 개념, (2) 학습이 복잡하며 다양한 경험이 관여하는 과정이라는 인식, (3) 공동체의 일부로서의 학교와 학부모의 참여와 지지의 필요성을 강조한 점을 들 수 있다. 그녀는 아이들에게 어릴 때 풍부한 경험의 기회를 제공하고자 하는 현재의 움직임을 미리 내다본 것이다(Gutek, 2003).

■ 미국에서의 Montessori 운동

세상에는 수천 개의 Montessori 학교(Montessori Schools)가 있는데 그 중 6,000개가 미국에 자리하고 있다. 대부분이 사립학교로 2~6세의 아이가 입학한다. 공립학교, 특히 Magnet 또는 Charter School에서는 Montessori 분교를 설치하려는 노력이 제한적이지만 존재한다.

다시 한 번 생각해 보기

당신은 앞 장의 질문들과 Montessori의 입장을 어떻게 연관시킬 것인가?

Piaget: 발전적 성장

스위스의 심리학자인 Jean Piaget(1896~1980)는 아동의 인식, 도덕, 언어 발달에 있어서 새로운 통찰력을 갖는 교육심리학에 선구자적인 기여를 했다. Piaget는 철학적 사고에 의존하기보다 아이들이 어떻게 자라고, 생각에 따라 어떻게 행동하는지를 알아보기 위해서 아이들을 관찰했다(Elkind, 2003).

■ 인지 발달

교수 학습 원리. Piaget의 이론은 아이들이 어떻게 생각하고 배우는지 관찰하는 것에 기반을 둔다. 그는 아이들이 환경에 대한 탐색을 통해 인지적 발달을 이끌어 낸다고 믿었다. Piaget에 따르면 지능은 여러 단계를 거쳐 발달하는데, 연령에 따른 아이의 정신 구조와 그 작용에 따라 그 특징이 다르다. 새로운 단계에 다다를 때마다 새로운 정신적 능력을 획득한 아이는 전 단계에서 형성된 개념을 재구성하고, 정신세계와 관련된 더 복잡한 인식의 지도(map)를 만들어 가는 것이다. 학습 단계 발달 이론에 기초해서 Piaget는 뚜렷하면서도 상호 관련되는 인지 발달의 4단계를 제시하였다.

1. **감각운동기**(sensorimotor stage)는 태어나서 2세까지의 시기로, 아이들은 주변 환경을 탐구하는 활동과 경험을 통하여 학습한다. 아이들은 감각기관을 사용하여 주변 환경을 탐구한다. 대체적으로 말을 사용하지 않지만 아이들은 그들의 감각을 통합하고 공간, 시간, 시각, 청각, 촉각, 운동 단계에서의 인과성과 같은 간단한 개념을 구성한다. 그러나 이런 기초적인 개념들은 그 당시의 상황에만 국한된 것이다(Elkind, 2003). ■ 감각운동기
2. **전조작기**(preoperational stage)는 2~7세의 시기로, 이때 아이는 직관적 사고와 말을 결합하여 공간, 시간, 인과 관계의 개념을 포함하는 조작적 사고를 하게 되며, 이로써 상황에만 국한되었던 개념을 확장시키게 된다. 아이는 이제 사물을 분류하고 사물의 이름을 지으면서 사물의 개념을 조직하게 된다. 그들은 정신 구조와 첫 단계에서 형성된 네트워크를 더 복잡하고 고차원적이며 현실적으로 재구성함과 동시에, 부호와 상징을 활용해서 그들의 생각과 경험을 표현한다(Elkind, 2003). ■ 전조작기
3. **구체적 조작기**(concrete-operational period)는 7~11세의 시기로, 이때 아이는 수학적 · 논리적 방식으로 사고를 하기 시작한다. 아이들은 크기, 길이, 무게와 같은 일반적인 특징들을 인식하는 데 능숙해지며, 그것들을 활용해서 더욱 복잡한 정신 작용을 한다. 모든 단계에서 그러하듯 이 구체적 조작기에서도 아이들은 위의 두 단계에서 얻은 개념을 다시 재구성하여 추상적이고 복잡한 단계로 끌어올린다. 구체적 조작기의 아이는 초등학교에 다니면서 자신의 사고력을 훈련하게 되고 시계와 달력의 시간, 지도와 지리학적 공간, 경험적인 인과 관계를 다루게 된다(Elkind, 2003). ■ 구체적 조작기
4. **형식적 조작기**(formal-operational period)는 11세에서 성인기에 접어들기까지의 시기로, 이제 논리적 전제를 다루고 추상적 가정을 하게 된다. 이 단계에서 사람들은 공간, 역사적 시간, 다양한 인과 관계를 이해하고 해석하게 된다. 그들은 다양한 생각을 통해서 가능한 행동 계획을 세운다(Brainerd, 2003). 이제 청소년들은 인과 관계를 이해하고, 과학적 방법을 사용하여 현실을 설명하며, 복잡한 수학, 언어, 기계의 조작 과정을 학습하게 된다(Piaget, 1952). ■ 형식적 조작기

Piaget의 단계별 학습 발달 이론은 교육에 많은 중요한 시사점을 주었다. Piaget는

아이들이 어른과 다르게 세상을 바라본다는 사실을 강조했다. 더 나아가 아이들은 계속적으로 학습 발달 단계를 거치면서 그들의 현실관을 재구성, 재형성, 재편성한다. 그러므로 아이의 현실 개념은 어른들이 강요하려고 하는 교육과정이나 교육과는 거리가 있는 것이다.

초기 아동기와 초등교육은 아이들의 발달 과정과 사고, 학습 과정을 반영해야 한다. 각 학습 발달 단계를 거치면서 아이들이 새로운 학습에 준비를 하게 된다는 사실을 아는 것은 매우 중요하다. 아이들의 학습 능력은 그들이 다다른 인지 단계에 따라 다르다. 그래서 이것은 새롭고 고차원적인 학습 경험에 대한 그들의 준비성을 결정짓는 것이다. 좋은 환경이 학습 준비를 촉진할 수 있지만, 우리가 아이들에게 학습을 강요할 수 있는 것은 아니다.

교육과 학교 교육. Piaget는 아이들의 학습을 위한 장소로서 환경의 중요성을 역설했다. 학교 밖에서 아이들은 자신들의 환경을 통해 직접적이고 비공식적으로 학습한다. 가장 효과적인 교육 방법은 아이들이 매일 학교 밖에서 접하는 비공식적 학습을 학교에서 반복하는 것이다.

■ 구성주의

환경과의 상호작용함으로써 아이들은 구성주의(constructivism)로 알려진 창의적인 발명의 과정을 통해 자신들만의 지식을 구성하게 된다. 발달 단계에 따라 아이들은 주변 환경을 탐구하면서 자신들이 가진 기존 지식과 자신들이 직면하는 새로운 상황이 서로 맞지 않음을 발견한다. 그래서 그들은 더 완전하고 고차원적인 개념을 구성하기 위해 새로운 정보를 바탕으로 기존 지식을 재구성하고 다시 개념화한다. 아이들의 탐구 능력을 촉진시키기 위해 교사는 교실에 학습 공간을 마련하고 아이들의 호기심을 자극할 수 있는 풍부한 자료들을 배치해 놓아야 한다. 다음의 지침은 Piaget의 원리를 교실에서 활용하는 데 도움이 될 것이다.

1. 교사는 아이들의 탐구와 실험을 장려해야 한다.
2. 수업은 개별화되어야 하고 그래서 아이들이 그들 자신의 준비 수준에 따라 학습할 수 있어야 한다.
3. 교실에는 아이들이 만지고 조작하고 활용할 수 있는 구체적인 자료를 배치해야 한다.

"In This Case"에서 볼 수 있듯이 교사가 구성주의 접근 방식을 널리 활용할 수 있도록 수업에 적용해 보기 바란다.

■ 비공식 교육과 구성주의

오늘날 교육에 끼친 영향. Piaget의 발달 과정에 대한 연구는 학교의 교수 학습을 통한 아이들의 사고 능력 증진 방식과 밀접하게 연결되어 있다. 그의 발달 심리학은 미국을 포함한 전세계에서 초기 아동기와 초등교육에 있어 많은 변화를 몰고 왔다. 그의 이론은 교실을 덜 형식적으로 만들고 아이들이 학습하기 편한 환경으로 만드는 움직

In This Case

새로운 수업

Nancy는 자리에 앉아서 그녀의 스승인 Walker 선생님이 학생들을 가르치는 것을 지켜보았다. 수업은 핵분열 과정을 통한 DNA 복제의 중요성을 다룬 수업이었다. 학생들은 교과서를 미리 읽는 것 외에는 별다른 수업 준비를 하지 않았다.

Walker 선생님은 Nancy에게 만약 그녀가 이 수업을 진행한다면 어떻게 할지 물어보았다. Nancy는 분명하게 대답하지 못했다. 수업의 한 부분은 실험을 해야겠지라는 생각하면서도 주제를 소개하고 강조점을 정하는 것은 어려울 것 같았다. 교육이라는 것은 보기보다 어려운 듯했다.

Walker 선생님은 여러 질문을 통해 수업을 시작했다. 그녀는 우선 일반적인 질문을 했다. "여러분 자신을 특별하게 하는 것은 무엇인가요? 어떤 특징이 여러분 부모님이나 형제들을 이어 주는 것 같나요? 가족 구성원들의 공통점과 차이점을 설명할 수 있나요?"

학생들은 공책에 그들이 처음 생각한 것을 적었다. 그리고 Walker 선생님은 단순 식물이나 동물의 핵분열의 예를 설명한 비디오를 보여 주었다. 비디오에는 특정 DNA 배열로 이루어진 유전자와 DNA의 배열과 그 결과에 대해 상세히 설명되어 있었다.

그 이후에는 토론 수업이 뒤따랐다. Nancy는 아이들이 토론하는 것을 지켜보았다. 몇몇 아이들은 이해가 잘 못한 듯했다. 한 아이는 Darwin의 이론에 대한 질문을 했으며, 다른 아이는 암, 또다른 아이는 돌연변이에 대한 질문을 했다. 한 아이는 유전자 균형과 그 환경에 대해 물었다. 다른 아이들은 좋은 성적을 받기 위해 무엇을 중점적으로 공부해야 되는지에 관심이 있었다.

Walker 선생님은 침착하게 이런 질문들을 칠판에 적어 내려 갔다. 그리고 아이들을 소그룹으로 나눈 후에 답을 조사하도록 했다. 각 조에는 DNA 배열의 복제를 어떻게 칠판의 질문과 연결시켜서 설명할 것인가 하는 과제가 주어졌다. 각 조는 다음날 그들이 발견한 점을 요약하고 명확히 해서 가져오기로 했다. Walker 선생님의 복습이 있은 후 각 조가 그들의 내용을 발표하기로 했다.

수업이 끝난 후 회의 시간에 Walker 선생님은 Nancy에게 그녀는 과정과 내용 모두를 중시한다고 말했다. 그녀는 올바른 내용을 가르치는 데 중점을 둠과 동시에 학생들이 필요한 정보를 스스로 찾고 주어진 문제를 해결하는 데 적용할 수 있기를 바란다고 말했다. Walker 선생님은 또한 학생들이 어떻게 그런 지식이 그들과 그들 가족에게 적용이 될 수 있는지를 이해할 수 있었으면 좋겠다고 말했다.

Nancy는 '내가 그녀처럼 도전적이면서도 교실 내에서 편안한 선생님으로 남으려면 많은 것을 배워야겠구나. 내용뿐만 아니라 내가 아이들이 배웠으면 하는 것을 아이들이 제대로 배울 수 있도록 수업을 진행하는 방법도 배워야겠군.'이라고 생각했다.

질 문

1. Walker 선생님이 활용하는 철학적 접근 방식은 무엇인가? 그 근거는 무엇인가?
2. 이와 같은 수업에서 당신은 어떻게 가르칠 것인가?
3. Walker 선생님과 같은 사람에게 교육을 받은 경험이 있는가? 어떠했는가?
4. Walker 선생님이 선호할 만한 교육적 접근 방식을 창안한 선구자는 누구인가?

임을 낳았다. 오늘날 Piaget의 아동발달 심리학은 심리학과 교육학에 지대한 공헌을 했다. 현대 구성주의 교육은 아이들이 모방하기보다 스스로 현실을 구성하여야 한다는 Piaget의 선구자적인 주장에서 비롯된 것이다.

다시 한 번 생각해 보기

당신은 앞 장의 질문들과 Piaget의 입장을 어떻게 연관시킬 것인가? Piaget의 발달 심리학이 현대 교육 관습에 영향을 미친 증거를 찾아볼 수 있는가?

Freire: 해방 교육

브라질의 교육가인 Paulo Freire(1921~1997)는 해방 교육(liberation pedagogy) 철학을 발달시켰다. 브라질의 도시 빈민이나 불우한 환경의 문맹자들을 위한 문맹 퇴치 운동에 종사한 것이 그 계기가 되었다. Freire에게 문맹 퇴치는 단순히 읽고 쓰는 능력을 신장시키는 것이 아니었다. 읽고 쓰는 능력은 사람들이 자신의 삶, 특히 착취당하고 소외된 사람들이 자신들의 삶의 조건을 인식할 수 있는 능력을 키워 주는 것이다(Shaull, 1984). Freire의 가장 중요한 저서인 『Pedagogy of the Oppressed』에서 그는 자유 교육 이론의 기본 바탕을 성립하였다. 자유 교육 이론은 사람들에게 기존의 체제에 저항할 수 있는 권한을 부여하며 그들을 억압하는 권력을 극복할 수 있게 하는 교육 이론이다.

교수 학습 원리. Freire 철학의 가장 중요한 목표는 인간의 삶에 영향을 주는 사회적·정치적·경제적 조건과 모순점을 의식하고 비판적으로 인식하는 것이다. 학생들의 의식을 일깨우기 위해 그들은 교사와 함께 그들 삶의 이야기와 인종, 민족, 언어, 경제, 사회 집단의 공통적인 역사를 이해해야 한다. 그들은 그들의 자유와 자아 정체를 제한하는 조건과 사람들을 가려냄으로써 의식적으로 그들이 살고 있는 객관적 조건들을 고찰해야 한다(Freire, 1998).

교육과 학교 교육. Freire는 학교의 교육과정과 교육이 지식의 획일화된 버전에 학생들을 동화시키거나, 학생들의 자아 개방을 할 수 있는 권한을 갖게 하는 비판적 의식의 함양을 저해한다고 주장한다. 예를 들어, 획일화된 버전의 역사는 구미 남성들의 업적을 찬양하면서 여성, 미국 흑인, 라틴아메리카 인, 다른 소수 집단들의 업적을 최소화하고 그릇된 의식을 주입시킨다. 인간의 가치를 부와 권력으로 정의하는 교육, 학교 교육을 착취적 경제 체계에서의 성공의 지름길로 보는 것은 대단히 비인간적인 것이다.

- 학교의 현실
- 교사의 헌신이 필요

Freire는 교사들이 사회, 정치, 경제 문제를 경외시해서는 안 된다고 보았다. 그러기보다 그는 교사들이 학교와 그들 학생들에게 영향을 주는 상황들의 진정한 힘의 관계에 비판적 의식을 가질 것을 부탁했다. 예를 들어, 경제적으로 불우한 지역의 학교에서 근무하는 교사들은 학생들이 가난한 삶을 살고, 보건 의료 시설이나 여가 시설에 접근하기 어려우며, 약물 남용, 집단 폭력 등에 물들어 있다는 사실을 인식해야 한다.

교사들이 학교 상황의 참된 현실을 이해한다면 그들은 이런 억압적인 조건에 저항하고 학생들의 권리를 위해 힘쓸 것이다.

Freire에게 있어 진정한 학습은 교사와 학생들이 개방적이고 지속적인 대화를 하는 데서 시작되는 것이었다. 그는 학생들이 그릇된 현실 인식을 하게 만드는 교육에 대해 강력히 비난했다. 그 예가 '교사만의 이야기'이다. 이것은 교사들이 학생들에게 무엇이 진실인지를 말해 줌으로써 지식을 전달하는 것을 의미한다. 학생들은 교사가 말한 것을 암기하며 나중에 다시 생각해 내기 위해 소극적으로 머리에 지식을 채워 넣는다. Freire는 교사가 말하고 학생들이 듣는 방식을 교육 은행이라고 부르는데, 그 이유는 미래에 활용하기 위하여, 특히 시험을 위하여 정보를 조금씩 머리에 저장하기 때문이다(Freire, 1984). 현대 규범화 운동에서 장려하는 정규 시험은 이런 교육 은행의 표본을 잘 보여 준다. 공식적으로 지식을 전달하기 위해 고안된 시험은 학생들을 특정 집단으로 나누며, 여기서 소외되는 학생들이 생겨나고 궁극적으로는 기존 체계의 불평등을 재생산하게 된다.

오늘날 교육에 끼친 영향. Freire는 진정한 교육 개혁을 위해 힘썼으며 현대 비판 이론가들에게 선구자적인 영향을 끼쳤다. 그의 사상은 교수 학습을 재개념화하는 노력을 촉진시켰다. Freire는 교수 학습을 단순한 정보 전달에서 벗어나 개인의 정체성과 평등하고 인간적이며 정의로운 세상을 만들기 위한 과제에 참여하는 쪽으로 개혁시키는 데 힘썼다.

다시 한 번 생각해 보기

당신은 앞 장의 질문들과 Freire의 입장을 어떻게 연관시킬 것인가? Freire의 사상을 현대 사회 교육 문제에 어떻게 적용시킬 수 있을 것인가?

교육 선구자들에 대한 고찰

이 장에서는 과거에 중요한 업적을 남긴 주요 교육자들에 대해서 살펴보았다. 우리가 선구자라고 생각하는 사람들은 우리의 관점에 따라 달라진다. 이 장에서 살펴본 선구자들은 연구와 교육을 통하여 혁신적인 생각들을 발달시켰으며 독특한 교육 철학을 발달시켰다. 우리는 현재의 교육 문제들을 이해하고 해결해 나가는 데 이런 선구자들의 통찰력을 빌릴 수 있을 것이다.

우리는 교육적 선구자들을 결정하는 역할을 할 수 있다. 교육학을 공부하는 학생으로서, 교사로서 당신은 학자, 작가, 교수, 전문가 등 교육에 대한 새로운 이론과 방법을 창안해 내는 여러 잠재적인 선구자들을 계속해서 만나게 될 것이다. 우리는 이런 현재의 교육자들을 평가하고 앞으로 교육적 선구자의 위치에 오를 것으로 생각되는

TECHNOLOGY @School

교육에서의 기술 사용에 관련된 철학 키우기

기술은 오늘날 교육에서 대단히 중요한 원동력으로 작용하고 있다. 각 나라의 학교들이 이제는 컴퓨터를 비롯한 다양한 전자 정보 검색, 교육 도구를 활용한다. 어떤 이론가들은 기술이 문화를 극적으로 변화시키며 교육과정에 혁명을 가져올 것이라고 말한다. 다른 사람들은 기술이 정보 전달의 속도를 빠르게 해주는 것은 자명하지만 근본적인 변화를 가져오지는 않을 것이라고 주장한다. 이에 관련한 교육 선구자, 철학자, 이론가들의 생각을 살펴보는 것은 기술의 폭넓은 철학적 의미와 기술과 문화, 교육 간의 관계를 생각하는 데 많은 도움이 될 것이다.

4장과 5장에서는 간단히 선구자의 입장과 철학에 따라 다른 기술의 상대적 중요성을 언급했다. 예를 들어, Comenius는 그 당시의 신기술인 인쇄 기술을 적극적으로 받아들였으며 이를 교과서 편찬에 활용했다. Comenius처럼 기술 도입에 적극적이지 않은 사람도 있었다. Rousseau의 경우는 현대 기술을 신뢰하지 않았는데, 이는 그의 저서 Emile에서도 Emile이 12세가 되기 전까지는 책에 손을 대지 못하게 했다는 점에서 잘 드러난다. 오늘날의 관점에서 Montessori의 학습 환경에서의 텔레비전과 컴퓨터에 대한 입장을 살펴보려면 국제 Montessori 검색 웹사이트(**http://www.montessori.edu/ prod.html**)를 참조하라.

사회와 문화에 끼친 기술의 영향에 관련해서는 대표적 실용주의 진보주의자였던 John Dewey가 어떻게 기술 변화에 반응했는지를 살펴보는 것이 좋다. 진보주의 교육에 관한 John Dewey 프로젝트의 웹사이트(**http://www.uvm.edu/~dewey**)를 참조하라. 교육에서의 기술 활용에 관련한 Dewey와 기초 교육 회의(**http://www.e-b-e.org**)의 입장을 비교해 보자. 당신은 학생들이 컴퓨터, 디지털 카메라, 그리고 다른 기술들을 활용해 그들의 문제를 해결하도록 장려할 것인가? 그리고 이런 기술들을 기초 지식을 효과적으로 가르치는 데 활용할 것인가?

당신의 교육 철학을 구성함에 있어 이런 선구자들의 업적을 주의 깊게 생각해 보자. 당신의 일반적 교육 철학은 교육 기술에 관련된 당신의 생각에 영향을 줄 것이나 특별히 교육 기술에 대한 당신의 철학을 생각해 보는 것도 의미 있을 것이다.

이 장 마지막에 언급된 웹사이트들을 방문하여 교육 기술에 관련한 선구자들의 입장을 살펴보자. 그리고 당신의 일반 철학 질문을 이끌어 줄 질문들에 대해 생각해 보자. 또한 다음과 같은 질문들에 어떻게 대답할 것인지 생각해 보자. 기술은 교육과 문화를 변화시키는 원동력인가 부가물인가? 당신의 지식, 가치, 논리에 관련된 생각을 잘 뒷받침해 주는 기술적 프로그램과 정보는 무엇인가? 어떤 선구자의 생각이 가장 가치 있다고 생각되는가? 어느 선구자의 생각을 당신의 철학에 적용하고 싶은가? 어떤 선구자의 생각에 반대하는가?

사람들을 검증해 낸다. 이런 과정을 통해 이런 사람들의 사상이 후세의 교육자들이 그들의 문제를 이해하고 해결하는 데에도 도움이 되는 것이다.

이 장에서 다룬 선구자들 역시 도움이 될 것이다. 당신이 고유의 교육 철학을 구성할 때 이 장에서 다룬 사람들의 업적을 참고하기 바란다. 어떤 사상이 당신의 철학에 적용시킬 만한 가치 있는 것이라고 생각되는가? 교육자로서 당신의 철학을 구성하면서 어떤 생각들에 반대하는가? "Technology @ School"에서는 교육적 선구자들의 기술에 대한 태도를 살펴보며, 이것은 여러분의 의견을 형성하는 데 도움이 될 것이다.

요 약

❶ 이 장에서 언급된 선구자들은 그들의 나라와 전세계에 걸쳐서 교육 발달에 관련된 특유의 업적을 남겼다.

❷ 아동 비행 이론에 대항해서 Comenius, Locke, Rousseau는 아동의 자연적인 성장과 선함에 바탕을 둔 교육 방식을 발달시켰다.

❸ Pestalozzi는 아동 주변 환경의 객관적 사물을 활용한 교육 방법을 고안해 내었다. Froebel의 이론은 유치원의 기초가 되었다. Pestalozzi와 Froebel은 교사가 아이들의 흥미와 필요에 관심을 가질 것을 장려하면서 초기 아동 교육을 개방적으로 만들었다.

❹ Spencer의 교육 사회학은 학교와 사회를 연결시키려는 선구자적 노력이었다. 그의 사회 활동의 정의는 교육과정 발달에 기여했다.

❺ 시카고 대학 실험학교에서의 Dewey의 선구자적 업적은 진보주의 교육 개혁을 촉진시켰다. Montessori의 준비된 환경은 현재 초기 아동 교육에서 널리 쓰이고 있다.

❻ Addams의 사회화 교육은 다문화 교육, 사회에서의 기술의 영향 고찰, 여성의 권리와 교육을 행한 움직임에 기여했다.

❼ Piaget의 발달 심리학은 아동의 인지 작용에 대한 생각을 밝힌 것이다.

❽ Freire의 개방 이론은 전반적 교육과 학교 교육이 인간 개방의 수단이 될 수 있도록 근본적인 변화를 요구한다.

6 미국 교육의 발전사

이 장은 미국 교육기관들의 역사를 추적하고 미국 교육에 공헌한 개인 및 집단들을 제시한다. 이 장에서는 (1) 유럽의 교육적 아이디어와 기관들이 미국으로 이식된 식민지 시대, (2) 혁명과 초기 국가 시대 동안의 미국의 독특한 교육 체제의 형성, (3) 보편적 교육의 확산, (4) 라틴 문법 학교에서 출발하여 아카데미를 거쳐 오늘날의 고등학교에 이르기까지의 중등교육의 발전, (5) 고등 교육기관들의 발전, (6) 다양한 문화를 가진 학생들에 대한 교육, (7) 교육공학의 발전 등과 같은 미국 교육의 경향을 살펴본다. 이 장을 읽으면서 다음 질문들을 생각해 본다.

핵심 질문

- 미국의 환경은 유럽의 교육적 아이디어와 제도를 어떻게 변화시켰는가?
- 미국의 민주적 사상들은 미국 공립학교 교육에 어떻게 공헌하였는가?
- 미국의 교육 제도는 유럽의 복선형 체제(dual-track system)와 어떻게 다른가?
- 미국은 어떻게 해서 문화적으로 다양한 사회가 되었는가?
- 미국 교육사의 전반적인 경향은 어떠한가?

식민지 시기

■ 인디언들에게 미친 영향

17세기와 18세기의 북아메리카 식민지 건설은 복잡한 문화적 접촉뿐만 아니라 유럽인들과 토착민들 간의 폭력적인 갈등을 낳기도 하였다. 특히 대서양을 따라 유럽 인들은 홍역과 천연두 같은 질병을 면역성이 없는 인디언들에게 전염시켜 인디언의 인구가 감소하였다. 프랑스 인들은 캐나다와 미시시피 계곡에 유럽 정착지를 만들었다. 스페인 사람들은 멕시코, 플로리다, 사우스웨스트에, 네덜란드 인은 지금의 뉴욕 주인 뉴네덜란드에, 영국인들은 미국 독립 전쟁 후 미국을 형성하게 되는 원래의 13개 식민지에 정착하였다. 영국인들은 네덜란드 인과 프랑스 인을 물리치고 식민지의 정치, 사회, 교육에 가장 큰 영향을 미쳤다.

■ 여러 민족 집단

식민지 개척자들은 유럽식 사회 경제 계층에 기초한 복선형 학교 체제를 재창출하였다. 하층민의 소년 소녀들은 초등학교 교육과정을 이수했으며 3R과 종교 수업을 받았다. 반면 고위층의 소년들은 라틴 문법 학교에 들어가 식민지 대학 입학에서 요구되는 라틴 어, 그리스 어, 문학을 배웠다.

뉴잉글랜드 식민지

뉴잉글랜드 식민지인 매사추세츠, 코네티컷, 뉴햄프셔는 미국의 교육적 아이디어와 제도의 발달에 크게 기여하였다. 실제로, 매사추세츠 주에서는 브리티쉬 북아메리카에서 최초의 공식적인 교육법이 제정되었다(미국 교육의 중요한 사건들에 대해서는 "Overview 6.1" 참조).

■ 청교도 학교

매사추세츠에 정착한 청교도 식민주의자들은 청교도 성직자들의 설교에서와 같이 신의 명령들을 알고 있는 교육받은 사람들이 악마의 유혹을 물리칠 수 있다고 믿었다. 교회와 밀접한 관련을 맺은 상태에서 학교는 신성한 법칙에 대한 복종을 강조하였다.

■ 사회경제적 활용을 위한 학교

청교도주의는 또한 교육에 캘빈주의적 경제 논리를 도입하였다. 청교도 직업 윤리는 선량한 청교도들을 성서를 읽고 근면하며 검소한 사업가와 농부와 일꾼으로 규정하였다. 이러한 사람들을 길러 내기 위해 학교는 시간 준수, 정직, 힘든 작업의 가치를 강조했다. 학교를 경제 생산성과 연결하려는 이러한 경향은 여전히 미국 교육에 큰 영향을 미치고 있다.

■ 사악한 존재인 아동

아동 비행. 아동의 본성에 대한 청교도 개념은 식민지 뉴잉글랜드의 아동 양육과 교육적 신념을 형성하였다. 아이들은 타락하거나 악마에 가까운 존재로 간주되었다. 아이들의 놀이는 게으름으로, 아이들의 이야기는 쓸데없는 것으로 여겨졌다. "매를 아끼는 것은 아이를 망친다"는 격언에 따라 청교도 교사들은 엄격한 훈육과 처벌을 가하였다(Beale, 1985). 청교도들의 아동관은 Comenius, Rousseau, Pestalozzi, 그리고

[Overview 6.1] 미국 교육사의 주요 사건

주요 정치적 사건		중요한 교육적 사건	
1630년	매사추세츠 만에 식민지 정착	1636	서반구에서 최초로 영어권 대학인 Harvard 대학 설립
		1642	매사추세츠에서 최초의 교육법 제정
		1647	매사추세츠에서 학교 설립을 요구하는 Old Deluder Satan 법 시행
		1751	필라델피아에서 Benjamin Franklin이 아카데미 설립
1775~1783	미국 혁명	1783	Noah Webster, 『American Spelling』 발간
1788	미헌법 비준	1785	최초의 국가 교육법인 북서 칙령(Northwest Ordinance) 시행
		1821	보스턴에서 최초의 공립 고등학교 개교 Emma Willard가 뉴욕의 트로이에서 여성 고등 교육기관인 Female Seminary 설립
		1823	버몬트 주의 콘코드에서 미국 최초의 사범학교 개교
1824	인디언문제사무소 설치	1825	Webster, 『American Dictionary』 완성
		1827	공립 고등학교 설립을 요구하는 매사추세츠 법 통과
1830	인디언 제거 법령	1837	매사추세츠 주의 교육위원회 의장으로 Horace Mann 지명
1846~1848	멕시코-미국 전쟁(미국은 서남 지역을 획득함)	1839	매사추세츠의 렉싱턴에서 최초의 공립 사범학교 개교
1849	캘리포니아로의 골드러시	1855	미국 최초의 독일어 유치원 설립
		1860	미국 최초의 영어 유치원 설립
1861~1865	남북 전쟁	1862	각 주에 농업 및 기계학을 가르치는 대학 설치를 요구하는 Morrill Land Grant College Act 통과
		1865	Freedmen's Bureau 설립
		1872	고등학교 교육을 위한 세금 징수를 지지하는 Kalamazoo 결정
1887	Dawes Act 제정으로 인디언 영토 분할	1881	Booker T. Washington, 흑인 학교인 Tuskegee Institute 설립
		1892	10인 위원회 구성
1898	스페인-미국 전쟁(미서 전쟁), 미국은 푸에르토리코와 필리핀 획득	1896	흑인 학교와 백인 학교의 존재가 합헌임을 판시한 Plessy v. Ferguson 판결
		1909	캘리포니아의 버클리에서 최초의 junior high school 개교

주요 정치적 사건		중요한 교육적 사건	
1914~1918	1차 세계대전	1917	직업 교육, 가정 경제, 농업 분야에 대한 예산 지원을 다룬 Smith-Hughes Act 통과
		1918	Cardinal Principles of Secondary Education 출판
		1919	진보주의 협회 조직
1929	대공황 시작	1930년대	대공황 동안 뉴딜 프로그램들은 실직자 교육과 학교 설립을 위해 연방 기금을 제공함
1939~1945	2차 세계대전	1944	G.I. 법안 통과(퇴역 군인들을 교육시키기 위해 연방기금 제공)
1950~1953	한국 전쟁	1954	Brown v. Board of Education of Topeka는 공립학교들의 인종 분리 정책을 종식시킴
		1957	소련의 Sputnik 인공위성 발사로 미국 공교육에 대한 비판과 재평가가 일어남
		1958	과학, 수학, 외국어 수업 및 생활 지도의 개선을 위한 연방 정부의 지원을 다룬 국방교육법(National Defense Education Act) 통과
		1964	민권법(Civil Rights Act)은 학교 통합을 위한 연방 소송들을 인정함
1965~1973	베트남 전쟁	1965	공립학교, 특히 의무교육에 대한 연방 정부의 예산 지원을 골자로 한 초·중등교육법 통과
		1968	이중 언어 교육법(Bilingual Education Act)
		1972	연방 정부의 지원을 받는 학교 기관에서의 남녀 차별을 금지하는 Title IX Education Amendment 제정
		1975	Education for all Handicapped Children 법(공법 94-142) 통과
		1980	연방 정부에 교육부 설립
		1983	A Nation at Risk의 출판·보급은 전국적인 교육 개혁 운동을 자극함
1990	냉전 종식	1994	Goals 2000: The Educate America Act는 국가의 교육 목적을 개괄함
1991	걸프 전쟁		
		1996	미국 최초의 교육공학 계획: Getting Students Ready for the Twenty-first Century: Meeting the Technology Literacy Challenge
2001	뉴욕과 워싱턴에 테러 공격		
2003	이라크 전쟁	2001	"No Child Left Behind" 법 제정

교육 선구자를 다룬 장에서 논의한 다른 교육 선구자들의 태도와는 근본적으로 다른 것이었다.

■ 모든 도시마다 교사 채용

Old Deluder Satan. 매사추세츠에 정착한 첫해부터 청교도들은 학교를 설립하였다. 1642년, 매사추세츠 법원은 학부모와 보호자들로 하여금 자신이 양육하는 아이들이 청교도 교리와 영연방법을 읽고 이해할 수 있도록 교육시켜야 한다는 법을 통과시켰다. 1647년, 법원은 "Old Deluder Satan" 법을 시행했는데, 이는 청교도들이 믿기에 무지한 사람들을 꾀어 죄를 짓게 한다는 이른바 사탄을 물리칠 의도의 법이었다. 이 법은 50가구 이상의 모든 도시에 읽고 쓰기를 가르치는 교사를 고용하도록 하였다. 100가구 이상의 도시들은 젊은이들의 Harvard 대학 입학을 위해 라틴 교사를 고용해야 했다.

■ 3R과 종교

도시 학교(Town School). 뉴잉글랜드 이주자들은 대부분의 학생들은 도시 학교에, 상류층 소년들은 라틴 문법 학교에 다니게 하는 복선형 학교 체제를 도입하였다. 뉴잉글랜드 도시 학교는 지역 주민들이 통제하는 기관으로 6세부터 12, 13세의 소년 소녀들을 교육시키는 곳이었다. 날씨에 따라 그리고 아이들의 가족 농장에서의 일손 요구에 따라 출석은 불규칙하였다. 이 학교의 교육과정은 3R, 교리 문답, 복음성가로 구성되어 있었다. 아동들은 글씨판(hornbook)*을 암기함으로써 알파벳, 음절(syllables), 단어, 문장을 배웠다. 나이가 든 아동들은 「New England Primer」를 읽었는데, 여기에는 웨스트민스터 교리 문답, 십계명, 주기도문, 사도신경과 같은 종교물들이 포함되어 있었다. 수학은 주로 숫자 세기, 더하기, 빼기였다.

■ 도시 학교의 분위기

뉴잉글랜드 도시 학교는 대개 단순한 통나무 구조로 되어 있었으며, 교실은 1개인 경우가 대부분으로 교실에는 설교단 모양의 교사 책상이 있었다. 아동들은 나무 의자에 앉아 주어진 과제를 암기하다가 학교장 앞에서 암기한 내용을 말하였다. 교사들은 남자였는데, 이들 중에는 목회를 준비하면서 도시 학교 교사로 생계를 유지하는 사람도 있었고, 북아메리카에 오면서 진 빚을 갚기 위해 도시 학교 교사를 하는 사람들도 있었다. 불행하게도 이들 중 일부는 엄한 체벌로 아동을 통제하는 무능한 사람이었다.

■ 상류층 소년들을 위한 고전

라틴 문법 학교. 상류층 남자 아이들은 라틴 문법 학교에서 대학 입학을 준비하였다. 이들은 대개 개인교사들로부터 영어를 읽고 쓰는 것을 사사받았다. 8살에 이 학교에 입학해 15~16세에 공부를 마쳤다. 여기서 아이들은 Cicero, Terence, Caesar, Livy, Vergil, Horace의 저작들을 공부하였다. 공부를 잘 하는 아이들은 Isocrates, Hesiod, Homer의 작품들을 공부했다. 이 학교의 교사들은 대학 학위 소지자로서 초등학교 교사들보다 높은 사회적 지위를 누렸다. 라틴 문법 학교는 식민지 미국 학교 중에서 유

* [역자 주] 알파벳, 주기도문 등을 적어 놓은 옛날의 어린이용 학습 도구

럽식 교육에 가장 가까운 것으로서 르네상스 시대의 고전적 인본주의 학교와 유사하였다.

■ Harvard 대학

뉴잉글랜드 상류층 청소년들은 라틴 문법 학교를 졸업한 후, 1636년에 설립된 Harvard 대학 입학 준비를 하였다. Harvard 대학은 미래의 성직자들과 지도자들은 건전한 고전적, 신학적 교육을 필요로 한다는 청교도 믿음에 기초해 설립되었다. Harvard 대학에 들어가기 위해서는 라틴 어와 그리스 어에 능통해야 했다. Harvard 대학의 교육과정은 문법, 논리학, 웅변, 수학, 지리, 천문학, 윤리, 형이상학, 자연과학으로 구성되어 있었다. 이 외에 성서와 다른 종교 서적을 공부하는 데 유용한 히브리 어, 그리스 어, 고대사도 개설되었다.

대서양 중부의 식민지

■ 다양한 문화

대서양 중부의 식민지들(뉴욕, 뉴저지, 델라웨어, 펜실베이니아)은 뉴잉글랜드와는 달랐다. 뉴잉글랜드가 공통의 언어와 종교를 가지고 있었다면, 대서양 중부의 식민지인 뉴욕에서는 네덜란드 어, 델라웨어에서는 스웨덴 어, 펜실베이니아에서는 독일어를 사용하였다. 상이한 언어들과 함께 종교적 다양성도 존재하였다. 이러한 문화적 다양성은 학교 교육에 영향을 미쳤다. 뉴잉글랜드에 도시 학교들이 설립된 것에 반해, 대서양 중부의 식민지들에서는 교회들이 교구 학교를 세웠다.

■ 사립학교

뉴욕. 뉴욕은 처음에는 네덜란드의 식민지였다. 네덜란드 개혁 교회(Dutch Reformed Church)는 영국이 뉴네덜란드를 장악한 이후에도 계속해서 학교들을 운영하였다. 네덜란드 교구 학교들은 읽기, 쓰기, 종교를 가르쳤다. 영국 법규에 따라 영국 국교회는 자선 및 종교계 학교를 설립했다.

상업 항구인 뉴욕 시에서 영리 목적의 사립학교들은 학생들에게 수업료를 부과해 항해, 조사, 부기, 스페인 어, 불어, 지리를 가르쳤다. 영리 목적의 학교들은 또한 다른 식민지에서도 운영되었다.

■ 퀘이커교 학교

펜실베이니아. William Penn에 의해 건설된 사유 식민지인 펜실베이니아는 the Society of Friends인 퀘이커 교도(Quaker)들의 천국이 되었다. 양심적 병역 거부자인 퀘이커 교도들은 전쟁 지원 노력이나 군복무를 거부하였다. 퀘이커 학교들은 흑인, 인디언을 포함하여 모든 사람들에게 개방되어 있었다. 이 학교에서는 다른 식민지 초등학교에서처럼 읽기, 쓰기, 산수, 종교를 가르쳤지만, 직업 훈련, 공예, 농업을 포함하고 있다는 점에서 독특하다. 또 하나의 특징은 퀘이커 교사들은 아동 비행과 체벌의 개념 모두를 거부했다는 것이다(Hendricks, 1975).

남부의 식민지

남부의 식민지들(메릴랜드, 버지니아, 캐럴라이나, 조지아)은 또다른 교육 형태를 지니고 있었다. 찰스턴과 윌리엄스버그 같은 버지니아 주 동부 지역의 번창한 도시들을 제외하고는 남부 인구는 대체로 뉴잉글랜드와 대서양 중부 식민지들의 인구보다 분산되어 있었다. 농가에서는 아이들을 한 곳으로 모아 학교에 보내려고 했다. 더욱이 남부의 문화, 경제, 정치의 상당 부분은 농장 노동력으로 노예 아프리카 인들을 이용함으로써 형성되었다.

■ 개인교사

인구가 매우 분산되어 있었기 때문에, 부유한 백인 농장 소유주의 아이들은 영주 저택에 살고 있는 개인교사(tutors)들로부터 교육을 받았다. 어떤 가정에서는 자녀들을 윌리엄스버그나 찰스턴과 같은 도시에 있는, 영국 국교회에 의해 후원을 받는 사립학교에 보냈다.

식민지 전역에 걸쳐 노예 제도가 존재하고 있었지만, 노예가 된 대부분의 아프리카 인들은 남부 지역에 있었다. 아프리카 인들은 무력으로 체포되어 노예선으로 미국으로 이송되어 농장에서 일을 해야 했다. 노예가 된 이들은 농장 일손으로, 기공(craftspeople)으로, 혹은 집안의 하인으로 훈련되었으며, 일반적으로 읽고 쓰기를 배우지 못하였다. 장기간에 걸쳐 아프리카 유산은 미국 내 흑인의 종교와 문화의 기초가 되었다(Berlin, 1998).

■ 학교 교육에 있어서의 계층화 경향

노예 제도는 또한 경제적으로 불리한 노예를 소유하지 못한 백인들에게 영향을 미쳤다. 부유한 농장주들은 가장 비옥한 지역을 차지했지만, 가난한 농부들은 덜 비옥한 오지나 산악 지대에 정착했다. 부유하고 정치적인 영향력을 가진 식민지 엘리트들은 자신의 자녀에 대한 교육에만 신경을 쓸 뿐 다른 사람들에게는 학교를 거의 제공하지 않았다.

식민지 교육: 요약 정리

■ 지역 간의 유사성

지역적 다양성에도 불구하고, 뉴잉글랜드와 대서양 중부의 식민지 및 남부 지역 간에는 교육적 유사성이 존재하였다. 이 세 지역 모두는 영국의 식민지였으며, 각각의 언어와 종교의 차이에도 불구하고 서유럽의 교육 전통을 물려받았다. 종교적 신념은 도덕성을 형성하였고, 가족은 의견, 가치, 기술을 형성하는 강력한 힘이었다(Cremin, 1970).

■ 성 차별

세 지역 모두에서 교육 기회는 성에 기초하였다. 여자와 남자 모두 초등학교에 다녔지만, 라틴 문법 학교와 대학은 남자 아이들과 남자 어른들에게만 허용되었다. 여성은 성직자나 변호사가 되는 것이 금지되었는데, 이는 당시의 교육 철학에 따라 라틴 문법 학교나 대학에 입학하고자 하는 여성들의 요구가 박탈되었던 것이다. 여자들은 그리스 어와 라틴 어 대신에 그들의 가족적 · 종교적 책임을 수행할 수 있는 기본적인 것(읽기, 쓰기)을 배웠다. 많은 사람들, 특히 교육 제도를 통제하고 있던 성인 남자들은 여자들은 지적으로 고등교육을 받을 능력이 없다고 믿었다.

식민지 학교에서의 이러한 복선형 학교 제도는 유럽식의 계층 편견을 반영하였다. 하층민 아동들을 위한 초등학교는 기본 소양을 제공했지만 사회적 신분 상승을 억제하려고 하였다. 초등학교를 졸업한 아이들 중 소수만이 라틴 문법 학교와 식민지 대학에 진학할 수 있었다. 이와는 대조적으로 상류층 남자 아이들은 대학 입학 준비 성격의 라틴 문법 학교에 다녔으며, 성적이 우수하면 대학으로 진학하였다. 19세기 동안, 전위적 인류 평등주의, 정치적 민주화, 경제적 변화는 이러한 유럽 기반의 학교 구조를 근절시키고 미국의 보편적인 공교육 체제를 만들게 된다.

■ 사회 계층에 의한 분화

다시 한 번 생각해 보기

당신은 청교도들의 일과 도덕성에 대한 태도가 어떤 방식으로 미국 문화와 학교에 영향을 미쳤다고 생각하는가? 청교도 윤리는 당신 자신의 교육 철학에 어떤 부분을 차지하고 있는가? 학교 설립은 초기 식민주의자들에게 왜 중요한 관심사였는가?

초기 국가 시기

1776년에 시작된 미국 혁명은 13개 식민지 내에서 영국의 지배를 종식시켰다. 유산으로 물려받은 토속적이며 종파적인 초등학교들과 라틴 문법 학교들은 일정 기간 지속되었지만, 새로운 공화국의 지도자들은 미국 자치민들에게 적합한 교육 제도를 만들려고 하였다.

■ 북서 칙령

최초의 연방 교육 법안은 1785년에 제정된 36평방 마일의 도시마다 학교의 설립을 의무화한 북서 칙령(Northwest Ordinance of 1785)에 포함되어 있다. 북서 칙령은 19세기에 이루어진 토지무상불하(land grants)를 통한 교육 재정 지원의 선례가 되었다.

비록 미국 헌법에는 교육에 관한 언급이 없지만, 10차 수정 헌법의 "유보 권한(연방 정부에 위임된 또는 헌법에 의해 금지된 것을 제외한 모든 권한은 주 정부에 위임한다)" 조항에 따라 각 주는 교육에 대한 책임을 지게 된다. 지역 학교 통제와 집권화된 정치 권력을 반대하는 뉴잉글랜드 전통은 또한 미국의 학교 체제가 전국이 아니라 주 체제로 이루어지는 데 일조하였다.

■ 지방 통제의 전통

건국 초, 여러 정치적 · 지적 지도자들은 새로 독립한 공화국을 위한 교육적 제안을 하였는데, 이것들은 대체로 교육은 (1) 사람들을 공화국 시민으로 준비시켜야 하며, (2) 실용적이고 과학적인 접근으로 국가의 방대한 변방과 풍부한 천연자원을 개발하는 것을 도와야 하고, (3) 유럽식 문화적 태도에서 벗어나 독특한 미국 문화를 창조해야 해야 한다는 것이었다(Reinier, 1996). 이러한 일반적 목적들은 Benjamin Franklin,

■ 새로운 국가를 위한 새로운 교육적 사고

Taking Issue

질문 미국 공교육은 미국 문화를 전수해야 하는가? 다시 말해, 학교들은 특정한 핵심적 문화를 의도적으로 전달해야 하는가?

학교와 미국 문화	찬성	반대
미국 교육에서 오랜 이슈는 공립학교들은 미국 문화를 얼마나 분명하게 전달해야 하는가이다. 모든 공립학교들은 특정한 핵심 문화 개념과 가치를 가르쳐야 한다고 믿는 교육자들이 있는가 하면, 다문화주의와 다양성에 대한 존중을 촉진해야 한다고 주장하는 사람들도 있다. 공통의 문화적 중핵과 문화적 다양성을 둘러싼 이슈는 또한 현재의 2개 국어 교육과 2개 문화 교육을 둘러싼 논란과 관련된다.	1. Thomas Jefferson이래로 미국 지도자들이 인식해 온 바, 학교 교육의 주요 목적은 책임성 높은 시민을 길러 내는 것이다. 우리는 시민으로서 기능하기 위해 우리의 국가적 삶에 중심적인 아이디어와 가치에 대한 기본 지식을 필요로 한다.	1. 건국 초기부터 미국은 다문화주의 성격을 지녀 왔다. 미국 민주주의가 어떻게 작동할 것인지에 대한 기본적인 지식을 넘어 어떠한 아이디어나 가치도 책임감 있는 미국 시민을 만들 수 없다.
	2. 이민자들의 나라인 미국은 다양한 집단을 묶을 수 있는 핵심 문화를 필요로 한다. Noah Webster가 이 점을 인식하였으며, 그것은 오늘날 한층 더 중요하다. 다양한 민족과 문화를 통합할 수 있는 공유된 문화가 없는 우리 사회는 분열의 위험에 처해 있다.	2. 미국 사회는 그 장점을, 모든 사람의 생각을 비슷하게 만드는 중핵 문화로부터가 아니라 국민들의 창의적인 다양성으로부터 도출하고 있다.
	3. 학교는 다양한 사람들을 모아 우리의 공통의 기본적 문화적 가치를 배양할 수 있다. 이렇게 함으로써 학교는 폭력과 마약 남용과 같은 우리를 괴롭히는 문제들을 해결하는 데 도움이 될 것이다.	3. 만일 학교가 단일의 가치 체계를 부과하려고 한다면, 이는 많은 학생들을 소외시킬 것이다. 그 대신, 학교는 학생들로 하여금 우리 사회의 문화적 다양성을 이해하도록 고무해야 한다.
	4. 국가 간의 열띤 경제적 경쟁을 감안해 볼 때, 미국 시민들이 어떤 공통의 목적을 공유하는 것이 매우 중요하다. 학교는 미국 문화에 독특한 가치와 개념을 전달함으로써 공유된 목적을 촉진할 수 있다.	4. 세계 무대에서 성공하기 위해서 미국은 외국 문화에 대한 보다 큰 지식과 이해를 필요로 한다. 학교는 딱딱하게 정의된 미국주의가 아니라 다문화주의와 국제주의에 초점을 두어야 한다.

Thomas Jefferson, Noah Webster와 같은 사람들의 제안들을 살펴보면 잘 알 수 있다. 독특한 미국 문화와 관련된 문제는 "Taking Issue"에서 논의한다.

Franklin: 아카데미

■ Franklin의 아카데미

Benjamin Franklin(1706~1790)은 사립 중등학교인 **아카데미**를 설립하고, "펜실베이니아 청소년 교육과 관련한 제안들(Proposals Relating to the Education of Youth in Pennsylvania)"에서 그 설립 취지를 기술하였다(Isaacson, 2003; Brands, 2000). 그의 아카데미의 공리주의적 교육과정은 전통적인 라틴 문법 학교와는 크게 달랐다. 영문법, 작문, 웅변, 공개 연설이 라틴 어와 그리스 어를 대신하였다. 학생들은 또한 자신의 미래 생애에 기초해 제2외국어를 선택할 수 있었다. 수학은 추상적인 교과가 아닌, 부기, 조사, 기술 분야에서 실제로 활용할 목적으로 가르쳤다. 역사와 전기(傳記)는 학생들이 위인들의 윤리적 결정을 살펴볼 수 있도록 하기 위해 제공되었다.

■ 과학과 실용 기술 강조

Franklin은 과학, 발명, 공학이 미래에 중요하다는 것을 예견하고 있었다. 그의 교육과정은 또한 학교에서 전통적으로 경시되어 온 목공, 조선, 조각, 인쇄, 농업과 같은 실용적인 기술들을 통합하였다. 19세기 중반쯤, Franklin의 아카데미와 유사한 많은 아카데미들이 설립되었다.

Jefferson: 시민의식을 위한 교육

■ 시민 의식을 위한 교육

Thomas Jefferson(1743~1826)은 자신의 교육 철학을 1779년 버지니아 의회에서 상정한 "Bill for the More General Diffusion of Knowledge"에서 표명했다. Jefferson은 버지니아 대학의 주요 설립자이기도 하였다. Jefferson에 따르면, 교육의 주된 목적은 교양과 지식을 가진 시민들로 구성된 민주 사회를 촉진하는 것이었다. 교회와 주의 분리에 헌신했던 그는 교회가 아니라 주가 교육의 주된 역할을 담당해야 한다고 믿었다. 주의 지원을 받는 학교들을 위한 재원은 세금을 통해 충당하고자 하였다(Boyd, 1950).

■ Jefferson의 계획

Jefferson의 법안은 통과되지 않았지만 여러 가지 논쟁을 불러일으켰다는 점에서 상당히 중요하다. 예컨대, 그의 법안은 공립학교의 설립을 제안하였고 교육의 평등과 수월성 간의 갈등을 해결하려고 하였다. 그의 법안은 노예 아동들을 배제하고는 있지만, 여아든 남아든 노예가 아닌 아동들이 각 지역의 초등학교에 다닐 수 있어야 한다고 규정하였다. Jefferson의 제안에는 또한 주 전역에 걸쳐 20개의 문법 학교를 설립해 소년들에게 중등교육을 제공하는 안도 포함되어 있었다. 이 문법 학교의 교육과정은 라틴 어, 그리스 어, 영어, 지리, 고등수학으로 구성되었다.

■ 성취에 근거한 장학금

Jefferson의 법안은 성취도에 근거한 장학금 제도(academic merit scholarships)에 기반을 두었다. 각 지역의 학교에서, 수업료를 낼 여유가 없지만 학업 성적이 가장 뛰어난 남자 학생은 장학금을 받아 문법 학교에서 계속 교육을 받도록 하였다. 최고의 학문적 성취를 이룬 10명의 장학생들은 주의 지원을 받아 William and Mary 대학에서 공부할 수 있었다.

Webster: 공화국의 학교장

Noah Webster(1758~1843)는 초기 공화국의 주요 문화적 민족주의자들 중의 한 사람이었다(Unger, 1998). 1789년 헌법이 비준되었을 때, Webster는 미국은 "정부뿐만 아니라 자국의 언어"를 가져야 한다고 주장하였다. 분명한 자국의 언어와 문화는 민족 정체성을 형성한다는 사실을 깨달았던 Webster는 미국식 영어를 만들려고 했다.

■ 언어를 통한 미국 문화 학습

Webster는 아이들이 미국식 영어를 배울 때 독특한 미국적 문화 정체성을 지니게 될 것이라고 믿었다. 그의 최대 작품은 25년 동안의 연구 끝에 1825년 완성된 『American Dictionary』였다.

■ 미국인화에 미친 Webster의 영향

'공화국의 학교장'이라 불렸던 Webster는 미국의 언어, 정체성, 민족성을 만드는데 공헌했다. 동시에 그는 단일한 미국의 문화적 정체성을 고취하였다. 나중에 이민을 온 사람들은 미국식 영어의 표준 형태가 된 것을 배움으로써 "미국인화"되었다. 오늘날, 다문화주의와 이중 언어주의(bilingualism)를 위한 교육적 노력들은 미국의 다양성을 인정하고 문화적 민족주의의 과도함을 교정하려고 하고 있다.

다시 한 번 생각해 보기

미국의 민주적 아이디어들은 미국의 공교육에 어떻게 공헌하였는가? Franklin, Jefferson, Webster의 아이디어가 이러한 아이디어에 어떻게 기여했는지를 검토하라.

공교육 운동

■ 일요학교

공립학교가 설립되기 전에는 세금 지원의 대안으로 개인들이 자발적으로 학교를 지원하는 방안이 시행되었다. 이 가운데 대표적인 것으로는 일요학교(sunday school)와 monitorial school*이 있는데, 이 두 학교 모두는 19세기 초에 인기가 있었다. 이 시기에 상당수의 아동들은 산업화되고 있던 북동부 지역의 공장에서 일을 하였다. 일요학교는 뉴욕과 필라델피아 같은 대도시에서 문을 열어 최소한의 기초 교육을 제공하였다. 공장이 쉬는 날 학교문을 열어 아동들에게 읽기, 쓰기, 셈하기, 종교를 가르쳤다.

■ 보조 교사로서의 학생

모니터 방식(monitorial method)은 수석 교사(master teacher)에 의해 훈련을 받고 나이와 경험이 좀더 많은 아동인 모니터를 활용해 수업과 질서 유지를 돕도록 하는 것이었다. 예를 들어, 교사가 한 자리 숫자 덧셈과 같은 특정한 기술을 모니터 학생에게 훈련을 시키고, 이 학생은 다시 그 기술을 다른 학생들에게 가르치는 것이다. 많은 학생들에게 기본적인 기술들을 가르치도록 설계된 monitorial school은 대규모의, 그러나 값싼 학교 체제를 원했던 박애주의자들로부터 지원을 받았다. 일요학교와 마찬가지로 monitorial school은 동부 대도시에서 인기가 높았다. 예컨대, New York Free School Society에 의해 실시된 조사에 따르면, 60만 명 이상의 아이들이 monitorial school에 다녔다(Johnson, 1994). 1840년대, monitorial school은 사람들이 이 학교가 단지 기초 교육만을 제공하고 있다는 것을 깨닫기 시작하면서 보통학교로 대체되었다.

■ monitorial school의 등장과 쇠퇴

* [역자 주] 이는 감독학교, 조교학교, 감독생에 의한 교육 체제 등 다양하게 번역되고 있다. 따라서 학교에 따라 다양하게 사용되고 있기 때문에 이 책에서는 원어를 그대로 사용한다.

보통학교(The Common School)

■ 모든 계층을 위한 학교

공적으로 재정 지원을 받는 초등학교의 설립으로 19세기 전반기에 이루어진 보통학교 운동은 미국 교육에 있어 상당한 의미를 가지고 있다. 오늘날의 **공립학교인 보통학교**는 3R이라고 하는 기본 교육과정을 제공하는 초등 교육기관이었다. 이 학교가 "보통"학교라고 불렸던 이유는 모든 사회적 · 경제적 계층의 아동들에게 개방되었기 때문이다. 그러나 역사적으로 남부의 아프리카 노예 아동들은 남북 전쟁으로 노예 제도가 종식되기 전까지 학교에 갈 수 없었다.

■ 지역 간의 차이

10차 수정 헌법에 따라 교육은 주별로 이루어지고 있어 미국은 프랑스나 일본과 같은 외국처럼 국가적인 교육 체제를 만들지 않았다. 그렇기 때문에 보통학교의 설립 형태는 주마다 달랐으며, 심지어 주 안에서 다른 경우도 있었다. 특히 소규모 학교구가 있었던 서부 개척 지역의 경우, 학교구에 따라 학교 · 교육을 위한 지원 및 자원상에 상당한 차이가 존재하였다.

■ 보통학교의 성장

보통학교 운동은 1820년과 1850년 사이에 가속화되었다. 보통학교는 New England의 여러 주에서 처음 설립되었는데, 매사추세츠와 코네티컷이 선도적인 예들이었다. 1826년, 매사추세츠 법은 모든 도시에 있는 모든 학교에 대해 책임을 지는 학교 운영위원회(school committee)를 선출할 것을 요구하였다. 이는 공립학교를 단일한 통제하의 학교 체제로 조직하는 정책의 출발점이었다. 10년 뒤인 1836년, 매사추세츠는 최초의 주 교육위원회(state board of education)를 만들었다. 코네티컷은 그 이웃의 예를 따랐다. 다른 북부 주들은 일반적으로 뉴잉글랜드의 보통학교 모델을 채택하였다. 비록 주마다 조금씩 달랐지만, 주 의회는 대개 다음과 같은 순서로 보통학교를 설립하였다.

■ 입법 조치의 3단계

- 첫째, 주 의회들은 지역 유권자들의 동의를 얻어 거주민들이 지역 학교구를 조직하도록 허락하였다.
- 둘째, 주 의회는 학교구를 만들거나 교육위원회를 선출하거나 학교 지원을 위해 세금을 징수하는 일과 같은 것을 의도적으로 유도했지만 명령하지는 않았다.
- 셋째, 주 의회는 학교구 설정, 교육위원 선출, 학교 지원을 위한 세금 인상과 같은 것을 명령함으로써 보통학교를 의무교육화하였다.

보통학교는 미국 공교육 체제의 기초가 되었다. 19세기 후반, 공립 고등학교는 학생들을 주립 단과대학이나 종합대학에 입학하도록 준비시키는 **교육 단계**(educational ladder)를 완성하게 된다. 아마도 보통학교 운동에서 가장 대표적인 미국 교육자는 Horace Mann일 것이다.

Mann: 공립학교를 위한 투쟁

Horace Mann(1796~1859)은 확고한 보통학교 지지자였다(Messerli, 1972). 매사추세츠 주 의회가 1837년 주 교육위원회를 만들었을 때, Mann은 그 위원장으로 임명되었다. 그는 자신의 Annual Reports에 교육 철학과 교육 문제에 대한 자신의 견해를 담았다. Common School Journal 편집자로서 Mann은 공립학교에 대한 국가적 지원을 받았다(Mann의 임명과 여타 미국 교육사의 사건들에 대해서는 "Overview 6.1" 참조).

■ 보통학교에 대한 지지 확대

Mann은 공교육에 대한 지지를 이끌어 내기 위해서 자신의 정치적 역량을 발휘하였다. 우선 그는 공교육을 지원하는 것이 이익이 된다고 납세자들을 설득해야 했다. 기업주들의 지원을 이끌어 내기 위해 Mann은 청지기 이론(stewardship theory)을 개발하였다. 그는 부유한 사람들은 공교육을 제공할 특별한 책임을 갖는다고 주장하였다. 부(富)를 누리는 사람들은 부의 수호자(guardian) 혹은 청지기(stewards)라고 Mann은 역설하였다. 덧붙여, 이들의 공교육 지원은 법을 준수하고 성실히 일하며 주 경제에 보탬이 되는 근면한 남자와 여자들을 창조할 것이라고 하였다. 그러므로 공교육에 대한 세금 지원은 실제적인 투자로서 공공의 안전과 발전, 그리고 번영의 형태로 높은 수익을 가져올 것이라고 하였다. 매사추세츠의 노동자들과 농부들에게 Mann은 보통학교는 대단히 큰 하나의 사회적 균형자(social equalizer)로서 보다 낮은 사회경제적 계층 출신의 아이들에게 보다 나은 직업과 신분 상승을 획득할 수 있는 기술과 지식을 제공할 것이라고 하였다.

■ 민주 사회의 핵심적인 장치로서의 공립학교

Mann은 Jefferson과 마찬가지로 공교육과 민주주의 사회 간에는 중요한 관계가 있다고 보았다. 그는 민주 시민이 대표 정치 과정에 현명하게 참여하기 위해서는 문해력이 있어야 한다고 하였다. 그는 이주민 국가인 미국이 동질적인 문화를 가지고 있는 서유럽 국가들과는 다르다고 믿었다. 공통의 문화를 만들기 위해 미국은 민족적 정체성과 목적을 증진시킬 보통 초등학교가 필요했다.

■ 교육세

Mann에 따르면, 보통학교나 공립학교는 주와 지역의 세금으로 운영되어야 한다. 세금을 내는 일반 대중이 학교를 지배하였다. 지역 주민 통제라는 뉴잉글랜드 전통에 따라, 주민 투표에 의해 선출된 관료들이 궁극적인 권위를 행사하였다. 보통학교는 또한 무종파적이며 교회의 통제로부터 자유로워야만 한다.

사범학교(Normal School)와 여성 교육

보통학교 운동은 미국 아동 대다수를 위해 공적으로 지원하는 초등교육을 제공하는 것 외에 다음과 같은 두 가지 중요한 결과를 가져왔다. 이 운동은 (1) 교사 준비 기관으로서 **사범학교** 설립에 도움을 주었으며, (2) 여성들에게는 초등학교에서 가르치는 일이 그들의 중요한 커리어 경로가 되게 하였다.

■ 사범학교의 등장

사범학교라는 명칭은 그 모델이 되었던 프랑스 어 école normale에서 유래하였다. 1823년 뉴잉글랜드에 최초로 설립되고 Horace Mann의 지원에 따라 사범학교들은 2년제로서 교육의 역사와 철학, 교수 방법, 예비 교사들을 위한 수업 시범 및 실습 등을 제공하였다. 19세기 말경에는 많은 사범학교들이 4년제의 교사교육 대학으로 전환되었다.

■ 여성을 위한 기회 확대

보통학교 설립은 훈련받은 교사들을 필요로 하게 만들었고, 확대되어 가는 초등교육 체제에 여성들을 끌어들이게 되었다. 사범학교는 여성들을 이러한 직업에 준비시켰으며, 동시에 그때까지만 해도 이들을 거부했던 고등교육의 기회를 제공하였다. 저임금의 열악한 환경이었지만 가르치는 일로 인해 중류층 여성들은 집을 떠나 사회에서 직장을 찾을 수 있는 기회를 얻게 되었다.

남북 전쟁까지만 해도 대부분의 시골 학교의 교사들은 남성이었다. 그러나 1900년경, 일부분 사범학교의 증가로 인해 농촌 교사 중 71%가 여성이었다. 여성의 역할에서 이러한 극적인 변화를 이끌어 낸 지도자들 중의 한 명이 Catharine Beecher이다.

Catharine Beecher: 여성을 교사로 준비시킴

■ 개혁과 여성의 권리

19세기 초반, Elizabeth Cady Stanton, Emma Willard, Susan B. Anthony, Catharine Beecher 같은 여성 지도자들은 여성의 교육적 · 정치적 동등성을 강력히 요구하였다.

■ 여성을 위한 핵심적인 역할

Catharine Beecher(1800~1878)는 1828년에 Hartford Female Seminary를 설립해 여성들의 교사로서의 생애 준비를 도왔다. 그녀는 또한 American Women's Educational Association을 조직해 이끌었다. Beecher는 교사로서의 여성들의 전문성 신장을 위해 특수 교사교육기관, 즉 seminary의 설립을 옹호하였다. 보통학교와 마찬가지로 각 seminary에는 미래의 교사들이 숙련된 전문 교사들에 의해 감독을 받으면서 가르치는 것을 연습하는 시범학교가 있었다. Beecher는 전문적인 교육을 받은 여성들이 서부 개척지에 교양과 예의와 도덕성을 가져감으로써 국가 발전에 기여할 수 있을 것이라고 하였다. 변방에서는 많은 one-room school에서 근무할 준비된 교사들을 절실히 필요로 하고 있었다(Cross, 1965).

One-Room School

■ 소규모 학교구에서의 직접 민주주의

one-room school과 함께 지역 학교구는 주민들이 선출한 교육위원회가 수업료뿐만 아니라 교사를 채용하고 감독하는 일을 하는 등 직접 민주주의 형태로 운영되었다. 7장에서 기술한 것과 같이 이런 작은 많은 학교구는 20세기 초에 보다 큰 학교구로 통합되었다.

교사 자격은 단순했지만 규칙이 없었다. 지역 교육위원회가 자체적으로 교사 자격증을 교부하였기 때문에 다른 학교구에서는 인정하지 않기도 하였다. 오늘날의 보다

one-room school은 학교 운영에 있어 직접 민주주의 형태를 띠고 있다. 주민에 의해 선출된 교육위원회가 세율을 정하고 교사의 채용 및 감독을 담당하였다. 또한 농촌의 소규모 학교들은 지역 공동체의 문화 센터 역할을 하였다.

통일된 주 자격은 교직의 전문화를 위한 한 단계 진전이라고 할 수 있다.

■ 전형적인 학교 건물

서부 개척지에 세워진 원룸의 통나무 학교는 일반적으로 최초로 만들어진 지역 공동체의 건물이었다. 1870년대경, 흰색 또는 붉은색으로 칠한 목재로 만들어진 학교 건물은 원목 구조로 대체되었다. 나무 땔감을 사용하는 난로로 난방을 하는 이렇게 개량된 건물에는 칠판, 사물함이 갖추어져 있었다. 교사의 책상은 교실 앞부분의 바닥보다 약간 높은 단상 위에 놓여 있었다. 처음에는 두 명의 아이들이 함께 앉는 2인용 책상이었으나 나중에 1인용 책상으로 바뀌었다. 1인용 책상은 한 줄로 배열되어 의자 뒤에 책상이 위치하는 형태를 취했다(Fuller, 1994).

■ 기본 교육과정

5~7세의 아이들은 기본 교육과정인 읽기, 쓰기, 문법, 철자법, 수학, 역사, 지리, 위생을 배웠다. 교사들은 암송법을 활용했으며, 이 방법에 따라 아이들은 전 시간에 배운 수업 내용을 일어서서 암송하였다. 시간 엄수, 정직, 노동이 강조되었다. 농촌의 one-room school 선생님들은 가르치는 사람이자 훈육자일 뿐만 아니라 "수위이자 기록 보관자이자 행정가" 역할을 해야 했다. one-room school에 대해 더 알고 싶으면 "Technology @ School"을 참고하기 바란다.

McGuffey Readers

■ 1억 2,000만 부

성직자, 교수이자 대학 총장을 역임했던 William Holmes McGuffey(1800~1873)는

TECHNOLOGY @School

One-Room School 연구

전도유망한 교사로서 당신은 미국 서부 개척 시절의 one-room school에 대해 더 알고 싶을 것이다. one-room school을 공부하는 것은 당신의 학생들이 미국 교육 선구자들의 삶에 대한 개인적 이해에 도움이 될 수 있다. 다음의 것들은 one-room school에 관한 유용한 웹사이트이다.

- The Kansas ORSH Project: **www.ukans.edu/heritage/orsh/133/**
- The Kansas State Historical Society: **www.kshs.org/features/feat996.htm**
- ColesCounty.Net—One Room Schools: **www.colescounty.net/schools_history.htm**
- Country Schools: **www.plainsfolk.com/bowman/schools.htm**
- One Room Schools: Michigans' Educational Legacy, Clarke Historical Liberty, Central Michigan University: **clarke.cmich.edu/schoolsintro.htm**
- Rural Education in the Late 1800s: **www.cobleskill.edu/schools/mcs/CSBest/school.htm**

이 사이트들은 one-room school들을 살펴보고 one-room school의 교사, 학생, 건물, 교과서, 교육과정에 관한 정보를 제공하고 있다. 당신과 당신의 학생들은 지역 도서관이나 학교 도서관을 방문해 계속해서 one-room school에 대해 연구할 수 있을 것이다. 도서관에서 one-room school에 대한 논문과 책을 찾아보면서 자료를 수집하고 one-room school에 대한 연표를 만들어 본다.

보다 직접적인 경험을 원한다면 해당 지역의 박물관과 역사협회 관계자들에게 자문을 구한다. 그들이 one-room school과 19세기부터 20세기 초까지의 교육에 관한 자료들을 소장하고 있는지 확인해 본다. 자료 수집을 위해 학생들과 현장을 방문하는 계획도 세워 본다. 지역 주민이나 학생들의 가족 중에 누군가는 one-room school에 다녔을지도 모른다. 이들과 면담을 할 수도 있을 것이다.

자신의 이름을 딴 일련의 독본(readers)으로 유명하다. 교양, 근로, 근면 및 정숙한 삶의 가치를 강조하는 McGuffey Readers는 19세기 공립학교에서 긍정적인 반응을 불러일으켰다. 1836~1920년에 1억 2,000만 부 이상이 판매되었다(Westerhoff, 1978).

■ 애국심과 도덕적 가치

McGuffey Readers는 앵글로 색슨계의 신교도 및 농촌 지역의 도덕적 가치뿐만 아니라 애국심 및 영웅심을 강조하였다. 이 책에는 Patrick Henry, Daniel Webster와 George Washington의 연설문이 포함되어 있었다. McGuffey는 학교 체제에 최초로 등급화된 독본을 제공하였으며, 1840년대에 시작된 등급화 체제의 기반을 마련했다.

다시 한 번 생각해 보기

미국의 교육 단계는 유럽의 복선형 체제와 어떻게 다른가? 어떻게 해서 보통학교가 오늘날의 미국 교육 체제의 기초가 되었는지를 생각해 본다.

미국 중등학교의 발달

■ 교육 체제의 완성

미국의 보통학교는 세금에 의해 지원되고 지역 주민에 의해 통제되는 공립 초등교육의 기반을 형성하였다. 일련의 변화 과정을 통해 공립 중등학교 교육은 미국 교육 체제의 제도적 발판을 완성하게 되며, 이 중등학교에 기초해 학생들은 고등교육으로 나아갈 수 있었다.

아카데미: 고등학교의 선구자

■ 아카데미가 문법 학교를 대체함

Benjamin Franklin에 의해 주도된 아카데미는 처음에는 식민지 시대의 라틴 문법 학교를 대체한 것이었다. 19세기 전반, 아카데미는 대표적인 중등학교가 되었다. 중류층의 교육적 요구에 부응하여 아카데미는 다양한 교육과정과 교과를 제공하였다. 1855년 경, 6,000개의 미국 아카데미에 263,000명의 학생들이 재학하고 있었다.

■ 폭넓은 교육과정과 학생 집단

라틴 문법 학교와 달리 아카데미에는 대학 진학을 준비하는 학생들만 등록한 것은 아니었다. 아카데미는 아카데미에서 공식적 교육을 마감하는 학생들도 재학하고 있었다. 아카데미의 교육과정은 또한 라틴 어와 그리스 어 이상이었다. 프로그램들은 질적 · 양적으로 매우 다양했지만 대체로 다음과 같은 세 가지 형태를 취하였다. 즉, (1) 라틴 어와 그리스 어에 초점을 둔 전통적인 대학 준비 교육과정, (2) 영어 프로그램으로서 중등학교 이수로 공식적 교육을 마치려고 하는 학생들을 위한 교육과정, (3) 정규 코스로서 보통학교 예비 교사들을 위한 것이었다.

■ 여성을 위한 아카데미

라틴 문법 학교와 달리 어떤 아카데미에는 남자뿐만 아니라 여자도 등록하였다. 젊은 여성들을 위해 특별히 설립된 아카데미도 있었다. 여성들을 위해 설립된 아카데미들 중에는 Troy Female Seminary가 있었다. 이것은 1821년 뉴욕에서 여성들의 권리운동 지도자인 Emma Willard에 의해 설립되었다. 여성 아카데미들은 전통적인 가정학 프로그램과 함께 고전 및 현대 언어, 과학, 수학, 예술, 음악을 제공하였다. 교사 준비 혹은 교사 양성 관련 교육과정 또한 인기가 있었다.

아카데미는 일반적으로 민간 이사회에 의해 운영되었지만, 준공립 시설로서 지방 또는 주 정부의 재정 지원을 받기도 하였다. 아카데미 시대는 1870년대까지 팽창하다가 이 시기에 이르러 쇠퇴하면서 공립 고등학교로 대체되었다. 그러나 사립 아카데미들은 여전히 소수 사람들에게 중등교육을 제공하고 있다.

고등학교

■ 공립 고등학교를 위한 세금

1821년 보스턴에 English Classical School이 설립되면서부터 미국도 고등학교가 있었지만, 19세기 후반부에 이르러 점차 아카데미를 대신하면서 고등학교는 대표적인 미국 중등 교육기관이 되었다. 1870년대, 원하는 경우 세금을 이용하여 고등학교의 설립 또는 재정 지원이 가능하다고 판시한 일련의 판결을 통해(특히, 1874년 미시간 주의 Kalamazoo 사건) 공립 고등학교 운동은 급속도로 확산되었다. 1890년경, 미국의 공립 고등학교에 등록한 학생 수는 사립 아카데미에 등록한 학생 수의 2배 이상이 되었다.

■ 의무 출석

마침내 여러 주에서는 학교 출석을 의무화하는 법안이 제정되었다. 그 후 공립 중등학교 설립은 자율적인 것이 아니라 주의 의무가 되었다. 학생들은 인가를 받은 사립학교에 다닐 수는 있었지만, 주는 학교 설립을 위한 최소한의 기준들을 설정할 수 있는 법적 권한을 가졌다(Krug, 1996).

도시화와 고등학교. 고등학교가 성장하는 데는 다양한 사회경제적 요인이 작용하였다. 19세기 중반 미국은 농업 및 농촌 사회로부터 산업 및 도시 국가로의 극적인 전환을 경험하였다. 예컨대, 뉴욕 시의 인구는 1860~1910년 동안 네 배로 증가하였다. 1930년경, 미국 총 인구의 25% 이상이 7대 대도시인 뉴욕, 시카고, 필라델피아, 보스턴, 디트로이트, 로스앤젤레스, 클리블랜드에 살았다. 급속한 도시화는 또한 전문적인 직업과 서비스의 필요성을 낳았으며, 고등학교는 이러한 요구에 부응하였다(Krug, 1964, 1972).

■ 교육과정을 표준화하기 위한 노력

고등학교 교육과정 재편. 고등학교가 설립된 초기, 교육자들은 고등학교의 목적과 교육과정을 정의하려고 하였다. 전통주의자들은 고등학교를 대학 준비 기관으로 보았지만, 다른 사람들은 보다 직접적이고 실제적인 직업 및 생애 프로그램을 원했다. 일

20세기 초, 종합 고등학교는 미국 중등 교육기관의 대명사가 되었다.

부 대도시에서 "국민대학(people colleges)"이라고도 불렸던 고등학교는 교양과 과학 프로그램을 제공하였다(Herbst, 1996). 이러한 문제들을 해결하기 위해, NEA는 1892년에 Harvard 대학의 총장이었던 Charles Eliot을 위원장으로 한 10인 위원회를 만들었다. 10인 위원회는 다음과 같은 두 가지 사항을 제안하였다. 즉, (1) 대학 진학을 희망하는 학생이나 졸업과 동시에 공식적인 교육을 마치기를 원하는 학생 모두에게 동일한 교과를 제공하고, (2) 8년의 초등교육과 4년의 중등교육이 그것이다(NEA, 1893). 이 위원회는 고등학교에 적합한 4개의 교육과정, 즉 고전, 라틴 과학, 현대 언어, 영어를 제시하였다. 그러나 각 교육과정에는 대학 준비 프로그램에서 발견되는 외국어, 수학, 과학, 영어, 역사 교과가 포함되었다. 비록 위원회가 당시의 지배적인 라틴 및 그리스 어 고전 교육과정에 대한 대안을 제공했지만, 위원회의 제안들은 대학 진학 준비 학생들을 지향한 것이었다.

■ 다양성 증가

1918년경, 30개의 주는 16세까지를 의무교육 대상자로 결정하였다(Krug, 1964). 학생 수 증가로 인해 고등학교 학생 수도 상당히 증가하였으며 과거보다 학생 구성도 다양해졌다. 전문직 및 기업가 계층의 학생에만 한정되었던 상황에서 벗어나 대부분의 청소년들이 고등학교에 재학하였다.

■ 포괄성 지향

고등학교 학생 인구의 성격 변화상의 특징들은 1918년 NEA의 Commission on the Reorganization of Secondary Education이 제출한 보고서인 "Cardinal Principles of Secondary Education"에 잘 나타나 있다. 도시 및 산업 사회의 요구를 인식한 위원회는 고등학교를 국가의 다양한 사회적 · 문화적 · 경제적 집단에 봉사하는 종합적인 기관으로 재정의하였다. 이들은 고등학교의 필수적이고 종합적인 사회적 성격을 희생시키지 않는 가운데 대학 준비뿐만 아니라 농업적 · 상업적 · 산업적 · 가정적 요구를 충족시킬 수 있는 차별화된 교육과정을 권고하였다(CRSE, 1918).

중등교육 조직

■ 다양한 학생들을 위한 다양한 프로그램

1920년대, 고등학교들은 네 가지 유형의 교육과정을 개발하였다. 즉, (1) 영어와 문학, 외국어, 수학, 자연 및 물리학, 역사 및 사회과가 포함된 대학 준비 프로그램, (2) 부기, 속기, 타이핑 코스로 된 상업 혹은 비즈니스 프로그램, (3) 산업 · 직업 · 가정 경제 · 농업 프로그램, (4) 졸업과 동시에 공식적 교육을 마치는 학생들을 위한 일반 학습 프로그램이다.

■ 4년제

학교에 따라 다양했지만 전형적인 고등학교 형태는 9~12학년, 일반적으로 14~18세의 아이들로 구성되어 있었다. 초등학교를 졸업한 후 진학하는 중학교와 고등학교가 통합된 6년제 학교, 7~9학년에 해당하는 중학교, 10~12학년에 해당하는 고등학교도 있었다.

■ 중학교

중학교(junior high school)는 청소년기 초기의 요구를 지향하며 초등 및 중등교육

간의 과도기적 기관을 원했던 교육자들의 산물이었다. 1920년대와 1930년대를 거치면서 중학교(junior high school)는 7학년과 8학년으로 구성된 2년제 또는 9학년을 포함하는 3년제로 운영되었다. 중학교(junior high school)의 교육과정은 직업적이고 상업적인 과목들이 포함된 초등학교 교육과정을 확장한 것이었다. 1920년경, 미국에는 883개의 중학교(junior high school)가 있었다. 1940년대에 중학교(junior high school)는 매우 확대되어 젊은이 중 50% 이상이 이 학교에 다녔다(MacIver & Ruby, 2003).

■ 중학교

1960년대쯤, **중학교**(middle school)는 또다른 형태의 초등학교와 고등학교 간의 과도기적 교육기관이 되었다. 중학교(middle school)에는 일반적으로 6~8학년(11~13세)이 다녔으며 사춘기 이전의 발달과 요구를 지향하는 프로그램들을 강조함으로써 아동기에서 청소년기로의 점진적 전환을 촉진하였다. 새로운 중학교(middle school)에는 학습 센터, 언어 실습실과 미술관 등이 설치되었다. 중학교(middle school)는 1971년 1,434개 학교에서 2000년에는 9,750개 학교로 급격하게 증가하였다(MacIver & Ruby, 2003). 비록 오늘날 대부분의 학교구들은 중학교(middle school) 모델을 활용하고 있지만, 몇몇 구에서는 junior school 접근을 하고 있다.

■ 고등학교를 재정의하기 위한 여러 차례의 노력

고등학교의 목적과 교육과정을 재정의하려는 빈번한 노력에는 1957년의 시도가 포함되는데, 이때 냉전 이데올로기 시대의 적이었던 소련이 미국보다 먼저 Sputnik 인공위성을 성공적으로 발사하였다. 이러한 소련의 성공과 잘 알려진 미국의 실패는 국가적인 위기를 야기하였다. 우주 경쟁에서의 미국의 경쟁력 약화를 설명하면서, 비판가들은 미국 학생들이 소련 학생들에 비해 수학과 과학에서 뒤떨어진다고 주장하였다. 이에 대한 반응으로 의회는 1958년 국가 방위에 중요하다고 생각되는 영역인 수학, 과학, 외국어 영역의 교육과정과 수업을 향상시키기 위한 연방 정부의 재정 지원을 주된 내용으로 하는 국방교육법(National Defense Education Act: NDEA)을 통과시켰다. NDEA는 외부 요인들이 고등학교에 어떤 영향을 미칠 수 있는지를 보여 주고 있다. 이 장의 후반부에는 사회적·경제적 위기로 인해 고등학교의 조직과 교육과정을 재정비하고자 하는 최근의 시도들을 제시한다.

교육공학의 발달

■ 초기의 기술

20세기 중반 이후부터 미국의 학교들은 교육공학을 교실에 적용해 왔다. 공학의 활용은 교사 교육의 주요 부분이기도 하다.

교육공학은 1930년대 라디오와 영화(motion picture)의 도입과 함께 학교에 도입되기 시작하였다. 이러한 혁신적인 발명품들은 교육과정에 통합되기보다는 수업 보조물(add-ons)인 경우가 많았지만, 이것들은 수업을 동적인 시청각 자료들과 결합시켰다. 교육공학은 2차 세계대전 이후 텔레비전의 출현과 함께 현저한 발전을 하게 된다.

1950년대 초, 교육자들은 교육용 TV를 실험하기 시작하였다. 1957년 Alexander J. Stoddard는 the National Program in the Use of Television in the Schools를 시작하였다.

■ 교육용 텔레비전

교육 혁명의 시대라고 불리는 1960년대는 교육용 TV, 프로그램 학습, 컴퓨터 보조 학습과 같은 수업공학에서의 발전이 있게 된다. 1961년, 6개 주로 구성된 Midwest Program on Air-borne Television Instruction은 학교에 교육 방송을 송출하기 시작하였다. 1965년 인디애나 대학은 a National Center for School and College Television을 설립하였다(Gutek, 1991). 교육용 텔레비전은 수업에 주요하면서도 지속적인 영향을 미쳐 왔다. 폐쇄회로 텔레비전은 교사들에게 자신의 수업을 즉시 녹화해 비평하게 함으로써 교사 교육을 보강하는 데 많이 활용되고 있다.

■ 텔레비전의 문화적 영향

비록 텔레비전은 상당한 교육적 가능성을 가지고 있지만, 우리는 또한 텔레비전이 갖는 문화적 영향도 고려해야 한다. 상당수의 미국 어린이 및 청소년들은 하루에도 몇 시간씩 성, 폭력 등과 같은 사회적 관습에 관한 상반된 메시지를 전달하는 상업용 방송을 시청하고 있다.

■ 교수기계 및 프로그램 수업

교육 혁명은 또한 프로그램화된 컴퓨터 보조 수업을 활용하는 "교수기계(teaching machines)"를 포함한다. 프로그램 수업은 학생들에게 즉각적인 자기 평가를 제공하는 순차적인 단계들을 통해서 개념을 형성하는 데 목표를 두었다. 학생들은 자신의 수업 속도에 맞추어 공부하면서 성공과 실수를 즉시 확인할 수 있었다. 프로그램 수업은 특히 여러 부분으로 나눌 수 있는 문법, 외국어, 논리, 수학 교과에 적합하다는 것이 입증되었다.

■ 컴퓨터

1990년대는 컴퓨터 기반 교육공학에서의 대대적인 발전과 적용이 이루어진다. 전자 자료 검색, 인터넷, 컴퓨터 보조 수업은 교육에서의 공학적 혁명을 가져왔다. 1996년, 미 교육부는 효과적인 기술 활용을 위한 전국 수준의 계획인 "Getting America's Students Ready for the Twenty-first Century: Meeting the Technology Literacy Challenge"를 발표하였다. 여러 주와 지역 학교구는 교실에서의 컴퓨터 수를 늘리고, 인터넷 접근을 향상시키며, 교사들을 대상으로 한 기술 지원과 현직 연수 기회를 대폭 확대하였다. 이러한 계획은 다음과 같은 목적들을 담고 있다.

- 모든 학생들과 교사들을 위한 정보공학에의 접근
- 학생들의 학업 성취도 향상을 위해 효과적으로 공학 기술 활용
- 모든 학생들을 대상으로 한 공학 및 정보 활용 기술
- 수업에 공학의 적용을 확대하기 위한 보다 많은 연구와 평가
- 교수 학습을 변화시키기 위한 디지털 콘텐츠와 네트워크의 적용

컴퓨터는 교육에서의 계속성과 변화를 대표한다. 컴퓨터는 쓰기와 인쇄기 같은 역사적인 공학적 돌파구의 확장임과 동시에 손쉽게 접근할 수 있는 형식으로 정보 저장

을 극적으로 증가시킨 새로운 공학적 역학(technological dynamic)을 대표한다. 1장에서 기술하였듯이, 새로운 교육공학, 특히 컴퓨터 활용 지식과 기술은 교사들에게는 매우 중요한 것으로 간주되고 있으며, 상당수의 교사 교육 프로그램과 교사연수 프로그램에 의무화되고 있다.

미국 대학과 대학교

■ 식민지 시기의 대학

식민지 대학들은 종교 단체의 후원하에 설립되었다. 신세계에서 기독교 정신을 확립하기 위해서는 교육받은 성직자가 필요하다는 신념에 따라, 매사추세츠 주 의회는 1636년 Harvard 대학을 설립하였다. 1754년경에는 Yale 대학, William Mary 대학, Princeton 대학, King 대학(Coumbia 대학 전신)이 여러 교단에 의해 설립되었다. 펜실베이니아, Dartmouth, Brown, Rutgers 대학 등도 설립되었다. 식민지 대학의 일반 교육과정은 (1학년) 라틴 어, 그리스 어, 히브리 어, 웅변, 논리학, (2학년) 그리스 어, 히브리 어, 논리학, 자연철학, (3학년) 자연철학, 형이상학, 윤리학, (4학년) 수학과 그리스 어, 라틴 어, 자연철학에 대한 복습으로 이루어졌다(Rudolph, 1990).

■ Morril 법과 토지무상불하 대학

19세기 전반부 동안 여러 주에서 대학들이 설립되었다. 신앙 부흥 운동이 전역을 휩쓸면서 많은 교단들은 사립대학을 설립하였다. 1850년대 초, 전통적인 교양 과목을 중시하는 대학을 비판하는 사람들은 연방의 토지무상불하 지원에 의해 설립되는 농업기술과학대학 설립을 요구하였다. 이들은 이러한 대학기관이 국가 발전에 중요하다고 주장하였다. 이들의 주장은 상 · 하원 국회의원 1인당 3만 에이커의 공공 토지를 각 주에 부여하는 1862년의 Morrill 법에 의해 결실을 맺게 되었다. 이 토지무상불하로부터 발생하는 수입은 농업 및 기계 수업을 위해 주립 대학들을 지원하기 위한 것이었다(Andrews, 1918). 토지무상불하 대학들(Land-grant colleges)은 교양 교육과 전문 교육뿐만 아니라 농업, 기계 및 기타 응용과학 프로그램을 제공하였다. 많은 주요 주립 종합대학들은 토지무상불하 대학에 그 뿌리를 두고 있다.

■ community college

오늘날, 숫자가 가장 많고 인기가 높은 고등 교육기관들 중의 하나는 2년제의 community college이다. 많은 2년제 기관들은 19세기 후반과 20세기 초반의 junior college에 그 뿌리를 두고 있다. 당시 여러 대학 총장들은 처음 2년 동안의 학부 교육은 4년제 대학이 아닌 다른 기관에서 이루어져야 한다고 권고하였다. 2차 세계대전 후, 많은 junior college는 community college로 재조직되었고, 지역 사회의 교육적 요구에 더욱 봉사한다는 취지로 새로운 community college가 많이 설립되었다. 고등교육 체제의 중요한 부분을 차지하고 있는 community college는 특히 커뮤니케이션, 전자 자료 혁명과 관련한 사람들에게 공학적 변화를 위한 훈련을 제공하고 있다.

■ G. I. 법안

미국 고등교육은 2차 세계대전 후 1944년에 G. I. 법안으로 알려진 제대 군인 사회적응 법(Servicemen's Readjustment Act)이 통과되면서 가장 괄목할 만한 성장을 하게 된다. 제대 군인들의 사회 복귀를 돕기 위해 G. I. 법안은 연방 자금을 이들의 교육에 지원했던 것이다. 수업료, 교재, 생활비 등이 지원되었으며, 1944~1951년에 780만 명의 퇴역 군인들이 이 법안의 원조를 통해 기술학교, 단과대학, 종합대학에 다녔다. 그 결과 오늘날까지 계속되고 있는 고등 교육기관 등록 학생 수의 급격한 증가를 가져왔다(Gutek, 2000).

■ 재학생 증가

다시 한 번 생각해 보기

미국 교육 체제는 유럽의 복선형 체제와 어떻게 다른가? 미래 미국 교육 체제의 조직과 구조는 어떻게 달라질 것으로 예상하는가?

문화적으로 다양한 사회에서의 교육

■ 다양성의 역사

역사적으로 미국은 오늘날과 마찬가지로 인종적으로, 민족적으로 다양한 국가였다. 인디언들을 제외하고 미국은 다른 대륙, 특히 유럽, 아프리카, 아시아에 그 뿌리를 두고 있다. 지금까지 이 장은 유럽의 유산에 초점을 두어 왔는데, 이 절에서는 미국에 기여해 온 다른 집단들을 살펴본다.

아프리카계 미국인

남북 전쟁, 재건, 그리고 수정 헌법 제13조는 미국의 노예 제도를 종식시켰다. 노예 제도의 종식과 함께 찾아온 해방은 특히 패주한 연방 주들에서 자유를 얻은 성인 남녀와 그 자녀들에게 교육 기회를 부여하는 과제를 안게 된다.

■ 자유민사무소

1865년, 의회는 남부 지역에 거주하던, 자유를 얻은 아프리카계 미국인들의 경제적 · 교육적 이용을 돕기 위하여 자유민사무소(Freedmen's Bureau)를 개설하였다. Howard 장군의 지도하에, 이 사무소는 남부 전역에 학교들을 세웠다. 1869년, 11만 4,000명의 아프리카계 미국인 학생들이 남부에 있는 학교에 등록하였다. 이 학교들에서는 뉴잉글랜드 지역의 보통학교를 따라 읽기, 쓰기, 문법, 지리, 수학, 음악(특히 노래 부르기)을 가르쳤다. 이 학교들은 1872년 사무소가 폐쇄될 때까지 운영되었다(Cimbala, 1997).

■ 교육을 제한하는 고정관념

비록 자유민사무소가 일부 아프리카계 미국인들을 교사로 양성하였지만, 대부분의 학교들은 북부의 학교 교사들로 채워졌으며, 이들은 자신의 교육 철학과 교수법을 가지고 있었다. 이 북부의 백인 교사들은 아프리카계 미국인들이 받아야만 될 교육에 대한 고정관념을 가지고 있었다. 이들은 교육에 관한 자기 결정을 고취하기보다는 산업 훈련과 사회 통제를 강조하였으며, 이로 인해 아프리카계 미국인들을 낮은 사회경제적 지위에 머물 수밖에 없었다.

Washington: 노예에서 자유로. Booker T. Washington(1856~1915)은 남북 전쟁 후 반세기 동안 아프리카계 미국인들을 위한 교육 대변인들 중 대표적인 인물이었다. 그의 자서전 『Up from Slavery』에서 알 수 있듯이 그는 노예 신분에서 벗어난 인물이었다. 노예로 태어난 그는 격동적인 미국 재건기를 경험하면서 신중하게 백인들과의 타협점을 찾아 나갔다(Washington, 1938).

■ 노동을 통한 향상

Hampton Institute 학생으로서 Washington은 Samuel Armstrong 장군의 교육 철학을 배웠다. Armstrong은 Hampton Institute를 설립해 아프리카계 미국인들에게 교수, 농업, 산업을 가르쳤다. Armstrong은 산업 교육을 통해서 아프리카계 미국인들은 유능한 일꾼들이 될 수 있다고 주장하였다. Washington은 Armstrong의 노동을 통한 도덕적 · 경제적 "향상(uplift)" 철학에 동조하였다.

■ Tuskegee에서의 Washington의 영향

1881년, Washington은 앨라배마 의회가 Tuskegee에 있는 아프리카계 미국인들을 위해 설립한 교육연구소의 소장으로 임명되었다. Washington은 남부 지역의 아프리카계 미국인들이 토지를 소유하지 못한 농업 계층이라는 인식에 기초해 Tuskegee 교육과정을 만들었다. 그는 일자리를 제공할 수 있는 경제적 기초를 만들고 싶어했다. 그래서 Tuskegee의 교육과정은 기초 학문적 · 농업적 · 직업적 기술들, 그리고 노동의 가치와 신성함을 강조하였다. 이 교육과정은 학생들로 하여금 초등학교 교사, 농부, 기술공이 되도록 고무했지만 법과 정치에의 참여는 억제하였다. 전문적 교육과 정치적 행동은 성급한 일이며 남부의 지배적인 백인의 권력 구조와 충돌할 것이라고 Washington은 생각했다.

■ 사회적 차별 이론

Washington은 탁월한 연설가로서 흑인과 백인이 경제적으로 상호 의존적이지만 사회적으로 분리될 수 있다는 이론을 폈다. 1885년, Washington은 조지아의 애틀란

Washington의 지도하에 Tuskegee Institute는 농업 및 직업 훈련을 강조하였다. 이곳에 재학했던 학생들은 토양을 과학적으로 분석하는 방법을 배웠다.

타에 있는 Cotton Exposition에서 행한 연설에서 자신의 철학을 요약했다. 이 연설에서 그는 "순수하게 사회적인 모든 것에서 우리는 손가락처럼 분리될 수 있지만, 상호 진보에 필수적인 모든 것에서는 손처럼 하나다"라고 하였다(Washington, 1932).

■ Washington에 관한 논쟁

오늘날, Washington은 역사에서 논란이 되는 인물이다. 옹호자들은 비록 그가 인종 문제에서 타협을 했지만 좋지 못한 상황을 가장 잘 활용했으며, 아프리카계 미국인들의 교육적 기회를 보존하고 점진적으로 발전시켰다고 평가하고 있다. 비판가들은 그를 미국의 아프리카계 미국인들의 상황을 호전시키기보다는 자신의 권력을 강화하기 위해서 활용한 거대한 교육 네트워크의 수뇌로 보고 있다. Washington을 비판하는 사람들 중의 한 명이 W. E. Du Bois이다.

Du Bosi: 체제 도전가. W. E. Du Bois(1868~1963)는 아프리카계 미국인들의 교육 기회를 심각히 제한하는 분리 체제에 도전했던 사회학적 · 교육적 선구자였다. Booker T. Washington의 리더십에 의문을 제기하면서 Du Bois는 분리와 인종 차별에 대한 확고한 반대 입장을 제시하였다.

■ 학자로서의 Du Bois

남부 지방의 농업에 뿌리를 둔 Washington과는 달리, Du Bois의 생애는 Mason-Dixon Line의 변방에서 맴돌았다. 매사추세츠에서 태어난 그는 내쉬빌에 있는 Fisk 대학에 다녔으며, 독일에서 석사 학위를, Harvard 대학에서 박사 학위를 받았으며 Atlanta University Studies of Black American Life의 소장을 역임하였다. 그의 책인 『The Philadelphia Negro: A Social Study』는 도시의 아프리카계 미국인 공동체의 사회적 · 경제적 · 교육적 문제들을 다루었다(Du Bois, 1998). 학문적 사회학자이자 역사가였던 그는 확고한 인권 활동가였다.

■ 인권 지도자로서의 Du Bois

1909년, Du Bois는 the National Association for the Advancement of Colored People(NAACP)의 결성을 도왔다. NAACP의 주요 출판물인 「The Crisis」에 게재한 그의 사설들에서 아프리카계 미국인을 포함해 모든 미국인 아동 및 청소년들에게 평등한 교육 기회가 주어져야 한다고 주장하였다. Du Bois와 NAACP는 인종 차별 학교를 지속적으로 거부하였으며, 그의 헌신적 노력은 공립학교에서의 인종 차별을 불법화하는 데 도움이 되었다(인종 차별제 폐지에 대해서는 11장에서 논의한다).

■ 사회 및 경제적 변화 유도

인종 문제와 관련해 타협하고 수용적인 길을 걸었던 Booker T. Washington과는 달리, Du Bois는 계획적인 사회 변화를 위해 일하였다. 그는 아프리카계 미국인들은 잘 교육받은 지도자, 특히 전문 분야에서의 지도자들이 필요하다고 믿었다. 그리고 그는 "재능 있는 10%(talented tenth)"라는 개념을 만들었는데, 이는 아프리카계 미국인들 중 10%가 고등교육을 받게 한다는 것이었다. 그는 사람의 직업은 능력과 선택에 의해 결정되어야 하지, 인종적 편견에 의해서는 안 된다고 집요하게 주장하였다. 선지자적 지도자였던 Du Bois는 1950년대 이후 미국 인종 관계에서의 중대한 변화를 위한 토대를 마련하였다.

인디언

■ 전통적인 부족 교육

콜럼버스가 신대륙을 발견하기 이전에 인디언들의 교육은 대개 비형식적이었다. 아이들은 기술, 사회적 역할, 문화적 패턴을 집단의 언어적 전통과 부족의 삶과의 직접적인 경험을 통해서 익혔다.

의혹과 폭력으로 특징되는, 인디언들과 유럽 식민주의자들 간의 조우는 서로의 문화에 영향을 미쳤다. 식민주의자들은 북미 지역에 유럽 문화를 재창조하려 하고 인디언들은 자신들의 문화를 보존하려고 하는 가운데 두 문화가 변하였던 것이다(Calloway, 1997).

■ 전도를 위한 교육적 노력

북미 지역의 인디언들을 "문명화"하려는 유럽 식민주의자들의 노력은 유럽 인들 자신의 문화적 우월감에 기초하였다. 미시시피 강 유역에서 프랑스 선교사들은 프랑스 언어와 문화를 소개하는 학교에서 프랑스 식민지 아이들을 교육시켰을 뿐만 아니라 원주민들을 천주교로 개종시키려 하였다.

스페인 통제하의 남서부 지역의 경우, 제수이트(Jesuit)와 프란체스코(Franciscan) 수도회의 성직자들은 인디언 부족들을 보호하고 통제하며 천주교로 개종시키기 위한 미션스쿨(mission schools)을 설립해 스페인 지주들에 의한 원주민 착취를 경감시키려고 하였다. 미션스쿨에서는 종교, 읽기, 쓰기를 가르쳤다. John Amos Comenius를 추종하는 모라비아 교도들은 북미 지역에서 원주민 부족들을 가르치고 성서와 교리를 인디언 언어로 번역하였다.

■ Cherokee 문자

초기 인디언 교육자들 가운데는 Sequoyah가 있었는데 그는 체로키족(Cherokee)으로서 자기 부족의 문자를 고안했다. 1832년에 완성된 문자로 말미암아 체로키족은 문자를 가진 최초의 미국 원주민이 된다.

■ 동화주의 교육

19세기, 미국 정부는 강제로 대다수의 인디언들을 대평원과 미시시피 강 서부의 오지에 있는 보호구역으로 이주시켰다. 1870년 이후, 연방인디언사무국(the Bureau of Indian Affairs: BIA)은 의도는 좋았지만 잘못된 인식을 가졌던 개혁자들에 의해 다시 인디언들을 백인 사회로 동화시킴으로써 이들을 문명화시키려고 하였다. 이 "개혁가들"은 부족의 문화를 말살하고 산업 훈련을 통해 "백인"의 가치를 주입하려고 했다(Adams, 1988).

■ 기숙 학교

1890년부터 1930년대까지 BIA는 **기숙 학교**(boarding schools)를 이용해 동화론자(assimilationist)의 교육 정책을 시행하였다. 기숙 학교는 기본 교육과정인 읽기, 쓰기, 셈하기, 직업 훈련을 강조하였다. 이 학교에 다니고 있던 인디언 청소년들은 군사적인 훈육에 의해 통제되었다. 이들은 종종 원어 사용이 금지되고 영어 사용을 강요받았다(Adams, 1995).

■ 학생들의 반응

인디언 청소년들은 기숙 학교 체제에 대해 저항하거나 순응했다. 적극적으로 저항하는 청소년들은 반복적으로 학교를 뛰쳐나갔다. 순응적인 청소년들은 자신의 부족 정체성을 잃지 않고 영어 활용 기술을 익히려고 했다. 부모들은 종종 그들로 하여금 생계비를 벌기 위한 장삿술을 익히는 한 방법으로서 기숙 학교의 프로그램을 수용할 것을 주문하였다(Adams, 1988). 많은 학생들은 문화적 정체성의 상실을 겪었으며 두 개의 상이한 문화 간의 불모지에 갇혔다고 느꼈다.

■ 현재의 학교 교육

기숙 학교 개념은 1930년대에는 더 이상 지속되지 않았으며, 이후 인디언 교육은 큰 변화를 겪게 된다. 많은 인디언들은 도심지, 특히 내륙 도시에 살기 위해 보호구역을 떠났다. 보호구역에 살던 아이들은 BIA 학교, 부족 학교, 공립 · 사립 기관 등의 다양한 학교에 다녔다. 도심지에 사는 아이들은 대개 공립학교에 다녔다.

1970년대, 미국 정부의 동화 정책은 자기 결정을 강조하는 정책으로 대체된다. 이 새로운 방향은 공식적으로 1975년의 Indian Self-Determination and Education Assistance Act로 시작되었다. 이 법은 지금까지 유효하다. 이 법의 시행으로 연방 정부의 동화 정책은 공식적으로 끝나게 된다. 이 법은 원주민들의 "자신의 교육 활동을 통제할" 권리를 고무하고 증진하였다(Castile, 1998).

■ 교육 체제로부터의 소외

동화는 더 이상 공식적인 정부의 정책은 아니지만, 원주민들은 여전히 많은 청소년들을 교육 체제로부터 소외시키는 차별로 인해 고통을 받고 있다. 총인구 대비 인디언들은 20세 이하가 많지만 이들의 취학률은 전국 평균보다 훨씬 낮다. 학교 탈락률도 매우 높기 때문에 인디언들의 학교 졸업률은 미국 전체 학교 졸업률보다 낮다.

라틴계 미국인

■ 라틴계와 문화

라틴계 미국인들은 미국에서 가장 급성장하는 민족 집단이다. 라틴계는 스페인 어를 말하는 사람들을 식별하는 데 사용되는 집합적인 용어로 여기에는 멕시코, 푸에르토리코, 쿠바, 혹은 다른 라틴아메리카 나라들이 포함된다. 라틴계 미국인들은 공용어로 스페인 어를 쓰며 많은 스페인 전통을 공유하고 있지만, 각각의 민족 집단은 그 나름대로의 독특한 문화를 가지고 있다.

■ 남서부 지역에서의 동화

멕시코계 미국인들은 미국에서 가장 큰 라틴계 집단이다(MacDonald, 2001). 1848년 Guadeloupe Hidalgo 조약으로 멕시코 전쟁은 종식되고, 이 조약에 따라 멕시코는 지금의 애리조나, 캘리포니아, 콜로라도, 네바다, 뉴멕시코, 유타에 해당하는 방대한 땅을 미국에 양도하게 된다. 이 영토는 많은 멕시코 사람들에게는 텍사스 주와 마찬가지로 고향이었다. 이들 주에서 공립학교들은 당시에 미국 전역에 걸쳐 사용된 "**미국화**" 동화 정책을 따랐다. 멕시코 계열 미국인 아이들은 모국어인 스페인 어가 아닌 영어를 배웠으며, 이들의 라틴 문화유산은 경시되었다. 결과적으로 학교 교육은 부정적인 자기 이미지(self-image)를 제공했으며, 멕시코계 미국인들을 열등한 문화를 가진 피지배민으로 종종 묘사하였다. 오늘날 이중 언어 교육과 다문화 교육은 미국화를 대체하면서 멕시코계 미국인의 역사 의식을 개발하는 데 공헌하고 있다(Haas, 1995).

■ 소수의 교육 기회

그 후, 멕시코계 미국인 인구는 이주민 노동자들이 미국에서 일하기 위해 미국과 멕시코 국경선을 넘어오면서 증가하였다. 멕시코 사람들의 값싼 노동력 때문에 미국의 고용주들은 이들을 환영하였다. 멕시코 사람들은 낮은 임금, 열악한 거주지, 가혹한 노동 조건에서 일을 했다. 이주민 노동자들의 아이들은 부모와 함께 현장에서 일을 하지는 않았지만 교육적 기회를 거의 혹은 전혀 갖지 못했다. 멕시코로 돌아간 사람들도 많았지만 합법적으로 혹은 비합법적으로 미국에 남아 있는 사람들도 많았다. 2차 세계대전 이후 멕시코계 미국 인구는 사우스웨스트에서 다른 주들로 확장되어 갔으며, 종종 북동부와 중서부 대도시로 확장되었다. 오늘날, 멕시코계 미국인의 약 90%가 도심지에 살고 있다.

■ Chicano movement

1960년대 후반, 아프리카계 미국인들의 시민 권리 운동과 유사한 Chicano movimiento는 다음 두 가지의 목적을 추구하였다. 즉 (1) 멕시코계 미국인들은 단결해서 보다 나은 사회적 · 경제적 · 교육적 조건을 획득하고, (2) 멕시코계 미국인의 문화적 유산을 집단 정체성의 원천으로 보존한다는 것이었다. Cesar Chavez는 농업 노동자들에게 보다 향상된 노동 조건과 임금 인상을 확보하기 위해 United Farm Workers를 조직하였다. 라틴계 시민의 권리를 촉진하기 위해 1929년에 조직된 LULAC(the League of United Latin American Citizens)은 중산 계층의 전문가들을 매료시켰다. Chicano 운동은 멕시코계 미국인들의 정치적 활동과 경제적 발달 그리고 교육적 참여를 고무하였다. 멕시코계 미국인들이 초등학교와 중등학교에 입학하는 비율은 높아졌지만, 이들의 고등교육 등록률은 여전히 전국 평균보다 낮게 나타나고 있다.

■ 푸에르토리코 사람들의 미국인화

또 하나의 대규모 라틴 집단인 푸에르토리코 계열 미국인들의 역사는 1898년의 스페인-미국 전쟁으로 시작된다. 이때 패전한 스페인은 푸에르토리코 섬을 미국에 양도했다. 미국 소유의 푸에르토리코 시민들은 1917년에 미국 시민이 되었으며, 푸에르토리코는 1952년에 미연방 지위를 획득하였다.

푸에르토리코에서는 미국 스타일의 사회경제적 발전이 요구된다고 생각했었기 때문에 미국의 관료들은 과거의 스페인 학교 체제를 해체하였다. 이들은 학교 출석을 의무화하고 미국 스타일의 공립학교를 세웠으며, 미국 교수법으로 미국인들에 의해 훈련받은, 영어를 쓰는 교사들을 고용하였다. 스페인 어로 수업이 진행되는 경우도 있었지만, 미국화를 위해 영어를 의무적으로 사용하게 하였다. 학생들은 스페인 문화와 영어 사용의 미국 문화라고 하는 일종의 이중적인 문화적 정체성을 갖게 되었다.

■ 중도 탈락률

미국 본토로의 푸에르토리코 사람들의 이주는 20세기 초 이래로 지속되어 왔다. 오늘날, 200만 명 이상의 푸에르토리코 미국인들이 뉴욕, 시카고, 필라델피아와 같은 대도시에 살고 있다. 역사적으로 이들의 학교 탈락률은 높고 대학 진학률은 낮은 편이다. 그러나 최근 몇 년 동안, 푸에르토리코 미국인들은 특히 뉴욕과 시카고에서 정치적으로 보다 활발해지면서 자신들의 경제적 · 교육적 지위를 향상시켜 오고 있다.

■ 다양한 교육적 배경

미국에서의 쿠바계 미국인들의 경험은 정치적인 망명에서 그 뿌리를 찾을 수 있다는 점에서 다른 라틴계 집단의 경험과는 상이한 양상을 보이고 있다. 쿠바로부터의 여러 차례의 이민 물결로 미국에서 쿠바 공동체를 형성하게 되었다. 1959년부터 1973까지의 초기 망명자들은 Fidel Castro의 억압적인 공산 정권을 탈출하였다. 망명자들 중에는 상류층과 중산층이 많았으며 이들의 정치적 · 경제적 · 교육적 배경과 조직은 독특한 쿠바계 미국 문화 공동체를 형성하게 된다. 1980년대, 쿠바의 Mariel 지역에서 이주해 온 이민자들은 주로 하위 계층 출신이었다. 쿠바계 미국인 공동체는 이들이 탈출한 쿠바의 특징을 반영하면서 독특하면서도 순응적인 문화를 만들어 왔다 (Garcia, 1996).

21세기 초, 라틴계 미국인들은 미국의 사회적 · 정치적 · 경제적 삶에서 보다 큰 역할을 수행하고 있으며, 영향력이 있는 중산층의 전문가와 사업가들이 늘고 있다. "침투성 문화(permeable cultures)"라는 개념은 라틴계 문화를 해석할 때 유용하다. 문화 요인을 교환하면서 라틴계 이주민과 이들의 자녀들은 선택하고, 빌려오고, 보유하고, 거부하면서 그들만의 문화적 패턴들을 창조하고 있다(Rodriguez & Ruiz, 2000).

■ 이중 언어 교육

현재 공립학교들은 과거의 동화와 미국화 정책을 버렸다. 1968년의 이중 언어 교육법(Bilingual Education Act)은 라틴계 미국인들에게 분수령이 된다. 이 법은 1974년 Lau v. Nichols에서의 대법원 판결과 함께 이중 언어 교육 프로그램 개설로 이끌었다. 그러나 최근 이중 언어 교육은 영어를 공식적인 언어로 사용해야 한다는 제안을 포함해 정치적 논쟁거리가 되고 있다. 1998년 캘리포니아를 위시해 여러 주들은 이중 언어 프로그램을 중단할 것을 표결했다. "In This Case"는 현재 미국에 존재하는 이중 언어 교육에 대한 상이한 관점들을 보여 주고 있다.

아시아계 미국인

유럽 이주민들은 동부 해안, 주로 뉴욕 시를 경유해 미국으로 입주해 왔지만, 아시아계 미국인들은 서부 해안, 특히 로스앤젤레스와 샌프란시스코를 통해 들어 왔다. 이러한 지정학적인 이유로, 아시아계 미국인들은 역사적으로 태평양 연안의 서부 주들에 집중되어 있다. 이들은 거기로부터 동쪽으로 이동하였다. 미국에 정착한 최초의 아시아계 사람들은 중국인들과 일본인들이었다. 최근에는 필리핀, 인도, 타이완, 한국, 베트남, 라오스, 캄보디아 등에서 이주해 오고 있다.

■ 초기 중국 이민자

중국인들의 이주는 1848~1849년 골드러시 동안 캘리포니아에서 시작되었으며, 절정기인 1848년과 1882년 사이에 228,945명의 중국인들이 미국으로 들어 왔다. 초기 중국인 이주민들은 광부, 농장 일꾼, 철로 건설공으로 일을 했다. 사업가의 기질을 가진 중국 상인들은 서부 해안 시에서 소규모 사업, 식료품 가게, 세탁소를 운영하였다. 샌프란시스코와 로스앤젤레스에서 중국 고유의 사회, 종교, 문화, 교육을 가진 이종 문화권을 형성하게 된다(Tsai, 1986).

In This Case

상이한 관점

"이중 언어 프로그램을 없애고 싶어하는 사람들은 정말 문제가 있어."라고 Maria Manuel은 말했다. "내가 스페인어를 사용할 수 없었다면 난 결코 학교에 잘 적응하지 못했을 거야. 9살이었던 4학년 때 이곳으로 왔지. 어머니와 아버지는 영어를 하지 못했어. 내 친구들은 주로 스페인어를 했어. 적어도 나는 영어를 천천히, 신중하게, 그리고 정확하게 배울 수 있었어. 만일 내가 양자택일을 해야 했다면, 지금과 같이 교사 교육 프로그램에 참여하지 못했을 거야."

또다른 교사 교육 학생 Nichole Knesek은 "부모님이 체코슬로바키아에서 미국으로 왔을 때는 이중 언어 교육이 없었어. 부모님은 영어를 배우거나 아니면 고통을 감내해야 했어. 영어를 빨리 배워야만 했다는 것이 기쁘다고 말씀하셔. 두 분 모두 지금은 훌륭한 비즈니스 경력을 가지고 있어. 결국 영어는 이 나라의 언어야. 모든 시민과 거주민들은 표준 영어를 말할 수 있어야 해."라고 응답했다.

세 번째 학생은 중립적 접근을 선호한다고 하였다. "이중 언어를 허용하되 프로그램 참가 연령을 제한하면 좋겠어. 이중 언어 교육을 허용하되 초등학교 2학년이나 3학년까지면 좋겠어. 그렇게 되면 교육을 원하고 앞서고 싶은 아이들은 진지하게 영어를 배울 거야."

"8학년에 이민 온 아이는 어떻게 할 건데?"

"그런 아이는 나이가 들 만큼 들었기 때문에 양자택일을 해야 한다고 생각해. 베트남 아이들을 봐. 나이 먹고 와서도 잘 하고 있잖아."

네 번째 학생은 "이중 언어 프로그램을 폐지하려는 최근의 움직임은 재정적인 성격이 강해. 많은 주와 학교구가 재정적인 어려움에 처해 있어. 재정이 문제이지, 교육적 결과나 철학의 문제가 아니라니까."라고 말하였다.

이때 교수가 끼어들면서 다음과 같이 말했다. "이중 언어 교육이 어떻게 해서 생겼는지 알고 있나요? 그것이 이곳 대부분의 학교에서 어떻게 운영되고 있는지 알고 있나요? 이중 언어 교육 프로그램이나 영어 공용 프로그램에서의 학생 성공에 대한 연구 결과는요? 우리 자신의 개인적 관점을 공유함으로써 토론을 계속할 수는 있지만, 여러분 각자는 이중 언어 교육에 대해 충분한 지식 기반을 가질 필요가 있다고 봅니다. 교사로서 여러분은 이성적으로 자신의 입장을 분명히 할 필요가 있습니다. 이 시점에서 우리는 어떤 방법이 영어가 모국어가 아닌 사람들에게 최선인지 단정적으로 말할 수 없다고 봅니다."

질 문

1. Maria와 Nichole이 표명한 관점을 보다 잘 평가하기 위해서 당신은 무엇을 알 필요가 있는가?
2. 얼마나 많은 이중 언어 교육이 다문화주의 문제와 연결되어 있는가?
3. 이중 언어 교육에 대한 당신의 입장은 무엇인가? 어떤 사실들이 당신의 입장을 지지하는가?
4. 재정 문제와 이중 언어 프로그램을 줄이는 것의 상관관계에 대해서 어떤 증거를 찾을 수 있는가?

▪ 일본 이민자

▪ 제한된 교육 기회

일본인 이주는 중국인 이주보다 늦은 1885~1924년에 이루어졌다. 일본 이주민들은 하와이의 사탕수수 및 파인애플 농장, 캘리포니아 지역의 농장에서 일을 하기 위해 대개 농업 지대인 일본의 남서부에서 왔다. 이들의 이주는 1910년까지 늘어나다가 이 시기에 이르러 줄어드는데, 그 이유는 일본과 미국 간의 경제적 · 정치적 이슈 때문이었다(O'Brien & Fugita, 1991).

▪ 아시아 이민자의 추방

▪ 제한된 교육 기회

1882~1924년에 미 의회는 중국인과 일본인의 이주를 금하는 법을 시행하고 이들이 미국 시민이 되는 것을 막았다. 1882년 제정된 The Chinese Exclusion Act는 중국인을 공식적으로 배제한 미국 최초의 법이다(Gyory, 1998). 이 법이 시행되기 전에 이주해 온 사람들에게는 인종 차별로 인해 교육적 · 경제적 기회가 제한되었다. 예컨

대, 1906년 샌프란시스코 교육위원회는 아시아계 아동들을 다른 아이들과 분리하기 시작하였다. 일본 정부로부터의 외교적 항의가 있자 이 교육위원회는 분리 정책을 폐지하였다(O'Brien & Fugita, 1991). 2차 세계대전 이전, 전문직에 종사할 만큼 충분한 교육을 받은 중국계나 일본계 미국인은 거의 없었다.

■ 일본계 미국인의 수용

제2차 세계대전으로 말미암아 일본계 미국인들에 대한 인종적 편견은 표면화된다(Kurashige, 2000). 미국에 있는 일본인들이 적을 도울 것이라는 두려움으로 인해 미국 정부는 일본 혈통의 11만 명의 사람들을 강제수용소로 보냈다. 이들 중 많은 사람들은 미국 시민이었다. 오지에 있던 수용소에는 기본적인 서비스와 설비가 부족하였다. 마침내 젊은이들을 위한 수용소 학교가 세워졌지만, 수용 경험은 신체적 고통과 정신적 소외를 낳았다. 미국 정부의 이러한 억압적인 행위는 근거 없는 공포에서 기인하였다. 이 기간 동안 일본계 미국인들에 의한 파괴 행위는 단 한 차례도 일어나지 않았다. 1980년대에 이르러서야 연방 정부는 이러한 야만적 행위를 시인하고 이들에게 보상하였다. 1988년, Civil Liberties Act에 따라 2차 세계대전 동안 정당한 법적 절차 없이 수감되었던 8만 2,000명 이상의 일본계 미국인들에게 대통령의 사과문과 보상이 이루어졌다(Maki et al., 1999).

■ 필리핀 이주자

상당수의 필리핀 사람들은 2차 세계대전이 발발할 무렵 미국 본토로 이주해 왔다. 많은 필리핀 남자들은 미 해군에서 복역하였고 나중에 이들은 가족들과 함께 동부에 정착하였다. 그 외의 사람들은 특히 1930년대에 농장 일꾼으로 미국 본토로 이주해 왔다.

■ 2차 세계대전 이후 개선됨

2차 세계대전 후 중국계, 일본계, 필린핀계 미국인들의 경제적 · 교육적 지위가 실질적으로 향상되었다. 1952년의 McCarran-Walter 법에 따라 아시아 사람들의 이주와 시민권에 대한 금지 조치가 풀렸다. 이때부터 아시아 사람들의 이주가 급증하였으며 많은 사람들이 전문적인 교육을 받아 전문직에 종사하게 된다. 이들의 이주는 아시아계 미국인들 사이에서 고등교육 붐을 일으켰다. 일본계 미국인들의 변화가 특히 두드러졌다. 이들의 중등교육 이후 교육 수준은 대부분의 유럽계 미국인이나 어떤 다른 소수민 집단보다도 높았다. 일본계 미국인 3세 중 90% 이상이 대학에 다니고 있다.

■ 새로운 아시아 이민자들

1960년대 이후에는 다른 아시아 집단, 특히 한국인과 인도 인의 이민이 늘었다. 1970년대 동남아 지역에서 미국이 지지하던 정부가 붕괴되자 베트남, 캄보디아, 라오스 등의 나라 사람들은 상이한 교육적 배경으로 미국에 도착했다. 예컨대, 남부 베트남 사람들 중에는 전직 군장교, 정부 관료, 사업가, 전문가들이 있었다. 이와는 대조적으로 Hmongs는 구어가 부족한 농촌 문화 출신이었다.

아랍계 미국인

"아랍"은 인종적 용어라기보다는 문화적 · 언어적 용어로서 모국어로 아랍 말을 쓰는 사람들을 지칭하는 것이다. 대부분의 아랍 인들은 이슬람 추종자들인 회교도이지만, 기독교를 믿는 사람들도 많이 있다. 아랍계 미국인들 대다수는 레바논, 시리아, 팔레스타인, 이라크, 요르단, 이집트로부터 이주해 온 후손이다.

초기 아랍 이주민들은 19세기 초, 특히 1875~1915년에 오스만투르크 제국에서 미국으로 왔다. 이 초기 이주민들 중 많은 사람들은 레바논과 시리아 출신이었으며 그리스 정교회 혹은 가톨릭 신자였다. 이들은 주로 동북 주에 정착했는데, 이 중 많은 사람들은 소규모의 사업가, 상인, 요리점 경영자가 되었다. 다른 이주민들과 마찬가지로, 이들은 Syrian Brotherhood Orthodox Society와 같은 동도 조직과 친교 모임을 만들었다. 이 조직과 모임은 교회나 이슬람 사원의 후원으로 설립되는 경우가 종종 있었다. 최초의 아랍계 신문의 하나인 Kawkab America, The Star of America는 1892년에 창간되었다(Boosahda, 2003).

제2의 아랍계 사람들의 이주 물결, 특히 팔레스타인과 요르단으로부터의 이주는 2차 세계대전 이후에 있었으며 지금도 계속되고 있다. 보다 최근의 이주민들은 이슬람계 사람들이 압도적이며, 일반적으로 초기 이주자들에 비해 보다 많은 공식 교육(formal education)을 받았다.

아랍계 미국인들은 다른 이주민 집단들과 상당히 많은 공통점을 지니고 있다. 나이가 많은 아랍계 미국인들은 공립학교에 다님으로써, 지역 사회와 정치 조직의 회원으로서, 그리고 일을 통해서 동화되었다. 이들은 보다 큰 미국 사회에 동화되는 한편, 언어, 관습, 종교, 음악, 문학, 이야기 말하기를 통해서 자신들의 아랍 문화를 유지하였다(Boosahda, 2003). 많은 이주민들은 이중 언어를 사용했으며 교회나 이슬람 사원에 아랍 어, 문화, 종교 계층을 형성하였다.

대학에 다니는 아랍계 미국인들의 비율은 전국의 대학 재학 평균율보다 높으며, 이들 중 많은 사람들은 상급 학위를 가지고 있다. 많은 아랍계 미국인들은 가족 소유의 사업에 종사하고 있다. 노동력에 있어서 아랍계 미국인 중 약 60%가 회사의 중역, 전문가, 관료, 판매직 간부이다.

2001년 9 · 11 테러 후, 아랍계 미국인들이 고정관념과 차별의 희생양이 될 것이라는 우려가 있었다. 차별 행위가 간혹 있었지만 아랍계 미국인들은 자신들의 역사와 문화에 대해 일반 국민을 교육시킬 만큼 전향적 입장을 취하고 있다. 교육자들 역시 아랍계 미국인 공동체를 다문화 교육의 맥락에 포함시키기 위해 노력해 왔다.

다시 한 번 생각해 보기

미국은 어떻게 해서 문화적으로 다양한 사회가 되었는가? 아프리카계, 라틴계, 아시아계 미국인들이 미국 문화에 어떤 역할을 했으며, 이들이 미국에 기여한 것에 대해 생각해 보자.

최근의 역사적 추세

현대 교육에 있어서 어떤 추세들이 지속되고 역사적으로 중요한지를 사정하기란 어렵지만, 이 장은 중요한 것으로 보이는 다음과 같은 몇 개의 추세를 제시한다. 즉 성 평등 운동, 장애 학생들을 위한 균등한 교육 기회, 교육의 전문성 신장, 학교 폭력의 감소, 국가적 위기에 대한 학교의 대응이다.

성 평등

■ Title IX

1972년 제정된 Education Amendments to the Civil Rights Act의 Title IX와 1974년의 Women's Educational Equity Act(WEEA)는 연방 지원 교육 프로그램에서의 여성에 대한 차별을 금지하였다. 이 법에 따라 여성들은 수학, 과학, 체육, 공학 프로그램 등에 더 많이 참여하게 되었다. 여성들의 교육 기회에서의 이러한 향상에도 불구하고, 많은 교육자들은 여전히 더 많은 개혁이 필요하다고 믿는다(Crock & Galen, 1995).

장애 학생 교육

■ Education for All Handicapped Children Act

1975년, 의회는 Education for All Handicapped Children Act(PL 94-142)를 통과시켰는데, 이 법은 과거에는 양질의 교육에 충분히 접근하기 어려웠던 아이들을 위한 기회를 증진시켰다. 이 법은 장애를 가진 아이들이 "적절한 공교육"을 받을 수 있도록 하는 국가 명령을 담고 있다(12장에서 장애를 가진 아이들을 교육시키는 것에 대해 충분히 토론할 것이다).

미 교육부

■ 연방 교육부

1979년, 의회는 Carter 대통령이 제안한 교육부 설치를 위한 법을 제정하였다. 이전의 교육국은 the Department of Interior나 Department of Health, Education, and Welfare와 같은 다른 연방기관들의 일부였다. 교육부는 교육공학과 "No Child Left Behind" 법에 의해 제공된 학업적 성취를 사정하기 위한 표준화 검사를 학교에서 보다 많이 활용하는 것과 같은 연방의 발의를 촉진해 왔다.

학교 폭력 감소

1990년대 동안 급우들에 의해 학생들에게 가해진 일련의 총기 난사는 증가하는 학교 폭력에 대한 관심을 불러일으켰다. 1999년 4월에 이 문제에 대한 전국적인 관심이 있게 되는데, 이때 총과 폭탄으로 무장한 두 명의 학생이 콜로라도 리틀턴의 Columbine 고등학교에서 12명의 급우들과 1명의 교사를 사살했다. Columbine 고등학교뿐만 아니라 다른 학교구와 주에서도 비슷한 사건들이 발생했다. 9장에서 논의하는 바와 같이 이런 사건이 있은 후, 많은 학교구들은 학생들이 학교에서는 어떤 무기도 소지할 수 없다는 "무관용(zero tolerance)" 프로그램을 시행해 오고 있다. 많은 폭력 방지 프로그램도 만들어졌으며, 교사들은 학생들의 안전을 확보할 수 있는 적절한 행동에 관한 현직 훈련을 받아 왔다.

테러와의 전쟁

2001년 9월 11일, 테러리스트들은 두 대의 민간 항공기를 공중 납치하고 뉴욕의 세계무역센터와 워싱턴의 국방성 건물에 충돌시켰다. 이 공격으로 3,100명이 사망했으며, 이 사건으로 말미암아 미국인들의 세계를 보는 방식과 미국에서의 삶에 대한 이해 방식에 변화가 있게 된다. 비록 세계의 테러리즘이 과거의 위협과는 근본적으로 다른 도전을 부과하고 있지만, 과거와의 분명한 지속성은 이런 사건들에 역사적 관점을 제공하고 있다.

학교는 과거의 위기에 부응해 왔다. 2001년 9월 11일과 그 후의 테러와의 전쟁이라는 사태들은 부분적으로 미국 영토에 부과된 것이라는 독특한 특징을 지니고 있지만, 위기에 대한 과거의 학교 대응은 현재의 사태에 대해 우리가 어떻게 대응해야 하는지를 결정하는 데 도움이 될 수 있다. 1차 세계대전 동안, 학생들은 자유 공채(liberty loan)를 모집하였으며 식물을 재배하기 위해 자유 정원을 가꾸었다. 2차 세계대전 동안, 학교와 교사들은 금속 모으기 운동(scrap metal drives)을 하였으며, 전쟁 구호 우표와 채권(war saving stamps and bonds)를 구입하고, 승리의 정원을 가꾸었다. 이런 행동들은 전시에 대한 직접적인 반응이었지만, 학교에서 가르치고 배운 보다 더 중요한 교훈은 미국의 삶의 방식과 미국의 민주주의를 지키기 위해 희생은 필수 불가결하다는 것이었다.

학교는 위기의 시대에 민주적 가치와 다문화적 이해를 촉진할 수 있다. 미국이 1차 세계대전에 참전한 직후, 독일어 수업은 전국의 고등학교에서 거의 사라졌다. 독일에 대한 강력한 반감은 많은 학생들로부터 중요한 언어와 문화를 배우는 것을 박탈하였다. 이 장의 초반부에서 언급한 바와 같이, 스파이와 파괴 행위라는 2차 세계대전의 두려움은 수천 명의 일본계 미국인들을 수용소에 감금하도록 하였다. 이러한 과거의 인종적 고정관념이라는 실수를 반복하지 않기 위해서, 학교와 교사 그리고 학생들은 아랍 인들과 이슬람교도들에 대한 차별을 거두고 민주적이고 다문화적인 가치를 존중해야 한다.

다시 한 번 생각해 보기

미국 교육사에서 현재 추세는 무엇인가? 어떤 추세들이 당신 자신의 교사 생애에 가장 큰 영향을 미칠 것인지를 식별하라. 학교가 공통의 문화와 다문화를 동시에 배양하는 것이 가능한가?

요 약

❶ 영국 식민주의자들이 북미 지역에 정착했을 때, 이들은 사회 계층 패턴에 기반한 전통적인 유럽 교육 제도를 수입했다. 보다 낮은 사회경제적 사회 계층을 위한 기초학교 혹은 보통학교(primary or vernacular)는 기초 교육과정으로 읽기, 쓰기, 셈하기, 종교를 가르쳤다. 라틴 문법 학교나 식민지 대학과 같은 대학 진학 준비학교(preparatory school)는 상류층 소년들과 남자들을 위한 것이었는데, 이 학교에서는 이들을 교회, 국가, 사회에서의 지도자로 기르기 위한 고전적 교육과정을 제공하였다.

❷ 미국이 독립한 후, 보통학교 혹은 공립학교 운동은 국가 전역에 걸쳐 초등학교 설립으로 이어졌다.

❸ 19세기 공립 고등학교의 출현은 미국에서 공적인 학교 교육의 확산에 기여하였다. 주립 대학의 발흥과 1862년에 통과된 Morrill 법은 교육 체제의 마지막 단계를 창출했으며, 이는 배타적인 유럽식 복선형 체제의 흔적들을 바꾸었다. 20세기가 시작될 무렵, 미국의 공립학교 체제는 초등 · 중등 · 고등기관의 형태를 완성하였다.

❹ 20세기 중반에 이르러 교육공학의 도입은 교수 학습의 변화를 가져왔다.

❺ 20세기 중반 소수계 집단, 특히 아프리카계 미국인, 인디언, 라틴계 미국인 아이들에게 동등한 교육 기회를 제공하려는 노력이 집중적으로 이루어졌다. 미국 교육에서의 최근 경향은 보다 많은 집단을 미국 학교 교육의 주류에 포함시키며 보다 큰 학문적 성취를 강조하고 있다.

❻ 19세기 후반과 20세기 초반의 미국화 이데올로기는 동질적인 문화 패턴으로의 동화를 강조하였다. 이런 아이디어는 모든 미국인들의 문화적 기여를 가치롭게 여기는 다원주의 철학(pluralistic philosophy)으로 대체되었다.

제 3 부

정치적, 경제적, 법적 기초

공교육 운영 및 행정 7

미국의 교육 체제는 지역(local), 중간 단계(intermediate), 주 및 연방 차원의 4단계로 이루어져 있다. 공식적인 학교 조직 및 학교 조직이 어떻게 운영되고 있는지 이해하게 된다면 학교에 관한 실질적인 결정 및 선택, 그리고 적절한 정치적 행위를 취하는 데 도움이 될 것이다. 이 장에서는 각각의 운영 단계 및 이들이 교육에 어떤 영향을 미치고 있는지 살펴본다.

미국은 영국, 프랑스 또는 일본과 같은 전국 단위의 교육 체제를 갖추고 있지 않다. 50개 주는 각각의 교육 체제를 가지고 있으며, 각각의 주 내에서도 학교 체제는 다양하게 나타나고 있다.

미국의 헌법에는 공교육에 관한 조항이 포함되어 있지 않지만, 10차 헌법 개정안에 따르면 연방 정부에 귀속되거나 헌법으로 제한된 사항들을 제외한 모든 권한은 각 주에 귀속된다. 이 조항은 공교육에 관한 기본적인 책임을 주에 부여하는 토대가 된다. 그러나 각 주는 일상적인 학교 운영에 대한 권한을 지역 교육청에 위임하고 있다. 따라서 지역 수준에서의 학교 운영 및 행정에 대해 먼저 살펴본다. 이 장을 읽으면서 아래의 질문들을 생각해 본다.

핵심 질문

- 지역, 주 및 연방 정부는 교육에 어떤 영향을 미치는가?
- 교육 관련 정책 결정을 위해 지역 교육위원회는 교육감과 어떤 활동을 하는가?
- 교육청 통합 또는 해체가 이루어지는 이유는 무엇인가?
- 교육 관련 정책 결정에 있어 주지사, 주 의회, 주 교육위원회, 주 교육부 및 주 교육청 관리들의 역할 및 책임은 어떠한가?
- 최근 들어 연방 정부의 역할에는 어떤 변화가 일어나고 있는가?

지역의 책임과 활동

미국의 공립학교들은 지역 교육청에 소속되어 있다. 지역 교육청은 주 정부에 의해 만들어진다. 주 헌법의 규제를 받는 주 의회는 지역 교육청의 관할 구역, 경계 및 권한을 수정할 수도 있고 완전히 폐지할 수도 있다. 지역 교육청은 비교적 소규모의 지역을 관장하며 특정 지역 내에 거주하는 학생들을 위해 학교를 운영한다. 그러나 주의 정책을 토대로 하여 지역 교육청이 운영되기 때문에 지역 교육청의 교육 정책은 주 교육법에 규정된 사항들을 따라야만 한다.

지역 교육위원회의 특징

■ 지역 교육위원회의 책임

주의 권한 제한에도 불구하고 지역 교육위원회(local school board)는 상당한 의사결정 권한을 행사한다. 대다수의 교육위원회는 과세권을 가지고 있다. 이들은 인사 및 학교 자산에 관한 권한을 행사한다. 일부 주의 경우에는 교육과정 및 학생 관련 정책에 관한 권한을 지역 교육위원회에 위임하는 경우도 있지만, 법률 등을 통해 특정 사항을 부과하거나 규제하기도 한다.

■ 대부분의 교육위원회는 선출제

교육위원회의 위원들을 선출하는 방법은 주의 법률에 의해 규정된다. 가장 일반적인 두 가지 방법은 선출과 임명제이다. 선출 방식은 일반 대중에 대한 책무성을 증진시킬 수 있지만, 임명제를 통해 정치적인 활동이 덜한 가운데 보다 유능한 사람을 활용할 수 있다고 주장하는 사람들도 있다. 현재 가장 일반적인 방법은 선출제이며, 전국의 95% 정도의 지역에서 이 방법을 활용하고 있다(Harrington-Leuker, 1996; Taylor, 2000). 교육위원회 위원의 수를 구체적으로 명시하고 있는 주도 있고, 대략적인 인원수만을 규정하는 주도 있으며, 위원의 수를 규정하지 않는 주들도 있다. 교육위원회 위원의 수가 19명에 이르는 대도시 지역도 있지만, 대부분의 경우에는 7~9명으로 구성되어 있다.

■ 교육위원회의 다양성: 계속되는 우려

대부분의 교육자들은 교육위원의 구성이 지역 사회 구성원들의 다양성을 적절하게 반영하고 있는지에 대해 우려를 표시하고 있다. 최근에 이루어진 전국 단위의 연구에 따르면, 여성 위원들의 비율은 1981년의 33%에서 2002년에는 40%로 증가하였다(그림 7.1 참조). 이 시간 동안 소수 인종 출신의 위원들도 8.5%에서 14%로 증가하였으나, 소수 인종 출신 학생들이 증가하고 있는 추세(2002년 현재 전체 학생의 39%)를 따라가지는 못하고 있다(Digest of Education Statistics, 2002). 학생 수가 6만 명이 넘는 상위 100곳의 학교구의 경우에는 더욱 이질적인 형태를 띠고 있다. 2001년에 이루어진 연구에 따르면, 교육위원 중 소수 계층 출신이 차지하는 비율은 22%에 불과하며, 이 중 여성이 차지하는 비율은 42%였다(Education Vital Signs, 2002; Ornstein, 1992).

그림 7.1 지역 및 주 교육위원회의 다양성

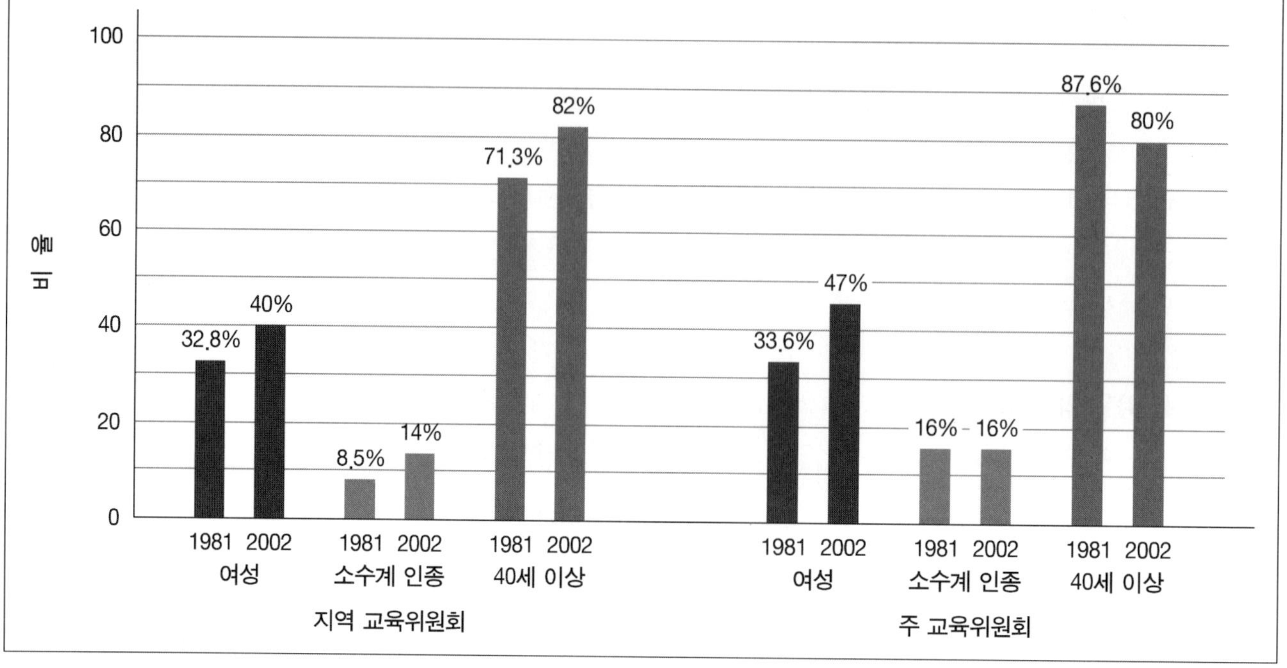

출처: "Leadership," *Education Vital Signs, 2002* (Alexandria, Va.: National School Boards Association, 2002); telephone interview with Brenda Welburn, director, National Association of State Boards of Education, October 1, 2003; and National Association of State Boards of Education, *Gender, Age, and Racial Demographics of the State Board Members* (Alexandria, Va.: Author, 1998), pp. 2, 4, 8.

교육위원들의 연령은 지역의 평균보다 높은 편이며(40대 이상이 82%), 교육 수준도 높고(4년제 대학 졸업 이상이 67%) 부유한 것으로(연간 수입이 5만 달러 이상인 경우가 24%였고, 40%가 7만 5,000달러 이상이었다) 나타났다. 이들의 직업은 주로 전문직 또는 관리층(45%)에 종사하거나 직접 기업을 운영하고 있었다. 교육위원의 34%는 소도시에 거주하고 있으며, 교외에 거주하는 비율도 이와 비슷하게 나타났다. 22%는 농촌 지역에 거주하며 12% 정도는 도시 지역에 거주하고 있다.

흥미롭게도 교육위원들 중 57%만이 자녀를 두고 있으며, 학교에 다니는 자녀를 둔 경우는 53%에 불과하였다. 현재 해당 지역의 학교에 재학 중인 자녀가 있는 교육위원이 교육위원회의 정책 결정에 어떤 영향을 미치는지에 대해 관심을 가지고 있는 학교구들은 많지만, 이에 대한 교육청들의 반응은 상이하게 나타나고 있다. 일부 지역의 경우 학령기 아동이 있어야만 교육위원이 될 수 있도록 규정하고 있는 곳도 있지만, 자녀가 타 지역의 학교에 다니는 것을 허용하는 지역도 있다.

연령 및 사회경제적 요인은 교육위원들의 정치적 관점에 영향을 미친다. 다수의 교육위원들은 공화당에(55%), 38%는 민주당에 가입하고 있다. 교육위원들의 이러한 정치적 성향은 지역 내의 학교와 관련된 정책 결정에 영향을 미치고 있다.

■ 위원회의 회의 유형

교육위원회의 회의는 정규 회의, 특별 회의 및 집행부 회의(executive meeting) 등

세 가지 형태로 이루어진다. 전자의 두 가지 회의는 일반인들에게 공개된다. 세 번째 형태의 회의는 보통 비공개로 이루어지며, 인사 관련 문제나 심각한 문제점들을 다룬다. 공개로 진행되는 회의는 학교와 지역 사회 간의 관계 증진에 기여하며, 학부모 및 일반 시민들이 교육 관련 문제를 이해하고 자신의 의견을 표현할 수 있는 기회를 제공한다. 비공개 회의를 통해 주요 정책이 결정되는 것에 대해서 비판이 제기되고 있으며, 대다수의 주에서는 금지되고 있다. "In This Case"에 공개로 진행되는 집행부 회의에 대한 예가 제시되어 있다.

■ 교육위원회에 대한 압력

교육위원들은 시민 단체, 경제인 단체, 특정 분야에 관심을 가진 학부모(장애아, 영재아 및 학교 운영 위원), 교원 단체 및 재정 지원에 큰 영향을 미치는 지역 및 주 정치가들의 상이한 주장에 귀를 기울이고 이러한 주장을 평가하는 데 상당한 압력을 받고 있다. 승자와 패자가 분명하게 드러나는 결정도 있고, 우선권이 주어지는 경우도 있으며, 재정 부족은 어려운(또는 대중적이지 못한) 결정을 의미한다.

■ 더욱 분열되고 있는 교육위원회

학교의 질은 지역의 평판, 재산 가치 및 인근 지역으로의 기업 유치에 큰 영향을 미친다. 그러나 일리노이 주의 66개 학교구의 교육감들을 대상으로 한 조사에 따르면, 최근 들어 교육위원회는 더욱 정치화되고 분열되고 있다. 새로운 교육위원회 위원들은 다른 교육위원들 또는 교육자들의 관점보다는 선거인단의 생각에 보다 큰 관심을 두고 있는 것 같다. 이 때문에 교육자들과 일부 시민들은 선출직 교육위원들로 인해 야기되는 정치적 행위 때문에 교육위원들의 가치에 대해 회의적인 반응을 보이기도 한다(Gresham et al., 2000).

교육위원회의 책임

■ 학교는 커다란 사업

학교 행정 및 경영은 커다란 사업이며, 교육위원들은 적절한 사업 운영 방법에 대한 이해가 필요하다. 전체적으로 볼 때 미국 내 각 주의 교육위원회에서는 매년 3,730억 달러에 이르는 금액과 500만 명 이상의 교사, 행정가 및 일반 직원(상담가, 사서 및 간호사 등)에 대한 책임을 맡고 있다(Digest of Education Statistics, 2002). 이들은 미국 내에서 가장 규모가 큰 집단이다. 일반적인 교육위원들은 교육위원회와 관련된 업무를 처리하는 데 주당 20시간을 사용한다. 교육위원들은 학생, 교사, 행정가, 학부모 및 그 외의 지역 주민들을 대할 때 공정하고 법적인 측면을 항상 생각해야만 한다.

교육위원들의 권한 및 책임은 다음과 같이 분류된다.

■ 교육위원들의 책임

1. **정책**. 교육위원회는 학교 내에서 무엇을, 누가, 어떻게 처리해야 하는가에 관한 일반적인 규칙을 제정한다. 최근에는 학교 단위 책임경영제의 실시로 인해 무엇을, 누가, 어떻게와 관련된 일상적인 학교 운영 및 방향에 교사, 일선 행정가 및 학부모 집단의 참여가 증가하고 있다.
2. **인사**. 기술적으로 볼 때 교육위원회는 학교구에 소속된 모든 직원들의 고용에

In This Case

의사결정 과정에서의 협력?

교육위원회 집행부 회의를 시작할 시간이 다 되었다. 교육감인 Dr. Clore는 회의를 시작할 준비가 끝났다고 교육위원회 의장에서 고개를 끄덕였다.

이번 회의는 아주 힘들 것 같다. 모든 행정 관련 계약들에 대한 심의가 이루어질 예정이지만 그 중에서도 웨스트사이드 초·중등학교의 교장인 Tom Day의 계약 건이 특히 더 관심의 대상이 되었다. 대부분의 학부모들과 교사들은 Tom Day를 무능력한 행정가라고 생각하고 있다. 이들은 자신들의 주장을 뒷받침하기 위해 여러 가지 문서들을 제시하였고, 오늘 회의에서 결정이 날 때까지 관련된 모든 조치들을 취하며 그와의 계약을 종료하도록 요구하였다. Dr. Clore 또한 Day 교장과 재계약을 체결하지 않도록 교육위원회에 건의하였다. 2년 동안 그와 함께 일을 해 왔지만 전혀 개선되는 모습을 볼 수 없었다. 자신의 판단으로는 Rom Day 교장은 수업 지도자(instructional leader)가 아니었다.

그러나 일부 학부모 및 졸업생들은 Day 교장을 지지하며 그와 재계약을 하도록 공개적 및 비공개적으로 교육위원들에게 로비를 해 왔다. Dr. Clore는 회의장을 둘러보았다. 회의장의 한쪽에는 Tom Day를 지지하는 학부모와 교사들이 앉아 있으며, 이들은 파면 결정이 나자마자 이의를 제기할 기세를 보이고 있다. 회의장의 다른 한쪽에는 Day 교장의 퇴진을 위해 노력해 온 사람들이 앉아 있다. 누구도 승자가 될 수 없는 상황인 것 같았다. '오늘 우리는 기로에 서 있어.'라고 Dr. Clore는 생각하였다.

Dr. Clore는 한숨을 쉬며 의사결정의 투명성을 높이기 위해 주 정부에서 실시하고 있는 "햇빛 정책"이 인사와 관련된 문제에서만큼은 어느 정도 예외가 인정되었으면 좋겠다고 생각하였다. 대부분의 논의는 여러 차례 비공개로 이루어졌지만, 계약에 대한 발표는 공개 회의 석상에서 이루어져야만 한다. 보통 기자들과 교육위원회 위원들만이 참여하는 정규 회의가 아닌 것에는 기쁘게 생각하였다. 그러나 아무리 지도력이 부족하다 하더라도 그 어느 누구도 지금 Tom Day가 당하고 있는 것과 같은 난처한 상황에 빠지게 해서는 안 된다고 생각을 하였다.

"여러분, 조만간 결론에 이르게 될 것입니다."라고 그는 말하였다. 교육위원회의 회의 규칙에 따라 자신의 생각을 이야기할 수 있도록 회의에 참여한 시민들에게 최대 5분간의 시간이 주어졌다. 각 집단은 자신들의 의견을 발표할 대표자를 선정하였다. Dr. Clore는 찬성 쪽 및 반대 쪽 학부모들의 대표자는 교육위원들 앞에서 이야기할 준비가 되어 있다는 생각이 들었지만, 교사들에 대해서는 확신을 하지 못했다. 이는 적어도 10분간의 즐겁지 않은 시간, 많게는 20분간의 시간이 지나게 될 것임을 의미하였다.

그는 모든 것이 제대로 통제되기를 바랐다. 교육위원회의 위원장은 부임한 지 얼마 되지 않은 상태였고, 인사 관련 문제는 감정적으로 흐를 수도 있었다. 절차를 정확하게 따르지 않는다면 법원에 소송이 제기될 수도 있다는 것을 Dr. Clore는 알고 있었다.

질 문

1. 이상적으로 볼 때, 교육위원회와 교육감은 협력 관계를 이루어야 한다. 위와 같은 상황에서 교육감과 교육위원회의 역할을 어떻게 정의할 수 있을까?
2. 왜 Dr. Clore는 회의에 참여한 사람들이 인생의 기로에 서 있다고 생각했을까?
3. 이러한 인사 관련 결정 상황에서 교사들은 어떤 역할을 해야 할까?
4. 대규모 학교구의 경우, 교육감이 아닌 교육청의 주요 직원들이 이러한 상황에 관여할 수 있을까?
5. 교육위원회가 이러한 심각한 상황에 보다 적절하게 대처하기 위한 방법에는 어떤 것들이 있을까?

대한 책임을 지고 있다. 그러나 실제로는 교육감(학교구의 최고 행정가) 및 교육청 내의 고위 행정가에 대한 선발 및 임용에만 권한을 행사하고 있다. 학교장과 교사들의 고용 및 계약 유지에 관한 권한은 보통 하부 조직에 부여된다.

3. **고용 관계.** 교육위원회 위원들은 교원 단체와의 단체 협상 등을 포함한 직원들

과의 관계에 대한 모든 책임을 진다. 대규모의 학교구에서는 교사들과 단체 협상을 할 때 자문가 또는 변호사들의 도움을 받지만, 소규모 학교구에서는 교육감이나 교육위원회 내의 분과위원회에서 이러한 역할을 수행한다.

4. **재정 관련 사항**. 교육위원회는 학교구의 재정 상태를 건실하게 유지하고 모든 세금을 적절하게 운영해야 한다. 일반적으로 학교구의 예산은 지방 자치 단체의 예산보다 더 많다.
5. **학생**. 교육위원회는 학생들의 권리 및 책임, 진급 및 졸업을 위해 필요한 사항, 특별 활동 및 출석 등에 관한 문제를 다룬다.
6. **교육과정 및 평가**. 교육위원회는 주의 법률 및 지침에 따라 교육과정을 개발하고 교과서를 승인한다. 또한 교육위원회는 연방 정부의 "No Child Left Behind" 법 등에서 요구하는 것과 같은 평가를 실시하고 이를 보고해야 한다.
7. **지역 사회와의 관계**. 교육위원회는 학부모들뿐만 아니라 지역 사회 구성원들의 목소리에도 귀를 기울여야 한다.
8. **정부의 요구 사항**. 연방 정부와 주 정부 기관들은 지역 학교구에 다양한 사항을 요구하고 있으며, 교육위원회는 이러한 사항들이 적절하게 실행되고 있는지 감독할 책임을 진다(Houston & Bryant, 1997).

교육위원회 위원들은 교육감의 권한을 침해하지 않는 범위 내에서 학교 운영에 참여한다. 이론상 교육위원들은 교육위원회 회의 및 전체로서 행위를 할 때를 제외하고는 아무런 권한을 가지지 못한다. 또한 이들은 정치적으로 신중해야만 한다. 특별한 협조를 요청하는 사람들이 있을 때 이러한 요청을 받아들여서는 안 된다.

교육감과 교육청 직원

■ 학교 체제의 최고 행정가

교육위원회가 수행하는 가장 중요한 책임 중의 하나는 **유능한 교육감**(superintendent of schools)을 임명하는 것이다. 교육위원회가 입법권을 가진 정책 결정 기관인 반면, 교육감은 학교 체제의 최고 행정가이다. 때때로 교육감이 문자 그대로 CEO가 되기도 한다. 대부분의 교육감은 교육자 출신이지만 최근 들어서, 특히 뉴욕과 같은 곳에서는 기업 전문가를 교육감으로 고용하고 있다.

교육위원회의 경우와 마찬가지로, 교육감이 자신이 근무하는 지역의 다양성을 제대로 반영하지 못하고 있다는 우려가 제기되고 있다. 현재 교육감의 86%가 남성이고 여성은 14%이며, 이들 중 소수 인종 출신은 5%에 불과하다.

교육 전문가들이기보다는 일반인들로 구성된 교육위원회는 교육 전문가들에 의해 학교가 적절하게 운영되고 있는지 감독할 책임을 가지고 있다. 교육감의 정책은 교육위원회의 승인을 받아야만 하지만, 특히 대규모 학교구의 경우 교육위원회는 자신에게 부여된 권한의 상당 부분을 교육감 및 직원들에게 위임하고 있다.

■ 교육감에게 의존하는 교육위원회

교육감의 주된 기능은 교육위원회 위원들이 현명한 정책적 결정을 할 수 있도록 자료를 수집하고 제공하는 것이다. 교육감은 교육위원회에 조언을 제공하고 문제점들을 충분히 이해할 수 있도록 노력한다. 일반적으로 어떤 사항에 대한 교육감의 건의가 있을 때, 교육위원회는 법률을 제정하고 정책을 결정한다. 그러나 교육위원회와 교육감 사이에 계속적인 불화 또는 정책과 관련된 갈등이 존재하는 경우에는 일반적으로 교육감이 교체된다. 교육감의 평균 임기는 3~4년 정도이다. 대도시 학교구에서의 평균 재임기간은 3년 미만으로 더욱 짧다(Eaton, 1990). 1990년대 초 규모가 큰 상위 100곳의 학교구를 대상으로 한 연구에서 현 직위에 근무한 지 1년 미만인 교육감의 비율이 24%나 되는 것으로 나타났다(Negroni, 2000). 교육감의 임기가 이렇게 짧은 이유는 교육위원회와의 의사소통 단절과 학교 행정에 대한 교육위원회의 간섭 때문이다. 교육위원회의 간섭 및 관여에 대해 Dr. Clore는 어떤 생각을 가졌을까?

■ 교육감의 의무

교육위원회에 대한 조언 제공과 함께, 교육감은 다음과 같은 다양한 기능을 수행한다.

1. 교원 및 기타 직원(예를 들어, 수위 및 식당 종사자) 관리
2. 교육과정 및 수업 지도력
3. 학교구 조직, 예산, 장기 계획, 주 및 연방 정부에서 제시되는 지시 사항 이행 등을 포함한 행정적 업무(administrative management)

이와 함께, 교육감은 학교구 내 학교들의 일상적인 학교 운영을 감독하고 대변인으로서의 역할을 수행한다.

■ 교육감에 대한 지역 사회의 압력

교육감은 불평을 가진 학부모 또는 자신들의 주장을 관철시키려고 하는 지역 사회 단체 등으로부터 상당한 압력을 받는다. 효과적인 교육감인가 아닌가 하는 것은 이러한 압력 집단에 적절하게 대처하는 능력에 달려 있다. 자신감을 갖춘 지도자만이 학생들을 비롯한 학부모 및 지역 사회 단체들의 요구와 기대 간에 균형을 유지할 수 있다. 전문가들은 교육감으로 성공하기 위한 가장 중요한 부분은 교육위원회, 시민 단체, 교사, 학부모, 노조 및 선출직 공무원 등과의 의사소통이라는 것에 동의한다. 시민 단체, 의회 및 정치적 지지를 확보하지 못한 교육감은 실각하게 된다(Shannon, 1997).

■ 교육청 조직

교육청 직원(central office staff)들은 교육감을 보조한다(그림 7.2 참조)(Vail, 2003). 학생 수가 2만 5,000명 이상인 대규모 학교구에는 상당한 위계가 존재한다. 교육감 휘하에 부교육감(deputy superintendent, associate superintendents, assistant superintendents), 국장(directors), 과장(department heads), 주임(coordinators and supervisors) 등의 직위가 존재하며, 이들 밑에도 여러 명의 직원이 배치되어 있다. 소규모 학교구의 경우에는 상대적으로 위계화의 정도가 낮다.

■ 관료제에 대한 비판

여러 계층으로 분화되어 있는 대규모 학교구의 행정 조직은 납세자들이 낸 세금을

그림 7.2 전형적인 중형 학교구(학생 수 5,000~25,000명)

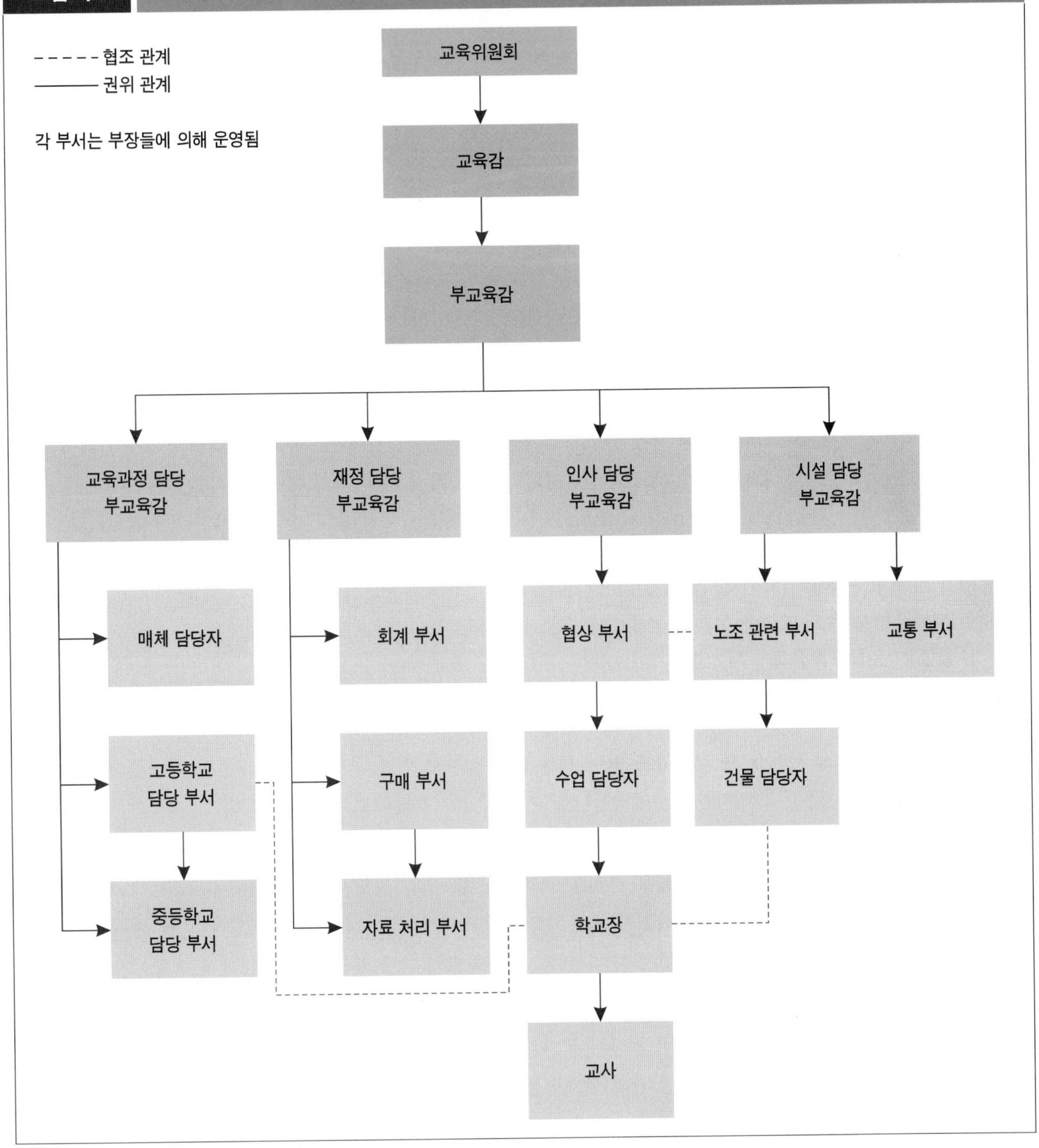

이 그림은 전국의 12% 정도를 차지하고 있는 중간 규모의 학교구(학생 수 5,000~25,000명)의 조직 구조이다. 약 37%를 차지하고 있는 소규모 학교구(학생 수 1,000~5,000명)의 구조는 더욱 단순하다. 대규모 학교구의 조직 위계는 아주 문제가 된다. 10만 명 이상인 학교구의 구조는 한 페이지로 표시하기도 어렵다.

출처: *Digest of Educational Statistics, 2002*, Table 88.

낭비하는 등 비효율적이라고 비판하는 사람들도 있다. 사실 행정 직원 대 학생들의 비율을 살펴볼 때, 대규모 학교구들이 비효율적인 편은 아니다. 그럼에도 불구하고, 일반 기업체들과 같이 대다수의 학교구들은 제한된 자원을 적절히 활용하고 교육 개혁을 강조하는 시대적 흐름에 따라 구조 조정의 장점을 긍정적으로 바라보고 있다.

학교장과 학교

대부분의 학교에는 학교 운영에 대한 책임을 지는 행정 직원인 **학교장**(principal)이 있다. 소규모 학교에서는 학교장이 직접 수업을 담당하기도 하지만, 규모가 큰 학교에는 한 명 이상의 교감이 배치되기도 한다. 흥미롭게도 학교 행정가(교장 및 교감)의 87%는 남성이다. 학교 내에도 각종 부장, 훈육 담당자(예를 들어 학생 주임 등)와 상담가(guidance counselors) 같은 행정 위계가 존재한다. 이들은 학교장의 지휘 아래 학교장을 보조하며 학교 운영에 참여한다. 또한, 대다수의 학교장들은 사친회 또는 최근에는 학교 운영위원회와 같은 지역 사회 내의 여러 집단 및 단체들과도 함께 일한다.

■ 학교장의 역할

학교장의 업무 중 가장 중요한 것은 일상적인 학교 운영, 각종 회의, 서류 작업, 전화 통화 및 일상적인 업무 등을 처리하는 관리자(manager)로서의 역할이다. 그러나 또한 교장들에게는 교육과정 및 수업과 관련된 지도성도 요청된다. 교장들은 교육과정 및 수업(예를 들어 수학, 영어, 사회, 미술, 음악)과 관련된 사항들을 처리하는 데 50~75%의 시간을 할애해야 한다고 주장하는 학자들도 있다(Majkowski, 2000). 그러나 교장들은 여러 가지 많은 업무로 인해 교육과정 및 수업과 관련된 활동에 상당한 시간을 할애하는 것은 사실상 불가능하다고 주장하고 있다.

일반적으로 볼 때, 중등학교 교장들이 자신을 관리자로 생각하고 있는 반면, 초등학교 교장들은 자신을 교육과정 및 수업 지도자로 생각한다(Cooper, 1989). 아마도 이는 중등학교가 초등학교보다 규모가 더 커서 교장이 담당해야 할 관리 업무가 더 많기 때문일 것이다. 또한, 중등학교의 교장 휘하에는 각 교과의 교육과정 및 수업 활동을 담당하는 교과 부장들이 있지만 초등학교에는 거의 없다.

당신이 교사라면 교장과 어떻게 상호작용을 할 것인가? 대규모의 중등학교에서는 교사와 교장 간의 상호작용은 공식적인 수업 관찰, 교무 회의, 식당, 복도, 통학 지도 및 교장실에서의 대화 등의 형태를 띠며, 빈번하게 이루어지지는 않는다. 그러나 이와 반대로 대부분의 초등학교 교사들은 학교장과 자주, 거의 매일 접촉하며, 학교 및 학생들과 관련된 다양한 사항들에 대한 이야기를 나눈다.

■ 학교 단위 책임경영제의 영향

전통적으로 학교 정책과 관련된 권위는 하향적인 과정을 통해 전달된다. 즉, 교육위원회의 결정이 교육감과 교육청 직원들을 경유하여 학교장에게 전달된다. 그러나 앞에서 언급한 바와 같이 일부 학교구의 경우에는 학교 단위 책임경영제(school-

일반적으로 중등학교 교장들은 자신을 관리자로 인식하는 반면, 초등학교 교장들은 교육과정 및 수업 지도자라고 생각한다.

based management)의 실시를 통해 일선 학교에 더 많은 의사결정권을 위임하고 있다. 학교 단위 책임경영제의 실시로 인해 교육과정, 직원 연수, 수업 및 직원 채용, 예산 등과 관련된 사항에 대한 교장과 교사들의 책임은 더욱 커지게 되었다. 학교장들에게는 교사 및 교직원들과 협동하는 참여적 학교 운영 형태가 요청되고 있다(Delaney, 1997).

다시 한 번 생각해 보기

신규 교사와 학교장 간의 이상적인 관계는 어떤 것일까? 교장이 되고 싶다는 생각을 해 본 적이 있는가?

학부모와 지역 사회의 참여

대부분의 학교 단위 책임경영제 프로그램은 교장과 교사들 간의 협력을 넘어서 학부모와 지역 사회 구성원들에게도 중요한 역할을 부여하고 있다. 1970년대 이후 크게 제기되고 있는 학부모 및 지역 사회 구성원들의 참여를 보다 확대하고 있는 것이다.

■ 학부모 참여의 이유

대부분의 교육자들은 가장 기본적인 이유에서 학부모들의 참여를 장려하고 있다. 즉, 관련 연구들은 학부모들의 참여가 특히 대도시 저소득층 및 소수 인종(Comer, 1985) 학생들의 학업 성취도와 성적 향상 및 학습 태도 개선에 크게 기여한다는 결과를 제시하고 있다(Campbell, 1992). 전국 여론 조사 결과에 따르면 부모의 참여를 지지하는 비율이 압도적으로 높았으며, 자녀의 교육에 부모가 큰 역할을 한다고 믿고 있는 것으로 나타났다(Pappano, 2003).

■ 참여하지 않는 학부모들

그럼에도 불구하고, 자녀의 학교 교육에 참여하는 기회를 충분히 누리는 부모는 상대적으로 많지 않다. 학부모들을 대상으로 한 교육부의 조사에 따르면, 8학년 자녀를 둔 학부모의 32%만이 사친회에 가입하고 있으며, 학교에서 열리는 각종 회의에 1회 이상 참여한 비율은 36%에 불과했다(Digest of Education Statistics, 2002). 또다른 조사에 따르면, 대부분의 학부모들은 학교와 관련된 문제에 깊이 참여하려는 의도도 시간도 없는 것으로 나타났다. 1주일에 1회 이상 자녀의 숙제를 봐 주는 학부모는 35%에 불과하였고, 학교 행사 또는 학급 봉사 활동에 한 번도 참여하지 않은 학부모가 63%에 이르는 것으로 나타났다. 최근의 연구에 따르면, 대부분의 학부모들은 불편함, 학생 시절 경험한 학교에 대한 부정적인 경험 및 행정가와 교사들의 태도에 대한 부정적인 인식 등의 이유로 학교 관련 활동에 참여하는 것을 꺼리는 것으로 나타났다(Ramirez, 2000).

■ 지역 사회 참여의 형태

이와 같은 학부모들의 참여 부족에도 불구하고, 개혁의 일환으로 교육 관련 의사결정에 학부모 및 지역 사회 구성원들의 목소리를 반영하기 위한 공식적 방안들이 제시되고 있다. 일반적으로 지역 사회 구성원들은 거의 활동을 하지 않지만, 지역 사회 구성원들에게 학교 운영에 관한 상당한 영향력을 행사하는 권한을 부여하는 곳도 있다. 논의의 목적상 여기서는 지역 사회의 참여 방식을 지역 사회 참여, 지역 사회의 통제 및 지역 사회 교육 등 세 범주로 나누어 제시한다.

■ 지역 사회 참여의 영역

지역 사회 참여. **지역 사회 참여**(community participation)의 일반적인 형태는 인근 학교 또는 지역 단위의 학교 운영위원회 위원으로 참여하는 것이다. 이러한 위원들은 보통 교직원들에 의해 임명되며, 교육위원회에 각종 도움과 조언을 제공한다. 시민단체들도 여러 가지 영역에 대한 조언 및 도움을 제공한다. (1) 목표, 중점 사항 및 요구 확인, (2) 교사와 교장 선발 및 평가, (3) 교육과정 및 과외 활동 프로그램 개발, (4) 학교 재정 후원, (5) 자원 봉사자 모집, (6) 학교 및 "과제 도우미" 프로그램 등을 통해 학생들에게 도움 제공하기(U.S. Department of Education, 1994).

■ 권력 공유

지역 사회 통제. **지역 사회 통제**(community control) 체제하에서 선출된 지역 사회 위원은 조언 제공 이상의 역할을 수행한다. 즉, 교육위원회와 의사결정권을 공유한다.

■ 시카고의 경험

1990년, 시카고 시는 지역 교육 개혁의 일환으로 지역 사회 통제 방법을 받아들였다. 학부모와 지역 사회 단체들은 학교장의 임용 및 계약 유지, 교육과정 및 예산 등에 상당한 영향력을 행사하였다. 그러나 최근의 연구의 따르면 시카고의 공립학교들은 개혁의 지표가 되는 세 가지 부분, 즉 학업 성취도, 출석률 및 퇴학률 등에 있어 큰 변화가 없거나 오히려 악화된 것으로 나타났다. 시카고의 교사, 행정가 및 교육위원들은 이러한 행정적 변화에 대해 일반적으로 긍정적인 반응을 보였지만, 기업가, 시민, 학부모 및 지역 의회 의원들의 대부분은 부정적인 반응을 보였다(Walberg & Niemiec, 1994).

■ Charter School 운영

최근에 등장한 학부모의 교육 참여 방안 중 가장 핵심적인 방안은 Charter School

의 설립이다(이에 대한 보다 자세한 설명은 교육 재정 부분에서 다룬다). 지역 교육위원회 또는 주 교육위원회는 지역 사회 단체에게 공립학교의 설립 및 운영권을 부여하는 "헌장"(charter: 구체적인 권리, 특권 및 기대 사항 등을 기록한 계약서)을 승인한다. 재정, 학교 운영, 학생 등록 및 책무성에 대한 구체적인 사항은 협의를 통해 결정된다. 만약 Charter School이 규정된 책무성 기준에 도달하지 못하면 헌장은 취소되고 학교는 폐교된다. Charter School은 지역 사회 구성원들에게 일선 학교 운영 참여 및 이들에 대한 통제 기회를 제공한다(Saks, 1997). Charter School에 대한 찬반 논쟁은 "Taking Issue"를 참고하기 바란다.

■ 모든 연령층을 대상으로 한 학교 교육

지역 사회 교육. 1980년대 초부터 학교는 지역 사회 내에 존재하는 여러 교육기관들 중의 하나로 인식되고 있다. **지역 사회 교육**(community education)이라고 불리는 이러한 개념에 따르면 학교는 교육, 건강, 여가 및 사회적 · 법적 · 문화적 활동을 지역 사회에 제공하는 동반자 또는 조정기관의 역할을 한다(Fantini, Louhren, & Reed, 1980). 예를 들어, 메릴랜드 주 볼티모어의 경우 학교는 3~4세 아동 및 이들의 부모들을 위한 취학 전 프로그램뿐만 아니라 성인들을 대상으로 한 스포츠, 드라마, 운동, 여가 및 직업 관련 프로그램 등 지역 주민들에게 다양한 서비스를 제공한다. 이러한 모든 활동들은 사회의 변화를 반영한 것이다. 이러한 프로그램들은 저소득층 가정에게 특히 더 도움이 된다.

■ 다른 기관들과의 공유

지역 사회 교육 계획의 일부분으로서 학교는 다른 지역 사회 기관 또는 기업체들의 인사 및 시설을 공유한다. 반대로 학교도 다른 지역 사회 기관, 기업체 및 대학들과 시설, 자비 및 인사를 공유한다. 이러한 공유는 교육 예산이 감소하거나 부족한 시기에 특히 중요하다.

학교 및 학교구의 규모

■ 학교 규모에 관한 논쟁

교육자들 사이에는 오랫동안 규모에 대한 논쟁이 이루어져 왔다. 학교의 적정 규모는? 학교구당 적절한 학생 수는? 40년 전, James Conant(1959)는 가장 효과적인 고등학교는 다양한 프로그램 및 시설을 갖출 수 있을 정도로 커야 한다고 주장하였다. 그러나 최근에는 소규모의 학교가 더 효과적이라는 주장들이 제기되고 있다.

■ 대규모 학교의 문제점

1987년, 이전에 이루어진 여러 연구들을 분석한 후, Gregory와 Smith(1987)는 고등학교의 학생 수는 250명을 넘지 않아야 한다는 결론을 내렸다. 이들의 분석에 따르면, 학생 수가 많은 경우에는 통제와 질서를 지나치게 강조하는 결과를 낳게 되고, 서로를 충분히 잘 알 수 없기 때문에 학생, 교사 및 학부모들 간에 공동체감을 형성하는 데 지장을 주게 된다. 예를 들어, 1994년 뉴욕 시의 34개 고등학교를 대상으로 한 연구 결과에 따르면, 약 250명 단위로 학생들을 조직하였을 때 출석률이 증가하였고, 학생들의 반응력이 높아졌으며, 성적도 향상되었다(Eichenstein et al., 1994).

Taking Issue	질문 현장 학교가 학생들을 교육하기 위한 보다 좋은 방법인가?	
공립학교 개혁 방안으로서의 현장 학교 1980~1990년대에 교육 개혁에 대한 요구가 증가함에 따라 학교 운영에 참여하고자 하는 시민들의 요구도 증대되었다. 일부 학부모들은 현장 학교와 같은 권한을 주도록 교육위원회에 요구하는 등 보다 큰 통제력을 행사하려고 시도하였고, 이는 여러 주에서 큰 논쟁거리가 되었다.	**찬성**	**반대**
	1. 현장 학교는 전통적인 공교육 체제에서는 실현할 수 없는 대안적인 학교 교육 관점을 제공한다.	1. 책무성과 관련된 목표가 명확하게 규정되지 않기 때문에 오해와 혼란을 초래한다.
	2. 현장 학교는 주 및 지역 교육청의 규제로부터 자율성의 증대를 가져다 준다.	2. 현장 학교에 적용되는 연방 교육 프로그램의 규정 및 규제 등은 현장 학교의 운영에 맞지 않다.
	3. 위기 상황에 있는 학생 등 특정 학생들을 수용할 수 있다.	3. 경비가 많이 소요되는 학생 집단을 대상으로 하는 경우 학교 설립 및 운영을 위해 부적절한 재정 지원을 받기도 한다.
	4. 학생, 교사 및 학부모들은 스스로의 선택에 의해 참여하며, 학교가 보다 효과적으로 운영될 수 있도록 노력한다.	4. 직원 채용에 어려움을 겪는 경우가 많으며, 교사 부족으로 인해 이러한 문제가 더욱 악화된다. 또한, 교원 단체는 종종 현장 학교를 비판하고 해당 지역에서의 설립을 반대하고 있다.
	5. 현장 학교는 규모가 작고 관리가 용이하다.	5. 적절하지 못한 건물 및 시설이 학습에 영향을 미친다.
	6. 학부모의 참여 및 전반적인 의사소통이 증대된다.	6. 학교 운영위원회, 학교장 및 교직원을 위한 준비 시간이 충분하지 못하기 때문에 나중에 경영 및 의사소통상의 문제가 나타난다. 학부모의 지나친 요구 등은 현장 학교의 효과성을 저해할 수도 있다.

최근의 연구 결과에 따르면, 고등학교의 경우 학생 수가 600~900명일 때 학생들의 학습에 가장 큰 도움이 되는 것으로 나타났다. 학생 수가 증가할수록 학습력이 감소하였고 학생 수가 2,100명 이상인 경우에는 더욱 낮게 나타났다. 또한 연구 결과에 따르면, 부유한 지역의 경우에는 학생 수가 많아도 학업 성취도가 높았으며, 이와는 반대로 가난한 지역 또는 소수 인종 거주 지역의 학생들은 소규모 학교가 필요한 것으로 나타났다(NCES, 2003).

■ 학교구의 이상적인 규모

학교의 규모에 관한 논쟁은 학교구의 최적 규모에 관한 논쟁과 유사하게 진행되고 있다. 일부 주창자들에 따르면 학교구의 규모가 커질 경우 과세 범위가 증가하게 되고 학생 1인당 교육비를 경감시킬 수 있다. 결과적으로 보다 우수한 교원을 채용할 수 있고 다양한 교육 프로그램과 특수 프로그램, 그리고 보다 좋은 교통 편의 시설을 제공할 수 있다. 지난 60년 동안 이루어진 연구 결과들을 종합해 보면, 가장 효과적인 학교구의 규모는 학생 수가 1만~5만 명이다(Mertens, 2001).

■ 소규모 학교구의 장점

그러나 오늘날에는 학교뿐만 아니라 학교구도 규모가 작을 때 더 효과적이라고 인식되고 있다. 1993년 교육위원들을 대상으로 한 연구에서 78%의 교육위원들은 소규모 학교구가 보다 관리하기에 편리하며 시민들의 참여를 증대시키는 데 도움이 되지만, 대규모의 학교구는 행정적으로 큰 문제가 된다고 응답하였다(Howley & Bickel, 2002).

찬반 주장과는 별도로 현재 미국에서는 학교구의 규모가 커지는 추세이다. 2000년 통계 자료에 따르면, 공립학교 학생의 25%가 규모가 큰 100개의 학교구에 재학하고 있으며, 이들 학교구에는 각각 6만 명 이상의 학생들이 재학하고 있는 것으로 나타났다(NCES, 2001). 대부분의 경우, 대규모 학교구는 대도시 또는 대도시 근교에 위치하고, 가장 규모가 큰 학교구는 뉴욕으로 약 1,075,710명의 학생이 재학하고 있으며, 그 다음은 로스앤젤레스 710,000명과 시카고 431,750명의 순이었다. 규모가 큰 또다른 학교구인 푸에르토리코(613,000명)와 하와이(186,000명)는 각각 전체 지역 또는 주가 한 학교구로 이루어져 있다(NCES, 2001).

■ 학교구의 대규모화

학교구 통합. 학교구의 규모는 인구 증가 및 몇 개의 소규모 학교구가 1~2개의 학교구로 결합되는 학교구 통합을 통해 증대된다. 그림 7.3에 제시되어 있는 것과 같이, 학교구 통합은 1930년 130,000개에서 2002년 15,000개로(1930~1960년에 학교구 통합이 대대적으로 이루어졌다) 전체적인 학교구의 수를 엄청나게 감소시켰다(Digest of Educaton Statistics, 2002).

■ 학교구의 합병

여러 가지 이유로 학교구 통합이 이루어졌으며, 그 주된 이유는 다음과 같다.

■ 통합의 이유

- **규모.** 대규모 학교, 특히 대규모 고등학교에서는 다양한 교육과정 및 전문화된 교원들을 확보할 수 있다.
- **서비스.** 대규모 학교에서는 소규모 학교에서는 찾아보기 힘든 상담가, 학생 부장, 교감 및 각종 전문 직원들을 채용할 수 있다.
- **경제성.** 대규모로 물품을 구매할 때(예를 들어 책, 종이, 미술 용품 등) 상당한 비용을 절감할 수 있다. 오래된 학교들의 폐교 조치를 통해 비용 절감을 가져올 수도 있다. 또한 학교구 통합을 통해 보수를 많이 받는 교육청 고위직 직원들을 감축시킬 수도 있다.

학교구의 통합은 보통 학교의 폐교를 의미하며, 이는 특히 학교가 지역 사회 정체감의 중요한 부분을 차지하고 있는 소규모 또는 시골 지역에서 심각한 감정적인 문제를 야기하고 있다. 학교구 통합보다 그 정도가 약간 덜한 방법은 인근 학교구와 프로그램 및 교직원을 공유하는 것이다. 예를 들어, 1995년, 아이오와 주의 67개 학교구는 교육감을 공유하였고, 71개의 학교구는 전체 학년 공유 방법(참여하는 학교구의 특정 학년에 재학 중인 모든 학생들이 한 학교구로 배정된다)을 사용하였다(Bryant, 2002).

그림 7.3 학교구의 수 감소(1930~2001년)

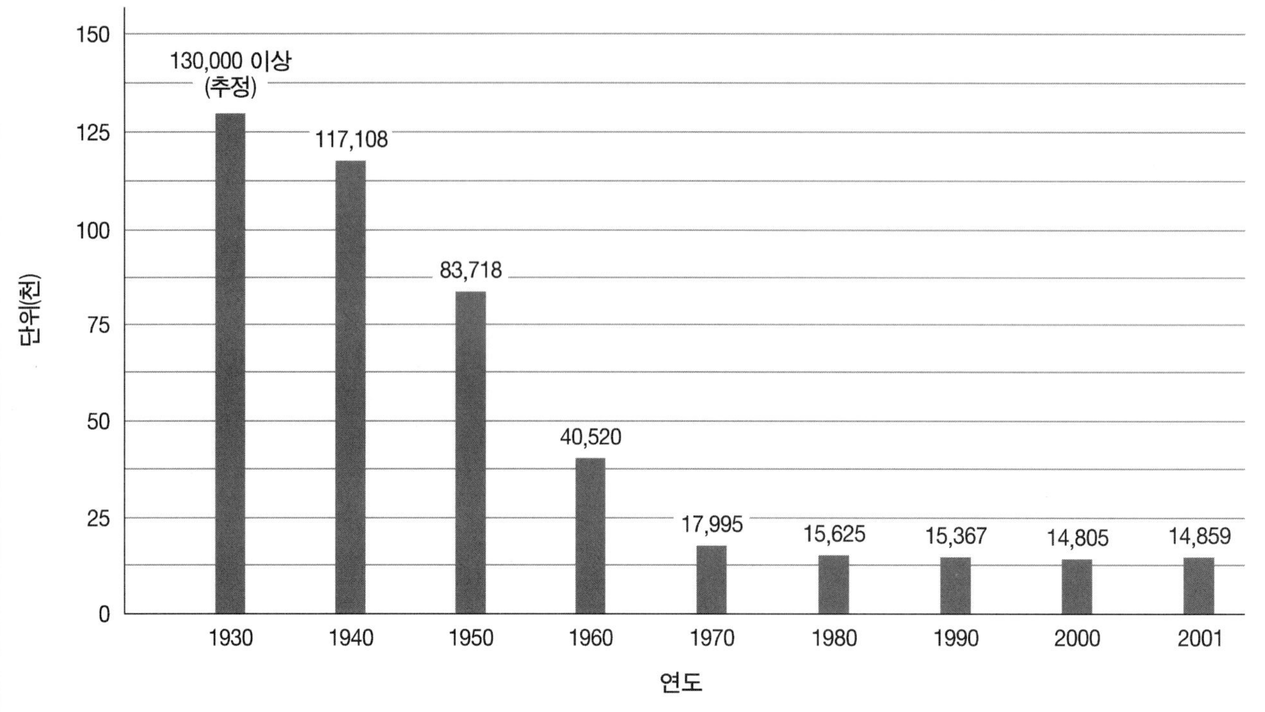

출처: *Digest of Education Statistics, 2002* (Washington, D.C.: U.S. Government Printing Office, 2002), Table 87 and 89.

다시 한 번 생각해 보기

신문, 잡지를 읽거나 뉴스를 들을 때 지역 학교구 수준에서, 주 수준에서, 연방 정부 수준에서 논의되고 있는 교육 관련 사항에는 어떤 것들이 있는가? 이러한 사항들은 당신이 근무하고 있거나 현장 실습을 했던 학교구에 어떤 영향을 줄까?

중간 단계

■ 조정 및 보조적인 서비스

중간 단계(intermediate unit) 또는 **지구 교육 서비스 기관**(regional educational service agency: RESA)은 주 교육부와 지역 교육청 사이에 있는 관청 또는 기관을 의미한다. 이 기관은 지역 학교구들과 협조 및 보조적인 서비스를 제공하고, 지역과 주 교육기관들을 연결시켜 준다. 중간 단계는 주 법률에 의해 만들어진 것으로 주 교육부의 기능을 법적 · 정치적으로 확대한 형태이다. 2001년 당시 29개의 주에 어떤 형태로든 중간 단계가 설치되어 있었다. 평균적으로 볼 때, 중간 단계는 20~30개의 학교구로 구성되어 있으며 관할 면적은 80km^{2}에 이른다. 현재 미국에는 1,282개의 중간 또는 지구 교육기관이 존재하고 있다(Digest of Education Statistics, 2002).

■ 제공되는 서비스

최근 들어 중간 단계는 교육과정, 수업, 평가, 현직 연수 및 그 외 일반적인 교육 영역에 관한 다양한 컨설팅 서비스와 인력을 학교구에 제공하고 있다. 또한 이중 언어 교육(bilingual education), 유치원 취학 이전의 교육, 직업 교육, 영재 교육 및 특수 교육, 그리고 자료 처리 및 기술 교육 등과 같은 보다 전문적인 분야에 대한 서비스도 제공한다. 상당수의 교육자들은 여러 학교구를 담당하는 중간 단계가 대다수의 소규모 또는 재정적인 어려움을 겪고 있는 학교구에서는 스스로 할 수 없는 여러 가지 서비스를 경제적으로 제공할 수 있다고 믿고 있다.

다시 한 번 생각해 보기

현재 근무하고 있는 주에는 중간 단계 또는 지구 교육 서비스 기관이 있는가? 만약 그렇다면, 이들은 일선 학교에 어떤 직접적인 영향을 주고 있는가? 예를 들어 보자.

주의 책임과 활동

■ 주의 법적인 책임

각 주는 관할 지역 내에 있는 모든 공립학교의 지원 및 유지에 대한 법적 책임을 진다. 이를 자세하게 제시하면 다음과 같다.

- 각종 법률 제정
- 주 교육세 결정 및 지역 학교구에 대한 재정 지원
- 직원 훈련 및 채용에 관한 최소 기준 설정
- 교육과정 지침 제공("승인된" 교재 목록을 만드는 주도 있다.)
- 학교 승인을 위한 규정 마련
- 통학 교통편 및 교과서 무상 제공 등과 같은 서비스 제공

■ 주 법

주 교육법(state school code)은 주 내에서의 학교 운영 및 교육 활동과 관련된 여러 가지 법규들을 모아 놓은 것이다. 물론 주는 연방 헌법에 위배되는 법규를 제정할 수 없다. 대부분의 주는 학교 운영 방법과 관련된 자세한 법규들을 가지고 있다. 주에서 지역 단위로 이어지는 전형적인 조직 위계는 그림 7.4에 제시되어 있다.

주지사와 주 의회

■ 주지사의 권한

주지사의 권한은 상당히 광범위하지만, 교육 분야에 관한 권한은 법규에 명시되어 있다. 교육에 관련된 주지사의 역할은 "Overview 7.1"에 요약되어 있다. 일반적으로 주지사는 교육 관련 예산을 주 의회에 상정한다. 대부분의 주에서 주지사는 주 기금의 누적 잔고에 접근할 수 있는 권한을 가지고 있고, 이러한 자금을 교육 관련 분야에 전용할 수 있다. 일반적으로 주지사는 주 수준의 교육 관련 직원을 임명하거나 해임할 수 있다. 그러나 주 의회의 승인 등 이러한 권한은 어느 정도 제약을 받는다. 대부분

그림 7.4 전형적인 주 교육 시스템 구조

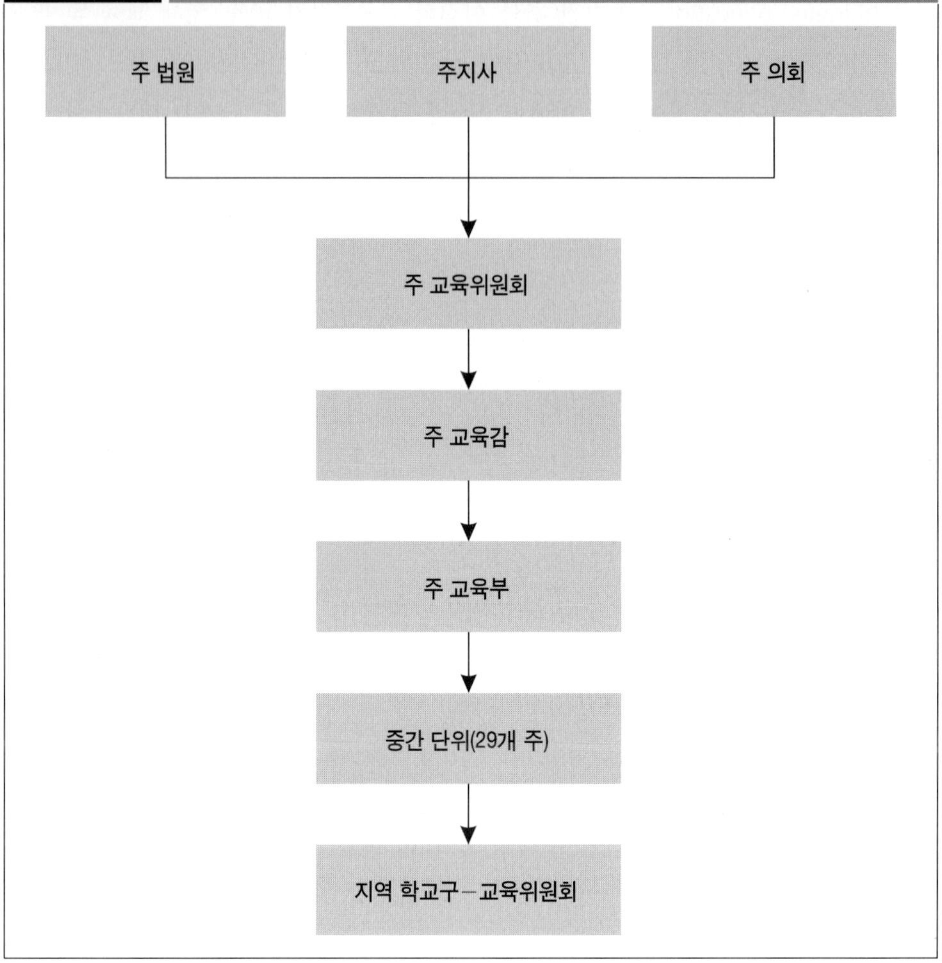

의 주에서 주지사는 주 교육위원회의 위원들을 임명할 수 있으며, 일부 주의 경우에는 주 교육감도 임명할 수 있다. 주지사는 자신이 반대하는 교육 관련 법규를 주 의회가 제정하지 못하도록 거부권 행사를 예고하거나 교육 관련 조치들에 대해 거부권을 행사할 수 있다.

■ 의회의 권한

대부분의 주에서 주 의회는 공립학교의 설립 및 유지에 관한 주된 책임을 지고 있으며, 교육과 관련된 각종 법규를 제정할 상당한 권한을 가지고 있다. 이러한 권한은 연방 및 주 정부의 헌법 그리고 법원의 판결과 같은 규제에 의해 제한된다. "Overview 7.1"에 요약되어 있는 것과 같이, 일반적으로 주 의회는 주 교육 시스템의 기본 구조 및 기능을 결정한다.

또한 주 의회는 주 교육세의 성격과 세율, 그리고 일선 학교구의 과세권 등을 포함한 주요한 예산 권한 사항들을 결정한다. 또한 주 의회는 (1) 가르칠 수 있는 내용 또는 가르칠 수 없는 내용, (2) 의무교육의 기간, (3) 학교 수업 일수 등과 같은 교수 및 학습과 관련된 기본적인 제한 사항들을 결정한다. 이와 함께 주 의회는 측정 및 평가

[Overview 7.1] 주 차원에서의 교육 운영 및 행정

개인 또는 집단	일반적인 책임
주지사	• 주 의회에 교육 관련 예산안 제출, 일반 교육 관련 예산 운영 가능 • 주 차원의 교육 공무원의 임명 및 해임 • 교육위원의 임명, 교육감 임명 가능 • 교육 관련 조치들이 대한 거부권 행사
주 의회	주 교육 체제의 기본 구조를 설정하며, 그 구체적인 역할은 다음과 같다. • 주 교육위원회 및 교육감의 선발 • 주 교육부의 기능 • 지역 및 지구 교육청의 형태 • community college, 성인 학교 및 직업 학교 설치에 관한 사항 • 지역 교육위원회 위원의 선출 방식 및 권한 • 재정 지원 방법과 지역 교육청의 과세권 등 재정과 관련된 주요 사항 • 교수 학습 활동의 기본 한계 설정
주 교육위원회	• 교육과 관련된 법률적 행위를 수행하는 데 필요한 각종 정책, 규칙 및 규정의 채택 및 집행 • 주 교육부 직원들의 자격 요건 설정 및 임용 • 교원 자격증과 관련된 기준 설정 • 학교 인가 기준 설정 • 교육 관련 재원 관리 • 평가 및 보고를 위해 필요한 각종 자료의 수집 및 기록 • 학교 개선 및 발전을 위한 장기 계획 수립 • 법률에 의해 규정된 자문위원회 설치 • 주의 정책에 관한 청문회에서 법률기관으로서의 역할 수행 • 연방 정부 등 타기관이 참여하는 교육 관련 사항들에 대한 정책 결정에 있어 주를 대표 • 교육 관련 사항들에 대해 주지사가 주 의회에 자문 제공 • 일부 주의 경우, 주 교육감 임명 • 교원들의 최소 임금 설정 • 고등 교육기관의 운영과 관련된 정책 채택
교육감	• 주 교육부 및 주 교육위원회를 대표하는 최고 행정가 • 주 교육부의 직원 선발 • 교육 법규 및 교육 예산에 대한 개선책 제시 • 주 교육법 및 규칙 준수 • 주 교육법 설명 및 해석 • 객관적인 입장에서 학교 운영과 관련된 각종 쟁점 현안 해결 • 주지사, 주 의회, 주 교육위원회 및 일반 대중에게 교육 현황에 대한 보고
주 교육부	• 교육 관련 통계 자료 수집 및 배포 • 교사 자격증 발급 • 교육과정 기준안 및 책무성 측정 지표 개발 • 학생 통학 수단 확보 및 그 안정성에 대한 감독 • 연방 정부의 교육 관련 규칙 준수 • 기존 교육 프로그램 평가 및 보고서 발간 • 특수아(이중 언어 사용 학생 및 지체 부자유자 포함)들의 요구에 부합하는 각종 프로그램 개발

절차를 계획하고, 학교의 교육 프로그램을 인가하며, 학교 시설 표준을 마련한다. 이러한 사항들에 대한 결정이 주 의회에서 이루어지지 않는 주에서는 주 교육위원회가 이러한 사항들에 대한 책임을 진다.

■ 새로운 법률

교사들은 다양한 교육 관련 법규를 준수해야 한다. 1980년대 이래로 주 의회는 교육 분야에 대한 권한 행사를 통해 교육 개혁을 적극적으로 추진하고 있다. 1983~1990년 동안에만 미국 전역에서 1,200여 개 이상의 교육 개혁 관련 법안이 제정되었다(Darling-Hammond & Berry, 1991). 새로 제정된 법안들은 교육과정에서 교사의 자격 요건, 학급 규모에서 졸업 요건 등에 관한 사항들을 다루고 있다. 1957년 소련 연방에서 Sputnik호를 발사한 이후 이루어지고 있는 일련의 교육 개혁 흐름 속에서 주 의회는 교육 관련 정책 결정에 중요한 역할을 하고 있다.

주 교육위원회

주 교육위원회(state board of education)는 가장 영향력 있고 가장 중요한 주 교육기관이다. 위스콘신 주를 제외한 모든 주에는 주 교육위원회가 설치되어 있으며, 주 교육위원회의 예산 및 권한은 주 의회에서 결정되고 주 의회에 대한 자문 기능을 수행한다(뉴욕 주의 교육위원회는 가장 권한이 막강하고 가장 존경을 받는 주 교육위원회이다). 또한, 대부분의 주는 주립 대학(전문대학 및 종합대학) 운영과 관련된 별도의 운영위원회를 두고 있다. 주 교육위원회의 책임 및 기능은 주에 따라 다양하게 나타나고 있으나 "Overview 7.1"에는 여러 주에서 공통적으로 포함하고 있는 내용을 제시한다.

■ 주 교육위원회 위원의 선발

2002년 기준으로 32개의 주에서 주지사가 교육위원을 임명하고 있다. 주 의회에서 주 교육위원들을 임명하는 주가 3개이며, 13개 주에서는 주민 투표로 선출된다(최근 들어 이러한 방법이 확대되고 있다). 그 외 주에서는 주 의회에서 임명하거나 임명 및 선출 방식이 혼용되고 있다. 주 교육위원회의 위원 수는 7~19명이며, 11명인(동일한 숫자의 표가 나오는 것을 예방하기 위해 위원의 수를 홀수로 한다) 곳이 가장 많다(Digest of Education Statistics, 2002).

■ 위원들의 다양성 증가

지역 교육위원회와 마찬가지로 여성의 진출이 증가하고 있다. 1982년에 주 교육위원의 여성 비율은 34%였지만, 2002년에는 47%로 증가하였다. 그러나 주 교육위원들의 인종 구성은 거의 변화가 이루어지지 않고 있다. 1982년과 2002년 모두 소수 집단 출신의 비율은 16%에 불과하였다(그림 7.1 참조). 교육위원들의 관점을 다양화하고 다양한 사회 및 교육 관련 사항들을 숙고할 수 있도록 하기 때문에 이러한 경향이 중요하다.

주 교육부

■ 주 교육부의 기능

교사들은 일상적인 활동을 하는 동안 **주 교육부**(state department of education)를 접촉할 가능성이 가장 크다. 일반적으로 주 교육부는 주 교육위원회의 지휘 아래 운영되며 교육감이 업무를 관장한다. 전통적으로 주 교육부의 주된 업무는 주 내의 교육 관련 지표에 관한 통계 자료를 수집하고 배포하는 것이었다. 그러나 1950년대 이후 주 교육부의 기능은 확대되었고, 이러한 기능은 "Overview 7.1"에 제시되어 있다(Lunenburg & Ornstein, 1991). 요약하면, 주 교육부는 주 의회 및 주 교육위원회에서 제정한 각종 법률 및 규정을 실행한다.

■ 최근의 쟁점

최근 들어 주 교육부는 차별 폐지, 보상 교육, 학생들의 권리 및 동요(unrest), 예산 제도 개혁 및 재정 위기, 소수 인종 배경의 학생들에 대한 지원, 단체 협상, 책무성, 학생 평가 및 학력 평가 등과 같은 갈등적인 사항들에 대처하려고 고심하고 있다. 따라서 한때는 눈에 띄지 않을 정도로 규모가 작았지만, 현재는 규모가 상당히 증가하고 있다. 캘리포니아, 미시간, 뉴저지, 뉴욕, 텍사스 주와 같은 규모가 큰 주에는 교육청 직원이 1,000명에 이르고 있다(English, 1992).

주 교육감

■ 주 교육감

주 교육감(또는 주 교육장관)은 주 교육부의 수장이자 주 교육위원회의 의장이다. 일반적으로 주 교육감은 교원 출신이다.

■ 여성 교육감 수의 증가

주 교육감은 크게 세 가지 형태로 충원된다. 2001년을 기준으로 12개 주에서는 주지사가, 24개 주에서는 주 교육위원회에서 주 교육감을 임명하고 있으며, 13개 주에서는 주민 투표를 통해 주 교육감은 선출하고 있다. 2002년 현재, 흑인 출신의 주 교육감은 2명이지만 여성은 16명(32%)으로 이전보다 상당히 늘어났고, 1990년과 비교해 볼 때는 2배 가까이 증가하였다(The Council, 2002). 여성의 증가는 교육 행정의 상층부를 지배했던 남성 중심주의에서 벗어나고 있다는 것을 말해 준다.

■ 교육감의 의무

주 교육감의 의무와 주 교육위원회 및 주 교육부의 관계는 상당히 다양하게 나타나고 있다. 일반적으로 주민 투표로 선출된 주 교육감은 임명된 주 교육감들보다 훨씬 더 많은 자율권을 행사한다. 주 교육감의 기본적인 책임 사항은 "Overview 7.1"을 참고하기 바란다.

다시 한 번 생각해 보기

일선 학교의 교사 및 행정가들과 이야기를 나누어 본다. 주 교육위원회 및 주 교육부의 정책이 일상적인 학교 운영에 미치는 영향에 대해 어떻게 생각하고 있는가? 이러한 영향을 긍정적으로 보고 있는가? 아니면 부정적으로 생각하는가?

연방 정부의 역할

연방 정부의 역할은 (1) 교육 정책 및 프로그램을 증진시키는 연방 기관, (2) 연방 정부에서 주 정부로 교육 관련 결정권을 이양하는 경향, (3) 연방 정부의 교육 예산 지원, (4) 교육 분야에 대한 연방 대법원의 판결 등 네 가지 측면에서 살펴본다. 이 장에서는 처음의 두 부분에 초점을 둔다. 연방 정부의 예산 지출은 공교육 재정 부분에서 다루며, 법원의 판결은 교육의 법적 측면을 다루는 장에서 논의한다.

연방 교육기관

■ 연방 정부의 리더십에 대한 바람

1787~1937년의 150년 동안 연방 의회에서 제정된 교육 관련 법규는 14개에 불과하다. 그러나 그 후 70여 년 동안 제정된 교육 관련 법규는 170여 개가 넘는다(Digest of Education Statistics, 2002). AFT, NEA, NSBA(National School Boards Association) 등과 같은 교육 관련 주요 단체들은 연방 정부의 재정 지원 및 특수 활동에 대해서는 찬성하고 있지만, 교육 정책에 관여하는 것에 대해서는 부정적인 반응을 보이고 있다. 그러나 최근 들어 대다수의 교육자들은 학교를 개선하기 위해 노력하고 있는 주 및 지역 교육기관들에게 명확한 목표 및 특별한 방향(재정뿐만 아니라 교육과정의 기초)을 연방 정부가 제공해야 한다고 생각하고 있다(Handy, 2003).

■ 연방 교육부의 출현

연방 교육부. 여러 개의 연방 기관들이 교육 프로그램 및 활동에 관여하고 있지만, **연방 교육부**(U.S. Department of Education)는 교육 관련 최고의 연방 기관이다. 1867년 교육부가 처음 개설되었을 때는 교육국의 형태였고, 직원 4명에 예산은 18,600달러에 불과하였다. 이러한 형태에서 시작하여 지금은 직원 수가 4,700여 명에 이르며, 2002년 현재 예산은 12,900만 달러에 이르고 있다(U.S. Department of Education, 2003). 현재 연방 교육부는 120여 개 이상의 프로그램을 운영하고 있다(Digest of Education Statistics, 2002).

시간이 지남에 따라 교육국은 (1) 교부금 운영과 주 교육부, 학교구 및 전문대학, 종합대학들과의 계약, (2) 교육 혁신 및 연구 활동, (3) 교육과 관련된 지도성, 조언 및 정보 센터로서의 역할을 하게 되었다.

■ 내각 수준의 지위

1979년, 의회에서의 엄청난 토의 및 논쟁 끝에 교육국은 교육부로 바뀌게 되었다. 다른 부서의 장관들과 동일한 지위를 갖는 교육부 장관이 임명되었고, 1980년부터 공식적으로 업무를 수행하기 시작하였다.

■ 교육부 장관의 역할

교육부 장관은 상당한 권한을 가지고 있다. 교육 정책 및 교육 정책을 집행하기 위한 각종 프로그램 운영과 함께, 정치 및 교육계에 설득 및 압력을 행사할 수 있다. 최근에 교육부 장관을 역임했던 William Bennett, Lamar Alexander, Richard Riley, Roderick Paige 등은 자신들이 추구하는 교육 개혁안을 실행하기 위해 이러한 권한을 행사하였다. 비록 상당수의 보수 진영 인사들이 교육부의 활동을 축소시키고 장관급의 지위를 부여하는 것을 폐지해야 한다고 주장하고 있지만, 지난 수십 년 동안 교육부의 규모 및 기능은 계속 확대되고 있다. "Technology @ School"에서는 교육부 및 다른 관련 기관들에 관한 인터넷 자료 정보를 다룬다.

다시 갖게 된 연방 정부의 권한

George W. Bush 대통령은 교육 개혁을 국정 운영의 주요 지표로 삼고 있다. 2002년, 연방 의회는 Bush 대통령이 제안한 "No Child Left Behind(NCLB)" 법을 승인하였다. NCLB는 학력이 떨어지는 학교들의 개선을 목적으로 하고 있으며, 주 및 지역 학교구에게 학생들이 높은 학업 성취도(이러한 성취도는 매년 시행되는 읽기 및 수학 교과목에 대한 표준화 검사를 통해 측정된다)를 올릴 수 있도록 책임을 지게 하고 있다. NCLB의 구체적인 특징은 이 책의 다른 부분들에서 다룬다. 학생들, 특히 학습 부진 학생들의 학업 성취도를 향상시키는 데 실패한다면 주 및 지역 학교구에 대한 연방 정부의 지원은 줄어들게 될 것이다.

1980~1990년대에 연방 정부는 예산을 줄이고 프로그램 운영에 대한 책임을 지역 정부로 이관하려고 하였다. 그러나 Bush 행정부는 NCLB를 통해 일선 공립학교에 대한 연방 정부의 영향력을 확대시키고 있다. 주 및 지역 학교구 차원에서 제기되는 책

TECHNOLOGY @ School

인터넷에서 얻을 수 있는 교육 관련 기관 정보

예비 교사로서, 인터넷의 정보를 통해 각 수준의 교육 관련 기관들에 대한 많은 것을 배울 수 있다. 현재 거주하고 있는 주의 주 교육부에서부터 검색을 시작한다(주 교육부의 인터넷 주소는 **www.nasbe.org/SEA-links.html**에서 찾을 수 있다).

주 교육부의 사이트에서 지역 학교구를 2~3개 선택한다. 각 홈페이지에 제시되어 있는 정보를 비교한다. 예를 들어, 학교구의 홈페이지에는 주 교육위원회에서 실시하고 있는 프로그램 중 어떤 것들이 제시되어 있는가? 지역 학교구의 홈페이지에는 비전 및 사명 등이 제시되어 있는가? 만약 그렇다면 서로 어떤 차이점을 가지고 있는가? 주 차원에서 실시되고 있는 평가 또는 학생들의 성취도 지표에 대한 사항들을 찾을 수 있는가? 마음에 드는 또는 들지 않는 정보는 어떤 것들인가?

아래에 제시된 전국 단위 학교 관련 조직들의 홈페이지에서 주요 정책, 관심 영역, 연방 및 주 법률에 대한 입장, NCLB, 특별 프로그램 및 새로운 소식 등을 찾아 읽어 본다. 이러한 조직들은 지역 학교구의 목표를 어떻게 확대하고 있는가? 교사로서 현재의 교육 정책 등에 대한 정보를 얻기 위해 방문하고 싶은 곳은 어디인가?

- 전국교육위원회연합회(**www.nsba.org**)
- 전국주교육위원회연합회(**www.nasbe.org**)
- 교육감협의회(**www.ccsso.org**)
- 교육협의회(**www.ecs.org**)

무성에 대한 압력으로 인해 교육감, 학교장 및 교사들은 읽기와 수학 교과의 시험 성적을 향상시키기 위해, 그리고 모든 학생들이 "우수한 교사"에게 지도를 받을 수 있도록 하기 위해 노력하고 있다. NCLB의 원대한 목표 및 예산 지원 증가에도 불구하고, Bush 행정부의 이러한 노력에 대해서 예산 지원 없는 강요이자 주 및 지역 교육 관련 기관들의 권한을 침해하는 것이라는 비판이 제기되고 한다.

다시 한 번 생각해 보기

NCLB는 신규 교사들에게 어떤 영향을 미치게 될까?

사립학교

■ 사립학교에 대한 주 정부의 지원

비록 이 장은 공립교육에 초점을 두고 있지만, 사립교육도 정부의 영향에서 완전히 벗어날 수는 없다. 특히 보건, 건물 및 시설, 학생 복지, 학생 지도 관련 규칙 등에 대한 주 교육 법안들은 공립 교육기관뿐만 아니라 사립학교 및 종교 관련 학교에도 적용된다. 또한, 대부분의 주 의회 및 주 교육위원회에서는 사립학교를 보조하고, 학생들의 통학, 의료 서비스, 중식 지원, 도서 및 용품 구입, 학생 평가, 교원 봉급 보조, 수업료 및 학자금 융자 등의 영역에 대한 예산을 지원해 주는 법안을 제정하고 있다.

■ 사립학교의 재학생

1장에서 언급한 바와 같이, 사립학교에 재학하고 있는 학생의 비율은 미국 전체 초·중등학교 학생의 11%를 차지하고 있다. 가톨릭 학교에 재학하고 있는 학생들의 비율이 가장 높지만, 그 비율은 1969년의 85%에서 2001년에는 49%로 떨어지고 있다. 비종교계 학교의 학생 비율은 1969년 8%에서 2002년에는 16%로 증가하였다. 또한

사립학교의 조직은 공립학교와 다르지만 여러 측면에서 정부의 각종 규정에 영향을 받고 있다.

개신교 산하의 학교에 재학하고 있는 학생들의 비율도 급격히 증가하고 있으며, 이는 하나님, 규율 및 믿음이 강조되는 학교를 만들고자 하는 보수적인 개신교도들의 영향력이 증가하고 있음을 말해 주고 있다(Digest of Education Statistics, 2002).

일반적으로 사립학교의 운영 방식은 공립학교와는 차이가 있다. 학교장 또는 수석교사가 있지만, 이 장의 앞부분에서 언급한 각종 지원 인사들을 갖추지는 못하였다. 또한 사립학교는 이사회(board of directors) 또는 운영위원회(school committee)에 의해 운영되며, 교육위원회와는 달리 이들은 각 사립학교의 운영에 관여한다.

■ 경쟁 또는 협동 유지

대부분의 사람들은 공립학교와 사립학교가 학생 및 재정 확보를 위해 서로 경쟁을 하고 있다고 생각한다. 그러나 공립학교와 사립학교 간의 관계를 협력적인 측면에서 바라보는 교육자들도 있다. 사실 일부 측면에서는 공립학교와 사립학교 간의 경계가 사라지고 있다(Alexander, 2002). 예를 들어, 학교 선택(school choice) 프로그램의 경우 공적 재원을 사립학교에 지원할 수 있도록 함으로써 공립과 사립의 차이가 사라지고 있다(공교육의 민영화에 대해서는 8장과 16장에서 자세하게 다룬다).

요 약

1. 교육 운영 체제는 지역, 중간(일부 주의 경우), 주 및 연방 정부 수준 등의 단계로 구성되어 있다.
2. 학교는 학교구들로 조직되어 있다. 현재 미국에는 1만 5,000여 개의 학교구가 존재한다.
3. 지역 수준에서 교육위원회, 교육감, 교육청 직원 및 학교장이 학교 운영 및 행정에 참여한다.
4. 교육자들은 학부모 및 지역 사회의 학교 참여를 증가시키려고 노력하고 있다. 학교 단위 책임경영제 프로그램은 학부모 및 지역 사회 구성원들의 역할 증대를 포함하고 있다. 그 외 일반 대중의 참여를 이끌어 내는 형태에는 지역 사회 참여, 지역 사회 통제, 지역 사회 교육 및 현장 학교 등이 있다.
5. 교육자들 사이에서는 학교 및 학교구의 최적 규모에 대한 논쟁이 오랫동안 지속되고 있다. 대부분의 사람들은 규모의 증가가 반드시 효율성 또는 효과성의 증대를 의미하는 것은 아니며, 그 반대의 결과를 가져올 수도 있다고 생각한다.
6. 1930년대 이후 소규모 및 농촌 지역 학교구들은 엄청난 통합을 경험하고 있으나 일부 대도시 학교구들은 반대로 분권화되는 경향을 보이고 있다.
7. 절반 이상의 주에는 지역 학교구를 지원하기 위한 하나 이상의 중간 단위가 존재하며, 이들은 제한된 범위 내에서 일정한 영향력을 행사한다.
8. 대부분의 주에서 주 의회는 공립학교의 설립 및 유지에 관한 책임을 지며, 학교 교육과 관련된 법률을 제정하는 권한을 갖는다.

❾ 위스콘신 주를 제외한 모든 주에는 주 교육위원회가 설치되어 있다. 주 교육위원회는 주 교육감이 수장으로 있는 주 교육부를 감독한다.

❿ 전체적으로 교육에 대한 연방 정부의 역할은 1930년대 이후 엄청나게 확대되고 있다. 그러나 최근 들어서는 연방 정부의 관여가 줄어드는 경향을 보이고 있다.

⓫ 사립학교에 재학 중인 학생들의 비율은 11% 이상을 차지하고 있으며, 이 중 약 50%가 기독교계 학교에 재학하고 비종교계 학교에 재학 중인 학생들의 비율은 약 16%에 이른다.

8 공교육 재정

미국에서 교육은 큰 사업이다. 2002년 현재, 공교육(K-12) 예산은 매년 3,730억 달러에 달하며, 초·중등교육 분야는 전체 GDP의 7.3%에 달한다(Digest of Education Statistics, 2002). 공교육의 주된 세 가지 수입원은 지역, 주 및 연방 정부이다. 그림 8.1에 제시되어 있는 것과 같이, 연방 정부의 교육 예산이 차지하는 비율은 1929~1930년의 경우 0.5%에도 이르지 못했지만 현재는 7.3%에 이르고 있다(1979~1980년에는 최고 10%에 이르렀다). 주 교육 예산이 차지하는 비율도 1929~1930년의 17%에서 2001년에는 거의 50%로 증가하였다. 주 및 연방 정부의 예산 증가로 인해 지역 정부의 예산이 차지하는 비율은 80%에서 43%로 감소하였다(Vital Signs, 1994; Digest of Education Statistics, 2002).

비록 이들 각 부분의 예산이 차지하는 비율은 변하고 있지만, 학교에 지원되는 전체 예산은 대부분의 학교구들의 관심사이다. 대부분의 학교 관련 비용 증가가 최근의 물가 상승률보다 높기 때문에 학교 교육 운영은 심각한 재정적 문제에 봉착해 있다. 1980년대 중반 이후, 교육위원들은 자신들이 직면한 가장 심각한 문제로 "재정 지원의 부족"을 들고 있다(Education Vital Signs, 2003).

이 장에서는 전반적인 교육 재정의 변화 및 최근의 불확실한 분위기의 원인을 살펴본다. 오늘날의 교육자들은 예산 압박, 학교 재정상의 평등, 납세자들의 저항 및 재정 지원 체제를 재구조화하려는 다양한 방안들을 처리할 수 있어야 한다. 이 장을 읽으면서 다음의 질문을 생각해 본다.

핵심 질문

- 학교 예산에서 지역, 주 및 연방 정부의 예산이 차지하는 비율은 얼마인가?
- 학교 예산 수입원을 재산세에 의존하는 것의 문제점은 무엇인가?
- 도시 학교들이 직면한 고유의 재정 문제점은 무엇인가?
- 각 주 사이에, 그리고 주 내에서 교육 관련 지출상에 차이가 존재하는 이유는 무엇인가? 여론은 어떤 영향을 미칠까?
- 학교 재정 개혁을 위한 주요 조치는 무엇인가?
- 학교 경영에 가장 큰 영향을 미치는 재정 관련 사항은 무엇인가?

그림 8.1 1929~1930년에서 1998~2001년까지 전체 학교 예산 비율

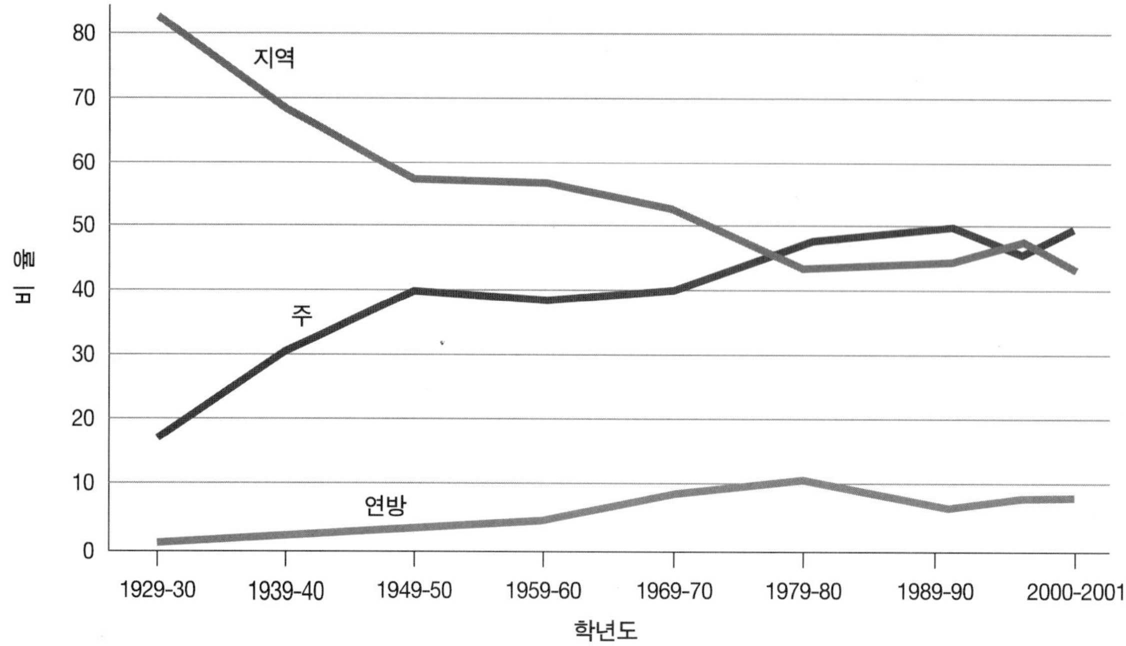

출처: *The Condition of Education, 1987* (Washington, D.C.: U.S. Government Printing Office, 1 987),Table 1.13, p. 36; Digest of Education Statistics, 1982 (Washington, D.C.: National Center for Education Statistics, 1 982),Table 66, p. 75; Digest of Education Statistics, 2000),Table 159; and Estimates of School Statistics, 1994-95 (Washington, D.C.: National Education Association, 1995), Table 9, p. 39; see "Percent Distribution of Revenue for Public Elementary Schools by Source and State: School Year: 2000-2001 at **http://nces.ed.gov/edfin/graphs/topic.asp?INDEX=4.**

학교 세입의 세원

■ 세금 평가를 위한 기준

공립학교의 예산은 세금, 특히 재산세와 주 판매세 및 소득세로부터의 세입에 주로 의존한다. 일부 세금의 경우 다른 것들보다 더 적절한 것으로 간주된다. 대부분의 사람들은 세금을 평가하는 다음과 같은 기준을 수용하고 있다.

1. 세금은 의도하지 않은 경제적 왜곡 현상을 불러일으켜서는 안 된다. 소비자들의 지출 형태를 변화시키거나 기업, 공장 또는 사람들의 재배치를 초래해서는 안 된다.

■ 누진세 v. 누감세

2. 세금은 평등해야 한다. 납세자의 납세 능력에 토대를 두어야 한다. 소득이 많거나 많은 재산을 가지고 있는 사람들은 세금을 더 많이 내야 한다. 이러한 세금을 **누진세**(progressive taxes)라고 한다. 불평등한 세금 및 저소득층 집단에게 고소득층보다 더 높은 비율의 세금을 내도록 하는 것은 **누감세**(regressive taxes)라고 한다.
3. 세금은 쉽게 걷을 수 있어야 한다.

4. 인플레이션 때는 증가하고 경기 침체기에는 감소하는 등 세금은 변화하는 경제적 상황에 반응해야 한다(Guthrie & Reed, 1991). 이러한 변화를 반영하는 세금은 **탄력적**(elastic)이며, 그렇지 않은 경우는 **비탄력적**(inelastic)이다.

■ 탄력적 v. 비탄력적

공립학교를 위한 지역 재정

비록 교육에 대한 책임은 주 정부에 있지만, 전통적으로 이러한 책임의 상당 부분은 지역 학교구에 부여되어 왔다. 지역, 주 및 연방 정부 차원의 교육 관련 세원 및 지출 형태는 "Overview 8.1"에 요약되어 있다. 앞서 언급한 바와 같이, 지난 수십 년 동안 지역 정부의 교육 재정 부담은 감소하고 있는 추세에 있으나 여전히 전체 예산의 40% 이상을 차지하고 있다.

재산세

재산세(property tax)는 지역 학교구의 주된 세원으로, 전국적으로 볼 때 지역 예산의 77%를 차지하고 있다. 뉴잉글랜드 지역의 6개 주를 포함한 11개 주의 경우, 재산세가 지역 학교구 세원의 98% 이상을 차지하고 있다(Keller & Hartman, 2001).

재산세는 재산의 시장 가치(market value), 즉 예상 판매 가격에 따라 결정된다. 시장 가치는 1/4 또는 1/3 등과 같이 미리 결정된 지수 또는 비율을 적용하여 평가 가치(assessed value)로 전환된다. 예를 들어, 시장 가치가 20만 달러에 이르는 재산은 5만 달러의 가치를 가진 것으로 평가된다. 평가 가치는 항상 시장 가치보다 낮게 산정된

[Overview 8.1] 정부 수준에 따른 세원 및 지출 형태

수준	세 원	지출 형태
지역	• 재산세 • product rights • 특별세 및 사용료(수수료)	예산은 학교구 산하의 학교로 배분된다. 예산액의 규모는 학교구의 역량에 따라 다양하게 나타나고 있으며, 주 정부의 지원이 이러한 격차를 줄여 주는 것은 아니다.
주	• 소득세 • 판매세 • 기타: 간접소비세, 주외(州外) 소비세 (severance tax) • 복권	주의 교육 예산도 지역에 따라 다양하게 나타나고 있다. 지역 학교구에 대한 예산 배정은 네 가지 방법을 통해 이루어지고 있다—flat grant, foundation, power-equalizing 또는 weighted students. 대다수의 주는 예산을 평등하게 분배하기 위해 노력하고 있다.
연방	• 재무부	읽기 능력 개선 또는 특수 교육 등과 같이 정해진 목적을 달성하기 위해 각 주로 분배된다. 현재 진행되고 있는 "No Child Left Behind Act"에 따르면 각 주는 매년 학생들의 학업 성취도를 향상시키고 우수한 교사들을 충원해야 한다.

다. 끝으로, 밀(mill)로 표현되는 지방세율이 평가 가치에 부과된다. 밀(mill)은 1달러의 1/1000을 나타내며, 따라서 25밀의 세율은 평가 가치의 각 1,000달러당 25달러에 해당한다.

■ 재산세 산정 방법

재산세는 균등세가 아니다. 차등적인 평가 방법 및 획일적인 평가 방법의 부재로 비슷한 재산을 보유하고 있어도 세금은 차이를 보일 수도 있다. 또한 세금 부담 능력에 따라 세금이 부과되지 못할 수도 있다. 현재 보유하고 있는 주택의 시장 가치가 증가한 퇴직 부부의 경우 세금도 함께 증가하지만 연금 소득은 고정되어 있기 때문에 증가된 세금을 감당하지 못할 수도 있다. 이러한 측면에서 재산세는 누감적(regressive)이다.

■ 재산세의 문제점

또한, 재산세는 경제 상황의 변화에 즉시 대응하지 못한다. 일부 주에서는 1년 또는 2년마다 재산 가치를 재평가하지만, 대부분의 주에서는 3년 또는 4년마다 평가를 한다. 따라서 평가 가치와 실제 세금은 예전의 자료에 토대를 두고 부과된다.

지역의 기타 세원

학교구는 재산세와 함께 특별소득세, 그 외의 세금 또는 사용료(수수료) 등을 통해 재원을 충당할 수도 있다. 소규모 마을이나 도시 등 일부 지역에서는 학교 관련 재원을 충당하기 위해 교통 범칙금과 건축물 허가 관련 수수료 등에 의존한다.

■ 사용료의 증가

가장 일반적인 형태는 특정 시설 또는 서비스에 대해 부과되는 사용료(user fees)이다. 사용료는 통학 버스, 교과서, 체육 및 여가 활동, 방과 후 활동 등에 부과될 수도 있다. 2002년 현재 30여 개 이상의 주에서 학생들에게 사용료를 부과하도록 하고 있으며, 대다수의 학교구에서도 그렇게 하고 있다(Wassmer & Fisher, 2002). 지불 능력

세금은 지역 및 주 교육 예산의 주요한 수입원이다. 비록 1970년대 이후 전국 대부분의 지역에서 세금 인상 반대 운동이 일어나고 있지만 재산세, 소득세, 판매세는 학교 예산의 상당 부분을 차지하고 있다.

에 따라 부과되는 것이 아니기 때문에 사용료도 누감세로 간주된다.

■ 독점 계약

최근 들어 일부 교육위원회에서는 특정 기업의 물건을 사용하는 독점 계약을 통해 수익을 올리고 있다. 예를 들어, 콜로라도에 있는 제퍼슨 카운티는 펩시 사의 제품을 사용하는 독점 계약을 통해 7년간 730만 달러에 이르는 자금을 지원받게 되었다. 다른 학교구들도 기업체를 대상으로 경기장, 강당, 전광판 및 각종 기자재 구입 등을 위한 재원을 확충하기 위한 노력을 벌이고 있다. 그럼에도 불구하고, 이러한 계약들은 학교구 차원에서 이루어지고 있기 때문에 일부 학교구에서는 상당한 이익을 보고 있지만 재원 확보에 어려움을 겪는 학교구들도 있다(Molnar, 2002). "Taking Issue"에서 학교와 기업 간의 계약에 대해 살펴본다.

지역의 세원과 격차

■ 부유한 학교구 v. 가난한 학교구

주 및 연방 정부의 지원에도 불구하고 교육 예산을 확보하는 데 상당한 어려움을 겪고 있는 학교구들도 있다. 부유층이 거주하는 지역이나 과세층(예를 들어 거주 인구, 쇼핑센터, 기업체, 공장 등)이 넓은 지역에 위치한 학교구는 가난한 학교구보다 더 많은 세입을 확보한다. 결과적으로 대부분의 주에서는 가장 부유한 5곳의 학교구에서 지출하는 학생 1인당 교육 예산은 가장 가난한 5곳의 학교구보다 2~4배까지 많게 나타나고 있다(Biddle & Berliner, 2002). 이 장의 후반부에서 다루겠지만, 주 의회 및 법원에서는 교육 재정 체제의 개혁을 통해 이러한 격차를 줄이려고 노력하고 있다. 그러나 대부분의 주에서 상당한 격차가 계속 존재하고 있다.

■ 국지적 부담

비록 재정 문제가 대부분의 시골 및 교외 지역에 위치한 학교구에도 영향을 미치지만, 가장 심각한 재정적 문제는 일반적으로 대도시에서 찾아볼 수 있다. 도시들은 인구 집중 및 상대적으로 높은 저소득층의 비율로 인해 나타나는 심각한 재정 문제인 과도한 국지적 부담(municipal overburden)이라 불리는 현상으로 인해 어려움을 겪고 있다. 추가적으로 필요한 각종 사회적 서비스로 인해 대도시의 학교구들은 전체 세입의 상당 부분을 시골이나 교외의 학교구에서 지출하는 것처럼 지출하지 못하고 있다.

■ 교육적 부담

또다른 문제점은 대도시의 학교에서 이중 언어 학생, 저소득층의 학생 및 신체 장애를 가진 학생 등 특별한 도움을 필요로 하는 학생들의 비율이 높다는 것이다. 이러한 학생들은 기본 프로그램보다 학생 1인당 경비가 50~100% 이상 더 소요되는 프로그램이나 서비스를 필요로 한다(Hodgkinson, 1991).

절실한 재원 증가의 필요성에도 불구하고 세금을 실질적으로 인상하지는 못하고 있다. 반대로 세금 증가로 인해 기업체와 중산층들은 교외로 이주하고 있으며, 이로 인해 도시 학교가 감소하고 있다. 따라서 도시의 과세층을 침식하고 있다. 서비스의 감소도 이주의 원인이 되고 있으며, 모두 실패하는 상황이 되고 있다.

Taking Issue **질문** 학교 및 교육위원회는 기업체 및 사업체와 특정한 재정적 관계를 맺어야만 하는가?

공교육을 위한 재원 확충

공교육을 위한 재원 확충은 미국 내에서 심각한 문제가 되고 있다. 학생 수는 늘어나고 있지만 공교육을 위한 지원을 줄어들고 있다. 지방 정부와 교육위원회는 긴박한 재정적 요구를 충족시키기 위해 새로운 세금과 창의적인 방법을 추구하고 있다. 혁신적이지만 논쟁의 대상이 되고 있는 방법 중의 하나가 기업체–학교 관계의 등장이다. 예를 들어, 공 · 사립학교에 독점적으로 제공되는 케이블 뉴스 방송인 Channel One은 광고주들에게 학생들이라는 매혹적인 청중을 제공한다. 비록 학교와 기업체 모두가 이익을 보지만, 이러한 관계는 교사와 행정가들뿐 아니라 일반 대중에게도 커다란 쟁점이 되고 있다.

찬성	반대
1. 기업체는 음료수, 과자류, 영화, 화장품 등 제품에 대한 독점 사용권을 대가로 학교와 학교구에 직접적인 재정 지원을 제공한다.	1. 제품 독점 사용권은 한 기업에 대해 특혜를 주는 것이다. 또한 상당수의 학부모와 교육자들은 특정 식품만을 배치해 두는 것이 학생들에게 건강하지 못한 식생활 습관을 갖도록 할 수 있다고 걱정하고 있다.
2. 일부 기업들은 무료로 TV, VCR, 위성 수신기, 컴퓨터 등을 제공한다.	2. 무료 기자재를 대가로 학교는 기업의 생산품에 학생들을 노출시키게 된다. 학교에서 광고를 허용하는 것이 학생들에게도 맞지 않고 공립학교의 목적에도 맞지 않다.
3. 지방 후원 기업체들은 재원 확충 활동, 경기장 신축, 전광판 설치 및 강당 건설 등에 도움을 준다.	3. 지역에 부유한 후원자들이 많은 학교와 학교구는 긍정적인 혜택을 받겠지만, 그렇지 않은 지역은 학교구의 예산 확충을 위해 애써야 한다.
4. Channel One은 매일 12분씩 뉴스를 방송한다. 학생들은 10대들에게 영향을 미치는 국제적인 사건, 정치 및 특별 쟁점 등을 청취한다.	4. 반대자들은 Channel One이 광고를 포함하고 있기 때문에 일반 방송의 뉴스와 같다고 비판한다. 학생들은 10대를 위한 음료수, 영화, 비디오 게임, 화장품과 의류 광고에 노출된다.
5. 6~12학년까지 800만 명의 학생들이 Channel One을 통해 뉴스를 시청한다.	5. Ralph Nader와 같은 교육자들과 반대론자들은 제공되는 내용이 "제대로 된 뉴스(hard news)"를 다루는 것이 아니기 때문에 MTV에 포함된 잡동사니 뉴스보다 Channel One이 못하다고 주장한다.

다시 한 번 생각해 보기

현재 거주하고 있는 학교구의 주된 세원은 무엇인가? 세금 평가 기준으로 볼 때 이러한 세원은 적절한가? 가장 공정한 세금은 무엇인가? 왜 그런가?

공립학교를 위한 주 정부의 재정

비록 주 정부는 상당수의 교육 관련 권한 및 책임을 지역 학교구로 위임하고 있지만, 각 주는 주 내의 어린이 및 청소년들을 교육시킬 법적인 책임을 가지고 있으며, 1990년대까지 주 정부의 부담은 꾸준히 증가해 왔다(그림 8.1 참조). 이 절에서는 교육 재정 충원을 위한 대표적인 형태의 주 정부 차원의 세금, 주에 따른 학교 재정의 차이, 주 정부의 지원이 지역 학교구에 분배되는 방법 및 학교 재정 개혁을 위한 주 법원의 역할 등을 살펴본다.

주 정부의 세원

주 정부 수준의 주된 세원은 판매세(sales tax)와 개인 소득세(personal income tax)이다. 현재 주 정부는 공립 초·중등교육 예산의 50%를 부담하고 있기 때문에(그림 8.1 참조) 이들 세금은 공립학교 운영에 중요한 부분이 되고 있다.

판매세. 2003년 현재 45개의 주는 판매세를 부과하고 있으며, 이는 주 정부 세원의 1/3을 차지하고 있다. 평균 세율은 5.16%이며, 15개 주는 6% 이상의 세율을 부과하고 있다(Harvey & Schmidt, 2002).

■ 판매세 평가

판매세는 다른 세금들에 비해 상당히 긍정적이다. 예를 들어, 식료품과 의약품에 부과되지 않는 경우 판매세는 평등의 기준을 충족시킨다(만약 그렇지 않다면, 저소득층은 소득의 상당 부분을 식료품과 의약품에 지출해야 하기 때문에 상당히 불리해진다). 판매세는 부과 및 징수가 쉽게 이루어진다. 재산세의 경우처럼 주기적으로 가치를 재평가할 필요도 없으며 이의 제기도 없다. 또한 판매세는 경제 상황을 반영하기 때문에 탄력적이다. 1990년대 중반 및 2001~2002년과 같이 경기가 침체될 경우 판매세 징수액은 주의 예산을 줄여 놓을 정도로 감소한다. 하지만 약간의 세율 증가로 상당한 세입의 증가를 가져오기 때문에 판매세는 상당히 유용하게 사용된다.

개인 소득세. 개인 소득세는 주 세입의 약 32%로 주 세입에서 두 번째로 큰 비중을 차지하고 있다. 주 차원에서 소득세를 징수하지 않는 곳은 8곳에 불과하다(Sales Tax Clearinghouse, 1995). 3~8%로 주에 따라 판매세의 세율이 다르듯이 소득세도 주에 따라 다양하게 세율이 부과되고 있다.

■ 소득세 평가

적절하게 부과되는 소득세는 경제적인 상황을 왜곡해서는 안 된다. 허점이 없도록 하여 납세자의 소득과 지불 능력을 반영하기 때문에 상당히 공평한 것으로 평가되고 있다. 또한 소득세는 부양 가족, 질병, 이사 비용 등 납세자의 특별한 상황을 고려하기 때문에 다른 세금들 보다 공평하게 여겨진다. 일반적으로 주 차원의 소득세는 증가된 기본 공제 및 개인적 공제로 인해 누진적인 성격을 가지고 있으며, 15개 주에서는 저소득층에 세금을 부과하지 않고 있다(Fenton et al., 2002).

일반적으로 월급에서의 공제를 통해 개인 소득세는 쉽게 징수할 수 있다. 또한 경제적 상황에 따라 세율을 다양하게 할 수 있기 때문에 상당히 탄력적이다. 그러나 경기 침체기에는 상당히 부정적으로 작용하여 세입의 감소를 가져온다.

그 외 주 차원의 세금. 그 외의 세금들도 부분적으로나마 교육에 영향을 미친다. 여기에는 (1) 기름, 주류, 담배 등에 대한 간접소비세, (2) 부동산 및 증여세, (3) 광물 및 원유 가공물에 대한 주외 소비세(severance tax)*, (4) 기업의 소득세 등이 해당된다.

* [역자 주] 타 주에서 소비되는 석유, 가스, 광물 등의 채수자에게 부과되는 세금

■ 복권 사업

또다른 형태로 교육 분야를 지원하기 위해 복권을 발행하는 것도 유행하고 있다. 복권이 도입된 초기에는 이것이 주된 목표들 중의 하나였지만, 현재는 보건, 사회복지기관, 도로 건설 등과 같은 보다 긴급한 부분들에 충당되고 있다. 결과적으로 복권이 발행되고 있는 40개의 주에서 복권 판매로 인한 세입은 주 전체 교육 예산의 2%에 미치지 못하고 있다(www.musl.com/lotterylinks/shtm 참조). 복권은 고소득층 보다는 상대적으로 저소득층에서 많이 하고 전체 수입의 상당 부분을 복권에 지출하기 때문에 다소 누감적이다.

교육 재정에 관한 주 정부의 능력

■ 주 간의 격차

지리적 위치에 따라 다른 학생들보다 큰 혜택을 누리는 학생들도 있다. 거주 지역은 학생들이 받은 교육의 형태 및 질과 상당히 관련되어 있다. 2000~2001년의 경우, 알래스카, 코네티컷, 뉴저지, 뉴욕, 콜롬비아 학교구는 학생 1인당 1만 달러 이상을 지출하고 있다. 이와 반대로 앨라배마, 애리조나, 아칸소, 아이다호, 미시시피, 네바다, 테네시, 유타 주는 학생 1인당 지출액이 5,500달러 미만이다(그림 8.2 참조).

■ 주 정부의 능력

이 수치는 일부 주에서는 다른 주들보다 교육 분야에 2배 이상 우선권을 두고 있다

그림 8.2 2000~2001년 주별 학생 1인당 교육비 지출액

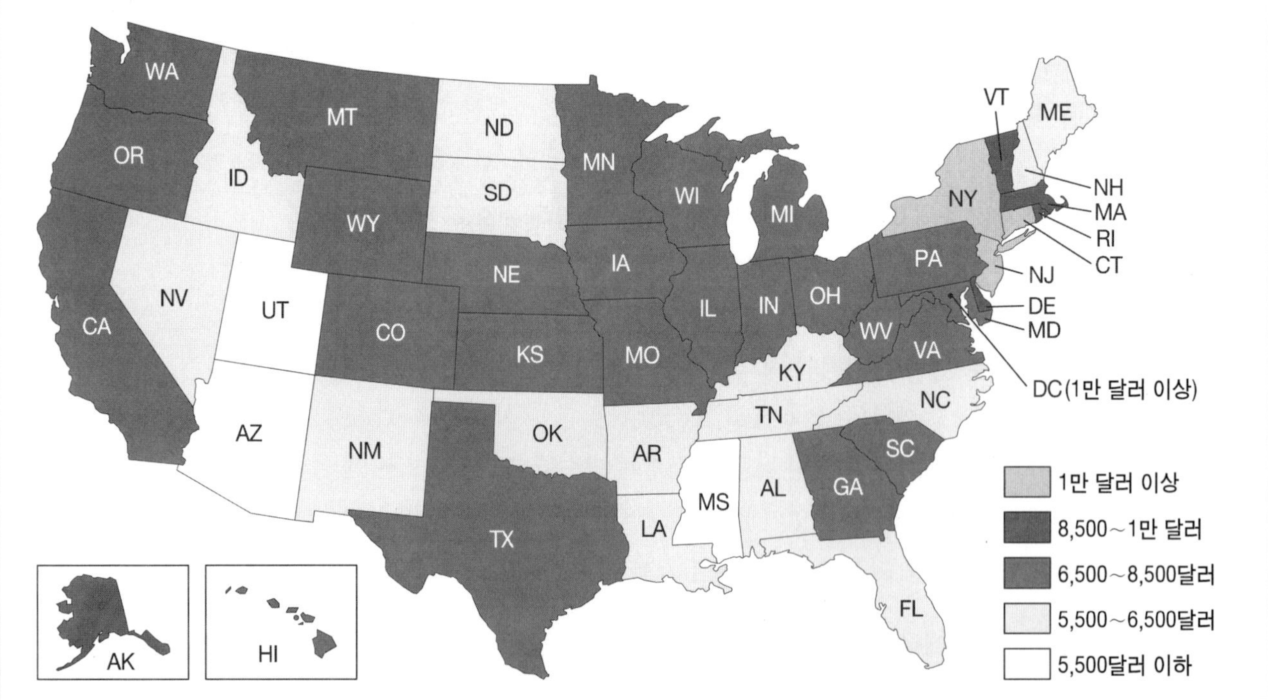

출처: *Digest of Education Statistics, 2000* (Washington, D.C.: National Center for Education Statistics, 2000),Table 168. State expenditures are based on average daily attendance and include federal, state, and local revenues에서 인용함; "Current Per-Pupil Expenditures for Elementary and Secondary Schools: School Year: 2000-2001" **http://nces.ed.gov/edfin/graphs/topic.asp?INDEX=2 and INDEX=4**에서도 볼 수 있음.

는 것을 의미하는 것일까? 이는 사실이 아니며, 이러한 차이는 주의 능력, 즉 거주자들의 개인 소득과 관련되어 있다. 주 정부가 주택 건설, 교통, 의료 보험 등과 같은 다른 서비스와 기능들에 지출하는 부분을 고려해야 한다.

예를 들어, 1998년 미시시피 주는 학생 1인당 4,575달러를 지출했으며, 이는 미국 전역의 밑에서 두 번째이며, 전국 평균인 6,662달러보다 상당히 낮다. 그러나 이 액수는 미시시피 주의 1인당 소득(해당 주에 거주하는 1인당 평균 소득)의 3.8%에 해당되는 액수이다. 전국 평균은 1인당 소득의 2.9%이다(NEA, 1995).

교육 지원과 인구의 노령화. 공교육에 대한 주 정부의 예산 지원 감소를 가져오는 또다른 요인은 인구의 고령화이다. 미국 주민의 평균 연령은 1900년 이후 꾸준히 증가하고 있다. 전체 인구 중 65세 이상의 고령자가 차지하는 비율은 1900년의 4.1%에서 2003년에는 17%로 증가하였으며, 2020년경에는 20%에 도달할 것으로 예상된다(Shane, 1990; Projected Resident Population of the U.S., 2003). 학령기의 자녀를 두고 있지 않는 노년층들은 일반적으로 교육세 인상에 반대하는 경향을 보인다. 이러한 경향은 최근에 이루어지고 있는 정부의 예산 지출 형태상의 변화에 그대로 반영되고 있다. 1980년대까지 학생 1인당 교육비 지출액은 물가 상승률보다 30% 정도 높게 나타났지만, 1980년대 후반부터는 감소하기 시작한다. 이와 동시에 정부의 의료 및 보건 관련 지출(대부분은 노년층의 몫이다)은 증가하였다(Sikula, 2003).

■ 인구 노령화

■ 교육 예산에 미치는 영향

평균 연령의 증가는 전국적인 추세이다. 그러나 일부 주의 경우 평균 연령의 증가가 더욱 급격하게 이루어지고 있다. 1970년대 및 1980년대에 뉴욕, 펜실베이니아, 일리노이, 아이오와, 미시간 등과 같은 북부 지역에 거주했던 상당수의 젊은 세대가 남부의 온난 지대로 이주하였다. 북동부 및 남서부의 여러 주에서도 학교에 대한 재정적 · 정치적 지원에 대한 부정적인 성향이 증가하고 있다. 이와 대조적으로 남동부 및 남서부 지역과 같이 학생 수가 크게 증가하는 곳에서는 노년층의 영향력이 상당 부분 상쇄되고 있다.

■ 북부 지역의 평균 연령 증가

지역 학교구에 대한 주 정부의 지원

주 정부는 공교육에 대한 예산 지원을 위해 네 가지 기본적인 방법을 사용한다. 이러한 방법들을 결합한 형태로 사용하는 주도 있다.

1. Flat grant model. 이는 가장 오래되고 가장 불평등한 예산 지원 방법이다. 지역 학교구에 대한 주 정부의 지원은 고정된 금액과 등록 학생 수를 곱한 결과에 기초한다. 이 방법은 특수한 요구(영어가 모국어가 아닌 학생들을 교육시키기 위해서는 더 많은 비용이 소요된다), 특별 프로그램(직업 교육과 특수 교육) 또는 지역 학교구의 빈부 상태 등을 반영하지 못한다.

■ 가장 오래되고 가장 불평등한 방법

나머지 세 가지 방법은 도움을 더 필요로 하는 학교구에 보다 많은 예산을 지원함으로써 교육 기회의 평등성을 추구하고 있다.

■ 학생 1인당 최소 지출액

2. Foundation plan. 지역의 빈부 상태에 관계없이 주 내 모든 학교구의 학생 1인당 최소 지출액 또는 기본금을 보장해 주는 가장 일반적인 방법이다. 그러나 최소 수준이 너무 낮게 산정되어 있으며, 따라서 부유한 학교구는 손쉽게 이를 초과할 수 있다고 개혁자들은 생각하고 있다. 저소득층 학생들이 다수를 차지하고 있는 학교구들은 상당한 어려움을 겪을 수도 있다.

■ 부에 따른 역비율

3. Power-equalizing plan. 최근에 제시된 방법으로 대부분의 주에서는 이 방법을 채택하고 있다. 각 학교구는 지역 여건 및 수준에 따라 예산을 운영하고, 주에서는 학교구의 빈부 수준에 따라 학교구의 학교 운영비의 일부를 지원해 준다. 부유한 지역에서는 주 정부로부터 예산 지원을 적게 받으며, 가난한 지역은 더 많은 지원을 받는다.

■ 학생의 특성에 따른 가중치 부여

4. Weighted student plan. 학생 1인당 교육비를 산정할 때 학생들의 특성(예를 들어 장애아, 저소득층 등) 또는 특별 프로그램(예를 들어 직업 교육 또는 이중 언어 교육) 등을 고려하여 가중치를 부여한다. 예를 들어, 일반 학생들에게는 1인당 4,000달러, 직업 교육에 참여하는 학생들은 그 1.5배(6,000달러), 그리고 장애 학생들에게는 2배(8,000달러)에 해당하는 금액을 지원한다.

법원과 교육 재정 개혁

■ Serano v. Priest

주 내 학교구들 간의 교육 기회를 균등화하려는 노력은 일련의 법원 판결에 의해 가속화되고 있으며, 이러한 법원의 판결은 대부분의 주에서 공교육 재정상의 상당한 변화를 가져왔다. 1971년의 Serano v. Priest 판결은 캘리포니아 주의 교육 재정 분배 방식을 근본적으로 바꾸어 놓았다. 다른 주들과 마찬가지로 캘리포니아 주는 교육 예산의 상당 부분을 지방 재산세에 의존하고 있었고, 소송인들은 이러한 재정 체제는 교육 지출에 있어 부유한 지역과 가난한 지역 간의 커다란 격차를 낳게 하며, 이러한 차이는 헌법 정신에 위배된다고 주장하였다. 캘리포니아 주의 대법원은 이러한 주장을 받아들였다.

■ San Antonio v. Rodriguez

Serano 판결 이후, 연방 대법원은 1973년의 San Antonio v. Rodriguez 판결에서, 주 내에서 학교구 간의 재산세상의 차이에 따라 교육 예산의 불균형이 존재하는 것은 연방 헌법을 위반하는 것은 아니지만, 주 헌법에서는 위헌일 수도 있다고 판시하였다. Rodriguez 판결은 교육 재정상의 불평등과 관련된 사항의 결정권을 주 법원 및 주 의회에 위임한 것이었다.

■ 켄터키 안

Rodriguez 판결 이후, 일부 주의 법원에서는 학교구 간의 빈부 격차로 인해 학생 1인당 교육비가 크게 차이가 날 경우 위헌적인 소지가 있다는 판결을 내리고 있다. 예를 들어, Rose v. Council for Better Education(1989) 판결에서 켄터키 주의 대법원은 재산세에 바탕을 둔 교육 재정 체제를 포함한 주 전역의 교육 체제는 주 헌법에 위배되는 것이라는 판결을 내렸다. 이 판결로 인해 주 의회는 교육 예산을 평균 30% 이상 증가시켰으며, 광범위한 교육 개혁에 착수하였다(자세한 사항은 16장에서 설명한다). 켄터키 주의 판결 이후 30여 개의 주에서 비슷한 소송이 제기되었고, 불평등한 재정과 관련된 문제들은 계속해서 주 의회에서 논의되고 있다(Ritchey, 2000). 지역 학교구에 대한 주 정부의 재정 분배 방식이 교사들에게는 어떤 영향을 주는가에 대한 내용은 "In This Case"에 제시되어 있다.

■ 여전히 남아 있는 격차

최근에 이루어지고 있는 법원의 판결은 가난한 학교구에 재학하고 있는 학생들도 동일한 교육 기회를 가질 권리가 있다는 생각을 토대로 적절성, 최소 지원액 및 평등에 초점을 두고 있다(Viteritti, 2002). 즉, 주는 가장 부유한 그리고 가장 빈곤한 학교구 간의 격차를 완화시킬 필요가 있다. 일부 주의 경우 예산 지원 대상에 사립학교를 포함시킬 필요가 있는 곳도 있다. 2003년 6월, 연방 대법원은 클리블랜드 voucher 프로그램에 대한 판결을 내렸다. 이 프로그램은 주 정부의 예산을 voucher의 형태로 사립학교에 재학하고 있는 저소득층 및 소수계 학생들에게 지원하는 것이었다. 법원은 공립학교에 재학하고 있는 저소득층 및 보상 교육의 대상이 되는 학생들에게도 이에 상응하는 방안이 마련된다면 위헌은 아니라는 판결을 내렸다. 이 판결은 공립학교에서 사립학교로 공적 재원의 흐름을 바꾸어 놓았다.

■ 법원의 판결

그러나 교육 재정 개혁을 반대하는 일부 비판론자들은 재정만으로는 교육의 질에 아무런 변화를 이끌어 낼 수 없다고 주장한다(Bracey, 2001). 교육 개선을 위해서는 학생, 교사 및 학부모들의 헌신과 책임이 필요하다고 이들은 주장한다. 또한 가족 구조 등을 포함한 다양한 사회적 · 인지적 요인을 고려하지 않는다면 변화 노력은 아무런 성과를 거두지 못할 것이라고 주장한다. 이러한 쟁점들이 해결되지 않는다면 교육 재정 개혁은 앞으로도 뜨거운 논쟁의 대상이 될 것이다.

■ 차이를 낳는 요인은 예산뿐인가?

다시 한 번 생각해 보기

경기 침체기 및 후퇴기에 판매세와 개인 소득세는 어떤 영향을 받을까? 주 정부와 지방 정부 중 어느 쪽이 공교육 재정에 더 많은 책임을 져야 한다고 생각하는가? 그 이유를 설명해 보자.

연방 수준의 교육 재정

■ 변화하고 있는 연방 정부의 역할

20세기 중반까지 연방 정부는 주 (또는 지역) 교육을 위해 거의 아무런 예산 지원도 하지 않았다(6장 참조). 이러한 태도는 연방 정부는 교육 부분과 아무런 관련이 없으며, 교육은 주 정부의 책임하에 있다는 대부분의 사람들의 생각에 부합하는 것이었다. 비록 일부 법안 및 연방 수준의 프로그램이 학교 교육의 발전에 커다란 영향을 미

In This Case

예산에 대한 걱정

"이번 새 학기의 우리 학교구에 대한 주 정부의 예산 지원은 왜 줄어들었을까? 우리는 가난한 학교구에 살고 있고, 주 정부로부터 부유한 지역보다 학생 1인당 지원을 더 받아야만 해. 이런 문제로 인해 소송이 제기되었어." Karen이 말했다.

"Karen, 네가 맞어. 공평하지 못해. 그러나 그게 현실이야. 우리 둘 다 여기서 일자리를 잡았지만, 저소득층 가정에 대한 지원으로 인해 주 예산이 줄어들고 있어. 노년층을 위한 신규 주택 건설도 좋아. 하지만 이로 인해 학생수가 줄어들고 있어. Schoebel 교장 선생님 말씀으로는 200명 이상의 학생이 줄어들었대." Lemuel이 대답했다.

계속해서 Lemuel은 "또한 연방 정부의 지원도 줄어들고 있어. 상당수의 학생들은 Title I 프로그램에 따라 무료 급식 또는 중식 지원을 받고 있어. 영어가 모국어가 아닌 학생들과 장애가 있는 학생들도 연방 정부의 예산 지원을 받고 있다는 생각은 들지만, 이들 집단과 저소득층 자녀들 간에 어떤 관계가 있는지는 모르겠어."라고 말한다.

Karen은 한숨을 쉬며 "나는 모든 학생들에게 도움이 되도록 교육이 최우선순위로 고려되었으면 좋겠어. 교육 예산은 지역, 주 및 연방 정부에서 지원되지만, 시간이 지남에 따라 지방 자치 단체의 부담이 더욱 커지고 있는 것 같아."라고 말한다.

"이곳에서도 주택 보유자들의 재산세가 교육 예산의 큰 부분을 차지하고 있어. 이는 우리와 같은 세입자들에게도 영향을 미치고 있지. 우리 집주인은 재산세가 12%나 올랐다는 것을 알리는 편지를 세입자들에게 보냈어. 12%는 엄청난 것이지. 집주인은 집세를 올려서 세금 증가분을 보충하겠데. 세금 인상분의 상당 부분은 새로 신설된 지역 교육세 때문이야. 물론 의료 및 상하수도 관련 세금도 인상됐지만 교육세에 비하면 아무것도 아니야."라고 Lemuel이 말했다.

"지방세를 인상한다 하더라도 내가 생각하기에 우리 지역 학교구의 예산은 다른 학교구에 크게 못 미치는 것 같아. 행정가들은 이 문제를 어떻게 해결할까? 내 생각으로는 고학년 학급의 학급당 학생 수를 늘리고 건물 신축 또는 재건축을 연기할 것 같아."라고 Karen이 말한다.

"Karen, 네 생각이 맞을 거야. 부유한 학교구는 재산세 외에도 재원 조달을 위한 여러 가지 방법들을 생각하고 있는 것 같아. 일부 지역에서는 재단을 설립하여, 그 지역에 거주하는 백만장자들이 매년 엄청난 액수를 기부하고 소득 공제를 받고 있어." Lemuel이 말했다.

"우리 지역에는 백만장자들이 없어서 유감이야. 재정 감소가 우리와 같은 신규 교사들에게도 직접적인 영향을 미칠까?" Karen이 묻는다.

"아마 올해는 그렇지 않겠지만 앞으로는 그렇게 되겠지. 학교 예산의 대부분은 교직원의 보수로 지출되지. 너와 나 같은. 어떻게 되든 우리가 할 수 있는 최선의 행동은 학생들에게 최선을 다하는 거야." Lemuel이 말한다.

질 문

1. Karen과 Lemuel 같은 신규 교사들에게 교육 재정에 대한 기본적인 이해가 필요한 이유는 무엇인가?
2. 학생 수와 교육 재정은 어떤 관계가 있는가?
3. 지역 주민들의 재산 수준과 교육 재정은 어떤 관계가 있을까?
4. 학교구의 전체 예산에서 지방세가 차지하는 비율은 어느 정도인가? 연방 정부의 비율은? 만약 명확하게 알고 있지 못하다면 대략 어림짐작으로 생각해 본다. 그 후 실제 비율과 어느 정도 근접한지 확인해 본다.

쳐 왔지만, 이러한 프로그램 및 행위들은 체계적으로 이루어진 것도 아니고 국가의 교육 계획의 한 부분으로 인식되지도 않았다. 1957년에 소련이 인공위성 Sputnik 호를 발사한 후 국가의 정책은 교육과 보다 밀접하게 연결되었고, 연방 정부의 예산은 엄청나게 증가하여 특정 분야에 초점을 두게 되었다. 증가된 연방 정부의 예산은 과학, 수학, 외국어 교육 및 교사 교육의 개선에 투자되었다.

1960년대 중반~1970년대까지 학교 통합에 관한 연방 대법원의 판결을 실행하는 데 연방 정부는 총력을 기울였다. 이는 연방 정부의 지원을 받는 모든 프로그램은 차별 없이 운영되거나 관리되어야 하며, 그렇지 않을 경우 연방 정부의 지원을 중단한다는, 1964년에 제정된 인권법으로부터 출발하였다.

■ 인권법

이러한 차별 철폐를 위한 노력과 함께, 1960년대 중반~1970년대 후반에는 소수계 집단 및 여성들의 교육 욕구와 관련된 부분도 상당한 관심 및 재정 지원을 받았다. 이 중 언어 학생, 흑인, 인디언, 저소득층 학생, 장애 학생 등과 같은 다양한 학생 집단이 특별 프로그램의 주된 대상이 되었다.

■ 다양한 집단을 위한 프로그램

현재의 추세

1980년대에는 연방 정부 수준에서 신보수주의가 등장하였으며, 이때부터 연방 정부의 지원은 전체 교육 예산 중 일부분에 그치게 된다(그림 8.1과 표 8.1을 비교해 보자). 또

표 8.1 1970~2002년 초 · 중 · 고등교육을 위한 연방 정부의 예산

연도	금액(단위: 10억 달러)	물가 상승을 고려한 조정액(단위: 10억 달러)
1970	9.2	6.8
1972	11.9	7.7
1974	13.1	8.7
1976	19.6	11.8
1978	21.6	12.0
1980	27.5	13.1
1982	26.8	11.6
1984	30.5	12.3
1986	33.7	13.9
1988	37.5	14.4
1990	45.3	15.3
1994	64.0	16.7
1997	73.0	17.4
2000	90.6	18.8
2002	102.2	19.8

주: 1981년에 제정된 Education Consolidation and Improvement Act로 인해 많은 프로그램과 예산이 연방 정부 내의 여러 부서로 분산되었다. 따라서 1981년 이후에는 비교 기준이 동일하지 않다.

출처: *Digest of Education Statistics, 1980* (Washington, D.C.: National Center for Education Statistics, 1980), Table 160, pp. 184-186; *Digest of Education Statistics, 1982* (Washington, D.C.: National Center for Education Statistics, 1982), Tables 153-154, pp. 171-172; *Digest of Education Statistics, 1990* (Washington, D.C.: National Center for Education Statistics, 1990), Table 327, p. 343. Amounts adjusted for inflation have been calculated by the authors on the basis of *Consumer Price Index: 1913-1990* (Washington, D.C.: Bureau of Labor Statistics, U.S. Department of Labor, 1990), pp. 1-3; *Digest of Education Statistics, 2002*, Table 349, pp. 370-373; *Digest of Education Statistics, 2002*, Table 359.

한 1980년대에는 재정 지원 방법상의 변화도 이루어진다. **특수 목적 경비**(특정 집단 또는 정해진 목적에 사용하도록 정해진 예산)가 줄어들고 **총액제**(block grant: 특정 항목을 지정하지 않고 일반적인 목적을 위해 사용하도록 예산이 지원되는 것)가 시행되었다. 이는 연방 정부가 맡고 있던 사회적 및 교육 관련 프로그램에 대한 책임을 연방 정부 차원에서 주 정부로 위임하려던 "신보수주의"의 한 방편으로 이루어졌다.

■ 표준화와 평가

최근에는 또다른 경향이 나타나고 있다. 2002년 "No Child Left Behind(NCLB)" 법의 출현으로 총액 단위의 지원은 줄어들고 학생들의 학업 성취도 및 교사의 질 향상에 초점을 둔 재정 지원이 증가하고 있다. 각 주는 승인된 학업 성취도 검사지(아이오와 기초 학력 검사, 캘리포니아 성취도 검사와 기초 능력 평가 등과 같은)를 활용하여 매년 초·중등학교 학생들의 학업 성취도를 증진시켜야만 한다. 또한, 학교장들은 "우수한 교사"들이 학생들을 지도하지 않는다면 이를 학부모들에게 통지해야만 한다. 연방 정부의 지원은 성취도 검사 문항 개발 및 평가 관리 그리고 우수한 교사를 선정하는 기준을 개발하는 데 소요되는 비용을 충당하기에는 상당히 부족한 편이다. 이는 주 및 지역 학교구 관계자들의 불만을 자아내고 있다. 일부 비평가들은 NCLB는 "재정 지원이 없는 의무", 즉 충분한 재정 지원 없이 큰 희생을 요구하는 연방 정부의 요구 사항이라고 비판하고 있다.

시간이 지남에 따라 기술 관련 부분뿐만 아니라 노후 시설의 개선에 필요한 기간 시설 지원 분야에 있어서 연방 정부의 역할은 계속 증가하게 될 것이다. 전국 단위 성취도 평가를 위한 연방 정부의 지원이 증가하고 있고, 이는 전국 단위의 표준 교육과정을 이끌어 낼 수도 있다. 그 외 연방 정부 차원에서 고려되고 있거나 만들어진 방안은 다음과 같다.

- "읽기왕 선정" 및 NCLB를 통한 읽기와 수학 성취 강조
- 소외 계층 미취학 아동들을 위한 Head Start 프로그램 증대
- 교사 부족 현상에 대처하기 위한 추가 교사 채용을 위한 연방 예산
- 교수 학습 활동의 질 개선을 위한 예산(Bowler, 2001)

학교구 내의 인종 불평등 현상을 해결하는 방법의 하나로서 Magnet School에 대한 연방 정부의 지원은 계속 이루어질 것이다. 학교 폭력과 학교 내에서 도덕적 권위를 어떻게 회복할 것인가 하는 것에 대한 지역, 주 및 연방 정부의 관심이 증가하고 있다. 끝으로, 이 장의 후반부에서 다루겠지만, 학교 선택과 voucher plan은 의회, 일반 대중 및 법원에서도 대안적인 예산 지원 방법으로 평가받고 있다. 공립학교에 불만을 느끼는 학부모들과 가난한 학교구에 거주하고 있는 경제적으로 소외된 학생들을 위해 공립학교와 사립학교 간에 선택을 가능하도록 하라는 압력이 커지고 있다. 예를 들어 밀워키, 위스콘신, 클리블랜드와 오하이오 주에서는 종교계 학교에 재학하는 저소득층 학생들의 수업료를 지원하고 있다. 연방 대법원에서 사립학교 학생들에게

voucher를 제공하는 것이 합헌 판결을 받았기 때문에 공교육을 위한 예산은 줄어들고 있다(Howe et al., 2002).

다시 한 번 생각해 보기

연방 정부는 공교육을 위해 충분한 지원을 하고 있다고 생각하는가? 당신의 생각을 설명해 보라.

교육 재정의 경향

교육 재정의 위기는 신문의 머릿기사로 등장하고 있다. 예를 들어, 1990년대 초 및 2000년대 초의 경기 침체는 주 정부 예산의 적자를 초래하였다. 비용 증가 및 그 외 예산상의 문제들로 인해, 주 정부의 재정 적자로 인해 대부분의 학교구는 엄청난 재정 압박을 받았다. 이러한 재정 위기는 경제 상황, 연방 정부 및 주 정부의 재정 상태에 따라 호전되기도 하겠지만, 교육 재정에 관한 근심거리는 계속 남아 있다. 현재의 경향을 살펴볼 때 주민의 세금을 현명하게 사용하고 있는지 교육자들에게 증거를 제시하라는 요구가 계속되고 있다는 점을 명심하기 바란다. 현행 교육 재정에 대해 보다 자세하게 알고 싶으면 "Technology @ School"을 참고하기 바란다.

납세자들의 저항

■ 납세자들의 발의

1970년대 중반 이후, 교육 재정 개혁 운동을 비판하는 납세자들의 반발이 전국을 휩쓸고 있다. 1978년, 캘리포니아의 경우 납세자들의 발의를 통해 Proposition 13이 제정되었고, 이는 재산세를 부동산 실재 가치의 1%를 초과하지 못하도록 하고 1년에 2%이상 평가 가치를 인상시키지 못한다고 규정하고 있다. 2003년에는 45개 이상의 주에서 재산세 상한제를 실시하거나 교육 예산을 직접 통제하고 있다(Sales Tax Clearinghouse, 2003).

■ 납세자 저항의 결과

납세자들의 저항으로 인해 35개 주에서는 특정 대상(노년층 또는 최초로 자기 집을 구입한 사람)에게는 재산세를 공제해 주는 제도를 실시하고 있다.

■ 현재의 분위기

20세기 후반의 교육 개혁은 교육의 질을 개선할 필요가 있다는 것을 강조하였다. 납세자들은 이를 위한 교육 예산의 증가를 지지하는 것처럼 보이나 경계를 늦추지는 않고 있다. 이들은 결과에 큰 관심을 보이고 있다. 우리가 낸 세금으로 우리가 얻는 것은 무엇인가? 이러한 관심은 예산 사용에 있어 교육자들의 책무성 강화를 이끌어 내고 있다.

TECHNOLOGY @ School

인터넷에서 교육 재정 관련 정보 찾기

교사로서 당신은 교육 재정과 관련된 주요 쟁점 및 경향에 대해 이해하고 있어야 한다. 이 장에서 논의된 것처럼, 각 정부 수준에서 이루어지는 재정 관련 결정은 교실에서 이루어지는 일상 활동에도 영향을 미칠 수 있다.

지역 학교구 홈페이지를 방문한다(**www.nasbe.org** 참조. 주 교육부의 홈페이지에서 "카운티"나 "학교구" 또는 "학교구 찾기"를 클릭한다). 비록 모든 학교구에서 학교구 예산과 관련된 정보를 홈페이지에 게시하고 있는 것은 아니지만, 일반적으로 교육 목표는 예산과 연결되어 있다. 학력 평가, 정보화 활동, 특수 교육, 영재 교육, 학교 신설, 건물 보수 등과 같은 주요 교육 현안들에 관한 정보를 찾아본다. 이러한 프로그램들은 학교구의 예산에 어떤 영향을 미칠까?

주 교육부의 홈페이지도 살펴본다(**www.nasbe.org**에서 "주 교육부 연결"을 누르고 원하는 주를 클릭한다). "예산" 또는 "재정"과 관련된 내용을 살펴보거나 이들 용어로 내용을 검색해 본다. 주 교육부 수준에서는 어느 부분에 우선권을 두고 있는가? 지역 교육청의 우선 사업 순위 또는 현안들과 어떤 차이가 있는가?

미국 연방 교육부의 홈페이지인 **www.ed.gov**에 접속한다. "site map"을 클릭하여 "대통령 및 장관의 관심사", "뉴스와 행사", "프로그램과 서비스", "NCLB", "주 교육부" 등과 관련된 내용을 찾아본다. 이와 함께, 비정치 단체인 Education Commission for the States의 홈페이지인 **www.ecs.org**에서 "오늘의 기사", "의회 및 대통령의 교육 관련 각종 안", "교육 현안", "조기 교육" 및 "K-12" 등과 관련된 내용을 살펴본다. 교육 재정에 관한 정보를 살펴볼 수 있는 또다른 사이트는 OERI(Office of Educational Research and Improvement)로 이곳의 웹사이트는 **www.ed.gov/offices/OERI**이다. 연방 정부의 교육 예산과 관련된 사항들은 주 및 지역 교육청의 사항들과 어떤 차이가 있는가? 주요 사업 및 현안들 중에서 학생들을 교육시키기 위해 가장 중요한 것은 무엇이라고 생각하는가? 그 이유는?

책무성 운동

■ 결과에 대한 책임

책무성(accountability)에 대한 정의는 다양하게 제시되고 있으나, 이는 일반적으로 교사, 행정가, 교육위원 및 학생 본인들조차도 자신들의 노력의 결과에 대한 책임을 져야 한다는 것을 의미한다. 교사들은 특정 자격 기준을 충족시켜야 하며, 학교는 지출과 결과를 연결시키는 방법을 고안해야만 한다.

■ 책무성 운동의 이유

여러 요인들에 의해 책무성 운동이 제기되고 있다. 최근 들어 대부분의 학부모들은 성공을 위해 학교 교육은 중요하며, 자신의 자녀들은 충분한 정도로 학습하는 데 실패하고 있다는 것을 깨닫게 되었다. 교육비가 증가함에 따라 학부모들은 자신이 지불하는 돈이 어떻게 사용되고 있는지 알기를 원하고 있다. 교육 예산에 관심을 가지고 있는 납세자들도 교육자들이 수업 결과에 대한 책임을 지길 원하고 있다(Weaver, 2003).

■ 연방 및 주 정부의 조치

또한, 연방 정부의 재정 지원도 만족스러운 교육 성과를 보이는 정도에 따라 이루어지고 있다. NCLB 법은 초등학교 3학년~중학교 2학년의 모든 학생들을 대상으로 하는 주 차원의 수학 및 읽기 평가 프로그램을 요구하고 있다. 이와 함께, 다수의 주 및 학교구에서는 학생들의 성취도 및 교육 활동의 비용 편익을 측정하기 위해 그 외 교과 및 학년을 대상으로 하는 평가 프로그램을 도입하고 있다(Odden, 2001). 일부 주에서는 학업 성취도가 낮은 학교를 "실패한" 학교로 공인하고 주 정부 또는 대학, 사기업 등과 같은 사설기관에 학교의 운영권을 넘기거나 완전한 구조 조정을 실시하고 있다. 학교구들 간의 시험 성적을 비교하여 그 결과에 따라 재정 지원을 줄이거나 더 확대하는 주도 있다(Maryland State Department of Education, 2001). 또한 유능한 교사를 선정하기 위해 엄격한 기준을 개발하는 주도 있다. 능력이 떨어지는 교사들에게 자녀를 맡기는 것을 반대하는 학부모는 학교구 내의 다른 학교로 자녀를 전학시킬 수도 있다. 이러한 변화는 주 및 지역 차원에 있어서 교육 재정상에 시사하는 바가 상당히 크다.

대부분의 교육자들은 학부모, 지역 사회, 교육위원, 납세자 및 학생 본인의 역할을 고려하지 않고 교사 및 행정가에게만 책임을 부과하는 단순화된 책무성의 개념에 우려를 표명하고 있다. NCLB는 긍정적인 면과 부정적인 면을 동시에 가지고 있다. 이는 책무성을 증진시키고 학부모, 교사, 학교 행정가 및 지역 사회가 참여하는 학생들의 성취도에 대한 유의미한 논의를 이끌어 낼 수 있다. 그러나 불행하게도 이는 교육 예산을 소모하고 교육 개혁을 위해 필요한 예산을 연방 정부 또는 주 정부가 보류할 수 있도록 허용하고 있다. 이로 인해 어떤 결과가 나올지는 시간만이 알고 있다.

수업료 공제, voucher와 학교 선택

■ 수업료 세금 공제

수업료 세금 공제(tuition tax credit)는 사립학교에 낸 수업료의 일부분에 대한 세금 공제를 허용하는 것이다. 1990년대 초에 수업료 세금 공제 제도가 미네소타 주에서 제일 먼저 실시되었다. 그 외의 주들도 지금 현재 세금 공제를 실시하고 있거나 이 제도의 실시를 고려하고 있다(Fischer et al., 2003). 이러한 세금 공제 추세는 사립학교에 대한 지원 요청이 계속 이루어지고 있는 것뿐 아니라 학교 선택에 대한 일반 대중의 요구가 증가하고 있음을 반영하고 있다. 그러나 이 문제는 공립학교에 대한 믿음이 흔들리고 있다는 것을 표면화하고 있다.

■ voucher

교육 재정 개혁의 또다른 경향은 voucher의 활용이다. voucher 체제에서 주 정부 또는 학교구는 학생 1인당 예상 교육비를 voucher 또는 일률적인 보조금의 형태로 학부모에게 지급한다. 이 voucher를 활용하여 학생은 가정이 선택하는 학교에 등록한다. 미네소타, 위스콘신, 캘리포니아, 매사추세츠 주 및 그 외 10여 개의 주에서는 공립학교 내에서만 학교 선택이 가능하도록 선택 범위를 제한하고 있다(Nathan & Ysseldyke, 1994). 사립학교를 선택할 수 있게 하는 주도 있다. 이 장의 앞부분에서 언급한 바와 같이, 저소득층 학생들을 위한 클리블랜드 주의 voucher 안을 연방 대법원이 합헌 판결을 내렸기 때문에 사립학교에 voucher를 활용하는 곳이 증가할 것은 확실하다(Fischer et al., 2002).

■ 수업료 세금 공제 및 voucher에 대한 논쟁

수업료 세금 공제 및 voucher 프로그램에 대한 열띤 논쟁이 이루어지고 있다. NEA, AFT를 비롯한 교육 관련 조직들은 voucher나 세금 공제가 차별이 더 심화되는 결과를 가져오고, 사회경제적 배경에 따른 양극화 현상 및 공립학교에 대한 재정 지원을 감소시킬 것이라고 비판하고 있다(McDonald, 2002). 또한 반대론자들은 이러한 프로그램은 종교계 학교에 대한 지원을 제공하고(종교와의 분리를 규정하고 있는 헌법에 위배된다), 학생들이 사립학교로 진학하는 것을 지원 또는 격려하기 때문에 공교육 체제의 손실을 가져오며, 공교육 재정 또는 주 정부 재정을 고갈시킨다고 주장한다(Levine & Levine, 1996).

■ 선택과 "시장"

수업료 공제 및 voucher 프로그램에 찬성하는 사람들은 이를 학교 효과성 및 개혁 부분에 제시되어 있는 학교 선택권(school choice)과 연계시키고 있다. 학교 교육에 대한 개인의 선택을 넓혀 줌으로써 학교들 간의 경쟁을 증가시키고, 이를 통해 전반적인 교육의 질을 높일 수 있다고 찬성론자들은 주장한다. 이러한 생각은 교육도 시장경제의 논리를 따라야 한다는 것에 토대를 두고 있다. 만약 학생과 학부모가 학교를 선택할 수 있다면, 효과적인 학교는 살아남고, 효과적이지 못한 학교는 도태되거나 개선될 것이다(Osborne, 1996).

■ 찬성 측 주장

또한 수업료 공제 및 voucher 프로그램을 찬성하는 사람들은 이러한 방법은 위헌적인 성격을 띠고 있지 않으며, 연방 교육 예산의 감소 또는 공교육 관련 예산 확보를 위한 노력에 방해가 되지 않는다고 주장한다. 또한 이들 프로그램은 학생들에게 다른 학교에 재학할 수 있는 기회를 보다 폭넓게 제공하고 있다고 주장한다. 따라서 수업료 공제나 voucher 프로그램은 인종 및 사회 계층 간의 격차를 가져오지 않으며, 오히려 이러한 격차를 줄이는 데 기여한다고 주장한다. 또한 대다수의 찬성론자들은 수업료 공제와 voucher 프로그램은 학부모들에게 선택권을 부여할 뿐 아니라, 특히 학교구 내에서 가정이 학교에 대한 선택권을 가질 때 공립학교의 개선을 촉진한다고 믿고 있다(Bowler, 2001).

■ 헌장 학교

학교 선택은 여러 가지 형태로 나타나고 있으며, 그 중의 한 방법이 7장에서 다루었던 Charter School이다. 수많은 규정과 규칙의 적용을 받지 않는 대신, Charter School은 특정 결과에 대한 책임을 져야 하며, 정해진 목표를 달성하지 못하면 승인이 취소될 위험성을 가지고 있다(Ascher & Greenberg, 2002). Charter School을 세운 대부분의 기관(조직 또는 개인 등)은 상당한 재정적 문제에 봉착해 있다. 대부분의 교육위원회에서는 지금도 예산이 부족한 현실에서 Charter School에 대한 지원이 예산의 고갈을 가져올 것을 우려하여 Charter School에 운영 예산을 배정하는 데 인색한 태도를 취하고 있다.

교육 재정 합리화

납세자들의 관심 증가, 책무성 요구 및 주 정부의 재정 압박이 계속되고 있는 가운데, 주 교육위원회도 세금 인상안을 제시하기에 앞서 먼저 불필요한 예산을 줄이도록 압력을 받고 있다. 학교의 성과를 기대되는 기준에 부합하도록 해야 할 뿐 아니라 예산도 엄격한 감사를 받아야만 한다. 기업인들이 교육위원으로 선출되고 있으며, 기업체에서는 보편적인 원리인 합리화 및 효율성이 미국 교육에 큰 영향을 미치고 있다.

■ 학교 예산 감사

아래와 같은 중요한 경향에 대해 계속 관심을 가지고 지켜보아야 한다.

1. **학급당 학생 수**. 연방 교육부의 교육 연구 및 개선국에서 수행한 학급당 학생 수에 관한 연구에 따르면, "학급당 학생 수가 적을수록 더 좋으며", 특히 저학년에서는 학급당 학생 수가 적을수록 학생들의 학업 성취도가 더 높은 것으로 나타났다. 학급당 학생 수가 15~20명으로 줄어들 때 학업 성취도에 유의미한 영향을 미치는 것으로 나타났다. 이는 미국 전역에 걸친 학습당 학생 수 축소를 위한 노력을 이끌어 냈다(Johnson, 2002).

   ■ 학급 규모에 대한 새로운 연구

2. **오래된 건물의 현대화**. 대부분의 학교구들은 새로운 학교를 건설하기보다 오래된 학교를 보수 및 현대화함으로써 예산을 절약하는 방법을 택하고 있다. 그러나 다음 절에 제시된 것과 같이, 오래된 건물은 예산의 압박을 가져오는 원인이 될 수도 있다(Kowalski & Schmielan, 2001).

   ■ 노후 건물 유지

3. **소규모 학교**. 대부분의 지역에서 학교를 소규모화하려는 경향이 나타나고 있으며, 학교의 소규모화는 공간의 보다 효율적인 활용, 연료 및 전기 절약, 건물 유지의 용이성, 행정가의 수 감소 등과 같은 장점을 가지고 있다(Catshall, 2003).

   ■ 소규모, 보다 효율적인 건물

4. **교사의 수요**. 일부 주에서는 인구 감소로 인해 교사를 감축하고 있지만, 특히 교외 지역 및 중남부에 위치한 주에서는 학령기 아동의 증가 현상이 나타나고 있다. 이와 함께 교사 집단의 연령 분포 등을 고려해 볼 때, 2010년까지 220만 명 이상의 신규 교사가 필요할 것으로 예상된다.

   ■ 교사 충원

5. **행정 인력 감축**. 대부분의 학교구에서는 교육청 행정 직원을 줄여도 학교 운영에는 큰 문제가 없다는 것을 느끼고 있다. 이러한 행정직 감축은 교원 감축에 비해 일반 대중의 비판을 적게 받는다.

   ■ 교육청 직원 감축

6. **연료 절감**. 일부 학교에서는 실내 온도를 낮추고, 난방을 시작하는 시간을 늦추며, 복도의 난방을 줄이고, 소매상을 거치지 않고 난방 연료 등을 직접 구매하고 있다.

   ■ 연료비 절감

학교 기반 시설 및 환경상의 문제

학교 기반 시설(school infrastructure)은 심각한 상태에 있다. 여기서 기반 기설은 학교

■ 시설의 노후화

건물의 기본적인 물리적 시설을 의미한다(배관, 하수 처리, 전기, 지붕, 목조 시설 등). 건축 전문가들에 따르면 미국의 학교들은 보수할 수 있는 것보다 더 빨리 황폐화되고 있으며, 이러한 현상은 다른 공공시설보다 훨씬 빠르게 이루어지고 있다. 대부분의 학교의 배관, 전기 설비 및 난방 시설은 위험할 정도로 낙후되어 있다. 지붕은 시설 규정에 미치지 못하고 있으며, 외벽 등도 심각한 상태에 있다. 1990년대 중반, 연방 재무국은 학교 시설을 보수하는 데 소요되는 비용이 1,120억 달러에 이르는 것으로 추산하였으며, 이는 이전보다 엄청나게 증가된 것이다(Sielke, 2001). 일부 대규모 학교구들은 "적절한 학습 환경"을 조성하기 위해서는 평균 85% 이상의 학교를 보수해야 한다고 발표하였다(Government Accounting Office, 1996).

■ 석면 정화

학교 건물의 환경적 위험성은 특히 더 문제가 된다. 예를 들어, 환경 보호국(EPA)은 학교를 포함한 정부 및 상업용 부동산 소유자들에게 석면이 함유된 건축 자재로 시공된 건물들을 정화하도록 명령을 내렸다. 비록 그 비용을 산정하기는 어렵지만, 한 평가에 따르면 이를 위해 31억 달러 이상이 소요되며 3,100개 학교구의 45,000곳의 학교가 그 대상이 된다(Wakefield, 2002).

■ 또다른 위험 요인

라돈 가스와 납 성분을 함유한 페인트의 위험성 및 지진 대비 시설 설치 등도 교육 예산을 고갈시키는 요인이 되고 있다.

■ 더 많은 교실이 필요함

교육위원회에서는 노후화되고 있는 기반 시설을 보수하기 위해 노력하고 있지만, 연방 인구 통계국은 학령기 아동의 숫자가 증가할 것이라고 예측하고 있다. 2000년도에 실시된 인구 조사 결과를 토대로 하여, 인구 통계국은 2010년까지 학령기 아동의 수는 일정하게 유지될 것이라고 예측하고 있다. 이 기간 동안 중등학교 학생 수는 4% 정도 증가할 것으로 예상된다. 이는 현재의 출산율 및 이민율에 기초하고 있다. 건물 보수와는 별도로, 계속 필요한 추가적인 교실을 짓기 위한 예산을 어디에서 확보할

교육위원회는 불필요한 예산 지출을 감소시키라는 압력을 받고 있고, 학교 예산도 엄격한 감사를 받아야 한다. 상당수의 학교구들은 학급당 학생 수 감축, 교사 부족, 시설 노후화에도 불구하고 더 적은 예산으로 더 많은 것을 하고자 노력하고 있다.

것인가에 대한 우려가 계속 증가하고 있다.

다시 한 번 생각해 보기

매년 치러지는 성취도 평가에서 학생들의 성적 향상과 연방 정부의 재정 지원을 연계하는 방안에 대해 어떻게 생각하는가? 이러한 방법의 장단점은 무엇인가?

요 약

❶ 학교는 주 및 지방 정부의 예산 지원을 받고 있으며, 연방 정부의 지원이 차지하는 비율은 점점 줄어들고 있다. 전반적으로 볼 때, 20세기 초 이후 주 정부의 지원은 상당히 증가하였으며, 지방 정부의 지원은 감소하고 있다. 연방 정부의 지원 비율은 1980년대까지는 증가하였으나 그 이후에는 감소하였다.

❷ 지역 학교구에서 교육 재정의 주된 수입원은 재산세이지만, 이는 누감세이다.

❸ 주들 간, 그리고 주 내에서도 교육 재정상에 상당한 차이가 존재한다. 가난한 학교구는 부유한 학교구에 비해 주 정부로부터 더 많은 지원을 받고 있지만, 총액으로 볼 때는 전체적인 차이를 줄이지 못하고 있다.

❹ 법원 및 주 의회에서 주도하고 있는 교육 재정 개혁은 가난한 학교구와 부유한 학교구 간의 재정 불평등을 줄이거나 없애려고 노력하고 있다. 교육 기회를 균등화하고 가난한 학교구에 학생들의 성취도를 향상시킬 수 있는 방안을 마련해 주는 것을 기본 목적으로 하고 있다.

❺ Sputnik 호 발사 이후, 연방 정부의 교육 예산은 국가 정책과 밀접한 관계를 맺고 있다. 그러나 1980년대 이후 교육 재정에 대한 책임은 연방 정부에서 각 주로 넘어가고 있다.

❻ 책무성, 수업료 세금 공제, voucher, Charter School과 학교 선택 등에 대한 논쟁은 현행 교육 시스템에 대한 일반 대중의 불만족을 반영하고 있다.

❼ 재산세 증가를 반대하는 납세자들의 저항은 교육 재정의 합리화를 가져온 주된 요인 중의 하나이다.

❽ 학교 기반 시설의 황폐화 및 환경적 위험성은 대부분의 학교에서 심각한 문제가 되고 있다.

9 교육의 법적 측면

지난 50여 년 동안, 법원에서는 공교육과 관련된 여러 가지 쟁점들에 대한 심의가 이루어져 왔다. 교육 관련 소송의 증가는 우리 사회에서 교육의 중요성이 더욱 증가했다는 사실을 나타내고 있다. 소송의 증가는 주 및 연방 의회에서 제정된 교육 관련 법안들의 증가와 그 흐름을 같이하며, 한편으로는 이러한 법안 제정에 의해 더욱 촉진되었다고 할 수 있다.

이 장에서는 미국 법원 시스템을 개략적으로 설명하고, 오늘날의 학교와 교사들에게 큰 영향을 미치고 있는 주제 및 판결들을 살펴본다. 교사와 학생의 권리와 책임, 종교와 학교가 주된 대상이 된다.* 이 장을 읽으면서 다음과 같은 질문들을 생각해 본다.

핵심 질문

- 교사들이 가지고 있는 법적 권리와 책임은 무엇인가?
- 학생들의 법적 권리는 무엇인가?
- 공립학교에서 종교 활동을 할 수 있을까?
- 정부가 사립학교를 지원할 수 있을까?

* 특정 사항과 관련된 법적인 부분은 이 책의 다른 부분에서도 다루고 있다. 교육 재정과 관련된 법원의 판결은 8장을 참고하기 바란다. 학교 통합 및 특수 교육에 관한 부분은 12장에서 제시한다.

법원 시스템

교육 관련 소송은 **고소인**(소송을 제기한 사람)의 진술에 따라 주 법원 또는 연방 법원에서 심리가 진행된다. 연방 법원은 연방법과 규칙 또는 헌법과 관련된 소송에 대한 판결을 내린다. 주 법원은 주의 각종 법률, 주 헌법 조항, 교육위원회의 정책 또는 연방 정부가 관련되지 않은 문제들에 대한 소송을 담당한다. 초 · 중등교육과 관련된 대부분의 소송은 주 법원에서 심리가 이루어진다. 그러나 과다한 소송을 막기 위해 연방 및 주 법원은 법원에서 심리가 이루어지기 전에 문제 해결을 위한 모든 행정적 조치를 취하도록 소송 당사자들에게 요구하고 있다.

주 법원

■ 주 법원의 종류

주 법원은 주에 따라 다양한 조직 체계를 띠고 있다. 주 사법부에 대한 사항들은 주 헌법에 명시되어 있다. 최하급 법원으로 대부분의 주에는 소송에 대한 심리가 이루어지는 지방 법원이라 불리는 법원이 관할 구역별로 있다. 여기서는 사실 관계를 확인하고, 증거를 제시하며, 증인의 증언과 상호 심문이 이루어지고, 적절한 법률 원칙을 통해 판결이 내려진다.

재판에서 진 쪽은 차상급 법원인 중간 단계 항소 법원(intermediate appellate court)에 항소를 제기하기도 한다. 여기서는 하급 법원의 재판 기록 및 소송 당사자들이 제시한 추가적인 자료를 재검토한다. 항소 법원은 적절한 법률이 정당하게 적용되었는지, 이것들이 제시된 사실과 일치하는지 확인하고, 헌법상의 권리에 대한 침해가 없도록 보장하기 위해 설립되었다.

어느 한쪽이 여전히 만족을 느끼지 못한다면 주의 최고 법원인 대법원으로 항소를 할 수 있다. 연방 헌법과 관련된 문제가 제기되지 않는 한 주 대법원의 판결은 최종 판결이 된다. 계속 항소하기를 원하는 쪽은 연방 대법원에 상고할 수 있다.

연방 법원

■ 연방 법원의 3층 구조

연방 법원은 지방 법원, 순회 항소 법원, 대법원 등 세 단계 체계로 이루어져 있다. 이들 법원의 관할 지역 및 권한은 헌법에 명시되어 있으며, 의회의 규제를 받고 있다. 최하급 단계인 지방 법원은 소송에 대한 심리를 담당한다. 차상급 법원으로의 항소를 위해 전국을 순회 구역(circuit)이라 불리는 12개의 지역으로 나누어 놓고 있다. 각 순회 법원은 해당 지역에 속한 지방 법원에서 내려진 판결에 대한 항소 재판을 담당한다. 판결에 불복하는 소송 참여자는 연방 대법원에 항소할 수 있다. 9명의 법관 중 4명 이상의 법관이 찬성하면 연방 대법원에서 해당 사건에 대한 심리가 이루어지게 된다. 만약 3명 이하일 때는 순회 항소 법원의 판결이 최종 판결이 된다.

■ 차이가 나는 판결

연방 대법원보다 하급 단계의 법원에서 이루어진 판결은 해당 법원의 관할 지역 내에서만 그 영향력이 인정된다. 이러한 이유에서 관할 지역에 따라 차이가 나는 판결이 내려질 수도 있다. 판결을 내리기 전 판사들은 종종 이전의 판례들을 살펴보며, 동일한 사안에 대한 다양한 판결 선례들을 발견할 수도 있다.

■ 1차 수정

1차 및 14차 수정 헌법. 비록 교육은 주 정부의 관할하에 있다고 생각되지만, 특히 1차 및 14차 수정 헌법을 근거로 교육과 관련해 연방 정부에 제기된 소송은 상당히 많은 편이다. 1차 수정 헌법은 종교, 표현 및 출판, 집회의 자유와 정부에 대한 고충 처리 청원권을 다루고 있다. 1차 수정 헌법과 관련된 대부분의 소송은 공교육 내에서의 종교의 역할 및 학생과 교사의 표현의 자유를 보장하려는 행위들을 다루고 있다. 1차 수정 헌법의 두 조항이 소송에서 자주 언급되고 있다. 첫 번째는 설립 조항(establishment clause)으로 정부가 인가한 종교의 설립을 금지하고 있으며, 두 번째는 자유 표현 조항(free exercise clause)으로 이는 표현과 출판의 자유를 보장하는 조항이다. 이 조항을 해석함에 있어, 법원은 그림 9.1에 제시되어 있는 기준 또는 "척도"를 사용하고 있다.

■ 14차 수정

14차 수정 헌법과 관련된 소송은 "주 정부는 적법한 절차를 거치지 않고 개인의 생

그림 8.1 종교와 1차 수정 헌법: "설립"과 "자유 표현" 조항

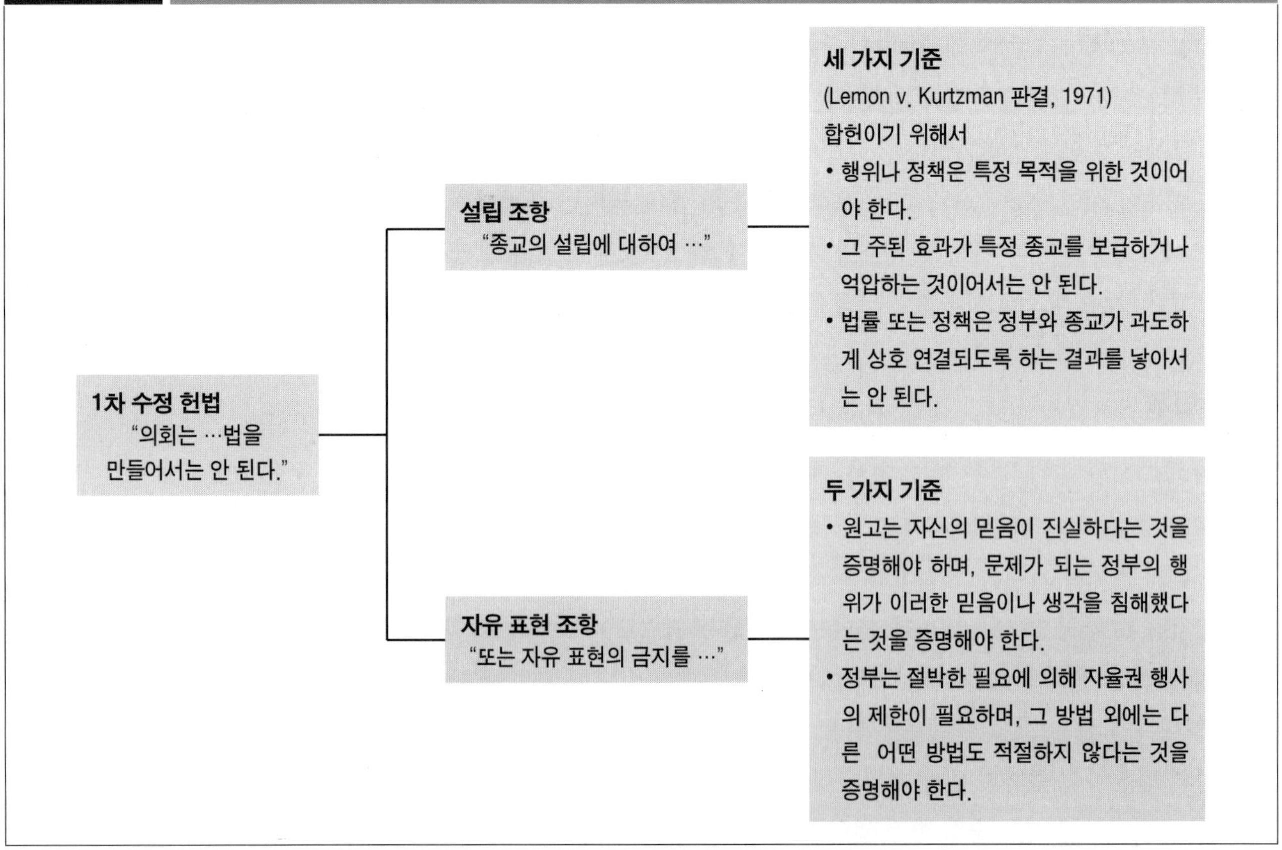

명, 자유 또는 재산을 박탈할 수 없다. 또한 관할 지역 내의 어느 누구도 동일한 법적 보호를 받을 수 있어야 한다."고 규정한 조항에 집중되어 있다. 이 조항의 첫 번째 부분은 적법 절차 조항(due-process clause)이고, 두 번째 부분은 동등한 보호 조항(equal protection clause)으로 알려져 있다. 14차 수정 헌법과 관련된 소송은 학생의 정학 및 퇴학뿐 아니라 학교 통합과 관련된 사항들을 다루고 있다. 14차 수정 헌법을 언급하는 소송 당사자는 "자유" 또는 "소유"권이 소송의 주요한 부분이라는 것을 입증해야 한다. 자유권은 "개인의 이름, 명성, 명예 또는 성실성이 위험에 처할 경우" 적용된다. 소유권은 종신 재직권을 가진 근로자에게 부여된 법적 보장에서 제기된다. 예를 들어, 수습기간을 거친 교사는 계속적인 고용을 위한 소유권을 가지고 있다. 이와 비슷하게 학생들도 자신의 교육에 대한 소유권을 가지고 있다. 재산권 또는 소유권이 제시된다면, 학교구는 적법한 절차를 통해 문제를 해결해야 한다. 이 장의 나머지 부분은 실제 학교 상황에서 이와 관련된 개념들이 어떻게 사용되고 있는지를 살펴본다.

■ 자유와 소유권

교사의 권리와 책임

2장에서 지적한 바와 같이, 역사적으로 볼 때 교사들은 의지할 것이 없는 가운데 별다른 사유 없이도 지역 교육위원회로부터 파면을 당하곤 하였다. 이러한 권한 남용을 제한하고 교사들의 권리를 보장하기 위해 단체 협상, 종신 재직권, 적법한 절차에 관한 법률 및 그 외 법률적 조치가 제정되었다. 권리에는 책임이 따르듯이, 이러한 대부분의 책임도 법규상에 명문화되어 있다.

자격 및 고용을 위한 지원자의 평가 및 조사

■ 전력 확인

미국의 거의 모든 지역에서는 K-12 학생을 가르치고자 하는 사람은 해당 주에서 인정하는 교사 자격증이 있어야 한다. 최근 들어 대부분의 주에서는 예비 교사들의 전력에 대한 철저한 확인을 요구하는 법안을 제정하고 있으며, 일부 주에서는 자격증 갱신을 원하는 현직 교사들에게도 이러한 기준을 적용하고 있다. 예를 들어, 뉴욕 주에서는 범죄 경력을 확인하기 위해 모든 교사 자격증 신청자들에게서 지문을 채취하고 있다. 공직에 지원한 지원자들의 전력에 관한 정보를 공유하는 주도 있다.

이러한 경향은 두 가지 상호 보완적인 발전에 의해 가속화되고 있다. 첫 번째는 기술 발전으로, 지방, 주 및 연방 관련 법 집행 기관에서 지문 및 그 외의 정보를 확인하는 것이 상당히 쉬워지고 있다. 두 번째는 어린이 추행범 및 다른 범죄 경험이 있는 사람들에 의한 위험성에 대한 우려가 증가하고 있다는 것이다.

■ 차별 금지

1장에 제시되어 있는 것과 같이, 각 주는 전력 확인과 함께 예비 교사들에게 하나 또는 두 개 이상의 자격 시험에 통과할 것을 요구하고 있다. 일부의 경우, 현직 교사들도 재계약을 위한 조건으로 자격 시험을 통과해야만 한다. 소수계 출신 지원자들의 합격률이 소수계가 아닌 지원자들의 합격률보다 현저히 낮은 주에서는 특정 시험이 소수계 출신 지원자들을 차별하고 있다고 주장하는 소송이 제기되고 있다. 이러한 소송에서 고용주들은 시험이 측정하고자 하는 특성들을 명확하게 제시하고, 해당 직무를 수행하는 데 이러한 특성이 필요하다는 것을 밝히고 업무 행위와 시험이 연관되어 있다는 것을 증명해야만 한다.

명확한 차별 형태 및 차별 의도를 증명할 수 있는 증거 자료를 제시하지 못하기 때문에 교사 자격 시험이 차별적이라고 주장하는 대부분의 소송은 패소하거나 기각되고 있다. 다른 한편, 특히 소수계 출신 지원자들로부터의 소송을 우려하여 합격 점수를 낮추는 주들도 있다. 예를 들어, 차별을 주장하는 소송을 우려하여 매사추세츠 주 교육위원회는 주에서 실시하는 교사 자격 시험의 최소 통과 점수를 상당히 낮추었다 (McDowell, 2000).

고용 계약 및 종신 재직권

교사 채용에 있어서 지역 교육위원회는 연령, 성, 인종, 종교 또는 출생 국가로 인한 차별을 금지하는 법률을 지켜야만 한다. 임용시, 교사는 계약서에 서명을 한다. 계약서에는 교육위원회의 정책 및 규칙을 준수해야 한다는 것이 명시되어 있다. 학교구와 교원 단체 간에 협약 사항이 있다면 이러한 사항들도 포함된다.

■ 계약 위반

계약은 양쪽 모두에게 구속력을 가지고 있다. 한쪽이 합의된 사항을 수행하지 못할 때, 즉 **계약을 위반**(breach of contract)할 때 계약은 파기된다. 이런 경우, 계약을 위반한 당사자에게 손해 배상이 청구되기도 한다. 교사가 계약을 위반하는 경우 교사 자격증을 취소하는 주도 있다. 만약 학교구가 계약을 위반하는 경우, 손해에 대한 보상이 이루어지거나 이전의 직위로 복직이 된다.

■ 종신 재직권

거의 모든 주는 어떤 형태로든 종신 고용제에 관한 규정을 가지고 있다. **종신 재직권**(tenure)은 적절한 사유 없이 파면되는 것을 막아 줌으로써 교사들에게 직무상의 안정감을 제공한다. 각 주에서는 파면 사유를 규정하고 있으며, 능력 부족, 비도덕적 행위, 명령 불복종 및 직업 윤리에 어긋나는 행위가 여기에 해당된다. 이와 함께, 다음 절에 제시되어 있는 것과 같이, 학교가 종신 재직권을 가지고 있는 교사를 파면하고자 할 때는 적법한 절차를 거쳐야 한다.

■ 종신 재직권의 역사

처음부터 종신 재직권의 개념에 대한 논쟁이 제기되고 있다. 종신 재직권에 대한 찬반 주장은 "Taking Issue"에 제시되어 있다.

■ 계속 계약 상태

종신 재직권을 받게 되면 매년 재계약을 하는 것이 아니라 **계속 계약**(continuing contract)하에 있게 된다. 이는 재계약을 하지 않을 것이라는 사실을 정해진 기간 안에 통보하지 않는 한 다음 해에도 고용 상태가 그대로 유지된다는 것을 의미한다.

Taking Issue	질문 종신 재직권 제도가 계속되어야 하는가?	
종신 재직권	**찬성**	**반대**
대도시에 근무하는 교원들의 지위가 정치적 요인에 의해 영향을 받았던 시대가 있었다. 일부 도시의 경우, 지방 의회 의원의 사무실에서 학교장직에 대한 매관매직이 이루어지기도 하였고, 행정구역 조정으로 인해 교사직을 얻거나 상실하는 일도 있었다. 이러한 문제를 해결하고 교실 내외에서 교사들에게 자율권을 보장하기 위해 종신 재직권이 도입되었다. 그러나 오늘날에는 종신 재직권이 그 기능을 상실했다고 주장하는 사람들도 있다.	1. 그 성격상 교직은 논쟁의 여지를 가지고 있다. 아무리 우수한 교사라고 하더라도 모든 사람을 만족시킬 수는 없다. 학문적 자유가 보장될 때만 교사들은 적절하게 그들의 업무를 수행할 수 있으며, 이를 위해 종신 재직권이 도움이 된다.	1. 개인적, 사회적 또는 정치적 목적을 위해 교직을 이용하는 교사들도 있다. 나태하거나 무능력한 교사들도 있다. 우수한 교사가 아니라 이러한 주변인들이 종신 재직권의 혜택을 받고 있다.
	2. 종신 재직권이 무능력한 교사를 보호하지는 않는다. 분명한 문제를 가지고 있는 교사를 해고하기 위한 절차가 있다. 무능력한 교사가 존재하는 이유는 교사 자격 부여 체제가 지나치게 느슨하게 운영되고 있고, 수습기간에 행정가들이 교사를 해고하는 것을 꺼리기 때문이다.	2. 종신 재직권이 있는 교사를 해고하는 절차는 아주 복잡하고 다른 교사들의 원성을 불러일으키기 때문에 행정가들은 시도 자체를 꺼리고 있다. 또한, 보다 향상된 평가 방법을 도입한다 하더라도 상당수의 비효과적인 교사들은 이를 비껴 나갈 수 있을 것이다. 유일한 방법은 일반 기업에서처럼 행정가들에게 비생산적인 직원을 해고할 수 있는 권한을 주는 것이다.
	3. 교사들은 학부모, 지역 사회 구성원, 행정가, 의회의원 등을 포함한 여러 구성원들에게서 제기되는 압력을 처리해야만 한다. 이러한 구성원들 중 어느 한 부분에서 제기되는 불만은 교사의 파면을 가져올 수 있다. 이러한 이유에서 교사들은 종신 재직권에 의한 보호를 받을 필요가 있다.	3. 사실 여러 구성원들로부터 제기되는 압력은 교사의 안정성을 보장하는 역할을 하고 있다. 활동적인 학부모 및 지역 사회 구성원들은 우수한 교사들을 보호하기 위해 영향력을 발휘하고 있다. 신분상의 위험에 직면할 경우 이에 대한 이의를 제기할 수 있는 여러 방안이 있다. 따라서 종신 재직권 제도가 폐지된다고 하더라도 유능한 교사는 직업의 안정성을 가지게 될 것이다.
	4. 종신 재직권은 특히 대도시에서 이루어졌던 정치적 · 행정적 권한 남용에 대한 반응에서 출발하였다. 이러한 문제를 불러일으킬 수 있는 요인들은 여전히 존재하고 있으며, 종신 재직권과 같은 보호 장치가 사라진다면 비슷한 현상이 나타나게 될 것이다.	4. 현재 교사들은 부당한 정치적 · 행정적 간섭으로부터 자신을 보호해 줄 강력한 전문 조직을 가지고 있다. 교사들의 권리를 보장하는 이러한 조직이 존재하는 상황에서 종신 재직권 제도는 시대 착오적인 제도가 되었다.

■ 수습기간

대부분의 주에서는 종신 재직권을 부여하기 전 수습기간을 갖는다. 또한 타 지역으로 학교를 옮기는 대부분의 교사들은 종신 재직권을 잃게 되며, 또다른 수습기간을 가져야 한다. 수습기간은 보통 3년으로, 이 기간 동안 휴직이나 업무 중단 없이 계속 근무하고 만족스러운 성과를 보여야 하며, 그 기간을 훨씬 짧게 잡는 주도 있다.

수습 계약이 끝날 무렵 별다른 이유나 설명 없이 교사를 해고하는 것을 허용하는 주들도 있다. 이때는 교사가 헌법에 보장된 자유 또는 재산권을 침해당했다는 것을 증명하지 않는 한 적법한 절차를 거칠 필요가 없다(적법한 절차의 의미를 이해하기

표 9.1 종신 재직권을 가진 교사를 파면하기 위한 적법한 절차

1. 해당 교사에게 해당 사항을 정해진 기간 내에, 자세하게 문서화하여 통지해야 한다.
2. 청문회의 기회 및 이를 충분히 준비할 수 있는 시간이 주어져야 한다.
3. 교사는 변호사를 선임하여 자신을 대변할 수 있는 권리를 가지고 있다.
4. 교사는 증인을 포함한 문서 및 구두로 된 증거를 제출할 수 있다.
5. 교사는 증인에 대한 대질 심문 및 증거에 대한 이의 제기를 할 수 있다.
6. 청문회는 중립적인 단체가 참여한 가운데 이루어진다. Hortonville 학교구 v. Hortonville 교원 단체의 소송에 대한 판결에서 만약 편견을 가지고 있다는 것을 입증하지 못한다면 연방 헌법상 교육위원회는 중립적인 단체라고 연방 대법원은 판시하였다.
7. 해당 교사에게 모든 과정을 기록한 문서를 제공한다.
8. 주 법원 등 상급 법률기관에 상고할 수 있는 권리를 가지고 있다.

출처: Hortonville District v. Hortonville Association, *426 U.S. 482* (1976); Janine M. Bernard, "Ethical and Legal Dimensions of Supervision", *Eric Digest* (April 1994), pp. 1-4; Richard Rothestein, "Some Fair Steps to Take Before Firing Teachers", *New York Times*, June 26, 2002; Richard S. Vacca, "Teacher Evolution and the Courts", CEPI Education Law Newsletter (December 2003), available at **http://www.cepi.vcu.edu/newslrtter**.

위해서는 다음 절을 참고하기 바란다). 수습기간의 교사들에게도 일반적인 적법한 절차와 관련된 권한을 부여하는 주도 있지만, 능력이 부족한 것으로 평가된 교사들의 해고를 신속하게 처리하기 위해 간소화되기도 한다(Reis, 2000).

교사의 해고를 위한 적법한 절차

■ 교사 해고시의 "공정성"

적법한 절차(due process)는 피고인의 권리를 보장하기 위해 만들어진 법적 규칙과 원리를 사용하는 것을 의미한다. 이러한 원리는 해고당하는 교사들에게는 특히 더 중요하다. 적법한 절차의 핵심적인 요인은 "공정함"이다. 비록 주에 따라 다양하게 나타나고 있으나, 교사를 해고할 경우 표 9.1에 제시된 규칙들을 준수해야 한다.

■ 어려움을 겪는 교사들을 위한 지원

무능력한 교사를 파면시키기 위해서는 해당 교사의 업무 향상을 도와주기 위해 노력했다는 것을 보여 주는 보고서가 필요하다. 이러한 보고서를 작성하는 일은 관련된 모든 사람에게 성가신 일이 될 수 있으며, 공식적인 법적 절차를 통해 종신 재직권을 가지고 있는 교사를 파면하는 일은 거의 없는 편이다. 그 대신 행정가들은 무능력한 교사들을 축출하기 위해 좀더 비공식적인 절차를 사용한다. 스스로 교직을 떠나도록 상담을 하거나 명예 퇴직을 제안하고 그에 상응하는 재정적 보상을 제시하는 방법이 여기에 해당된다(Bridges, 1990).

■ 퇴직시키는 또다른 절차

단체 협상과 파업

■ 대부분의 주에서 단체 협상이 이루어짐

교사들은 교원 노조 및 전문직 단체를 구성하고 참여할 수 있는 권리를 가지고 있다. 1960년대 이후, 이러한 교원 단체는 교육위원회와의 단체 협상권을 허용해 주도록 주

의회에 로비를 벌여 왔다. 이러한 노력은 대부분의 주에서 성공을 거두었다. 그러나 일부 주에서는 여전히 교사와 교육위원회 간의 단체 협상을 금지하고 있다. 비록 이러한 법규들은 매우 폭넓게 여러 가지 사항을 규정하고 있지만, 일반적으로 두 집단이 단체 협상 또는 최소한 "만나서 의논"하는 것을 승인하고 있다. 일부 주에서는 두 집단이 합의 도출에 실패했을 때 따라야 하는 절차(예를 들어 캔자스 주에서는 진상조사, 메릴랜드 주에서는 강재적인 중재 등)들을 규정하고 있다(Loveless, 2000).

■ 파업에 대한 처벌

교육은 아주 중요한 공공 서비스 활동으로 생각되기 때문에 법률에서는 일반적으로 교사들의 파업을 허용하지 않고 있다(일부 주에서는 주 법률에 규정된 특수 상황하에서는 파업을 허용하고 있다). 그러나 이러한 법률에도 불구하고 때때로 교사들은 파업을 한다. 이러한 경우, 학교구는 교사들이 교실로 돌아가도록 명령하는 법원의 금지 명령을 발부할 수도 있다. 법원의 명령을 어길 경우 그에 대한 처벌이 가해질 수 있다. 예를 들어, 플로리다와 미네소타 주에서는 파업 후 1년 동안 보수 인상을 금지하고 있으며, 뉴욕 주에서는 파업 1일당 2일분의 보수를 벌금으로 부과하고 있다. 또한 미시간 주에서는 파업에 참여한 교사들에 대한 파면을 허용하고 있다.

신변 보호

■ 육체적 공격

최근 들어, 특히 대도시의 중등학교에서 교사와 행정가들에 대한 육체적 공격이 중요한 문제로 대두되고 있다. 이러한 경우, 교육법 또는 주 형법을 위반한 피고인에게 법원은 유죄 판결을 내리고 있다. 일부 분석가들은 적극적으로 범죄 행위를 주장하고 공격 및 폭행에 대한 민사 소송을 제기함으로써 교육자들이 자신 및 동료들을 보호할 수 있다고 결론을 내리고 있다. 또한, 대부분의 학교구에서는 교사를 공격한 학생에 대한 처벌을 강조하고 교사들의 소송을 도와주는 정책을 개발하고 있다. 예를 들어, 신시내티 주 교육위원회는 교사들과 계약할 때 계약서에 다음과 같은 조항을 구체적으로 제시하고 있다(Bushweller, 2001).

■ 계약을 통한 보호

- 공격으로부터 자신을 보호하기 위해, 학교 재산의 파괴 및(또는) 손상, 그리고 다른 사람으로부터의 부상을 예방하는 데 필요하고 타당한 조치를 취할 수 있다.
- 과외 활동을 포함한 본연의 의무를 수행하고 있는 교사를 신체적으로 공격한 학생은 즉각 정학에 처한다.

표현의 자유

법원은 공개석상 또는 학교 내에서 자신의 의견을 표현할 수 있는 교사들의 권리를 지지하는 경향을 보이고 있다("Overview 9.1" 참조). 그러나 그러한 표현이 1차 수정 헌법에 따라 보호받을 수 있는지를 판단함에 있어서, 법원은 교사의 의사 표현 방식,

[Overview 9.1] 교사의 권리와 책임에 영향을 미친 연방 대법원의 판결

사 건	판결 요지
Pickering v. Board of Education(1968)	학교의 일상적인 운영에 지장을 주지 않는 한 교사들은 자신의 의견을 표명할 수 있다.
Board of Regents of State Colleges v. Roth(1972)	교사들은 수습기간을 마친 후 계속 고용을 위한 재산권(property interest)을 갖는다.
Cleveland Board of Education v. LeFleur(1974)	교육위원회는 임신한 교사들을 위한 휴직 정책을 제정할 수는 있으나, 이러한 정책에는 강제적인 휴직 및 복직기간이 포함되어서는 안 된다.
Hortonville District v. Hortonville Education Association (1976)	청문회에서 교육위원회는 청문회를 주관하는 중립적인 단체가 될 수 있다.
Washington v. Davis(1976)	특정 집단 출신의 직원 수가 적다는 것만으로는 위헌적인 고용 차별이 이루어지고 있음이 입증되는 것은 아니지만, 고용주들은 직원 채용상에 차별이 없다는 것을 증명해야 한다.
School Board of Nassau County v. Arline(1987)	신체적인 장애 또는 전염병 때문에 교사를 해고하는 것은 위헌이다.
Lehnert v. Ferris Faculty Association(1991)	노조원이 아닌 피고용인에게 단체 협상과는 관련이 없는 정치적 목적으로 사용하기 위해 부과금을 지불하라고 요구할 수는 없다.

시간 및 장소뿐만 아니라 학교 운영, 교사의 업무 수행 행위, 교사와 상급자 및 동료 교사들 간의 관계에 미치는 영향을 고려한다.

■ Pickering: 자유 표현의 보장

채권 발행 및 지출에 관해 교육위원회와 교육감을 비난하는 내용의 편지를 지역 일간지에 기고한, 종신 재직권을 가진 고등학교 교사인 Marvin Pickering의 경우가 대표적인 예이다. 이 편지로 인해 그는 파면당했다. Pickering v. Board of Education 판결에서, 연방 대법원은 그 편지를 기사화하는 것이 "교실에서 자신의 일상적인 의무를 적절하게 수행하는 것 또는 일상적인 학교 운영"에 지장을 주지 않는다고 판정하였다. 이러한 이유에서 Pickering에 대한 파면 조치는 부적절한 것으로 드러났다(Rukavina, 2002).

■ 손상된 교사 효과성

다른 한편, 알래스카 주에서는 교육감을 심하게 비판하는 편지(허위 사실이 상당 부분 포함되어 있었다)를 쓴 두 명의 교사가 파면되었다. 이 편지에 대한 반응은 즉각적이고 지속되었다. 알래스카 주 대법원은 해당 교사들의 효과성이 손상되었고 동료들과 협동하는 능력이 감소하였다고 판정하였다(Watts v. Seward School Board, 454 P.2d 732).

■ 3단계 분석

이 두 사건을 비교해 볼 때, 판결은 해당 행동뿐 아니라 그로 인한 결과도 반영하고 있다. 법원은 3단계의 분석 방법을 통해 표현의 자유와 관련된 교사의 권리를 평가하고 있다. (1) 교사가 표명한 의견에 정치적, 사회적 또는 그 외 지역 사회가 관심을 가지고 있는 공적인 문제가 포함되어 있는가? (2) 만약 그렇다면, 교육 활동을 위해 생산적이고 조화로운 분위기를 조성해야 하는 피고용인의 책임이라는 측면에서 1차 수정 헌법을 평가해야 한다. (3) 자신의 의견 표명이 동기 유발 요인으로 보인다면 해당 교사는 법률적 구제를 받을 수 있다(Dowling-Sendor, 1990).

■ 사립학교 교사들이 항상 보호되는 것은 아님

사립학교의 교사들에게는 Pickering 및 이와 비슷한 판결을 적용할 수 없다. 사립학교 및 종교계 학교 교사들의 종신 재직권, 표현의 자유, 적법한 절차 등에 관한 권리는 개별적인 계약 조건에 달려 있다.

■ 언어적 공격은 허용되지 않음

학생들에 대한 언어적 · 감정적 공격. 교사들이 가지고 있는 표현의 자유는 학생들에 대한 언어적 또는 감정적 공격으로 확대되지는 않는다. 이러한 행위를 할 경우 교사는 고소되거나 정직 또는 파면당할 수도 있다. 농구 및 미식축구 감독을 겸임하였던 한 교사가 운동 지도를 하며 인디언 학생들을 '톤토족*', 흑인 학생들을 '밀림의 토끼'라고 불렀다는 이유로 고소되었다. 비록 과학과 체육 교과에 대한 지도는 계속하도록 허용되었으나, 그 교사는 직업 윤리에 어긋나는 행동으로 인해 감독직은 수행하지 못하게 되었다. 계속 문제를 일으키는 학생들에게 외설적인 욕을 하거나 학생이 당혹감을 느낄 정도로 계속해서 비꼬거나 조롱거리로 만든 행위로 인해 파면되거나 정직 처분을 받은 교사들도 있다. 또한 교사들은 자신의 자녀가 언어적 또는 감정적 공격으로 인해 상처를 받았다고 생각하는 학부모들에 의해 개인적으로 고소를 당할 수도 있다(Zirkel & Gluckman, 1991).

학문의 자유

■ 교과서와 교재에 대한 도전

학문의 자유(academic freedom)는 행정가나 외부 인사들의 간섭 없이 수업과 관련된 수업 자료 및 내용을 선택할 수 있는 교사들의 자유를 의미한다. 최근에는 공립학교에서 『Little Red Riding Hood』, 『Harry Potter』 시리즈, 『Snow White』, 『Huckleberry Finn』과 『Goosebumps』 시리즈 등과 같은 비도적이고 불건전하다는 비판을 받고 있는 수업 자료의 사용을 제한하거나 제거하려고 하는 학부모 또는 여러 단체들과의 분쟁이 상당히 많이 일어나고 있다. 일부 법원에서는 저속함의 측면에서는 가능하지만 사상의 검열이라는 측면에서는 제한할 수 없다는 판결을 내리고 있다. 비록 연방 대법원은 아직 명확하게 의사를 표명하고 있지는 않지만, 학교구에서는 1차 수정 헌법을 반드시 고려해야 한다는 점을 강조하고 있다. 교사들은 특정 수업 자료를

* [역자 주] 아파치족의 한 부류인 인디언

가지고 자신의 자녀가 공부하는 것을 싫어하는 학부모들의 반대도 고려해야 하지만, 적법한 수업 자료들이 교실 및 도서관에서 완전히 사라지지 않도록 하기 위해 행정가들과 함께 노력해야 한다(Clark & Clark, 2002).

■ 교사 지지

항소 법원에서는 근친상간을 저지른 아들을 나타내는 저속한 표현이 포함된 잡지의 기사를 사용한 고등학교 교사, 소도시의 시민들이 매년 한 명씩을 무작위로 살해하는 내용을 담고 있는 영화를 수업 자료로 사용한 교사, 자신이 마녀라고 가정하고 시적인 주문을 적어 보라고 했던 초등학교 교사의 권리를 지지하였다(Splitt, 1996).

■ 제한 지지

다른 한편, 교사의 학문적 자유를 제한하고자 하는 학교구의 결정을 지지한 경우도 있다. 예를 들어, (비의도적으로) 성적인 표현이 담긴 만화를 학생들에게 나누어 준 웨스트버지니아 주의 미술 교사는 정직 처분을 받았고, 오하이오 주의 영어 교사는 학부모들의 동의가 없는 한 미성년자인 학생들에게 『One Flew over the Cuckoo's Nest』와 『Manchild in the Promised Land』와 같은 책을 제시해서는 안 된다는 처분을 받았으며, 노스캐롤라이나 주의 교사는 주 연극 경연대회에서 성인물에 나오는 표현을 담고 있는 연극을 상연한 후 징계를 받았다.

■ 법원이 고려하는 쟁점들

일반적으로 법원은 다음과 같은 사항들을 고려하고 있다. (1) 학생들의 연령 및 학년, (2) 의문이 제기되는 자료와 교육과정의 관련성, (3) 해당 자료의 사용 지속 시간, (4) 논쟁이 되고 있는 수업 방법에 대한 교사 집단의 일반적인 수용 정도, (5) 수업 자료 및 교수 방법 선택에 관한 교육위원회의 정책, (6) 해당 자료가 필수 자료인지 아니면 선택 자료인지, (7) 교사에게 반대되는 행동을 취하는 것이 표현의 자유를 침해하고 있는지 등(Nelson et al., 1996).

사표 또는 역할 모델로서의 교사

■ 도덕성 기준

2장에서 위스콘신 주 교사들의 행위의 지표가 되는 규칙을 제시하였다. 지역 사회 구성원들은 교사들이 사표, 즉 높은 도덕적 기준 및 고결한 성품, 보수적인 복장 및 차림새, 세련된 예의범절을 통해 학생들의 모범이 되어야 한다고 믿었기 때문에 교사들의 생활이 규제되었다. 오늘날에 와서는 이러한 기준이 어느 정도 완화되기는 하였지만, 아직도 일부 지역의 경우 교사들은 음주운전에 의한 교통사고, 동성애 또는 결혼을 하지 않은 상태에서 이성과 동거하는 행위 등으로 인해 파면을 당하기도 한다. 이러한 행동들보다 심각성은 덜하지만, 피부 질환을 가지고 있는 학생과 물장난을 하는 것 또는 과학 교사가 현재 가르치는 내용과 전혀 관련이 없음에도 불구하고 여성의 생리기간 또는 시험에 관한 농담을 하는 것 등도 해고의 사유가 되고 있다(Zirkel, 1992).

■ 역할 모델로서의 책임 강조

최근에는 학교 안팎에서 "도덕적 사표"로서 교사들의 책임을 재강조하는 흐름이 대두되고 있다. 상당수의 학부모들은 학생들에게 전통적인 가치를 가르칠 것을 학교에 요구하고 있으며, "인성 교육(character education)" 프로그램을 도입하는 학교들도 상당히 많이 있다. 일반적으로 학교구의 정책도 교사들에게 "긍정적인 역할 모델"이 될 것을 요구하고 있다. 이러한 요구를 토대로 하여, 인디애나 주의 법원은 지역의 한 식당에서 학생들 면전에서 맥주를 마시고, 그 후 차를 운전하여 학생들을 집에까지 태워 준 교사의 파면이 정당하다는 판결을 내렸다. National School Board Association의 고문 변호사에 따르면, 긍정적인 역할 모델과는 거리가 있는 학교 외부에서 일어난 부적절한 행동은 표현의 자유 및 (친구 또는 본인이 선택한 지인들과의) 결사의 자유와 관련된 권리가 침해되지 않는 한 징계 또는 파면의 원인이 될 수도 있다 (Walters, 1997).

■ 동성애자 차별 금지

도덕적인 기준은 사회 규범의 변화에 따라 달라지기도 한다. 예를 들어, 지난 몇 년 동안 상당수의 주에서는 동성애자들에 대한 차별을 금지하는 법규가 통과되었다. 이러한 법규들을 적용하여 일부 법원에서는 동성애자인 교사(또는 학생)를 파면하거나 이들에게 부정적인 영향을 미치는 그 외 행위들을 무효화하는 판결을 내렸다(Simpson, 2003).

■ 복장 및 차림새에 관한 도전

또한 법원은 학교구의 정책 또는 전통에 따르지 않는 교사의 복장 및 차림새에 대한 판결을 내리기도 하였다. 캘리포니아 주의 법원은 포모나에 위치한 전통을 중요시하는 보수적 성향을 가지고 있는 학교의 여교사들에게 본인이 바지를 입기를 원하는 경우 정장을 요구해서는 안 된다는 판결을 내렸다. 캘리포니아 주의 또다른 법원에서는 교사 Paul Finot이 턱수염을 기르는 것은 1차 수정 헌법에서 보호하고 있는 상징적인 표현이자 14차 수정 헌법에서 보장하고 있는 개인의 자유라는 부분을 강조하였다. 다른 한편, 순회 법원에서는 턱수염과 구레나룻을 기른 교사 Max Miller를 해임한 것은 정당하다는 판결을 내렸다. 해당 판사는 "신뢰가 강조되는 공복(公僕)으로서, 교사에게는 일반인들과는 달리 직업과 관련된 상당한 규제가 가해질 수도 있다."고 판결하였다(Miller v. School District No. 167 of Cook County, Illinois, 495 F. 2d 65; Finot v. Pasadena City Board of Education, 58 Cal. Rptr. 520; Keller, 1997).

불법 행위에 대한 책임 및 과실

■ 학생의 부상

불법 행위는 올바르지 못한 것이다. 불법 행위 관련 법규에 따르면, 타인의 부적절한 행위로 인해 고통을 받은 사람은 그에 대한 보상을 요구하는 소송을 제기할 수 있다. 예를 들어, 교사들은 학생이 수업 시간 중이나 운동장 또는 그 이외의 장소에서 부상을 입게 될 때, 그리고 이러한 부상이 적절한 예방 조치를 취하지 못했기 때문에 일어나게 되었다면 과실로 인한 유죄 판결을 받을 수도 있다. 물론 학생이 다칠 때마다 소송이 제기되는 것은 아니지만, 교사의 과실이나 의도적인 행위로 인한 부상인 경우에는 법적인 조치가 취해지기도 한다.

■ 면책권 감소

30여 년 전에는 불법 행위에 대한 책임을 묻는 학교구가 거의 없었다. 이러한 면책권은 통치자로서 국왕은 소송의 대상이 될 수 없다는 영국의 관습법에 그 기원을 두고 있다. 1960년대 이후, 정부의 면책권에 대한 관점은 대부분의 주에서 폐지되거나 수정되었다. 소송을 허용하고 있는 주에서는 학교구, 특정 행정가, 교사 및 그 외 교직원 등이 피고가 된다. 예를 들어, 적절한 관리 감독 활동이 이루어지지 않았거나 계속 제기되는 불평 및 불만을 무시하였다면, 학교구는 해당 학교구에 속한 피고용인의 과실 또는 악의적 행위(성추행, 집단 괴롭힘 행위를 무시하거나 학생의 자살 기도를 보고하지 않는 것 등)에 대한 책임을 진다. 이러한 책임은 자발적으로 학교 활동에 참여하는 자원 봉사자의 악의적 또는 과실 행위까지 확대된다(Splitt, 1992).

■ 적절한 보살핌의 기준

교사들은 학생들을 부상 또는 위험으로부터 보호해야 하는 법적 책임을 가지고 있다. 거의 모든 주에서 전통적인 책임의 기준은 비슷한 상황에서 분별이 있고 신중한 사람이 할 것으로 예상되는 행동이다. 예를 들면, 다른 학생을 지도하고 있을 때 한 아이가 운동장의 체육 기구를 이용하다 떨어져 다친 것으로 인해 과실로 고소를 당한 유치원 교사가 있었다. 법원은 교사에게 한 번에 모든 학생들을 지켜보도록 요구할 수는 없다고 판결을 내렸다. 학생들 가까이에 있다는 것만으로 자신의 의무를 다하고 있는 것으로 볼 수 있다는 것이다. 뉴욕 주의 대법원도 학교 직원들은 미식축구 프로그램의 운영을 위해 "적절한 책임"을 다하고 있었다는 측면에서 경기 도중 부상을 당한 고등학교 미식축구 선수가 제기한 소송에서 배심원의 판정을 뒤엎으며 이와 비슷한 판결을 내렸다. 그러나 일반인도 충분히 예상할 수 있는 상황에서 일어난 학생의 부상에 대해 부분적으로 또는 전적으로 학교구 또는 해당 학교구의 피고용인에게 책임이 있다는 판결을 내린 소송들도 있다(Clark v. Furch, 567 S.W. 2d 457; Mason, 2002).

■ 위험의 예측 가능성

중요한 기준은 부상이 예측 가능한 것이었고, 따라서 예방할 수 있었는가 하는 것이다. 뒤로 공중제비넘기를 하라고 요구하는 체육 교사에게 비만 상태에 있는 학생이 우려를 표명하였다. 그러나 교사는 공중제비넘기를 강요하였고, 공중제비넘기를 하면서 학생의 목뼈가 부러졌다. 법원은 해당 교사가 학생의 안전을 전혀 고려하지 않았다고 주장하며 7만 7,000달러를 배상하도록 판결하였다. 이와 비슷하게, 기초 화학 시간에 화약을 만드는 과제를 수행하는 동안 화약 폭발로 인해 손목이 잘린 고등학교 학생이 있었다. 이 부상은 예측할 수 있는 것이었고, 따라서 교사에게 과실이 있다고 법원은 판결을 내렸다(Landers v. School District No. 203, O'Fallon, 383 N.E. 2d 645; Richardson et al., 1994).

■ 학부모 동의서

현장 학습이나 운동 시합 등과 같은 활동에 참여할 때 학교구에서는 학부모들에게 동의서에 서명을 할 것을 요구한다. 이러한 동의서는 학부모에게 학생의 소재를 알리는 것과, 부상에 대한 책임으로부터 교직원의 부담을 덜어 주는 것 등 일반적으로 두 가지 목적을 가지고 있다. 그러나 학생이 부상을 입은 경우 이에 대한 소송을 제기할

교사들은 발생 가능한 위험 상황을 예측하고 학생의 부상을 막기 위해 노력해야 한다.

수 있는 학생의 권리를 학부모가 포기하거나 철회할 수는 없기 때문에 이러한 동의서는 보통 첫 번째 목적만을 위해 사용된다. 학부모의 동의를 받는 것이 학생의 안전과 복지를 보호할 교사의 법적인 책임을 면해 주는 것은 아니다.

■ 엄격한 책임

일부 관계자들의 표현에 따르면 최근에는 책임 및 과실과 관련된 소송이 "폭발적"으로 제기되고 있다. 또한 최근에는 사전에 충분히 주의를 기울였다는 주장을 받아들이기보다는 "엄격한 책임"을 강조하는 판결이 증가하고 있다. 이러한 상황에서, 학교의 여러 활동 및 상황에서 과실을 범할 수 있기 때문에 교사는 여간 주의를 기울이지 않으면 안 된다. 교육 교사, 과외 활동 지도 교사와 각종 실험 및 실습 담당 교사들은 특히 더 주의를 기울여야 한다. 문서화된 규칙, 구두로 주의 사항을 제시하는 것, 시설 및 장비에 대한 규칙적인 확인, 위험한 활동을 할 때 지켜야 하는 주 법률 및 학교구의 정책 준수, 신중한 계획 및 세심한 감독이 최선의 예방책이다(Schorr, 1996).

아동 학대 보고

■ 학대에 대한 보고는 법으로 요구되고 있음

아동 학대의 대부분은 학령기 아동에게 이루어지기 때문에 학교는 이들을 보호하는 데 중요한 역할을 한다. 대부분의 주에서는 교사들에게 아동 학대로 의심이 되는 경우에는 관계 기관이나 지정된 사회 서비스 기관에 보고할 것을 요구하고 있다. 결과적으로, 아동 학대에 대한 의심이 들 때 어떻게 대처해야 하는지를 규정하는 정책을 명문화하는 학교구들이 증가하고 있다. 아동이 학대받고 있음을 알리는 징후는 표 9.2에 제시되어 있다.

표 9.2 신체적 학대와 방치, 성적 학대, 정서적 학대를 나타내는 신체적 및 행동 관련 지표

신체적 지표	행동 지표
신체적 학대–폭행, 화상, 목조르기와 이빨 자국 등을 포함한 고의적인 상처	
■ 이유 없이 멍이 들거나 부어 있을 때	■ 자해
■ 매 자국, 물린 자국, 머리카락이 많이 빠져 있을 때	■ 말이 없거나 반대로 공격적인 경우
■ 이유 없는 화상, 골절, 찰과상	■ 몸이 아프거나 움직이기 불편하다고 불평할 때
■ 상처가 난 이유를 납득하기 어려울 때	■ 상처를 부적절하게 치료할 때
신체적 방치–아동에게 필요한 기본적인 사항을 제공하지 못할 때	
■ 제대로 치료가 이루어지지 않은 상처, 이, 불결한 위생	■ 피로, 멍하게 있는 행동을 자주 보일 때
■ 감독이 제대로 이루어지지 않을 때	■ 친구들의 가방, 음식 등을 훔칠 때
■ 계속 배고프다고 하거나 영양 상태가 부실할 때	■ 자주 결석하거나 지각할 때
■ 적절한 옷차림을 갖추지 못할 때	■ 집에 돌봐 주는 사람이 없다고 이야기할 때
성적 학대–강간, 근친상간, 추행 및 포르노 등을 포함한 성 착취	
■ 울거나 지나치게 긴장하고 있거나 하의에 피가 묻어 있을 때	■ 지나치게 밝힐 때
■ 생식기 주변의 고통, 부풀어 오르거나 자주 긁을 때	■ 소극적이고 자주 우울해할 때
■ 성병	■ 병적 흥분 상태, 감정 통제를 잘 하지 못할 때
■ 자주 화장실을 가거나 세균 감염	■ 부적절한 성 관련 놀이, 조숙한 성 관련 지식
정서적 학대–욕, 강렬한 반박, 위협, 격리시키는 것 등을 포함한 아동의 정서적 발전을 저해하는 일련의 행동	
■ 언어 장애	■ 행동 장애(손가락 빨기, 몸 흔들기, 손톱 깨물기 등)
■ 더딘 신체 발달	■ 정서적 장애
■ 물건 학대	■ 신경 장애(수면 장애, 놀이 억제)
■ 종기, 천식, 심각한 알레르기	■ 반사회적, 파괴적, 비행

출처: Safeguarding Our Children–United Mothers (SOC-UM)의 guidelines posted에서 인용함, **www.soc-um.org**에서도 볼 수 있음. 허락 하에 재출판함. 또한 자료는 **www.childabuse.com**에서도 볼 수 있고, Felicia F. Romeo, "The Educator's Role in Reporting the Emotional Abuse of Children," *Journal of Instructional Psychology* (September 2000)에서도 볼 수 있음.

저작권법

■ 적절한 활용 기준

저작권은 저자와 작가에게 자신의 창작물에 대한 출판 및 배포를 통제할 수 있는 권한을 부여하는 것이다. 따라서 출판을 위한 허가를 반드시 획득해야 한다. 1970년대에 시작된 복사기의 보급으로 인해 저작권법을 위반하는 경우가 엄청나게 증가하고 있다. 이러한 문제에 대처하기 위해, 1976년 연방 의회는 1909년에 제정된 저작권법을 수정하여 저작권의 보호를 받는 자료에 대한 복사 및 교육적 활용과 관련된 조항을 추가하였다. 또한 사서, 출판업자, 저자 및 교육자들로 구성된 위원회에서는 "정당한 사용"을 위한 기준을 마련하였다. **정당한 사용**(fair use)이란 특정 상황 및 제한된 조건하에서 저자의 허락을 받지 않고도 저작권으로 보호되는 자료를 사용할 수 있도록 허용하는 법적 원리를 의미한다. 교실에서 사용하거나 그 외의 교육 관련 목적으로 자료를 복사할 때 적용되는 정당한 사용을 위한 제한점은 표 9.3에 제시되어 있다

표 9.3 교육적 목적을 위한 자료 복사의 기준

- 문장을 인용할 때는 1,000자를 넘어서는 안 된다.
- 선집이나 백과사전에서 인용을 할 때는 한 편이나 표제어 전체 또는 2,500자를 넘어서는 안 된다.
- 250자가 되지 않는 짧은 시는 인용할 수 있으며, 이보다 더 긴 시인 경우에는 250자를 초과할 수 없다.
- 한 학기에 2회 이상 동일한 저자의 저서에서, 그리고 3회 이상 동일한 책 또는 선집에서 복사하여 사용하는 것은 불법이다.
- 학생들에게 나누어 주기 위해 학생 1인당 한 개씩을 복사하여 나누어 줄 수 있다. 만약 돈을 걷는다면 실제 경비 외에는 걷을 수 없다.
- 동일하거나 비슷한 자료를 구입하는 대신에 복사하여 책으로 묶어 사용하는 것은 불법이다.
- 워크북과 같은 소모성 자료는 복사할 수 없다.
- 개인적인 학습, 수업 계획, 연구, 비판, 비평 및 언론에 기고하기 위한 목적으로 인쇄물을 한 부 복사하여 사용할 수는 있다.
- 대부분의 잡지 및 신문기사는 자유롭게 복사할 수 있다. 그러나 교실에서 학생들이 사용할 목적이라도 사전 허가 없이 주간지의 기사를 복사하여 사용할 수는 없다.
- 자료의 복사는 교사 개인이 결정해야 한다. 상급자가 지시해서는 안 된다.
- 저작권이 없는 1978년 이전에 출판된 자료, 저술된 지 75년이 경과한 작품 및 미국 정부에서 출판한 자료 등 세 가지 범주의 자료는 아무런 제약 없이 무료로 복사하여 사용할 수 있다.
- 인터넷 및 그 외 디지털 자료와 관련된 저작권 관련 제약 요인들도 새롭게 나타나고 있다.

(Murray, 1994).

■ 연극과 뮤지컬

저자나 작가들은 연극 또는 뮤지컬 등의 판권을 가지고 있으며, 학교에서 이러한 것들을 사용하고자 한다면 사용하기 전에 저자나 저자의 대리인으로부터 허락을 받아야만 한다. 허락의 대가로 저작권 사용료를 제공하며, 입장료의 유무에 따라 그 액수는 달라진다.

■ 비디오 녹화

비디오테이프와 DVD 또한 저작권법의 적용을 받는다. 교육기관에서는 TV 프로그램을 복사하여 사용할 수는 있지만, 해당 프로그램의 저작권을 가지고 있는 기관으로부터의 허락 없이는 45일 이상 복사한 프로그램을 가지고 있을 수 없다. 처음 10일 동안에는 교사 개인이 복사된 프로그램을 1회 사용할 수 있으며, 그 이후에는 교육적 필요성이 있는 경우에 한해 1회 더 시청할 수 있다. 45일이 경과하면 해당 프로그램을 지워야만 한다. 프로그램의 녹화는 교사가 해당 프로그램의 녹화를 요청한 경우에 한하며, 따라서 교사들이 요청할 것을 미리 예상하여 규칙적으로 프로그램에 대한 복사가 이루어져서는 안 된다.

■ 소프트웨어

컴퓨터 프로그램에도 다른 자료들과 동일한 저작권 관련 사항이 적용된다. 예를 들어, 교내에서 사용할 목적으로 저작권의 보호를 받는 컴퓨터 프로그램을 복사하여 배포해서는 안 된다. 다른 곳에서 파일을 다운로드 받을 때도 허락을 받거나 사용료를 지불해야 할 때도 있다. 예를 들어, 수백 개의 프로그램을 불법 복제하여 사용하던 로스앤젤레스의 어느 학교는 이의 시정을 위해 30만 달러를 지불하고, 다른 학교들에서의 불법 사용에 대한 부분까지 떠안는 것으로 합의를 하였다.

■ 인터넷

인터넷과 관련된 저작권은 교사, 학생 및 행정가의 주요 관심사가 되고 있다. 저작

권을 보유한 사람들은 글이나 영상의 불법적인 사용을 금지하기 위해, 불완전한 또는 잘못된 자료를 게시하는 것을 제한하거나 정정하기 위해, 또는 웹 등에 자신의 저작물이 불법적으로 게시되는 것을 줄이거나 완전히 없애기 위해 다양한 조치들을 취하고 있다. 영화, 음반 및 소프트웨어 기업들의 주도하에 의회의원들과 공동으로 불법적인 복사본을 보유하거나 배포하는 것을 엄격하게 처벌하는 "No Electronic Theft Act"가 1997년에, 그리고 "Digital Millennium Copyright Act"가 1998년에 제정되었다. Digital Millennium Copyright Act에는 저작권 소유자의 허락 없이 자료를 다운로드하는 것을 금지하고, 자료를 다운로드하는 사람에게 사용료를 요구하는 것을 허용하는 조항이 포함되어 있다. 이 법규들은 수업 관련 자료를 인터넷에 게시해 놓은 교사들의 저작권도 보호하고 있다(Grossman, 1998).

■ Digital Millennium Copyright Act

다시 한 번 생각해 보기

앞에 제시된 내용들이 교사에게 시사하는 점은 무엇일까? 법을 어기지 않으면서도 교사로서의 권리를 보호할 수 있도록 하기 위해서는 어떤 부분을 좀더 살펴보아야 할까?

학생들의 권리와 책임

■ 학교의 학부모 권한 대행 개념의 쇠퇴

1960년대, 학생들은 자신의 행동을 통제하는 학교 직원들의 권위에 도전하기 시작하였다. 이러한 도전이 이루어지기 전에는, 학생들의 권리는 미성년자라는 지위 및 학생이 학교에 머무르는 동안 학교가 부모의 권한을 대신 행사하는 것을 의미하는, "부모를 대신한다(in loco parentis)"는 개념에 의해 상당 부분 제한되었다. 그러나 이러한 개념은 점차 쇠퇴하고 있으며, 법원은 보다 적극적으로 학생들의 헌법적 권리를 밝히고 이를 지지하고 있다. 학생들의 책임에 대한 인식도 역시 증가하고 있다. 즉, 학생들의 교육적 권리는 학교의 효과적인 운영을 보장하기 위해 학생과 교사 모두의 책임과 관련되어 있다는 인식이 높아지고 있다.

■ 사립학교 학생들이 항상 보호받는 것은 아님

다음 절 및 "Overview 9.2"에서는 학생의 권리 및 책임과 관련된 중요한 법원의 판결들을 제시한다. 이것은 주로 공립학교에만 적용된다. 교사와 마찬가지로 사립학교에 재학하는 학생들에게는 이 장에서 논의되는 헌법상의 권리가 모두 적용되지는 않는다. 학교와 정부가 실질적인 관계를 맺고 있다는 것을 증명하지 못한다면, 사립학교의 활동은 주 정부의 행위가 아닌 것으로 인정되며, 따라서 주 헌법에 규정된 의무를 이행할 필요가 없다. 그러나 사립학교에 재학하고 있는 학생들에게도 공적 재원을 지원하는 voucher 안과 그 외 학교 선택 관련 안들은 이러한 경계를 흐리게 하기 시작하였다.

[Overview 9.2] 학생의 권리와 책임에 영향을 미친 연방 대법원 판결

사 건	판결 요지
Tinker v. Des Moines Independent Community School District(1969)	수업 활동을 방해하거나 다른 사람의 권리를 침해하는 경우를 제외하고 학생들은 자신의 관점을 자유롭게 표현할 수 있다.
Foss v. Lopez(1975)	학생을 정학시킬 때는 적법한 절차(due process)를 거쳐야 한다.
Ingraham v. Wright(1977)	잔혹하거나 생소한 처벌 방법이 아니며, 주 법률에 의해 허용되는 곳에서는 체벌도 가능하다.
New Jersey v. T.L.O.(1985)	헌법에 위배되지 않으면서 학생과 학생의 사유물을 수색하기 위해서는 두 가지 기준을 충족시켜야 한다.
Bethel School District No. 403 v. Fraser(1986)	학교가 공격적이거나 파괴적인 연설을 허가할 필요는 없다.
Hazelwood School District v. Kuhlmeier(1988)	교내에서 출판되는 신문은 공개적인 토론의 장이 아니며, 따라서 학교 직원에 의해 규제될 수도 있다.
Hongig v. Doe(1988)	청문회가 끝날 때까지는 공격적인 행동을 보이는 학습 불능 학생을 다른 곳으로 보내서는 안 된다.
Gebser v. Lago Vista Independent School District(1998)	학교구가 성추행을 하는 교사의 행동을 멈추게 하는 행동을 의도적으로 취하지 않는 경우 외에는 교사의 성추행에 대해 학교구가 법적인 책임을 지지 않는다.

표현의 자유

■ Tinker: 자유 표현의 보장

1965년, 15살인 John Tinker와 그의 동생인 13살의 Mary Beth, 그리고 그의 친구인 16살 Dennis Eckhardt는 여러 친구들과 함께 베트남 전쟁에 대한 상징적인, 무언의 저항의 의미로 학교에서 검은 완장을 차기로 계획을 세웠다. 이 소식을 접한 행정가들은 문제가 커질 것을 우려하여 완장 착용을 금지하는 정책을 공표하였다. 만약 이를 어길 경우의 처벌은 완장을 벗을 때까지 정학을 시키는 것이었다. Tinker, Beth, Eckhardt는 계획대로 완장을 하고 완장 벗기를 거부하였으며, 정학 처분을 받았다. 이들의 부모들이 소송을 제기하였다. 연방 대법원은 원고 측의 편을 들며 학생들의 권리가 어느 선까지인지 기준을 제시하였고, Tinker v. Independent Community School District 판결은 학생들의 표현의 자유의 한계를 설정하는 기준이 되었다(Beyer, 1997).

■ Bethel v. Fraser: 자유 표현의 제한

학교 직원들이 특정한 의사 표현을 금지하기 위해서는 이러한 행동이 "단순히 소수의 의견에 대한 불편함과 불쾌감을 피하고자 하는 것" 이상이어야 한다는 판결을 내렸다. "현저하게 수업에 방해가 되거나 다른 사람들의 권리를 침해하거나 상당한 무질서를 불러일으키는" 학생의 행동은 금지할 수 있다. 이러한 타당한 근거가 없는 상태에서는 헌법상의 권리인 표현의 자유는 학생들에게도 적용된다. 그러나 이는 공립 학교에서 표현의 자유는 한계가 있다는 것을 의미한다. Bethel School District No 4.3 v. Fraser의 판결에서, 연방 대법원은 학생의 공격적이거나 파괴적인 언행에 대해서는 처벌을 할 수 있다고 승인하였다(Zirkel, 2003).

■ Hazelwood / Kuhlmeier: 학생 출판물에 대한 규제

또한 출판물과 관련해서도 문제가 발생할 수 있다. 예를 들어, 미주리 주의 세인트 루이스 카운티에 위치한 Hazelwood East High School에서는 신문부에서 발행하는 학교 신문인 「The Spectrum」을 인쇄하기 전에 학교장에게 검사를 받아야 한다는 정책을 가지고 있었다. 학교장은 다음 호에 실릴 기사 중 두 개를 삭제하였다. 학교장은 그 기사의 내용이 아니라 내용이 부실하고 출판일까지 새로 쓰기에는 시간이 부족할 것 같아서 해당 기사를 삭제하였다고 주장하였다.

자신들의 표현의 자유를 침해당했다며 학생 기자 세 명이 소송을 제기하였다. 이 사건은 연방 대법원까지 상정되었고, 법원은 학교장의 손을 들어 주었다. 「The Spectrum」은 공개적인 토론의 장이 아니라 교직원들의 지도하에 신문부 학생들이 학습 경험을 쌓는 곳이라고 판시하였다. 교육자의 행위가 "적법한 교육적 판단"에 의한 것이었다면 어떤 합리적인 형태로든 신문을 규제할 수 있다는 것이다. 계속해서 법원은 학교에서 이루어지는 활동을 직접적으로 방해하는 언행 및 "문법상 문제가 있거나, 내용이 부실하거나 부적절하며, 편견 또는 선입관에 치우쳐 있거나, 저속한 표현을 사용하거나 미성숙 상태에 있는 독자들에게 부적절한 내용"을 담고 있는 경우에는 이를 삭제할 수 있다고 판시하였다. 이 판결은 앞에서 제시한 학생들의 권리를 명확하게 제한하고 있다(Vacca, 2004).

■ 규제의 합법화

학생들이 작성하거나 배포하는 출판물에 관한 논쟁으로 인해 여러 학교구에서는 사법적 조사를 대비하여 명문화된 규정을 제정하고 있다. 일반적으로 이러한 규칙들은 배포 시기, 장소 및 배포 방식, 학생들에게 이러한 규칙을 설명하는 방법, 신속한 검사 과정 및 신속한 상고 절차 등을 구체적으로 제시하고 있다. 학생들은 법적인 용어로 외설적이거나 타인을 비방하는 글 또는 Tinker 판결에 제시된 것과 같이 상당한 혼란을 불러일으키는 글을 배포해서는 안 된다. 또한 교육위원회는 학교 신문이나 졸업 앨범에 큰 문제를 일으키지 않는 글을 포함시킬 것인가를 결정하는 데 상당한 재량권을 가지고 있다. 이 장에 제시된 사례 연구는 학교 신문의 주간을 맡고 있는 교사가 자신의 책임에 대해 걱정하고 있는 내용을 다루고 있다.

■ "허용 가능한 활용 방법" 정책

학생들의 인터넷 사용. 인터넷은 교육자들 사이에 오랫동안 논쟁의 대상이 될 것 같은 법적 쟁점을 만들어 내고 있다. 기업체 등의 조직에서와 같이 대부분의 학교는 법률 및 헌법상에 보장된 표현의 자유 및 그 외 관련된 권리가 침해되는 것을 보호하기 위해 온라인상에서의 학생과 교사 행동의 지침이 되는 "허용 가능한 활용 방법"을 제기하고 있다. 여기에는 다음과 같은 내용들이 포함되어 있다(Lindroth, 1998).

In This Case

힘겨운 출발

Sara Jones는 자신이 신문사의 주간으로 임명된 것을 거의 믿을 수가 없었다. 자신은 신규 교사이기 때문이었다. 고등학교와 대학에 다닐 때 교내 신문에 기고한 적은 있지만, 이런 일을 맡아 본 적이 전혀 없었다. Sara는 자신보다 겨우 3살 어린 18살의 학생들을 감독하고 지도하는 자신을 발견하였다.

최근 대학을 졸업한 21살의 Sara는 영어를 전공하고 신문방송을 부전공하였다. 영어 II와 영어 III를 가르칠 예정이고, 교내 신문은 과외 활동으로 학생들을 지도하게 된다.

학생 편집장인 Bob Cartwright는 다소 엉뚱하며 Sara와 많이 다른 것 같았다. 문제가 생겼을 때 그를 어떻게 지도해야 할지 Sara는 막막해졌다. 금방 문제가 일어났다. 학기 시작 후 겨우 한 달쯤 지났을 때, 모든 학생들은 약물 남용 금지 프로그램을 위한 집회에 참석해야만 했다. 집회 다음 날, Bob이 찾아와서 학생들의 권리를 강조하는 사설을 쓸 예정이라고 말하였다. 더 중요한 일들을 할 수도 있는 시간에 지루한 설명회 장소에 강제로 참석하는 데 실증을 느꼈던 것이다.

다음 날 Sara는 자신의 책상 위에 올려져 있는 Bob의 글을 발견하였다.

> **무시된 학생들의 권리!**
> 약물 남용이 없는 학교! 반대한다!
> 아무런 의미 없는 선전 문구가 다시 한 번 연설자보다 더 많은 것을 알고 있는 청중들에게 제시되었다. 매년 우리는 이런 무의미한 활동에 참여해야만 한다. 얼마나 엄청난 시간과 노력의 낭비인가! 만약 발표자가 제대로 된 지식을 가지고 있다면, 교내에서도 학생들이 일부 약물을 사용하고 있다는 것을 벌써 알았을 것이다.
> 편집자는 약물 남용이 없는 학교에 관한 더 이상의 집회에 반대한다. 이제 우리 학생들은 필수 사항으로 제시되는 이러한 활동에 대해 당당히 맞서야 할 것이다. 우리에게 제공되는 프로그램을 결정할 때 우리의 입장이 반영될 수 있도록 우리의 권리를 주장합시다. 이 기사에 대해 편지를 씁시다. 교장 선생님과 교육감에게 편지를 보냅시다. 이러한 집회에 대한 우리의 생각을 전하고, 앞으로 이루어질 모든 집회에 대한 기획 과정에 학생들이 참여할 수 있도록 요구합시다.

Sara는 즉각 반응해야만 한다고 결정하였으나, 지금까지 전혀 문제가 없었던 상황이 문제가 되기를 원하지는 않았다. 그녀는 이 사설이 심각한 문제를 불러일으킬지 아닐지 확신이 서지 않았다. 교장 선생님에게 도움을 받는 것이 훨씬 더 나을 것이라는 생각이 들었다. 영어 수업은 별 문제 없이 잘 진행되고 있었지만, 신문사 주간을 맡고 있을 때 생긴 문제가 종신 재직권 또는 앞으로의 고용 계약을 맺는 데 불리하게 작용하지 않을지 두렵기도 하였다. 자신에 대한 평가가 이 상황을 어떻게 처리하는가에 달려 있지는 않나 불안한 생각이 들었다.

질 문

1. 신문사 주간으로서 Sara의 책임과 권한은 어디까지일까?
2. 신문사 주간을 맡기 전에 Sara가 결정했어야 할 일들은 무엇일까?
3. 학생 편집장의 행동이 그녀의 평가에 영향을 미칠까?
4. 학생 편집장은 어떤 권리와 책임을 가지고 있을까?

- 학교는 음란성이 있거나 어린이 및 청소년들에게 바람직하지 않은 것으로 분류된 인터넷 사이트의 접속을 차단하는 프로그램을 설치한다.
- 위협을 하거나 명예를 훼손하는 일, 음란성이 있거나 파괴적이거나 유해한 영향을 미칠 가능성이 있다고 판단되는 내용을 인터넷상에 올리거나 이메일로 보내는 학생을 처벌할 수 있다. 교내의 컴퓨터를 사용하지 않았다 하더라도 처벌은

■ 온라인상의 조롱에 대한 정학

가능하다. 그러나 이러한 범주에 해당되는 전자 매체도 인쇄 매체와 동일한 법적인 지위(한편으로는 개인의 권리를 법적으로 보호하고, 다른 한편으로는 다른 사람이나 기관에 피해를 주는 것을 금지하는 것 간의 균형을 유지하는 것)를 가지고 있다. 예를 들어, 오하이오 주의 한 학교구는 음악 밴드부 교사를 조롱하는 게시물을 붙여 놓았다는 이유로 정학을 받자 소송을 제기했던 고등학교 학생에게 3만 달러를 지불해야만 했다.

- 학교 도서관을 포함한 도서관들은 음란 사이트의 접속을 차단하는 프로그램을 사용한다는 이유로 고소되었다. 또한 이러한 차단 프로그램을 사용하지 않는 도서관들은 차단 프로그램을 사용하지 않는다는 이유로 고소되었다. 현재 연방 정부의 지원을 받는 도서관들은 이러한 프로그램을 사용해야 한다.

이 장의 "Technology @ School"에는 학생들의 컴퓨터 사용과 관련된 법적 쟁점에 관한 정보가 제시되어 있다.

■ 다양한 판례

복장 규정과 규칙. 상당수의 법원들은 복장 규정과 규칙이 학생들의 표현의 자유를 제한하고 있는지에 관한 소송을 다루어 왔다. 미식축구부 선수들에게 콧수염을 자르게 했던 사건을 다루었던 루이지애나 주의 사건과 같은 일부의 경우, 교육적 목적을 위해 교육위원회가 복장 및 외모에 관한 규정을 부과하는 것은 합헌이라고 판결을 내린 판사들도 있다. 이와 비슷하게 연방 지방 법원은 폭력 집단의 상징물을 드러내는 것을 금지하는 규칙의 일환으로 남학생들에게 귀고리를 하지 못하게 한 것을 지지하였다.

그러나 머리를 기르지 못하게 하는 것은 독단적이고 비합리적이며, 여학생들에게 여성용 재킷과 헐거운 바지를 입지 못하게 해서는 안 된다고 판결을 내린 판사들도 있다. 이러한 판결에는 해당 규정이 의도하는 교육적 목적, 이를 위반했을 때 예상되는 결과, 그리고 이러한 복장 규정 및 규칙이 타당한 법률적 목적을 달성하려고 하는지에 관한 주장과 증거가 크게 영향을 미치고 있다(Dowling-Sendor, 1998).

■ 합리적인 근거

일반적으로 학교에서는 언어 또는 상징물을 금지하는 "합리적인 근거"를 반드시 제시해야 한다. 법원은 이러한 기준을 적용하며, 교복이 학교를 보다 안전하고 보다 생산적인 장소로 만드는 데 도움이 된다는 증거를 제시한다면 학생들에게 교복을 입도록 요구할 수 있다고 판시하고 있다. 이러한 기준을 통해 몇몇 소송에서는 복장 규정이 타당하다는 판결이 내려졌고, 일부의 경우에는 독단적이고 일시적이라는 이유에서 위헌 판결이 내려졌다(Zirkel & Gluckman, 1995).

정학과 퇴학

퇴학과 관련된 문제들은 오하이오 주 콜럼버스 시의 어느 중등학교에서 다양한 부적

TECHNOLOGY @ School

학교에서 기술(technology)과 관련된 법적 쟁점

현재 교육계에서 더욱 보편화되고 있으며 그 중요성이 점점 커지고 있는 기술 활용으로 인해 학생들의 컴퓨터 사용과 관련된 여러 가지 법적인 문제에 직면할 가능성도 커지고 있다. 이러한 문제들 중 일부는 North Central Regional Educational Laboratory(**www.ncrel.org/engauge/framewk/pro/issues/proisspr.htm**)의 후원을 받는 EnGause의 웹사이트에 제시되어 있다.

학교와 학교구가 기술을 보다 효과적으로 사용할 수 있도록 도와주기 위해 만들어진 EnGauge 웹사이트는 학교에서의 전반적인 기술 프로그램을 위한 여섯 가지 조건을 제시하고 있다. 이러한 조건들 중의 하나는 운영의 "능숙함"이며, 능숙함의 정도를 나타내는 몇 가지 지표들 중에는 학생들에게 기술 활용과 관련된 (사회적 · 윤리적 측면과 함께) 법적인 측면에 대한 이해를 도와주는 내용도 포함되어 있다. 저자들은 교사들은 기술 활용과 관련된 "법적 · 윤리적 태도"를 형성할 수 있도록 학생을 인도하는 모델이 되어야 하며, "기술 및 사회와 관련된 법적 · 윤리적 문제들을 생각해 볼 수 있도록 이끌어야만 한다."는 것을 강조하고 있다. 이러한 문제에 대한 관심은 학생들의 기능 및 이해를 증진시키기 위한 강의 주제와 인터넷을 사용할 때 지켜야 하는 중요한 법률적인 측면 등이 포함된 "컴퓨터 사용 윤리를 위한 10계명"의 형태로 나타나고 있다.

EnGauge의 개발자들은 정규적으로 홈페이지의 내용을 업그레이드하고 확대해 나갈 것이라는 자신들의 의도를 강조하고 있다. 따라서 수시로 새로운 내용이 게시되는 것을 확인할 수 있을 것이다.

절한 행동으로 인해 10일간의 정학을 받은 9명의 학생들의 사건에서 잘 나타나 있다. 정학은 청문회 없이 부과되었지만 주의 법률에 따라 이루어진 것이었다. 교육위원회는 정학과 관련된 명문화된 절차를 가지고 있지 않았다. 학생들은 자신들의 헌법적 권리가 침해당했다고 주장하며 소송을 제기하였다. 이러한 주장에 대해 학교 측에서는 교육에 관한 헌법적 권리가 없는 상태에서 14차 수정 헌법에 제시된 적법한 절차는 적용되지 않는다고 주장하였다.

■ 최소한의 적법한 절차

이를 다룬 Goss v. Lopez 사건은 1975년 연방 대법원에 상정되었으며, 연방 대법원은 학생들은 공교육을 받을 권리를 가지고 있다는 이유에서 학교 측의 의견에 동의하지 않았다. 즉, 학생들은 자신들이 받는 교육에 대한 재산권(property interest)을 가지고 있으며, 이는 적법한 절차 조항이 요구하는 "최소한의 절차를 준수하지 않고서는" 박탈할 수 없다. 또한 법원은 정학에 직면한 학생들에게는 "이에 대해 사전에 어떤 형태로든 통지가 이루어져야 하고, 자신의 입장을 설명할 수 있는 기회를 포함한 청문회의 기회를 제공해야 한다."고 판시하고 있다. 또한 "정학 통고와 청문회의 기회는 정학이 이루어지기 전에 제공되어야 한다." 10일간의 정학에 대해 이러한 원칙을 적용하면서, 법원은 이보다 더 긴 정학 또는 퇴학은 보다 정교한 적법한 절차 과정을 적용해야 한다고 판시하였다(Zirkel, 1994).

■ 명문화된 정책

대부분의 학교구들은 이러한 법원의 판결에 대해 정학과 퇴학에 대한 명문화된 정책을 만들고 있다. 이러한 정책들은 보통 단기 및 장기 정학을 구분하고 있다. 단기 정학을 위해서는 부적절한 행동에 대한 구두 또는 서면 통지, 정학 처분을 내리는 증거, 중립적인 사람 앞에서 자신의 입장을 설명하거나 반박할 수 있는 기회를 제공하는 것 등의 과정을 거친다. 퇴학을 시킬 때는 교사를 파면시킬 때와 비슷한 적법한 절차가 요구된다(Zirkel & Gluckman, 1990).

■ 학습 불능 학생들의 권리

학습 불능 학생들에 대한 논쟁. 최근에 이루어지고 있는 법원의 판결은 수업에 큰 지장을 주거나 공격적인 학습 불능 학생의 정학 및 퇴학에 대한 학교의 권한을 제한시키는 쪽으로 이루어지고 있다. Honig v. Doe의 사건에서, 연방 대법원은 공식적인 청문회가 끝날 때까지 이러한 학생은 현재의 위치에 그대로 머물러 있게 해야 한다고 판시하였다. 1990년에 제정된 Individuals with Disabilities Education Act(IDEA)는 아주 심각할 정도로 수업에 지장을 주거나 폭력적인 경향을 보이는 학생이라도 정학이나 퇴학을 시키는 것을 어렵게 만드는, 학습 불능 학생들의 추가적인 권리를 규정하고 있다. 결과적으로, 학습이 불가능하다고 분류되는 학생들에 적절히 대처하며 다른 학생들의 권리를 보장하기 위한 새로운 방법들을 모색하고 있다. 1997년 의회에서는 학교의 규칙을 위반하는 학습 불능 학생들에게 보다 쉽게 정학 처분을 내릴 수 있도록 하는 것을 목적으로 하는 법안을 제정하였으나, 몇 년이 지난 지금까지도 교육자들은 이와 관련된 문제는 명확하지 않다는 반응을 보이고 있다(Yell, 1989; Zirkel, 2001; Goldstein, 2003).

폭력으로부터의 보호

■ 학교도 폭력에 대한 책임을 질 수도 있음

교육자들은 학교 또는 학교와 관련된 행사(졸업식, 댄스파티, 축제 등 학교 외부에서 이루어지는 행사까지 확대되는 경향이 있다)에서 일어나는 폭력적인 행동으로부터 학생들을 보호해야 하는 의무를 가지고 있다. 해당 사건이 일어난 상황에 따라, 이러한 의무를 제대로 수행하지 못한 것에 대해 학교구 및 교사들에게 책임을 묻는 판결도 이루어지고 있다. 예를 들어, 루이지애나의 법원은 학교 경비가 문제가 된 학생에게 경고만 하고 그 학생을 차가 있는 곳까지 데려다 주지 않았다는 이유에서, 문제 학생이 쏜 총에 맞아 총상을 입은 학생에 대해 학교구도 어느 정도 책임이 있다는 판결을 내렸다. 이와 반대로, 일리노이의 항소 법원에서는 시카고의 고등학교 교직원들이 해당 학생이 학교에 총을 가지고 왔는지 전혀 알지 못했기 때문에 총격 사건에 대해 책임이 없다는 판결을 내렸다. 일반적으로, 학생들에게 해가 될 가능성을 상당 부분 예측할 수 있는 경우에는 "학생들을 보살필" 교육자들의 의무는 학생들을 "보호할 의무"로 바뀌게 된다. 물론, 유죄의 여부를 떠나서 교육자들은 학생들을 폭력으로부터 보호하기 위해 가능한 모든 행동을 취해야 한다(Zirkel, 2000).

무기류 소지 완전 금지(Zero Tolerance)와 학교에 미친 영향. 학교 안전을 다루는 교육법 및 정책을 마련할 책임은 주 및 지방 정부(학교구 포함)에 있지만, 학교 안팎에서 발생하는 폭력에 대한 전 국민들의 관심 증가는 1994년 Gun-Free Schools Act가 제정되는 데 큰 영향을 미쳤다. 이 법에는 각 주가 총기류 및 그 외 위험한 무기류의 소지를 "완전히 금지"하는 법을 재정하지 않는 경우에는 저소득층 학생들의 성취도 증진을 위한 연방 정부의 예산 지원을 금지하는 규정이 포함되어 있다. 1995년 미국 내 모든 주에서 이러한 법규가 제정되어 있으며, 이 법규에는 일반적으로 학교 직원들이 위험하다고 결정한 물건을 소지하는 학생에게 자동적으로 정학 처분을 내리는 조항이 포함되어 있다. 대부분의 학교구는 정학을 시키는 추가적인 사유(예를 들어, 불법적인 물건을 소지하는 경우 등) 및 법규를 집행하는 과정을 구체화해 놓은 정책들을 가지고 있다(Hendrie, 1998; Pipho, 1998).

■ Gun-Free Schools Act

■ 무기류 소지 완전 금지

무기류의 소지를 금지하는 법규 및 정책은 학교를 이전보다 더 안전한 곳으로 만들고는 있지만 부정적인 영향도 주고 있다. Harvard 대학의 Civil Right Project의 연구에 따르면, 사소한 규정 위반에도 "호된 처벌"을 가하는 등 지나치게 통제에 초점을 두는 형태로 운영되고 있다. 예를 들어, 도시락에 들어 있는 식사용 칼, 끝이 날카로운 허리띠 장식, 쉬는 시간 손가락으로 총 장난을 하는 유치원생, 새총으로 사용될 수 있는 탄력이 강한 고무줄, 교사를 공격하는 학생을 그린 그림 등은 위험한 것으로 분류되고 있으며, 이는 일반인들에게 상당한 웃음거리가 되고 있다. 워싱턴에 본부를 두고 있는 Advancement Project에 따르면, 더욱 심각한 문제점은 무기류의 소지를 금지하는 정책에 대한 사소한 위반 사항으로 인해 저소득층 출신의 학생들이 학교에서 퇴학을 당하고 있다는 것이다. 이러한 결과를 피하고 학교 분위기를 보다 안전하게 개선하기 위해, 연구자들은 교육자들에게 다음과 같은 사항을 주장하고 있다(Browne, 2003).

■ 통제가 되지 않는 경우

- 친절한 성인들과 대화 및 접촉할 수 있는 기회를 제공한다.
- 융통성을 발휘하여 퇴학이 아닌 다른 대안을 찾아본다.
- 무기, 부적절한 행위 또는 약물에 대한 정의를 명확하게 내린다.
- 적법한 절차 규정을 따른다.
- 지역의 요구에 맞게 정책을 수정하고 매년 이를 재검토한다.

수색(검사)과 압류

합법적으로 수색을 하기 위해서는 보통 적법한 절차를 거쳐 발행된 수색 허가서가 있어야 한다. 그러나 최근 학교에서의 약물 남용 및 이와 관련된 폭력 행위가 증가함에 따라 무기류의 수색을 위해 금속 탐지기나 X레이 투시기를 설치하는 학교가 늘어나고 있다. 약물 거래를 위해 사용되기 때문에 호출기나 휴대전화의 소유를 금지하거

■ 4차 수정 헌법

나, 알코올 탐지기를 사용하거나, 학생의 가방을 검사하거나, 주기적으로 사물함을 검사하는 학교들도 있다. 이와 관련된 법원의 판결은 4차 수정 헌법에 초점을 두고 있다. 즉 "모든 사람은 부당한 수색 및 압류로부터 자신의 인격, 집, 서류 및 동산을 보장받는 권리를 가지고 있으며, 이러한 권리는 침해당해서는 안 된다. 또한 확실한 주장 및 증거에 토대를 둔 개연성 있는 이유나 조사할 장소 또는 압류할 물건이나 사람을 구체적으로 기술한 경우에만 수색 영장을 발급할 수 있다."

■ 합리적인 이유

법적인 용어로서 혐의(suspicion)는 여러 등급으로 표현된다. 4차 수정 헌법에 언급된 "개연성" 있는 이유는 불법적인 행위를 한 증거가 발견될 가능성이 더 크다는 조사자의 믿음을 의미한다. 이러한 등급은 경찰들이 수색을 할 때 요구된다. 이와 대조적으로, 법원은 학교의 경우 "합리적인" 이유로도 충분하다고 판결을 내리고 있다. 불법적 또는 위험한 물건이 그곳에 있다는 의심이 들 때 행정가는 수색을 한다.

■ T.L.O.: 지갑 찾기

이러한 원칙은 화장실에서 담배를 피우고 있는 두 명의 여학생을 발견한 교사와 관련된 사건에 적용되었다. 화장실에서 담배를 피우는 것은 교칙을 위반한 행동이었고, 이 학생들은 교감에게 불려 가서 심문을 받았다. 두 명 중 한 명은 담배를 피운 것을 시인했으나, 다른 한 명인 14살의 T.L.O.는 모든 사항을 부정하였다. 교감은 T.L.O.의 지갑을 열어서 담배 한 갑을 발견하였다. 담뱃갑을 꺼낼 때, 교감은 둥글게 말려져 있는 종이를 발견하였고 지갑 속의 내용물을 모두 꺼내야겠다고 결정하였다. 그래서 마리화나, 파이프, 빈 플라스틱 봉투 몇 장, 상당액의 현금 및 "내가 돈을 빌려준 사람들"이라고 쓰인 명단이 발견되었다. T.L.O.의 엄마가 소환되었고, 이러한 증거들은 경찰로 인계되었다. 경찰 앞에서 T.L.O.는 학교에서 마리화나를 팔고 있다는 것을 자백하였다.

■ 이원화된 기준

청소년 감호소에서 1년간의 보호 관찰 판결을 받은 후, T.L.O.는 4차 수정 헌법에 따르면 교감이 자신의 지갑을 검사한 것은 불법이라고 주장하며 항소하였다. New Jersey v. T.L.O. 사건에서 학교 당국의 입장을 지지하며, 연방 대법원은 헌법에 위배되지 않는 수색 및 검사가 되기 위해 충족되어야 하는 두 가지 기준을 제시하였다. 법원은 (1) 수색 및 검사를 시작하게 된 이유가 정당한가, (2) 실제 이루어진 수색 및 검사 행위가 "수색 및 검사를 시작하게 된 해당 상황과 합리적으로 관련되어 있는가" 하는 점을 고려하고 있다. 이러한 기준을 적용하여, 교사가 화장실에서 담배를 피웠다고 보고했기 때문에 T.L.O.의 지갑을 검사한 것은 정당하다고 판결하였다. 이러한 정보는 지갑에 담배가 있을 것이라고 믿을 수 있는 충분한 이유가 되었다. T.L.O.는 담배를 핀 것을 부정하였고, 그녀의 진실성을 알아보기 위해 지갑을 검사하는 것은 꼭 필요한 행위였다. 교감이 담배와 둥글게 말려 있는 종이를 보았을 때, 지갑을 더 철저하게 검사해야 할 것 같다고 생각한 것은 합당한 행위였다(Trotter, 1995).

■ 마약 탐지견

또한 법원은 단순한 의심만으로는 조사 또는 검사를 할 수 있는 충분한 이유가 되지 못한다고 판시하고 있다. 사물함이나 차 안에 사람이 없고 여러 사람이 지켜보는 가운데 이루어지기 때문에 약물을 탐지하기 위해 훈련받은 개를 이용하여 사물함이나 차를 확인하는 것은 가능하다. 그러나 훈련받은 개를 이용하여 학생을 조사하는 것은 문제를 불러일으킬 수 있다. 인디애나 주의 하이랜드에서 2,780명의 중 · 고등학생들은 훈련받은 개가 마약을 탐지하는 동안 몇 시간을 자리에 앉아 기다렸다. 학교 직원 1명, 경찰 1명, 조련사와 독일산 셰퍼드가 어느 교실에 들어 왔고, 13살인 Diane Doe는 그 교실에 있었다. 탐지견은 학생들의 냄새를 맡으며 책상 사이를 돌아다니다가 Diane에게로 다가왔고, 그녀의 몸에서 냄새를 맡다가 그녀의 다리 사이에 코를 문질렀다. 경찰관은 이 행위를 마약이 있음을 알리는 신호로 해석하였다. 경찰의 요구에 따라 Diane은 주머니 속의 물건을 모두 꺼냈지만 마약은 나오지 않았다. 결국 Diane은 양호실로 가서 옷을 모두 벗고 검사를 받았다. 마약은 발견되지 않았다. 학교에 등교하기 전 Diane은 자기 집에 있는 개와 함께 놀았고, 이로 인해 냄새가 몸에 배여 탐지견이 그러한 행동을 했던 것이다.

■ 알몸 수색은 위헌

Diane은 소송을 제기하였다. 지방 법원과 항소 법원은 비록 처음의 절차는 적절하였지만, Diane을 옷을 벗기고 조사한 것은 위헌이라는 판결을 내렸다. 항소 법원은 "어느 누가 봐도 13살 먹은 어린애의 옷을 벗기고 조사하는 것은 존중받을 헌법상의 권리를 침해한 것이다. 또한 이는 그 이상으로 우리가 알고 있는 인간의 품위를 손상한 것이다."라고 판시하였다. Diane은 7,500달러의 배상금을 받았다(Blum, 2003).

■ 수색의 기준

요약하면, 구체적인 허가서 없이 수색을 할 때는 다음과 같은 기준을 지켜야 할 것으로 판단된다(Zirkel & Gluckman, 1993).

- 수색은 특정화되어야 한다. 수색(조사)을 받는 개별 학생이 특정 범죄를 저지를 것 같은 증거 또는 구체적인 금지 물품을 가지고 있다는 타당한 의심이 제기될 때 수색이 가능하다.
- 사물함은 학교의 소유물로 간주되며 타당한 이유가 있다면 수색(조사)할 수 있다.
- 개를 이용하여 사물함이나 자동차 안을 조사할 수 있다. 개를 이용하여 학생들을 조사할 때는 개가 학생의 몸을 건드리지 않는 범위 내에서 가능하다.
- 옷을 벗기고 조사하는 것은 위헌이며 그렇게 해서는 안 된다.
- 행정가 및 교사들은 타당한 증거를 통해 학생이 위험한 무기류를 학교에 가지고 왔다는 의심이 들 때는 무기를 찾기 위해 학생의 몸을 더듬으며 수색(조사)할 수 있다.
- 현장 학습을 갈 때도 수색을 할 수 있으나 수색(조사)을 위한 일반적인 기준이 적용된다.
- 의도적으로 불법적인 행위를 취하지 않는 한 교직원들의 판단은 소추의 면제에 의해 보호된다.

■ 운동선수들에 대한 약물 검사

검사의 한 형태로서 약물 반응 검사. 마리화나, 스테로이드 및 기타 불법적인 약물 사용을 탐지하기 위해 무작위로 운동선수들에게 소변 검사를 실시해야 한다고 주장하는 사람들도 있다. 일반적으로 이러한 검사는 잠재적인 위헌의 소지를 가지고 있는 것으로 보인다. 그러나 1995년 연방 대법원은 이러한 형태의 약물 조사는 특정 개인을 의심할 구체적인 이유가 없다 하더라도 위헌은 아니라고 판시하였다. 운동선수들은 다른 학생들의 본보기가 되기 때문에 학교 직원들은 이들의 약물 사용에 특히 더 관심을 가질 충분한 이유가 있다는 결론을 내렸다. 이 판결 이후, 연방 대법원은 그 외의 과외 활동에 참여하는 학생들을 대상으로 한 약물 검사도 허용하고 있다(Shutler, 1996).

학생들의 학력 검사

초·중등학교에서 시험은 주요한 활동 중의 하나이기 때문에 이와 관련된 법적인 문제가 크게 대두되고 있다. 이러한 문제들 중에서 가장 중요한 것은 졸업 요건으로 시험 점수를 사용하는 것이다.

■ 플로리다의 사건

졸업 요건으로 시험 점수를 활용하는 것에 대한 첫 번째 소송은 연방 항소 법원이, 플로리다 주 정부는 기준을 유지하는 데 관심을 가지고 있고, 실제 수업 시간에 가르친 내용을 살펴보기 위해 시험을 사용하며, 적절한 구제 기회를 제공하고 있기 때문에 고등학교 졸업 시험을 부과할 수 있다고 판시한 1980년대에 해결되었다. 또한 법원은 졸업 요건에 대한 공지가 사전에(4년 전) 이루어졌기 때문에 적법한 절차 조항을 위반한 것도 아니라고 판결하였다.

■ 텍사스의 사건

2000년, 텍사스 주에서 졸업 요건으로 시험을 부과하는 것에 대한 소송이 제기되었고, 연방 지방 법원은 비슷한 결론을 내렸다. Mexican American Legal Defense 및 Educational Fund는 소수계 인종 출신 학생들의 탈락 비율이 상대적으로 높기 때문에(탈락 학생의 90%가 소수계 출신 학생이었다) 텍사스 주에서 실시되고 있는 시험은 인종 차별적인 요소를 가지고 있고, 따라서 이는 헌법을 위배한 것이라고 주장하였다. 그러나 Edward Prado 판사는 시험이 소수계 인종 출신 학생들을 차별하는 것이 아니라, 오히려 교육 격차를 줄이고 도움이 필요한 학생을 확인하는 데 도움이 되는 증거들이 존재하고 있다고 판시하였다. 또한 Prado 판사는 과학적으로 수용 가능한 방법으로 고등학교 교육과정 및 교육 내용을 토대로 시험이 개발되었다고 판결하였다(Clegg, 2000).

교실에서의 훈육과 체벌

■ "time-out" 제도

수업에 방해되는 행동을 할 때마다 교실의 "time-out" 공간으로 보내졌던 6학년 학생의 사건을 포함한 각종 소송에서 교실에서의 훈육은 쟁점이 되고 있다. 이 학생은 행동 장애의 전력을 가지고 있었으며, 교사는 다른 훈육 방법들을 사용했으나 모두 실패하였다. "time-out"의 벌을 받을 때는 화장실을 가거나, 식당에서 밥을 먹거나, 다른 학급의 수업에 참여하는 것이 허용되었다. 학부모는 교사의 행위가 (1) 자신의 아들이 공교육을 받을 권리를 박탈한 것이고, (2) 문제 행동에 적합하지 않은 처벌이 제시되었고, 이로 인해 적법한 절차의 권리가 침해당했으며, (3) 정서적 고통을 불러일으켰다는 이유로 소송을 제기하였다(Grone, 2000).

학교 직원들은 학교 내에서 행동의 기준을 제시하고 이를 지키도록 할 광범위한 권위를 가지고 있지만, 이러한 권위는 14차 수정 헌법에 의해 제한을 받는다고 판시하였다. 이 사건에서 학생은 학교에 머물러 있었고, 따라서 공교육을 받을 기회가 박탈된 것은 아니었다. "time-out"은 학생들의 재산권을 최소한으로 침해하는 방법이라고 인식되고 있다. "time-out"은 수업에 방해가 되는 학생의 행동을 교정하고, 교실 내의 다른 학생들의 교육권을 보호하려는 것을 목적으로 하고 있다고 법원은 언급하였다. 학생 부모가 제기한 모든 주장은 기각되었다.

■ 체벌의 사용

특히 더 논쟁의 대상이 되고 있는 교실 내에서의 훈육 방법은 식민지 시절까지 거슬러 올라가는 미국 교육에서 오래된 역사를 가지고 있는 체벌이다. 일부 지역에서는 상당한 지지를 받고 있고 교육자들이 인정하는 것보다 더 빈번하게 사용되고는 있지만, 대다수의 교육자들은 체벌에 반대하고 있다. 최근의 조사에 따르면 매년 거의 50만 명의 학생들이 체벌을 당하고 있고, 의료적 조치를 필요로 하는 상처를 입는 경우도 상당히 많은 것으로 나타났다(Gursky, 1992).

■ 다양한 법 규정

일부 주는 공립학교에서 모든 종류의 체벌을 금지하고 있다. 이 문제에 대한 규정이 없는 주의 경우, 지역 교육위원회가 상당한 재량권을 가지고 있으며, 체벌을 금지하기도 한다. 그러나 주 법률상에 체벌을 허용하는 경우에는 지역 교육위원회가 어느 정도 규제할 수는 있지만 체벌의 사용을 금지할 수는 없다. 이러한 경우 교육위원회에서는 체벌의 사용을 규제하는 구체적인 정책을 만들고 있다. 이러한 정책을 위반한 경우 파면될 수도 있으며, 지나친 체벌, 학생에 대한 개인적인 악의에 토대한 체벌 또는 부당하게 체벌을 사용한 경우에는 법적인 책임이 부과될 수도 있다.

■ 학생 체벌

체벌을 허용하는 대표적인 예는 플로리다 주이다. 1977년 Ingraham v. Wright 소송에서, 연방 대법원은 (1) "체벌의 사용이 잔인하고 비정상적인 처벌을 금지하고 있는 8차 수정 헌법의 조항을 위반하고 있는가?" (2) "체벌을 하기 전에 미리 이를 통지하고 일련의 적절한 과정을 거쳤는가?" 등 두 가지 관점에서 체벌을 허용하는 법의 합헌성에 대해 판시하였다.

■ 8차 수정 헌법이 적용되지 않음

이 소송에서, James Ingraham과 Roosevelt Andrews는 플로리다 주의 데이드 카운티에 거주하는 중학교 학생이었다. Ingraham은 교사의 지시에 느리게 반응하여 교장실에서 엉덩이를 20대 맞았다. 결과적으로 그는 병원 치료가 필요하였고, 며칠 동안 학교를 결석하게 되었다. Andrew도 체벌을 받았지만 그 정도는 Ingraham보다 덜하였다. 판사는 8차 수정 헌법의 의도는 범법 행위로 유죄 판결을 받은 사람을 보호하기 위한 것이기 때문에 이 조항은 학생들의 체벌에 적용할 수 없다고 판시하였다. 법원은 적법한 절차에 대해, "적법한 절차 조항에도 불구하고 이러한 관행이 인가되고 상식적인 수준에서 이루어지는 한 학교에서 체벌을 하기 전에 미리 이를 통지하고 청문회를 열 필요는 없다고 결론을 내렸다."라고 판시하였다(Zirkel, 1990).

■ 배상 책임의 가능성

이러한 판결에도 불구하고, 법원은 체벌의 정도에 대해서도 언급하였다. 이 사건의 경우, 학교 당국은 학생이 받은 피해에 대해 배상할 책임이 있다고 판사는 언급하였다. 또한, 악의를 가지고 이러한 행위가 이루어졌다면 해당 교사는 형법에 따라 피소될 수도 있다. 후속적인 판결에서는 이 장의 앞부분에서 논의한 적법한 절차에 관한 사항들을 다루고 있다. Miera v. Garcia 사건을 기각하면서, "지나친" 체벌은 적법한 절차와 관련된 학생의 권리를 침해할 수 있다는 하급 법원의 판결을 지지하였다. 따라서 교사는 지나친 폭력 행사 및 학생의 권리를 침해했다는 이유로 법원에 의해 기소되었다(Yell & Peterson, 1996).

■ 지나친 폭력 금지

하급 법원은 소몰이용 채찍으로 학생을 체벌하거나, 벽에 학생의 머리를 쳐 박거나, 병원 치료를 받아야 할 정도로 심하게 체벌한 교사 또는 행정가들에게 불리하게 판결하였고, 연방 대법원은 계속해서 이러한 판결을 지지할 것으로 예상된다. 종합하면, 최근의 판결 및 소송이 제기될 가능성으로 판단해 볼 때 교육자들은 더욱 신중하게 체벌을 사용해야 할 것 같다.

성추행 및 성희롱

체벌에 관한 Ingraham v. Wight 판결과 그 뒤에 이루어진 Franklin v. Gwinnett 판결에서 연방 대법원은 성추행과 성희롱을 더욱 강하게 금지하고 있다. 이들 용어에 대한 정의는 다양하게 제시되고 있지만, 학생과 교사 간의 관계에 있어서 성추행과 성희롱은 사표로서 교사의 역할에 의문을 갖게 하는 성적인 접촉뿐만 아니라 원하지 않는 성적인 유혹 또는 사랑을 요구하는 행위 등이 포함된다. 특히, 피해자가 가해자의 요청을 거절할 경우 학교생활에 부정적인 영향을 받게 될 것이라는 생각을 가지게 될 때 더욱 그러하다. 최근 들어 학생들에 대한 성추행으로 교직원이 고소당하는 사건들이 엄청나게 증가하고 있다. 비록 법원은 학생들에 대한 불법적인 성추행이 어떤 것인가에 대한 명확한 기준을 가지고 있지는 않지만, 재판 과정에서 유죄인 것으로 판명되는 경우 교직원 및 해당 교직원이 속한 학교구는 상당한 처벌을 받게 된다(Shakeshaft & Cohan, 1995).

■ 성추행에 대한 적극적인 행동

학생들에 대한 교사의 성추행과 관련된 학교 관계자들의 법적인 책임은, 과학 교사가 9학년 학생을 유혹하였으나 이러한 성적인 관계를 행정가들이 전혀 눈치채지 못한 사건에 대한 1998년의 연방 대법원의 판결(Gebser v. Lago Vista Independent

School District)에 명확하게 제시되어 있다. 여학생의 학부모는 성추행을 발견하고 이러한 일이 일어나지 않도록 적극적인 조치를 취할 것을 학교에게 요구하는 1972년 개정된 교육법의 Title IX 조항을 근거로 학교구로부터 피해를 입었다고 소송을 제기하였다. 연방 대법원은 성추행 사실을 알고도 이를 "의도적으로 묵인"하는 행동을 취하지 않는 한 학교 관계자들은 법적인 책임이 없다고 판결을 내렸다. 일부 비판자들은 이러한 판결로 인해, 학교 관계자들이 성추행이 일어났는지 확인하고 이러한 일이 일어나지 않도록 노력하는 것을 회피하게 될 것이라고 불만을 표현하였다. 그러나 일부에서는 성추행에 관한 자신들의 관심이 반영된 정책을 실행하도록 행정가들에게 압력을 가하는 것이라고 생각하는 사람들도 있다(Simpson, 2003).

■ 학생을 만지는 것은 불법인가?

Gebser 판결로 인한 법적인 책임의 완화에도 불구하고, 학교 관계자 개개인은 학생이나 학부모가 성추행 또는 폭행으로 이해할 수 있는 어떠한 행동도 하지 않도록 주의를 기울여야 한다. 최근 교사들을 대상으로 성추행에 대한 소송이 많이 제기됨에 따라, 대부분의 교원 단체에서는 불필요한 경우 학생들의 몸에 손을 대지 말도록 교사들에게 조언하고 있다. 또한 교원 단체들은 학생들을 만날 때는 항상 교실이나 교무실의 문을 열어 놓거나 학생과 단 둘만 있게 되는 경우를 피하라고 추천하고 있다. 법률 전문가들은 유치원 교사가 학생들이 옷 입는 것을 도와주거나 우울해하는 학생을 위로하기 위해 가볍게 안아 주거나 쓰다듬어 주는 것이 여러 가지 장점을 가지고 있고 또 필요하다는 것을 인정하고는 있지만, 특히 고학년의 경우 가능한 한 신체적인 접촉을 피하도록 권하고 있다.

■ 성추행을 다루는 지침

학생들 간의 성추행 또는 성희롱 또한 심각한 문제이다. 교사에 의한 성추행의 경우와 마찬가지로, 학생에 의한 성추행에 관한 법규들은 상당히 애매하고 모호한 상태에 있다. 성적인 의미가 담긴 욕을 하거나 치근대는 것은 불법적인 성추행으로 해석되며, 교사들은 이러한 행동을 억제해야 할 법적인 의무를 가지고 있다. 그러나 특정 상황에서는 교사들의 법적인 책임이 면제되는 경우도 있다. 일부 학교구의 성추행 금지 정책에는 상대방이 싫어하는 경우 게이와 레즈비언이라는 말을 사용하는 것을 금지하고 있지만, 1차 수정 헌법 조항에 나타난 종교적 표현의 자유에 대한 권리를 행사하는 것이라고 규정하는 경우 이러한 단어를 사용한 학생을 처벌해서는 안 된다는 판결을 내린 연방 항소 법원도 있다. 다른 한편, 동료 학생들에게 괴롭힘을 당한 게이 또는 레즈비언 학생들에게 배상금을 지불한 학교구들도 있다. 성추행이 일어날 수 있다고 생각하는 교사들에게 다음과 같은 기준을 제안한다(Zirkel, 1995).

1. 해당 상황을 무시하거나 아무런 반응 없이 그냥 지나쳐서는 안 된다.
2. 지나치게 과민 반응을 보이지 않는다. 실제 어떤 일이 일어났는지 확인한다.
3. 사건에 관련된 어느 누구에게도 모멸감을 주거나 난처하게 만들어서는 안 된다.
4. 피해자를 보호하기 위한 조치를 취한다.

5. 교칙에 따라 문제를 처리한다.
6. 사건이 재발하지 않을 것이라고 생각해서는 안 된다.
7. 학생들을 대상으로 종합적인 대처 프로그램을 실시한다.

학생의 기록 및 사생활 보호

■ FERPA

1974년까지 학생이나 학부모들은 학교에 보관되어 있는 대부분의 학생 관련 기록을 열람할 수 없었으나, 교직원, 정부 기관 및 신용 평가 기관 등은 가능하였다. 1974년, 연방 의회에서는 연방 정부의 예산 지원을 받는 기관들에서의 개인 정보 유출을 막기 위해 Family Educational Rights and Privacy Act(FERPA 또는 Buckley 수정안이라고 불리기도 한다)를 통과시켰다.

■ 학부모의 권리

Buckley 수정안은 학부모가 자녀의 공식적인 학교 기록을 열람할 수 있는 정책을 개발하도록 학교구에게 요구하고 있다. 이 법은 사전에 학부모의 동의 없이는 제삼자에게 이러한 기록을 공개하는 것을 금지하고 있다. 학교구는 학부모가 해당 정보의 정확성 또는 완성도에 대해 이의를 제기할 경우 해당 기록을 수정하기 위한 절차도 마련해야 한다. 또한 의견 차이가 존재하는 정보에 관한 공청회 및 이의 제기 기회도 제공되어야 한다. 자녀가 만 18세에 이르거나 대학에 진학할 때까지 학부모는 자녀의 학교 기록을 열람할 수 있는 권리를 보유한다.

■ 예외적인 기록

그러나 Buckley 수정안은 몇 가지 예외 상황을 인정하고 있다. 학급 경영록 등 교사 및 행정가들의 개인적인 기록 및 비망록은 열람에서 제외된다. 또한 공식적인 서류와 별도로 보존되는 기록 및 법률에 의해 요구되는 기록(범죄 행위에 관한 정보 등)은 공개할 수 없다. 또한 다른 학생들의 사생활 보호권을 침해할 수 있는 정보는 공개할 수 없다. 끝으로, 학교는 사전 동의 없이도 주소록 형태의 정보는 공개할 수 있다. 그러나 학생 또는 학부모는 이러한 정보가 공개되는 것을 철회하도록 요구할 수 있다.

■ Hatch 수정안

학생의 사생활 보호와 관련된 정책은 1978년 개정된 Hatch 수정안에 의해서도 영향을 받는다. Hatch 수정안은 "각종 연구나 실험 프로그램 또는 프로젝트"를 위해 사용되는 수업 자료는 해당 프로그램에 참여하는 학생의 학부모 또는 보호자들의 검열을 받아야 한다고 규정하고 있다. 또한 정당 가입, 성적 행위 또는 태도, 심리적 또는 정신적 문제, 소득 및 기타 개인적인 사항들에 대한 "정보 공개를 주목적"으로 하는 평가, 심리 검사 또는 치료에 학생의 참여를 강요해서는 안 된다. "수업 자료" 및 "연구 프로그램"과 같은 용어를 정의하는 것은 어려움이 있으며, 대다수의 학부모들은 Hatch 법을 통해 학생의 느낌이나 생각을 조사하려고 하는 학교의 활동에 반대하고 있다. 결과적으로, 교사들은 학생의 개인 배경 또는 생각에 관한 정보를 수집하는 것이 합법적인 목적을 위해 사용될 것인지 아닌지를 신중하게 생각해 보아야 한다

(Jenkinson, 1990).

의무교육과 Home Schooling

모든 주에는 보통 6, 7세에서 16, 17세까지 학교에 재학하도록 요구하는 법률이 제정되어 있다. 지난 20여 년 동안, home schooling에 대한 관심이 높아짐에 따라 이러한 의무교육 관련 조항에 대한 관심도 증가하고 있다. 공립학교에서 가르치는 교과 내용, 사용되는 교육 방법 또는 종교 활동 부재에 반대하는 학부모들이 증가하고 있으며, 이들은 자신의 자녀를 집에서 가르치고 있다. 주 정부들도 home schooling을 허용하고 있지만, 주에 따라 이수 시간, 시험, 인근 학교에서 이루어지는 과외 활동에 참여할 수 있는지 등에 관한 규제를 가하기도 한다(Knowles et al., 1991).

■ Home Schooling의 요구 사항

의무교육법 위반으로 고소되는 home schooling을 하는 학부모들은, home schooling에서 다루어지는 교과, 사용하는 교재의 적절성 및 일일 수업 시간 등은 일반 공립학교의 그것과 유사하게 이루어져야 한다고 규정하고 있는 의무교육법에 대해 이의를 제기하기도 한다. 일부 주에서는, 일반 학교에서 이루어지는 교육과 동등한 교육을 자녀가 받고 있다는 것을 입증하기 위해 시험 결과를 제시하도록 학부모들에게 요구하기도 한다. 이러한 소송에서 학부모들이 승소하는 경우도 종종 있지만, 일반적으로 법원은 규제와 필수 요건을 부과하는 주 의회의 권리를 지지하고 있다(Gitins, 1990).

권리와 책임 간의 조화 유지

■ 법원의 비판

지난 수십 년 동안 법원은 학생들의 헌법적 권리에 비중을 두고 학교에 각종 규제를 가해 왔기 때문에, 상당수의 교육자들과 학부모들은 법률적 과정이 균형을 상실했다는 결론을 내리고 있다. 법원은 학생들의 권리를 지나치게 강조하고 학교에서 이루어지는 훈육의 필요성은 경시하고 있다고 믿고 있다. 전 AFT의 위원장이었던 Albert Shanker에 따르면, 이러한 결과 "교사들은 감시자의 역할만을 맡을 수밖에 없기 때문에 학교는 학습이 제대로 이루어지지 않는 곳"이 되었다(Shanker, 1991).

■ 합리성의 강조

그러나 일부 학자들은 1980년대 중반 이후 연방 대법원은 불균형을 시정하는 쪽으로 변하고 있다고 주장한다. 1969년 Tinker 사건의 판결과 비교해 볼 때, T.L.O.(1985), Bethel v. Fraser(1986), Hazelwood v. Kuhlmeier(1988) 사건을 통해 법원은 학교 관계자들에게 큰 부담을 덜어 주고 있다. 최근에 교육자들은 특정 규칙이 필요한가를 입증하는 것이 아니라 해당 규칙이 합리적이라는 것만 입증하면 된다. 합리성을 강조하고 있다는 것은 법원이 "학교 관계자들을 상당히 신뢰하고 있음"을 보여준다.

종교와 학교

■ 중립적인 정부

초기 헌법을 입안한 사람들은 종교 박해를 명확하게 인식하고 있었고, 유럽에서 일어났던 것과 같은 심각하고 종종 유혈 사태를 동반한 갈등이 미국 내에서 일어나지 않도록 하기 위해 노력하였다. 이 장의 앞부분에서 언급한 것처럼, 1791년에 개정된 1차 수정 헌법은 국가가 공인한 종교의 설립(설립 조항) 및 정부가 개인의 종교 선택과 종교적 신념(자유 표현 조항)에 관여하는 것을 금지하고 있다. 이미 100여 년 전 Alphonso Taft 판사는 "정부는 중립적이며 모두를 보장하지만, 특정 것을 선호하거나 부정하지 않는다."라고 판시하며 종교에 대한 정부의 입장을 간결하게 표현하였다(Guerke, 1995).

기도, 성경 읽기와 종교적 축복 및 표현

■ 주에서 작성한 기도문은 위헌

New Hyde Park 학교의 학생들은 매일 아침 뉴욕 주 교육위원회에서 만든 특정 종교와 관련 없는 다음과 같은 기도문을 외워야만 했다. "전지전능하신 하느님, 우리는 당신에게 의지하며, 우리 자신, 우리 부모님, 우리 선생님과 우리나라에 은총을 내려주시길 기원합니다." 학부모가 서면으로 요구할 경우 기도문을 외우는 것을 면제해 주었지만, 연방 대법원은 Engle v. Vitale(1962) 사건에서 주에서 만든 기도문은 위헌이라고 판결하였다. 연방 대법원에 따르면, "기도문이 특정 종교와 관련되어 있지 않고, 또 이 활동에 참여하는 것이 자발적으로 이루어졌다고 해서 설립 조항의 규제에서 벗어날 수 있는 것은 아니다."(Engle v. Vitale, 370 U.S. 421)

이 판결은 엄청난 저항을 가져왔고, 이는 최근에 와서야 수그러들고 있다. 1년 뒤, 법원은 공립학교에서의 종교 활동을 금지하는 판결을 하게 된다. 이때 쟁점이 되었던 것은 성경 구절의 낭독 및 주기도문의 암송이었다. 이는 명확하게 종교적 의식이었고, 학생들의 참여는 자발적으로 이루어졌지만, 주 정부도 종교적 의도를 가지고 있었다. 2000년, 법원은 축구 경기는 학교가 공식적으로 지원을 하는 활동이기 때문에 축구 경기를 하기 전 학생들 주도로 기도를 하는 것도 금지시켰다. 다른 한편, 법원은 성직자의 관여 없이 본인 스스로 내린 결정이라면 학생들은 졸업식 때 기도를 이끌거나 기도에 참여할 수 있다고 판시하였다(Dowling-Sendor, 2000).

■ 기도와 축복

또한 연방 대법원은 사제가 축복을 통해 학교의 공식적인 의식을 시작하거나 마감하는 기도나 예배를 금지하고 있다. 1992년 판결에서 연방 대법원은 이러한 기도나 축복은 정부가 특정 종교를 지지하는 것을 금지한 Lemon v. Kurtzman 판결(그림 9.1 참조)에서 설정된 기준에 위배되는 것이라고 판결하였다. 그러나 Anthony Kennedy 판사를 비롯한 다수의 의견은 일부 시민들의 반대 의견도 존재하고, "일상적인 생활과 종교를 완전히 분리하는 것"을 의미하는 것은 아니기 때문에 종교적 색채를 띤 주 정부의 행위가 반드시 위헌적인 것은 아니라고 판시하였다.

■ "묵상의 시간"에 대한 정책

이러한 판결로 인해 교실에서 자발적으로 묵상 기도를 할 수 있도록 하는 "묵상의 시간"을 허용할 것인가, 졸업식 때 찬송가를 부를 수 있는가, 학교의 공식 행사 때 특정 집단이 무료로 성경을 나누어 줄 수 있는가 등과 같은 중요한 사항을 헌법적으로 재검토하는 것은 뒤로 미루어지게 되었다.

■ "세속적"인 분위기

특정 종교를 장려하기 위해 공립학교에서 해당 종교의 상징물(십자가나 유대교를 상징하는 아홉 가지의 촛대)을 게시하는 것은 위헌이다. 그러나 연방 대법원은 전반적인 분위기가 종교적인 색체를 띠지 않는다면 공개석상에 특정 종교를 상징하는 인공물을 게시할 수 있다고 판시하였다. 이 판결에 대한 해석은 다양하게 이루어지고 있다. 학교가 아닌 상황에서, 연방 대법원은 산타클로스 또는 그 외의 일반화된(종교적인 색체를 띠지 않는) 상징물이 아니기 때문에 앨러게이니 카운티의 법원 청사에 설치한 크리스마스 조형물은 불법이라고 판시하였다. 이 판결 이후, 연방 판사는 해당 그림이 일반화된 의미를 갖는 상징물이 아니기 때문에 뉴욕 주의 Schuylerville 학교구가 설치한 십자가 그림을 철거하도록 명령을 내렸다. 2002년, 오하이오 주의 어느 학교구에 대해서는 고등학교 4개 교의 입구에 설치된 십계명을 철거하도록 하는 판결이 내려졌다(Boston, 1995).

종교 집단의 학교 시설 이용

■ 학교 시설을 이용한 종교 집단의 모임

Omaha 고등학교의 3학년인 Bridget Mergens는 25명의 학생들을 대표하여 학교에서 매일 수업이 시작하기 전에 성경 공부를 할 수 있도록 허락해 달라고 요청하였다. 이와 비슷한 성경 공부 모임이 다른 학교에서는 이루어지고 있었지만, 행정가들은 악마 숭배자, KKK 또는 학교가 바람직하지 않다고 여기는 그 외 집단들이 학교에 미쳤던 부정적인 영향을 피하기 위해 이러한 요구를 거부하였다. Bridget의 어머니가 소송을 제기하였고, 1990년의 판결에서 연방 대법원은 어머니의 편을 들어 주었다. 연방 대법원은 공립 고등학교는 다른 과외 활동과 마찬가지로 학생들의 종교적 · 철학적 · 정치적 모임이 학교에서 이루어질 수 있도록 허가해야 한다는 판결을 내렸다. 이러한 모임을 허락하는 것은 학교가 이러한 활동을 지지하거나 승인하는 것을 의미하지는 않는다고 판시하였다(Board of Education of the Westside Community Schools v. Mergens, 88 S. Ct. 1597, 1990).

■ 학교의 대안

Mergens 사건은 엄청난 혼란을 야기시켰다. 학교는 사실상 학생들의 모든 모임을 허가하거나 모든 과외 활동 프로그램을 중지해야만 하는 선택에 직면했다. 세 번째 대안은 교육과정과 직접 관련되어 있는 활동을 하는 학생들의 모임만을 허락하는 것이지만, 이러한 활동을 어떻게 정의할 것인가에 대한 문제가 제기된다. 최근에 이루어진 연방 대법원의 판결은 이러한 문제점들을 명확하게 해소시키지 못하고 있지만,

종교 모임 및 활동은 다음과 같은 기준을 만족시켜야만 한다(Dowling-Sendor, 1999).

- 학생들이 해당 활동을 주도해야 한다.
- 학교는 이러한 활동을 후원해서는 안 되지만, 교직원은 이러한 모임 또는 활동에 참여할 수 있으며, 난방비 등의 부수적인 비용을 부담할 수도 있다.
- 학교 외부인이 모임을 이끌어 나가거나 정규적으로 모임에 참여해서는 안 된다.

충성 맹세

■ 충성 맹세에 대한 종교적 반대

교회와 정부의 분리는 충성 맹세에도 적용된다. 예를 들어, "여호와의 증인"에 소속된 몇몇 신도들은 매일 아침 학교에서 충성 맹세를 외우도록 요구하는 웨스트버지니아 주를 고소하였다. 학부모들은 자신들의 종교적 믿음에 따라 이의를 제기하였던 것이다. 법원은 종교적 믿음과 갈등 관계에 있기 때문에 충성 맹세를 강요해서는 안 된다고 판시하였다. 이 판결을 선례로 하여, 연방 판사들은 이러한 활동에 참여하는 것이 종교적 믿음 또는 개인적 신념을 어기는 것이라면 충성 맹세를 외우지 않으려고 하는 학생들에게 이를 강요해서는 안 된다고 판시하였다. 최근의 판결들은 이를 더욱 공고히 하고 있다(Zirkel & Gluckman, 1990).

2002년, 연방 항소 법원은 "신의 보호 아래"라는 단어가 포함되어 있기 때문에 충성 맹세는 위헌이라는 판결을 내렸다. 이 판결은 전국적인 논쟁을 불러일으켰다. 이에 대한 연방 대법원의 판결은 아직 내려지지 않은 상태이다(Holleran, 2003).

교육과정과 관련된 종교적 이의 제기

1980년대 중반 테네시 주에서 교회 원리주의자인 학부모들이 학생들에게 Holt, Reinhart와 Winston 전집을 읽게 하는 것은 자신들의 종교적 믿음을 모욕하는 것이라고 주장하며 Hawkins 카운티 학교구를 고소하였다. "Holt 전집을 읽고 난 후, 학생들이 여권주의, 인도주의, 평화주의, 반기독교주의, 채식주의 또는 단일 정부의 필요성을 옹호하는 관점을 가지게 될 수 있다"고 학부모들은 생각하였다. 지방 법원은 Holt 전집을 의무적으로 사용하도록 하지 않는 보다 덜 규제적인 방법을 통해서도 학생들을 교육시킬 수 있다는 이유에서 학부모들의 손을 들어 주었다. 그러나 항소 법원은 Holt 전집에는 학생들에게 자신들의 믿음을 긍정하거나 부정하는 내용이 제시되어 있다는 어떤 증거도 없다고 주장하며 이와 반대되는 판결을 내렸다. 법원은 해당 교재들은 "단지 우리가 살고 있고 살아가야 하는 다원주의 사회에 대한 관점을 요구하고 있다"고 판시하였다(Mozert v. Hawkins County Board of Education, 8606114, E.D. Tenn., 1986).

연방 법원의 판사들은 자신들의 종교적 또는 개인적 신념에 위배되기 때문에 충성 맹세의 암송을 거부하는 학생들을 강제로 참여시켜서는 안 된다는 판결을 내렸다.

■ 세속적인 인도주의

비슷한 소송에서, 지방 법원 판사들은 학교에서 사용하는 교재 및 활동이 비종교적인 인도주의(이는 종교적 교리를 부정하고 그 대신 이성을 통한 인간의 자아실현을 강조하는 관점이다)를 퍼뜨리고 있다고 주장하는 앨라배마의 학부모 단체 및 Bedford 학교가 이교도의 관점을 제시하고 있다고 주장하는 뉴욕의 학부모 단체의 손을 들어 주었다. 전자의 소송의 경우 연방 항소 법원은 해당 교재는 비종교적인 인도주의나 그 외 종교를 믿어야 한다고 주장하는 것이 아니라, 독자적인 생각과 다양한 관점이 존재할 수 있다는 것을 학생들에게 가르치려 하고 있다고 주장하며 전자의 판결과 반대되는 판결을 내렸다. 항소 법원은 1차 수정 헌법이 단순히 "특정 종교의 믿음과 일치하지 않는 것을 금지하는 것이라면, 학교에서 가르칠 수 있는 것은 거의 아무것도 없게 될 것이다."고 판시하였다. 후자의 소송에서도 역시 학교의 입장을 지지하는 판결이 내려졌다. 캘리포니아 주 및 다른 주에서도 비슷한 소송이 제기되었고, 위에 제시된 것과 비슷한 판결이 내려졌다(Splitt, 1995).

■ 진화론 논쟁

1987년, 연방 대법원은 루이지애나 주에서 제정된 Balanced Treatment for Creation-Science and Evolution-Science Act에 대한 위헌 소송이었던 Edwards v. Aguillard 사건을 심리하였다. 창조론은 생물학적인 진화를 통해서가 아니라 신의 간섭 또는 창조를 통해 생명이 나타났다고 믿는 관점이다. 루이지애나 주의 법은 진화론을 지도할 때는 창조론도 함께 지도해야 한다고 규정하였고, 이러한 규정에 따라 교육과정 안내서 및 교재가 만들어졌다. 연방 대법원은 이 법이 위헌이라고 판결하였다. "진화론을 부정하거나 … 진화론을 무시하는 종교적인 관점을 제시함으로써" 루이지애나 주의 법률은 종교적인 관점을 조장하며 1차 수정 헌법의 설립 조항을 위반하고 있다고 법원은 판시하였다(Scott, 1996).

■ 학교구의 대응

이와 관련된 논쟁은 계속되고 있다. 예를 들어, 캘리포니아와 캔자스 주의 교육위원회는 진화를 사실이 아닌 하나의 이론으로 기술하는 절충안을 만들려고 시도하고 있다. 일부 학교구에서는 창조론을 지지하며, 창조론을 명시적으로 언급하는 대신 생명체는 너무 복잡해서 진화만을 통해서는 설명할 수 없다고 주장하는 교재들을 소개하고 있다. 일부 학교구에서는 "뉴에이지*"의 종교적 관점을 반영하고 있다고 주장하며 학생들의 사고력을 신장시키기 위해 만들어진 특정 교재의 사용을 반대하는 학부모들로 인해 이와 비슷한 논쟁이 벌어지고 있다. 이러한 내용을 삭제하여 논쟁을 차단하는 학교구들도 있다(Beardsley, 1995).

종교에 관한 교육

■ 종교적 전통에 대한 이해 증진

종교와 정치가 분리되어 있다고 해서 공립학교에서 종교에 관한 교육이 금지되는 것은 아니다. 일부 주와 학교구에서는 특정 종교나 무신론을 조장하거나 비판하지 않는 범위 내에서 종교적 전통과 가치에 대한 이해를 촉진시키는 방법을 적극 추진하고 있다. 또한 상당수의 학자들은 위헌적인 요소가 반영되어 있지 않은 교재를 만들어 내고 있다(Haynes & Oliver, 2001).

■ 연방 정부의 지침

1995년과 1998년에 재발간된 연방 교육부의 지침에 따르면, 학교는 "종교의 역사, 비교 종교학, 문학서로서의 성경과 미국 및 다른 나라의 역사에서 종교의 역할" 등에 관한 내용은 가르칠 수 있다. 종교와 학교에 관련된 여러 가지 논쟁의 대상이 되고 있는 부분들을 다루고 있는 연방 정부의 지침은 "Overview 9.3"에 요약되어 있다. 그러나 법원은 행정부가 타당하다고 생각하고 있는 것을 반드시 지지하고 있는 것은 아니다.

학교 내에서 기도 및 종교에 관한 정부의 지침

■ 교사들은 격려할 수도, 격려하지 않을 수도 있다.

2003년, 연방 교육부는 공립학교 내에서 기도 및 기도와 관련된 행위 등에 대한 자세한 지침을 발표하였다. 이러한 지침 및 설명에는 다음과 같은 내용이 포함되어 있다(Paise, 2003).

- 정규 교과 외 과외 활동을 위한 다양한 모임을 결성할 수 있는 것처럼 학생들은 수업 시작 전 활동을 하는 기도 모임, 종교 모임을 조직할 수 있다.
- 공식적으로 참여하지 않는다는 것이 명확하다면 교사들도 종교 활동에 참여할 수 있다. 예를 들어, 일반적인 대화 및 비종교적 활동에 참여할 수 있는 것처럼 수업 시작 전 또는 점심 시간 때 교사들은 다른 교사들과 함께 기도 또는 성경 공

* [역자 주] 서양적인 가치관, 문학에 대한 비판으로서 그에 대신한 종교, 의학, 철학, 점성술, 환경 등 여러 분야에서 전체론적인 접근을 하려는 1980년대 이후의 새로운 조류를 지칭함.

[Overview 9.3] 학교 내에서의 종교에 관한 연방 교육부의 지침

학생의 기도 및 종교적 토론: (연방 헌법은) 사적으로 이루어지는 학생들의 종교적인 대화는 금지하지 않고 있다. 따라서 학생들은 정규 교과 외의 다양한 활동을 할 수 있는 것처럼 학교 내에서 혼자 또는 여러 명이 모여 기도 또는 종교에 관련된 토론 등을 할 수 있다.

일반적으로, 학교 활동 또는 수업에 참여하고 있지 않을 때 학생은 다른 사람들에게 방해가 안 되는 범위 내에서 기도를 할 수 있으며, 해당 장소에서 다른 활동을 할 때 적용되는 일반적인 규칙이 적용된다.

졸업 기도: 현행 연방 대법원의 판결에 따르면, 학교 관계자들은 졸업식 때 기도자를 지정하거나 조직할 수 없으며, 또한 종교적인 형태의 졸업식도 계획할 수 없다.

공식적 중립 유지: (헌법상) 교사와 행정가들은 종교적 활동을 유도하거나 조장할 수 없으며, 종교적 내용으로 인해 특정 활동을 저지해서는 안 된다.

종교에 관한 교육: 공립학교에서는 종교에 관한 수업을 할 수 없지만 종교에 대해 가르칠 수는 있으며, 종교의 역사, 비교종교학, 문학으로서의 성경, 미국 및 다른 나라의 역사에서 종교의 역할 등과 같은 주제를 다룰 수 있다.

공립학교에서 종교 관련 축일을 가르치고 일반적인 의미에서 해당 축일을 축하할 수는 있지만, 종교적 활동의 하나로 해당 축일을 지키거나 학생들에게 이를 지키도록 강요해서는 안 된다.

학생들의 과제: 숙제, 미술 작품 및 그 외 종교에 대한 자신의 생각을 표현할 수 있다. 이러한 숙제 및 교실 내에서 이루어지는 활동들은 해당 내용에 대한 일반적인 학문적 기준과 내용의 관련성에 의해 평가되어야 한다.

종교 서적: 교육과정 또는 학교 관련 활동과 관련되지 않은 서적을 서로 주고받을 수 있는 것처럼, 종교 관련 서적도 서로 주고받을 수 있다.

종교적 면책: 학교는 종교적 또는 다른 양심적 측면에서 학생 및 학부모들이 반대할 경우 해당 학생에게 해당 수업 내용을 면제해 줄 수 있는 상당한 권한을 가지고 있다.

종교 시간: 학교가 참여를 조장하거나 반대하지 않는다는 조건에서, 학교는 학교 밖에서 이루어지는 종교 수업에 학생들이 참여할 수 있도록 수업을 일찍 끝낼 수 있는 권한을 가지고 있다. 일과 시간 중에는 학교 내에서 외부 강사에 의한 종교 수업을 허용할 수 없다.

가치 교육: 종교에 대해서는 중립적이어야 하지만, 시민으로서의 가치 및 덕목을 지도할 때는 적극적으로 참여할 수 있다.

학생 복장: 옷을 통해 다른 다양한 메시지를 전달할 수 있는 것처럼 복장을 통해 종교적 메시지를 표시할 수 있다.

동등한 기회: 다른 학생 집단에게 부여된 것처럼 학생들로 구성된 종교 집단에게도 학교 시설을 사용할 수 있는 동등한 기회가 부여된다.

부를 할 수 있다.

- 만약 학교에서 "묵상의 시간" 또는 침묵의 시간과 같은 프로그램을 시행하고 있다면 학생들은 자유롭게 기도를 하거나 기도를 하지 않을 수도 있다. … 교사와 그 외 교직원들은 이 시간에 학생들에게 기도를 하라고 또는 기도를 하지 말라고 강요할 수 없다.
- 숙제, 미술 작품 및 그 외 필기 또는 구두로 이루어지는 과제 등에서 종교에 대한 자신의 생각을 표현할 수 있으며, 자신이 제시한 종교적 관점에 따라 차별을 받아서는 안 된다. 이러한 숙제 및 교실 내에서 이루어지는 활동들은 해당 내용에 대한 일반적인 학문적 기준과 내용의 관련성에 의해 평가되어야 한다.

사립학교에 대한 정부의 규제 및 지원

■ 주 정부가 규제할 수 있음

1925년, Pierce v. Society of Sisters 판결을 통해 사립학교(교구 학교 포함)에 등록하는 것이 의무교육법을 위반하는 것은 아니라는 기준이 마련되었다. 이에 따라 사립학교에서 이루어지는 교육에 주 정부가 어느 정도 통제권을 행사할 것인가로 관심이 옮겨지게 되었다. 1926년, Farrington v. Tokushige 판결은 "교사, 교육과정 및 교과서 선택에 있어서 상당한 선택과 결정권"을 사립학교에 부여하였다. 그러나 이러한 범위 내에서 주 정부는 사립학교를 규제하기 위한 여러 가지 법규를 인준하였다. 규제가 거의 없는 주도 있지만, 자격증을 가지고 있는 교사 채용, 법정 수업 시수 지정 또는 주 정부의 인가 기준 충족 등을 요구하는 주도 있다. 현재 논쟁의 대상이 되고 있는 부분은 특수 교육에 관한 기준을 사립학교에도 적용할 것인가 하는 것이다(Wildman, 2001).

■ 차량에 대한 지원

다른 한편, 주 정부는 사립학교에 교통, 교과서 및 건강 서비스 등을 포함한 여러 가지 지원을 해주고 있다. 1947년의 Everson v. Board of Education of Erving Township 사건에서, 연방 대법원은 사립학교 학생들의 통학을 위한 주 정부의 지원을 허용한 뉴저지 주의 헌법 조항을 심의하였다. 주 헌법이 이러한 지원을 허용하는 경우, 이는 연방 헌법을 위반하는 것은 아니라고 연방 대법원은 판시하였다(사립학교 학생들을 위한 교통비 지원은 아이다호와 하와이 주에서만 위헌 판결을 받았다). 그 이후, 사립학교에 대한 주 정부의 지원이 가능한가 그렇지 않은가의 여부는 학생 복지 이론(child benefit theory)에 토대를 두고 있다. 즉, 학생들에게 직접적인 혜택이 돌아가면 허용 가능하며, 사립학교 및 기관이 주된 혜택 대상이면 허용되지 않는다(Douglas, 2001).

■ Wolman: 허용 가능한 주 정부의 지원

Wolman v. Walter 판결(1977), Agostini v. Felton 판결(1997), Mitchell v. Helms 판결(2000), Zelman v. Simmons-Harris 판결(2002)에서 연방 대법원은 한 걸음 더 나아가고 있다. 오하이오와 뉴욕 주에서 허용된 사립학교에 대한 주 정부의 지원에 대한 판결에서, 연방 대법원은 그림 9.1에 제시되어 있는 Lemon v. Kurtzman 판결에 적용된 세 가지 기준을 적용하고 있다. 법원의 판결은 다음과 같다(Mitchell, 2000).

- 일반적인 교과서, 표준화 검사지 및 컴퓨터 구입을 위한 융자 또는 지원은 합헌이다.
- 사립학교에서 연설, 청문회, 심리 진단 서비스 등을 제공하는 것은 합헌이다.
- 정부와 종교의 접촉이 상당히 많이 이루어지기 때문에 빔 프로젝터, 과학 상자, 지도 및 지구본, 각종 궤도, 휴대용 카세트 등과 같은 수업 매체 및 설비를 위한 융자 또는 지원은 불법이다.
- "교사가 특정 종교기관을 위해 일을 하거나 종교기관 내에서 일을 하는 경우 특정 종교를 조장할 위험성이 필연적으로 나타나기 때문에" 현장 학습을 위한 예산

지원은 위헌이다.

- 중립적 시설에 위치한 공립학교 교직원을 위해 Title I의 교정 서비스를 제공하는 것은 교회와 주 정부를 지나치게 연루시키는 것은 아니다.
- 종교계 학교에서 운영하는 프로그램에 재정적 특혜를 주는 것이 아니라면 사립학교에 재학 중인 학생들의 수업료 납부를 위해 voucher를 제공하는 것은 합헌이다.

위의 내용은 많은 법학 전공 학자들이 종교와 학교에 관한 법규들이 뒤죽박죽인 상태에 있다고 비판하고 있는지 그 이유를 제시해 주고 있다. 왜 주 정부가 사립학교에 교과서, 교재, 컴퓨터를 사 주는 것은 합헌이고 지도, 지구본, 각종 궤도와 카세트 등을 사 주는 것은 위헌일까? 주 정부가 지원하는 심리 검사 등은 사립학교에서 실시할 수 있는 반면, 교정 서비스는 왜 중립적인 학교에만 제공해야 할까? 이러한 질문들은 이를 명확하게 제시하려는 법원의 시도가 왜 부분적으로밖에 성공을 거두고 있지 못한가를 설명해 주고 있다(Bolick, 1998).

■ 뒤죽박죽 상태

다시 한 번 생각해 보기

교회 및 정부와 관련된 각종 논쟁이 교사에게 직접적인 영향을 미칠 것이라고 생각하는가? 자신이 가르치는 교과와 관련된 부분은 무엇인가? 종교와 관련해서 어떤 문제점들이 제기될 수 있을까?

요 약

❶ 지난 30~40년 동안 교육과 관련된 소송은 급증하고 있다. 관련된 쟁점에 따라 연방 법원이나 주 법원에 소송이 제기된다. 연방 대법원의 판결만이 미국 전체에 영향을 미친다.

❷ 종신 재직권은 능력 부족, 비도덕적 행위, 명령 불복종 및 직업 윤리에 어긋나는 행위 등과 같은 특정한 경우를 제외하고는 해고로부터 교사를 보호한다. 이러한 행위로 인해 해고를 당할 때는 적법 절차를 통해 보호를 받을 수 있다.

❸ 교사들은 노조 및 기타 전문직 단체를 조직하고 참여할 수 있는 권리가 있지만, 대부분의 주는 단체 행동을 금지하고 있다.

❹ 표현 및 학문의 자유에 관한 교사들의 권리는 개인과 정부 간의 이해 관계에 영향을 받는다. 교사들은 헌법이 보장하는 권리를 행사할 수 있지만, 교육위원회는 학부모, 교사 및 학생들의 권리를 고려하며 학교를 "적절하고" "규칙적"으로 운영해야 하는 의무를 가지고 있다.

❺ 교사의 복장과 외모 및 학교 밖에서의 행동에 대한 제약은 예전에 비해서는 많이 완화되었으나, 교사들은 여전히 역할 모델이 되고 모범적인 방식으로 행동하도록 기대된다.

❻ 학교는 학생이 부상을 당했을 경우 법적인 소송을 피하기 위해 구체적인 안전 기준을 제시해야 한다. 또한 교사들은 저작권법을 지켜야 한다.

❼ 법원은 표현의 자유, 정학이나 퇴학시 적법한 절차의 적용, 구체적인 이유 없이 이루어지는 몸 수색, 체벌의 제한 및 신상 정보의 비밀 유지 등에 관한 학생들의 권리를 명확하게 제시하고 이를 더욱 확대하고 있다.

❽ 공립학교에서는 조직화된 또는 강제적인 기도 및 성경 공부가 허용되지 않는다. 학교의 교육과정은 종교적 관점이나 설명을 무시하는 경우 종교에 대한 위헌적인 차별 요인을 가지고 있다고 할 수 없다.

❾ 사립학교에 대한 정부의 지원을 정당화하는 법적 기준은 명확하지 않다. 예를 들어, 주 정부는 사립학교에 재학 중인 학생들에게 교과서, 교재 및 심리 검사 등은 지원할 수 있으나 현장 학습, 프로젝터, 과학 상자 또는 지도 등을 지원하는 것은 교회와 정부의 분리 원칙을 어기는 것으로 생각된다.

제4부

사회적 기초

제10장

문화, 사회화 그리고 교육

제11장

사회 계층, 인종과 학업 성취

제12장

교육의 기회 균등

10

문화, 사회화 그리고 교육

세계는 빠르게 변화하고 있다. 정보 기술과 경제가 세계화되고, 직업에서의 성공을 위해 더욱 발전된 기술을 필요로 하고 있다. 이민이 크게 증가하고 있으며, 현재의 가족 구조는 30여 년 전의 가족 구조와는 매우 다르다. 이러한 변화들은 초등학교에서부터 대학에 이르기까지의 교육에 커다란 영향을 미치게 된다.

그럼에도 불구하고 교육과 관련한 기초적인 필요성과 영향은 항상 중요한 요소로 남아 있다. 학생의 성장은 30년 전, 60년 전, 90년 전에도 그랬듯이 여전히 가정, 이웃, 친구들, 그리고 대중매체와 같은 더 광범위한 문화적 · 사회적인 것들의 많은 영향을 받는다.

반면 이러한 요소들이 아이들에게 미치는 방식은 시대에 따라 다르다. 예를 들어, 경쟁적으로 무수한 자극을 제공하는 디지털화된 시대에서 교사가 학생들을 집중시키기란 점점 더 어려워질 것이다. 따라서 교사는 가정, 대중매체, 동료 집단에서 일어나고 있는 일이 무엇인지, 그리고 문화적 · 사회적인 흐름이 학생의 행동과 생각에 어떤 영향을 미치는지를 이해해야 한다.

이 장을 읽으면서 다음 질문들에 대해 생각해 본다.

핵심 질문

- 어떤 문화적 유형이 학교의 수업에 영향을 미치는가?
- 학교 문화가 학생을 어떻게 사회화시키는가?
- TV와 여러 대중매체가 학생들에게 어떻게 영향을 미쳐 왔는가?
- 성역할과 성차가 학습과 성취에 영향을 미치는가? 미친다면 어떻게 영향을 미치는가?
- 청소년 문화는 학교에 어떤 영향을 미치는가?

■ 문화의 양상

한 사회는 그 사회의 공동체 의식과 생존을 문화라는 방법으로 지켜 나간다. **문화**(culture)는 사회의 구성원들 사이에 전수되고 습득된 행동과 태도 유형(pattern)의 계속적 변화를 포함하여 광범위하게 정의되어 왔다. 문화는 사고와 행동 방식이다. 문화는 한 집단의 전통, 기억, 기록, 공유하는 규칙과 관념, 축적된 믿음, 습관, 가치를 의미한다. 어떠한 개인, 집단, 혹은 사회 전체도 문화에 대한 고려 없이는 이해될 수 없다. 옷 입는 관습, 음식에 대한 관습과 매일의 일상 모두(깊게 생각하지 않아도 될 일상적인 삶의 무수한 작은 부분들)가 문화적 정체성을 구성한다. **문화 전승**(acculturation)은 아이들에게 그 사회의 일반적인 문화의 개념, 가치, 행동 유형을 가르치는 것이다. 또 **사회화**(socialization)는 아이들로 하여금 처음에는 청년으로서, 그 이후에는 성인으로서 기능하며, 문화를 전승하고 사회가 만족스럽게 기능하도록 준비시키는 것을 의미한다.

■ 문화기관으로서의 학교

많은 개인과 기관들은 아이들을 사회화시키고 문화를 전승하는 역할을 한다. 물론 가정은 어린아이들에게 가장 중요하지만, 현대 사회에서는 가정 이외의 기관들 역시 아이들이 무엇을 배우며, 사회 안에서 잘 기능하도록 준비시킬 것인지를 결정하는 데 도움을 준다. 아마도 학교는 가정을 제외한 기관 가운데 문화를 유지하고 영속시키기 위해서 성인 세대가 고안한 중요한 기관일 것이다. 학교는 생존에 필요한 도구를 제공하며, 미래의 세대들에게 지식과 가치를 전달한다. 학교는 교과 수업을 통해서뿐만 아니라 교육 시스템의 전반적인 구조와 관계를 통해서도 사회의 가치, 믿음, **규범**(norms)을 유지하고 전달한다.

다원화된 사회에서 학교는 아이들이 국가의 문화에 참여할 수 있도록 도울 책임이 있다. 그러나 학교는 문화적 차이에 민감해야 하며, 소수 집단의 학생들 역시 교육에서 성공할 기회를 균등하게 갖도록 해야 한다. 이런 필요성에 의해 제기된 과제에 대해서는 12장에서 논의하도록 하겠다.

사회화 기관

■ 주요 사회화 기관

다양한 사회 기관은 아이들에게 문화를 전달한다. 많은 사회에서 역사적으로 가장 중요한 요인은 교회, 동료 집단, 학교, 가정이었다. 서구 사회에서는 대중매체와 같은 다른 기관들이 사회화에 영향을 미치는 요소로 등장한 반면, 교회와 같은 몇몇 기관은 그 영향력이 약해졌다. 이 절에서는 교육에 영향을 미치는 가정과 관련된 쟁점에 대해 논의할 것이다. 그리고 동료 집단의 사회화 역할과 교육적 시사점, 학교 문화, 그리고 TV와 같은 대중매체의 영향에 대해 생각해 볼 것이다. "Overview 10.1"은 각각의 기관들이 사회화에 미치는 영향을 요약해 놓은 것이다.

[Overview 10.1] 주요 사회화 기관의 영향

기관	동향과 특징	사회화에 미치는 영향
가정(family)	• 가난 • 편부모 가정 • 일하는 여성의 증가 • 맞벌이하는 집의 아이들 • 아이들에 대한 압박 • 너무 방임적인 가정의 아이들	일하는 여성의 증가나 방과 전, 방과 후 활동에 대한 선택권이 많아지는 등 일부 동향은 긍정적인 가능성이 있다. 그러나 대부분은 어려움으로 인해 아이들을 위험한 상태에 빠뜨린다.
동료 집단(peers)	• 학업보다 중요한 인기, 운동력, 매력 등 • 동료들과 함께하는 정규 교과 외의 활동 • 괴롭힘	협동적인 활동은 괴롭히는 것을 감소시켜 주고 학업을 증진시키는 동료관계를 강화시켜 줄 수 있다. 정규 교과 외의 활동은 학업 성취를 증진시키는 경향이 있다.
학교 문화(school culture)	• 활동적인 학습자 역할은 위험하다. • 잠재적 교육과정은 매우 다양하고, 종종 중요한 영향을 미친다. • 교실 문화는 질서를 강조한다. • 조정, 교섭, 타협 • 학생들은 대체로 부담을 많이 주는 교사를 좋아하지 않는다.	학교는 종종 학생들에게 그들의 열정을 감소시키고 수동적인 학습을 선호하도록 가르치기도 한다.
TV와 디지털 미디어	• 성취와 TV에 관한 불명확한 관계 • TV는 공격성, 바람직하지 않은 태도를 사회화시킬 수 있다. • 인터넷은 활동적인 학습에 대한 가능성을 가질 수 있다.	TV와 여러 매체는 학업 성취에 기여할 수 있으나, 이것의 내용과 활용은 신중하게 계획되어야 한다. 그렇지 않으면 부정적인 사회화의 요인이 될 수 있다.

가 정

■ 초기 가정의 영향

가정의 구조는 다양하지만, 모든 사회에서 가정은 주요한 초기 사회화 기관이다. 가정은 아이들에게 문화를 전달하는 첫 번째 중개자인 셈이다. 어린아이에게 가정은 모든 세계와도 같다. 가족 구성원들은 인생에서 중요한 것이 무엇인지, 그들이 미치는 엄청난 영향을 인식하지도 못한 채 아이들에게 가르치게 된다. 또한 부모의 양육 방식은 아이의 세계관에 매우 큰 영향을 미친다.

■ 가정환경과 학교 준비

대부분의 가정에서는 자녀가 전통적인 교실에서 성공적으로 보낼 수 있도록 훌륭한 준비를 해주기 때문에 아이들은 학교에서 생활을 잘 한다. 일부 가정에서는 아이들을 제대로 준비시키지 못했음은 물론, 학교 역시 이런 불리한 입장을 극복할 수 있도록 돕지 못했기 때문에 부분적으로 학교생활을 잘 하지 못한다(가능성과 성공적이지 못한 학생들을 돕기 위한 수업 조정 및 기타 방법은 뒷장에서 다루게 될 것이다).

최근에 나타난 가정의 성격 변화는 아이들이 학교에서 겪는 교육적인 발달과 성공에 중요한 시사점을 준다. 이 절에서는 가난, 한 부모 가정, 취업 주부 등을 포함한 가정에 영향을 미치는 중요한 몇 가지 변화에 대해 논의할 것이다. 또, 가정에서 아이들을 압박하거나 너무 방임하여 양육하는 것이 어떤 교육적인 어려움을 초래하는지에 대해서도 논의할 것이다. 마지막으로 학대받거나 노숙 아이들을 포함한 가정 상황에서 아이들이 직면한 심각한 문제에 대해 살펴볼 것이다.

가난한 아이들. 대부분의 가정에서 가난은 중요한 문제이다. 미국 어린이의 15%가 가난하게 살고 있다. 빈곤 정도는 특히 소수 인종 집단의 아이들이 높다. 흑인과 남미계 아동의 약 30%가 빈곤선(빈곤의 여부를 구분하는 최저 수입) 이하의 가정에서 자라고 있다. 가난한 아이들은 종종 교육적인 어려움에 직면한다. 사회 계층과 교육적 성취에 대해서는 11장에서 더 자세하게 논의할 것이다.

한 부모 가정. 연구자들은 아이들의 실제 빈곤 정도는 한 부모 가정일수록 높은 상관관계가 있다는 연구 결과를 발표하였다. 최근 이혼, 별거 등의 이유가 아닌 결혼하지 않은 여성으로 구성된 편모 가정의 비율이 크게 증가하고 있다. 18세 이하의 아이를 둔 전체 가정의 약 30%가 한 부모 가정이다. 양 부모가 모두 있는 가정의 8%가 빈곤선 이하인 것과 비교하여, 여성 가장 가정의 약 40%가 빈곤선 이하의 생활을 하고 있다(Davey, 2000; Wilson, 2002; Field, 2003). ■ 한 부모 가정

일부 연구자들은 현대의 결혼은 아이들을 한 부모 가정으로 빠뜨릴 수 있는 룰렛 게임이라고 결론지었다. 예를 들면, 1960년 비남미계 출신 백인 아이의 90% 이상이 부모와 함께 살았던 반면 2002년에는 70%만이 양쪽 부모와 함께 살고 있다. 미국에서 흑인 아이들의 수치는 더욱 놀랍다. 2002년에 35% 이하의 아이들만이 부모와 함께 살고 있었다. 결국, 18세 이하 아이들의 반 이상이 유년기 일부를 한 부모 가정에서 보내고 있는 것이다(Rubin & Borgers, 1991; McKinnon, 2003; Seefeldt & Smock, 2004).

아버지가 없는 가정에서 자라는 아이들에게 미치는 특정한 영향에 집중하는 연구들이 많이 있다. 아이들에게 별다른 영향을 주지 않는다는 연구들도 있지만, 대부분의 연구는 그런 가정이 가난해질 확률과, 아이들이 심각한 감정적 · 학업적 문제를 겪을 수 있는 확률이 높다는 사실을 포함하여 다양한 악영향을 밝혀냈다. 이런 연구들이 결정적 영향을 미치지 못하는 주된 원인은 사회 계층에 의한 효과를 통제하기 어렵기 때문이다. 아버지가 "없는" 가정의 상당수가 사회 계층 역시 쇠락하였고, 이런 지위상의 변화가 각 요소의 분리된 영향력을 확인하기 어렵게 만든다(Coontz, 1995; Gallagher & Blankenhorn, 1997; McLanahan, 2001; Jeynes, 2002). ■ 어린이에게 미치는 영향

교사로서 당신이 한 부모 가정에 대한 동향에 대응하도록 돕기 위해 분석학자들은 ■ 학교를 위한 제언

다음과 같은 단계를 권고하고 있다(Brodkin & Coleman, 1995; Benson & Roehlkepartain, 1999).

- 한 부모 가정의 모든 아이들, 또는 대부분의 아이들이 비정상적인 문제를 가지고 있을 것이라고 추측하지 말 것
- 아이를 양육하고 있지 않은 부모에게도 연락을 할 것
- 다양한 생활방식을 보여 주고 아이들이 이혼을 극복할 수 있도록 도와주기 위해 교과 과정에 한 부모 가정에 대한 내용을 포함시키고 도서관에 관련 자료를 추가할 것
- 방과 전과 방과 후의 아이들을 적절하게 돌보기 위해 다른 기관들과 협력할 것
- 교사들이 한 부모 가정의 아이들에게 느낄 수 있는 부정적인 기대를 피하기 위한 워크숍을 개최할 것
- 개별 학생들에게 적절한 도움을 제공할 것
- 보호자가 오기 편한 시간대로 회의나 행사의 일정을 조정할 것
- 학교는 보호자와 그들의 아이들을 후원하는 지원 집단을 만들 것

■ 취업 주부

취업 주부의 증가. 미국에서 18세 이하의 어린이를 둔 취업 주부의 비율은 1950년 이래 꾸준히 증가하고 있다. 보다 나아진 여성 고용 기회, 이혼율의 증가, 부업을 필요로 하는 가정의 재정적 압박, 초혼 연령의 증가, 어머니는 집에 있어야 한다는 전통적인 문화적 태도의 변화 등은 취업 주부의 증가를 설명해 주는 몇 가지 이유이다. 전통적으로 학교는 일하지 않는 어머니들의 자원 봉사에 의지했었으나, 이제는 학부모들이 언제 회의에 참석할 수 있는지, 자원 봉사가 가능한지에 대한 기대를 조정해야 한다. 또한, 대부분의 학교들은 방과 후 맞벌이 부부의 아이들을 지도·감독할 필요성으로 인해 프로그램을 조정하고 있다.

맞벌이 부부의 아이들과 지역 사회 학습센터. 방과 후 지도를 받지 못하는 맞벌이 부부 아이들(latchkey children)의 상황은 특히 문제가 된다. 이런 아이들의 대다수가 TV를 보거나 길거리를 배회하면서 시간을 보내기 때문이다. 국가 자료에 의하면 700만이나 되는 맞벌이 부부의 아이들이 빈 집으로 귀가하거나 놀이터, 거리의 모퉁이와 번화가 또는 길거리와 같은 공공장소에 머무는 것으로 나타났다. 부분적으로 이런 이유 때문에 학교 관계자, 대중 및 정치 지도자들은 아이들이 학교의 보충 학습(extended-day) 프로그램, 방과 후 지역 사회 센터(community center)의 여가 활동과 학습 활동에 참여할 수 있는 기회를 확장하도록 조치를 취해 왔다. 그러므로 방과 후 프로그램은 여러 지역에서 어린아이들을 위한 서비스 측면에서 중요시되어 왔고, 또 방과 전, 방과 후 프로그램에 참여하는 많은 학생들을 쉽게 찾아볼 수 있다. 그러나 방과 후 프로그램이나 학교 외 프로그램에서 학업을 지나치게 강조하다 보면 앞으로 설명하게

될 "쫓기는 아이들(hurried children)"을 양산해 낼 수도 있다.

아이들에 대한 압력. 현대 사회에서 교육의 중요성에 대한 인식이 점점 더 커짐에 따라 많은 부모들은 조기 교육을 지나치게 강조하게 되었다. 특히 중산층의 부모들을 중심으로 이른바 "superbabies"에 대한 욕구가 많이 나타나고 있다. 이들은 유년기의 "ABCs", 즉 "욕망(anxiety), 출세(betterment)와 경쟁(competition)"에 집중한다. 이러한 부모들의 욕구를 충족시키기 위해서 많은 유치원과 초등학교에서는 공식적인 수업을 통해 "작은 아인슈타인(Little Einstien)"을 대량 생산하려고 하는 부적절한 노력으로 아이들에게 부정적인 영향을 주고 있다. 어릴 때부터 뛰어나야 한다는 지나친 압력에 대한 우려는 예술, 음악, 그리고 다른 교육 분야에까지 확장되고 있다. 일부 발달 심리학자들은 그러한 부모의 압력을 "잘못된 교육(miseducation)"의 유형으로 특징짓는다. 이는 **쫓기는 아이들**(hurried children)(Leach, 1995; Boss, 2002; Rebell & Wardenski, 2004)을 만들어 내고 아이들로부터 어린 시절을 빼앗는다. 이런 문제에 대한 대응책으로는 유치원 입학 연령을 높이는 것, 1학년에 입학할 준비가 되어 있지 않은 5세 어린이를 위한 유치원 과정을 1년 연장하는 것 등이 있다(Elkind, 2001; Kirn & Cole, 2001; Jewett & Peterson, 2002).

■ "superbabies"

■ "쫓기는" 아이들에 대한 학교의 반응

제멋대로 구는 아이들. 조기 교육에 대한 부모의 욕구를 충족시키는 데 부담을 느끼는 아이들도 많이 있지만, 또다른 아이들은 물질적으로 너무 많은 것을 받거나 정서적으로 성장 촉진에 필요한 도전으로부터 보호하는 등 부모로 인해 응석받이로 길러진다. (물론, 몇몇 아이들은 부모로부터 압력을 받는 동시에 응석받이로 길러지기도 한다.) 많은 연구자들은 아이들에게 풍요함을 제공하고자 하는 젊은 중산층 부모가 특히 증가하는 추세라고 생각한다. 몇몇 심리학자들은 미국 어린이의 20% 정도가 지나친 방임 상황에 있다고 주장한다. 이런 "풍요로운 아이들(cornucopia kids)"은 좌절감을 견뎌 내기 어려우며, 따라서 교사와 친구들에게 특별한 문제를 나타낼 수도 있다(Baldwin, 1988; Bradway, 2000).

■ 과잉 보호의 유행

아동 학대. 모든 사회 계층의 아이들은 그들의 부모나 또는 다른 가족 구성원으로부터 학대받을 수 있다. 9장에서 언급했듯이, 교사들은 학생이 학대당했다는 모든 증거를 보고할 중요한 책임을 가진다. 우리 사회는 아동 학대의 범위와 결과에 대해 더 많이 인식해 나가고 있으며, 학대와 무관심의 희생양으로 보고된 아이들의 숫자도 1980년 이래 90% 가까이 증가했다. 이들의 절반 이상이 음식, 옷, 의료 처치와 같은 요구를 제대로 충족시키지 못하고 있다. 약 1/7은 성적 학대를 받고 있으며, 약 1/4은 폭행이나 다른 육체적 폭력에 시달리고 있다. 많은 아동 복지 기관들은 이런 문제들로 인해 과도한 부담을 안고 있다. 이 기관들은 아이들이 안전할 때는 가족들과 함께 생활할 수 있도록 노력하기도 하지만, 가정으로부터 아이들을 격리시켜 보다 안전한 곳에

■ 증가하는 학대와 무관심에 관한 보고서들

위탁해야 할 때도 있다(Garcia, 1995).

■ 아동 학대에 수반되는 문제

아동 학대에 대한 연구들은 학대의 피해자들이 감정적 · 지적 · 사회적 발달 면에서 심각한 문제를 겪는 경향이 있다고 지적한다. 이들은 성인이 되면 상대적으로 알코올, 약물 남용, 범죄 행동, 학습의 혼란, 정신병적 불안을 가지게 될 확률이 높다. 그러나 이 연구는 학대의 피해 아동이 대부분 수입이 낮은 가정의 아이들이라는 점에서 그 결과를 해석하기가 어렵다. 가난과 발달상의 문제, 비행 또는 범죄 행동 간의 관련이 학대의 영향을 독립적으로 해석하기 어렵게 만든다. 그 관련성은 결코 간단하지 않다. 사실, 많은 학대 아동들이 심각한 감정적, 행동상의 문제들을 그럭저럭 피해 나가기도 한다(Larner, Stevenson, & Behrman, 1998).

■ 학교와 교사의 대응

어떤 경우 교육자들은 학대당하거나 보살핌을 제대로 받지 못하는 학생들은 학습에 어려움을 겪을 뿐 아니라 다른 학생의 학습을 방해하는 식으로 행동할 수도 있다는 사실을 인식하고 있어야 한다. 이런 이유로, Children's Television Workshop과 National Education Association 같은 단체는 학대 아동을 다루는 교사를 돕기 위한 자료를 만들어 왔으며, 학대와 무관심을 줄이기 위해 다른 기관들과 함께 일하고 있다.

■ 노숙하는 어린이들

노숙자. 경제 불황, 부동산 가치와 가격의 상승, 정신질환자의 사회 복귀와 같은 다른 요인들이 미국 내의 노숙자의 수를 크게 증가시켰다. 특히, 과거에 비해 더 많은 가정과 어린이들이 노숙자 상태에 있다. 사실 일부 대도시 지역에서는 아이를 둔 가정이 노숙자 인구의 1/3을 차지하고 있다(Feder-Feitel, 1992).

■ 학교를 위한 시사점

몇몇 연구는 노숙 아이들이 아동 학대 및 각종 신체 질환을 겪고 있음을 보여 주었다. 일반적으로 예상하듯이 이들의 출석과 학업 성취도는 상대적으로 낮은 수준을 보인다. 연방 정부는 노숙자 성인과 아이들을 위한 노력을 상대적으로 적게 기울여 왔으며, 지방 정부는 많은 도움을 주려고 하지 않았을 뿐만 아니라 또 그러한 능력도 없었다. 그러나 많은 학교에서 적절한 도움을 주려고 노력하고 있다. 예를 들어, 일부 지역과 학교에서는 상담원을 추가로 고용하거나, 방과 후 프로그램을 지원하고, 노숙 가정을 위한 쉼터를 제공하는 업무를 담당할 전임자를 고용하기도 한다. 또 노숙 아이들을 한 학교에서 다른 학교로 전학시키지 않으려고 노력하기도 한다(Rafferty, 1998; Holloway, 2002; Vail, 2003).

■ 아이들에게 미치는 전반적인 영향

가정과 관련한 동향에 대한 평가. 지금까지 논의된 다양한 연구 동향들은 미국 내 가정의 구조와 기능에 중요한 변화를 일으켜 왔다. 이와 관련한 모든 연구 결과가 아이들에게 부정적인 영향을 미친다고 확실하게 결론짓지 못한다. 어머니의 고용 및 이와 관련된 요인이 아이들에게 이득이 되기도 한다. 그러나 많은 연구에서 어머니의 고용과 한 부모 가정, 이혼한 가정에서의 생활이 많은 아이들에게 부정적인 영향을 끼친다는 것을 보여 주고 있다. 노숙자 및 빈민층의 증가는 보다 심각한 영향을 미칠 것이다.

역사적으로 볼 때, 많은 연구자들에 따르면 우리의 보편교육(universal education)

체제는 핵가족(nuclear family: 양 부모와 아이들이 함께 사는 가족 구조)의 발달로부터 힘입은 바가 크다. 핵가족은 지난 2세기 동안 서구 사회에서 두드러지게 나타났다. 핵가족 현상은 학교에서 아이들의 성공과 그 이후의 삶에서의 성공을 위한 준비에 자원을 쏟아 부으면서 아동 중심적 형태로 묘사되어 왔다. 제2차 세계대전 이후로 핵가족이 쇠퇴하면서 교육자들에게 직면한 과제는 더욱 어려워지고 있다(Shorter, 1975; Stone, 1991; Schaub, 1996; Popenoe, 2002; Acocella, 2003).

■ 핵가족의 쇠퇴

■ 학교에서의 어려움 증가

스웨덴이나 미국과 같이 매우 개인화된 국가에서 가족의 동향을 연구한 David Popenoe는 이런 동향이 "후기" 핵가족을 생성하고 있다고 결론지었다. 아이 중심 "가족주의"를 강조하는 핵가족과는 대조적으로, 후기 핵가족은 "개인주의"(개인적인 자기 성취, 즐거움, 자기 표현, 자발성)를 강조한다. 더 나아가서 Popenoe는 성인들은 최소한 경제적인 이유 때문이 아니라 "그들의 삶에서 더 이상 어린이를 필요로 하지 않는다"고 하였다. 문제는 아이들이 … 그들에게 풍부한 시간과 노력, 사랑을 제공하려고 동기화된 … 성인들을 아직 필요로 한다는 점이다." 또한, 많은 사회과학자들은 부모와 아이들 사이의 "총 접촉 시간(total contact time)"에 대해 우려하고 있다. 일부 연구에 따르면 이 시간은 지난 몇 십 년 전보다 40%나 감소한 것으로 나타났다(Popenoe, 1998; Popenoe, 1997; Cass, 2001).

■ "후기" 핵가족

이러한 가정의 변화와 그로 인해 생겨나는 문제들이 존재하는 상황에서, 아이들을 돕기 위해 설립된 사회 기관들은 때때로 효과적으로 서비스를 제공하기에 너무 과도한 부담을 안고 있다. William Zinsmeister는 "많은 아동 보호 기관들은 단순히 살인을 막기 위해 노력하고 있으며, 가끔씩은 그마저도 실패하는 것"에 대해 설명하고 있다. 한 예로, 메릴랜드의 한 사회사업가에게 부모가 마약을 판매하고 있는 가정으로부터 왜 아이를 격리시키지 않았는지 질문했을 때, 그는 "내 책상에는 이와 유사한 사건이 20건이나 있으며, 즉각적으로 반응해야 하는 긴급 상황이 아니라면 부모로부터 아이를 데려오는 데 낭비할 시간이 없다"고 대답하였다(Zinsmeister, 1990; McGee, 2002).

■ 과도한 부담을 안고 있는 학교들

National Commission on Children에 따르면, 미국 어린이들 대부분이 "건강하고, 행복하며, 안전한 상태"로 있음에도 불구하고, 현재 여전히 많은 아이들이 "위험"에 처해 있다. 극단적으로 불행하지 않은 아이들조차도 어려운 상황에 직면하고 있는 것이다. "이들은 또 문제가 많은 학교에 다니며, 자주 위험한 거리에 나간다. 이들의 삶에서 어른이란 항상 똑같이 서두르고 혼란스럽다. … 이런 영향들이 결합되어 많은 아이들이 사회에 공헌하기 위한 동기화나 기술 없이 성인기로 접어들게 된다(National Commission on Children, 1991; LindBerg, Boggess, Porter, & Williams, 2002)." "In This Case"에서는 어려운 가정생활을 하고 있는 어린이들을 동기화시키기 위한 두 교사의 노력에 대해 설명하고 있다.

■ 위험에 처한 많은 어린이들

다시 한 번 생각해 보기

교사로서의 당신은 전통적인 핵가족과 다른 가정을 가진 아이들을 효과적으로 다루기 위해 어떤 단계를 밟아야 하는가?

동료 집단

■ 동료 집단의 영향

가정 관계가 한 아이가 가지게 되는 최초의 집단 생활의 경험을 구성하는 반면, 동료 집단의 상호작용은 곧 그들의 강력한 사회화 효과를 나타내게 된다. 놀이 집단에서부터 10대의 배타적인 집단에 이르기까지, 동료 집단은 어린아이들에게 많은 중요한 학습 경험을 제공해 준다—다른 사람들과 상호작용하는 방법, 다른 사람에게 수용되는 방법, 그리고 친구들과의 집단 내에서 지위를 획득하는 방법 등이 그것이다. 부모와 자식, 혹은 교사와 학생들은 그렇지 않지만, 동료들은 동등하다. 부모나 교사는 때때로 어린아이들로 하여금 그들이 이해하지 못하거나 좋아하지 않아도 규칙에 복종하게 만든다. 그러나 동료들은 이런 공식적인 권력을 가지고 있지 않다. 그러므로 아이들은 교환, 협동, 평등의 참된 의미를 동료들과 지내면서 보다 쉽게 배우게 된다.

동료 집단의 중요성은 아이가 자라면서 더욱 커진다. 또한 이들은 사춘기에 이르러 최대의 영향을 받는데, 이 시기에 이들은 종종 학교 안팎에서 학생들의 행동의 상당 부분에 영향을 미친다. 일부 연구자들은 동료 집단은 초기보다 사춘기에 더욱 중요하다고 생각한다—특히 어린이가 자신의 부모와 밀접한 접촉이 거의 없고, 더 큰 사회와의 관계도 거의 없을 때(Kupersmidt et al., 1995; Steinberg, 1996; Furstenberg, 2000; Osterman, 2003).

■ 학생들이 존중하는 특성

동료 문화와 학교. 교육자들은 특히 학교 내 학생 문화의 특징에 대해 관심을 가진다. **동료 문화**(peer culture)는 학교에서 학업적 성취에 부정적인 영향을 미치기도 한다. 예를 들면, 1961년에 James Coleman이 진행한 획기적인 연구에서는 고등학생들이 다정함과 인기, 운동 실력, 매력적인 외모와 성격, 혹은 가치 있는 기술이나 물건(차, 옷, 음반 등)을 가지고 있음으로써 동료들로부터 존경을 받는다는 것을 알아냈다. 학업 성취도는 선호되는 특성에 포함되지 않았다. 일반적으로, 동료 문화는 학교의 학습 목표를 강화하기보다는 저해한다는 것이다(Coleman, 1961; Coleman, 1991; Gotto, 1997; Pellegrini, 2002).

■ 친구, 외모, 운동의 중요성

20년 이상의 시간이 흐른 뒤, John Goodlad와 그의 동료들은 7,000명 이상의 학생들에게 "이 학교에서 가장 좋아하는 것은 무엇입니까?"라고 물어보았다. 표 10.1에서 볼 수 있듯이, 가장 많은 응답을 한 것은 "내 친구들"이었다. 또, 응답자들은 그들이 가장 인기 있다고 생각하는 학생의 유형을 구분하기도 하였다. 연구에 참가한 중・고등학교 학생의 10%만이 "똑똑한 학생"이라고 답했다. 대신에 70%의 학생들이 "외모

In This Case

채널 맞추기

Mark와 Claudia의 학급에는 가정생활 등 상황이 어려운 학생들이 있다. 이 두 교사는 그 아이들을 동기화시키고 학습을 도와줄 수 있는 방법을 찾으려고 논의하고 있다.

Mark: Claudia, 이 애들을 동기화시키기 위해서 내가 어떻게 해야 할지 좀 알려 줘요. 방법론 시간에 배웠던 모든 것을 다 해 봤어요. 당신은 학생들의 주목을 끌고, 유지하기 위해 어떻게 하죠?

Claudia: 처음에 저는 그 아이들이 좋아하는 TV 프로그램이 무엇인지 알아보았어요. 그리고 나서 저는 그 프로그램의 딜레마를 이용했고, 주인공에 대한 토론을 하면서 주요한 학습으로 들어갔어요. 효과가 있었던 것 같아요. 하지만 먼저 학생들이 어떤 TV 프로그램을 좋아하는지 알아야죠. 한번 해 봐요, Mark.

Mark: 아이들이 좋아하는 TV 프로그램은 어떻게 알아내죠? 당신은 어떻게 했어요? 첫날에 조사를 했나요?

Claudia: 아니요, 저는 단지 아이들이 들어올 때 말을 걸면서 어제 무슨 프로그램을 봤느냐고 물었죠. 아이들은 저에게 어떤 프로그램을 봤는지 말해 주었고, 저는 1주일 만에 거의 모든 아이들이 자주 보는 프로그램 리스트를 만들 수 있었어요. 그냥 아이들에게 말을 걸고 물어보세요. 아이들이 말해 줄 거예요.

Mark: 아이들이 실제로 TV를 얼마나 보는지 궁금하네요. 저는 TV를 켤 시간도 거의 없는데. 그래도 제가 이런 접근을 사용하려고 한다면, 우선 아이들이 어떤 프로그램을 좋아하는지 알아봐야 할 것 같네요. 또다른 어떤 것이 도움이 될 수 있다고 생각해요, Claudia?

Claudia: 지금으로서는 어떤 학생이 잠재적으로 말썽꾸러기인지 알아야 해요. 그들이 무엇을 좋아하는지 알아내세요. 그리고 그 아이들의 상담 지도 선생님들께 그 아이들과 어떤 것을 공유할 수 있을지 이야기하세요. 우리 아이들의 대부분은 문제가 있는 가정이나 가난한 가정, 노숙 가정의 아이들이에요. 경제가 나빠질수록 무료이거나 할인된 가격의 아침, 점심 식사를 먹는 아이들을 많이 볼 수 있죠. 그건 우리가, 우리가 자랄 때 누렸던 것들을 누리지 못하는 많은 아이들을 다루고 있음을 보여 주는 작은 지표일 뿐이에요.

Mark: 제 학생 중 몇 명은 항상 잠만 자려고 해요. 수업 시간에 이 아이들이 집중하지 못하는 것이 약물 중독과 관련이 있다고 생각하세요?

Claudia: 몇몇 경우에는 그럴 수 있지만, 한 가지 답만 있는 건 아니에요. 당신의 학생들 중 일부는 어려운 가정환경에 처해서 아마도 영양 상태가 나쁘며, 또다른 학생들은 학교 외에 운동이나 일을 하기 때문에 너무 바쁘게 움직이는 것 같아요. 그들은 여러 가지 이유로 그들이 필요로 하는 것보다 잠을 덜 자게 될 거예요. 게다가 저는 최근 사춘기에 뇌의 화학적 성질이 그들의 수면 스케줄을 바꾼다는 연구를 읽은 적이 있어요. 또, 당신을 기분 나쁘게 만들고 싶지는 않지만, 제 학생들 모두가 졸린 것 같을 때는 가장 먼저 제 자신이 그 아이들을 지루하게 하고 있지는 않은지 확인해요.

Mark: 그렇군요. 그럼, 내가 원인이 아니라는 걸 확인해야겠어요! 그렇지만 상담 선생님에게는 이 아이들에 대해 말해야겠군요. 그리고 체육 선생님에게도요. 그녀와 다른 운동부 지도 선생님들은 운동하러 나가는 아이들을 잘 다루니까 말이에요. 공부를 못하거나 말썽꾸러기인 녀석들 중 몇 명은 이번 가을에 배구나 축구를 할 거예요. 아마 아이들, 운동부 지도 선생님, 그리고 선생님들 모두에게 이익이 될 겁니다.

질 문

1. 교사들이 그들이 가르칠 개념에 대한 주의를 끌기 위해서 텔레비전 프로그램을 이용해야 한다고 생각하는가?
2. 교사가 자신의 학급에 있는 학생들의 배경에 대해 이해해야 하는 것이 왜 중요한가?
3. Mark가 교사로서 효율성을 높이기 위해서는 다른 어떤 단계를 거쳐야 할 것이라고 생각하는가?

가 멋진 학생"이나 "운동을 잘 하는 학생"이라고 답했다. 이 자료를 통해서 Goodlad는 "신체적 외양, 동료 관계, 그리고 게임과 스포츠"가 학교에서 아이들이 많은 관심을 보이는 것이라고 결론지었다. 이런 현상이 그 학교에서 "우세한 것으로 나타났다."

교사들은 학습에 도움이 되는 긍정적인 친구 관계를 형성할 수 있도록 학생들을 도와주어야 한다.

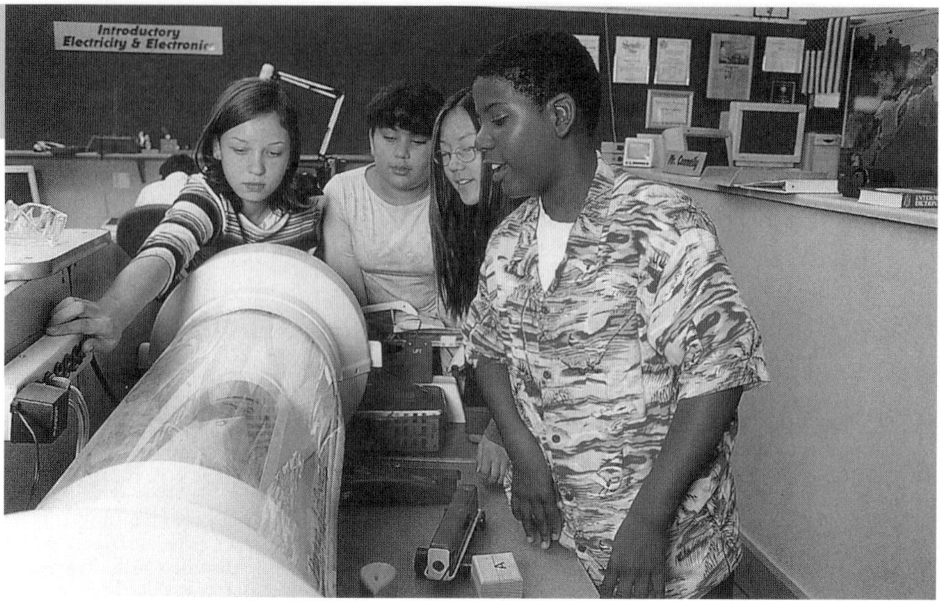

Coleman과 다른 연구자들이 초기에 비슷한 결과를 발표했다는 점을 강조하면서, 그는 더 나아가 "왜 우리는 학교 내에서 이에 대한 실질적인 설명을 거의 하지 않았는가"에 대해 의문을 제기하였다(Goodlad, 1984; Voke, 2002; Betts, Zau, & Rice, 2003).

■ 교사를 위한 제안

일부 교육학자들은 학습을 방해하기보다는 오히려 도와주는 동료 관계를 강화하기 위해서, 학생들이 협동적으로 학습할 수 있도록 장려하는 활동을 권장한다. 교사는 학생들의 상호작용을 증진시켜 주어야 하며, 대인 관계에 관련된 기술이나 소집단 활동에 사용할 수 있는 기술을 가르쳐 주어야 한다. 또한 나이가 많은 아이들이 더 어린 아이들과 상호작용할 수 있도록 장려해야 한다. 그러한 단계들은 반(反)사회적 행동에 대한 동료의 압력을 경감시켜 줄 수 있을 것이다(Johnson, Johnson, & Holubec, 1994; Johnson, Johnson, & Smith, 2000).

정규 교육과정 외의 활동 참여. 여러 설문 조사에서는 학생들이 정규 교육과정 외에 참여하는 활동에서 겪는 동료들과의 상호작용과 협동을 학교생활에서 가장 중요한 경험으로 생각한다는 것을 계속해서 보여 주고 있다. 많은 교육자들은 이러한 참여가 학생들의 생활에서 긍정적인 요인이 된다고 생각하지만, 그 효과는 측정하기가 어렵

표 10.1 "이 학교에서 가장 좋아하는 것은 무엇입니까?"에 대한 중·고등학생의 응답(단위: %)

	내 친구들	운동	학생의 좋은 태도	없다	내가 듣는 수업	교사	기타
중학생 응답자	37	15	10	8	7	5	18
고등학생 응답자	34	12	12	8	7	3	24

출처: John I. Goodlad, *A Place Called School* (New York: NcGrow-Hill, 1984), pp. 76-77.

다. 정규 교육과정 외의 활동에 참여하는 것이 그 원인인지, 아니면 발달의 다른 측면에서 오는 결과인지 결정하기가 어렵다는 것이다. 예를 들어 다른 모든 조건이 똑같다고 할 때, 정규 교육과정 외의 활동에 참여하는 학생이 그렇지 않은 학생보다 일반적으로 더 높은 점수를 받는 것으로 알려져 있다. 그러나 또한 성적이 높은 학생이 성적이 낮은 학생보다 그런 활동에 더 많이 참여하는 경향이 있다고도 생각할 수 있는 것이다.

■ 교육적 포부 수준에 미치는 긍정적인 영향

이런 난점에도 불구하고, 연구들은 이러한 참여—특히 운동, 봉사, 리더십 활동, 음악에의 참여—가 학생들로 하여금 교육과 직업에서의 성취에 보다 더 높은 포부 수준을 갖게 한다는 사실을 보여 준다(예컨대 이후에 더 오랫동안 학교를 다닌다). 또한 그 연구들에서는 규모가 큰 학교보다는 작은 학교에서 긍정적인 효과를 더 많이 보이는 것으로 나타났다(Holland & Andre, 1987; Black, 2002).

■ 교사를 위한 시사점

이 결론은 교육자들에게 상당히 중요하다. 정규 교육과정 외에 다른 활동의 참여는 교육적 산출과 관련된 다른 대부분의 요소들보다는 더 "조작이 가능"(학교에 의해 바뀔 수 있다)하다고 할 수 있다. 예를 들어, 가정환경은 여러 문제를 일으키지만 교육자들은 학생들의 가정환경을 바꿀 수 없다. 그러나 교사와 행정가들은 학생들이 정규 교과 과정 외의 활동에 참여하도록 촉진하고, 이는 학생의 성취도를 증진시키는 가장 효과적인 방법 중의 하나가 될 수 있다.

■ 괴롭힘의 원인과 예방

괴롭힘과 그 예방에 관한 연구. 최근 연구자들은 "약한 아이들을 괴롭히는 아이들(bullies)"—학교 안팎에서 자신의 동료를 심하게 괴롭히는 어린아이들—로 인해 많은 문제가 생겨나고 있다고 발표하고 있다. 몇몇 아이들이 이런 행동을 하게 되는 요인에는 주로 가정에서의 무관심과 학대, 텔레비전의 영향, 아이들로 하여금 공격적인 행동을 이끌어 내는 사회적 기술의 부재가 포함된다. 교육자들은 이런 아이들이 다른 아이들에게 해를 미치는 것뿐 아니라 이들이 성인이 되어서도 범죄 행동을 보이는 경향이 있는 점에 대해서 우려하고 있다. 남을 괴롭히는 행동을 수정하기 위해 교사가 적용할 수 있는 방법에는 행동 계약(contracts), 평화로운 갈등 해결을 위한 수업, 괴롭힘을 감소시킬 수 있도록 계획된 교실 활동, 행동 지도를 위해 부모가 할 수 있는 활동을 나열해 보는 것 등이 있다(Smith & Sharp, 1995; Banks, 2000; Addressing Bullying as Part of Violence Prevention, 2001; Blair, 2003).

다시 한 번 생각해 보기

교사로서 당신은 학생들에게 긍정적인 방향으로의 동료 관계를 형성시키기 위해서 어떻게 할 것인가?

학교 문화

■ 학교 문화의 양상

가정이나 동료 집단에서 이루어지는 학습 경험과 비교할 때, 학교에서의 교육은 상대적으로 공식적인 형태로 이루어진다. 집단 구성은 자원해서 이루어진 것이 아니라 나이, 적성, 성별에 의해 결정된다. 학생들은 시험을 치르고 평가를 받는다. 그들은 언제 앉아야 하고, 언제 일어서야 하며, 복도에서는 어떻게 걸어야 하는지 등에 대한 지시를 받는다. 학교 조회 행사, 운동회, 졸업식－학교의 깃발, 교가, 응원단뿐 아니라－은 모두 학교의 문화를 전달하고 학생들을 사회화시킨다. 보다 덜 공식화된 활동과 교사의 행동 또한 학생들을 학교의 문화에 적용시킨다(Parish & Aquila, 1996; Tye, 2000).

학생의 역할과 잠재적 교육과정. Gita Kedar-Voivodas는 초등학교에서 학생의 역할에 대해 교사가 가지는 기대－즉, 바람직한 학생의 행동과 성격－를 조사하였다. 그녀는 기대되는 학생의 역할을 세 가지 주된 유형으로 구분하였다－학생 역할, 수용적 학습자 역할, 적극적 학습자 역할.

■ 세 가지 주요한 학생의 역할

학생 역할(pupil role)은 교사가 학생들에게 "인내심 있고, 온순하며, 수동적이고, 예의바르며, 순응하고, 규칙과 규율에 대해 복종하고 순종하며, 권위를 존중하고, 통제하기 쉬우며, 사회적으로 숙련된" 역할을 기대하는 것이다. **수용적 학습자의 역할**(receptive learner role)은 학생들이 "동기화되고, 과업 중심적이며, … 좋은 성취자이고, 정규 교육과정이 제시하는 획일적인 요구를 잘 수용하기를" 요구하는 것이다. Kedar-Voivodas에 따르면, **적극적 학습자의 역할**(active learner role)을 하는 학생은 "기존의 정규 교육과정에서 익혀야 하는 내용과 과정의 측면 모두에서 기존의 것을 뛰어넘는" 학생이다. 적극적 학습자의 특성으로는 "호기심이 많고, 적극적으로 조사하고 탐험하며, 권위에 도전하고, 독립적이고 탐구하는 정신을 가졌으며, 끝까지 해답을 추구하는" 것들이 포함된다. Kedar-Voivodas는 John Dewey와 Maria Montessori 같은 많은 교육 철학자들이 적극적 학습의 가치를 강조해 왔음을 언급하고 있다(Gita Kedar-Voivodas, 1983).

■ 적극적인 학습자의 거부

그러나 Kedar-Voivodas는 또한 학생들이 적극적 학습자의 역할을 하려는 것이 때때로 교사에 의해 거부당하기도 한다는 사실을 밝혀냈다. 즉, 많은 교사들이 적극적이고 독립적이며 독단적인 아이에 대해 부정적으로 대응한다는 것이다. Kedar-Voivodas에 따르면, 학교의 인지적인 것들에서 성공적인 숙달을 요구하는 "정규" 교육과정과 "획일적인 순응"을 요구하는 "잠재적(hidden)" 교육과정 사이에는 엄청난 차이점이 존재한다(Apple, 1995; Ricahrds, 1998; Ramsey, 2003).

■ 잠재적 교육과정의 영향

잠재적 교육과정(hidden curriculum)은－현재의 학교에 대한 많은 비판자들이 사용하는 용어－학생들이 학교에서 학문적인 내용이 아니라 무엇을 해야 할지, 또 학교가 무엇을 하기를 기대하는지에 대해 배우는 것을 말한다. 잠재적 교육과정은 교실 내에서 아이들을 수동적으로 순응하게 할 뿐만 아니라, 경제적으로 불리한 학생들이 후에 순종적인 노동자가 되도록 준비시키는 기능도 할 수 있다. 이는 교과서에 포함된 (또는 생략된) 자료들을 통해 부정적인 인종적 · 성적 고정관념을 전달한다. 점수를 위한 경쟁의 과도한 강조는 학생들에게 다른 어떤 것보다도 "체제를 뒤엎는 것(beating the system)"이 더 중요하다는 것을 가르치는 잠재적 교육과정을 창조해 낼 수도 있다(Rosen, 1995; Lareau, 2003).

교실 문화. Philip Jackson은 초등학교 교실에서 일어나는 진행 과정에 대한 그의 연구에서 매우 다양한 세부 주제를 가지고 있으나, 약간은 다른 유형의 교실 활동을 발견했다. 자습(seatwork), 집단 토의(group discussion), 교사의 시범, 질의 응답 시간과 같은 용어들은 교실에서 어떤 일이 일어나는지를 가장 잘 설명해 준다. 더 나아가, 이런 활동들은 "자습 시간엔 큰 소리로 이야기하지 말 것" 또는 "질문이 있을 때는 손을 들 것"과 같이 잘 정의된 규칙에 따라 진행된다. 교사는 "교통경찰이자 판사, 필요한 것을 제공해 주는 하인이자 시간을 적절하게 조절하는 사람(timekeeper)"의 역할을 한다. 이러한 문화적 체제 안에서 교실은 "학생들이 하기를 원해서가 아니라, 어떤 일을 해야 하는 시간이 되었기 때문에" 그 일이 일어나는 곳이 되어 버린다(Jackson, 1968; Jackson, 1986; Oser, 1995).

■ 일상적인 교실 활동

Jackson은 대부분의 초등학교 교실을 특징짓는 "질서의 규칙"은 혼란을 막기 위한 것에 초점이 맞춰져 있다고 결론지었다. 그러므로 학교와 교실의 문화에서 우세한 사회화는 Kedar-Voivodas가 순종적인 "학생 역할(pupil role)"이라 불렀던 것을 가장 크게 강조하고 있는 것이다. 예를 들어, John Goodlad와 그의 동료들이 진행했던 "학교 교육 연구(A Study of Schooling)"에서는 다음과 같은 보편화된 형태에 대해 설명하고 있다(Goodlad, 1989; Willower & Boyd, 1989; Armstrong, 1998).

■ 질서와 복종의 강조

1. 교실은 일반적으로 교사가 전체적으로 다루고 있는 한 집단으로 조직된다. 이런 형태는 좁은 공간에서 20명 내지 30명의 사람들 사이에 존재하는 "위계적인 관계"를 유지하고자 하는 필요성에서 생겨난 것으로 보인다.
2. "열망과 즐거움, 분노는 통제되고 있다." 결과적으로, 일반적인 감정의 상태는 "무미 건조(flat)"하거나 "중립적(neutral)"이다.

■ 열망의 통제

3. 대부분의 학업은 "교사의 말을 경청하고, 질문에 답을 쓰며, 시험과 퀴즈를 푸는 것"과 관련되어 있다. 일반적으로 교과서와 익힘책은 "수업상의 매체"를 구성한다.
4. 이러한 형태는 학생들의 학년이 올라갈수록 점점 일상화되고 고착화된다.
5. 수업은 거의 "단순한 정보의 습득"을 넘어서지 않는다. 호기심을 불러일으키거나 사고를 강조하기 위한 노력은 상대적으로 거의 이루어지지 않는다.

■ 격려받지 못하는 호기심

결과적으로, Goodlad는 학생들이 "계획을 거의 하지 않거나, 무슨 일이든 시작해 보려고 하지 않으며, 조금이라도 긴 것은 읽거나 쓰려고 하지 않고, 또는 무언가를 창조해 내려고도 하지 않는다. 심지어 아이들은 의미를 추측해 보려고 하지도 않는다." 라고 말하고 있다(Goodlad, 1983; Comfort & Giorgi, 1997; Schuster, 2003).

■ 노동자 계층 학교에서의 수동적 학습

이 책의 다른 부분에서 논의했듯이, 기계적 방법을 통한 수동적 학습을 강조하는 형태는 오늘날 교육을 통해 성취하고자 하는 교육 이념과는 상반된 것이다. Goodlad와 그의 동료들이 자료를 모은 이래로 많은 것들이 바뀌었으나, 아직도 많은 교실에서 수동적 · 기계적 학습이 진행되는 것으로 나타나고 있다. 특히, 수동적 · 기계적 학습은 성취 수준이 높은 중산 계층의 학생들이 다니는 학교보다는 성취 수준이 낮은 노동자 계층의 학생들이 다니는 학교에서 더 강조되는 경향이 있다. Jean Anyon은 이런 주제를 연구하기 위하여 사회 계층이 두드러지게 다른 다섯 개의 초등학교를 조사하였다. 노동자 계층이 지배적인 두 학교에서 Anyon은 수업이 대부분 구두점과 대문자 표기와 같이 기계적 기술에 강조를 두고 있다는 것을 발견해 냈다. 반대로, 중산 계층이 지배적이거나 "부유한 전문직"이 지배적인 것으로 분류된 학교에서는 독립적인 작업과 분석적이고 개념적 기술 발달을 강조하고 있었다. 다른 연구에서도 이와 비슷한 패턴이 보고되었다(Anyon, 1980; Handel, 1990; Anyon, 1997).

■ 수동적 학습의 원인

교실은 왜 이런 방식으로 운영될까? 이는 매우 중요한 질문이며, 많은 분석자들이 이를 설명해 왔다. 이들이 그 이유를 다음과 같이 제시하고 있다.

■ 제도적 현실

1. **질서를 유지해야 한다는 제도적 요구.** Jackson이 지적했듯이, 다양한 상쾌화된 활동을 통해 20~30명에 이르는 학생들과 교사 사이의 상호작용을 지배하려고 한다. 연구자들은 질서에 대한 요구를 수동적 학습에 대한 강조로 바꾸어 버리는 요인을 설명하기 위해 제도적 현실(institutional realities)과 조직 역동(organizational dynamics)과 같은 용어를 사용했다(Goodlad & Tye, 1987; Angus, 1998).

■ 학생들의 방해

2. **수동적 학습에 대한 학생들의 선호.** 우리는 많은 학생들이 적극적 학습을 반대하고 있는 정도를 과소평가해서는 안 된다. Walter Doyle이 언급했듯이, 학생들은 "실수하는 위험을 최소화하기 위해 교사에게 내보이는 산출의 양을 제한할 수도 있다." 또한 한 발 뒤로 물러나 있음으로써 학생들은 다른 학생들과 교사들로부터 도움을 받을 수 있다. 조금 나이가 많은 한 학생이 말한 것처럼, "그래, 난 거의 아무것도 안 하지. 너희들이 할 일은 바보처럼 행동해서 Y선생님이 정답을 말해 주도록 하는 거야. 너네도 알잖아. 그냥 기다리면 선생님이 말해 줄 거야."(Doyle, 1983; Tyack & Tobin, 1994; Cuban, 2001)

■ 낮은 기준을 위한 거래

3. **학생과 교사 간의 수용, 흥정, 타협.** 질서에 대한 제도적 요구와 학생이 가지는 수동적 학습에 대한 선호가 결합된 상황에서, 교사와 학생들은 최소한의 기준에 대

한 타협을 통해서 수용이나 홍정에 도달할 것이다. 예를 들면, Martin Harberman은 많은 도시의 교실에서 그가 "거래(the deal)"라고 불렀던 현상을 관찰했다. 학생들이 교실 수업에서 성실하지 않다는 사실을 교사가 무시하는 한 학생들은 소동을 일으키지 않았다. 이러한 기초적인 사실은 대규모 연구들에서 증명되고 있다. Michael Sedlack과 그의 동료들은 이러한 현상을 "엄격하고 부담이 되는 학습 활동을 회피하기 위한 복잡적이고 암묵적인 음모"라고 불렀다(Sedlak et al., 1986; Haberman, 1997).

4. **교사 관심의 배분**. 많은 교사들이 대부분의 시간과 관심을 소수의 학생들에게 쏟아야 한다고 느끼고 있다. 일부의 경우 이들은 학업 성취가 낮은 학생들일 것이며, 교사들은 가장 도움을 필요로 하는 학생이 이들이라고 믿는다. 그러나 대부분의 경우 가장 뛰어난 학생들이 관심을 받으며, 교사들은 자신이 관심을 기울일 때 가장 크게 도움을 받는 학생들이 이들이라고 생각한다. 이런 태도는 특히 "학업 성취가 낮은" 학생이 너무 많아서 모든 학생들을 도와주는 것이 불가능할 때 두드러지게 나타난다.

■ 주목을 받는 학생들

Helen Gouldner와 그녀의 동료들은 교실에서 제대로 기능하도록 아이들을 준비시키지 못하는 낮은 소득 수준의 가정에서 온 학생들이 대부분을 차지하는, 도심부의 흑인 초등학교에서 이러한 현상을 발견했다. 소수의 잘 준비된 학생들(일반적으로 볼 때, 비교적 높은 지위를 가진 가정에서 온 학생들)은 전체 학교생활에서 교사들의 도움을 많이 받는 "선생님의 총아(pet)"가 되었다. 학생들의 대부분("그저 그런 학생들")은 교사로부터 거의 관심을 받지 못했고, 일반적으로 방해가 된다거나 특별히 성공적이지도 않았다. 나머지 학생들, "말썽꾸러기"인 몇몇은 교실의 일상적인 요구에 순응하려 하지 않거나 순응할 수 없었다. 이런 형태는 학교가 가지는 "분류와 선발" 기능과 잘 조화된다. 대부분이 흑인인 교사들은 어려운 학습 환경에서 최소한 일부의 흑인 학생이라도 성공시키려고 노력함을 느낄 수 있었기 때문이다(Gouldner, 1978; Rist, 1973; Chubb & Loveless, 2002).

5. **학생들은 순응하는 법을 배워야 한다는 사회적 요구**. 수동적 학습을 강조하는 이면에는 젊은 사람들이 학교 밖의 사회 제도에서 기능하는 방법을 배워야만 한다는 현실이 있다. 현재를 살아가는 대부분의 사람들은 큰 경제적 · 정치적 · 사회적 제도에 잘 대처해야 하기 때문에, 아이들은 적절한 일상과 규율에 따르도록 사회화되어야 한다. Philip Jackson은 학교가 수행하는 이러한 사회화의 측면을 다음과 같이 정리한다. "아이들은 '훌륭한 노동자'와 '모범생'이 됨으로써 교사의 권위에 적응할 것으로 기대된다. 교실에서 공장이나 사무실로의 이행은 인생의 초기에 '좋은 노동자 습관'을 기른 사람들에 의해 쉽게 이루어진다." 학교 교육의 이러한 목적은 앞에서 언급된 "잠재적 교육과정"의 일부이다(Jackson,

■ 사회적 요구로서의 순응

2000; Schimmel, 2002).

■ 교사의 부담

6. **교사들의 과도한 부담.** 대규모 학급, 수업의 부담, 교실 밖에서의 다양한 의무와 과제, 광범위한 학습 자료와 기술을 "처리"해야 한다는 부담, 또한 다른 책임감에 잘 대처해야만 하는 상황에서 교사들이 적극적이고 유의미한 학습 경험을 제공하기는 어렵다(McNeil, 2000; Clinchy, 2002). 우리가 이 책의 다른 부분에서 제시하였듯이, 교사들에게 지워지는 과도한 부담에 대한 인식이 높아지고 있고, 많은 개혁가들이 교사들의 짐을 덜어 주기 위해 연구를 진행 중이다.

교실의 수업 형태가 현재의 학습 이론에 비교적 영향을 받지 않은 이유를 여러 가지 제시할 수 있지만, 이것의 대부분은 수동적·기계적 학습을 선호하는 제도적 제약과 어떤 방식으로든 관련되어 있다(Lederman, 1995; Duffrin, 2001). 그러한 제약을 극복하는 것은 학교 조직과 교수법에서의 중대한 혁신을 요구한다. 이에 대해서는 16장에서 살펴보게 될 것이다.

■ 긍정적인 측면

이 절에서 학교 문화의 부정적 측면에 초점을 맞춘 것은 미국의 초등학교와 중학교의 많은 긍정적 측면을 상기시키기 위해서이다. 대부분의 학교들이 정연한 학습 환경을 제공하고, 대부분의 학생들이 우리의 사회에서 기능하는 데에 요구되는 수준의 읽기 및 셈하는 방법을 배운다. 교사, 학생, 부모들 간의 관계는 일반적으로 긍정적이다. 대부분의 학생들은 고등학교 졸업장을 받고, 많은 학생들이 다양한 고등 교육기관으로 진학하고 있다. 6, 11, 15, 16장과 이 책의 다른 부분에서 미국 교육 체제의 많은 성공적 측면에 대해 더 자세히 설명할 것이다.

다시 한 번 생각해 보기

당신의 고등학교 선생님은 적극적 학습을 어느 정도 강조했는가? 더 높은 목표를 강조하는 적극적 학습에 장애물이 되었던 것들을 기억할 수 있는가?

텔레비전과 디지털 매체

■ 학교에서보다 텔레비전을 보는 데 더 많은 시간을 보내는 아이들

텔레비전은 아이들이 학습 기술을 발달시키고 지식을 습득하고 이해하는 방식에 영향을 미치기 때문에, 일부 사회과학자들은 이를 "제1의 교육과정(first curriculum)"이라 부른다. 텔레비전 시청에는 시청자의 노력이나 기술이 거의 필요하지 않기 때문에, 교육자들은 학업에서 학생들의 흥미와 동기를 유지시키는 데 강력한 도전을 받고 있다. 평균적인 8학년 학생들은 텔레비전을 시청하고 비디오 게임을 즐기는 데, 학교 밖에서 숙제를 하거나 독서를 할 때보다 3배나 많은 시간을 써 버린다. 게다가 아이들의 대다수는 동료들이 매체에서 보는 것에 엄청난 영향을 받는다고 생각하고 있다. 텔레비전의 영향에 대한 더 많은 정보는 "Taking Issue"를 참고하기 바란다.

Taking Issue

질문 텔레비전이 학생들에게 미치는 영향이 일반적으로 교사에게 도움이 되는가?

텔레비전의 영향

거의 모든 집에는 텔레비전이 있다. 텔레비전이 아이들에게 많은 영향을 미치므로, 이는 또 다른 부모라고 불리기도 한다. 대부분의 아이들이 학교에서 공부하는 시간보다 더 많은 시간을 텔레비전 시청에 쓰고 있으므로, 학생의 학습과 행동에 미치는 텔레비전의 영향에 대한 논쟁은 계속될 것이다.

찬성	반대
1. 텔레비전은 학생의 배경 지식을 풍부하게 해주므로, 학생들은 보다 쉽게 수업을 이해할 수 있다. 학생들이 이미 텔레비전으로부터 배운 사실을 이용하는 교사들은 내용에 대한 제시를 보다 용이하게 할 수 있다.	1. 대부분의 경우, 학생들이 텔레비전으로부터 얻는 정보는 유용한 배경 지식이 아니라 단순히 사실들의 피상적 집합일 뿐이다. 게다가 텔레비전은 학생들로 하여금 이러한 피상적 사실들이 진실이라는 생각을 하도록 현혹시킨다.
2. 텔레비전은 유용한 정보를 제공할 뿐 아니라, 다양한 주제에 대한 흥미를 불러일으킨다. 교사들은 텔레비전으로 인해 생겨난 흥미를 이용할 수도 있으며, 학생들의 참여를 이끌어 낼 수 있다.	2. 텔레비전 시청은 교사들이 타파해야 할 정신적 습관을 형성시킨다. 텔레비전은 어떠한 주제에 대해 일시적인 흥미를 불러일으킬 수는 있으나, 이는 학생들로 하여금 사려 깊은 분석을 하기보다는 수동적 인상을 통해 학습하는 것에 익숙해지도록 만든다. 게다가 아이들이 텔레비전을 너무 많이 시청하면 이들의 주의 집중 시간 역시 줄어든다.
3. 텔레비전은 아이들이 학습을 즐겁게 느끼도록 함으로써 교사를 돕는다. 〈Sesame Street〉와 같은 프로그램들은 아이들에게 학습도 재미있을 수 있다는 것을 보여 줌으로써 학생의 성취를 향상시키고 있다.	3. "재미있는" 학습에 너무 일찍 노출되는 것은 학교에 대한 잘못된 기대를 가지게 한다. 교사는 Big Bird처럼 즐거운 엔터테이너가 될 수는 없다. 이러한 텔레비전 프로그램과 경쟁해야 하는 교사들은 그만큼 어려움을 겪을 수밖에 없다.
4. 텔레비전은 적대심이나 분노에 대한 카타르시스를 제공한다. 텔레비전 드라마를 시청하는 아이들은 잠재적으로 내재된 폭력적인 충동성을 분출하여, 이러한 폭력성이 그들의 동료나 부모, 교사에게 영향을 미치지 않도록 한다.	4. 모방(modeling)에 대한 연구는 텔레비전에서 봤던 것과 똑같은 상황에 놓인 아이들이 텔레비전의 주인공이 했던 행동을 그대로 따라 한다는 것을 보여 준다. 다시 말하면, 폭력적인 프로그램은 폭력적인 행동을 조장할 수 있다는 것이다.
5. 텔레비전은 훌륭한 사회화 경험을 제공한다. 많은 연구들은 〈Sesame Street〉와 같은 프로그램들이 아이들이 서로 더 많이 협동하도록 한다는 사실을 제시하고 있다. 더 나아가, 많은 어린이를 위한 쇼 프로그램은 그 시청자들에게 성인의 세계와는 다른, 아이들 마음대로 할 수 있는 휴식처를 제공한다.	5. 〈Sesame Street〉와 다른 모든 텔레비전 프로그램들은 아이들을 학교와 더 넓은 사회에서 공유된 가치로부터 멀어지게 하는 경향이 있다. 예를 들어, 일부 프로그램은 사회 제도에 대한 부정적 태도를 가지게 한다. 또다른 일부 프로그램은 옳고 그름에 대해서 단순화되거나 왜곡된 개념을 제시하기도 한다. 또 일부는 위험한 공상을 조장하기도 한다.

■ 텔레비전과 학교에서의 성취도

텔레비전 시청과 학교 성취 간의 관련성을 보여 주는 연구들도 있으나, 이런 관련성의 본질은 그리 명확하지 않다. 텔레비전 시청이 학생들의 독서 활동을 감소시킨다고 주장하는 연구들도 있지만 이런 결론은 제대로 증명되지 못했고, 국제적인 연구들은 아이들의 텔레비전 시청률이 높은 국가의 학생들도 상대적으로 높은 학업 성취 점수를 나타낸다는 결과를 제시하기도 한다. 학업 성취도가 낮은 학생들의 경우 텔레비전 시청으로 인해 읽기에 대한 주의 집중도가 떨어지는지 아니면 탈출구로서 텔레비전에 의지하는지 구분하기가 어렵다. 그럼에도 불구하고 많은 교육자들이 텔레비전 시청이 많은 학생들의 성취 수준을 낮출 수 있다는 사실에 대해 우려하고 있으며, 이는 특히 여러 조사들이 많은 아이들이 밤늦게까지 텔레비전을 시청하고, 다음 날 학교에서는 하루 종일 하품을 하며 피곤해한다는 결과를 보이고 있기 때문이기도 하다(Survey of Sixth Grade School Achievement and Television Viewing Habits, 1982; Mates & Strommen, 1995, 1996; Clack & Kurtz-Costes, 1997; Schlozman, 2003).

■ 대중매체의 일반적인 영향

텔레비전, 영화, 비디오 게임, 음악 산업과 같은 다른 매체가 학업의 성취 수준에 미치는 부정적 영향과는 별개로, 이것들은 아이들의 문화 변용(acculturation)과 사회화에 많은 영향을 미친다. 매체는 오락거리와 직업적 선택부터 성관계(sexual relationships), 소비자 중심주의, 약물 남용에 이르기까지 우리 사회에서 만연한 태도나 행동의 근본적인 변화를 자극하고 반영한다. 불행하게도 매체가 아이들에게 어느 정도의 영향을 미치는가, 혹은 전반적인 영향이 긍정적인가, 부정적인가에 대해서는 (물론, 긍정적인가, 부정적인가에 대한 것은 가치를 어디에 두느냐에 따라 다르지만) 어떠한 자료도 결정적인 역할을 하지 못하고 있다. 예를 들어, 케이블 텔레비전에서 24시간 내내 방송되는 록 음악 프로그램은 젊은이들을 거리로 나오지 못하게 하는 수단이자 서구 문명화의 종말을 고하는 출발점으로 보인다(Hughes, 1995; Walsh, 2000).

■ 공격성과의 상관관계

많은 성인들은 특히 텔레비전과 다른 매체들이 공격적이거나 폭력적인 행동을 유발할 수도 있다는 것을 우려하고 있다. 일반적인 어린이는 초등학교를 졸업할 때까지 수많은 자극적 살인 장면과 다른 수많은 폭력적 행위들을 보고 있다. 부분적으로 그 영향은 아이들의 절망이나 분노의 정도, 고통이나 처벌과 같은 잠재적 결과, 폭력적 행위를 할 수 있는 기회와 같은 상황적 요인에 달려 있다. 그러나 일련의 행동과학자들에 따르면 전반적인 "텔레비전의 폭력은 측정되었던 행동 변수만큼이나 공격적인 행동과 강한 상관이 있다." 또한 미국소아학회(American Academy of Pediatrics)와 미국심리학회에서는 텔레비전과 다른 매체의 폭력에 반복적으로 노출되는 것은 폭력적 행동을 촉진시킨다고 결론지었다(U.S. Department of Health and Human Services, 1982; Donnerstein et al., 1998, 2003).

■ 텔레비전의 긍정적 이용

그러나 텔레비전이 긍정적 사회화에서 중요한 요인이 될 수 있다는 것도 사실이다. 예를 들면, 여러 연구들에서 〈Sesame Street〉가 중산 계층과 노동자 계층의 아이들 모두에게 학문적으로 도움을 준 것으로 나타났다. 또한 아이들은 협동적이고 양육적인 행동을 강조하는 프로그램을 시청한 후에는 그러한 행동을 더 보이는 것으로 나타났다. 또한 「Cyberchase」와 같은 프로그램들은 초등학생들의 수학 실력 향상에 도움이 된다는 결과를 제시하는 연구들도 있다(England, 1984; Anderson, 1998, 2001).

■ 개선 노력

매체가 아이들에게 미치는 좋은 영향과 파괴적 영향을 인식하기 시작하면서, 많은 사람들이 보다 나은 발전을 위해 노력하고 있다. Parent-Teacher Association은 중요한 국가적 목적들 중 하나로 텔레비전 개혁을—특히 황금시간대에 방영되는 성, 상업주의, 폭력성에 있어서의 감소—설정했으며, National Citizens Committee for Broadcasting과 같은 단체들은 변화를 위한 운동을 펼치고 있다.

그러나 그 변화의 과정은 느리게 진행되고 있다. 오후에 방영되는 전형적인 "어린이를 위한 텔레비전 프로그램(kidvid)"에서는 아직도 만화에 나오는 슈퍼 영웅들이 정신을 멍하게 하는 행진을 하고 있고, 많은 프로그램들은 계속해서 아이들을 근처의 장난감 가게로 달려가게 만들고 있다. 1996년 연방 정부가 텔레비전 방송국은 1주일에 최소한 3시간은 어린이를 위해 "교육적이고 정보를 전달할 수 있는" 프로그램을 편성하라는 권고안을 제시했으나, 이런 프로그램의 대부분은 시청률이 낮았고, 성이나 폭력을 강조하는 프로그램들은 대부분 시청률이 줄어들지 않았다.

■ 텔레비전과의 차이

디지털 시대의 네트워크 세대. 일부 학자들은 디지털 커뮤니케이션과 상호작용적 비디오, 점차 발전하고 있는 유비쿼터스(ubiquitous) 인터넷과 같은 정보의 원천으로 이루어진 환경에서 어린아이들이 자라면서 겪을 수 있는 변화들을 연구하고 있다. 이러한 발달을 설명한 초기의 책 중에 하나는 Don Tapscott의 『Growing Up Digital』이다. Tapscott는 디지털 시대에서 자란 어린아이들을 "네트워크 세대(net generation)"라 불렀으며, 그는 인터넷은 텔레비전과는 매우 다르다고 생각하고 있다. 인터넷은 수동적인 시청보다는 상호작용적인 참여를 이끌어 낸다. Tapscott는 인터넷이 "정보에 포함된 내재적 가치에 의문을 제기하는 세대를 만들어 낼 것이라고 예측했다. … (또한 그렇게 함으로써 아이들로 하여금) 그들의 비판적 사고를 훈련시킬 뿐 아니라 그들의 판단력도 훈련시키도록 만든다. … (그리하여) 권위의 개념이 무참하게 무너져 내리는 데 기여한다(Tapscott, 1998; Gafinkl, 2003; Hendricks, 2004)."

■ 자유롭게/생산적

Tapscott는 디지털 혁명의 일차적인 영향은 개인들을 자유롭게 하고, 사회가 생산적으로 돌아가도록 하는 것이라고 생각한다. 개인들은 쉽게 접근이 가능한 정보와 지식을 찾을 수 있을 것이고, 그 기회도 광범위하게 확장될 것이다. 또한, 디지털 매체와의 친숙함은 젊은이들로 하여금 복잡한 직업에서 요구되는 "다중 과업(multitasking)"에서 효율적으로 기능하도록 준비시킨다. 사회는 지식 기반 경제가 효율성과 생산성을 증진시키며, 기술력이 교육 체제가 숙련된 일꾼으로서 젊은이를 준비시키는 기능을 성공적으로 달성하도록 도와줄 것임을 알게 될 것이다. 그러나 다른 학자들과 마찬가지로, Tapscott는 디지털 매체와 학습이 가진 자와 못 가진 자 사이에 이미 존재

■ 접근 가능성이 낮은 학생들에 대한 우려

하는 공백을 더 크게 할 것에 대해 염려한다. 즉, 새 기술에 대해 접근 가능성이 큰 중산 계층의 자녀와 가능성이 상대적으로 낮은 저소득층 가정의 자녀들, 그리하여 더 많은 불이익을 당하게 되는 자녀들 사이의 공백에 대해 우려하고 있는 것이다.

교육자들에 대한 의문과 시사점. 많은 관찰자들은 디지털 미디어의 출현과 관련된 사회화 문제를 평가하는 데 있어서 Tapscott보다는 신중한 자세를 취하고 있다. 예를 들면, Center for Media Education의 교육자들과 매체 전문가들은 만약 현재 나타나고 있는 기술들이 아이들의 발달에 긍정적 영향을 주기 위해서 관심을 가져야 하는 일련의 질문을 다음과 같이 제시하고 있다.

■ 교육자들의 역할은?

- 새로운 상호작용적인 기술의 특징은 무엇이며, 이들을 어떻게 아이들의 발달과 통합할 수 있는가?
- 어떠한 응용성이 아이들의 "배우고 싶어하고, 창조하고 싶어하고, 의사소통 하고 싶어하는 자연적인 열망"을 증대시키기 위한 성공적인 모델이 될 수 있는가?
- 교육자, 부모, 또한 기술을 옹호하는 사람들은 급격하게 발달하는 상호작용적인 매체 시장에서 어떠한 역할을 수행해야 하는가?

■ 긍정적인 상호작용적 학습

Center for Media Education은 이에 관련된 자신들의 연구와 관계된 의문점을 온라인 출판물인 「InfoActive Kids」에서 설명하고 있다. 내용 중 한 부분은 의미 구성, 문제 해결 및 학습 방법 학습과 관련된 학생들의 기술을 향상시킬 수 있는 상호작용적 학습 경험을 개발하고자 하는 여러 실험실에서 이루어지고 있는 프로젝트들을 다루었다. 이러한 출판물에서 설명하고 있는 프로젝트들은 아이들이 긍정적인 방향으로 성장하는 데 있어서 엄청난 잠재력을 가진다(Almon, 2000; Goodman, 2003). "매체 문해력(media literacy)"에 대한 설명은 "Technology @ School"을 참고하도록 한다.

성역할과 성차

■ 성역할에 대한 초기의 강화

사회는 그 사회의 근본적인 가치와 규범에 대한 순응만을 요구하는 것이 아니라, 이미 확립된 일정한 행동 패턴에 맞추어서 그 구성원 각각에게 특정한 역할을 부여한다. 사회화는 특히 성역할(gender roles)—여성과 남성이 행동하기로 "되어 있는" 방식에 대한 생각들—에 있어서 강력한 역할을 한다. 성역할은 문화마다 다양하지만, 주어진 문화에서 보다 잘 규정되며, 아이들은 정교한 선택적 강화 계획을 통해 사회화된다. 예를 들어, 취학 전의 남자 아이는 인형을 가지고 놀면 놀림을 받을 수 있고, 여자 아이들은 신체적으로 너무 힘들다고 생각되는 활동에서 배제될 수도 있다. "아주 어린 나이에도 남자 아이들은 보다 "활동적"이고, 여자 아이들은 보다 "의존적"이며 "양육적"이다(Harvighurst, 1983; Lensmire, 1995; Sullivan, 2000; Benfer, 2002)."

TECHNOLOGY @School

학생들의 매체 문해력 발달 도와주기

"매체 문해력(media literacy)"은 전자 매체와 인쇄 매체로부터 정보를 얻거나, 이들 매체를 비판적으로 평가하는 것과 관련된 기술을 의미한다. 학생들로 하여금 매체 문해력을 발달시키도록 도와주는 것은 교사로서 중요한 임무 중 하나이다. 대부분의 학생들은 텔레비전을 시청하는 데 시간을 보낼 뿐 아니라 컴퓨터 게임과 비디오 게임도 즐기며, 다양한 목적으로 인터넷을 사용한다. 잠재적인 학교 성취의 문제, 부정적인 사회화, 매체에서 제시하는 가치의 무조건적인 수용과 같은 부정적 결과물을 피하기 위해서는 학생들이 적극적으로 듣고, 보고, 인터넷을 활용하도록 유도한다.

교사 자신의 매체 문해력과 학생들의 매체 문해력에 대한 정보는 **www.medialit.org**에서 찾을 수 있다. 매체 문해력에 대해 다양한 글을 읽고자 한다면, **http://interact.uoregon.edu/MediaLit/mlr/home/index.html**를 방문하여 나타나는 화면에 따르고, 관심 분야와 관련된 사이트로 접속한다.

예를 들어, 학생들에게 상업 방송이 어떤 기능을 하는지 알려 주고자 한다면, **http://interact.uoregon.edu/MediaLit/mlr/readings/articles/key.html**에 게시된 "Key Concepts for Teaching"이라는 글에서 제기된 논점에 대해 토론할 수 있다. Renee Hobbs는 **http://interact.uoregon.edu/MediaLit/mlr/readings/articles/hobbs/teachingml.html**에 게시된 "Teaching Media Literacy: YO! Are You Hip To This?"에서 더 많은 제안을 제시하고 있다. **www.school. discovery.com/schrockguide/eval.html**에서는 웹사이트를 평가하는 데 있어서 필요한 가이드라인을 찾거나, 혹은 학생들과 공유할 수 있다.

매체 문해력은 다양한 주와 지역 기준의 일부이다. **www.med.sc.edu:1081/statelit/htm**에 게시된 표를 보면 매체 문해력과 관련하여 각 주에서 적용되는 기준을 알 수 있을 것이다. **www.nedialit.org/readingroom/article458.html**에 게시된 "Educational Standards and Media Literacy"에서는 다양한 교육과정의 기준을 설명하는 매체 문해력 수업을 실행하기 위한 조언을 얻을 수 있을 것이다.

■ 성역할과 남자 아이들의 문제

아이들은 학교에 가면 공손함, 명석함, 복종과 같은 전통적 규범이 학교를 지배하고 있다는 사실을 알게 된다. 교사들은 일반적으로 싸움이나 공격적 행동을 억제시킨다. 이는 남자 아이들에게 문제가 될 수 있는데, 여러 연구들이 보여 주듯이 평균적으로 남자 아이들은 호르몬의 차이 때문에 태어날 당시부터 여자 아이들보다 더 공격적이기 때문이다. 일부 학자들은 수동적 행동에 대해 보상을 해주고, 공격적 행동을 하지 못하게 하려는 교사들의 성향이 학교의 규칙에 비추어 보았을 때, 남자 아이들의 비교적 높은 소외율과 폭력률을 설명할 수 있다고 주장한다. 남자 아이들은 여자 아이들에 비해 더 꾸중을 듣고, 중학교에 들어갈 때쯤이면 여자 아이들에 비해 훨씬 많은 남자 아이들이 보충 학급에 편성되거나 일반 학급에서 소란을 피운다(Sommers, 2000; Newkirk, 2003).

■ 성역할과 여자 아이들의 문제

대조적으로, 교육 체제에서 여자 아이들이 직면하게 되는 문제들은 일반적으로 단호함보다는 의존성에 대한 사회화를 반영하는 것이다. 역사적으로 대부분의 여자 아이들은 법이나 의료계, 혹은 높은 보수를 받는 기술 관련 직업과 같은 높은 지위의 분야에 대해 준비하지 못했다. 대신에 이들은 아내나 주부 등과 같은 역할에 대비를 하게 된다. 초등학교 교사, 사회사업가, 간호사와 같이 여성들에게 적합하다고 생각되는 직업들은 상대적으로 보수도 낮고, 지위도 낮은 편이다. 이런 형태의 사회화는 여자 아이들로 하여금 노후의 경제적 성공에서 유용한 기술을 습득하도록 동기화시키지 않았다. 더 나아가, 여자 아이들이 뛰어난 능력을 보이는 언어 기술과 같은 종류는 수학이나 과학 부분에서의 성공에 도움을 주지 못한다. 결과적으로 많은 여자 아이들이 교육 기회로부터 배제당하고 있는 것이다(Gabriel & Isaiah Smithson, 1990; Parks & Parks, 2000).

■ 남자 v. 여자 동료 집단

Raphaela Best는 학교의 동료 집단 역시 남자 아이들과 여자 아이들에게 있어서 전통적인 기대값을 전달해 준다는 것을 밝혀냈다. Best는 여자 아이들의 동료 집단에서는 승리하는 것보다는 재미있게 노는 것, 그리고 경쟁보다는 협동을 상대적으로 더 강조하고 있는 반면, 남자 아이들의 동료 집단은 "항상 1등할 것", "멍청이(loser)와 놀지 말 것"과 같은 "법규(canons)"를 강조한다고 언급했다. Best는 또한 그녀가 연구한 학생들은 커 가면서 여자 아이에게 있어서 제한된 포부 수준과 남자 아이에게 있어서 제한된 감정적 성장이라는 고정관념을 극복하는 데 어느 정도 진전이 있었다는 결과를 제시하고 있다. 비슷하게, Barrie Thorne은 초등학생들을 연구하여 성역할은 일찍이 "사회적으로 구성된다"고 결론지었다. 또한 그녀는 교사들이 협동적인 행동을 촉진하고, 다양한 활동에 참여하는 기회를 증대시킴으로써 성에 대한 고정관념을 깰 수 있도록 노력해야 한다고 결론지었다(Besrt, 1983; Barrie, 1993; Mattews et al., 1998).

성취와 능력에 있어서의 성차

■ 읽기와 수학

미국의 최근 연구들은 성취에 있어서의 성 차이가 상대적으로 작다는 것을 제시하고 있다. 예를 들면 9세, 13세, 17세 아동의 읽기 성적에 대한 자료는 여자 아이들의 점수가 남자 아이들보다 아주 조금 높았음을 보여 준다. 반대로 17세의 경우, 남자 아이들은 여자 아이들보다 수학 부분에서 더 높은 점수를 얻었다. 그러나 이런 차이는 1970년보다 더 작아진 것이다. 9세와 13세 아동들은 여자 아이들과 남자 아이들의 수학 성적에 있어서 그리 의미 있는 차이를 보이지 않았던 것이다. 또한 이러한 연구들은 여성이 수학에서 얻은 점수가 부분적으로 지난 몇 십 년 동안 수학 수업에 더 많이 참여해 왔기 때문임을 보여 주기도 한다(Bae et al., 2000; Poe, 2004).

■ 타고난 차이?

성취에 있어서의 성차이가 좁혀지고 있음에도 불구하고, 선천적 능력에서의 차이일 가능성에 대한 논쟁이 이루어지고 있다. 이런 논쟁들은 주로 여자 아이들보다 남자 아이들이 수학이나 일반적으로 추상적인 사고에서 보다 뛰어난 선천적 재능을 가지고 있는지에 대해 초점을 맞추고 있다. 이에 대한 연구들은 여자 아이들보다 남자 아이들 사이에서 능력의 다양성이 존재한다는 것을 보여 주고 있다. 즉, 남자 아이들이 두드러지게 높거나 낮은 능력을 보일 가능성이 크다는 것이다(Fennema et al., 1998; Kimura, 2000, 2002).

■ 상이한 뇌의 기능

성별에 따른 능력의 차이가 태어날 때부터 존재한다고 믿는 사람들은 남자 아이들과 여자 아이들의 뇌 기능의 차이에 주목한다. 대부분의 사람들에게 있어서 뇌의 우반구가 수학에서 중요한 공간 지각 기능을 포함한 비언어적 과업을 담당하는 반면, 좌반구는 언어적 과업을 담당한다. 이런 면에서 뇌에 대한 연구는 성 호르몬과 연관이 있는 일부 차이점들이 태어날 때부터, 혹은 더 일찍부터 존재한다고 주장한다. 오른손잡이들 중에서(대부분의 사람들), 여성은 공간 지각 기능을 사용하기 위해 남성들이 이용하는 것보다 더 많이 좌반구를 이용한다. 여성들은 또한 언어 기능에서 우반구를 더 많이 이용한다(Redtak, 1979; Kimura, 1988; Gurian & Healey, 2001; Cohen, 2003).

■ "수학에 대한 두려움"과 성공의 두려움

그러나 다른 관찰자들은 학습 및 두뇌 능력의 차이를 포함한 학습에 관련된 남자 아이들과 여자 아이들의 차이점을, 경험과 기대값에서의 차이가 대부분 혹은 전부를 설명할 수 있다고 주장한다. 특히 여성들 사이에 존재하는 "수학에 대한 두려움"에 대해서는 많이 주목되어 왔다. 어떠한 여성이 비교적 수학을 잘 하지 못할 것이라는 가능성(또한, 그리하여 과학과 또 수학에 의존하는 다른 분야도 잘 하지 못할 것이라는 가능성)은 그들로 하여금 수학적 분석에 대해 염려하고 두려워하게 하는 사회화의 실제에서 생겨난 것이다. 이와 관련된 계통의 주장에는 여성이 전통적으로 남성의 활동과 직업에서 성공하는 것은 성에 관련된 고정관념을 위반하는 것이고, 그리하여 놀림거리가 될 것이기 때문에 이런 성공을 두려워한다는 것이다. 아직도 다른 학자들은 여자 아이들이 사춘기에 접어들면서 사회적 관계에 대해 더 많은 관심을 쏟는 경향이

성취도상의 성 차이는 줄어들고 있으나, 성 차이를 가져오는 원인 및 이에 대한 관점들은 여전히 논쟁의 대상이 되고 있다.

있다고 생각하고 있다. 그러나 상황은 복잡하며, 전체적인 일반화는 아직 이루어지지 않고 있다(Friedman, 1995; Latham, 1998; Rogers, 2001).

여성의 교육적, 직업적 성취

■ 여성의 교육적 획득

역사적으로 볼 때 여성들은 남성들보다 학교 교육을 덜 받았었다. 그러나 1979년, 여성들은 처음으로 대학 신입생 수에서 남성을 앞서게 되었다. 1962년에 학사 및 석사 학위를 받은 사람의 40%가 여성이었던 것에 비해, 1992년 이후에는 여성의 비율이 50% 이상을 차지하고 있다. 지난 수십 년 동안 고등교육 분야에서 여성의 비율이 점점 증가하고 있으며, 현재는 대학 신입생의 60%를 차지하고 있다(Feigen, 2000; Young, 2001; Sparaggins, 2002, 2003).

■ 직업적 획득

또한 이러한 비율 증가는 여성의 직업적 지위에서도 찾아볼 수 있다. 예를 들어 2000년에 60%에 가까운 회계사가 여성이었던 것과 비교하면, 1950년에는 15%만이 여성이었다. 여성 변호사의 비율도 1950년에는 4%였으며, 이는 2000년의 약 1/3 수준이다. 최근에 의학, 경영, 또다른 전문 분야를 공부하는 학생들 중 여성의 비율의 증가는 점점 더 많은 여성이 미래에 높은 지위를 인정해 주는 자리에 고용될 것임을 보여 준다. 교육과정에서 성 차별적인 내용의 삭제, 여학생의 대학 진학 및 전문직 진출 격려, 과학 및 컴퓨터 분야를 전공하는 여학생 및 여성 지원 등과 같은 다양한 기회 균등을 위한 활동들을 통해 학교와 우리 사회에서는 여러 가지 변화가 이루어지고 있다(Mendels, 1995; Glater, 2001).

■ 달성되어야 할 많은 것들

그럼에도 불구하고 아직 이루어야 할 것들이 많이 남아 있다. 최근의 결실에도 불구하고, 여성들은 아직도 낮은 보수를 받는 낮은 지위의 직업에 집중되어 있다. 박사 학위를 가진 여성 과학자와 기술자의 숫자가 1973년과 1995년 사이에 2배 이상 늘어났으나, 그들은 아직도 전체의 1/4 이하를 차지하고 있다.

■ 교육에서 성 평등을 증진시키는 방안

여성의 교육적, 직업적 성취가 향상되고 있는 것은 취업 주부, 편부모 가정의 비율이 증가하는 것과 관련이 있다. 앞에서 살펴보았듯이 이러한 경향은 아이들과 학교에 부정적인 영향을 미치지만, 이것은 기회의 평등을 의미하며, 상당수 가정의 사회적 계층 및 소득 증대를 가져올 수 있다. 여자 아이들과 여성들의 평등과 교육 기회 향상을 위해 연구자들은 다음과 같은 제안하고 있다(How Schools Shortchange Women: The A.A.U.W. Report, 1992; Hilke & Conway-Gerhardt, 1994; Stabiner, 2002; Agosto, 2003; Dyer, 2004).

- 성에 관한 논점을 다루는 교사 연수의 증가
- 직업 교육에서 성 평등과 관련된 사항에 보다 큰 관심을 둠
- 표준화된 검사에서 존재하는 모든 편파성을 줄이고, 대학에 입학할 때 이런 검사의 역할 축소

- 건강과 성에 관련된 교육 프로그램 개선
- 성 고정관념을 줄이고, 수업 자료에서 여성과 관련된 부분을 확대
- 임신한 여자 아이와 미혼 10대 부모의 권리 보호
- 학습 유형에서의 차이를 수용할 수 있는 "성적으로 평등한(gender-fair)" 교육과정 도입
- 여자 아이들을 수학, 컴퓨터, 과학 프로그램에 참여하도록 유도하는 특별 프로그램 도입
- 많은 여자 아이들이 자신의 외모로 인하여 자아 존중감이 낮아지지 않도록 도와줄 것

다시 한 번 생각해 보기

교사로서 당신은 여자 아이들 혹은 남자 아이들이 명백하게 수동적 경향성을 극복할 수 있도록 돕기 위해 어떻게 하겠는가?

사춘기와 청소년기의 문제

많은 전통적이고 산업화되지 않은 문화에서 청소년들은 사춘기 이후에 성인기로 접어든다. 이런 변화는 종종 성인의 역할을 하는 데 있어서 그 청소년의 가치를 증명하기 위해 고안된 특별한 의식을 통해 이루어지기도 한다. 그러한 사회에서 한 사람은 어린아이이거나 성인, 둘 중 하나일 뿐이다. 매우 작은 차이—그런 차이가 존재한다고 한다면—가 이 둘을 분리해 주고 있다.

■ 현대적 현상으로서의 사춘기

현대의 기술 사회에서 청소년들은 사춘기 혹은 청소년기 동안에는 성인기의 시기를 미루게 된다. 주된 이유는 현대 사회가 더 이상 청소년기의 사람들에게 경제적 요구를 가지지 않기 때문이다. 한 가지 불행한 결과는 청년들이 사회로부터 점점 더 많이 소외되고 있다는 것이다. 최근 들어 이런 소외는 마약, 음주, 자살, 어린 나이의 임신, 범죄와 같은 청소년 문제로 확대되고 있다. 동시에, 청소년들의 소외는 학교와 다른 사회 기관들이 성인기에 대비할 수 있도록 도와주고자 하는 노력을 방해하고 있다(Coleman, 1987; Cote, 2000).

약물과 음주

■ 사용 형태

지난 반세기 동안 청년들 사이에서 약물과 알코올 사용이 현저하게 증가해 왔고, 10여 년간 조금 줄어들긴 했지만 최근 들어 또다시 특정한 약물의 사용이 증가하기 시작했다. 부모, 교육자, 또 청년들에 관한 일을 하는 사람들은 약물 사용과 남용에 대해 심각하게 우려하고 있다. 다음은 최근의 유형들을 요약해 놓은 것이다.

- **담배.** 이전 달에 담배를 피웠던 고등학생의 비율은 1980년대와 1990년대에는 약 30%였으나, 1997년에는 거의 40%까지 증가했다. 반흡연 운동과 흡연에 대한 일반적인 포용력 감소로 인해 2003년에는 이 비율이 25% 이하로 떨어졌다.
- **마리화나.** 전년에 마리화나를 사용한 경험이 있는 고등학생의 비율은 1978년 50%에서 1992년에는 22%로 감소했다. 그러나 1990년대 후반과 2000년대 초반에 들어서면서 30% 중반으로 다시 증가하였다.
- **헤로인.** 2003년에 고등학생들의 1% 이하가 전년에 헤로인이나 다른 아편제를 사용했다고 보고되었다.
- **코카인.** 고등학생들의 1년간 코카인 사용은 1975년 6%에서 1985년 13%로 증가하였으나, 2003년에는 5%로 감소하였다. 2003년 고등학생들의 코카인의 사용은 2%로 보고되었다.
- **각성제.** 2003년 조사에 따르면, 이전에는 "speed"라 불렸고 현재 "ice"나 "crank" 등 다양한 이름으로 불리는 각성제(메타암페타민)를 전년도에 사용한 경험이 있는 학생은 4% 이하로 나타났다.
- **환각제(hallucinogens/LSD).** 2003년 전년도에 고등학생들의 환각제와 LSD(환각제의 일종)의 사용은 각각 6%와 2%로 보고되었다.
- **MDMA(ecstacy).** 2000년에 보고된 전년도 고등학생들의 MDMA의 사용은 8%에서 2003년에는 5% 이하로 감소했다.
- **음주.** 통상적으로 술을 마시는 비율은 일정하게 나타나고 있지만, 여러 연구들에 따르면 15세 이하 청소년들의 음주 비율이 증가하고 있다. 많은 10대들이 술에 취한 상태에서 자동차를 운전한 경험이 있으며, 상당수의 10대들이 따분하거나 화가 났을 때 혼자 술을 마시는 것으로 나타났다.

■ 약물과 음주가 주는 의미

교육자들은 청소년들의 음주, 마리화나, 또다른 비교적 자극이 약한 약물의 사용이 사회 기관으로부터 이들을 소외시키거나, 혹은 성년기로의 변화를 방해할 수 있다는 점에 대해 우려하고 있다. 이는 낮은 학업 성취도, 저항, 범죄적 행동과 같은 문제들이 약물로 인해 야기된다는 의미는 아니다. 다만 그러한 문제들이 먼저 생겨나고, 이것이 약물을 사용하도록 만들 가능성이 크다는 것이다. 많은 젊은이들은 약물과 음주를 성인기를 준비하는 과정에서 자신이 겪는 어려움에서 빠져나가기 위해 사용한다. 그러나 이유가 무엇이건 간에, 미국의 청소년들 사이에 이런 약물과 음주의 비율이 다른 산업화된 국가들보다 높게 나타나고 있다. 게다가 이전의 견해와는 반대로, 일부 권위자들은 마리화나와 같이 자극이 약한 약물도 코카인이나 헤로인 같은 강력한 약물을 사용하게 되는 받침대 역할을 한다고 주장한다. 청소년들도 약물과 음주가 자신의 삶에 있어서 부정적인 영향을 미친다는 것을 알고 있다. 전국적인 조사 결과는 대부분의 고등학생들이 약물이나 음주를 자신의 삶에 있어서 "최악의 요인"으로 부르고 있다는 사실을 계속해서 보여 주고 있다(Coles, 1998; "RAND: Early Alcohol Use Linked to Adult Behavior Problems", 2003).

자 살

■ 자살률의 증가

교육자들은 청소년들의 자살에 대해 점점 더 우려하고 있다. 어린아이들과 청소년기의 자살률은 1950년 이래로 거의 4배로 증가하였으며, 몇몇 조사에서는 학령기의 아이들 10명 중 1명이 자살을 시도한 것으로 나타나고 있다. 이에 대한 이유로는 자살을 금지하는 종교적 가치의 쇠퇴, 대중매체의 영향, 학교에서 남들보다 뛰어나야 한다는 부담감, 동료들과의 원만하지 못한 관계, 이혼이나 그 외 가정 문제로 인한 부담이나 약물에 대한 의존성 등이 포함된다(Portner, 2000; Parachin, 2002).

■ 교사들은 경고 신호를 알아차려야 한다.

교사 및 교직원들은 자살과 관련된 문제에 항상 주의를 기울일 필요가 있다. 다음과 같은 것들이 경고 신호가 된다 – 친구들, 가정, 또한 정규 활동으로부터의 탈퇴, 폭력적이거나 저항적 행동, 가출, 음주 또는 약물 남용, 외모나 옷차림에 대한 무관심, 성격 변화, 계속적인 권태, 집중력 장애, 학업 성적 하락, 두통이나 복통 같은 정서적 · 신체적 증상들. 교사들은 학생들에 대해 "적절한" 보호를 하지 못하고, 자살의 증상을 보이는 아이들을 도와주지 못한 경우, 학생들의 자살에 교직원들이 부분적으로 책임이 있다는 연방 법원의 판례를 명심해야 할 것이다(Eltin, 1990; Jones, 2001).

10대의 임신

■ 미혼모의 출산율 증가

전체적으로 볼 때 피임약(용구) 사용과 낙태, 또 일부 지역에서 실시한 절제 캠페인의 효과 등으로 인해 지난 반세기 동안 10대들의 출산율은 현저하게 감소하였다. 반면, 10대 미혼모의 출산율은 1960년의 15%에서 지난 10년간 약 90% 가까이 증가했다. 연구자들은 이런 경향을 다양한 사회 문제로 연결시킨다. 예를 들면, 어린 어머니가 이룬 가정은 다른 가정보다 빈곤선 이하의 생활을 할 가능성이 훨씬 더 크고, 10대 어머니들은 나이가 많은 어머니에 비해 비교적 조악한 출산 전의 보살핌을 받는 경향이 있다. 따라서 별로 놀랄 것도 없이, 10대 어머니의 아이들은 건강이 나쁘고 학교에서의 성취도도 낮은 경향이 있다. 게다가 우리 사회는 10대 어머니를 둔 아이들을 지원하기 위해 매년 수억 달러를 지출하고 있다(Hardy & Zabin, 1991; Mauldron & Luker, 1996; Hymowitz, 2004).

■ 이와 관련된 문제들

■ 증가 원인

미국에서 10대의 출산율은 다른 산업화된 국가와 비교할 때 전체 출산율의 상당 부분을 차지하고 있다. 출산 관련 자료를 분석한 사회과학자들에 따르면, 10대 미혼모의 출산율은 10대 성관계의 사회적 용인, 어린 나이에 보다 잦은 성관계, 어린 나이의 결혼 감소, 결혼 상대자의 잠재적 부족, 어린아이들에 대한 지역 공동체와 부모의 영향력 감소, 어린 어머니를 도와주어야 한다는 사회적 기관의 책임 등과 같은 상호 연관된 요소들로부터 생겨난다(Davis, 1980; Baeber, 2001).

■ 학교의 대응

많은 학교들이 임신한 10대들과 자녀가 있는 학생들을 위한 진료소를 학교에 설립하고 있고, 성교육, 건강, 개인적 발달, 가정생활에 초점을 맞춘 교과를 확대하고 있다. 이러한 활동에 대한 초기의 자료들은 일반적으로 부정적 반응을 나타내고 있지만, 최근의 연구들은 10대의 임신을 예방하거나, 혹은 최소한 문제를 완화시키는 데 효과적이라는 결과를 나타내고 있다. 1996년 이래 연방 정부가 후원하는 National Campaign to Prevent Teen Pregnancy(10대의 임신을 예방하기 위한 전국적 캠페인)의 일환으로 실행된 다양한 접근법들이 긍정적 결과를 보인다는 사실도 보고되었다. 게다가 Girls, Inc.와 같은 조직들이 여자 아이들에게 단호함을 키워 주는 훈련, 의료 서비스, 의사소통 기술, 개인적 상담, 성관계에 대한 정보를 제공하는 프로젝트를 실행하고 있다. 최근의 자료에서는 이런 노력들이 10대의 임신을 상당수 감소시키고 있는 것으로 나타났다(Dean F. Miller, 1990; "American Academ of Pediatrics Reports on School Health Centers", 2001; Pardini, 2003).

비행과 폭력

■ 전반적인 경향

최근 몇 십 년간, 한 부모 가정의 증가, 동료 문화의 영향 증가, 약물과 음주의 증가 및 대도시에서 저소득 이웃의 증가 등과 함께 청소년들의 비행 역시 증가하고 있다. 폭력과 비행에 관련된 문제들은 특히 어린 흑인 남성에게서 두드러지게 나타나며, 이들에게서 살인으로 인한 사망률은 1985년 이래로 3배 이상 증가했다. 그러나 어린 백인 남성 사이에서도 살인율은 다른 산업화된 국가들에서보다 2배 이상 높게 나타난다(Dilulio Jr., 1995; Hogan, 1997; Males, 2000; Hoffman, 2003).

청년기의 비행과 폭력에 대한 연구는 몇 가지 일반화를 가능하게 한다(Jenck, 1992; McNulty, 1995; Weiler, 2000; Williams, 2003).

- 모든 사회 계층에 걸쳐 청소년 비행의 비율이 높게 나타나고 있다. 그러나 폭력적 비행은 중산층 자녀보다 노동자 계층의 자녀에게서 더 자주 나타난다.
- 범죄의 상당 부분이 25세 이하의 사람들에 의해 일어나고 있지만, 대부분의 청소년 범죄자들은 생산적인 성인 생활에 정착한다.
- 폭력 조직의 증가는 청소년들의 더 심각한 폭력을 만들어 내는 요인이 된다.

■ 실업

- 비행은 실업과 관련되어 있다. 이런 관점에서 볼 때, 비행은 현대 사회에서 일부 젊은이들에게 제한된 기회에 대한 부분적 반작용이라고 볼 수 있다.
- 비행 청소년이 있는 가정은 효과적인 부모의 보호 부족, 공동체적 응집성의 부재, 아버지의 부재 등의 특성을 가지고 있다.

■ 여자 아이들의 비행

- 여자 아이들의 폭력적 범죄와 비행의 비율은 남자 아이들의 비율보다 급속도로 증가하고 있다. 그러나 남성과 여성 모두에게 있어서 지역 사회의 비행률은 높은

상관이 있다. 한 성별의 비행률이 높은 사회에서는 다른 성별의 비행률도 높게 나타나는 경향이 있다는 것이다.

- 비행은 학습 장애, 낮은 학업 성취와 관련되어 있다. ■ 학업 성취도
- 강력한 비행의 예언 요소 중 하나는 동료들의 영향이다. 그러나 이런 영향력은 가정, 이웃, 또다른 요인들과 상호작용한다. ■ 동료 집단의 영향
- 폭력적인 아동의 범죄는 교외 지역에서 두드러지게 증가했다.

학교에 미치는 영향

■ 중요한 결과

앞에서 살펴보았듯이, 청소년들은 학교에 들어설 때 외부 문화를 뒤로 하고 오는 것은 아니다. 이 장에서 논의된 다른 주제와 같이, 청소년기 문화의 특성들은 미국의 교육 체제에 상당한 영향을 미치고 있다. 가장 직접적인 문제는 학교에서의 마약과 음주, 폭력, 절도, 운동장에서의 무질서 등이다. 학교를 둘러싼 반사회적 행동을 나타내주는 지표는 지난 30년간 계속 논의되었던 주제이다. 2002년에 전국적 설문 조사에서 63%의 응답자들은 "싸움, 폭력, 폭력 집단"이 자신의 지역 사회의 공립학교가 직면하게 되는 심각한 문제라고 대답했다(Rose & Gallup, 2002).

폭력과 학교 기물 파괴는 대도시의 저소득층 학교에서 흔한 현상이지만, 특히 10대들이나 10대 후반 청소년들의 폭력 조직, 약물 남용과 마약 판매에 관련된 범죄, 학교 건물 불법 침입 등에 의해 시달리는 교외 지역의 학교에서도 심각한 문제이다. 지난 10년간 학교 내 혹은 학교 근처에서 200명에 달하는 학생들이 살해되었고, 이들 중 일부는 널리 보도되었던 Columbine과 Santee 고등학교의 총기 사건 당시 사망했다. 최근에는 각종 안전 확보 방안이 실시되고 있으며, 비관용(zero-tolerance) 정책들(9장에서 자세히 설명되었던)이 도입되었고, 학교에서는 집단 간 적대 행위나 괴롭힘을 방지하기 위한 다양한 프로그램을 실행하고 있다(Lantieri, 1995; Males, 2000; Joiner, 2002; Black, 2003).

■ 학교 내의 사회 봉사 담당자

일반적으로 청소년기의 문제에 대응하기 위해 학교에서는 이전보다 많은 상담원, 사회복지사, 또다른 사회 봉사 담당자들을 고용하고 있다. 예를 들어, 도시의 고등학교에서는 진로 지도를 위한 상담원, 심리학자, 경비 요원, 간호사, 등교 거부 학생 담당자, 또한 home-school 담당자들과 같은 특수화된 담당자를 이용한 서비스를 제공하고 있다. 이런 전문가들 대부분이 음주와 약물 남용, 10대의 성관계, 퇴학, 자살, 집단 간의 관계, 육아 기술 등을 목적으로 한 프로그램 운영을 돕고 있다.

이와 함께 많은 학교들은 진료소를 운영하고 있으며, 다른 기관들과 연계하여 학생들과 가정들이 정신적·신체적 건강 문제에 대해 도움을 받고, 고용에 대비하며, 또한 이외에 학교에서 학생들의 수행을 저해할 수 있는 요인과 관련하여 도움을 받을 수 있도록 하는 협동 서비스를 제공하고 있다. 또한 많은 학교에서 학교의 훈육을 향

상시키고, 학생들에게 문제 해결에 필요한 기술을 익히게 하며, 동료 조정 기제를 발달시키고, 조직 폭력 활동을 통제하도록 하는 프로그램을 시행하고 있다. 이 책의 후반부에서는 학교 풍토와 환경을 증진시키기 위한 노력에 대한 추가적 자료를 제시할 것이다.

다시 한 번 생각해 보기

당신의 교수 활동이 폭력, 마약 남용, 임신과 같은 사춘기의 문제에 어떻게 영향을 받을 것이라고 생각하는가? 그러한 문제를 다루는 데 있어서 당신에게 필요한 도움의 종류에는 어떤 것들이 있는가?

요 약

❶ 가족 구성의 변화는 학교에서 아이들의 행동과 학업 성취에 부정적인 영향을 미칠 수 있다. 상황이 복잡하기는 하나, 한 부모 가정과 취업 주부를 둔 가정의 증가는 많은 학생들에게 부정적 영향을 미치고 있는 것으로 보인다.

❷ 동료 문화는 아이들의 학년이 올라가면서 더욱 중요해진다. 그러나 이는 학교 교육의 모든 수준에 걸쳐 중대한 영향력을 가진다. 교육자들은 정규 교과 과정 외의 활동에의 참여가 가지는 잠재적인 긍정적 영향력을 인식해야 한다.

❸ 학교 문화(즉, 학교의 실제에서 나타나는 "규율")는 여러 초등학교와 중등학교에서 수동적 · 기계적 학습을 강조하는데, 특히 상대적으로 성취 수준이 낮은 학생이 많은 노동자 계층의 학교나 계층이 혼합되어 있는 학교에서 이런 학습을 강조하고 있다. 이는 부분적으로는 학교가 하나의 기관으로서 규칙적인 질서를 유지해야 하고, 많은 학생들이 수동적 학습을 선호하기 때문이다. 또한 교사들은 일반적으로 모든 학생의 학습 요구를 충족시켜 줄 수 없으며, 사회는 학생들로 하여금 그 제도 내에서 기능하기 위해 배우라고 요구하고 있기 때문이기도 하다.

❹ 텔레비전은 일부 아이들과 청년들 사이에서 공격성이나 폭력적 행동을 증가시키고 있다. 또한 이는 학업 성취, 특히 읽기 부분에 있어서 저해 요인이 되는 경향이 있다. 일부 분석학자들은 디지털 기술의 사회적 · 문화적 영향력을 연구하기 시작했다.

❺ 여자 아이들은 전통적으로 보다 큰 사회에 완전히 참여하도록 준비시키는 교육을 받지 못했다. 또한 남자 아이들이나 여자 아이들 모두 학교에서 성역할에 관련된 부담감을 경험해 왔다. 그렇다고 하더라도, 여성에게 있어서 교육적 · 직업적 기회는 급속도로 향상되고 있다. 학교 성취에 있어서의 성 차이가 감소하고 있음에도 불구하고, 능력에 있어서 나타나는 일정한 차이는 언어적 기술(여성이 우월)과 고급 수준의 수학 부분(남성이 우월)에서 계속해서 나타날 수도 있다.

❻ 청년기는 다양한 하위 문화를 경험하는 삶에 있어서 분리된 시기가 된다. 10대의 약물 남용과 음주, 자살, 임신, 비행, 폭력성은 학교 안팎에서 나타나는 사춘기와 청소년기의 발달에 관련하여 심각한 우려를 야기하고 있다.

11 사회 계층, 인종과 학업 성취

이 장은 사회 계층에 대해 간단히 설명하고, 학생들의 사회 계층과 인종, 민족적 배경과 교육의 관계를 검토하는 것으로 시작할 것이다. 그리고 나서 사회적 지위가 낮은 학생들, 특히 사회적으로 불리한 처지에 있는 소수 민족 학생들이 일반적으로 낮은 교육적 성취를 보이는지에 대해 논의할 것이다. 동등한 교육 기회에 대한 국가의 역사적 과업이라는 관점에서 이러한 관계로부터의 시사점을 도출함으로써 이 장을 끝마칠 것이다.

이 장은 10장과 마찬가지로 명료한 대답을 제시하지는 않지만, 사회경제적으로 불리한 입장에 놓인 학생들에 대한 보다 깊은 이해를 가능하게 할 것이다. 다른 장에서는 불리한 처지에 놓인 학생들의 학업을 증진시키는 노력을 살펴볼 것이다. 그러나 먼저 그런 문제를 야기하는 다양한 근원과 이로부터 얻어지는 교수와 학습에 대한 시사점에 초점을 둘 것이다. 이 장을 읽으면서 다음의 질문들을 생각해 본다.

핵심 질문

- 교육 체제에서 사회 계층과 성공 간의 관계는 어떠한가?
- 사회 계층 외에 인종과 민족성이 학업 성취와 관련되어 있는가?
- 환경과 유전이 낮은 성취 수준에 어떤 영향을 미치는가?
- 사회경제적 지위가 낮은 학생들이 낮은 성취를 보이는 주된 이유는 무엇인가?
- 높은 성취를 장려하거나, 혹은 저해하는 데 있어서 가족과 가정환경은 어떤 역할을 하는가?
- 사회 계층과 학업 성취 간의 관계가 모든 학생들에게 동등한 교육 기회를 주려는 국가적인 목표에 어떤 영향을 미치는가?

사회 계층과 학교에서의 성공

미국 사회는 일반적으로 노동자 계층, 중산 계층, 상류 계층의 세 가지 계층으로 구성되어 있다. 사회 계층과 교육적 성취 사이의 관계가 긴밀함은 널리 알려져 있으며, 실제 강한 관련성이 있다. 전통적으로 노동자 계층의 학생들은 중산 계층이나 상류 계층의 학생들보다 좋은 성취를 보이지 못하고 있다. 이 장에 제시된 내용들을 살펴보면서 왜 노동자 계층의 학생들의 성취를 향상시키는 것이 어려운가, 또 앞으로 이런 학생들의 성취를 높이기 위해서 어떻게 해야 하는가에 대해 스스로에게 질문해야 할 것이다.

사회 계층의 범주

■ 계층과 SES

1940년대에 W. Lloyd Warner와 그의 동료들은 네 가지의 주된 변인—직업, 교육, 수입, 주택의 가치—을 사용하여 미국인들의 가정을 상류 계층, 중상 계층, 중하 계층, 하상 계층과 하하 계층 등 다섯 개의 집단으로 분류하였다. 직업적 특권, 교육의 양, 수입, 주택의 가치가 높은 개인들은 보다 높은 계층으로 순위가 매겨졌다. 또한 그런 사람들은 **사회경제적 지위**(socioeconomic status: SES)가 높다고 말할 수 있다. 즉, 다른 사람들이 이들을 상류 계층의 사람으로 보며 지역 사회에서 권력을 가지고 영향력을 행사하고 있다고 생각한다는 것이다. 반대로 사회경제적 지위가 낮은 사람들은 특권이나 권력에 있어서도 낮은 수준으로 평가되었다(Warner, Meeker, & Eells, 1949; Miller, 1991; Domhoff, 2002).

■ 사회 계층의 정의

오늘날 **노동자 계층**(working class)이란 말은 하위 계층(lower class)보다 더 널리 쓰이는 말이다. 사회과학자들은 SES를 세 가지에서 여섯 가지의 수준으로 구분하여, 최상층으로는 상위 계층(upper class)으로 하고, 가장 낮은 계층으로는 노동자 계층으로 구분하고 있다. 상위 계층은 일반적으로 상당한 재산과 투자를 가진 부유한 사람을 포함하여 정의된다. 중산 계층(middle class)에는 기술 근로자들, 기술자, 판매직원, 성직자(중하 계층)뿐 아니라 전문직종, 관리자, 작은 사업체 소유자(중상 계층)도 포함된다. 노동자 계층은 일반적으로 (기술 있는 노동자를 포함하는)상위 노동자 계층과 (기술이 없는 수공 노동자들인)하위 노동자 계층으로 나뉜다. 숙련된 노동자들은 자신들의 교육, 수입, 또 살고 있는 지역 사회와 같은 다른 고려 사항에 따라 중산 계층이나 노동자 계층으로 분류된다(Galston & Kamarck, 1998).

■ 세대 간 빈곤

최근 들어, 연구자들은 노동자 계층 내에도 최하층(underclass) 집단이 존재한다는 것을 확인하고 있다. 일반적으로 최하층은 하위 노동자 계층과 비슷하지만, 대부분의 구성원들이 3대나 4대째 가난하게 살고 있고 비교적 빈곤한 삶을 이어가기 위해서 공공의 지원에 의존하는 사람들이다. 보통 도심지의 빈민가나 시골의 가난이 악화된 지역에서는 최하층의 많은 구성원들이 주로 자신들의 경제적 · 사회적 상황을 향상시킬 수 있다는 희망도 없이 살아가고 있다(Jenks & Peterson, 1991; Wooster, 1998; Finnerna & Kelly, 2003).

또한 일부 학자들은 한걸음 더 나아가, 대부분의 사람들이 경제적으로 침체된 상태에 머물러 있는 가운데 경쟁적인 국제 경제에서 성공한 사람들인 "지배 계층(establishment)" 혹은 "특수층(over class)"이 존재한다는 사실을 확인했다. 연구자들이 최하층의 발달을 연구했듯이, 이런 분석도 일반적으로 한 사람의 사회적 지위와 수입을 결정하는 데 있어서 교육의 중요성을 강조하고 있다(Brooks, 2000).

사회 계층과 학교에서의 성공에 관한 연구

■ Middletown 연구

사회 계층과 학교에서의 성취 간의 관계를 밝히려는 초기의 체계적 연구 중 하나는 Robert와 Helen Lynd에 의해 진행된 1920년대의 "Middletown(작은 중서부의 도시)" 연구이다. Lynd는 사회 계층과 관계없이 부모들은 자신들의 자녀를 위한 교육의 중요성을 인식하게 되지만, 많은 노동자 계층의 아이들은 교실에서 성공하기 위해 필요한 행동적 특성과 언어적 기술을 습득하도록 준비되지 못한 채 학교에 오게 된다고 결론지었다. 사회 계층과 학교에 관한 Lynd의 연구 결과는 W. Lloyd Warner와 그의 동료들이 뉴잉글랜드와 최남부 지방(Deep South), 중서부 지방의 작은 도시와 마을에서 진행한 일련의 연구에서도 비슷하게 나타났다. 그 이래로 수많은 연구들이 미국에 있어서 사실상 전세계에 걸쳐서, 사회 계층과 교육 간의 밀접한 관계를 증명해 왔다(Lynd & Lynd, 1929; Entwistle & Astone, 1994; OECD/UNESCO, 2003).

■ NAEP

예를 들어, 우리는 이런 관계에 대한 보다 명확한 자료를 National Assessment of Educational Progress(NAEP)와 전국적으로 학생을 대표할 수 있는 표본에서 추출한 성취에 관한 정보를 수집하는 다른 기관들로부터 얻을 수 있다. 표 11.1에서 볼 수 있듯이, 학생 집단의 수학과 읽기 점수는 사회 계층에 따라 매우 다양하게 나타났다. 교육을 잘 받은 부모(사회 계층의 중요한 측정치 중 하나)를 둔 학생의 점수는 교육을 덜 받은 부모를 둔 학생의 점수보다 훨씬 높게 나타났다. 이는 최소한 전문대학 정도의 교육을 받은 부모를 둔 9세 아동의 평균이 고등학교도 졸업하지 못한 부모를 둔 13세 아동의 평균보다 그리 낮지는 않다는 사실을 말해 준다.

■ 지역 사회와 관련된 성취도

또한 학업 성취는 지역 사회의 유형과 서로 관련이 있는데, 지역 사회에는 그곳에 거주하는 사람들의 사회적 계층을 반영하기 마련이다. 표 11.1에서 볼 수 있듯이, "도시 주변/대규모 마을"(비교적 많은 거주자들이 전문직이나 관리직에 종사한다) 지역에 사는 학생들의 수학과 읽기 점수의 평균이 "도심지"(많은 거주자들이 공공의 도움을 받고 있거나 실직한 상태이다) 지역의 학생들의 평균보다 훨씬 높았다. 2002년에, 도심지에 거주하는 8학년 학생들의 26%만이 읽기에 있어서 숙달된 능력을 보였다

표 11.1 2000년과 2002년에 8학년 학생들이 능력 수준(proficiency level)에 도달하거나, 혹은 이 수준을 넘어선 백분율

	수학 2000	읽기 2002
부모의 교육 수준		
고등학교를 졸업하지 못함	08	14
고등학교 졸업	16	21
고등학교 이후에 약간의 교육	27	34
대학 졸업	39	44
지역 사회의 유형		
도심지	23	26
도시 주변/대규모 마을	31	37
시골/작은 마을	26	33

주: National Assembly of Educational Process에서는 지역 사회의 유형을 다음과 같이 정의했다. "도심지"는 대도시 도심지를 포함한다. "대도시 주변/대규모 마을"은 일반적으로 대도시 지역의 다른 지역을 포함한다. "대규모 마을"은 대도시 지역 외부에 최호나 25,000명의 사람들이 살고 있는 마을이다.

출처: James S. Braswell et. al., *The Nations' Report Card, Mathematics 2000* (Washington D.C.: U.S. Department of Education, 2001); Wendy S. Grigg et al., *The Nation's Report Card: Reading 2002* (Washington D.C:U.S. Department of Education, 2003).

(Grigg et al., 2003).

■ 빈민들이 집중된 학교

사회 계층과 학업 성취 간의 관계에 대한 또다른 증거는 대도시의 가난한 이웃에 관한 연구들에서 찾을 수 있다. 예를 들면, Levine과 그의 동료들은 7개의 대도시에서 저소득층이 많이 다니는 1,000여 개 이상의 학교에서 6학년의 성취 유형을 조사하고, 그 결과 소수를 제외한 나머지 모두는 전국 평균보다도 읽기 점수가 2년 이상 뒤쳐져 있다는 결과를 발표하였다. 이들은 또한 이런 학교에 다니는 학생들 중 최소한 1/4 정도는 고등학교에 진학해서도 기능적 문맹자로 고려될 만큼 독해 능력이 충분하지 않았다. 이런 경향은 미국 전역에 걸쳐 대도시에서 빈민들이 집중된 학교에서 찾아볼 수 있다(Levine & Levine, 1996; Kahlenberg, 2000, 2003; Orfield & Lee, 2004).

■ 농촌 지역의 빈곤

또한 많은 교육자들이 농촌 학생들의 성취에 대해 우려하고 있으며, 특히 저소득 지역에 사는 학생들과 가난한 소규모 농촌 지역에 사는 학생들의 성취에 대해 염려하고 있다. 일반적으로 농촌 학생들은 전국 평균과 비슷한 성취를 보이지만, 여러 연구에서는 가난과 불평등이 이러한 과정을 방해할 수 있으며, 2/3에 달하는 농촌의 교육자들이 그들의 저소득층 학생들에게 향상을 "대단하게 요구"하거나, 혹은 "매우 강하게 요구"하지도 않는다는 사실을 보여 주고 있다(DeYoung & Lawrence, 1995; Silvis, 2000; Leis, 2003).

■ 효과적인 학교

그러나 사회경제적 지위가 낮은 학생들의 성취를 향상시켜 줄 수 있는 방법들도 있다. 특히, 1980년대에 크게 일어났던 "효과적인 학교" 운동은 수업을 향상시키려는 학교의 적절한 노력이 교육적으로 불리한 여건을 가진 학생들, 심지어는 대도시의 빈민

층이 집중된 학교나, 교외의 가난한 지역에서도, 이들의 성취도에 상당한 향상을 가져올 수 있는 것으로 나타났다. 불과 10년, 15년 전보다 오늘날에는 저소득층 학생들의 성취를 향상시켜 온 학교들을 많이 볼 수 있다. 우리는 다른 장, 특히 16장에서 교육적으로 불리한 여건에 처한 학생들의 성취를 향상시키기 위한 효과적인 학교 운동과 다른 노력들에 대해 자세히 설명하도록 하겠다.

■ 대학 진학 비율

사회 계층, 대학 진학, 그리고 국가적 문제점들. 사회 계층은 읽기, 수학, 다른 과목들의 성취와 그 외의 교육적 결과(educational outcomes)와 연관되어 있다. 평균적으로 노동자 계층의 학생들은 낮은 성취 점수를 보일 뿐 아니라 중산 계층의 학생들처럼 고등학교를 마치거나 대학에 입학해서 졸업할 확률이 더 낮다. 가장 낮은 사회경제적 지위를 차지하는 50%의 고등학교 졸업생(가정의 수입에서 가장 낮은 50% 학생들) 중 25%만이 대학에 입학하여 학위를 받았다. 가장 높은 사회경제적 지위를 가진 상위 4분의 1에 해당하는 고등학교 졸업생 중 80% 이상이 대학에 입학하여 학위를 취득한 것과 비교할 만하다(Cuccaro-Alamin, 1997; Mortenson, 2003; Washburn, 2004). 연구자들은 학생들이 비슷한 성취 수준을 보일 때에도 사회 계층이 대학 진학과 졸업에 관련되어 있다는 사실을 발견하였다. 예를 들면, 어느 연구에서는 낮은 지위의 고등학교 졸업반 학생들은 비슷한 읽기 성취 점수를 받은 높은 지위의 학생들보다 50% 가까이 되는 학생들이 대학에 들어가지 못한다는 결과를 제시하고 있다. 여러 이유들 중에서도 연방 정부의 재정 지원에 한계가 있기 때문에 최근의 이런 모순이 증가하게 된 것이다(Mortenson, 2000; Barton, 2002).

국제적인 문해 패턴을 연구하는 한 연구팀은 최근 "미국의 직장과 교육 체제 내에 불평등이 뿌리 깊게 박혀 있다. 우리나라는 일류의 기술을 생산해 내고 보상해 주는데 집중하였기 때문에 최고들만의 세계가 되어버렸다. 그러나 우리나라는 … 사실상 최하위 계층의 기본적인 기술도 수용하고 있다."고 결론지었다. 또한 이러한 패턴은 Educational Testing Service의 다른 연구자들에게 미국이 "가정에서 생겨나는 성취의 장애를 경감시키기 위한 필요성과 자원의 부족이 어떻게 성취에 영향을 미치는가에 대해 적절하게 인식해 오지 못했다는 연구를 하도록 만들었다(Barton, 1997; Sum, Kirsch, Taggart, 2002; Lind, 2003; Ruppert, 2003).

다시 한 번 생각해 보기

당신이 다녔던 학교의 학생들과는 다른 사회 계층의 학생들이 많이 다니는 학교에 방문한 적이 있는가? 어떤 차이점을 발견했는가? 이런 차이점이 성취에 어떤 영향을 미칠 것이라고 생각하는가?

인종, 민족, 학교에서의 성공

■ 인종과 민족의 정의

미국에서의 사회 계층과 교육 성취의 형태는 인종과 민족이라는 추가적인 요소로 인해 더욱 복잡해진다. 인종(Race)은 공통적인 조상과 신체적 특성을 가진 사람들의 집단을 의미한다. 민족 집단(ethnic group)의 구성원들은 보통 같은 조상을 가지고, 같은 언어, 종교를 가지며 이외의 다른 문화적 특성을 공유한다. "순수한" 인종은 존재하지 않으므로, 일부 학자들은 인종이라는 말을 사용하기보다는 민족이라는 용어를 사용하여 집단의 특성을 논의하기도 한다.

■ 소수계 집단의 지위

6장에서 보았듯이, 미국에는 여러 인종과 민족이 섞여 살고 있다. 미국에서 일부 소수 민족 집단과 소수 인종 집단들은 많은 개인들이 세운 공적에서 불구하고, 하나의 집단으로서 사회경제적 부당함을 겪어 왔다. 예를 들면, 비록 많은 개개인의 흑인들을 백인 개개인과 비교하면 높은 사회경제적 지위(Social Economic Status: SES)를 가지고 있다 하더라도, 하나의 집단으로서 흑인들은 다수를 차지하는 백인보다 훨씬 낮은 SES 평균을 가지고 있다. 멕시코계 미국인이나 Puerto Rican과 같은 다른 소수 민족 집단들도 불균형하게 낮은 SES를 가진다(이 두 집단은 쿠바계 미국인과 중부와 남부의 미국인을 조상으로 둔 시민들과 합쳐지면서 히스패닉/라틴계 인구를 구성한다. 이 장에서는 정부 간행물 자료를 언급할 때 히스패닉을 사용하고, 다른 곳에서는 일반적으로 라틴계라는 용어를 사용하도록 하겠다) 교육자들이 우려하고 있는 것은 이런 소수 민족 집단과 소수 인종 집단의 학업 성취와 다른 교육적 획득의 측정치들도 SES와 상응하여 낮게 나타난다는 점이다(Suro, 1998; "White/Latino Achievement Gap", 2003; Grow, 2003).

■ 8학년 표본

우리는 사회 계층과 인종, 혹은 민족 간에 밀접한 관련이 있음을 알 수 있다. 또한 학교에서의 성취를 나타내는 그림 11.1은 전국을 대표할 수 있는 8학년 표본의 평균 수학 점수와 읽기 점수를 보여 주고 있다. 흑인 학생들은 SES 점수가 가장 낮았다(가난에서 높은 백분율을 보인 것을 반영한 것이다). 이들은 또한 수학 점수와 읽기 점수도 가장 낮았다. 일반적으로 학업 성취 점수는 SES 점수와 비슷하게 나타났다. SES 점수가 높을수록 성취 점수도 높게 나타난 것이다.

■ 소수계 집단의 향상

NAEP의 자료에 따르면, 한편으로는 흑인 학생들과 라틴계 학생들 간의 격차와 다른 한편으로 백인 학생들과 격차가 줄어들고 있다. 흑인과 라틴계 학생들은 읽기, 수학, 다른 과목에서 성적 향상을 보였다. 일부 관찰자들은 이런 증가의 원인을 부분적으로는 연방 정부의 Title I 프로그램에 돌리고, 또 한편으로는 인종 통합의 증가에 돌리기도 한다. 그러나 이 차이는 어떤 수단을 동원하더라도 좁혀지지 않으며 흑인과 라틴계 학생들은 아직도 읽기와 다른 과목에서 백인들보다 훨씬 뒤떨어져 있다. 17세의 흑인과 라틴계 학생들의 평균은 백인 13세의 평균과 비슷하다(Peng, Wright, & Hill, 2001; Ludwig, 2003).

그림 11.1 인종 집단과 민족 집단에 의한 학교 수행과 사회경제적 배경의 지표

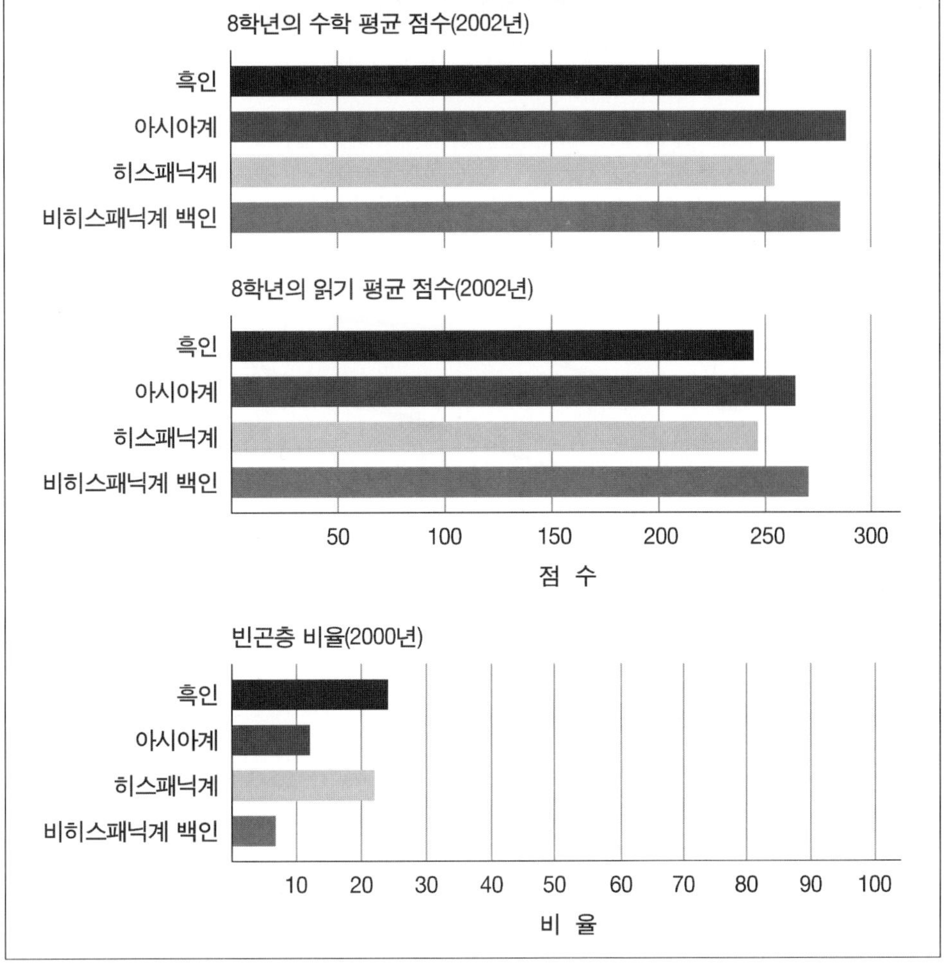

주: 아시아계의 빈곤층 비율은 1998년 자료임.

출처: *Statistical Abstract of the United States 2003* (Washington, D.C.: U.S. Government Printing Office, 2003); James S. Braswell et al., *The Nation's Report Card:Mathematics 2000* (Washington, D.C.: U.S. Department of Education, 2001); and Wendy S. Grigg et al., *The Nation's Report Card: Reading 2002* (Washington, D.C.: U.S. Department of Education, 2003).

■ 중도 탈락률

그림 11.1에 제시된 성취도 데이터에서 알 수 있듯이, 비히스패닉계 백인과 동양계 학생들은(베트남계 미국인 제외) 흑인과 라틴계 학생들보다 고등학교를 졸업할 확률이 더 높게 나타났다. 그림 11.2는 흑인 학생들의 고등학교 졸업 비율이 1975년 이래로 계속해서 증가하였으나, 여전히 백인의 비율과 비교하면 현저히 낮은 수준임을 보여 준다. 또한 라틴계 학생들의 비율은 국가 지도자들이 라틴계 어린이들의 미래를 걱정할 정도로 낮은 수준을 보였다. 게다가 대도시 지역에서 흑인과 라틴계 학생들의 고등학교 중도 탈락 비율은 매우 높았다. 식견 있는 관찰자들은 일부 대도시에서 중도 탈락 비율이 40%에서 60%에 이르며, 대부분 최하위 계층의 학생들이 다니고 있는 학교에서는 75%나 80%를 넘어설 수도 있다고 추정하고 있다(Perez, 1998; From Risk

그림 11.2 1975년부터 2000년에 이르기 까지 25세나 그 이상의 사람들이 인종과 민족에 따라 보이는 고등학교 졸업 비율

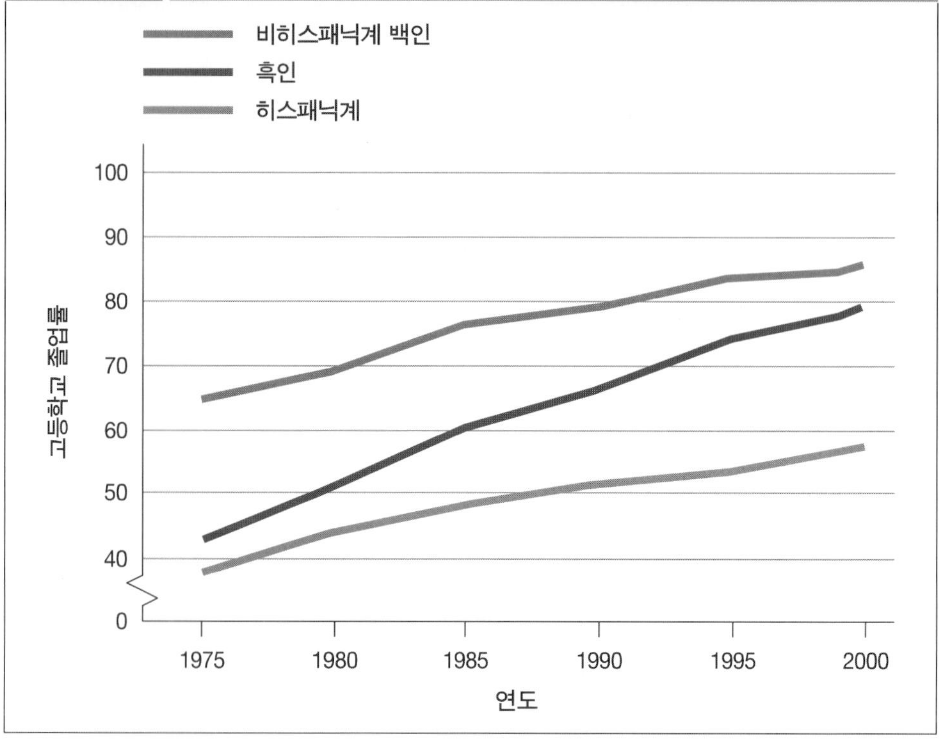

출처: *Statistical Abstract of the United States 2003* (Washington D.C.: U. S. Government Printing Office, 2003).

to Opportunity, 2003).

■ 대학 입학

또한 흑인과 라틴계 학생들은 대학과 다른 고등교육기관에 입학하고 졸업할 확률이 더 낮다. 고등학교를 졸업한 흑인과 라틴계 학생들의 고등교육기관 등록 비율은 1960년대와 1970년대 초에 급격하게 증가하였으나, 그 이후로는 약간씩만 증가했을 뿐이다. 결과적으로 흑인과 라틴계 학생들은 고등교육에 등록하는 사람의 20% 이하를 차지하고 있는 것이다. 이는 대학에 갈 나이가 된 인구에서 그들이 차지하는 백분율과 비교하면 매우 낮은 비율이다. 이런 패턴의 원인에는 등록금의 증가, 연방 정부 기금의 감소, 특별 고용 프로그램이나 보조 프로그램의 예산 삭감 등이 포함된다. 또한 몇몇 교육자들은 마약 문화가 많은 소수 민족 어린이들에게 장애를 초래한 것이라고 언급한다. 주요한 교육기관에서 발행된 보고서들은 고등교육에서 소수 민족 집단이 등록한 비율에 대해 "충격적일 정도로 낮은"이나 "참을 수 없는"이라고 언급하였다.

■ 개선 요구

이 보고서들은 일반적으로 단과대학, 종합대학, 또한 정부의 관료들이 소수 민족 집단이 더 많이 등록할 수 있도록 도와야 한다고 결론을 내리고 있다.

소수 민족의 지위와 관련된 특별한 문제와 도시의 빈곤

▪ 분리된 도심 지역

우리가 증명하였듯이, 일반적으로 학업 성취는 가난한 도심부의 이웃이 다니는 학교에서 매우 낮았다. 또한 우리는 흑인 학생들의 고등학교 졸업 비율이 전국적으로 증가하고 있지만, 대도시에서 중도 탈락 문제는 여전히 심각하다는 것을 지적하였다. 이런 문제들은 미국의 대도시의 도심 지역이 노동자 계층과 최하위 계층의 흑인과 라틴계 주거자들이 살고 있는 인종이 분리된 공동체가 되어 가고 있다는 사실을 반영하는 것이다. 이런 사회경제적 계층화와 인종/민족적 계층화의 원인과 결과는 다음과 같다.

▪ 흑인들의 양극화

1. **미국의 흑인들이 경제적으로 더욱 양극화되어 왔다.** 이들의 전반적인 사회경제적 지위와 수입은 1950년대 이후로 현저하게 증가하고 있다. 예를 들면, 흑인들 중 결혼한 부부의 평균 수입(실제 달러로)은 1950년대 이후로 약 두 배 증가하였고 5만 달러를 버는 흑인 가정의 수도 네 배 가까이 증가하였다. 그러나 아직도 많은 흑인들이 도시의 빈민 지역에 살고 있으며, 이 지역의 가정들은 주로 편모가 꾸려 나가거나 범죄, 비행, 마약, 10대의 임신, 그 밖의 사회적 해체의 지표가 될 수 있는 비율들이 매우 높게 나타난다(Landry, 1987; Wilson, 1987; Gates Jr., 1998; Wilson et al., 2003).

   우리는 히스패닉계나 라틴계 인구에 대해서도 비슷한 결과를 볼 수 있다. 실제적인 분열은 성장하고 있는 중산 계층과 대도시의 빈민 지역에 거주하는 많은 사람들을 분리시킨다. 후자의 경우 사회적 해체 비율은 높게 나타난다(Dreier & Moberg, 1996; Teitz & Chapple, 1998; Pacchioli, 2003). 다음의 "In This Case"는 이런 사람들에 대해 교사가 마주치게 되는 도전을 보여 주고 있다.

▪ 도시 빈곤 지역의 집중 증가

2. **도시 빈민 지역에 살고 있는 소수 민족의 사람들 중 수입이 낮은 구성원들과 그 비율이 매우 크게 증가하고 있다.** 미국에서 가장 큰 50개의 도시에서 전반적으로 인구가 1970년대 이래로 계속 감소했음에도 불구하고, 빈민 지역에 살고 있는 소득이 낮은 흑인의 수는 1/3 이상 증가해 왔다. 지난 10년간 도시 빈민지역에 대한 집중도가 감소했음에도 불구하고, 대도시 지역 및 대도시의 학교들에서는 소득이 낮은 사람들이 다수를 차지하고 있다. 시카고, 디트로이트, 뉴욕과 같은 대도시 지역 학교에 다니는 학생들의 2/3 이상이 저소득 가정에서 온 학생들이며, 80% 이상이 소수 민족의 가정에서 온 학생들이다(John, 1995; Lee, 2000; Kingsley & Petit, 2003).

▪ 제 기능을 수행하지 못하는 제도

3. **가정, 학교, 법 집행 체제와 같은 사회 제도들은 종종 대도시 중심부의 저소득층 주거 지역에서 붕괴되는 모습을 보인다.** 학부모들은 자신들의 아이들을 통제하기 어렵다는 것을 알게 되고, 법 집행 기관들은 청소년 비행과 성인 범죄의 높은 비율을 처

In This Case

성공에의 희망

David Rusciatti는 8학년 영어를 가르치는 첫 번째 학급을 훑어보았다. 그는 대도시 중심부의 저소득층 주거 지역에 자리 잡은 이 학교에서 아이들을 가르치기로 결심하였다. 이곳은 그가 학교 교육을 받기 시작한 곳이기 때문이다. 그러나 주변 지역은 그가 학교를 다니던 몇 년 전과는 매우 달라져 있었다.

David는 이것이 첫 해의 도전이 되리라는 것을 알고 있었다. 실제로 더 경험이 많은 교사들은 그에게 그들은 David와 입장을 바꾸고 싶지 않다고 이야기했다. 그의 시간표는 8학년 영어 수업이 5개 학급으로, 매우 바쁘게 짜여져 있었다. 이 첫 번째 학급에는 각기 다른 민족과 매우 다른 배경을 가진 학생들이 섞여 있었다. 지도 상담 교사의 말에 따르면 대부분의 학생들은 학업 성취가 낮다고 한다. 적어도 남자 아이들 중 4명과 여자 아이들 중 2명이 작년에도 8학년에 다녔던 것을 알고 있다.

David는 킥킥 대는 소리와 잡담 소리를 들었다. 출석을 부르자 학생들은 자신이 출석했음을 알리기 위해 손을 들었다. David는 그의 지도 교수가 작년에 그에게 해주었던 말을 기억해 냈다. "David, 잘 기억해 둬. 첫 날과 첫 주가 가장 중요해. 너의 페이스를 유지하면서 규칙을 만들어. 그렇지 않으면 망치게 될 거야."

David는 그의 교수가 했던 말을 마음에 새기며 첫날 수업을 준비했다. 그가 반드시 학생들을 스스로 적극적 학습을 할 수 있도록 유도해야 한다는 전제하에, 그는 일련의 질문을 던지고, 활동하게 하였다. 그러나 그의 계획을 실행하기 전에 교감 선생님이 와서 그에게 속삭였다. "저기 Thomas Davis를 화나게 하지 마세요. 저 학생이 셔츠 안에 작은 권총을 숨기고 있다고 들었습니다. 교내 경찰을 불렀으니, 수업이 끝나는 대로 와서 저 학생을 데려갈 것입니다. 여자 친구 때문에 무언가 화가 났다고 하더군요. 그 전에 문제가 생기면, 벽에 있는 전화로 저에게 연락해 주세요. 괜찮으시겠죠?"

"네, 괜찮습니다. 오늘 계획은 다 짜 왔거든요."

교감 선생님이 나가자 David는 정말로 자신이 괜찮은 것인지 생각해 보았다. 그가 학생들에게 여름에 겪었던 최고의 경험에 대해 짧은 글을 써 보라고 말하기 전까지는 모든 것이 순조롭게 진행되었다. 몇몇 학생들이 농담을 주고받고 웃으면서 서로에게 이야기하기 시작했다. David는 어느 정도까지 그가 허용해 주어야 할 것인지 확신할 수 없었다. 그래서 그는 계속 쓰고 있는 학생들을 웃으면서 격려하였다. 동시에 그는 글을 쓰고 있지 않는 학생들에게 이야기하기 위해 교실을 돌아다니기 시작했다.

그는 교실을 둘러보고 각기 수업에 참여하는 정도가 다르다는 사실을 알게 되었다. 그는 이렇게 다양한 배경을 가진 학생들의 집단을 가르치는 방법에 대해 더 배워야 할 것이다. 또 그 집단 내의 각 개인들을 가르치는 방법도 알아야 할 것이다. 아마도 그것이 그가 해야 할 급선무일 것이다.

질 문

1. 초임 교사가 이와 같이 다루기 어려운 학급을 맡아야만 하는가? 당신의 답을 정당화해 보라.
2. David가 효과적인 교사가 되기 위해서 어떤 장애물을 넘어야 한다고 생각하는가?
3. 당신은 이와 같은 학급에 대해 어떤 대비를 하고, 또 이 같은 학급을 어떻게 다룰 것인가?
4. David가 이용할 수 있는 교육적 방책에는 어떤 것들이 있는가?

리할 수 없는 지경이다(Bankston & Caldas, 1998; Danziger & Linn, 2000; Burnett, 2002–2003).

■ 사회적 격리의 증가

4. **대도시 빈민 지역에 저소득층 소수 민족 인구의 집중화는 더 큰 사회로부터 이들을 더욱 고립시키고 있다.** 50년 전에서 100년 전의 게토(ghetto)나 빈민가와는 대조적으로 오늘날의 빈민이 집중된 지역은 지리학적으로 더 확대되었다. 비숙련직이나 반숙련직은 얻기가 더 어려워졌으며, 많은 일자리들이 해외로 옮겨 가거나,

교외 지역으로 옮겨 갔기 때문에 도심 빈민지역 거주자들이 실제적으로 이 직업들에 접근할 수 없다. Andrew Hacker는 "가난과 민족이 결합된 인종 차별의 양상은 상대적으로 새로운 것이다. 대부분이 탈선적인 삶을 살고 있는 사람들 사이에서 사는 것은 인종 차별 타파를 더욱더 어렵게 만들고 있다."고 말했다 (Hacker, 1987; Hacker, 1995; Sastry & Pebley, 2003).

5. **젊은 흑인 남성들이 겪는 문제들은 엄청나게 증가하였다.** 몇몇 식견 있는 관찰자들은 대도시 중심부의 저소득층 주거 지역의 젊은 남성들이 처해 있는 어려운 상황이, 미혼 상태에서 태어난 아이들의 높은 출생률, 복지에 대한 계속적인 의존, 폭력적 범죄와 비행과 같은 다른 일련의 문제들의 최고점에 존재한다고 생각한다. 대도시 빈민 지역에서 여성이 꾸려 나가는 가정은, 실직한 젊은 흑인 남성들이 감옥에 투옥되거나 혹은 가석방되거나 아니면 그들 스스로를 주된 제도로부터 배제시키거나 배제당하고 있는 비율이 높은 것에 직접적인 관련이 있다. 그 결과는 안정적인 가정을 이룰 수 있고 상향적 사회 이동을 위한 자원을 축적할 수 있는 남성들이 감소하게 되었다는 것이다(Loury, 1996; Doyle, 2002; Boo, 2003).

■ 젊은 흑인 남성들의 문제점

사회 계층과 민족의 영향 비교

■ 주요 요인으로서의 사회 계층

사회 계층, 인종, 민족과 학업 성취도 간의 상호 관련성으로 인해 연구자들은 흑인 및 다른 소수계 집단의 낮은 사회경제적 지위를 고려한 후에도 교육 체제 내에서 인종 및 민족이 학업 성취도와 관련되어 있는지 의문을 제기하고 있다. 일반적으로 교육적 성취의 상당 부분이 인종과 민족으로 설명되는 것으로 나타나고 있다. 즉, 학생 집단의 사회 계층을 알고 있다면 그들의 성취, 능력 검사 점수, 대학 진학률이 높은지 낮은지를 꽤 정확하게 예측할 수 있다는 것이다. 학생의 인종 집단, 혹은 민족 집단에 대한 정보는 그러한 예측을 정확하게 하는 데 어느 정도의 도움을 준다. 또한 중산층 출신 소수 민족 학생 집단의 교육적 성취나 대학 진학률이 비교적 높은 것에 비해, 노동자 계층의 백인 학생은 이런 변인에 있어서 상대적으로 낮은 성취와 낮은 진학률을 보인다(McCallum & Demie, 2001; Neal, 2004).

미국에서 교육적으로 불리한 여건에 처해 있는 소수 민족들은 불균형하게도 노동자 계층과 최하위 계층에 남아 있으며, 그 자녀들은 교육 체제에 있어서 중산 계층의 자녀들보다 훨씬 덜 성공적인 모습을 보인다. 게다가 교육은 직업 시장에 접근할 수 있는 중요한 통로이므로 사회경제적 지위가 낮은 소수 민족 학생들은 나중에 얻게 될 경제적 성공에 대해 상대적으로 적은 기회를 갖게 된다. 이런 관점에서 노동자 계층 가정에서 온 학생들을 교육시키는 데 있어서 학교의 비효과성은 현재의 계층 체제를 영속시킬 수 있다. 또한 가난의 짐과 낮은 성취 수준은 나라 전체에 있어서 불균형하게 인종적 · 민족적 소수 민족 집단에게 부과된다.

■ 나누어진 인구

교육자들에게 있어서 어떤 민족 집단에서 온 학생이든지 지위가 낮은 모든 학생들의 성취도를 높여 주어야 하는 것이 하나의 과제로 제시되고 있다. 전체적으로 미국의 인구는 증가하는 고소득층과 또한 증가하는 저소득층 그리고 감소하고 있는 중산 계층으로 점점 더 분리되고 있다. 많은 시사 평론가들은 전 노동부 장관 Robert Reich의 다음과 같은 경고에 동의하고 있다. "만약 우리가 중산 계층을 잃고 양극화된 사회가 된다면, 미래의 국가 번영을 기대할 수 없을 뿐 아니라, 사회적 응집성이나 안정성도 기대하기 어렵게 될 것이다. 경제가 성장할수록 기계를 다루고 사무실을 청소하고 생필품과 필수적인 서비스를 공급하는 일에 종사하는 사람들은 그 소득을 공유하게 되어 있다. 그러나 이런 현상이 아직까지 일어나지 않고 있다(Bradsher, 1995; Jenks & Swingle, 2000; Hout, 2003)."

다시 한 번 생각해 보기

중산 계층이 감소하고 있고, 저소득층이 성장하고 있다면, 교사로서 당신의 학급이 저소득층 학생들을 포함하게 될 가능성이 클 수 있다. 모든 사회 계층으로부터 오는 아이들을 효과적으로 가르치기 위해서 스스로 어떤 준비를 해야 할 것인가?

지위가 낮은 학생들 사이에서 낮은 성취가 나타나는 이유

지난 40년간, 많은 연구들이 일반적으로 낮은 성취를 보이는 학생들의 학업적 결핍을, 특히 노동자 계층이나 가난한 가정에서 온 학생들의 성취가 낮게 나타나는 것을 이해하고 극복해 보려고 노력해 왔다. 그 설명들이 반드시 상호 배타적이지는 않음에도 불구하고 우리는 다음과 같은 주요 요인들로 분류하여 볼 것이다: 가정환경, 유전 대 환경, 학급에서의 장애물, 이는 또한 "Overview 11.1"에 요약되어 있다.

가정환경

10장에서는 가정이 아이들의 초기 사회화나 교육에 있어서 가장 중요한 기관이 된다고 지적했었다. 또한 우리는 가정환경 특성이 가정의 사회 계층을 밀접하게 반영하고 있음을 강조하였다. 따라서 가정환경에서 사회 계층 차이는 교육적 수행과 학생 성취와 관련되어 있다. 많은 노동자 계층 학생들은 그들을 학교에 잘 다니도록 준비시켜 주지 못하는 가정에서 자란다. 그들의 부모님이 아무리 교육의 중요성을 강조한다 하더라도, 이런 학생들은 전형적 교실에서 제 기능을 잘 하지 못하는 경향이 있다.

■ 지식과 이해

아이들의 가정환경은 학업 성취에서 중요한 세 가지의 핵심적인 특성들을 기른다. (1) 지식과 이해력, (2) 인지적, 언어적 기술, (3) 가치와 태도. 지식과 이해력에 관련

[Overview 11.1] 영향을 미치는 영역에 따른 노동자 계층 학생들의 성취에 있어서의 장애물

영향을 미치는 영역	노동자 계층 학생들의 성취에 영향을 미치는 잠재적인 장애물들
가정(Home)	일부 노동자 계층 학생들의 불리한 가정환경은, 특히 태어나서 몇 년 안에 학교에서 잘 배우도록 준비시키지 못한다. • **지식과 이해력**. 문화적 · 기술적 세계에 대한 노출이 덜 되어 있기 때문에 학교에서 필요로 하는 이해력에 한계가 생길 수 있다. • **인지적 · 언어적 기술**. 제한적 언어는 아이들이 학교에 대해 제대로 준비할 수 없게 한다. • **가치와 태도**. 통제에 초점을 맞추는 것은 학교에서 필요로 하는 고차원적 사고나 독립적인 문제 해결력을 기르는 데 방해가 된다.
유전 대 환경	노동자 계층의 자녀들은 지능 검사에서 평균적으로 낮은 점수를 보이며, 이는 학교에서의 낮은 성취와도 관련되어 있을 수 있다. 점수가 낮게 나타나는 이유로는 다음과 같이 최소한의 세 가지 관점이 존재한다. • **유전주의자**. 지적 능력의 차이는 선천적인 것이므로, 환경에 의한 영향은 거의 받지 않는다. • **환경주의자**. 가정, 학교, 문화적 환경은 지능 검사 수행을 결정하는 주요 요인이다. • **종합**. 환경과 유전 모두 지능 검사와 학교 수행에 기여한다. 교사와 학부모들은 자녀들로 하여금 타고난 능력을 최대한 발휘할 수 있는 최상의 환경을 조성해 주어야 한다.
교실	노동자 계층 학생들의 낮은 성취에 영향을 미칠 수 있는 교실에서의 장애물은 다음과 같다. • 부적절한 교육과정과 수업 • 학교에서 이전 성공 경험의 부족 • 낮은 수준의 학습에 있어서의 비효과적인 고착 • 결핍된 학생들에 대한 교사들의 인식 • 비효과적인 이질적 집단화 • 서비스의 전달 문제 • 극심한 과잉 학급 • 교사의 준비와 경험의 부족 • 부정적인 동료 부담 • 교사와 학생 배경 간의 차이 • 교실에서의 기대와 학생들의 행동 패턴/학습 유형 간의 모순

하여 중산 계층의 자녀들은 책과 문화 기관(예: 박물관), 부모의 가르침, 다양한 환경에의 탐구를 통해 노동자 계층의 자녀들보다 가정 밖의 세계를 더 넓게 체험할 수 있다. 더 넓은 세계를 접함으로써 얻어진 지식과 이해력은 아이들이 입학했을 때 도움이 될 수 있다. 오늘날 노동자 계층의 학생들은 이전보다 더 큰 불리한 상황을 겪고 있다. 그들은 중산 계층의 학생들보다 컴퓨터에 접근할 기회를 더 적게 가지기 때문이다(Lareau, 1987; Hart & Risley, 2003; Lareau, 2003).

■ 인지적 · 언어적 기술

또한 학생들의 인지적 · 언어적 기술은 가정 언어 환경의 사회 계층 간 차이를 반영한다. Basil Bernstein은 노동자 계층의 자녀들은 "일상적"이거나 "제한된" 언어에 관련된 적절한 기술을 발달시키지만, 중산 계층의 자녀들은 "형식적"이거나 "정교한" 언

인지적 기술의 발달은 취학 전에 겪게 되는 가정환경의 질에 관련되어 있다

어를 더 잘 사용한다는 사실을 밝혀냈다. 일상적이고 제한된 언어는 제스처와 의미를 더 명확히 하기 위한 부가적인 설명에 의존하게 되므로 문법적으로 단순하다. 정교하고 공식적 언어는 문법적으로 복잡하며 추상적 의미 체계 내에서 경험을 조직화하는 데 더 큰 잠재력을 제공해 준다. 많은 학자들은 정교화된 언어를 사용하는 능력이 중산 계층의 자녀들이 인지적 발달에서 더 뛰어나게 한다고 주장하고 있다(Bernstein, 1990; Atherton, 2002; Chall & Jacobs, 2003).

■ 가치와 태도

가치와 태도에 관련하여 노동자 계층의 가정에서 이루어지는 사회화는 아이들이 학교와 교실에서 독립적으로 잘 기능하도록 준비시키지 못하고 있다. 낮은 사회경제적 배경을 가진 많은 아이들은 그들의 사회화가 순종과 순응을 강조하고 있기 때문에 불리한 여건에 처해 있는 반면, 중산 계층의 자녀들은 독립적 학습과 자기 주도적 사고를 강조하는 경향이 있다. 영국 Nottingham의 700개의 가정에 대한 집중적인 연구에서 John과 Elizabeth Newson은 이렇게 각기 다른 사회화 패턴은 다음과 같다고 요약했다(Newson & Newson, 1976; Brooks-Gunn, 2003).

> 사회적 척도에서 최상위에 속하는 부모들은 민주적이고, 고도로 언어적인 통제 수단을 사용하는 경향이 있으며, 이런 종류의 훈육은 체제를 성공적으로 구분하고, 이를 인생의 후기에 자신의 필요에 맞게 이용할 수 있는 성격을 가진 개인을 길러 낼 가능성이 크다. 최하위의 사회적 척도에 속하는 … (많은) 부모들은 고도로 자동화되어 있고 주로 비언어적인 통제 수단을 선택한다. 이 통제 수단에서 언어는 자녀의 사회적 행위 이면의 근본적 이유를 이해시켜 주기 위해서라기보다는 아이들이 더 순종하도록 위협하거나 교묘하게 속이기 위해서 사용된다. 따

라서 최하위 사회 계층의 가정에서 태어난 자녀에게는 자녀를 기르는 부모의 원칙을 포함한 모든 것들에 저항해야 하는 불리한 위치에 처해 있다.

아이 양육에 있어서의 차이들은 많은 노동자 계층의 환경이 상대적으로 아이들에게 위험하며, 부모들은 이런 적대적인 환경에서 자녀들이 학교에서 잘 기능할 수 있도록 준비시키는 것이 아니라, 학교에서의 생활을 도울 수 없는 방법들을 사용한다는 사실을 반영한다. 다른 차이점들은 부모들 자신이 가진 교육, 자원, 또한 자녀들을 지적으로 발달시킬 수 있는 지식에서 오는 한계들 때문에 생겨난다.

■ 가정환경에 의한 자극

일반적인 지적 발달을 위해 필요한 가정과 가족 환경의 중요성은 J. McVicker Hunt, Martin Deutsch 등에 의한 여러 연구에서 입증되어 왔다. 이런 연구들은 일반적으로 노동자 계층의 가정에서 환경의 자극이 중산 계층 가정에서보다 평균적으로 지적 발달에 덜 도움이 된다는 사실을 나타내고 있다. Deutsch는 교육적으로 불리한 여건에 처한 많은 아동들의 학습 준비도를 제한하는 요인들로 생산적인 시각적 · 촉각적 자극의 부족 등을 제시하고 있다. Deutsch와 다른 연구자들은 사회 계층 지표가 지능 검사 점수와 학교에서의 성공과 상관을 가지는 것보다 더 밀접한 상관을 가지는 불리한 환경의 지표를 개발해 냈다(Deutsch, 1967; Shonkoff et al., 2000; Coley, 2002; Rothstein, 2004).

■ 초기의 인지적 발달

환경적 불리 이론(environmental disadvantage theory)은 초기 발달 시기가 후기 발달 시기보다 더 중요하다고 주장한다. Benjamin Bloom, David Hamburg 등의 연구자들이 지적한 바와 같이, 인지적 기술을 포함한 많은 인간 특성들이 가장 급격하게 발달하는 시기는 취학 전의 시기이다. 게다가 아이들의 지적 발달은 심지어 임신 기간 중에 어머니의 일반적 건강, 식단, 알코올 섭취량, 약물 사용, 스트레스 및 다른 감정적 요인들에 의해 영향을 받는다. 우리는 초기의 부적절한 환경으로 인한 학습 장애는 상쇄시킬 수 있으나, 학년이 올라갈수록 아동들이 변화를 이끌어 내는 것은 더욱 어렵다. 이런 변화를 가져오려면 더욱 강력한 환경이 필요하다. 이는 하나의 사회로서 우리가 초기의 환경 문제와 불리한 여건을 도와주기 위해 우리의 자원을 더 많이 사용해야 함을 의미한다. 이런 관점은 12장에서 보게 될, 취학 전 교육을 제공하고 초등학교와 중등학교에서 더 향상된 수업을 제공함으로써 불리한 환경의 영향을 보완하고자 하는(Bloom, 1964; Bloom, 1976; Brown & Pollitt, 1996; Rey- nolds, 2000; Hogkinson, 2003) 보상 교육(compensatory education)의 발전을 이끌어 냈다. 보상 교육에 대해서는 다음 장에서 더 자세히 다룬다.

■ 초기의 뇌 발달

과학자들이 두뇌 발달에 대해 알아갈수록, 또한 이런 지식이 교육자들에게 무엇을 의미하는지를 알아 갈수록, 피폐한 환경이 만들어 낼 수 있는 인지적 성취에 대한 부정적 영향에 대한 관심이 높아지고 있다. 일반적으로 신경학자들과 다른 연구자들은 두뇌가 빠르게 성장하고 수억 개의 신경 결합이 생성되는 인생의 첫 2~3년 동안 긍정적 가정환경의 중요성에 대한 Bloom의 결론을 지지해 왔다. 취학 전 시기에 대한 중요성을 강조함과 더불어, 많은 교육자들은 활동 형태를 고려한 수업 방법을 개발하려고 노력하고 있다. 두뇌의 기능 및 발달에 대한 충분한 이해에 근거한 교육과정 및 수업의 실질적인 개선을 위해서는 아직 더 많은 시간이 필요하다(Baker & Martin, 1998; Miller, 1998; Given, 2002; Shaywitz, 2003; Coles, 2004).

■ 평균적인 차이는 보편적인 형태가 아님

우리가 이 절에서 논의해 왔던 것과 같은 사회화의 격차는 사회 계층 간 평균적 차이를 반영한 것이다. 교사로서 당신은 중산 계층 가정과 노동자 계층 가정 출신의 학생들을 구분할 수 있는 방법은 없다는 사실을 기억해야 한다. 노동자 계층의 많은 학생들이 학교에서 잘 기능하기도 하고, 많은 중산 계층 학생들이 잘 기능하지 못하기도 한다. 사회경제적 지위가 낮은 많은 가정들이 성취에 도움을 주는 가정환경을 제공할 수도 있고, 대다수의 저소득층 부모들이 그들의 자녀에게 긍정적 학습 환경을 제공하려고 노력하기도 한다. 또한 이는 노동자 계층 가정의 자녀 양육 방법이 중산 계층 가정의 자녀 양육 방법과 더 비슷해지고 있다고도 볼 수 있다. 그럼에도 불구하고 저소득층, 노동자 계층 가정의 아이들은 여전히 불균형하게도 현재 학교에서 성공하도록 준비시키기에는 부적절한 환경 속에서 자라고 있다.

다시 한 번 생각해 보기

교사로서 당신은 저소득층의 부모들이 자녀의 학업 성취를 지지하기 위해 집에서 할 수 있는 일에 대하여 당신에게 어떻게 편하게 이야기하도록 할 것인가?

유전 대 환경 논쟁

■ 초기의 IQ 검사

지난 세기는 학업 성취에 강력한 연관성을 가지고 있는 지능이 1차적으로 유전에 의해서 결정되는가 아니면 환경에 의하여 결정되는가에 대한 논쟁이 뜨겁게 달아올랐던 시기이다.

유전주의적 입장. 20세기 초에 지능 검사가 빠르게 발달하고 있을 때, 많은 심리학자들은 지능이 유전에 의해 결정된다고 생각했다. 지능에 관한 유전주의적 입장을 가진 사람들은 지능 검사와 비슷한 검사들이 사람들의 능력에 있어서 선천적 차이, 태어날 때부터 주어진 것을 측정한다고 생각했다. 흑인과 같이 경제적으로 불리한 여건에 처해 있는 집단이나 소수 민족 집단이 다른 집단보다 상당히 낮은 점수를 기록하자, 유전주의자들은 낮은 점수를 기록한 이 집단들이 지적 능력에 있어서 선천적으로 다른 집단보다 열등하다고 생각했다.

유전주의적 입장은 특히 Arthur Jensen, Richard Herrnsein과 미네소타의 쌍둥이 연구를 진행한 많은 연구자들의 연구에 기초하여 1970년대와 1980년대에 다시 부활했다. 그들의 연구뿐 아니라 이전의 연구들까지도 요약하면, 이런 연구자들은 유전이 지능 검사 점수에서 나타나는 변산의 80%까지를 설명할 수 있는 지능을 결정하는 주요 요인으로 규정하였다(Jensen, 1969; Jensen, 1980; Herrnstein & Murray, 1994; Gottfredson, 1996; Miele & Jensen, 2002).

■ Jensen과 비판가들

1969년, Jensen이 「Harvard Educational Review」에 발표한 논문은 상당한 논쟁을 불러일으켰다. 지능 검사 점수에서 백인들보다 평균적으로 15점 뒤지는 흑인들을 지적하면서, Jensen은 이 차이는 학습 능력과 유형에 있어서 두 인종 간의 유전학적인 차이에서 기인한다고 주장했다. 비평가들은 나쁜 영향 상태와 부모의 보호 등 지능에 영향을 미치는 주요 환경 요인들이 측정하기가 어렵고 유전적 요인들과 분리하기도 불가능하다고 주장함으로써 Jensen의 주장을 반박했다. 그들은 지능 검사는 편파적이었으며, 지능을 측정하는 공평한 측정 도구가 아니라고 주장하였다(Jensen, 1969; Gardner, 1995; Nyborg, 2003).

1969년의 논문 이후, Jensen은 지능이 1차적으로 유전과 관련이 있음을 나타내는 데이터를 열거하였다. 그에 대한 비판은 환경 요인과 특히 학교 교육에 관련된 요인이 지능에 영향을 미치는 주요 요인이라는 증거로 계속해서 제시되었다(Jesen, 1986; Mensh & Mensh, 1991; Jensen, 1998; Jensen, 2000; Sternberg & Grigoprenko, 2002).

■ 보상적 도움에 대한 강조

환경주의적 입장. 20세기 중반까지 수많은 연구들이 유전적 입장을 반박해 왔으며, 또한 대부분의 사회 과학자들은 환경이 지능을 결정하는 데 있어서 유전만큼이나 중요하고, 심지어는 훨씬 더 중요하다고 주장해 왔다. 지능에 대한 환경주의적 입장을 강조하는 사회과학자들은 일반적으로 유아기에 시작하는 계속적인 보상 프로그램에 대한 필요성을 강조한다. 또한 많은 사회 과학자들이 지능 검사가 문화적으로 편중되어 있다는 근거하에 이런 검사를 사용하는 것을 비판하였다. 예를 들어, 흑인과 백인과의 지능 검사 점수의 차이는 상당 부분 사회 계층과 가정환경, 또한 체계적인 인종 차별에서 기인한다고 주장한다.

■ IQ 증가

Sandra Scarr와 Richard Weinberg는 자신이 태어난 가정에서 길러진 흑인과 입양된 가정에서 길러진 흑인 간의 차이를 연구하였다. 이들은 환경의 영향이 유전의 영향보다 더 월등하다고 결론지었다. Thomas Sowell은 1920~1970년 사이에 다양한 민족 집단에게서 얻은 지능 검사 점수를 수집한 후, 이탈리아계 미국인과 폴란드계 미국인을 포함한 특정 집단의 점수는 상당히 상승하였다는 사실을 알아내었다. 다른 연구들에도 수업 및 생활 여건의 개선으로 인해 흑인과 Puerto Rican들의 시험 점수가 다른 인구 집단의 증가에 비해 급격하게 상승했다는 사실을 제시하고 있다(Scarr & Weinberg, 1976; Howard, 2000; Sowell, 2003).

■ IQ 증가의 원인

다른 나라에서 이와 비슷한 연구를 수행한 James Flynn은 14개 나라의 "상당한" IQ 점수의 증가는 20세기에 일어났다는 사실을 발견하였다. Flynn의 분석에 따르면 이런 증가는 주로 유전학적 개선 때문이 아니라 지능 검사에서 측정되는 기술의 증가를 가져오는 환경적 변화 때문이다. Torsten Husen과 그의 동료들은 또한 많은 데이터를 다시 살펴본 후, 경제적 · 사회적 조건의 향상과 특히 학교 교육의 기회 증가가 한 세대에서 다음 세대에 이르기까지 평균적인 IQ의 상당한 증가를 가져왔다고 결론지었다. 일반적으로 교육자들은 이런 연구에서 제시하고 있는 대로 낮은 성취를 보이는 학생들의 성취도를 증진시키기 위해 노력하고 있다(Holloway, 1999; Flynn, 2000; Dickens & Flynn, 2001; Kanaya, Scullin, & Cecci, 2003).

■ 중립적인 입장

종합적인 입장. 어떤 사회과학자들은 이 논쟁에 있어서 중간적인, 혹은 “종합적인” 입장을 취한다. 지능에 대한 종합적인 입장은 유전과 환경 모두가 지능 검사에서 측정된 차이에 기여한다고 주장한다. 예를 들면 Christopher Jencks는 많은 자료를 재검토한 후, 유전이 IQ 변산에서 45% 정도, 환경이 35% 정도, 두 요인의 상호작용(“상호작용”은 특정한 환경에서 생성되거나 소멸되는 특정한 능력을 의미한다)이 20%를 설명한다고 결론지었다. Robert Nichols는 여러 자료를 모두 살펴보고 유전의 참값이 0.40과 0.80 사이에 존재하지만, 그 정확한 값은 정책적으로 큰 의미가 없다고 결론지었다.

■ 유전과 환경의 상호작용

일반적으로 Nichols와 다른 종합주의자들은 유전이 일정한 범위의 고정된 한계를 결정한다고 주장한다. 이러한 한계 내에서 환경과 유전의 상호작용이 각 개인의 실제적 지능을 산출해 낸다. 이런 관점은 더 풍족한 가정(적절한 환경을 제공해 주는)에서는 유전이 자녀들의 지능에 더 큰 영향을 미치는 반면, 불리한 여건을 가진 가정에서 IQ 변산의 상당 부분이 환경의 질과 관련이 있다는 최근 연구에 의해 지지되어 왔다. 이런 관점에서 유전과 환경의 상호작용이 아이의 지능이 환경 요소를 얼마나 반영하는지에 대해 정확하게 명세화할 수 있는 능력을 제한한다고 하더라도, 교사들(과 부모들)은 각 아이들에게 자신의 잠재력을 최대한으로 실현할 수 있는 생산적인 환경을 제공해 주어야 한다(Nichols, 1978; Rennie, 1998; Olson, 2000; Dickens & Flynn, 2001; Jacobdon, 2003; Turkheimer et al., 2003).

다시 한 번 생각해 보기

교사로서 당신은 교실에서 광범위한 학생 능력의 범위 내에서 완전한 발달을 촉진하기 위해 어떻게 할 것인가?

교실에서의 장애 요인

우리는 많은 노동자 계층 학생들의 가정환경이 교실에서의 성공을 위해 필요한 교육적 자극을 제공하지 못한다는 사실을 이미 언급하였다. 그러나 또한 특정한 학교 및 교실과 관련된 상황들도 낮은 성취를 이끌어 낸다. 아래에서는 노동자 계층 학생들이 직면하게 되는 가장 중요한 교실의 장애 요인들을 제시하고 있다.

1. **부적절한 수업과 교육과정.** 저학년들의 교육과정과 수업의 접근법들은 노동자 계층의 자녀들은 전혀 접해 보지 않았거나 덜 접해 본 어휘와 개념에 모든 학생들이 친숙할 것이라고 가정한다. 3학년 이후 교육과정의 상당 부분은 많은 노동자 계층 학생들이 아직 습득하지 못한 숙련된 기술들을 요구한다. 따라서 이들은 다른 과목에서도 뒤쳐지게 된다(Knapp & Shields, 1991; Jackson, 2002).

■ 계속해서 추상화되는 개념

2. **학교에서 겪은 이전 성공의 부족함.** 저학년 때 학업적 성공을 겪어 보지 못한 것은 그 이후에 학습을 더더욱 어렵게 만들 뿐 아니라, 학생들에게 자신이 학교에서 또한 인생의 후기에 있어서도 성공할 기회를 가진 능력 있는 학습자라는 사실을 인식하지 못하게 한다. 학생들이 스스로를 부적절한 학습자라고 생각하고 자신들의 미래에 대한 통제력이 없다고 생각하면, 이들은 학업에서의 결핍을 극복하는 데 있어서 보다 왕성하게 활동하지 못하게 된다(Weiner, 1994; Kahlen- berg, 2000; Marshall, 2003).

■ 부적절하다는 학생들의 인식

3. **낮은 수준의 학습에 비효과적인 고착.** 한 학생이나 한 학생 집단이 학년 수준에서 상당히 뒤떨어져 있다면 교사들은 읽기, 수학과 다른 과목들에 있어서 기본적 기술을 가르치려고 집중하는 경향이 있다. 이런 대응은 기초적인 기술을 습득하는 데 집중적인 도움을 필요로 하는 일부 학생들에게는 적절하지만, 일부 더 도전적인 학습 경험과 과제로부터 배워 나가는 학생들에게는 방해가 될 수 있다. 낮은 수준의 성취를 보이는 학생들에게 고차원적 학습 기술을 배울 수 있도록 하는 것이 교사들에게는 어려운 도전 과제일 수 있지만, 특정한 수업 전략이 이런 방향으로 성공적으로 나아갈 수 있게 해줄 것이다(Smith, Lee, & Newmann, 2001; Haberman, 1991; Spillane, 2002; Rothstein, 2004).

■ 불충분한 고차원적 수업

4. **노동자 계층 학교에서의 수업 여건의 어려움.** 학생들이 학업적인 면에서 평균으로부터 많이 뒤쳐져 있을수록, 교사와 학생이 절망과 좌절을 겪을수록 교실에서의 행동 문제는 증가한다. 교사들은 생산적인 학습 환경을 제공하는 데 더 많은 어려움을 느낀다. 일부 교사들은 낮은 성취를 보이는 학생들을 가르치기를 포기하거나 좌절감을 덜 느끼는 다른 직업을 찾아보려고 학교를 떠난다(Pogrow, 1995; Sparks, 2000; Kahlenberg & Wasow, 2003).

■ 교사들의 문제점

5. **학생의 교육적 결핍에 대한 교사의 인식.** 노동자 계층 학교의 교사들은 자신들의 학급에 낮은 성취를 보이는 학생들이 있을 수도 있고, 이들 중 대다수가 배울 수 없을 것이라고 결론지을 수도 있다.

■ 언어와 문화의 격차

   이런 관점은 쉽게 자기 충족의 예언이 되어버린다. 자신의 학생들의 학습 잠재력에 의문을 가지는 교사들은 학업 성취, 특히 교사의 모든 정력을 쏟아 부어야 하는 집중적인 노력을 필요로 할 때는 이러한 향상을 위해 열심히 노력할 가

■ 자기 충족적 예언

능성이 적기 때문이다(Payne, 1984; Delpit, 1995; Cooper, 2002).

■ 학습 속도가 느린 학습자들을 위한 이질 집단

6. **비효과적인 이질적 집단화.** 낮은 성취를 보이는 학생들을 지도하는 교육자들은 높은 성취도를 보이는 학생들로부터 방해를 받지 않는 가운데 수업이 느리게 진행되는 별도의 학급이나 소집단에 낮은 성취도를 보이는 학생들을 배치함으로써 이 문제를 해결하려고 한다. 불행하게도, 교사와 학생 모두 낮은 성취를 보이는 학생들을 학습 기대가 낮거나 혹은 존재하지 않는 "느린" 집단으로 생각하고 있다.

■ 느린 학습자에 대한 지원 부족

Ray Rist는 St. Louis에 위치한 노동자 계층의 학교에서 동질 집단화(homogeneous grouping)라고 불리는 학생 배치 형태를 연구하였다. 유치반 학생들은 "빠른 학습자"와 "느린 학습자"의 집단으로 나누어졌다. 빠른 학습자 집단은 "가장 많은 수업 시간, 보상, 교사로부터의 관심"을 받았다. 느린 학습자 집단은 "더 적은 수업을 받았고, 더 많은 통제를 받았으며, 교사로부터의 지지는 거의 받지 못했다." 당연히 그 해가 끝나갈 때 즈음에는, 이들 아이들이 1학년이 되기 위한 준비도상에 차이가 나타나기 시작했다. 또한 1학년의 교사들은 학생들을 "준비도"에 따라 집단화하였다(Rist, 1973; Cohen & Lotan, 1997; Rist, 2000; Cromwell, 1999; Burris, 2004).

■ 수업적 대안

Rist가 묘사했던 것과 같은 상황은 학생들을 이질적 학급(즉, 다양한 이전 성취 수준을 가진 학생들이 존재하는 집단)에 계속 머무르게 하되, 각 학생들이 자신의 수준에 맞는 학습을 진행해 나가도록 개별화된 수업을 진행할 때 도움이 될 수 있다. 그러나 개별화는 실행하기가 매우 어려우며 학교 실제에서 종종 경제적으로 불가능한 체제적인 변화를 요구하기도 한다. 따라서 대부분 저소득층 학생들을 맡고 있는 교사들은 이질적 학급에 직면해 있으며 일반적으로 낮은 성취를 보이는 수많은 학생들을 효과적으로 다루는 데 실패하고 있다.

한 가지 해결책은 낮은 성취를 보이는 학생들을 읽기나 언어 수업에 있어서 동질적으로 구성하되 집단 규모를 작게 하고 그런 학생들을 잘 다루는 유능한 교사로부터 배우도록 해야 할 것이다. 이는 "제한적" 환경(즉, 낮은 성취를 보이는 학생들을 별도로 배치하는)은 교육자들이 효과적인 수업을 위해 어떤 조치를 취하느냐에 따라 긍정적인 결과를 낼 수도 부정적 결과를 낼 수도 있다는 연구 결과와 일맥 상통한다. 동질적 집단화에 대해서는 16장과 이 장의 "Taking Issue"에서 더 자세히 논의한다(Scriven, 1975; Leinhardt & Pallay, 1982; Lou et al., 1996; Kahlenberg, 2000; Ireson & Hallan, 2001; Ferguson & Mehta, 2004).

■ 교사와 학교의 과부담

7. **서비스 전달 문제.** 우리가 논의해 온 문제들은 낮은 성취를 보이는 학생들이 많은 학급이나 학교에서 효과적으로 교육 서비스를 전달하는 데 많은 어려움을 겪게 한다. 예를 들면, 노동자 계층 학교에서 담당 학급의 25명 학생 중 성취도가

Taking Issue

질문 일반적으로 교실 수업에서 학생들을 능력에 따라 동질적 집단으로 구성하는 것이 효과적 접근법이라 생각하는가?

동질적 집단화

많은 학교와 학급은 특정한 과목에 있어서 학생들을 능력에 따라 집단화한다. 느린 학습자와 빠른 학습자를 분리하거나, 보다 발전된 학습자와 덜 발전된 학습자로 구분하기도 한다. 동질적 집단화를 옹호하는 사람들은 이것이 공평하고 효과적이라고 주장하지만, 이를 비판하는 사람들은 동질적 집단화가 학생들에게, 특히 낮은 성취 수준을 가진 학생들에게 해를 끼친다고 주장한다.

찬성	반대
1. 각기 다른 수준의 학생들이 모인 대규모의 이질적 학급에서, 교사는 느린 학습자들이 필요로 하는 특별한 관심을 기울일 수 없다. 교사들은 차츰 수업 내용을 이해하려고 애쓰는 학생들을 "문젯거리"로 여기기 시작할 것이고, 빠른 학습자들을 좋아하게 될 것이다. 따라서 학생들을 특정한 과목에 있어서 능력별로 분리하는 것이 옳은 방법이다.	1. 연구에서는 능력에 따른 집단화가 느린 학습자를 정형화하고 그들의 학습 진행을 막는다는 사실을 보여 주고 있다. 그러한 집단에게 제공되는 수업은 종종 부실하다. 그들에게 거는 기대가 거의 없기 때문에, 이들은 도전적인 경우가 거의 없고, 따라서 더 발전된 학생들보다 더 나아지는 데 실패하게 된다. 일반적으로 느린 학습자들은 이질적 학급에서 더 나은 수행을 보인다.
2. 높은 학업 성취를 보이는 학생들에게 있어 평균적인 학생들에게 맞춘 느린 속도의 수업은 불공평하다. 높은 성취를 보이는 학생들이 더 빠르게 학습해 나갈 수 있는 집단으로 분리되지 않는다면, 그들은 지루할 수도 있고 학습에 방해를 받을 수도 있다.	2. 높은 성취 수준을 보이는 학생들이 이질적 환경에서 다소 어려움을 겪더라도, 그들은 교사가 자신의 재능을 인식하고 있는 한 동기화될 수 있다. 게다가 그들에게 있어서 모든 학업 수준의 학생들도 기여하는 어떤 가치가 있음을 배우도록 하는 것은 중요한 일이기도 하다.
3. 동질적 집단화는 집단 구성원들 사이에 단결심을 가지게 할 수 있다. 협동과 친밀한 경쟁을 통해, 비슷한 수준의 학생들은 서로 더 나아갈 수 있도록 자극해 줄 수 있다.	3. 우수반에 배정된 것에 대해 자부심을 느끼는 성취도가 높은 학생들 사이에 일체감이 나타날 수 있으나, 낮은 성취를 보이는 학생들은 낙인이 찍히고 이는 종종 부정적인 집단 태도로 이어지기도 한다. 그들은 점점 더 학교와 사회로부터 고립될 수 있다.
4. 많은 교사들은 어떤 특정한 학생에게 있어서 더 효과적일 수 있다. 동질적 집단화는 교사들에게 그들이 가르치기를 즐기고, 가르치기에 가장 적절한 집단을 가르칠 수 있도록 한다.	4. 단지 극소수의 비범한 교사들만이 모두 낮은 성취를 보이는 집단을 효과적으로 가르치는 데 필요한 기술과 인내, 열정을 가지고 있다. 이런 집단에 배정된 다른 교사들은 절망하고 사기가 꺾일 수 있다.
5. 동질적 집단화는 학교가 학습 스타일에 있어서 차이점을 인식하고 있는 학부모를 나타내는 지표가 된다. 학교는 각 자녀의 개인적 욕구를 충족시켜 주는 것처럼 보이게 된다.	5. 낮은 성취를 보이는 학생의 학부모들은 그들의 자녀가 다른 학생들과 분리되어 독립적 집단에 속하는 것을 좋아하지 않는다. 이질적 환경은 학교가 모든 학생들에게 관심을 쏟고 있다는 최고의 지표인 것이다.

낮은 학생 10~12명이 있는 교사는 효과적인 수업을 제공하기 위해 중산 계층 학교에서 한 학급에 4~5명의 낮은 성취 수준을 보이는 학생을 가진 교사보다 몇 배에 이르는 어려움을 겪게 된다. 전자의 상황에 처한 많은 교사들은 실질적으로 거의 모든 시간을 학습 수준이 낮은 학습자들의 학습 문제를 극복하는 데

보낼 뿐 아니라, 학생들의 절망과 잘못된 행동에서 기인하는 부정적 현상은 일을 더욱더 어렵게 만든다. 노동자 계층 학교의 행정가, 상담 교사 및 일반 교사들은 똑같은 곤경을 겪는다. 학습 문제와 행동 문제를 해결해야 한다는 부담감은 모든 학생들을 위한 서비스를 개선시키는 데 쏟을 시간이 거의 없도록 만들어 버린다. 그런 과도한 부담을 진 학교(overloaded school)에서 생겨나는 고유하고 심각한 문제점들은 교육자들로 하여금 효과적으로 행동하기 어렵게 만든다(Claycomb, 2000; Schmoker, 2003).

8. **대규모 학급**. 위에서 제시되었듯이, 교사들이 학습 문제를 극복하는 데 충분한 도움을 주기에는 대규모 학급들은 종종 낮은 성취를 보이는 학생들에게 비효과적인 수업을 진행하게 하는 이유가 된다. 이런 대규모 학급의 교사들은 특히 낮은 성취 수준의 학생들에게 비판적 사고, 독해력, 수학 문제 해결력, 다른 고차원적 기술과 같은 복잡한 기술을 가르치는 것이 어렵다는 사실을 알게 된다(Goodwin, 2000; Nye, 2000; Jepsen & Rivken, 2002; Schwartz, 2003; Rebell & Wardenski, 2004).

■ 소규모 학급의 장점

학급 규모의 효과는 Tenessee주의 학생들에 대한 대규모 연구에서 검증되었다. 연구자들은 유치원과 1학년에서 소규모 학급 학생들이 수학과 읽기에서 평균적인 규모의 학급 학생들보다 훨씬 높은 점수를 보인다는 것을 알아내었다. 이들은 학년이 올라가도 이러한 특징을 유지하였다. 특히 대다수의 학생이 소수 민족의 저소득층 학생일 경우 더 인상적인 효과가 나타났다. 이후에 진행된 몇몇 소규모 연구들도 비슷한 결론을 제시하고 있다(Finn & Achilles, 1990; Molnar, 2001).

9. **교사의 양성과 경험**. 대도시의 극빈 지역 학교에 관한 연구들에서는 낮은 SES를 가진 학생들이 밀집되어 있는 학교의 교사들은 그들의 과목을 가르치는 데 있어서 대부분의 학생이 중산 계층인 학교에 재직하는 교사들보다 준비가 되어 있지 않고 경험도 적은 것으로 나타났다. 이런 이유로 많은 분석자들은 교사 연수와 양성의 질을 향상시키고 충분한 경험을 가진 교사를 고용하는 것이 저소득층 학생과 노동자 계층 학생들의 성취를 향상시키기 위한 목표를 달성하는 데 있어서의 최우선 과제가 될 것이다(Darling-Hammond, 2000; Prince, 2002).

■ 놀림거리가 되는 성적 우수자

10. **동료들로부터의 부정적인 압력**. 몇몇 연구자들은 노동자 계층이 주류를 이루는 학교에서 학업 지향적인 학생들이 자주 학교 기준에 수용되지 못하고 놀림거리가 된다고 보고하고 있다. John Ogbu와 Signithia Fordham, 또 그 외의 다른 연구자들은 특히 노동자 계층의 흑인 학생들 사이에서 강하게 나타나는 동료들로부터의 부정적인 영향을 설명하고 있다. 상당수의 학생들이 이런 식으로 반응하는 대도시 중심부의 저소득층 거주 지역에서, 열심히 공부하여 높은 성

지나친 다인수 학급, 경험이 부족한 교사, 혹은 학교의 기대와 교사, 학생의 배경과 학습 유형 간의 불일치와 같은 조건들은 낮은 성취의 원인이 된다.

취를 보이는 학생들은 종종 "brainiacs"로 낙인찍히거나, "백인처럼 행동하는 놈"이라고 비난받는다(Willis, 1977; Everhardt, 1983; Fordham, 1988; McWhorter, 2000; Ogbu, 2003). 이런 현상을 언급하면서 한 흑인 교수는 다음과 같이 말하였다. "누군가가 지식에 굶주려 있다는 것은 '그의 인종에 대한 배반'으로 간주될 것이다. … 이는 사악한 백인의 음모로 보일 수도 있다. 흑인들이 교육을 받기 위해 투옥, 총격, 교수형 등을 견뎌내야 하는 이런 사회에서는 일부 흑인 청소년이 자부심의 증표로서 학업적 실패를 내세운다는 것을 완전히 믿기는 어려운 것 같다(Carter, 2000; Noguera, 2003)."

■ 교육의 중요성 인식

몇몇 연구자들은 그러한 태도가 중산 계층의 흑인 학생들이나 인종이 통합된 학교에 다녔던 학생들 사이에서는 그다지 우세하게 나타나지 않거나 아예 존재하지 않는 것으로 나타난다고 보고하고 있다. 게다가 Lois Weis와 그녀의 동료들이 진행한 연구는, 교육이 미래의 성공을 위해 중요하다는 인식을 하게 될수록 노동자 계층 학생들 사이의 반(反)학교적인 동료 압력이 더 적어진다고 주장하고 있다. 노동자 계층의 사춘기 학생들이 역사적으로 학습을 미래의 직장과 무관하게 생각했던 경향이 있는 반면, 그녀의 연구에 참여한 학생들은 학교 교육을 보다 숙련된 직업을 얻기 위한 "실용주의적 기회"로 보았고 학교에서 "자신들의 모든 시간을 기꺼이 쏟아 부었으며", 심지어는 대학까지 진학하였다(Seller & Weis, 1997; Young, 2001).

■ 행동에 대한 중산층의 기대

11. **교사와 학생 배경의 차이.** 중산 계층의 배경을 가진 교사들은 교육적으로 불리한 여건에 처한 학생들을 이해하고 동기화시키는 데 어려움을 겪을 수 있다. 특히 불리한 여건을 가진 소수 민족 학생들을 가르치는 백인 교사의 경우 방언, 언어, 문화적 배경의 차이로 인해 자신들의 학생과 효과적으로 의사소통하는 데 어려움을 겪을 수 있다(Stanton-Slazar, 1997; Laguardia, 2002).

12. **교실에서의 기대와 학생들의 행동 형태, 학습 유형 간의 불일치.** 교사들은 또한 학생들의 다양한 학습 유형과 행동에 대해 제대로 준비되어 있지 않을 수도 있다. 수많은 분석자들은 많은 노동자 계층과 일부 소수 민족 출신 학생들의 행동 형태와 학습 유형은 중산 계층이나 소수 민족이 아닌 학생들과는 다르다는 결론을 내리고 있다. 교사들이 더 높은 성취를 가져오는 학습 유형과 행동 형태, 중산 계층의 학생들에 맞게 교실의 기대를 조정하면 그러한 유형의 차이는 학교에서의 실패를 가져올 수 있다.

    예를 들면, 일부 연구자들은 다음과 같은 행동 형태가 존재하며 이러한 유형의 학생들을 돕기 위해 수업을 조정하는 방법을 다음과 같이 추천하고 있다(Irvine, 1990; Slaughter-Defoe, 1995; Delpit & Dowdy, 2002; Neal et al., 2003):

    - 많은 흑인 학생들은 원기 왕성한 경향이 있다(연구자들이 높은 "활성화(activation)" 수준을 가지고 있다고 지칭하는 형태). 이런 학생들은 교사들이 오랜 시간 동안 한곳에 앉아 있게 하거나 충동적인 반응을 하지 못하게 하는 경우 수행을 잘 하지 못한다. 만약 교사로서 당신이 매우 활동적인 학생을 맡게 되었다면, 당신은 학생들이 어느 정도의 신체적 움직임을 허용하는 학습 활동을 계획해야 할 것이다.
    - 일부 저소득층 흑인 학생들은 교사가 강압적으로 행동하지 않거나 "권위 있게" 행동하지 않는 경우 혼란스러워하는 경향이 있다. 따라서 연구자들은 교사로서의 당신이 권위를 유지하고 학생들을 "친한 친구(buddy)"처럼 대하지 말라고 제안한다.
    - 흑인과 라틴계 학생들은 "장 의존적" 경향이 있다. 즉, 이들은 수업이 추상적이고 "문맥에서 분리된" 개념으로 시작되면 제대로 학습을 진행하지 못한다. 교사는 장 독립적인 학생들에게 추상적인 분석으로 나아가기 전에 구체적인 수업 자료를 제시함으로써 도움을 줄 수 있을 것이다. 짝 활동이나 협동학습을 할 기회를 주는 것도 도움이 될 수 있다.

    연구자들은 아직 노동자 계층이나 소수 민족 학생들에게 있어서 이렇게 구분되는 행동 형태나 학습 유형이 존재하는지에 대해 결론짓지 못하고 있다. 저소득층의 흑인, 라틴계 학생 혹은 다른 소수 민족 학생들과 그렇지 않은 학생들 간의 학습 격차는 대부분 인종이나 민족에서 오기보다는, 사회경제적 지위로부터 생겨나는 것일 수 있다. 그럼에도 불구하고 수많은 연구들은 교사가 모든 학생의 다양한 학습 유형과 행동 형태에 맞춰 행동한다면, 성취가 낮은 학생들의 성취도를 향상시킬 수 있을 것이라는 결론을 지지하고 있다. 우리는 이러한 교수 실제에 있어서의 대안들을 다음 장의 다문화 교육을 다룬 절에서 더 논의하도록 하겠다(Willis, 1998; Hopkins, 1997; Boykin & Bailey, 2000; Moffit, 2003).

지금까지 우리의 분석은 많은 학생들이 경제적으로 불리한 여건에 처해 있으며, 학교와 교실에서 교육적으로 불리한 경험을 하고 있다는 사실을 명확하게 하고 있다. 최근의 연구는 불리한 여건에 처한 학생들이 뛰어난 교사와 충분한 수업 전략을 갖춘 교육 체제 내에서는 성공할 가능성이 높다는 결과를 제시하고 있다(Levine & Jones, 1988; Carter, 2000; Pogrow, 2002; Marzano, 2002). 그러나 성취와 사회 계층에 대한 낙담적인 사실은 학교가 사실상의 차이를 만들어 내는가 하는 의문을 제기하고 있다. 학교가 불리한 여건에 처한 학생들의 경험에 유의미한 도움을 주고 있는가 하는 것이다. 이 장의 나머지 부분에서는 이 사항에 대해 다룰 것이다. 이후의 장, 특히 16장에서는 수업의 조직과 전달을 향상시킴으로써 학생들의 성취를 높여 주도록 하는 방식에 대해 논의할 것이다.

다시 한 번 생각해 보기

많은 저소득층 학생들 사이에서 나타나는 낮은 성취의 원인 중 어떤 것이 당신에게 가장 중요하게 생각되는가? 이 장에 언급되지 않은 다른 이유들을 제시할 수 있겠는가?(힌트: 많은 저소득층 학부모들은 이사를 자주 다닌다.)

학교에서는 기회를 공평하게 주고 있는가?

앞 절에서 논의된 연구에서는 저소득층 학생들의 상당수가 전통적인 교실에서 성공하기 위한 준비가 제대로 되지 않은 상태에서 학교에 입학하며, 학년이 올라가도 높은 성취나 다른 성공의 지표에 있어서 상대적으로 낮은 서열을 차지하게 된다는 사실을 보여 주고 있다. 만약 가정 배경과 관련된 불리한 점을 극복하고 사회경제적 지위에 관계없이 학생이 평균적인 성취를 보이는 것으로 기회의 평등을 정의한다면, 교육 체제는 평등한 교육 기회를 제공하지 못했다고 결론을 내려야 한다.

■ Coleman의 연구

1966년에 James Coleman과 그의 동료들이 수행한 전국적인 대규모 연구의 발표

이후로 평등한 교육 기회에 대해 상당한 관심이 모아지고 있다. "Equality of Educational Opportunity"라는 제목으로 연방 정부의 지원을 받은 이 연구는 4,000개 이상의 학교에서 60만 명의 학생들에 대한 자료를 수집하였다. 이 연구를 지원한 의회는 사회경제적 지위가 낮은 학생들의 낮은 성취는 이들에 대한 1인당 교육 경비가 낮기 때문이며, 따라서 학교 재정을 늘려야 함을 정당화시킬 수 있는 결과를 기대하였다.

■ 학교의 지출, 사회 계층의 영향

기대와 같이 Coleman과 그의 동료들은 성취는 학생의 사회경제적 지위와 밀접한 관련이 있으며, 대부분이 노동자 계층의 학생이거나 최하위층의 학생들이 다니는 학교는 일반적으로 중산 계층의 학교보다 더 적은 재정 지원을 받는다고 보고하였다. 그러나 이들은 또한 학급 크기의 감소, 실험실, 도서관을 위한 지출이나 그 외의 다른 학교 운영과 관련된 측면들은 (1) 학생들의 개인적 사회경제적 배경과 (2) 같은 학교에 다니는 다른 학생들의 사회 계층 지위를 설명할 수 있는 성취와는 근본적으로 관련되어 있지 않다는 사실을 밝혀내었다. 많은 독자들은 이 연구 결과를 학교가 경제적으로 불리한 여건에 처한 학생들의 수행을 증진시키는 수단이 될 수 없다고 해석하였다. 실제로 이 결과는 다음과 같은 두 가지 결론을 지지하였다. (1) 불리한 여건에 처한 학생들을 위해 교육에 더 많은 지출을 하는 것은 이들의 성취를 향상시켜 주지 못한다. (2) 노동자 계층의 학교에서 중산 계층의 학교로 전학시키는 것이 학생의 성취를 향상시킬 수도 있다(Coleman et al., 1966; Mosteller & Moynihan, 1972; Coleman, 1990; Fritzberg, 2003).

■ Jencks의 결론

1970년대, Christopher Jencks와 그의 동료들이 저술한 두 가지 영향력 있는 저서가 이 분석을 지지해 주었다. 엄청난 양의 데이터를 검토한 후 Jencks와 그의 동료들은 다음과 같은 결론에 도달하였다(Jencks et al., 1972; Jencks et al., 1979; McMurrer & Sawhill, 1998; Mazdumder, 2002).

1. 학업 성취는 상당 부분 학생들의 가정 특성에 영향을 받는다.
2. 가정 배경은 직업적 지위의 변산 중 거의 절반을 설명하며, 소득의 변산에 있어서 35%까지를 설명한다.
3. 학교는 높은 사회경제적 지위와 낮은 사회경제적 지위를 가진 학생 간의 격차를 좁히는 역할을 비교적 훌륭하게 해 내지 못하고 있다.

■ 국제적 유사성

다른 많은 국가에서 진행된 연구들도 비슷한 결론들을 제시하고 있다. 예를 들면, World Bank의 학자들은 몇 십 년간의 국제적인 연구를 다시 검토한 후, 가정 배경이 성취에 있어서 "초기 및 실제적으로 지속적인 영향력을" 미친다고 보고하였다. 이와 비슷하게 영국에서도 여러 연구를 재검토한 결과, 학교는 "한 세대의 중산 계층 시민으로부터 다음 세대의 시민으로 특권을 넘겨주는 기제"라는 결론을 내렸다(Lockheed, 1988; Shavit & Blossfield, 1993; Hatcher, 1998; OECD/UNESCO, 2003).

그러나 이는 저소득 가정의 모든 또는 대부분의 학생이 성인으로서 성공하지 못하거나, 학교는 다양한 사회경제적 배경을 가진 학생들에게 기회를 제공하는 데 실패했다고 보아야 한다는 것을 의미하는 것은 아니다. 여러 연구에서는 다음과 같은 일반적인 결론을 내리고 있다.

1. **사회경제적 지위가 낮은 학생들이 학교에서 성적이 낮고 이후 제한된 고용 기회를 가지게 되지만, 상당수의 노동자 계층 자녀와 가난한 가정의 아이들은 결과적으로 중산 계층의 지위를 획득하게 된다.** 예를 들면, 미국 노동력에서 3분의 2 이상에 해당하는 사람들은 노동자 계층 가정이나 농촌에서 자랐으나, 50% 이상은 중간 또는 높은 지위의 직업에 종사하고 있다. 또한 25% 이하의 사람들이 중상 계층 가정에서 자랐으나, 40% 정도가 중상 계층의 직업을 차지하고 있다. 이런 종류의 사회경제적 이동은 미국 역사 전반에 걸쳐서 이루어지고 있다(Featherman & Hauser, 1978; Hout, 1998; Sawhill, 1999; Hauser, 2002).

■ 유의미한 사회경제적 이동

2. **교육 체제는 많은 사람들에게 부모의 지위보다 더 높은 지위를 갖도록 도와준다.** 중간 지위와 높은 지위의 직업이 더 복잡해지고 전문화된 교육 기술과 자격증에 의존하게 되고, 기술적 · 경제적 변화가 많은 미숙련 직업을 축소시키고 있기 때문에, 사회경제적 이동을 촉진시키는 교육 체제의 역할은 그 중요성이 더욱더 커지고 있다(Hout, 2000; Kambourov & Manovskii, 2004).

■ 교육의 역할

3. **교육이 점점 더 많이 사회경제적 지위와 이동을 결정하고 있기 때문에, 대학 진학과 졸업은 높은 사회경제적 지위를 얻을 수 있는 사람들과 얻을 수 없는 사람들 사이의 일종의 "구분선"을 구성한다.** 100여 년 전, 고등학교의 입학은 사회경제적 지위에 있어서 최고의 지표였을 것이다. 50~60년 전에는, 고등학교 졸업은 가장 확실한 구분선이었다. 오늘날에는 고등교육이 중산 지위와 높은 지위의 직업을 얻는 데 있어서 필수 조건이 되고 있다.

■ 구분선으로서의 대학

4. **많은 노동자 계층 학생의 성공에도 불구하고, 최하위 계층의 불이익을 극복하기에는 기회–교육적 · 사회적 · 경제적 기회–가 너무 적다.** 낮은 성취를 보이는 빈민지역 학교를 다닌 학생은 불평등하게도 낮은 사회경제적 지위에 머물러 있을 가능성이 크다.

■ 하위 계층의 계속되는 불리함

전통론적 해석 대 수정론적 해석

사회 계층과 학교에서의 성취도가 밀접하게 관련되어 있다는 인식의 확대는 미국 교육에 관한 두 집단의 관찰자들 사이에 근본적인 의견의 차이를 가져왔다. 학교에 대한 전통론적 입장(traditional view of schools)에 따르면, 교육 체제는 경제적으로 불리한 여건에 처한 학생들에게 사회적 · 경제적 진보를 할 수 있는 유의미한 기회를 제공하는 데 성공하고 있다. 반대로 학교에 대한 수정론적 입장(revisionist view of schools)에 따르면, 학교가 불리한 여건에 처한 대부분의 학생들에게 사회에서 성공할 수 있는 유의미한 기회를 주지 못하고 있다. 수정주의적 입장과 비슷한 용어로 쓰이는 비판적 이론 혹은 비판적 교육학(critical theory or critical pedagogy)이라는 말을 들어보았을 것이다. 다음 절에서는 이 두 가지 입장을 자세히 설명하도록 하겠다.

전통적 입장

■ 수월성과 기회의 균등을 유지하는 교육

전통적 입장을 지지하는 사람들은 사회 계층, 교육적 성취, 경제적 성공 사이의 관련성을 인정하고 있으나, 이들은 많은 노동자 계층의 학생들이 학교와 다른 기관을 통해 사회적 이동을 경험한다는 사실을 나타내 주는 자료와 기회를 강조한다. 대부분의 전통론자들은 우리의 교육적 · 경제적 기관들이 기회를 제공하면서 우수한 학생들의 요구에 대한 균형을 맞추고 있다고 생각한다. 이런 관점에서, 열심히 공부하는 각 개인은 얼마나 불리한 여건에 처해 있는지에 관계없이 초등학교, 중학교, 또 대학에 진학하는 데 있어서 성공할 수 있는 기회를 얻게 된다.

■ 다양한 기회

전통론자들은 미국의 교육 체제가 다른 국가의 교육 체제들보다 개인들에게 더 많은 대학 진학 기회를 제공하고 있다는 사실을 지적한다(15장 참고). 다른 일부 국가에서와는 달리 미국의 학생들은 11세 혹은 12세에 거의 빠져 나올 수 없는 교육적 진로에 그들을 밀어 넣는 시험을 보지 않는다. 미국의 학생들이 고등학교에서 나쁜 성적을 받더라도, 이 학생들은 Community College에 진학하여 그 후에 종합대학으로 옮겨갈 수도 있다. 게다가 많은 4년제 대학의 입학 기준은 성취도가 가장 낮은 학생을 제외하고는 모든 학생들을 입학할 수 있도록 해준다.

■ 선별 장치로서의 학교

전통론자들은 학교가 각기 다른 학생들을 다른 직업에 구분해 주는 선별장치로서의 역할을 한다고 인정한다. 그러나 이들은 이런 선별이 체계적으로 인종, 민족 또는 수입에 기반한 것이 아니라고 생각한다. 대신에 이들은 학교가 학생들을 더 생산적인 사람으로 만들었기 때문에 더 나은 교육을 받은 사람이 1차적으로 더 좋은 직업을 얻게 된다고 생각한다. 학교 교육의 연수는 더 높은 생산성을 가지고 있다는 지표가 된다. 고용주들은 고용할 사람을 선택하는 데 있어서 기준을 필요로 하며 이동성과 기회, 교육의 질 등에 가치를 두지 지원자의 가족 관계, 인종, 민족이나 사회 계층을 보는 것이 아니다.

수정론자의 입장과 비판적 교육학

■ 엘리트 집단의 지배를 유지하기 위한 수단으로서의 교육

수정론자들은 엘리트 집단이 학교를 통제하고, 따라서 불리한 여건에 처한 학생들을 두 번째로는 중등학교와 프로그램에, 세 번째로는 지역 대학, 네 번째로는 직업에 접근할 수 있는 경로를 통제한다고 주장한다. 많은 비판적 교육학자들은 계층 구조에서 최하위 수준에서 훈련된 노동자를 생산해 내기 위해 교육 체제가 형성되었다고 생각한다. 이는 부분적으로는 노동자 계층 가정과 공장 노동 체제가 훈육을 강조하듯이,

노동자 계층 학교에서 훈육을 강조하기 때문이다(Carnoy, 1975; Spring, 1976; Bowles & Gintis, 1976; Apple & Weis, 1983; Giroux, 1991; Apple, 1995; Giroux, 2003; Bowles, 2004; Ohanian, 2003).

■ 학생들이 저항하는 이유

비판적 교육학에서 많은 분석들은 저항 이론이라고 불리는데, 이는 사회경제적 지위가 낮은 일부 학생들이 학교의 기대에 순응하지 않거나 혹은 교사의 요구에 부응하지 않는가에 대해 설명하고자 하는 이론이다. 이 입장에서, 학생들의 저항은 부분적으로 학교의 기준과 기대가 기존에 이 학생들이 가지고 있던 남성성과 여성성의 전통적인 정의와 모순되기 때문이다. 게다가 "반대되는 동료의 생활"은 그들이 교사들이 가지고 있는 중산 계층 가치와 무관하다고 인식하는 것에 대해 저항하도록 자극한다. 4장에서 기술하였듯이, 저항 이론가들은 더 나아가 전통적 교육과정이 이러한 학생들의 일상적 지식을 무시하고 있으며 이에 따라 노동자 계층의 문화에서 지적인 것에 반대하는 경향성을 강화시키게 된다고 결론짓고 있다(Connell et al., 1982; Giroux, 1997; Abowitz, 2000; Fine & Weis, 2003).

■ 교사들이 해야 하는 것

비판적 이론가들은 이러한 상황을 개선하려고 하는 교육자들의 방식에 상당한 관심을 보이고 있다. 비판적 담론(critical discourse), 비판적 교전(critical engagement), 비판적 문해(critical literacy)와 같은 관련된 다양한 용어를 사용하면서, 이들은 교사들의 목표는 민주주의 사회에 기여하면서 학교의 역할을 넓히도록 노력하는 "변혁적 지식인"이 되어야 함을 강조하고 있다. 예를 들어, Paulice Lipman은 교사들이 노동자 계층과 소수 민족 학생들의 "개인적 효능"뿐 아니라 "사회적 효능"도 촉진해야 하며, 이들이 지역 사회에서 지도자가 될 수 있도록 준비시키는 것을 도와야 한다고 주장한다. 또한 그녀는 교사들은 이런 유형의 목표를 공립학교를 개혁시키려는 큰 노력의 일환으로 추구해야 한다고 생각한다. Jennifer Hendricks는 교사들이 학생들을 정치적으로 교양 있고, 활동적이 되게 하기 위해서 청소년이 친숙한 인터넷과 기술을 이용할 수 있어야 한다고 주장한다(Giroux, 1988; Lipman, 1998; Giroux, 2003; McLaren, 2003; Hendricks, 2004). 그러나 "Technology @ School"에서 일부 집단에서 온 학생들은 이런 기술에 접근할 충분한 기회가 없다는 사실에 대해 논의한다.

중립적 입장

이 장은 노동자 계층의 학생들이 중산 계층 학생들보다 성취도가 낮은 사실을 제시하면서 시작하였다. 이 차이를 설명하는 이유를 검증하고 난 후, 우리는 초등학교와 중학교가 자주 노동자 계층의 학생들이 학교에 가져오는 불이익을 극복하는 데 실패하고 있다는 결론을 내리고 있는 수십 년간의 연구를 요약하였다. 비록 최근의 연구들이 다양한 학교의 성공들을 지적하고 있지만, 전체적인 유형은 수정론자들의 결론을 지지하는 것으로 보인다.

TECHNOLOGY @School

디지털 격차를 다루는 것

최근 몇 년 동안 디지털 격차—디지털 매체에 대한 접근성의 측면에서 유리한 입장에 처한 사람과 불리한 입장에 처한 사람 사이의 차이—에 대한 범위와 그 시사점에 대해 상당한 관심이 주어지고 있다. 예를 들어, 2003년 Corporation for Public Broadcasting에서 실시한 어린이들의 인터넷 사용에 대한 보고서인 "Connected to the Future"라는 가정에서 인터넷에 접속할 수 있는 저소득층 어린이의 비율이 29%인 것에 비해 고소득층 어린이는 66%가 인터넷에 접근했음을 제시하고 있다. 이 보고서는 **www.cpb.org/ed/resources/connected**에서 열람 가능하다. 비슷하게 **http://nces.ed.gov/pubresearch/pubsinfo.asp?pubid=2003011**에서 열람 가능한 2003년 연방 정부의 보고서에서는, 백인의 77%가 가정에서 인터넷을 사용하는 반면 흑인과 라틴계 학생들의 41%만이 가정에서 인터넷을 사용한다고 언급하고 있다.

교사로서 당신은 컴퓨터에 많은 시간 노출된 학생들과 거의 노출되지 못한 학생들을 만나게 될 것이다. 당신은 다른 개인적 차이를 설명하면서 이들 모두에게 컴퓨터를 더 잘 활용할 수 있는 능력을 길러 주어야 한다. 당신의 학교에서 광범위하고 빠른 인터넷 접속이 될 수도 있고 그렇지 않을 수도 있다. 그러나 각 경우에 당신은 모든 학생들의 학습을 향상시키기 위해 이들이 웹과 다른 디지털 원천들을 이용하도록 도와주어야 한다.

당신은 **www.ntia.doc.gov/ntiahome/fttn00/contests00.htme**의 「Falling Through the Net: Toward Digital Inclusion」이라는 보고서에서, 사회에 존재하는 디지털 격차를 좁히기 위한 가능성에 관련된 논쟁과 제안을 볼 수 있을 것이다. 또한 당신은 당신의 학급에서 디지털 격차를 다루기 위해서 상당량의 정보와 심도 있는 논쟁을 찾아볼 수 있다. 2000년 PBS 시리즈와 함께 나온 교사를 위한 무료 가이드인 「The Digital Divide」를 **www.pbs.org/digitaldivide**에서 다운로드 한다. 당신은 이 가이드에 포함된 "Tech Tips"에 특별한 관심을 보일 수도 있다. 이 가이드에는 또한 학생들이 디지털 격차를 연구할 수 있도록 돕는 교실 활동들이 포함되어 있다. 유용한 정보와 아이디어는 the Network of Regional Technology in Education Consortia(**www.rtec.org**)에서 얻을 수 있다. 이는 기술을 K-12 교실과 학교에 성공적으로 통합하기 위해 구축된 프로그램이다.

반면, 노동자 계층과 소수 민족의 모든 학생들이 학교에서 실패하는 것은 아니며, 모든 중산 계층 학생들이 성공적인 것도 아니다. 사회 계층과 성취 간의 관련성에 대한 정확한 설명은 수정론자와 정통론자의 관점 사이 어딘가에 존재한다. 학교는 현존하는 사회 계층 구조를 다음 세대로 완전하게 영속시키는 것은 아니며, 예상대로 낮은 수준에서 상당히 많은 노동자 계층 학생들이 수행하는 방식의 일반적 유형을 깨뜨리기에 충분한 기회를 제공하는 것도 아니다. Levine과 Levine은 이 논쟁의 양측 입장을 모두 검토한 후 다음과 같은 사항을 강조하는 중립적 입장을 제시하고 있다(Levine & Levine, 1998; Kilton-Syvester, 2003).

■ 최하층의 지위가 가장 변하지 않음

■ 미국에서 지위의 이동성에 대한 연구에서 최하층의 사람들은 부모의 지위를 그대로 유지하는 것으로 나타났다. 사회경제적 사다리를 이용한 세대 간 상승 이동과 일부 하향 이동이 있음에도 불구하고, 사회 계층이 낮은 미국인의 상당 비율이 자신들의 부모가 가졌던 지위를 넘어서지 못하고 있다.

- 사회적 · 인구 통계학적 측면에서 볼 때 저소득 도시 지역과 교외 지역에 거주하는 많은 어린이들은 성취도 평가에서 상당히 낮은 결과를 보이는 학교에 재학하는 경향을 보인다. 이런 학교에서 성취도가 낮은 학생들의 상당 부분은 인종적 혹은 민족적으로 소수 민족 집단 출신의 학생들이었다.
- 많은 노동자 계층 학생들이 주로 비효과적인 수업을 통해 애초의 불이익을 강화시키는 노동자 계층 학교에 다님에도 불구하고, 많은 다른 학생들은 교수와 학습 조건이 보다 높은 수행을 보이기에 알맞은 지위가 혼합되어 있는 학교에 진학한다. 게다가 노동자 계층 학교 수의 증가는 높은 수준의 학습을 강조하는 것으로 보인다.

■ 평등한 기회, 과거와 현재

- 우리가 학교에서 성공하거나 사회적 지위 상승을 위해 교육을 활용한 노동자 계층 학생들의 정확한 비율을 제시할 수는 없지만, 학교는 많은 경제적으로 불리한 여건에 처한 학생들에게 이동을 할 수 있는 중요한 경로로 작용하고 있다.

■ 학교는 이동성을 높여 줌

역사적으로, Horace Mann과 같은 교육 지도자들은 부분적으로는 공립학교가 모든 미국 어린이들에게 출생 배경과 상관없이 삶에서 성공할 수 있는 공평한 기회를 준다고 생각했기 때문에 공립학교 체제를 확립하고 확장시키려고 노력했다. 이 장에서 인용된 자료들은 평등한 교육 기회를 제공하는 공립학교의 기능이 보다 강력한 의미를 가지게 되었음을 나타내 주고 있다. 사회에서 평등한 교육 기회에 대한 준비는 현재 주로 빈민 학교에 다니는 학생들—특히 소수 민족의 학생들—을 위한 수업의 효율성을 개선하는 데 의존하고 있다. 이 논점에 대해서는 다음 장에서 논의할 것이다.

다시 한 번 생각해 보기

교육 기회의 평등에 대한 당신의 입장은 어디에 가장 잘 맞는가—전통주의자, 수정주의자인가? 혹은 중립적 입장인가? 왜 그러한가?

요 약

❶ 사회 계층은 초등학교와 중학교에서의 성취와 대학의 입학과 졸업에 모두 관련되어 있다. 사회경제적 지위가 낮은 학생들은 교육적 성취에서도 낮은 순위를 차지하는 경향이 있으며, 중산 계층의 학생들은 높은 순위를 차지한다. 낮은 성취는 특히 대도시 지역의 빈민 지역에서 문제가 되고 있다.

❷ 저소득 소수 민족 집단은 일반적으로 낮은 수준의 교육 성취를 보인다. 그러나 사회 계층이 설명되고 난 후 인종 혹은 민족과 성취 사이에 존재하는 독립적 관련성은 거의 없다.

❸ 낮은 성취의 주요 원인에는 다음과 같은 것들이 포함된다. (a) 전통적인 학교에서 성공을 위한 대비를 제대로 해주지 못하는 학생의 가정과 가족 환경, (b) 유전학

적 고려 사항(즉, 유전)은 더 나은 성취를 방해하는 일부 경우에 환경과 상호작용할 수도 있다. (c) 전통적으로 조직되고 작동하는 학교들은 경제적으로 불리한 여건에 처한 학생들에게 효과적인 교육을 제공해 주지 못하고 있다.

❹ 학교에서 많은 문제점들이 성취를 제한하는 경향이 있다. 부적절한 교육과정과 수업, 학교에서 이전 성공 경험의 결핍, 다른 교수 조건, 학생의 부적절함에 대한 교사의 인식, 비효과적인 이질적 집단 구성, 서비스의 전달 문제, 두드러지게 큰 규모의 학급, 부정적인 동료 압력, 교사와 학생 배경의 차이점, 교실의 기대와 학생의 행동 유형 간의 불일치.

❺ 사회 계층과 교육에 대한 연구는 학교가 현존하는 사회 계층 체제를 영속시킨다는 수정주의자의 관점을 지지한다. 이는 미국 사회와 교육 체제가 학생들이 사회 계층 배경과는 상관없이 성공할 수 있는 평등한 기회를 가지도록 한다는 전통적 입장과 대조된다.

❻ 최근의 연구들이 학교가 훨씬 더 효과적일 수 있다는 사실을 나타내고 있기 때문에, 우리는 미래에 평등한 교육 기회라는 이상에 더 가까이 다가가도록 노력해야 할 것이다.

12 교육의 기회 균등

미국의 학교들은 세계 최초로 고등학교와 대학 수준에 이르기까지 모든 학생들에게 기회를 제공하기 위해 설립되었다. 그럼에도 불구하고, 11장에서 나타났듯이 효과적인 교육은 경제적으로 불리한 여건에 처해 있거나 소수 민족 학생들에게는 충분하게 전달되지 않고 있다. 인권운동에 자극을 받아, 많은 사람들이 교육적으로 불리한 여건에 처한 학생들뿐 아니라 장애를 가진 학생들에게 있어서도 교육 기회를 증진시켜야 한다는 필요성을 인식하게 되었다.

이 장에서는 인종 통합, 경제적으로 불리한 여건에 처한 학생을 위한 보상교육, 다문화 교육(이중 언어 교육 포함), 장애를 가진 학생들을 위한 교육에 대해 살펴볼 것이다. 이 주제들은 학생들을 위한 교육 기회를 증진시키고 평등화하기 위한 네 가지 중요한 운동을 반영하고 있다. 학교가 평등한 교육 기회를 제공하고 있다는 사실에는 동의하지만, 이는 교육위원회, 인권단체, 정부 등의 문제라고 생각할 수도 있다. 이들은 학급의 교사에게 어떻게 영향을 미칠까? 여러 가지 방법이 가능하다.

- 첫째, 어디에서 가르치든 성취도가 낮은 학생들을 위한 구체적인 도움을 제공할 전문가적 · 도덕적 의무를 가져야 할 것이다.
- 둘째, 학생 구성에 있어서 인종과 민족의 다양성이 증가하고 있는 것은 다양한 민족 집단, 문화적 배경, 각기 다른 언어를 사용하는 학생들을 수용할 필요성이 있다는 것을 의미한다.
- 셋째, 그 어느 때보다도 많은 학생들이 장애를 가진 것으로 분류되고 있으며 이런 학생들은 점점 더 많이 정규 학급에 포함되고 있다. 교사는 부분적으로라도 이들의 특별한 욕구를 충족시켜 주어야 하는 책임이 있다.

평등한 교육 기회에 대한 각자의 철학과 접근법을 공식화하기 위해, 이 장을 읽으면서 다음과 같은 질문들을 생각해 본다.

핵심 질문

- 인종 통합, 보상 교육, 다문화 교육, 장애 아동 교육의 근거는 무엇인가?
- 학교에서 인종을 통합하는 데 있어서의 접근법과 주요 장애물은 어떤 것들인가?
- 보상 교육에 대한 주요 접근법은 무엇인가?
- 다문화 교육은 무엇인가? 초등학교와 중학교에서는 어떤 형식을 취하고 있는가? 이것의 가장 주된 이점과 위험은 어떤 것인가?
- 장애를 가진 학생들에게 교육을 제공하는 것에 대해 법에는 어떻게 나와 있는가? 이들의 교육에 있어서 주된 논점은 어떤 것인가?

인종 차별 대우 폐지

■ 인종 차별 철폐와 통합

학교에서의 인종 차별 대우 폐지(desegregation)는 다른 인종 집단의 학생들을 같은 학교에 등록시키는 것이다. 통합(integration)은 일반적으로 그 이상을 의미한다. 다른 인종 집단의 학생들이 같은 학교에 다닐 뿐만 아니라, 인종 차별 대우 폐지의 기저에 존재하는 두 가지 목적을 달성하기 위해 효과적인 단계를 밟아 나가는 것을 의미한다. (1) 소수 민족 학생들의 성취의 부족과 다른 불리한 여건을 극복하는 것과 (2) 긍정적인 인종 간 관계를 발전시키는 것이다. 지난 40년간, 다양한 배경을 가진 학생들에게 평등하고 효과적인 교육 기회를 제공한다는 목적으로 단순한 인종 차별 대우 폐지에서 인종 통합으로 점점 더 많은 관심이 모아졌다. 그러나 이런 목적을 완전하게 달성하기 위해서 우리가 해야 할 일은 아직 많이 남아 있다.

미국 교육에서 인종 차별의 간단한 역사

■ 노예 제도와 헌법

인종에 의한 차별과 탄압은 미국이라는 국가가 생길 때부터 그 안에 깊이 내재되어 있었다. 예를 들면, 미국 헌법은 자유 시민들에게는 국회의원 선출권을 제공하였으나, 일반적으로 노예를 의미하는 "다른 모든 사람들"의 경우에는 국회의원 선출권의 5분의 3만을 부여하였다("국회의원 선출권"은 미 하원의 의석의 분배를 의미한다). 남북 전쟁 전의 경우 대부분의 남부 지역에서는 노예에게 읽고 쓰는 것을 가르치는 것은 범죄였다.

■ 분리된 시설들

남북 전쟁 후, 13~15차 헌법 개정안에서는 인종에 상관없이 시민권을 확대하려고 노력하였다. 남북 전쟁 후 남북의 모든 주를 재통합하는 동안 흑인들의 상황은 약간 나아졌지만, 1877년 입법 활동으로 인해 흑인들은 남부와 다른 지역으로 분리되었다. 이들은 분리된 학교에 다녀야 했고, 좋은 일자리를 얻기 위해 백인과 경쟁할 수 없었다. 또한 투표권을 행사할 수도 없었다.[1] "Jim Crow" 법의 희생양이 되어, 흑인들은 분리된 공공 서비스와 시설(예: 교통, 유흥, 화장실, 식수대)을 사용해야 했으며 호텔,

주 방위군이 아칸소 주의 Little Rock에 위치한, 이전에 백인들만 다니던 공립학교에 흑인 학생들을 호송해 주던 1957년 이래, 중간 규모의 도시와 교외 지역의 작은 마을에 위치한 공립학교의 인종 차별 대우 폐지에 상당한 진전이 이루어졌다.

식당, 극장과 같은 사적인 시설에는 전혀 접근 기회가 없었다. 많은 흑인들이 Ku Klux Klan과 다른 극단주의 연합의 구성원들에게 격렬하게 비방당하거나 심하게 폭행당하기도 했다.

아시아계 미국인, 라틴계, 인디언, 또다른 소수 민족 집단들도 일반적으로 덜 악의적이지만 비슷한 차별을 경험했다. 예를 들면, 일부 주에서는 법에 의해 중국계 미국인들을 좋은 보수를 받는 직장에 다니지 못하게 했고 그들의 자녀들이 분리된 학교에 다니도록 요구하였다(Kead, 1991; Vasillopulos, 1994; Ferg-Cadima, 2004; Zehr, 2004).

■ 분리된, 불평등한 학교

평등의 측면에서 볼 때, 흑인을 위한 학교는 백인이 다니는 학교와 동일한 측면을 보이지 않았다. 예를 들면, 1970년대에 미시시피 주의 경우 백인 학교에는 학생 1인당 1년에 52.01달러를 지급했지만, 흑인 학교에는 7.36달러만을 지급하였다. 대부분의 경우 흑인 학생들은 가장 가까운 흑인 학교에 다니기 위해 자비를 털어 먼 거리를 통학해야 했고, 흑인 고등학교는 100마일이나 혹은 그 이상 먼 거리에 위치하고 있는 경우도 많았다.

■ Brown 소송

1950년대 초 초등학교와 중학교에서의 인종 차별에 대한 법적 소송이 제기되었다. 미국 대법원의 첫 번째 판결은 Linda Brown의 변호사들이 그녀가 캔자스 주 Topeka의 백인 학교에 다닐 수 있도록 해 달라는 소송에서 내린 판결이다. 학교는 "분리되었지만 평등하다(separate but equal)"는 법적 원칙을 공격하면서, 원고는 인종이 분리된 학교는 똑같은 경비를 지원받는다고 해도 본래부터 열등하다고 주장하였다. 분리

1) 이 장에서 백인은 라틴계 백인이 아닌, 즉 학교의 인종 차별 대우 폐지의 목적에 해당되는 인종 혹은 민족적 소수 민족 집단의 구성원으로 분류되지 않는 시민을 의미한다.

된 학교에 강제로 출석하게 하는 것은 흑인 학생에게 그들 스스로가 2류 시민이며, 그러므로 다른 많은 학생들이 학교와 사회에서 성공하려는 동기를 저해시킨다고 생각하게 만들기 때문이다. 1954년 5월, 대법원은 미국 역사를 바꾸어 놓을 만한 만장일치의 결정으로 Brown v. Board of Education에게 "분리되어 있으나 평등(separate but equal)하다는 원칙은 공교육에서 적용되지 않는다"는 판결을 내렸다. 대법원에 따르면 이러한 인종 분리는 제14차 헌법 개정안에서 보장하고 있는 평등한 보호권을 사람들로부터 박탈하는 것이다.

■ 인권운동

Brown 판결의 영향은 곧 고용, 투표, 또 공적 지원을 받는 다른 서비스를 포함한 미국 사회의 다양한 분야에서 나타났다. 1955년 12월, Mrs. Rosa Parks가 앨라배마 주의 Montgomery에서 버스의 뒷좌석에 앉게 해 달라는 요구가 거절당한 후, 인종 분리에 대항하는 시위가 전국 여러 지역에서 일어났다. Dr. Martin Luther King Jr.과 다른 인권운동 지도자들은 뿌리 깊은 인종 차별에 도전하기 시작하였다. 평화적인 시위대를 해산시키기 위해 사용되기도 했던 개들과 소방 호스 때문에 인권운동 시위에 대한 강압적인 진압이 1950년대 말과 1960년대 초의 머릿기사를 장식하였다. 세 명의 인권운동가가 미시시피주에서 살해당한 후, 미국 의회는 1964년 인권법(Civil Right Act)을 통과시켰고 소수 민족 시민을 위한 법의 평등한 보호를 보장하기 위한 다른 법안들도 제정하였다(Brown, 1994; Wachtal, 1998; Menand, 2001; Willoughby, 2004).

■ 인종 차별 철폐에 대한 저항

Brown 판결에 대한 지역 정부 관리들 사이의 최초의 반응은 대체적으로 부정적이었다. 1955년 대법원이 내린 학교의 인종 차별 대우 폐지는 "느린 속도로" 진행되어야 한다는 Brown II 판결은 엄청난 반대에 부딪혔다. 이 저항은 흑인 학생의 백인 학교 배정을 늦추고, 공공 재정으로 등록금을 지불하는 사립학교를 세우고, 인종 분리를 증가시키기 위해 학교의 경계선을 임의적으로 책정하며, 의무 교육을 중지시키거나 폐지하고, 인종 통합이 이루어진 학교를 폐교시키는 것과 같은 형태로 나타났다. 1957년, 아칸소 주지사인 Orval Faubus는 5명의 흑인 학생이 Little Lock의 Central 고등학교에 입학하는 것을 거부하였고, Dwight Eisenhower는 방위군에게 학생들을 학교까지 호송해 줄 것을 명령하였다. 1963년에는 남부 지역 흑인 학생의 2%만이 백인과 함께 학교에 다녔다.

인종 차별 폐지 노력의 진전

■ 차별의 유형

1960년대 초 이후, 중간 규모 도시들과 교외 지역의 학교구에서는 de je segregation(차별을 위해 만들어진 법안, 정부의 행위, 학교 정책 등에 의한 인종 차별)과 de facto segregation(법이나 정책보다는 거주 형태로 야기된 인종 차별)을 폐지하는 데 상당한 진전이 이루어졌다.

■ 흑인들을 위한 인종 차별 폐지 감소

법원의 명령에 대한 조치로, 학교 담당자들은 인종적으로 고립된 소수 민족의 학

그림 12.1 1969~2000년, 인종적으로 분리된 공립학교에 재학 중인 흑인 및 히스패닉 학생의 비율

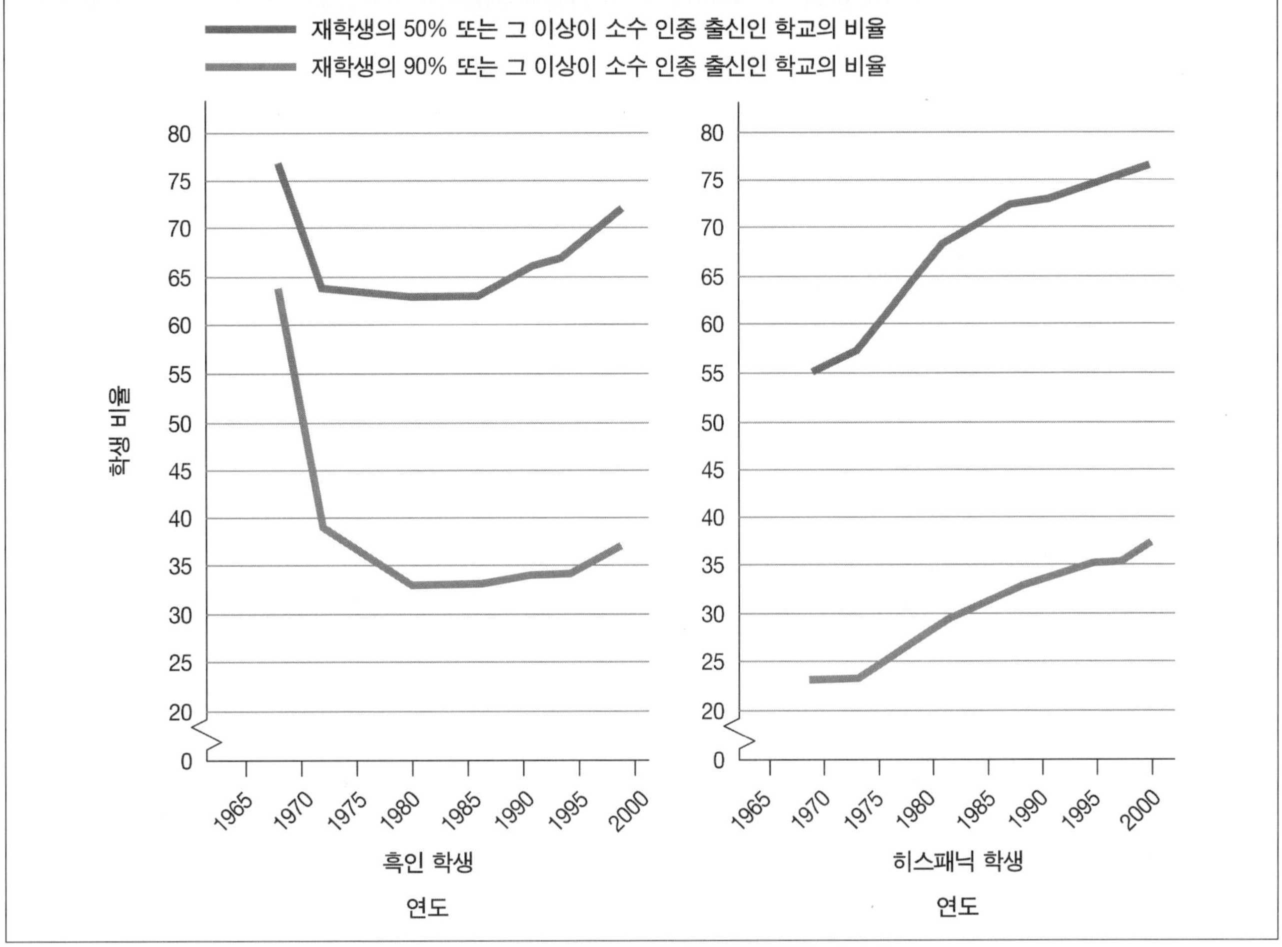

주: "소수 인종"은 아시아계, 흑인, 라틴계와 연방 정부가 규정한 인종 및 소수 민족 집단을 지칭한다. 앞의 장에서 본 저자들은 정부 자료를 사용할 때 "히스패닉(Hispanic)"이라는 용어를 사용하였고, 그 외는 일반적으로 "라틴계(Latino)"라는 용어를 사용한다.

출처: Erica Frankenberg, Chungmei Lee, Gary Orfield의 "A Multiracial Society with Segregated Schools"(2003)에서 인용함, Harvard University Civil Rights Project 인터넷 웹사이트인 **www.civilrightsproject.harvard.edu/researCh/FeSeg03/ AreWeLosingtheDream.pdf**에서도 볼 수 있음.

교(소수 민족이 50%나 그 이상을 차지하거나, 90%나 그 이상을 차지하는 학교)에 흑인의 진학을 감소시켰다. 그림 12.1에서 볼 수 있듯이, 재학생의 90% 이상이 소수 민족인 학교에 다니는 흑인 학생의 비율은 1969년에는 64%였으나 2000년에는 37%로 감소하였다. 이런 발전은 90% 이상이 소수 민족인 학교에서 흑인 학생의 비율이 1969년의 78%에서 1980년대 초에는 30%에 약간 못 미칠 정도로 감소한 지역인 남부에서 가장 크게 나타났다. 현재 남부는 미국에서 가장 인종이 많이 통합되어 있는 지역이다.

■ 라틴계에 대한 차별 증가

그러나 라틴아메리카 학생들의 경우, 소수 민족 학교에 다니는 비율이 1969년 이래로 증가해 왔다(그림 12.1 참조). 1969년, 55%의 라틴아메리카 학생들이 재학생의

50% 이상이 소수 민족인 학교에 다녔으며, 2000년에는 76%의 라틴아메리카 학생들이 그러한 학교에 다녔다. 이런 경향은 라틴아메리카 사람들이 대도시 빈민 지역으로의 이주를 반영한 것이다. 특히, 멕시코 사람들은 캘리포니아와 텍사스 주의 도시로 이주해 왔고, 푸에르토리칸들은 뉴저지, 뉴욕, 시카고 또다른 동부와 중서부 도시로 이주해 왔다(Laosa, 2001; Orfield & Lee, 2004).

■ 차별이 계속되고 있는 대도시

작은 도시와 교외 지역에서는 인종 차별 대우가 폐지되고 있는 동시에 대도시 지역에서의 인종 차별 대우는 증가하고 있었다. 주요 원인은 그러한 지역 내부의 확고한 거주지 차별이라고 할 수 있다. 오늘날 애틀란타, 시카고, 디트로이트, 뉴욕, 필라델피아와 같은 대도시 지역의 공립학교에 다니는 학생들의 대다수는 소수 민족 학생들이며, 대부분은 대다수의 학생이 소수 민족 학교에 다니고 있다. 학교의 인종 차별 대우 폐지를 막는 주요 걸림돌은 대부분의 백인과 많은 소수 민족 부모들이 가지고 있는 근처의 학교를 유지하고자 하는 욕구이다. 대부분의 대도시 지역에서 나타나는 매우 인종 차별적인 주거 유형은 그만큼 인종 차별적인 지역 학교를 만들어 냈다.

■ 중산층의 전학

대부분의 경우, 소수 민족이 많이 거주하는 지역들은 빈곤율이 매우 높으며 사회경제적 지위도 매우 낮다. 인종 차별 대우 폐지에 대한 반발은 저소득 가정 출신의 소수 민족 학생들이 높은 비율을 차지하는 학교구에서 강하게 나타났다. 11장에서도 언급하였듯이, 이런 지역의 학교들은 가난이 가져오는 여러 가지 영향으로 인해 어려움을 겪고 있으며, 대부분의 경우 효과적인 교육을 제공하지 못하고 있다. 백인 부모와 중산층 부모들은 일반적으로 자신들의 자녀를 인종 차별 대우가 폐지되어 저소득층 학생들의 비율이 현저하게 증가한 학교에서 전학시키고 싶어한다. 그 결과 도시의 학교구와 학교들은 그 학생 구성에 있어서 저소득층 학생들과 소수 민족 학생들이 점점 더 증가하고 있다.

■ 중지 경향

1990년대와 2000년대에, 많은 학교구들은 지난 몇 십 년간 추진되어 온 인종 차별 대우 폐지 제도의 전부 혹은 일부를 중지하였다. 이들은 자신들의 결정에 대한 이유를 다양하게 제시하고 있다.

- 일부 도시 학교구의 소수 민족 학생들의 비율이 지나치게 높아, 대규모의 버스 통학으로도 인종이 통합된 학교를 유지하기 어렵다는 것을 알게 되었다.
- 일부 학교구에서, 법원은 헌법 위반으로 생각될 수 있는 차별적인 효과를 극복하기 위해 충분히 노력했다는 판결을 내렸다.
- 일부 학교구에서, 공립학교의 담당자들은 인종 차별 폐지 노력이 실질적으로 소수 민족 학생들에게는 별 도움이 되지 못했다고 결론지었다.

인종 차별 폐지 계획

■ 인종 차별 폐지 방안

인종 차별 폐지를 위한 계획에는 보통 다음과 같은 한두 가지의 방안들이 포함되어 있다.

- 보다 다양한 인종으로 구성될 수 있도록 관할 지역을 변경한다.
- Magnet School을 설립한다—Magnet School은 학교구 내의 학생들을 끌어들이기 위한 전문화된 프로그램과 교직원을 제공한다.
- 버스를 이용하여 학생들을 강제로 인종 차별 대우가 폐지된 학교로 전학시킨다.
- 인근 지역에 위치한 두 학교를 하나로 묶어서 운영한다. 예를 들면, A학교는 1학년부터 4학년 학생들을 받고 B학교는 5학년부터 8학년까지의 학생들을 받는 것이다.
- 제한된 범위 내에서의 선택권(controlled choice)을 부여한다. 인종 차별을 야기하지 않는 범위 내에서 자신들이 가고자 하는 학교를 선택할 수 있도록 하는 체제이다.
- 희망자에 한하여 도시의 학생들을 교외 지역의 학교로 전학시킨다.

■ 인종 차별 제도 폐지의 전형인 Milwaukee

이런 방안들은 많은 중소 도시의 학교에서 인종 차별의 폐지를 이끌어 냈다. Milwaukee는 좋은 사례라고 할 수 있다. 흑인 학생들의 비율이 전체 학생의 약 40%를 차지하게 되었을 때, Milwaukee는 인종 차별 대우가 폐지된 학교 수(흑인 학생의 비율이 25~50%인 학교)를 1976년의 14개교에서 1978년의 101개교로 증가시켰다. 이런 증가의 대부분은 (1) Magnet School의 설립, (2) 자발적인 도시-교외 간 전학, (3) 학교 관할 구역의 수정을 통해 이루어졌다. 도시-교외 지역 간 전학 프로그램이 종결되었을 때, 인종 차별이 폐지된 학교에 다니는 학생 수는 상당히 감소하였다. 그러나 이런 형태는 인종 차별이 가장 심하게 일어나는 대도시에서 자발적인 인종 차별 폐지가 무엇을 달성할 수 있는가를 예증해 준다.

■ 대도시의 문제

대도시 지역—특히 50% 이상의 소수 민족 학생이 학교에 다니는—에서는 인종 차별이 폐지된 학교를 찾아보기가 매우 어렵다. 예를 들면, 80%의 소수 민족 학생이 있는 대도시에서 한 인종이 많이 다니는 학교를 감소시키기 위한 조치로 소수 민족 학교에 다니는 학생들을 버스로 한 시간이 넘게 걸리는 거리를 다른 학교로 통학시키는 방안도 있다. 이런 비슷한 이유로 대도시의 인종 차별 대우 폐지 계획은 일반적으로 수업의 질을 향상시키려는 노력에 집중되었다.

■ 수업의 질 강조

■ Magnet School

연구에 따르면, 인종 차별이 심한 대도시에서도 학생들을 소수 민족 학교로 강제적으로 통학시키려는 노력보다 Magnet School 설립을 확대시키는 것이 인종 차별 대우 폐지에 도움이 된다. 빈번하게 사용되는 주제에는 예술, 사업, 외국어, 건강 관련 직업, 몬테소리의 조기 교육, 과학과 수학, 기술 등이 있다. Magnet School을 상당수 설립한 지역으로는 Buffalo, Houston, Jacksonville, Minneapolis가 있다(Rossell, 2003). "Taking Issue"에서는 Magnet School의 효과성에 대해 고찰한다.

Taking Issue

질문 Magnet School이 인종 차별 대우 폐지를 촉진시키고 학교 발전 목표를 달성하는 효과적인 수단인가?

Magnet School과 인종 차별 대우 폐지

최근, 많은 도시의 학교들은 Magnet School을 포함한 인종 차별 대우 폐지 계획을 수립하였다. Magnet School은 한 도시 혹은 지역에서 학생들을 끌어들이기 위해 특정한 관심 분야의 전문화된 프로그램을 제공하고, 그에 따라 민족, 인종 집단을 혼합하게 된다. 그러나 이에 대해 비판하는 사람들은 Magnet School이 해결할 수 있는 문제보다는 야기하는 문제가 더 많다고 주장하고 있다.

찬성	반대
1. 여러 도시에서 진행된 연구에 따르면, Magnet School을 포함한 균형 잡힌 계획은 인종 차별 대우 폐지 계획에 상당한 도움이 된다. 예를 들어, Milwaukee와 Buffalo는 Magnet School을 효과적으로 이용하고 있다.	1. Magnet School이 인종 차별 대우 폐지에 상당한 기여를 한다는 주장을 뒷받침하는 근거는 매우 한정되어 있다. Magnet School은 보통 설립과 유지에 많은 비용이 들기 때문에 학교구가 짊어져야 하는 경제적 부담은 정당화되기 어렵다.
2. **Magnet School**의 전문화되고, 높은 수준의 프로그램은 중산 계층과 대학 지향적 학생들을 공립학교 체제로 끌어들이고, 인종 차별 대우 폐지 노력에 오랫동안 방해가 되었던 백인과 중산 계층의 이동을 역전시킬 수 있게 하였다.	2. Magnet School은 종종 최고 수준의 학생들을 "빼앗아 가기" 때문에, 다른 공립학교들이 낮은 성취를 보이는 학생들에게 너무 집중하고 있기 때문에 다른 학교들은 교사와 학생들의 사기를 유지하고, 좋은 교육을 전달하기가 점점 더 어렵다고 느끼고 있다.
3. Magnet School은 다양한 인종 집단을 끌어들이며 사회경제적 계층들도 혼합될 수 있게 하였다. 노동자 계층과 중산 계층의 학생들은 유익한 사회화를 장려하는 환경에 모이게 된다.	3. 지역 학교를 Magnet School로 전환하는 것은 때때로 사회경제적 집단 간의 긴장을 고조시킨다. 지역 학생들은 인근 지역의 학교에 다니기 위해 들어오는 "이방인(일반적으로 다른 사회 계층에 속한)"을 신뢰하지 않는다.
4. 자원의 집중은 Magnet School로 하여금 전문화되지 못한 학교 체제에서 보다 더 나은 교육을 제공할 수 있게 하였다. 가장 중요한 것은 이들이 이런 양질의 교육을 인종, 사회문화적 배경에 관계없이 누구에게나 접근 가능하도록 했다는 점이다.	4. 많은 Magnet School들은 사실상 모든 사람을 위한 것이 아니다. 대신 이들은 선택적이다. 학생들은 입학을 허가받기 위해서는 반드시 일정한 성취 기준을 만족시켜야 한다. 따라서 낮은 성취를 보이는 학생들은 —가장 많은 도움이 필요한— 다른 학생들보다 Magnet School에서 도움을 받을 가능성이 적다.
5. 학생들이 Magnet School에서 학문적 수월성에 대해 인식해 갈수록 지역 사회의 자부심도 높아진다. 이 학교들은 모든 인종과 계층에게 공통적인 노력을 쏟음으로 인해 지역 사회의 정체감을 촉진시키는 방책이 될 것이다.	5. Magnet School의 엘리트주의적인 특징이 공동체 의식을 강화할 수 없게 한다. 이들은 오히려 자신의 자녀들이 배제된—특히 Magnet 프로그램을 지원하기 위해 세금이 오른 경우—부모들 사이의 적개심을 불러일으킬 수 있다.

흑인이 아닌 소수 민족

■ 소수 민족 집단이란?

특별한 관심을 기울여야 하는 인종 차별 대우 폐지의 또다른 측면은 흑인이 아닌 소수 민족 집단의 지위이다. 종교적 · 지역적 환경과 법원의 판례로 미루어 볼 때, 다양한 인종의 소수 민족 집단들은 학교에서의 인종 차별 대우 폐지 목적에 포함되기도

하고, 포함되지 않기도 한다. 예를 들면, 1970년대 법원에서는 남서부 지역의 멕시코계 미국인 학생들은 흑인 학생들에 대한 차별과 똑같은 차별의 희생자라는 판결을 내렸다. 그러나 일부 도시의 법원에서는 멕시코계 미국인과 다른 라틴아메리카 학생들을, 이들 대부분이 소수 민족 학교에 다님에도 불구하고 인종 차별 폐지 계획에서 소수 민족으로 인정하지 않았다.

여러 대도시에 거주하는 아시아계 미국인들 때문에 상황은 더욱 복잡해진다. 중국계와 일본계 학생들뿐 아니라 필리핀, 한국, 베트남 학생들이 증가함에 따라 도시 학교구들은 다인종적인 차별 대우 폐지 계획을 고안하는 데 있어서 상당한 불확실성에 직면하고 있다. 예를 들어 샌프란시스코 법원의 판결에 따르면, 아시아계, 흑인, 남미계, 남미계가 아닌 백인 등 네 집단의 분배와 버스를 이용한 강제 통학이 요구된다.

■ 어려운 문제

보다 많은 아시아계 학생들과 라틴계 학생들이 여러 지역으로 이주해 오고 있으므로, 흑인이 아닌 소수 민족 집단의 인종 차별 대우 폐지와 관련한 문제는 앞으로 더욱 복잡해질 것이다. 이런 학생들의 상당수가 이중 언어 교육을 필요로 하며, 이는 이들 학생들을 한 집단으로 묶을 때 보다 쉽게 이루어진다. 그러나 이들을 한 집단으로 묶는 것은 소수 민족의 분포와 다인종 등록을 강조하는 인종 차별 대우 폐지 목표와 상충될 것이다.

학생의 성취도와 태도에 미치는 영향

■ 일관되지 않은 자료

통합된 학교는 학생들에게 어느 정도 도움이 될까? 이 주제에 대한 방대한 연구들은 다소 모순적이다. 일부 연구들은 인종 차별 폐지와 학업 성취 간의 긍정적 관련성을 제시하고 있으나, 다른 연구에서는 관련성이 거의 없거나 아예 없는 결과를 보이고 있다. 몇몇 학자들은 인종 차별 폐지가 백인들의 성취를 방해하지 않고 소수 민족 학생들의 성취를 높인다고 결론지었다. 저소득층 소수 민족 학생들의 성취도는 이들이 중간 정도의 소득 수준을 가진 소수 민족이 아닌 학생들과 함께 학교를 다니는 경우 대부분 상승하였다. 그러나 이는 인종 차별 폐지가 잘 실행되고 학교가 수업의 효과성을 높이기 위한 실질적인 조취를 취하는 경우에만 가능한 이야기이다.

■ 실행의 중요성

다른 인종과 민족 집단의 사람들에 대한 학생들의 태도는 어떠한가? 성취도와 마찬가지로 어떤 자료에서는 인종 차별 폐지가 인종 간 태도에 긍정적 영향을 미치는 것으로 나타나는 반면, 다른 연구들은 효과가 없거나 있다 하더라도 부정적인 영향을 준다는 결과를 제시하고 있다. 인종 차별 폐지가 잘 실행되고, 교육자들이 소수 민족 학생과 그렇지 않은 학생들이 동등한 지위를 가진 상태에서 상호작용할 수 있을 때에만 긍정적 인종 간 관계가 발전할 수 있다.

학생들의 포부 수준에 대한 연구들은 훨씬 더 일관성 있는 결과를 보인다. 여러 연구들은 인종 차별 폐지가 학생들의 포부 수준을 보다 현실적으로 생각하게 하고, 더 잘 알게 함으로써 소수 민족 학생들의 교육적 포부 및 대학원 진학률을 향상시켜 준다는 결과를 보인다. 일부 연구에서는 인종 차별이 폐지된 학교 교육이 소수 민족 학생들을 이후에 성공하기 위해 필요한 사회적 문화적 접촉 및 주류 "사회"에 편입될 수 있도록 도와주었음을 나타내고 있다.

■ 빈곤 지역 학교의 소수 민족 학생들을 위한 의미

인종 차별 폐지의 복잡함과 인종 차별 폐지가 학생들의 성취도 및 태도에 미치는 영향은 많은 사람들을 당황하게 만들고 있다. 저소득 지역에 위치하고 있으면서, 소수 민족 학생들과 낮은 수준의 성취를 보이는 학생들이 많이 다니는 학교의 소수 민족 학생들에게 인종 차별 대우 폐지가 함축하는 바는 무엇인가? 이런 학생들을 높은 성취를 보이는 학생의 비율이 상당히 많은, 인종 차별이 폐지된 학교에 배치하는 것은 오히려 이들을 잠재적으로 역기능적인 교육 환경에 배치하는 셈이다. 이들이 적절한 지원 및 수업을 받는다면, 이들의 학업 성취는 상당 수준 향상될 것이다. 우리는 다른 장—특히 16장—에서 매우 가난한 학교들은 상당히 성공적이며, 더 많은 학교들이 우수한 결과를 보여야 한다는 점을 강조하였다. 지금까지의 정황으로 미루어 볼 때, 인종 차별이 폐지된 학교에서의 효과적인 수업은 낮은 성취 수준을 보이는 소수 민족 학생들을 돕기 위한 중요한 대안이다.

■ 성공적으로 인종 차별이 폐지된 학교의 특징

불행하게도 인종 차별 폐지가 효과를 보인 학교를 대상으로 한 연구는 매우 적다. 이들 중 가장 광범위한 연구는 1972~1982년에 인종 차별 폐지를 촉진시키기 위해서 수백만 달러를 제공한 Emergency School Aid Act를 평가한 연구이다. 이 연구는 인종 차별 폐지가 (1) 자원이 목표를 달성하는 데 초점이 맞추어져 있고, (2) 행정적 지도력이 뛰어나며, (3) 부모들이 교실에 더욱 많이 관련되어 있고, (4) 교직원들이 긍정적 인종 간 태도를 촉진시키는 학교에서 흑인 학생들의 성취에 도움을 주었다는 결과를 제시하고 있다(Coulson, 1976; Kahlenberg, 2001).

■ 도덕적 · 정치적 요청

여러 가지 혼합된 증거에도 불구하고 인종 통합의 가장 강제적인 이유는 도덕적 · 정치적 요청 때문일 것이다. 도덕적으로 미국 교육 정책은 평등이라는 미국의 이상을 반영해야 한다. 정치적으로 두 개의 분리된 사회, 분리된 교육은 심각한 피해를 가져온다. 연방 항소 법원 판사인 Gerald Heaney의 말에 따르면, 소수 민족 학생들은 "인종이 통합된 사회에서 경쟁해야 하기 때문에, 이들은 가능한 인종이 통합된 학교 체제하에서 교육 받아야"만 한다.

다시 한 번 생각해 보기

당신이 다녔던 학교는 인종이 통합되어 있었는가? 아니면 하나의 인종 집단이 우세하였는가? 당신은 당신이 다녔던 학교와 비슷한 등록 현황을 보이는 학교에서 가르치기를 바라는가, 아니면 다른 학교에서 가르치기를 바라는가? 그 이유는 무엇인가?

보상 교육

평등한 교육 기회를 제공하기 위한 노력의 다른 측면은 보상 교육 운동(compensatory education)이다. 이는 불리한 배경을 극복하고(즉, 불리한 배경을 보상하고) 그로 인해 낮은 성취를 보이는 학생들, 특히 저소득층 가정 학생들의 성취도를 향상시켜 주고자 하는 노력이다. 보상 교육은 부분적으로는 1960년대의 인권운동에서 자극을 받아, Lyndon Johnson 대통령의 "가난과의 전쟁(War on Poverty)"의 일환으로 확대되고 제도화되었다. 주로 연방 정부로부터 자금을 지원받았음에도 불구하고 일부 주와 지역 학교구에서는 이 목적을 달성하기 위한 자금을 따로 마련하기도 하였다.

■ Title I

1965년 제정된 초 · 중등교육법은 경제적으로 불리한 학생들의 교육을 향상시키기 위하여 10억 달러를 지원하였다. (불리한 여건에 처한 학생들이라는 것은 정부의 공식적인 빈곤선 이하의 가정 출신 학생들로 정의한다.) 이 예산은 이를 기술하는 ESEA의 부분을 따서 Title I 기금이라 불린다. 연방 정부는 이 기금을 각 주에 배분하였고, 주는 학교구와 함께 지원을 받을 불리한 여건에 처한 학생들이 많이 있는 학교를 확인하였다. 1,400억 달러 이상이 1965~2003년에 Title I에 소요되었다. 2004년까지, 500만 명 이상의 학생들과 그 외의 다른 보상 교육에 참여하고 있는 또다른 학생들을 위해 매년 120억 달러 이상의 Title I 기금이 제공될 것이다. 학교와 학교구는 이 기금을 조기 아동 교육, 이중 언어 교육과 다른 교육들을 제공하기 위한 실질적인 보상 교육 프로그램을 만드는 데 사용해 왔다. 중요한 보상 교육 중 몇 가지가 아래에 제시되어 있다. 또는 "Technology @ School"에서는 성공적인 Title I 학교에 대해 더 많이 배울 수 있는 방법이 제시되어 있다.

■ 보상 교육의 종류

1. **부모의 참여와 지원.** 부모의 참여와 지원을 강조하는 프로그램에는 학부모들이 자신들의 자녀를 가르치는 것을 돕는 프로그램부터 가정의 기능과 부모의 고용 가능성을 증진시켜 주는 프로그램까지 다양한 범위의 프로그램이 존재한다.
2. **조기 아동 교육.** Head Start와 Follow Through는 이런 종류의 프로그램 중 가장 대규모 프로그램이다. Head Start는 일반적으로 불리한 여건에 처한 4세와 5세 아동들이 1학년에 대한 "준비도"를 갖출 수 있도록 도와주려는 시도였다. Follow Through는 초등학생들의 성취를 향상시켜 주는 데 집중하였다.
3. **읽기, 언어, 수학 교육.** 대부분의 Title I 프로젝트는 읽기, 언어, 수학의 향상에 집중되어 있다.
4. **이중 언어 교육.** 라틴계 학생들은 이중 언어 교육 프로그램에 있어서 가장 많은 부분을 차지했다. 그러나 전국적으로 이중 언어 프로그램은 6개 국어 이상으로 제공되었다. 이중 언어 프로그램은 다문화 교육을 다루는 다음 절에서 논의할 것이다.

TECHNOLOGY @ School

성공적인 Title I 학교들에 대한 인터넷 자료

www.ed.gov/pubs/urbanhope로 가서 "아주 가난한 지역이지만 학생의 성취도가 아주 높은" 도시 학교에 대한 연구를 읽어 본다. 목록에서 한 학교를 골라서 그 학교의 발전과 결과를 기술한 내용을 읽어 본다. 읽은 후 아래와 같은 질문을 해 본다.

1. 무엇이 성취를 가장 향상시켰는가?
2. 기술된 실제가 다른 학교에서도 쉽게 사용될 수 있는 것인가?
3. 특수 교육과 이중 언어 교육 프로그램은 어떻게 운영되며, 교사들은 어떻게 참여하고 있는가?
4. Title I 기금은 어떻게 사용되었는가?
5. 이런 학교에서 가르치고 싶은가?

당신의 결론과 자료를 다른 학교를 선택한 친구들과 비교해 볼 수도 있다.

5. **생활 지도, 상담, 사회적 서비스.** 다양한 심리적 · 사회적 서비스들도 불리한 여건에 처한 학생들을 위해 제공되었다.
6. **중도 탈락자 예방.** 직업 교육을 포함한 서비스는 학교를 중도에 그만두는 학생들을 막기 위한 목적으로 제공되었다.
7. **직원 연수.** 많은 직전 및 혁신 연수 프로그램은 교사들이 수업을 향상시키는 것을 돕기 위해 지원된 것이다.
8. **방과 후 프로그램.** 이들은 학업 성적 향상이나 심화 활동, 혹은 양자 모두를 위해 제공되었다.
9. **컴퓨터 실습실과 네트워크.** 최근에 Title I과 다른 보상 교육 기금은 여러 학교들이 컴퓨터 실습실과 학교 내 컴퓨터 네트워크를 설치하는 것을 돕고 있다.

조기 아동 보상 교육

■ 실망스러운 초기의 결과

보상 교육이 실시된 첫 10년 동안, 대부분의 조치는 학생들의 성취 수준과 인지 발달 수준을 향상시킨다는 측면에서 상대적으로 효과가 없는 것으로 나타났다. 매년 수십억 달러의 교육 경비가 지출되었음에도 불구하고 학업 성취도 향상을 이끌어 내지 못했다.

■ 개선된 절차 및 재정

이런 실망스러운 출발 덕분에 여러 부분이 수정되었다. 연방 정부와 주 정부는 감독 절차를 강화하고 보다 적절한 평가를 요구하였으며 보상 교육을 개선하기 위한 연구를 지원하였다. 또한 일부 주에서는 보상 교육 프로그램을 위해 더 많은 돈을 지원하기 시작하였다. 1980년대 초, 각종 연구들은 취학 전과 초등학교 저학년에서의 보상 교육이 불리한 여건에 처한 학생들의 인지 발달과 수행을 실제로 향상시킬 수 있다는 주장을 제시하였다.

■ 조기 아동 교육 프로그램의 예

특히, 조기 아동 교육 프로그램에 대한 몇몇 뛰어난 연구들은 그런 프로그램들이 잘 고안되고 효과적으로 실행된다면, 그 효과는 매우 길게 지속된다는 것을 증명하고 있다. 미시간 주의 Ypsilanti와 뉴욕 주의 Syracuse 등에서 실시된 우수한 취학 전 프로그램에서는 불리한 여건에 처한 학생들의 성취도가 장기간에 걸쳐 계속 향상되었다는 결과를 제시하고 있다. 참여하지 않는 학생들과 비교해 볼 때, 이런 프로그램에 참여했던 학생들은 이후에 특수 교육이나 유급(양자 모두 비용이 많이 든다)의 가능성이 훨씬 낮았다. 참여자들은 고등학교를 졸업하고 좋은 일자리를 얻기 위한 지식과 동기를 얻을 가능성이 더 높았고, 따라서 세금의 증가와 공공 지원에 의존하는 경향의 감소가 예상된다(Barnett & Escobar, 1987; "Long-Term Outcomes of Early Childhood Programs", 1995; Haskins, 2004).

■ 전반적인 평가

그러나 이런 인상적인 결과는 주로 연구자들이 "대표적"이라고 간주하는 프로그램으로부터 도출된 것이다. 다수의 취학 전 프로그램의 경우 자금이 덜 모이고 실행도 잘 되지 않으며 이득도 적은 것으로 나타났다. 게다가 초등학교와 중학교의 Title I 프로그램은 여전히 낮은 성취를 보이는 대부분의 학생들에게 현대 경제에서 좋은 직업을 얻기 위해 필수적인 학문적 · 인지적 기술을 습득할 것이라는 사실을 제시하지 못하고 있다.

전반적인 생활환경 개선

개선된 학교 프로그램들이 극빈 지역과 같이 특히 해로운 환경에서 자란 극단적으로 불리한 학생들에게 도움을 준다고는 기대할 수 없다. 이런 이유로 정책 결정자와 교육자들은 생활환경 개선을 위한 지원-어린 학생들의 가정환경을 개선하기 위한 광범위한 노력을 확대하고 있다.

■ 초기 가정환경의 중요성

생활환경 개선에 찬성하는 사람들은 4세나 5세 이후에 실시되는 Head Start의 실망스러운 결과뿐 아니라 유아기에 일어나는 중요한 인지 발달에 대한 연구를 지적한다. 연구에 따르면, 2, 3세 전에 도입된다면 전반적인 심리적 · 사회적 · 경제적 지원은 성공적일 수 있다. 이런 유형의 효과적인 몇몇 프로그램들은 어린 아동들을 교육 지향적인 탁아소나 취학 전 학급에 등록시킨다. 또한 성공적인 프로그램에는 일반적으로 영양 및 건강 관리가 포함되어 있으며 자녀 양육에 관한 개별화된 상담 및 조언이 제공되기도 한다.

The No Children Left Behind Act

■ 초 · 중등교육법 개정

2001년, 의회는 초 · 중등교육법(ESEA)과 Title I을 개정하였다. 그러나 여기에는 새로운 규정이 추가되었다. No Children Left Behind Act(NCLB)로 알려진 이 새로운 법안은 Title I 자금을 받았던 학교들뿐 아니라 모든 공립학교에 영향을 미친다. NCLB에는 다음과 같은 핵심 분야에 대한 규정이 포함되어 있다.

■ 이론적인 기준과 평가

- **기준과 평가.** 주와 학교구는 모든 학생들이 2013년에서 2014년까지 특정 수준의 능력을 갖출 수 있도록 한다는 목표 하에 모든 학생에게 있어서 읽기/언어 능력 및 수학에서 도전적 학문 내용과 성취 기준을 개발하도록 요구된다.

  기준에 대한 진보를 평가하기 위해 주에서는 3학년부터 8학년에 이르기까지 매년 초에 읽기/언어 능력 및 수학 시험을 치러야만 했고, 10학년과 12학년들은 최소한 한 가지 시험을 치러야 했다. 과학 기준과 시험은 초기의 이런 시험 이후에 추가되었다. 특별한 관심을 필요로 하는 각 하위 집단(아래 참고)의 학생의 95%는 반드시 시험을 치러야 한다.

- **특별히 관심이 필요한 학생들.** 주, 학교구, 학교들은 영어 학습자(ELL)를 확인하고 이들의 영어 학습 과정을 평가하기 위한 수업 기준과 시험을 개발해야 한다. 비록 시험을 치게 하는 것 등의 수정 및 조정이 가능하기는 하지만, 학교와 학교구는 ELL 학생들과 장애가 있는 학생들도 다른 모든 학생들에게 요구되는 연례 시험에 참여시켜야 한다. 각기 다른 특별한 관심이 필요한 집단의 학생들(ELL학습자, 장애 학생, 가난한 학생, 소수 민족 학생)의 성적은 별도로 계산하거나 학교의 전체 집단 학생의 총합에서 별도로 보고해야 한다.

■ 개선을 필요로 하는 학교

- **매년 충분한 발전.** NCLB의 핵심적 조항은 모든 학교와 학교구들이 2013년에서 2014년까지 매년 충분한 발전(Adequate Yearly Progress: AYP)을 이루어야 한다는 것이다. 충분한 발전을 하지 못한 학교와 학교구들은 "개선이 필요한" 곳으로 지정된다. 전반적으로 학교가 혹은 어떤 특정 하위 집단이 주 정부에서 결정한 기준 성취 점수 이하의 점수를 보이면, 이들은 2013-2014 목표에 부합하도록 조치를 취해야 한다. 상당수의 학교에는 50개 혹은 그 이상의 하위 집단이 존재하기 때문에, 그 학교가 "개선이 필요한" 곳으로 지정될 가능성은 상당히 높다(예를 들면, 시험을 치른 각 학년에 4개나 5개의 하위 집단이 있을 수 있다).

  2004년까지 미국 학교의 거의 30%가 이런 학교로 지정되었고, NCLB가 2014년에 100% 목표를 달성되기까지 능력 수준의 점수를 올리고 있기 때문에 앞으로 이런 학교로 지정되는 비율은 증가할 것으로 보인다. 일반적인 한 가지 문제점은 더 높은 성취를 보이는 ELL학생들이 정규 학급으로 옮겨 가서 ELL 하위 집단에 남겨진 학생들의 평균 점수를 더 낮추고 있다는 것이다.

■ 추가 지원 및 재구조화

  개선이 필요한 학교들은 학교구나 주에서 상담, 전문적 발전, 혹은 다른 추가적 자원과 같은 특별한 지원을 받는다. 개선이 필요한 Title I 학교의 학생들 또한 개인 지도, 방과 후 지도, 혹은 여름 학교와 같은 "추가 지원"을 받는다. 몇 년 후, 학교가 매년 발전해야 할 목표에 도달하지 못하면, 이 학교의 학생들은 해당 학교구에 위치한 다른 공립학교로 전학갈 수 있다. 그래도 충분한 발전을 이루지 못하는 학교는 교직원과 행정 직원을 교체하거나, Charter School로 전환하거나 외부의 조직에 위임하는 등의 "수정적인 조치"나 "재구조화"와 같은 조취를 취하게 한다(Rentner et al., 2003; Abedi & Dietel, 2004; Rentner et al., 2004).

- **교사와 교직원.** 1장에서 기술하였듯이 주에서는 핵심 교과의 모든 교사들과 Title I 프로그램의 모든 교사들과 준교사들은 "매우 우수한"과 같은 각주의 기준을 충족시켜야 한다.

■ 혼란과 불확실성

주, 학교구, 교사, 학생, 학부모들은 NCLB의 요구안을 실행하는 방법과 관련하여 모두 상당한 혼란과 불확실성을 경험하고 있다. (NCLB는 700쪽에 달하는 법안과 1000쪽에 달하는 규정이 포함되어 있다.) 이런 혼란은 일부분 각 주에서 법안에 제시된 대부분의 개념과 용어에 대한 고유한 정의를 내리고 있는 것과 관련되어 있다. 각 주에서는 평가되어야 하는 기술, 개념과 시행되어야 하는 평가를 결정할 뿐 아니라, 우수함 및 수용할 만한 성취 기준에 대한 정의도 내리고 있다. 이런 정의는 각 주마다 매우 다양하고 심지어는 한 주 내에서도 매우 다양하게 나타난다. 예를 들면, 한 연구에서는 똑같은 기술을 갖춘 8학년생들이 몬태나 주에서는 36%에 해당되나, 와이오밍 주에서는 89%에 해당된다는 사실을 제시한다. 같은 연구에서, 워싱턴 주에서 4학년의 읽기 능력 수준은 53%로 설정되었으나 수학에 있어서는 76%로 설정되었다는 사실을 제시하고 있다.

■ 우수함에 대한 다양한 정의

■ 주의 정의 및 결정

또한 각 주는 어떤 유형의 연간 발전과 얼마만큼의 발전이 학교에게 있어서 "충분한" 것인지를 결정하였다. 몇몇 주에서는 수용 가능한 성취를 각기 다른 하위 집단 학생들 간의 격차를 좁히는 것이라고 정의하였고, 다른 주에서는 절대적인 성취도 수준으로 정의하였다. 일부 주에서는 충분한 발전을 2014년까지 매년 똑같은 증가량으로 정의하였으나, 다른 주에서는 초기에는 더 작은 증가량을 요구하고 2014년이 가까워질수록 더 많은 양의 증가를 요구하는 것으로 정의하고 있다. 또한 각 주에서는 매년 충분한 발전을 하지 못하는 학교에는 어떤 조치를 취하고, 모든 학교에 똑같은 규칙과 정책을 적용해야 하는지 혹은 Title I의 기금을 지원받는 학교들에만 적용해야 하는지의 문제도 결정해야 한다.

■ 많은 학교들의 실패

매년 충분히 발전하지 못하는 학교들에 대한 언론의 묘사도 혼란을 초래하고 있다. 신문과 다른 대중매체들은 이러한 학교들, 심지어는 학교구 전체가 미국의 어린이를 교육시키는 데 "실패"하고 있다고 보고하기 일쑤이다. 그러나 통계학자들은 전반적인 학교의 발전은 매우 작은 학생 집단의 평가 결과에 의해서도 영향을 받을 수 있다고 지적한다. 또한, 작은 학교들도 종종 주어진 학년 수준에서 학생들의 능력 차이에 매년 일반적인 차이를 경험하기도 한다. 사실 AYP의 기준에 따라 "실패"하는 것으로 분류된 몇몇 학교들도 최근에는 동시에 다른 외부 기관으로부터 높은 학생 수행에 대한 보상을 받기도 하였다.

■ 경쟁 체제

실패자로서 낙인찍히지 않으려는 바람은 학교 담당자와 교육자로 하여금 "경쟁하는 체제"를 만들거나 학교나 학교구가 AYP의 기준을 달성할 수 있도록 하는 방법을 모색하게 만들고 있다. 많은 분석자들은 아래에 제시된 것들과 같은 학생들이 상처받는다고 주장한다.

■ 기준의 저하

- 몇몇 비판자들은 NCLB가 때때로 기준을 낮추고 학생들의 수행을 낮춘다고 생각한다. 예를 들어, 몇몇 주에서는 달성해야 할 기준 점수를 NCLB가 도입되기 전보다 낮추었다.

■ 확인되지 않는 학습 부진아

- 학교의 AYP를 결정하기 위해 학생들의 검사 점수를 계산하기 전에, 하위 집단은 반드시 최소한의 학생—말하자면 30명에서 50명 정도—이 필요하다. 이 때문에 몇몇 학교 담당자들은 능력이 부족한 학생들을 요구되는 최소 학생 수보다 적게 이런 반에 배치한다. 확인되지 않은 학습 장애를 가진 학생들은 그들이 필요한 도움을 받지 못할 수도 있다.

■ 중도 탈락 촉진

- 다른 학교와 학교구는 AYP의 가치를 떨어뜨릴 수 있는 낮은 수준의 성취를 보이는 학생들의 중도 탈락을 조장하거나 촉진시키기도 하며 전학시키기도 한다. 혹은 AYP에 따라 높은 수준으로 분류된 학교에 피해를 입힐 수 있다면 중학교나 9학년의 학생들을 유급시킬 수도 있다.

■ 영재 학생에게 의존

- 교직원들은 영재 학생들을 다른 곳의 특별한 학교나 프로그램에 참여하지 못하게 하고 있다고 한다. 영재 학생들이 빠져나가면 AYP의 점수가 감소하기 때문이다.

■ 성취 수준에 조금 미달하는 학생들에게 지나치게 초점을 둠

- 여러 학교와 교사들은 성취 수준에 조금 미달하는 학생들에게 집중된 교수 자료를 사용하고, 가장 낮은 성취를 보이거나 가장 높은 성취를 보이는 학생들은 무시하거나 지원을 줄이고 있다는 비난을 받고 있다.

■ 시험에 대비한 수업

- 일부 분석자들은 또한 많은 교사들과 학교들이 NCLB를 통과하기 위해 주에서 평가하는 시험에 나오는 것과 같은 종류의 낮은 수준의 기술을 강조하고 있다고 주장한다.

이런 유형은 모두 주의 책무성(accountability) 체제와 관련하여 생겨날 수 있는 문제점으로 오랫동안 보고되어 온 것이다. 그러나 몇몇 관찰자들은 NCLB가 이를 더욱 악화시켰다고 주장한다.

■ ELL 및 장애 학생 교육

많은 교육자들과 관찰자들은 ELL 학생들과 장애를 가진 학생들에 대한 정책과 규제에 대해 불만족을 표시해 왔다. 이들은 이런 학생들에 대해 일반 학생과 똑같은 기준을 적용한다는 것은 실용적이지 못하며 심지어는 비생산적인 것이라고 주장한다. 대부분의 경우, 이런 정책은 학생들이 이해하지 못하는 자료로 가르치고 시험을 치르고, 그로 인해 교직원과 학생 모두의 사기를 저하시키는 실패를 가져온다는 것이다. 각 주는 특수 교육 및 LEP 학생들을 위한 시험 자료와 절차의 변화와 같은 수정 및 보

다 타당한 평가 방법의 제공을 요구하고 있으나, 시험을 수정하는 비용은 많은 학교에서 지불할 수 있는 것보다 훨씬 많이 들어간다.

■ 개인 지도 및 전학 기회의 제공 실패

많은 학생들과 그들의 가정 역시 NCLB에 실망감을 감추지 못하고 있다. 이들은 학생들에게 개인 지도 및 전학 기회를 제공하는 안이 충족되지 못했다는 사실을 지적한다. 대부분의 경우, 이러한 기회는 소수의 학생들에게만 주어졌으며 이 기회를 활용한 학생은 더 소수였다. 대부분의 보호자들은 자신의 자녀들을 위한 그런 서비스에는 관심이 없다. 이 기회를 잘 이용하지 않는 또다른 이유로는 학생들과 학부모들에게 대한 안내 부족, 어쩔 수 없이 Title I의 자원을 개인 지도로 전환해야 하는 학교(특히 개인교사), 자격을 갖춘 교사의 부족, 학생들이 전학할 수 있는 다른 학교의 공간 부족 등을 들 수 있다.

■ 예산 및 통제에 대한 불안

이런 저런 불만에 직면하여 일부 주에서는 NCLB의 요구안을 충족시키려는 그들의 노력을 중지하는 것에 대해 고려중이다. 그렇게 되면 연방 정부로부터 지원받는 수백만 달러를 잃게 됨에도 불구하고 말이다.

보상 교육에 대한 질문

1980년대 이래로 수집된 데이터가 보상 교육이 불리한 학생들을 도와줄 수 있다는 사실을 제시하고 있음에도 불구하고 보상 교육의 본질과 효과성에 대한 여러 문제점들이 남아 있다.

■ 비효과적인 "이동식 수업"

1. **Title I을 어떻게 하면 더 효과적으로 만들 수 있을까?** 연구에 따르면, Title I은 여러 학교에서 상대적으로 효과가 없는 것으로 나타났다. 대부분의 프로그램이 이동식 수업(pullout approach)—즉, 낮은 성취를 보이는 학생들을 정규 학급에서 골라내어 보충적인 읽기나 수학 수업을 받게 하였다—로 사용되었기 때문이다. 이동식 수업은 학생들의 많은 이동을 일반화하고 그리하여 학교 전반에 걸쳐 혼란을 초래할 수 있기 때문에 논란이 되어 왔다. 게다가 이들은 독해력, 수학 문제 해결, "학습을 위한 학습" 전략과 같은 광범위하고 더 기능적인 기술보다는 수학에서의 간단한 계산과 읽기에서의 단어 인식과 같은 "기계적인" 하위 기술 습득을 과도하게 강조하였다.

   ■ 최근의 개선책

   최근에, NCLB를 포함한 연방 정부의 입법안은 성취도가 낮은 학습자들에 대해 학급 내에서 도움을 주는 방안으로 Title I의 이동(pullout)을 대체하기 쉽게 만들었다. 또한, 통합된 현직 연수의 확대를 통해 교사들에게 기계적인 하위 기술 이상으로 보충 수업을 진행하는 방법에 대해 학습할 수 있도록 도와주었다. 부분적으로는 이런 이유로 더 많은 Title I 학교들이 인상적인 성취 향상을 보고하고 있다. 그러나 어떻게 이런 향상을 확대시킬 수 있을 것인지에 대해서는 아직 알려져 있는 바가 거의 없다.

■ 행동주의 대 인지주의

2. **어떤 형태의 조기 교육이 제공되어야 하는가?** 조기 보상 교육에서의 상당한 불확실성은 프로그램이 단어 해석 또는 간단한 수학 계산과 같은 기본적 기술에 초점을 맞추는 행동주의적인 지시적 접근을 사용해야 하는지, 아니면 개념적 발달과 추상적 사고 기술을 강조해야 하는지에 대한 것이다. 몇몇 지시적 프로그램은 초등학교 3학년까지 매우 우수한 결과를 보였으나 참여했던 학생들이 중학교에 들어가면서 성취 수준이 떨어지는 것으로 나타났다. 독립적인 학습과 사고 기술을 강조하는 인지 지향적인 프로그램의 결과는 저학년에서 "기계적인" 기술 습득에 있어서는 그다지 성공적이지 못하였으나, 최고의 인지적 접근은 그 이후에 상당한 발전을 이끌어 내고 있다(Kagan, 1993; Marcon, 1994; MacIver & Kemper, 2002).

■ 고등학교에 관한 불확실성

3. **고등학교에서 우리는 무엇을 해야 하는가?** 고등학교는 개별 학급과 선발된 일부 교사 집단이 상대적으로 낮은 성취를 보이는 학생들을 집중적으로 가르치는 "학교 안의 학교"에서 어느 정도의 성공을 거두고 있다. 그러나 연구자들은 아직도 중등학교의 학생들에 대한 최적의 보상 교육에 대해서는 거의 아는 바가 없다(Levine, 1975; 1992).

■ 높은 비용

4. **경제적으로 아주 불리한 학생들을 효과적인 보상 교육 프로그램에 포함시키는 것이 재정면에서 실행 가능한가?** 경제적으로 불리한 여건에 처한 학생들을 위한 효과적 프로그램들은 비용이 많이 드는 경향이 있다. 이들에게는 가정과 학교 환경에 대한 장기간의 관여가 필요하기 때문이다. 그러나 많은 불리한 학생들은 현재 1, 2년의 보상 교육을 받고 있으며 그에 따라 낮은 성취를 보이고 있다.

■ 기본 질문: 정말 효과를 가져올 수 있는가?

5. **보상 교육이 대부분의 불리한 학생들에게 영속적이고 유의미한 이익을 가져다 줄 수 있는가?** 물론 이것은 보상 교육에 대한 본질적인 질문이다. 자료에 따르면 중등학교에 입학하는 많은 불리한 학생들은 Title I 또는 다른 보상 교육 프로그램 참여 여부에 관계없이 용인할 수 없을 정도로 성취도가 낮게 나타나고 있다.

이런 결과로 미루어 볼 때, 몇몇 교육자들은 보상 교육이 최대의 효과성을 위해 설계되었다고 하더라도, 보상 교육이 학교 및 졸업 후 학생의 성공 기회를 향상시켜 줄 수 있는지—특히, 극빈 지역의 사는 소수 민족 학생들—에 대한 의문을 제기한다. 11장에서 기술하였듯이, 수정주의적 비판론자들은 미국의 공립학교는 평등한 교육 기회를 제공하지 못하고 있으며, 사회 전반적으로 근본적 개혁이 없이는 불리한 학생들은 사회적으로 계속해서 무시당하게 될 것이라고 주장한다. 따라서 일부 관찰자들은 자녀의 학교 성취를 향상시키기 이전에 학부모의 경제적 기회를 향상시킬 필요가 있다고 주장한다. 불리한 여건에 처한 학생들을 위한 교육을 향상시키려는 노력이 이런 회의적 비관주의를 반박할 만큼 충분히 효과적일 수 있는지는 지켜보아야 할 일이다(Ogbu, 1994; Ogbu & Simons, 1998; Danziger & Lin, 2000; Tough, 2004).

다시 한 번 생각해 보기

당신은 당신이 보상 교육을 받는 혹은 받아야 하는 학생들을 가르칠 준비가 되어 있다고 생각하는가? 어떤 것이 당신을 더 잘 준비시켜 줄 수 있겠는가?

다문화 교육

▪ 모든 학생들을 위한 다문화적 목적

다문화 교육(multicultural education)은 학교가 학생 간 문화적 차이에 대한 생산적인 설명을 할 수 있게 하고, 미국의 주류 집단과 구분되는 문화적 배경을 가진 학생들에게 보다 나은 기회를 제공하기 위한 다양한 방식을 가리킨다. 다문화 교육의 어떤 측면은 표준 영어를 배우지 못한 학생이나 전통적 교실에서 불이익을 받을 수 있는 문화적 차이를 가진 학생들을 위한 수업을 개선하는 데 초점을 맞추고 있다. 교사로서 당신은 모든 학생들에게 가치를 두는 다문화 교육의 시사점에 대해 관심을 가져야 한다. 집단간, 인종간 긍정적 태도와 접촉을 강화함으로써 다문화 교육은 모든 학생들이 문화적으로 다양화된 사회에서 기능할 수 있도록 도울 수 있다(이런 관점에서 인종 차별 대우 폐지는 다문화 교육의 일환으로 간주될 수 있다.).

▪ 동화 강조

미국 인구가 항상 그 구성에 있어서 다양한 양상을 보여 왔음에도 불구하고, 미국 역사의 상당 부분은(5장에서 강조했듯이) 다양한 민족 집단이 그들의 하위 문화를 유지하게 하기보다는 미국의 "도가니(melting pot)"에 섞이게 함으로써 국가적 주류에 동화시키려고 노력해 왔다. 다양한 이민자 집단을 교육시키면서 공립학교 체제는 미국의 정체성 발달에 중점을 두어 왔다. 10개에서 15개 국가로부터 이민 온 제1세대, 혹은 2세대를 대표하는 50명에서 60명의 학생이 있는 교실에서 학생들은 "미국인"들이 어떻게 말하고, 보고, 행동하는지를 배웠다(Aleinkoff, 1998). 이런 접근법이 미국화와 많은 이민자들에게 사회적 이동을 가능하게 하는 데는 성공했음에도 불구하고, 관찰자들은 흑인, 아시아계 미국인, 라틴계 미국인, 인디언과 유럽의 특정 민족 집단들이 도가니(melting pot) 개념의 부족을 내보이는 방식으로 조직적으로 차별받고 있다고 지적한다.

▪ 다양성 강조

1960년대에 평등권 지도자들은 소수 민족의 배제를 완화하고, 동화에 대한 강조를 다양성과 문화적 다원론으로 바꾸기 위해 노력하였다. 도가니(melting pot)로 비유되는 곳에서, 문화적 다원론은 하나의 큰 전체 속에서 특정 집단의 특성을 인정하는 "tossed salad"나 "mosaic"와 같은 새로운 비유를 도입하였다. American Association of Collehes for Teacher Education(AACTE)에 따르면, "문화적 다원주의를 인정한다는 것은 한 가지 모델의 미국인이 존재하지 않는다는 것을 인정하는 것"이다. 이런 관점에서 국민들 간의 차이는 긍정적인 힘이 될 수 있다.

▪ 동화와 격리

문화적 다원주의를 강조하는 것은 문화적, 사회적, 혹은 경제적 분리를 나타내는 철학을 지지한다는 것을 의미하는 것이 아님을 명심해야 한다. 우리가 문화적 다원주의를 어떻게 정의하느냐에 따라, 문화적 · 사회적 · 경제적 측면에서의 통합을 의미할 수도 있고, 그렇지 않을 수도 있다. 일반적으로 문화적 다원주의는 민족 집단 간의 완전한 동화와 엄격한 분리 사이의 어딘가에 위치하고 있는 것으로 보인다. 미국은 소위 "보편적인 국가"로 변해 가는 과정에 있기 때문에 특히 교육에서의 문화적 다원주의는 그 어느 때보다도 중요하다.

다문화 교육/수업

다문화 교육의 핵심적인 한 분야는 서로 다른 민족적, 인종적 배경을 가진 학생들을 가르치는 교육적 접근법에 관한 것이다. 가장 자주 논의되는 접근법 중 몇 가지는 학생들의 학습 스타일, 방언 차이에 대한 인식, 이중 언어 교육, 다민족적 교육과정을 다루고 있다.

■ 문화적 학습 유형의 수용

학생의 학습 스타일. 앞 장에서 우리는 학생의 사회경제적 지위와 인종, 민족성과 상관이 있는 것으로 보이는 행동 유형과 학습 스타일(learning style)에 대해 간단히 기술하였다. 우리는 또한 각기 다른 학습 스타일을 수용하기 위한 수업의 변화에 대한 노력에 대해서도 언급했었다. 이 주제에 관한 연구의 좋은 예는 Vera John-Steiner와 Larry Smith의 연구인데, 이들은 남서부의 Pueblo 원주민 어린이를 연구하여 이런 아이들에게 학교 교육은 개인적(일대일) 상황에서 의사소통을 강조할 때 더욱 효과적이라는 결론을 내렸다. 인디언 교실을 관찰한 다른 연구자들은 교사들이 학생들과 문화적으로 적절한 방식으로 상호작용할 때, 성취 수준이 현저하게 높아졌다고 보고하고 있다. 즉, 사회적 통제는 대부분 간접적으로 이루어져야 하고, 교사들은 학생들을 경쟁적 상황에 몰아넣어서는 안 된다는 것이다. 비슷하게, 여러 연구자들은 협동 학습이 경쟁을 강조하지 않는 문화적 배경을 가지고 있는 멕시코계 미국인 학생들의 경우에 특히 효과적인 것으로 나타났다고 보고하고 있다(John-Steiner & Smith, 1978; Losey, 1995; Tharpt et al., 2000; Klug & Whitfield, 2002; Wolf & Rickard, 2003).

■ KEEP 프로그램

학생의 문화적 학습 스타일에 맞추기 위하여 수업을 조정하는 또다른 형태의 접근법은 하와이의 Kamegameha Early Education Program(KEEP)이다. KEEP 접근법은 전체 집단에 대한 직접적 수업과 학습 센터에서의 개별화된 수업을 병행하였다. 이 프로그램은 언어 기술, 즉각적 피드백, "틀린" 답에 대한 벌칙을 주지 않고, 집단의 구성원으로서 학생의 책임에 대한 토론에서 학생들이 만들어 낸 이야기를 강조함으로써 학생들의 문화적 배경을 다루고 있다. 이 연구에 따르면, 하와이 문화의 특징인 비공식적 상호작용을 이용한 이런 시도는 학생들의 성취를 향상시켰다. Navajo 인디언 학생들과 다른 문화적으로 구분되는 집단을 연구하는 교육자들은 다른 지역에서도 KEEP 접근법을 적용하고 있다(Au & Kawakami, 1985; Au & Carroll, 1997).

분석자들은 또한 아시아계 미국인 학생들의 성취도에 대한 연구를 분석하였다. 몇몇 관찰자들은 특정 집단(예를 들어, 한국인과 베트남 인)의 아시아 학생들은 교실에서 판단 유보적인 경향이 있고, 참여에 대한 이런 망설임은 그들의 학업적 성장, 특히 언어 기술 분야의 학업적 성장을 방해할 수도 있다고 주장하였다. (그러나 이 연구에서는 그런 행동 패턴이 아시아계 미국인 학생들이 미국 사회에 동화될수록 점점 사라지거나 줄어든다고 주장한다.) 또한 아시아계 미국인 학생들은 그들이 학교에서 심각한 문제를 일으키지 않는 "모범적인 소수 민족"의 일부라는 고정관념에 의해 피해를 입을 수도 있다(Yao, 1987; Kim & Yeh, 2002).

■ 흑인 영어

방언 차이에 대한 인식. 교사들은 일반적으로 비표준어인 방언을 사용하는 학생들에게 "적절한" 혹은 표준 영어로 가르치려고 노력한다. 그러나 적절한 영어를 극단적으로 단순하게 고집하는 것은 학생들에게 그들의 고유한 문화적 배경을 거부하게 만들 수도 있고 혹은 교사의 노력을 평가절하하거나 적대적으로 받아들이게 할 수도 있다. 최근 교육자들은 특히 흑인 영어를 사용하는 학생들 사이의 학습 문제에 대해 우려하고 있다. 연구에 따르면, 흑인 영어는 단순하게 비속어의 형태는 아니다. 흑인 영어는 문법과 통사에 있어서 표준 영어와 체계적으로 다르다. 흑인 영어가 학업적으로 낮은 성취를 보이는 여러 저소득층 흑인들 사이에서 쓰이는 기본적 형태이기 때문에, 교육자들은 학교에서 학생들이 읽는 법을 배우기까지는 흑인 영어를 수업에서 사용하자고 주장한다(Harber & Bryan, 1976; Torrey, 1983; Fillmore, 1997; Gupta, 1999; Stein, 2002).

■ Oakland의 Ebonics

여러 흑인 학생들의 방언(즉, 흑인 영어)에 대한 분석은 주로 Ebonics라고 불린다. 1997년, 캘리포니아 주의 Oakland 교육위원회가 흑인 영어는 특색 있는 언어라고 발표한 이후 Ebonics와 이를 흑인 학생들의 수업을 개선하는 데 사용할 수 있는 가능성에 대한 중요한 논쟁이 벌어졌다. 교육위원회는 주와 연방 이중 언어 교육 자금에 표준 영어와 읽기의 측면에서 흑인 학생들의 성취도를 향상시키기 위한 접근법을 실행하는 데 교사들이 흑인 영어를 사용할 수 있도록 도움을 요청하였다. TV에서 Oakland의 학교들이 "좋은" 영어를 가르치는 목표를 포기한 것이라고 해석한 이후, 수많은 국내 인사들이(Jesse Jackson 목사 포함) 수업을 할 때 Ebonics를 사용하는 정책에 대해 교육위원회를 비난했다. Linguistic Society of America가 Oackland의 정책은 "언어적으로나 교육적으로 건전하다"고 발표했음에도 불구하고, Oakland의 교육이사회는 그 정책에서 Ebonics에 관련된 용어를 빼 버리고, 교사들이 흑인 영어를 강하게 강조하는 언어 패턴을 가진 학생들을 가르치는 데 있어서 방언 특성을 이해하는 데 도움을 줄 수 있도록 설계된 "표준 영어 능력" 프로그램을 위해 40만 달러를 따로 마련하였다.

■ Lau v. Nichols 요구 사항

이중 언어 교육. 이중 언어 교육(Bilingual education)은 영어가 유창하지 않은 학생들을 위해 그들의 모국어로 수업을 제공하는 것을 의미하는데, 이는 이민자가 늘어나면서 미국의 공립학교에서 확장되었다. 1968년에 의회는 Bilingual Education Act를 통과시켰고, 1974년에 대법원은 Lau v. Nichols 판례에서 만장일치로 학교에서는 반드시 "교실 경험을 하나도 이해하지 못하는" 학생들을 돕기 위한 조치를 취하라는 판결을 내렸다. 이 학생들은 영어를 이해할 수 없기 때문이다. 이중 언어 교육에 대한 의회의 예산 편성은 1969년의 750만 달러에서 2001년에는 4억 달러로 증가하였다. 연방 정부와 주 정부가 다양한 아시아 언어, 인도 유럽 어, 인디언 언어를 사용하는 60개 이상의 언어 집단을 위한 이중 언어 프로젝트를 위한 자금을 마련했음에도 불구하고, 이런 프로젝트의 도움을 받은 대다수의 학생들은 스페인 어를 사용하는 학생들이었다. "Overview 12.1"에는 모국어가 영어가 아닌 학생들을 돕기 위한 몇 가지 접근법이 제시되어 있다.

■ 이중 언어 프로그램의 등장

샌프란시스코의 중국인 학생들과 관련된 Lau 판례에서 대법원의 만장일치 판결은 유일한 처방책으로 이중 언어 교육에 초점을 맞춘 것은 아니었다. 대법원에 따르면, "중국계 학생들에게 영어를 가르치는 것은 한 가지 대안이다. 이 집단에게 중국어로 수업을 진행하는 것도 또 하나의 대안이다. 다른 대안도 존재할 수 있다." 실제로 Lau 판결을 집행하는 초기의 연방 정부의 법규는 영어 학습자(ELL) 학생들을 위한 가장 보편적인 해결책으로서 이중 언어 교육에 집중하는 경향이 있었다. 이 법규는 일반적으로 특정한 학년에 20명 이상의 학생이 주어진 언어 집단에 속해 있는 경우, 학교구에서 이중 언어 교육 프로그램을 시작할 것을 제안하고 있다.

그러나 1983년 이후, 연방 정부는 제 2언어로서의 영어(ESL) 수업, 혹은 ELL 학생들에게 도움을 주기 위한 이중 언어를 사용하지 않는 접근법을 수용하기 시작했고 심지어는 권장하기도 했다. 연구자들은 ELL 학생들이 학교에서 기능하는 방법을 배우기 위해서는 특별한 도움이 필요하다는 사실에 동의한다. "완전 몰입(submersion)" 접근법은 수업에 있어서 어떠한 특별한 도움이나 조정도 없이 ELL 학생들을 정규 학급에 배치하는 것인데, 이는 주로 학습에서 실패를 가져왔다. 또한 Council of Chief State School Officers와 다른 기관에서 수집한 자료는 상당수의 ELL 학생들이 영어와 다른 과목을 배우는 데 있어서 전문화된 도움을 거의 받지 않고 있다는 사실을 나타내 준다.

■ 논쟁: 영어를 얼마나 많이, 언제까지

이중 언어 교육에 대한 논쟁은 점점 더 격화되고 있다. 방언을 통한 수업의 사례에서처럼 학생들을 영어 환경에 "빠져 있도록" 해야 한다는 사람들과, 모국어를 통한 초기의 수업이 더 효과적이라는 사람들 사이에 논쟁점이 존재한다. ELL 학생들에 대해 관심을 가지고 있는 교사들과 일반인들은 또한 모국어 유지(first-language maintenance)라 불리는 오랜 기간 동안 모국어로 가르치는 것을 강조해야 하는지, 아니면 과도기적 이중 언어 교육(Transitional bilingual education: TBE)이라 불리는 집중적인 영어 수업을 하고 가능한 한 빨리 영어로 모든 과목을 가르쳐야 하는지에 대해 논쟁을 벌이고 있다. 모국어 유지를 주장하는 사람들은 이것이 학생들의 인종적 · 민족

[Overview 12.1] 영어 학습자 지도를 위한 대안의 장단점

접근법	유형	장점	단점
이중 언어 교육	모국어의 유지-오랜 기간에 걸쳐 모국어로 가르치는 것을 강조	• 소수 민족 학생들 사이의 정체감을 유지할 수 있다. • 기본적 영어 기술을 습득하는 동시에 독해력과 같은 고차원적인 학습을 위한 기반을 제공할 수 있다.	• 교사로서 많은 원어민을 필요로 한다. • 한 집단을 다른 집단으로부터 분리시킨다. • 학생들이 더 큰 사회에서 성공적으로 기능하기에 충분할 만큼 영어를 배우는 데 있어서 학생들을 격려하지 못할 수 있다.
	과도기적 이중 언어 교육(Transitional Bilingual Education; TBE)－집중적인 언어 수업을 제공하고 그 후에 가능한 한 빨리 모든 과목을 영어로 가르친다.	• 연방 정부와 대부분의 주 정부의 지원을 받을 수 있다. • 학생들을 비교적 빨리 정규 학급으로 이동시킬 수 있다. • 교사로서 원어민이 많이 필요하지 않다.	• 학생들이 정규 교실로 옮겨 가기 전에 다른 과목을 배울 수 있는 능력에 타격을 입으면서, 영어를 충분하게 배우지 못할 수도 있다.
	보편적 이중 언어 교육(Universal bilingual Education)－영어를 사용하는 원어민과 비원어민, 모든 학생들을 위해 두 가지 언어로 수업을 진행	• 모든 학생들은 하나 이상의 언어를 배우게 되고, 이는 세계화 사회에서 그들의 경쟁력을 높여 줄 수 있다.	
영어 수업	완전 투입(Submersion)－학생들을 아무런 조정 없이 정규 학급에 배치 구조화된 몰입(Structured Immersion)－교실 안팎에서 특별한 도움을 주면서 학생들을 정규 학급에 배치 보호된 몰입(Sheltered Immersion)－제 2언어 학습의 원리를 정규 교실에서 사용	학교에서 여분의 경비가 거의 들지 않거나 아예 들지 않는다.	학생들은 일반적으로 영어나 다른 과목을 배우지 못할 수도 있다.

적 정체감을 유지시켜 주고, 기본적 영어 기술을 배우는 동시에 독해력과 같은 고차원적 기술을 배우기 위한 더 나은 기반을 제공한다고 주장한다. 이에 반대하는 사람들은 유지 프로그램은 한 집단을 다른 집단으로 분리시키고, 또 학생들에게 보다 큰 사회에서 성공적으로 기능하기에 충분할 만큼 영어를 숙달할 수 없게 한다고 주장한다(Epstein, 1977; Porter, 1990; Chavez, 1991; Rossell, 2000; Ovando, 2001; Mora,

2003). TBE는 연방 정부의 지침과 특정 주의 법률로부터 지원을 받아 왔다. 연구에 따르면, 라틴계 학생의 약 75%, 아시아 학생들이나 러시아 학생들과 같은 다른 학생들 중 90%에 가까운 학생들이 3년 내에 과도기 전 프로그램을 수료한다. NCLB 법안은 일반적으로 학교들에게 정규 교실 외의 교육은 최소한 짧게 하도록 압력을 넣고 있다.

■ 교직원에 관한 논쟁

이중 언어 교육에 대한 찬성론자와 반대론자는 또한 교직원에 대한 논쟁에 있어서도 차이가 난다. 이중 언어와 이중 문화 유지를 찬성하는 사람들은 학교에 ELL 학생들의 모국어로 이들을 가르칠 수 있는 많은 성인들이 필요하다고 주장한다. 반면 과도기적 프로그램이나 ESL 프로그램에 찬성하는 사람들은 원어민이나 이중 언어 화자는 소수만이 필요하다고 주장한다. 이중 언어 교육에 대해 비판하는 몇몇은 이중 언어 교육 프로그램이 1차적으로는 영어를 완전하게 구사하지 못하는 원어민에게 가르치는 일을 제공하는 수단일 뿐이라고 주장하기도 한다.

■ 어느 정도 향상되는가?

교육자들은 특히 이중 언어 교육이 낮은 성취를 보이는 학생들의 성취도를 얼마나 향상시켰는지에 관심을 가지고 있다. 이중 언어 교육이 별 도움이 되지 않는다고 생각하는 학자들 중 일부는 연구를 재검토하여 "구조화된 몰입(structured immersion)"(교실 안팎에서 특별한 도움을 주면서 정규 교실에 배치)과 "보호된 몰입(sheltered immersion)"(제2언어의 원리를 정규 교실에 적용)이 TBE보다 더 성공적이라고 결론지었다(Poter, 1991, 1998; Stern, 2002). 다른 학자들은 제대로 실행되는 이중 언어 교육 프로그램들은 성취를 향상시킬 수 있다고 주장하면서 이에 반대하였고, 여러 연구의 재검토를 통해 이중 언어 교육이 몰입이나 다른 대부분의 단일 언어 프로그램보다 훨씬 효과적이라고 보고하였다. 결론에서 이런 차이가 나는 이유 중 일부는 어떤 연구가 재검토 되어야 하는가, 또한 그들을 고르는 기준은 무엇인가에 대한 기준이 일치하지 않기 때문이다.

■ 캘리포니아 주와 애리조나 주는 이중 언어 교육을 금지함

이 논쟁은 학문적 연구자들에게만 한정되는 것은 아니다. 최근 캘리포니아, 애리조나, 매사추세츠 주의 유권자들은 이중 언어 교육을 감소시키거나 없애는 법안을 지지하고 있다. 이런 주의 새로운 법안은 영어를 사용하지 않는 학생들에게 그들이 영어 기술을 배우는 동안 모국어로 1년 혹은 그 이하의 수업을 제공하지 못하게 규제하고 있다. 각 투표는 뜨거운 논쟁을 불러일으켰다. 이 법안을 지지하는 사람들은 이중 언어 교육이 이론적으로는 매력이 있을지 모르지만 실제로는 보통 효과가 없다고 주장했다. 이에 반대하는 사람들은 ELL 학생들이 그들이 모르는 언어로 수업을 받을 때 겪는 어려움을 강조하였다. 이 법안이 통과된 후, 이 주의 여러 학교구에 속한 교육자들은 그들의 학생들을 이 규제로부터 면제할 수 있는 유예 방안을 찾으려 했고 일부는 법원에 항소하였다.

■ 불확실한 미래

새 법안이 얼마나 성공적인지는 시간이 말해 줄 수 있을 것이다. 그 사이 대부분의 다른 주에서 이러한 변화는 이중 언어 교육 프로그램에 별다른 영향을 미치지 않고 있다.

■ 성공적인 프로그램의 특징

여러 연구자들은 ELL 학생들을 위한 프로그램들은 (1) 학생들의 모국어를 사용하는 성인이 가르치거나 도움을 주어야 하며, (2) 간헐적으로 학생들을 등록시키는 것이 아니라 계속적으로 등록시켜 주어야 하고, (3) 학생들의 발달 과정을 자주 확인해 주고, (4) 임의적인 종결점을 만들기보다는 항상 열린 도움을 제공해야 한다고 결론짓고 있다. 특히 이중 언어 교육 프로그램은 교사들이 (1) 도전적인 내용을 가지고 적극적인 학습을 진행하고, (2) 그들의 학생들에게 높은 수준의 기대를 가지고 의사소통하며, (3) 다른 학문적 공부와 영어 발달을 적절히 조화시키고, (4) 교육과정을 학생들의 가정과 지역 사회 경험에 연결시킬 수 있을 때, 성공할 확률이 높았다(Tikinoff, 1985; Carter & Chatfield, 1986; Montecel & Cortez, 2002; "Observing the Five Standards in Practice", 2004). 게다가 많은 연구자들은 ELL 학생들을 위한 교육에 있어서 인지적 발달과 고차원적 기술을 강조하는 것은 매우 중요하다고 보고하고 있다(Hakuta, 1986; Zehr, 2002).

■ 모두를 위한 이중 언어 교육

여러 학자들은 민족 집단과 상관없이 모든 학생들은 이중 언어 교육을 받아야 한다고 주장한다. 이런 주장은 부분적으로는 한 개 이상의 언어를 아는 국민들이 가지는 국제적 · 경제적인 이점으로부터 나온 것이다. 다민족 학교에서 모든 학생들에게 영어와 또다른 언어로 교육이 제공되는 프로그램들은 "양방향(two-way)" 혹은 "복식(dual)" 이중 언어 몰입 프로그램이라고 부른다. 이런 유형의 교육이 미래에 긍정적인 영향을 미치게 하려면, 몇몇 시민 지도자 집단들은 단순한 영어 교정 교육보다는 영어의 완벽한 통달뿐 아니라 다언어 사용 능력을 강조하기를 권고하고 있다(Cloud et al., 2000; Howard, 2003).

■ 새로운 다민족 교재와 방법

다민족 교육과정과 수업. 1960년대 중반 이후 교육자들은 다민족 교육과정 자료와 수업 방법을 개발함으로써 문화적 다양성을 더 잘 설명하기 위한 노력을 기울이고 있다. 많은 교과서와 보충적인 읽기 목록이 다양한 민족적 · 인종적 집단에 관련된 자료와 주제를 포함시키기 위해 개정되었다. 현직 연수에서는 교사들에게 다민족적 학습 자료의 원천을 찾고 다문화적 관점과 긍정적 집단 간 관계를 촉진시키는 수업 방법 사용법을 배울 수 있도록 도움을 제공하고 있다.

다민족적 교육과정을 실행하려는 노력은 특히 인디언 학생들에게 있어서 적극적으로 나타나고 있다. 예를 들면, Northwest Regional Education Laboratory의 교육자들은 인디언 문화에 기초하여 Indian Reading Series를 준비하였다. 인디언 학생을 위한 수학 수업에서는 때때로 친숙한 부족 기호를 사용하고 단어와 이야기를 제시하는 데 유물을 사용하기도 하였고, 지역의 부족 역사는 일부 학교에서 사회 연구의 중요한 한 부분이 되었다. 많은 관찰자들은 그런 접근법이 인디언 학생들에게 학교와 사회에서 성공하는 데 도움이 되는 긍정적인 정체감을 형성할 수 있도록 도울 수 있다고 주장한다(Soldier, 1990; Indian Reading Series, 1990; Soldier, 1997; Sainte-Marie,

1999; McCarty, 2002; Cameron, 2004).

그러나 다민족 교육과정은 단지 자기 이미지를 높이고 소수 민족 학생들의 학습을 증진시키기 위해 도입된 것은 아니다. 중요한 목적은 모든 학생들이 다른 인종, 민족 집단의 지식을 습득하고 그들에 대해 이해하게 되는 것이다. 이 목표를 달성하기 위한 지침은 전형적으로 학생들에게 다음과 같은 것들을 이해하고 기술을 쌓도록 도와주는 것이다(Wolpert, 1995; Almeida, 1996; Romo, 2000).

■ 다문화 이해를 위한 구성 요소

- 학생의 자아 존중감과 대인 간 의사소통과 관련된 **인간관계 기술**
- **문화적 자기 인식**은 학생 자신의 인종이나 민족 집단, 가족사, 지역 사회에 대한 연구를 통해 발전할 수 있다.
- **다문화적 인식**은 부분적으로 다양한 인종적·민족적 관점을 통합하면서 역사적인 연구와 문학적인 혹은 그림과도 같은 자료로부터 얻어질 수 있다.
- 각기 다른 민족적·인종적 집단에 속한 성인, 학생들과 대화를 나누고 토론하는 것을 포함한 **문화 간 경험**

■ 유럽 중심주의의 쇠퇴

최근의 논쟁들. 최근 압도적으로 유럽 중심주의적(유럽에 기원을 둔 민족 집단의 역사와 문화를 반영하는 것)인 것이 아니라, 각기 다른 기원을 가진 민족적·인종적 집단의 역사, 문화, 관심사 등이 통합된 교육과정과 수업에 관심이 집중되고 있다. 이런 접근법은 소수 민족 집단의 역사와 지위를 다루는 학습 자료를 도입할 뿐 아니라, 지역 사회의 봉사와 소수 민족 문화를 가진 학생들과 사귀도록 설계된 협동 학습 과제와 같은 활동들과도 연관이 있다.

이런 교육과정의 대부분은 많은 집단의 기여로 이루어진다. 다른 교육과정은 하나의 단일 집단에 초점이 맞추어져 있다. 예를 들면, 흑인 중심주의적 프로그램은 흑인의 역사와 문화에 초점을 맞추게 된다. 흑인 중심주의와 다른 소수 민족 지향적인 주제들을 도입하려는 노력은 개별 학교구뿐 아니라 캘리포니아, 뉴욕, 또다른 주에서도 논쟁을 불러일으켰다. 비판론자들은 그런 프로그램이 학생들을 미국 사회에서 보편적인 지식에 대해 잘 알지 못하게 하면서 서구의 문화와 역사를 거부한다고 주장한다. 또한 몇몇은 그런 교육과정의 상당 부분에 역사적으로 명확하지 않은 사실들이 포함되어 있다고 주장하기도 한다. 또다른 우려는 소수 민족 지향적인 교육과정이 다른 민족적·인종적 집단을 무시하면서 유럽의 전통과 소수 민족 집단에 대한 고정관념화된 신념과 태도에 집중함으로써 불화를 조장할 수 있다는 것이다. 또다른 비판은 소수 민족의 문화와 역사를 강조하는 것이 가끔은 소수 민족 학생들의 학업 수행을 향상시키는 데 필요한 다른 어려운 조취를 대체하기 위한 것으로 사용된다는 것이다.

■ 비판에 대한 반응

흑인 중심주의적인, 또다른 소수 민족 중심적인 주제를 찬성하는 사람들은 자신들이 교육과정으로부터 서구의 문화와 역사를 제거하고자 하는 것은 아니라는 점을 지적한다. Molefi Asante는 흑인 중심적인 운동이 서구의 고전을 제거해버리는 것이 아니라, 흑인 중심적인 적절한 학습 자료를 첨가함으로써 과정상의 편중된 부분을 바로 잡으려 한다고 주장하였다. 게다가 이들은 흑인 중심적인 혹은 관련된 접근법을 지지하는 사람 중에 학문적 성취의 중요성을 최소화하거나 교육과정상에서 강조하지 못하게 하는 사람은 거의 없다고 강조하였다.

■ 초기 보고서의 약속

사실 몇몇 초기 보고서는 흑인 중심적 및 이와 관련된 접근법이 낮은 성취를 보이는 학생들의 성취도를 향상시킬 수 있다는 결과를 제시하였다. 예를 들면, 특정 대도시의 교육자들은 그들의 학습 자료에 소수 민족의 역사와 문화를 포함시키는 것은 학생들의 배우고자 하는 동기 수준을 높여 줄 수 있다는 결론을 내렸다. 출석률과 읽기 점수 모두 흑인 중심적인 주제를 도입한 학교에서 향상된 것으로 나타났으며, 1년간 흑인 중심적 연구 프로그램에 참여했던 대학생의 평가에서는 그들의 점수가 상당히 크게 향상되었음을 알 수 있다.

미래를 위한 다문화주의

■ 계속되는 논쟁

전반적으로 다문화 교육에 대한 논쟁들은 흑인 중심주의와 다른 소수 민족 지향적인 교육과정에 관한 구체적인 논쟁점과 비슷한 경로를 따른다. 비판론자들은 다문화 교육이 민족적 분리, 교육과정의 분열을 증가시키고 경제적으로 불리하거나 소수 민족 학생들을 위한 2류의 교육을 정착시킬 가능성이 크다는 것에 대해 우려하고 있다. 그러한 잠재적 위험성을 피하기 위해 시민 교육기관의 책임자는 교사로서의 당신에게 다문화 프로그램을 사용하는 데 있어서의 유용한 지침을 제시하고 있다.

■ 다문화 프로그램을 위한 지침

- **서구 문명의 어떤 긍정적 측면을 가르치고 있는지 알아보라.** 만약 학생들이 법치 정부에 대해 배우지 않았다면 법의 지배, 개인 기본권의 우월함은 서구 문명의 특징 중에 하나가 될 것이다. 그리고 나서 그들은 그들의 유산에 대한 본질적인 특징에 대해서 배우지 않는다.
- **학생들이 인종주의, 성차별, 동성애 혐오, 제국주의가 모든 시대에 모든 문화와 문명의 특징 —특정 문화의 부도덕성이 아니라—이라고 배우고 있지는 않은지 살펴보라.** 미국의 실패는 다른 나라의 실패로부터 배워야 한다. 이중적인 잣대는 옳지 않다.
- **모든 학생들이 서구의 문화와 비서구 문화를 모두 공부하게 하라.** 유럽 역사에 덧붙여 라틴아메리카, 아프리카, 아시아의 역사에서 볼 때, 학생들에게는 단일한 학문 코스만이 필요했었다(Hanley, 2002; Pattnaik, 2003).

■ 지역 사회의 확장으로서의 학교

이런 논쟁들에도 불구하고 가장 영향력 있는 교육자들은 소수 민족의 경험에 관심을 기울이는 포괄적인 다문화 접근법이 시급하게 필요하다고 주장한다. "만약 어린 아이가 공부를 잘 한다면, 그 아이는 학교를 거부당하는 곳이 아니라 가정과 지역 사회의 확장판으로 생각할 것"이라고 뉴욕 주의 전 교육위원인 Thomas Sobol이 말했다. 우리는 미래에는 다문화주의를 통해 평등한 교육 기회를 얻을 것이라는 목표가 미국 교육에서 지배적인 주제로 계속해서 논의될 것이라고 생각한다. Sobol이 생각하기에 중심적인 목표는 "각 아이들이 전체에서 자신의 자리를 찾아가도록" 도와주는 한편, "공유된 가치와 공통적 전통을 발전시키는 것"이 되어야 한다.

다시 한 번 생각해 보기

다양한 문화적 · 언어적 배경을 가진 학생을 가르치키 위해 당신은 어떤 방식으로 준비해야 하는가? 교사로서 당신은 당신과 다른 문화적 배경을 가진 학생들에 대해 더 많이 알게 되면 당신은 어떤 이득을 얻을 수 있는가?

장애를 가진 학생을 위한 교육

■ 특수 교육의 성장

지난 20년간 교육에 있어서 주요 발전은 장애를 가진 학생들을 위한 학교 교육과 관련되어 있다. 이런 학생들에게 있어서 특별한 교육 서비스를 제공하고 향상시키기 위해 상당한 노력을 기울이고 있다. ("특수 교육"에 배치되는 것은 보통 장애를 가진 학생들이 독립적인 교실이나 보조 교실에서 하루 종일 분리되어 특별한 수업을 받는 다는 것을 의미한다.) 표 12.1은 2001년에 공교육에서 장애가 있는 학생으로 선정된 학생 수를 보여 주고 있다. 미국 교육부가 실시한 분석에서는 장애가 있는 학생 중 4분의 3이 정규 학급에서 교육을 받고 있는 것으로 나타났다. 약 25%의 학생들이 독립적인 학급에 배치되었고, 나머지는 특별 학교나 시설에 배치되었다. 1988년 이후 정규 학급에서 80% 이상의 시간을 보낸 장애가 있는 학생의 상당수가 1/3 이하에서 절반 가까이 증가했다(U.S. Department of Education 1996; Weikart, 1998).

■ PL 94-142와 IDEA

장애를 가진 학생들의 교육에 대한 연방 정부의 요구안들은 1975년의 Education

표 12.1 200년, 장애 유형에 따른 특수 교육 서비스 대상 학생 수

장애의 유형	2001
말하기 또는 언어 장애	1,084,000
정신지체	599,000
학습 장애	2,842,000
기타 건강 장애	292,000
청각 장애	70,000
경청 장애	72,000
시각 장애	25,000
합계	6,293,000

주: 모든 유형이 제시된 것이 아니기 때문에 합계와 각 유형의 학생 수의 합에 차이가 있다.

출처: Thomas D. Snyder and Charlene M. Hoffman, *Digest of Education Statistics, 2002* (Washington, D.C.: U.S. Government Printing Office, 2003).

for All Handicapped Children Act(공법 번호 PL 94-142로 알려지기도 했다), 1990년의 Individuals with Disabilities Education Act(IDEA), 1997년 IDEA의 승인을 포함한 일련의 연방 법안으로 제시되고 있다. 다음과 같은 기본적 요구안들은 이런 법안들뿐 아니라 다른 법안과 법안 해석문에도 나타나고 있다.

1. 학생들은 IQ 점수와 같은 단일한 기준에 기초하여 특별반에 배치되거나 장애아동으로 분류될 수 없다. 검사와 평가 작업은 반드시 공평하고 포괄적으로 이루어져야 한다.
2. 부모나 학생 지도자는 진단 평가에 대한 정보에 대해 접근할 수 있어야 하며 학교 담당자들의 결정에 항의할 수 있다.
3. 특수 교육 서비스를 받을 수 있는 학생들은 반드시 장기적인 목표와 단기적인 목표를 모두 포함한 개별화된 교육 프로그램(individualized education program: IEP)에 따라 교육받아야 한다. 학교에서 제공해야 하는 자원에 대하여 문서로 합의되어 있기 때문에, IEP는 장애를 가진 학생들을 돕기 위한 노력에 있어서 하나의 초석이 된다. 학교는 학생들의 요구에 부합할 수 있는 특별한, 관련된 교육 서비스를 명세화해야 한다. IEP는 한 학생이 특별한 교육을 받아야 한다고 결정된 후 30일 이내에 그 학생의 교사, 부모나 지도 선생님, 또한 행정가의 지명을 받은 사람을 반드시 포함한 위원회에 의해 준비되어야 한다.
4. 교육 서비스는 제한이 최소화된 환경(least restrictive environment)에서 제공되어야 한다. 이는 장애를 가진 학생들이 가능하면 정규 학급에 배치되어야 한다는 것을 의미한다. 이들은 적절한 서비스를 제공하기 위해 필수적이라고 생각되는 정도만 독립된 특별 학급에 배치될 수 있다. 만약 학교구에서 정규 학급에의 배치가 성취에 만족할 만한 도움을 주지 않는다고 한다면, 그 학생은 다른 학급에서 학교구에서 비용을 부담한 적절한 수업을 받아야만 한다.

■ 주류화와 통합

이런 법적 지시의 결과, 전국의 학교구는 학기의 대부분 혹은 학기 전반에 걸쳐서 장애를 가진 학생들을 정규 학급에 수용하려는 노력을 기울였다. 주류화(mainstreaming)라는 용어는 본래 그러한 노력을 기술하기 위해 사용된다. 더욱 최근에는 통합(inclusion)이라는 용어가 사용된다. 통합은 보통 장애를 가진 학생들을 정규 학급에 포함시키려는 노력을 가능한 한 많이 기울이고 실행 가능한 노력을 기울이려는 훨씬 적극적인 움직임을 의미한다. 장애가 매우 심각하고 학생이 정규 학급 이외의 학급에 상당한 시간을 투자해야 할 필요가 있는 경우에도, 그 학생은 예술이나 음악과 같은 활동에 다른 학생들과 함께 참여하도록 격려받는다.

주류화나 통합이 모두 반드시 예외적인 도움을 필요로 하는 학생들을 위한 특별 서비스나 학급을 없애려는 의도를 가진 것은 아니다. 이렇게 배치된 학생들은 특별한 장애를 가진 학생을 다루는 기술을 갖춘 전문가와의 상담에서부터 특별한 장비를 준비하기까지 광범위한 도움을 받을 수 있다(Sailsbury & Smith, 1991; Nickisch, 1992).

주류화와 통합에 대한 연구들은 애매한 결론을 제시하고 있다. 초기의 연구들은 일반적으로 장애를 가진 학생들을 하루 종일 정규 학급에 배치하는 것이 그들의 학업적 수행, 사회적 수용, 혹은 자아 개념을 향상시킨다는 증거를 제시하지 못했다. 그러나 그런 초기의 연구에서 공평한 검사를 치른 학급은 거의 없었다. 이는 교사 연수, 적절한 교수법의 도입, 적절한 학습 자료의 제시를 위해 취해진 조치가 거의 없었고, 교사들이 장애를 가진 학생과 그렇지 않은 학생들이 함께 모여 있는 이질적 학급을 효과적으로 다루도록 돕지 못했기 때문이다. 이러한 비판을 반영하여, 몇몇 연구들은 장애를 가진 학생들에게 특수 교육이나 정규 학급에서 공부할 기회를 제공하는 데 있어서 훌륭하다고 간주되는 학교구와 주에 한정하여 연구를 진행하였다. 다시 한 번 연구 결과는 실망스러웠다. 주류화나 통합이 장애를 가진 학생들에게 계속적으로 도움을 준다는 지표는 거의 나타나지 않았다(Brulle, 1991; Maloney, 1994-1995; Kavale & Forness, 2000; Zigmond, 2003; Dybvik, 2004).

■ 체계적 개혁에 근거한 모범적인 노력

반면 최근의 개별 학교에 대한 몇몇 평가는 보다 긍정적이다. 일반적으로 이런 학교들은 재구조화에 있어서 모범이 되는 것으로 기술된다. 이들은 교사들이 이질적 집단을 다룰 수 있도록 준비시키기 위한 구조적 개혁을 단행했다. 이들은 도움이 필요

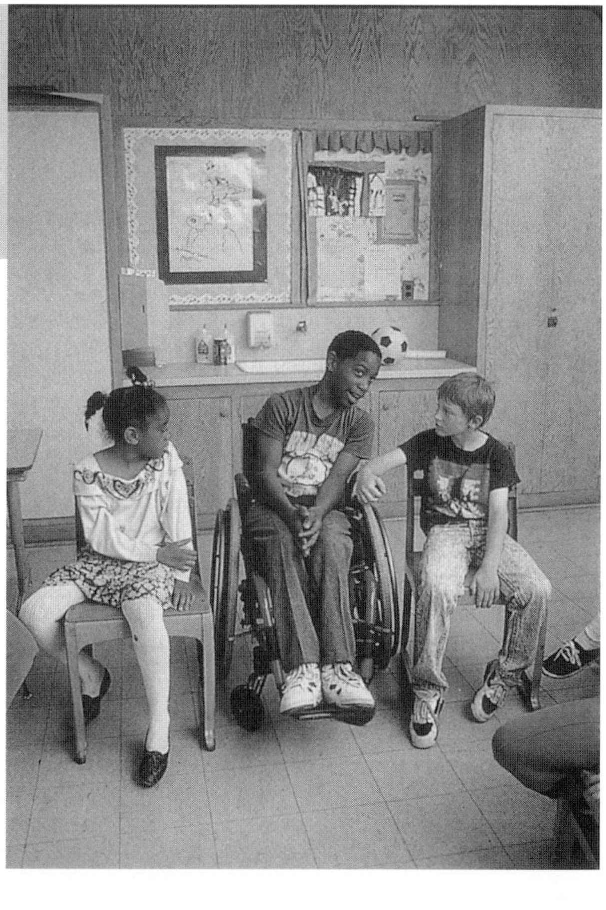

장애를 가진 학생들을 정규 학급에 참여시키기 위해서는 다양한 특수 자료, 상대적인 소규모 학급, 효과적인 학습 분위기를 만들어 내고 모든 학생들을 수용하고자 하는 전문 기술을 갖춘 교사가 필요하다.

한 학생과 교사들 모두에게 도움을 줄 수 있는 특별한 자원을 제공하였다. 또한 이들은 학급 규모를 상대적으로 작게 유지하였다. 게다가 교사들은 개별화된 수업과 협동학습을 도입하는 데 있어서 성공적이었다. 연구자들은 국가적 수준에서 성공적인 주류화나 통합을 위해서도 미국 전역에 걸쳐 비슷한 효과적인 재구조화가 필요하다는 데 동의하고 있다. "In This Case"에서는 교사가 되려는 학생들이 통합에 대해 가질 수 있는 우려들을 제시하고 있다.

장애를 가진 학생들에게 교육을 제공하기 위한 법적 요구안들은 교사와 행정가에게 누가 자격을 갖추었는가를 결정하는 문제부터 시작해서 몇 가지 도전 과제를 안겨주었다. 한번 적절한 결정이 내려지면 학교에서는 학생들에게 어떤 서비스가 필요한지, 어떻게 그런 서비스가 실행될 수 있는지에 대해 평가해 보아야 한다. 우리는 이런 도전 과제에 대해 살펴볼 뿐만 아니라 특수 교육에 관련된 다른 질문들도 살펴볼 것이다.

학생들의 분류와 낙인

■ 분류의 어려움

교육자들은 특별한 관심을 필요로 하는 학생들을 구별해 내는 데 어려움을 겪고 있다. 예를 들면, 한 학생이 정신적으로 뒤쳐져 있어 특별한 도움을 통해 나아질 수 있는지, 혹은 단순하게 더 많은 학습 시간과 지도를 필요로 하는 느린 학습자일 뿐인지 확신하기 어렵다. 이와 비슷하게 기준 이하의 수행을 보이는 학생이 학습 장애를 가진 것인지, 혹은 동기 수준이 낮고 수업이 효과적으로 이루어지지 않았으며 문화적으로 평가 자료에 준비되지 못했기 때문에 좋지 않은 수행을 보이는 것인지 결정하기도 어렵다. (물론 이 모든 이유들이 똑같은 학생에게 적용될 수도 있다.) 가장 일반적으로 이를 표현하는 용어가 "학습 장애"–읽기, 수학, 작문, 듣기, 혹은 다른 능력들에 있어서 특정한 결핍을 보이는 학생들–이다. 그러나 전문가들은 그러한 장애를 구성하는 요소들이 무엇인가에 대해 합의하지 못할 뿐 아니라, 이를 개선하기 위해 제공되어야 하는 서비스는 어떤 것들인지에 대해서도 의견이 분분하다. 심각한 감정적 장애와 비교적 원만한 장애 사이의 구분이나, 부분적인 무관심과 완전한 무관심 사이의 구분을 하는 데도 비슷한 문제가 생겨난다. 장애를 구분하는 경계선(어쩌면 모호한 경계선) 근처에 위치한 아이들은 특히 구분하기 어렵다.

■ 모호한 "LD" 범주의 증가

많은 분석자들은 학습 장애(Learning Disability: LD) 범주의 모호한 측면이 학교구로 하여금 낮은 성취를 보이는 학습자들을 위한 교육적 서비스를 향상시키기 위한 연방 정부의 자금을 받기 위한 수단으로 이런 분류 체제를 이용하게 하고 있다고 주장한다. 대부분의 LD 학생들은 보조 교실에서 집중적인 지원을 받는 시간을 제외하고는 정규 학급에서 대부분의 시간을 보내기 때문에, LD 서비스는 주로 Title I의 지원을 받을 자격이 없는 낮은 수준을 보이는 학생이나 불리한 여건을 가진 학생들을 위한

In This Case

욕구를 충족시키는 모든 것

Bob과 Don은 올해 졸업하여 처음으로 학교에서 학생들을 가르치게 되었다. Bob은 Don을 보며 말했다. “Don, 너는 어떤지 잘 모르지만, 나는 통합 프로그램에서 특별한 도움이 필요한 학생들을 위해 무엇을 해야 하는지에 대해 많이 걱정하고 있어. 그런 학생들에게는 제한이 최소화된 환경에서 가능한 한 많은 시간을 들여야 하는 건 알고 있지만, 일반 학생들의 요구를 다루는 것은 내가 교사로서 처음 가르치는 데 있어서 상당한 책임감을 느끼게 해.”

Don이 고개를 끄덕였다. “나도 너와 같은 생각이야. 나는 통합이 학교구의 재정적 상황을 도울 수 있다고 생각해. 주에서 특수 교육을 위한 자금을 모으고 있는 걸 봐. 통합 프로그램을 실시하면 학교구에 돌아가는 돈이 더 많아지겠지. 그러나 나는 통합 프로그램이 장애를 가진 대부분의 학생들에게 있어서 최선의 방법인지 확신할 수 없어. 나는 분명 감정적으로 장애를 가진 학생들을 다루기 위한 연수를 받지 못했어. 장애를 가진 학생이 방해가 된다면 교사는 수업을 어떻게 진행해 나가지?” Don은 그의 손가락으로 테이블을 두드렸다. “나도 이런 모든 것들이 일반 학생들의 학습에 어떤 영향을 주는지 궁금해. 우리는 장애를 가진 학생들을 위한 개별화된 교육 계획을 따라야만 해. IEP를 따르는 것이 일반 학생들에게 불공평하게 작용하지는 않을까? 내가 올해의 특수 교육에 대한 개관을 살펴보기 전에는, 특수 교육을 받는 학생들은 거의 아무것도 하지 않았고, 그것을 ‘교육과정을 조절하는 것’이라 불렀어. 이런 차이를 내 교실에서 어떻게 설명해야 하지?”

Bob이 한숨을 내쉬었다. “나도 각기 다른 요구를 충족시켜야 한다는 점이 걱정스러워. 그러나 또한 정규 학생들을 위한 효과적인 교육을 개발하고 유지하는 잠재적인 문제에 대해서도 이해할 수 있어. 장애를 가진 학생들을 돕기 위한 여러 노력을 하면서 정규 학생들에 대한 준비를 소홀히 할 수도 있고, 그 반대의 경우도 생길 수 있을 것 같아. 또 한 학생의 행동 문제는 반 전체의 분위기를 흐릴 수도 있어. 우리 모두의 소중한 시간을 허비하게 하면서 말이야. 신규 교사들이 부임한 첫 해가 지나고 난 후에 이런 점들에 대해 어떻게 생각하는지 궁금해.”

Don은 노트에 무언가를 적었다. “Goodwin 교수님께 우리가 패널 토의를 할 수 있는지 여쭤보자. 교수님은 작년 졸업생 중에서 완벽한 통합 프로그램을 가진 학교에서 학생을 가르치는 사람들을 알고 계실 거야.”

Bob은 노트를 들여다보았다. “우리는 경험이 많은 교사들뿐 아니라, 다른 배치 체제에서 학생을 가르쳐 본 교사들도 포함시켜야 할 것 같아. 나는 장애를 가진 학생들이 대부분의 시간을 보냈던 오래된 자원반이 생각나. 그런 환경은 일부 학생들에게 있어 도움이 될 수도 있지만, 내 기억으로는 분리된 학급에 모여 있으면 더 혼란스러웠던 것 같아.”

“교사들은 팀 티칭을 할 수도 있을 거야.” Bob이 덧붙였다. “우리는 반드시 혼자 작업할 필요는 없어. 나는 특별 교육 교사와 정규 교사들이 책임을 공유하는 수업에 대해 들은 적이 있어. 그것에 대해 조금 더 알고 싶어. 그리고 항상 도움은 구할 수 있지. 그런 도움들은 증명되지 않았음에도 불구하고 교사의 역할을 대신할 수도 있어. 이런 것들, 또 이 이상의 것들은 다음에 여쭤 보자.”

질 문

1. 지역 학교들이 특수 교육을 받는 학생들에게 제공하는 것은 어떤 것들인가?
2. 장애를 가진 학생들에게 도움을 주는 가장 효과적인 방법은 무엇이라고 생각하는가?
3. 장애를 가진 학생들이 포함된 학급을 가르치는 것에 대해 관심을 가지고 있는가?
4. 정규 학급의 교사와 특수 교육 담당 교사와 이야기해 보라. 특수 교육 교사들이 그들의 학생들에게 가장 큰 도움이 된다고 생각하는 것은 무엇인가? 정규 교실의 교사들은 똑같은 질문에 어떻게 답하는가?

보상 교육을 제공하고 있다. 이것이 왜 미국에서 학습 장애를 가진 학생으로 분류된 학생 수가 1970년대 이래 3배 이상 증가했는가에 대한 답을 제시해 줄 수 있다. 연구들은 반 이상의 LD 학생들이 특수 교육 전문가들이 제시하는 일반적인 기준을 충족시키지 못한다는 사실을 제시하고 있다.

■ 낙인의 위험성

낙인(Labeling)의 효과. 비판자들은 또한 이러한 분류가 자기 충족적 예언(self-fulfilling)이 될 수 있다는 사실에 대해 우려하고 있다. 예를 들면, "방해가 되는" 것으로 낙인찍힌 학생들은 그 낙인이 제멋대로의 행동을 수용가능하게 만들어 주기 때문에 나쁜 행동을 하기 쉽다. 연구자들은 특별 학급이나 특별 프로그램에 배치하는 것이 학생들에게 긍정적인 효과를 주는지 부정적인 효과를 주는지에 대한 답을 얻으려 노력하고 있다. 여러 변수들 중에서 그들이 고려한 것은 동료 수용과 자아 개념에 미치는 영향이다. 전반적으로 이런 연구들은 확정적인 결과를 제시하지 못한다.(이런 유형의 연구를 진행하는 데 있어서의 어려움들로는 용어 정의, 프로그램 효과의 측정, 학생들의 각기 다른 반응을 주어진 프로그램에 허용하는 것 등이 있다.) 몇몇 연구자들은 특수 교육반이 많은 학생들의 발달을 제한한다고 주장하고 있는 반면, 다른 연구자들은 수업이 적절하게 잘 계획된다면 특별반 배치가 효과적일 수 있다는 사실을 밝혀내었다.

■ 결론에 이르지 못한 연구들

소수 민족 학생들의 불균형한 배치

■ 소수 민족 및 저소득층 학생들을 "부진아"로 낙인찍기

특수 교육 배치에 관한 자료에서 일부 소수 민족 집단의 학생들은 라틴계가 아닌 백인 학생들보다 정신지체 프로그램에 배치될 가능성이 훨씬 큰 것으로 나타났다. 예를 들면, 흑인 학생들은 "교육받기에 정신적으로 뒤쳐진" 학급에 배치될 가능성이 백인 학생들보다 3배나 높았다. 또한 특수 교육에서 백인 학생들은 장애를 가진 백인 학생들이 정규 교실 밖에서 보내는 시간보다 60%, 혹은 그 이상 많은 시간을 밖에서 보냈다. 정신지체 범주에의 배치는 또한 학생의 사회경제적 배경과 가난한 지위와 높은 상관이 있었다.

■ 원인과 결과

여러 분석자들은 지진아를 위한 학급에 배치되는 것이 중산 계층의 백인을 위해 구성되어 있는 지능 검사에 지나치게 의존하고 있다고 주장한다. 또한 몇몇은 문화적으로 다른 학생들을 다루는 교사의 어려움을 경감시키기 위하여, 소수 민족 학생들이 불균형하게도 감정적으로 문제가 있거나 뒤쳐진 학생들을 위한 학급으로 배치된다고 주장한다. 여러 교육자들과 학부모들은 그런 배치가 소수 민족 학생들이 교육적 기대가 매우 낮거나 거의 없는 특별 학급에 배치함으로써 새로운 형태의 인종 분리와 차별을 만든다고 주장한다.

■ 법원의 개입

이런 비판에 대해 찬성을 표시한 여러 법정에서는 소수 민족 학생들이 특수 교육 학급에 잘못 배치될 확률을 낮추라는 판결을 내렸다. 예를 들어, 1970년의 Diana v.

Board of Education 판례의 경우 캘리포니아 법원은 (1) 모국어가 영어가 아닌 모든 학생들은 자신들의 모국어와 영어 두 가지로 시험을 치러야 하며, (2) 검사는 어휘, 일반적 정보 혹은 경험에 기초한 문항에 중점을 두어야 하고, (3) 정규 학급과 특별 학급에 속한 멕시코계 미국인 학생 수의 백분율이 차이가 나는 학교구는 이런 차이를 설명할 수 있는 타당한 분류 방법을 제시할 수 있어야 한다고 판결했다. 또다른 Larry P. v. Riles 판례의 경우 캘리포니아 법원은 많은 흑인 학생들의 방언과 가정환경이 IQ 검사에서 타당성이 없는 점수를 얻게 한다는 증거를 제시했다. 법원은 이런 학생들이 "현재 시행되고 있는" IQ 검사 점수에 기초하여 교육 받기에 정신적으로 뒤쳐진 학생들을 위한 학급에 배치될 수 없다는 판결을 내렸다. 특수 교육에 관련된 다른 논쟁과 같이 이 논쟁 역시 앞으로도 계속될 것으로 보인다.

논쟁과 딜레마

우리는 특수 교육, 주류화, 통합에 대한 몇 가지 논점에 대해 살펴보았다. 이 절에서 우리는 향후 몇 년간 특히 두드러질 수 있는 네 가지 논쟁과 딜레마에 초점을 맞추고 있다. 교사로서 당신의 일상에 영향을 미치는 이런 이슈들을 어떻게 해결할 것인가?

■ 재정적 딜레마

1. **우리는 어떻게 비용을 다룰 것인가?** 학교는 장애를 가진 학생들을 위해 "충분한" 무상 교육을 실시해야 한다는 법적 판결은 학교가 특별한 도움이 필요한 학생들이 다른 학생들이 교육에서 얻을 수 있는 만큼의 이익을 얻기 위해 필요한 서비스를 제공해야 한다—특별한 지원을 필요로 하는 모든 학생들을 위한 최적의 학습 환경을 조성해 주는 것 등—는 의미로 해석되고 있다. 그러나 심각한 장애를 가진 학생들을(혹은 모든 학생들을) 위한 최적의 환경을 제공해 주기 위해서는 상당한 비용이 필요할 수 있다. No Children Left Behind Act에서는 장애를 가진 학생들을 구분하는 학문적 기준을 높이는 반면, 연방 정부는 이런 서비스를 제공하기 위해 필요한 자금 중 일부만을 지급하고 있다. 이 논점에 대해 연구하는 동안, 한 의원은 장애 규율을 실행하기 위한 전액의 자금을 마련하지 못한 연방 정부의 실패는 "미국에서 자금이 준비되지 않은 모든 법안의 어머니가 되어야 한다."고 고백했다("What the Numbers Say", 1998; "Special Education and the Individuals with Disabilities Education Act", 2003).

■ 권리와 비용

장애를 가진 학생들 모두를 위해 최대한 효과적인 교육을 제공할 여력이 없다고 주장하는 학교 담당자들과 그러한 학생들은 어떠한 서비스든지 교육적 이익을 최대화할 헌법상의 권리를 가지고 있다고 주장하는 학부모나 다른 지지자들 사이에도 논쟁이 분분하다. 행정가들은 여기서 일련의 딜레마에 직면하게 된다. 법원의 핵심적 판례들이 학교가 장애를 가진 학생들에게 "기회의 기본층"을 제공할 수 있는 수준의 서비스를 제공해야 한다고 제시하고 있음에도 불구하고 연방 법에서는 점점 지원 수준을 높이고 있다. 행정가들은 그들의 법적 의무를 결정해야 할 뿐만 아니라, 최소한의 의무 이외에 아이들에게 교육적으로 지불할 가치가 있는 추가적인 서비스—또한 추가적 비용—를 제공해야 하는지 결정해야 한다. 그리고 나서 이들은 이런 비용을 어떻게 지불할 것인지 결정해야 한다.

한 가지 가능한 대안은 지역 자금을 다양화하는 것이다. 또다른 대책은 추가적인 연방 정부의 자금을 지원받기 위해 더 많은 학생들을 학습 장애로 분류하는 것이다. 또다른 가능성은 장애를 가진 학생들을 체계적인 재구조화나 비용이 많이 드는 추가적인 서비스를 제공하지 않은 채로 정규 학급에 배치하는 것과 관련되어 있다. 이런 접근들 중 어느 것도 장애를 가진 학생과 그렇지 않은 학생 모두를 위한 교육을 손상시킬 수 있음에도 불구하고 많은 학교구에서 이러한 대안들이 보편적으로 시행되고 있다.

2. **특수 교육을 받는 학생들은 주에서 실시하는 시험에 어떻게 대비해야 하는가?** 최근까지 대부분의 주에서는 특수 교육을 받는 학생들을 시험에서 면제해 주고 있다. 그러나 의사결정자들이 여러 학교에서 그들 학교의 점수를 유지하고, "No Child Left Behind" 법에서처럼 시험을 치르지 않거나 장애를 가진 학생들의 점수를 보고하지 않는 학교에 대한 처벌을 피하기 위해 장애의 범주에 속하는 학생들의 수를 증가시키고 있다는 것을 인식하게 되면서 이런 정책이 바뀌어 왔다. 그러나 이 장의 앞부분에서 논의하였듯이, 여러 교육자들은 주에서 통용되는 기준을 적용하는 것은 특별 교육에 있어서 학습에 장애가 있는 학생이나 다른 학생에게 피해가 크다는 사실을 입증할 수 있다는 것에 대해 우려하고 있다.

3. **장애가 있는 학생들을 교육시키기 위한 배치와 서비스는 장애가 없는 학생들의 교육을 어느 정도까지 저해하고 있는가?** 학교 담당자들이 장애를 가진 학생들을 위한 특별 서비스나 분리하여 배치하기 위해 정규 예산에서 상당한 액수의 돈을 전용한다면 혹은 학교 담당자들이 심각한 장애를 가진 학생들을 교사가 그들의 문제를 효율적으로 다루지 못하는 정규 학급에 배치한다면, 장애가 없는 학생들에게 있어서 교실 상황은 불리해지는가?

■ 장애가 없는 학생들에게 미칠 수 있는 영향

관찰자들은 이에 반대한다. 일부 관찰자들은 주류화와 통합이 장애가 없는 학생들의 교육 기회와 교육 결과를 심각하게 저해하는 것이 아니라고 주장한다. 다른 관찰자들은 정규 학급의 교사들이 심각한 정신적 · 감정적 문제를 가진 학생들을 다루는 데 있어서 도움을 거의 받지 못하기 때문에, 일부 교사는 모든 학생을 위한 효과적인 수업을 제공하는 데 더 많은 어려움을 겪는다고 주장한다.

4. **우리는 어떤 서비스를 어떤 학생에게, 어디서, 언제, 어떻게 제공해야 하는가?** 이런 총괄적인 질문을 제기하는 것은 우리가 논의한 여러 논쟁들이 아직 해결되지 않았

■ 실행에 관한 많은 질문

음을 의미하는 것이다. 예를 들면, 심각한 장애가 있는 학생과 비교적 적은 장애를 가진 학생들을 위해 어느 정도까지 다르게 배치해야 하는가? 혹은 각각의 범주에 포함되는 학생들을 어느 정도까지 다르게 선택해야 하는가? 학교는 어느 정도까지 학생들을 분리된 학교나 교실에 필요한 정도로만 배치하는 "부분적인 통합"과 대조적으로 학생들을 하루 종일 "완전하게 통합"해야 하는가? 그러한 결정이 어느 정도까지 학교 효과에 대해 거의 이해하지 못하는 학부모에게 의존해야 하는가? 혹은 개별 학생들의 특정 문제들에 대한 민감성이 부족한 전문가에게 의존해야 하는가? 정규 학급에 청각 장애 학생들을 위한 수화 통역자나 대소변을 가리지 못하는 학생들을 도와주기 위한 간호사와 같은 지원 서비스를 제공하는 것이 어느 정도까지 바람직한가? 또한 실행 가능한가? 장애를 가진 학생을 위해 분리된 학급이 하나의 전체로서의 학교를 복잡하게 하거나 방해하고 있는가? 아니면 그런 서비스를 정규 학급에 지원하는 것이 더 방해가 되겠는가? 완전한 통합을 위해 이루어진 학교의 재구조화가 모든 학생들에게 있어서 학교 교육을 상당하게 개선시켜 주었는가? 아니면 예상 가능한 미래에 효과적인 재구조화를 기대하기란 비합리적이며 비현실적인 것인가? 이것들은 교육자들이 훌륭한 답을 제시해야 할 질문들이다.

■ 제안된 정책과 지침

장애를 가진 학생들에게 평등한 교육 기회를 제공하는 데 있어서의 불확실성을 해결하기 위해 애쓰는 학교 담당자들은 무엇을 해야 할지를 결정하기 위한 정책과 지침으로부터 도움을 얻을 수 있다. 많은 현명한 관찰자들은 장애가 있는 학생들을 효과적으로 다루려면 다음과 같은 사항을 포함하여 미국 교육 체계의 모든 수준에서 변화가 필요하다고 주장한다(Idstein, 1959-1996, Choate & Rakes, 1998; Ryndak & Fisher, 2003).

- 의회는 법안을 학교가 법안을 실행하는 데 있어서 필요한 자금을 제공해 주어야 한다.
- 법안은 교사들이 적절한 연수를 받도록 해야 한다.
- 각 주와 학교구는 완전한 통합이나 다른 배치가 효과적이지 않은 학교나 학급을 재빠르게 확인할 수 있는 방법을 찾아야 한다.
- 각 주에서는 폭력적이거나 심한 방해가 되는 장애 학생들을 정규 학급에서 배제할 수 있도록 하는 법안을 통과시켜야 한다.
- 완전한 통합을 추구하는 학교는 필요한 기술적 도움은 어떤 것이든지 받아들여야 한다.
- 장애가 있는 학생들이 포함된 학급의 교사와 교직원들은 모든 학생들이 기본적인 학습 기술과 동료가 매개가 되는 수업, 통달 학습, 차별화된 수업, 협동적인 수업 등을 포함한 고차원의 학습 기술을 습득하는 데 도움을 받을 수 있는 적절

한 수업 전략을 사용하는 것에 대한 연수와 지원을 받아야 한다.

다시 한 번 생각해 보기

교사로서, 당신에게 통합된 학급의 학생들을 다루는 데 있어서 어떤 측면이 가장 어려울 것이라고 생각하는가? 이에 대비하기 위해서 현재 무엇을 할 것인가?

요 약

❶ 인종적 · 민족적 차별 대우와 저소득층 학생들이 보이는 낮은 성취 수준, 이중 언어 교육의 도입과 다문화 교육의 다른 측면들, 장애가 있는 학생들을 정규 교실에 통합하는 것과 관련된 논쟁들이 강조되면서 평등한 교육 기회에 대한 관심이 확장되어 왔다. 이와 같은 각각의 논쟁들은 교육 기회를 확대시키기 위하여 투입되는 상당한 교육 비용과 이로 인한 교육의 이익은 현실적으로 모든 학생들이 이용 가능해야 함을 확실하게 하는 문제와 관련되어 있다. 조만간 교사가 될 당신은 그런 노력들이 어느 정도까지 성공적인지 혹은 실패할 것인지를 결정하는 데 중요한 역할을 하게 될 것이다.

❷ 규모가 작은 학교구에서는 상당한 인종 차별 대우 폐지가 이루어져 왔음에도 불구하고, 소수 민족 학생들과 경제적으로 불리한 학생들이 모여 있는 대도시 학교구에서는 안정적인 인종 차별 폐지가 아직은 어려운 실정이다.

❸ 보다 긍정적인 결론을 내릴 수 있는 증거들이 축적되기 시작한 1980년대까지 보상 교육은 성공하지 못한 것으로 생각되었다. 그러나 어떤 보상 교육이 대규모의 실질적인 또한 지속적인 결과를 가져올 수 있는가에 관련하여 아직 많은 심각한 문제들이 해결되지 않고 있다. “No Child Left Behind(NCLB)” 법은 보상 교육뿐만 아니라 모든 학생들의 공교육에 있어서도 전면적인 변화를 일으켰다.

❹ 교육을 통해 구성주의적 문화 다원주의를 확대하려고 하는 노력은 학생의 학습 스타일을 고려하고, 방언 차이를 인식하며, 이중 언어 교육을 제공하고, 다민족적 교육과정과 수업과 관련된 교수법과 학습 자료를 도입하는 접근법을 사용하는 다문화 교육을 포함한다. 이런 접근법들은 경제적으로 불리한 소수 민족 학생들의 수행을 향상시키는 것을 돕고 생산적인 다원론적 사회를 만드는 데 도움이 된다.

❺ 법안과 법원의 명령은 장애를 가진 학생들을 위한 교육을 크게 확장시켜 왔다. 이런 과정의 일환으로 교육자들은 낙인과 분리의 부정적 효과를 피하기 위하여 이런 학생들을 정규 학급에 포함시키려고 노력하고 있다. 그러나 연구는 주류화 혹은 통합과 관련된 전반적인 장점과 단점에 대해 명확한 결과를 보이지 못하고 있으며 아직 많은 문제들이 남아 있다.

제5부

교육과정의 기초

제13장

교육의 목적

제14장

교육과정과 수업

13 교육의 목적

현대 사회는 급변하고 있다. 이에 따라 우리는 우리 자신을 현재와 미래의 상황과 요구에 부응하도록 해야 한다. 우리는 학교가 우리들이 이러한 사회적 변화에 대처하는 데 도움을 줄 것으로 기대한다. 하나의 사회 집단으로서 우리는 우리의 교육 목적을 갱신함으로써 그리고 학교는 학교 프로그램들을 변화시킴으로써 변화와 사회적 압력들에 반응한다.

우리는 어디로 가고 있는가? 교사와 교육자로서 우리의 교육 목적은 무엇이며, 이러한 목적들은 어떻게 우리의 작업을 안내해야 할 것인가?

이 장은 당신의 사고를 중요한 교육적 이슈들에 초점을 두게 함으로써 시작할 것이다. 이 장을 읽으면서 다음과 같은 질문들을 생각해 본다.

핵심 질문

- 사회적 요인들이 교육 철학과 어떻게 결합되어 우리의 교육 목적들을 형성하고 있는가?
- 우리는 우리의 목적들과 목표들을 어떻게 형성하는가?
- 최근 몇 년 동안 어떤 학생 집단들이 특별히 취급되어 왔는가?
- 교육에 대한 최근의 정책 보고서들의 주요 테마들은 무엇인가?
- 어떤 목적들이 미래에 가장 중요할 것인가?

교육적 우선순위들을 지속적으로 개정함에 있어 3장에서 검토한 기본 철학들과 이론들은 중요한 역할을 한다. 사람들은 동일한 사건들에 대해 상이하게 반응한다. 사람들은 자신들의 철학과 가치에 따라 시대의 경향성들에 대해 평가하고 반성하고 반응한다. 더욱이 미국 교육에 있어 특정 시대는 특정한 철학적 접근들에 의해 지배되어 왔다. 시대가 변함에 따라 지배적 철학이나 이론은 바뀌며, 그 충격은 전국의 교실에서 느껴진다. 신규 교사로서 당신은 자신의 교육 철학이 당신이 가르치는 학교구의 철학적 가치들과 "부합"되는지를 확인할 필요가 있을 것이다. 당신이 다니는 학교의 목적들뿐만 아니라 당신의 학교구의 목적들을 검토하라. 이러한 목적들이 어떻게 교육과정과 교수 방법으로 번역되고 있으며, 그리고 가장 중요한 것으로서 당신은 이러한 질문들에 대한 답변에 대해 철학적으로 얼마나 편안함을 느끼는가?

이 장은 교육 철학들과 교육 이론들이 사회적 요인들과 어떻게 상호작용해서 미국 교육의 목적들에 영향을 미치고 있는지를 보여 준다. 미국 교육사에서 시대에 따라 지배적이었던 목적들을 기술한 후, 우리는 최근 몇 년 동안의 중요한 변화들을 검토한다. 이에 앞서 우리는 우리가 목적들과 목표들의 측면에서 교육 목적들을 어떻게 정의하고 있는지를 다룬다.

다시 한 번 생각해 보기

당신은 현재 사회에서의 어떤 변화, 지식 혹은 학습자의 본질에 관한 신념들이 교사로서 당신의 목적들에 영향을 미친다고 믿는가?

목적과 목표의 설정

■ 교육 목적의 수준

우리가 교육의 목적들에 관해서 이야기할 때 우리는 국가, 주, 학교구, 학교, 과목/학년, 단원 계획, 수업 계획 수준의 목적들을 언급할 것이다. 상이한 견해가 있을 수 있지만, 대부분의 교육자들은 목적과 목표를 구분해 목적은 보다 포괄적인 것으로, 목표는 보다 구체적인 것으로 이해한다. 이 두 가지의 용어는 모두 어떤 방향, 즉 우리가 성취하려는 바를 기술하고 있다. 많은 교육자들은 목적과 목표를 교육의 "결과(ends)"나 "종착지(endpoints)"로 언급한다.

■ 사회적 요인 및 철학의 영향

그러나 모든 종착지는 사회적 요인과 지배적인 교육 철학이나 교육 이론의 영향을 받는다. 사회적인 요인과 철학이 조합되어 국가나 주 수준의 목적이 만들어진다. 이러한 목적들은 다시 특정한 학교와 교실에서 채택되는 보다 구체적인 목적과 목표에 영향을 미친다. 시간이 경과함에 따라 사회적 요인의 변화는 또한 지배적인 철학과 이론의 변형으로 이끈다. 영향력 있는 요인의 주요 유형 세 가지는 일반 사회와 지식의 발달 그리고 학습자의 본성에 관한 신념이다.

■ 세 가지 요인

사회 변화는 다양한 요인들 간의 강조점상의 변화와 관련되어 있다. 가족, 동료 집단, 사회 계층, 경제와 같은 다양한 요인들에 대해서는 10장과 11장에서 검토하였다. 지식의 변화는 과학과 기술의 새로운 발전, 정보를 처리하고 저장하는 새로운 방법, 연구 분야를 정의하고 조직하는 새로운 방법들을 포함한다. 마지막으로 학습 과정에 관한 새로운 이론들과 같은 학습자의 본성에 관한 신념의 변화는 또한 교육 이론과 교육 목적의 변화를 이끌어 낼 수 있다.

목적(Goals)

■ 목표를 보다 폭넓게 진술하는 목적

목적은 교육에 있어서 중요한 안내 역할을 하지만, 우리는 그것을 직접적으로 관찰하거나 평가할 수 없다. 오히려 그것은 바람직하고 가치로운 능력을 의미하는 포괄적 진술이며, 일반적으로 교육에 적용하는 어떤 테마나 관심이다. 가장 일반적인 목적(goals)은 종종 "aims"로 불린다.

■ 국가 또는 주의 목적

목적(goals or aims)은 종종 명성 높은 위원회나 특별전문위원회(task forces)에 의해서 국가와 주 수준에서 만들어진다. 여기서 National Education Goals Panel Report에 있는 국가 수준의 목적의 한 예를 들면, "미국의 모든 어린이들은 배울 준비가 된 상태에서 학교에 입학한다."와 같다. 또다른 국가나 주의 목적은 "학생들에게 민주적 시민성을 준비시킨다."와 같은 것이 될 것이다. 이러한 것들은 바람직한 목적들이지만 지역 학교구가 그것을 어떻게 성취할 것인지는 불분명하다. 이들은 따라야 할 일반적 방향을 제시하고 있을 뿐이다.

■ 학교구의 목적

학교구 수준의 목적들은 초점을 줄이기 시작한다. 예컨대 학교 준비성(school readiness)이라는 국가의 목적과 관련된 어떤 학교구의 목적은 "모든 어린이들은 학교를 준비하는 데 도움이 되는 양질의 그리고 발달상 적합한 입학전 프로그램에 접근한다."와 같은 것이 될 것이다. 보다 구체적으로 시민 의식과 관련된 목적은 "학생들은 지역 사회의 정치적 · 사회적 삶에 적극적으로 참여한다."와 같은 것이 될 것이다. 이러한 목적들은 교사, 교장, 교육감으로 하여금 특정한 일반적 목적들(ends)로 나아가는 데 도움이 된다.

■ 학교의 목적

학교 수준의 목적들은 대개 한층 더 초점을 줄여 국가와 주 그리고 학교구의 목적들을 지역 공동체의 철학과 우선순위에 보다 일치하는 진술들로 전환된다(Parsons, 2001; Ornstein & Hunkins, 2002). 학교 수준의 목적은 종종 학교 개선 계획들로 알려진 서류에 나타난다. 이러한 목적은 포괄적인 학교 임무 진술(mission statement)로부터 나오며, 이 진술은 지역 사회 젊은이들을 교육함에 있어서의 학교의 역할을 명시하고 있다. 학교 준비성이라는 국가의 목적과 관련된 학교 수준의 목적의 한 예는 "유치원은 반일제 프로그램에서 종일제 프로그램으로 확장한다."와 같은 것이 될 것이다.

■ Tyler의 네 가지 목적

1940년대 후반, Ralph Tyler는 학교 목적들을 위한 개요(outline)를 개발했는데 이것은 오늘날에도 영향력이 있다. Tyler는 다음과 같은 고려해야 할 네 개의 기본적인 질문들을 제시하였다.

1. 학교는 어떤 교육 목적들을 성취하려고 해야 하는가?
2. 이러한 목적들을 성취하는 데 도움이 되기 위해서는 어떤 교육적 경험들이 제공될 수 있는가?
3. 이러한 교육적 경험들이 어떻게 효과적으로 조직될 수 있는가?
4. 우리는 이러한 목적들이 성취되었는지(그리고 어느 정도 성취되었는지)를 어떻게 결정할 수 있는가?

■ Goodlad의 열두 가지 주요 목표

한 세대가 지나 또 한명의 영향력 있는 교육자인 John Goodlad는 전국에 걸쳐 지역 교육위원회들에 의해 발행된 학교 목적들에 관한 리스트들을 조사하여, 전체 리스트의 정신을 대변하는 열두 개의 리스트를 제시하였다(표 13.1 참조). 이러한 목적들은 그 후 약간 수정되어 왔으며, 다만 학교구나 학교 철학에 따라 그리고 그것이 사회 변화의 요인들을 해석하는 방식에 따라 강조점을 약간씩 달리하고 있다.

■ 시민들의 영향

학교구나 개별 학교를 위한 목적들을 개발하는 과정은 시민과 학부모 그리고 때로는

표 13.1 미국 학교들의 주요 목적들

1. **기초 기술들이나 기본 과정들을 익힘.** 우리의 기술공학적 문명 사회에서 한 개인의 사회 활동 참여 능력은 이러한 기본적인 과정들을 습득하는 데 달려 있다.
2. **생애 혹은 직업 교육.** 개인의 삶의 만족은 자신의 직업 만족도와 중요하게 관련된다. 지적인 생애 결정은 생애 가능성들과 관련된 개인의 적성들과 흥미들에 대한 지식을 요구한다.
3. **지적 발달.** 문명이 복잡해짐에 따라 사람들은 자신들의 이성적 능력에 더 의존하게 되었다. 사회 각 구성원의 충분한 지적 발달이 필요하다.
4. **문화화.** 우리의 과거와의 관계를 조명하는 연구들은 우리의 사회와 그 가치들에 대한 통찰로 이끈다. 나아가 이것들은 개인의 소속감, 정체성 그리고 자신의 삶의 방향성을 강화한다.
5. **대인 관계.** 학교들은 아동들이 자신과는 다른 사회 · 문화 · 인종 집단에 속한 사람들을 이해하고 존중하는 것을 도와야 한다.
6. **자치.** 학교들이 자기 주도적인 시민들을 길러 내지 않는다면 학교들은 사회와 개인 모두를 실패하게 한다. 사회가 복잡해짐에 따라 개인들에 대한 요구들은 배가된다. 학교들은 아동들에게 자신들의 욕구들을 책임지는 능력을 개발하게 함으로써 아동들이 급변하는 세계에 준비하는 것을 돕는다.
7. **시민성.** 인간성과 환경을 파괴할 수 있는 현재의 인간의 능력을 좌절시키는 것은 시민들이 이 나라의 정치적 · 사회적 삶에 참여할 것을 요구한다. 민주주의 국가는 그 구성원들의 참여를 통해서만 생존할 수 있다.
8. **창의성과 심미적 인식.** 새롭고 의미 있는 것들을 창조하고 다른 인간의 창조물을 감상할 수 있는 능력들은 개인적 자아실현뿐만 아니라 사회를 위해 필수불가결한 것이다.
9. **자아 개념.** 개인의 자아 개념은 개인의 목적들과 염원들을 위한 참조점(reference point)과 피드백 메커니즘 역할을 한다. 건강한 자아 개념을 위한 요인들을 촉진하는 것은 학교 환경에서 제공될 수 있다.
10. **정서적 안정과 육체적 건강.** 정서적 안정과 육체적 건강은 다른 목적들을 성취하기 위한 필수적인 요건들로 인식되며 그것들은 그 자체로 가치로운 목적들이다.
11. **도덕적 · 윤리적 인격.** 개인들은 우리가 행동을 옳고 그른 것으로 평가하도록 하는 판단력을 개발할 필요가 있다. 학교들은 그러한 판단력의 성장, 나아가 진리와 도덕적 고결함과 도덕적 행위에의 헌신을 촉진할 수 있다.
12. **자아실현.** 보다 나은 자아를 개발하려는 노력들은 보다 나은 사회를 발전시키는 데 기여한다.

출처: John I. Goodlad, *What Are Schools For?* (Bloomington, Ind.: Phi Delta Kappa, 1979), pp. 44–52에서 인용함. 허락 하에 재출판함.

학생들의 의미 있는 투입을 허용해야 한다. 아동의 발달과 학습 과정을 이해하고 있는 교육 전문가들과 협력함으로써 시민들은 공립학교가 가르쳐야 하는 것을 결정하는 데 도움이 되는 중요한 관점을 제공할 수 있다(Ornstein & Behar-Horenstein, 2001).

■ 목적은 행동적인 것이 아니다

전국, 주, 학교구 또는 학교 수준에서 결정되든 교육 목적들은 대개 비행동적인 용어들로 진술되며 특정한 내용이나 교과에 얽매이지 않는다. 목적들은 장기적이고 지속적인 지침(guides) 역할을 하도록 기술된다. 목적들은 학교 교육이 성취하려는 것을 기술함으로써 어떤 방향을 제시한다. 그러나 목적들은 교사들이나 학생들이 그것들을 교실에 직접 적용하기에는 너무 모호하거나 장기적이다. 따라서 교실에서 활용되기 위해서는 목적들은 보다 구체적인 목표들로 전환되어야 한다.

목표(Objectives)

목표들은 일반적으로 수업의 세 수준인 과목/학년 수준, 단원 계획 수준, 그리고 수업 계획 수준으로 기술된다(Posnerer Rudnitsky, 2001). 목표들은 목적들보다 짧은 성취 기간을 갖는다. 목표들은 목적들보다 구체적이지만 교육자들은 그것들이 얼마나 구체적이어야 하는가에 대해서는 이견을 보인다. 상당히 일반적인 목표들을 선호하는 사람들이 있는가 하면, 행동적 용어나 수행으로 측정할 수 있을 만큼 매우 구체적인 목표들을 옹호하는 사람들이 있다.

■ 교실 수준의 목표

실제 교실 수준에서 당신은 대개 일반적이고 구체적인 목표들을 혼용해서 수업을 조직할 것이다. 일반적 목표들은 알다, 배운다, 이해한다, 파악한다, 감상한다와 같은 "결과(end)" 용어들로 특징지어진다. 그러한 목표들은 학년 수준이나 단원 수준을 위한 계열화된 교육과정을 개발하는 데 도움이 될 것이다.

■ 수업 계획 목표

개인적인 수업 계획 수준에서 목표들은 대개 Robert Mager가 권고하였듯이 구체화된다. 목표들은 토론한다, 작문으로 기술한다, 구두로 진술한다, 역할극을 한다, 해결한다와 같이 정확한 단어(종종 행위 단어들)로 진술된다. 종종 행동 목표나 수행 목표로 불리는 이러한 진술들은 구체적인 내용이나 기술이고, 특정한 학생의 행동이나 수행을 요구하며, 관찰 가능하고 측정 가능하다. 교사와 학습자 모두는 학습의 양이나 정도를 평가할 수 있다(Marger, 1997; Popham, 1990). "In This Case"에서는 교사들과 학생들이 명료한 목표들을 준비함으로써 어떤 이익을 볼 수 있는지를 보여 준다.

미래의 교사로서 당신은 주 기준들에 대해서 충분히 들었을 것이다. 많은 주들은 "성취 지수들"이라고 하는 주 수준의 기준들을 개발하고 있으며, 여러 지역 학교구와 교사들에게 이러한 주 지표들과 교육과정을 연계할 것을 요구하고 있다.

■ 목표의 예

일반 단원 목표의 한 예로는 "학생들은 미국 식민주의자들이 1770년대 영국으로부터 분리되기를 원했던 이유를 이해한다."와 같은 것이 될 것이다. 이 일반적 목표를 구체적인 수업 목표로 전환한다면, "학생들은 미국 식민주의자들이 영국으로부터 분

In This Case

목적들과 목표들

Yates 교수가 물었다. "Jane, 내가 방금 관찰한 수업의 요점이 뭐였죠? 처음부터 끝까지 당신과 함께 있었습니다만, 나는 아직도 당신이 나로부터 배우기를 원하는 것을 배웠는지 확신할 수 없어요. 나는 학생들이 당신에게 배우기를 원하는 것을 배우고 있는지도 확신할 수 없어요."

Jane이 대답했다. "Yates 교수님, 이럴 경우 저는 새들이 다양한 환경에 적응하는 다양한 방법들을 모든 학생들이 이해했으면 합니다. 그리고 저는 학생들이 적응의 개념을 우리 지역의 새들에게 적용했으면 합니다. 그렇게 할 수 있으려면, 학생들이 거의 모든 종류의 적응을 이해할 수 있어야 합니다."

Yates 교수가 다시 물었다. "내 머리에 떠올랐던 것은 새들이 크기와 색깔이 다양하고, 사는 곳도 다양하다는 거예요. 적응은 요점이 아니었던 것 같아요. 아마도 당신은 수업을 시작하면서 칠판에 당신의 수업 목표를 쓸 수 있었을 거예요. 당신은 어떤 기술들과 태도들을 이 지식과 연계하기를 원했나요?"

Jane은 다음과 같이 대답했다. "글쎄요, 저는 학생들이 관찰하는 법과 자신들이 관찰하는 것에 대해 숙고하는 법, 그리고 자연의 놀라우리만큼 다양한 적응성들을 이해했으면 합니다. 저는 한번 검토하고 내일 수업을 시작할 수 있습니다. 그리고 오늘의 수업에 관한 몇 개의 요점 질문들을 할 수 있습니다. 아이들이 왜 새의 적응 개념을 이해할 수 없었는지를 제게 빨리 말씀해 주셔야 합니다. 그것에 대해 어떻게 생각하십니까, Yates 교수님?"

Yates 교수는 고개를 끄덕였다. "그것은 한번 시도할 만한 전략일 거예요. 나는 또한 당신이 이곳 학교에 계신 멘토 교사와 상의하시길 바라요. Butler 선생님이 당신을 도울 방도를 갖고 계실 거예요. 당신은 수업을 준비할 때 마음속에 어떤 구체적인 목표들을 지니고 있는지를 알 필요가 있어요. 당신은 학생들이 어떤 것을 배우기를 기대하는지를 알고 계십시오. 그리고 만일 당신이 수업을 진행하면서 질문한다면 당신이 수업을 할 때 학생들이 당신의 사고 패턴을 쫓아오는지를 확신할 거예요." 그는 미소를 지었다. "이제 나는 당신이 당신의 수업에 대해 생각하도록 하는 질문들 몇 개를 더 가지고 있어요. 이 목표는 어떤 학교 혹은 구의 목적이나 목적들과 연결되지요?"

조금 불안해진 Jane이 대답했다. "아이쿠, 전 그렇게까지는 생각해 보지 못했습니다. 저는요, 새에 관해서 구체적인 것들로 수업을 준비하는 것으로 충분하다고 생각했습니다. 이 모든 것이 어떻게 연결되어 있는지에 대해 저의 시야를 확장할 필요가 있는 것 같습니다. 이번 학기의 교육 실습은 제겐 너무 힘들었습니다. 그렇지만, 모든 것이 어떻게 연결되어 있는지를 아는 것은 목표를 어떻게 조정할 것인지에 도움이 된다는 것을 알았습니다. 내일을 위해서 저의 수업을 재고해 보고 싶습니다. 좀 안내해 주시겠습니까, Yates 교수님?"

Yates 교수는 대답했다. "그럴 수 있지만 그렇게 하지 않겠어요. 나는 당신이 Butler 선생님과 함께 일하면서 당신 스스로 이것들에 대해 생각해 봤으면 해요. 당신 학생들의 대답은 당신이 성공할지 그렇지 않을지를 말해 줄 거예요. 분명한 것은 당신은 당신의 일반적 교육과정 목표들과 수업을 위한 구체적인 목표들을 알고 있어야 한다는 거예요. 2주 후에 다른 수업을 관찰하기 위해 오겠어요. 다음 두 주 수업을 준비할 때 목표들에 집중하세요."

질 문

1. Yates 교수가 구체적인 수업 목표뿐만 아니라 학교 및 학교구의 목표와 연계시켜 보라고 제시한 이유는 무엇일까?
2. Jane의 수업 분야와 연결시킬 수 있는 전국 차원의 목적은? 당신의 수업 영역과는? 설명해 보라.
3. 생활 조건의 변화에 적응할 수 있도록 도와주고자 한다면, Jane은 수업을 어떻게 확대시켜야 할까?

리되기를 원했던 이유를 세 가지 이상 작문으로 기술한다."와 같이 될 것이다. 이러한 목표는 구체적인 지식의 종류를 언급하고 있으며, 학생들에게 기대하는 것을 기술하고 있고, 세 가지 이유들에 대한 정확한 준거를 제공한다.

"Overview 13.1"은 다양한 수준의 목적과 목표 간의 차이점들을 요약하고 있다. 전

[Overview 13.1] 교육의 목적(goals)과 목표(objectives)

목적(ends)	방향 수준	다음에 의해 발달	예(들)
국가 및 주 목적	국가, 주	위원회, 태스크포스 집단, 폭넓은 전문가협회	기초 교양 기술 향상
지역 목적	학교구, 학교	행정가 집단, 교사 그리고/혹은 지역 사회 구성원, 폭넓은 전문가협회	독서, 읽기, 말하기, 수학 기호를 통한 정보 및 의미 습득
일반적 목표	교과/학년	교과협의회, 주 교육부의 교육과정 전담 부서 또는 위원회, 대규모 학교구	읽기 이해력 향상, 책 전체 읽기 감상
	단원 계획	교과서 저자, 교사	단어 인식 기술 개발, 읽어 주는 이야기 듣기
구체적 목표	수업 계획	교과서 저자, 교사	저자의 주된 아이디어 확인, 10개의 새로운 어휘 쓰기

국적 목적에서 수업 목표로 이동함에 따라 예는 보다 구체적인 것이 된다. 다시 말해 관찰하거나 측정하기가 더욱 쉬워지게 된다.

다시 한 번 생각해 보기

교사로서 당신은 교실 목적들과 수업 목표들을 계획할 때 당신의 주나 학교구의 목적들을 어떻게 발견할 것인가?

역사적 관점

우리는 교육자들과 일반 대중들이 미국의 교육 목적들에 대해 의문을 제기하는 시대에 살고 있다. 우리의 학교들은 무엇을 하려고 애써야 하는가? 이 질문에 대한 대답은 다양하며, 이에 대한 뜨거운 논의가 있어 왔다. 이 논의를 이해하기 위해, 우리는 교육 목적들이 어떻게 개발되어 왔으며 수년에 걸쳐 어떻게 변화되어 왔는지를 이해할 필요가 있다. 아래에 제시되어 있는 것처럼 미국의 교육 목적들은 많은 변형들을 경험해 왔다.

■ 정신 도야

20세기 이전에는 대체로 항존주의 이론이 미국 교육을 지배했다. 정신 도야 접근을 찬성하는 사람들은, 육체가 운동으로 단련되듯이 정신은 정신적 활동을 통해서 단련된다고 믿었다. 언어(라틴 어, 그리스 어, 불어, 독일어), 수학, 역사, 영어, 물리학, 화학, 행정, 생물학과 같은 전통적인 교과들은 지력 계발을 위해 가치로운 것으로 여겨졌다. 과목이 어려울수록 그리고 학생들이 정신적 훈련을 많이 받을수록 교과의 가치는 그만큼 컸다(Cubberly, 1947).

■ 진보주의자들의 개선 요구

변화하는 사회 질서의 요구에 부응하기 위해서는 학교 교육이 변해야 한다는 주문들이 있었다. 이민이 늘고 산업이 발달함에 따라 점차 많은 교육자들은 전통적인 교육과정과 정신 도야와 반복 훈련을 강조하는 것에 대해서 의문을 제기하였다. 새로운 교수법(pedagogy)을 옹호하는 사람들은 교육에 진보주의의 입장을 대변하였다. 이들은 모든 아동들을 위한 일상의 요구들을 충족시키도록 설계된 학교 활동과 학교 교과들을 강조했다. 20세기 초에는 학교를 보다 진보적인 노선으로 변혁시키려는 노력들이 순조롭게 진행되었다.

■ 전인(全人)에 대한 관심

1차 세계대전 이전의 항존주의 철학과 정신 도야적 접근과는 달리, 1차 세계대전부터 2차 세계대전 후에 이르는 시기에는 진보주의 철학과 아동 심리학이 득세하면서 전인적 존재로서 아동(whole-child concept)과 삶의 적응이 강조되었다. 학교는 어떤 선택된 정신적 측면들이 아니라 아동의 전인적 성장과 발달에 관심을 가져야 한다는 생각이 지배적이게 되었다. 인지적 혹은 정신적 성장과 관련된 목적들은 교육의 다른 중요한 목적들인 사회적 · 심리적 · 직업적 · 도덕적 · 시민적 발달과 마찬가지로 중시되었다. 표 13.2는 이 시기에 두 개의 가장 중요한 목적들에 대한 진술들을 기술하고 있다. 전인적 아동의 개념과 이에 상응하는 아동 심리학의 성장은 학교에 엄청난 영향을 끼쳤으며 지금도 우리는 그것을 느끼고 있다.

■ 학문으로의 회귀

냉전 시대와 소련의 Sputnik 발사(1957)와 같은 국제적 사건들은 학교 교육의 초점으로서 학문적 훈련을 재검토하려는 미국의 움직임을 가속화시켰다. 미국은 소련에 기술적 우월성을 상실하게 되었다는 생각에 화들짝 놀랐다. 미국의 자존심은 손상되

진보주의 철학의 영향을 받은 교육적 접근법들은 학문적 목적이 "전인"으로서의 교육을 강조한다. 당신의 교육 철학은 어느 쪽에 가까운가?

표 13.2 교육의 목적: 진보적 접근의 두 개의 주요 진술들

중등교육의 핵심 원리(1918)	아동들의 필수적인 요구 10개 (1944)
1. **건강**: 건강 수업과 신체 활동 프로그램 제공, 건강을 증진함에 있어 가족과 지역 사회와의 협력	다음을 강화하는 기술들 그리고/혹은 태도들을 개발함 1. 생산적인 작업 경험과 직업적 성공
2. **기본 과정들에 대한 요구**: 도덕적 삶의 요구들을 충족시키기 위한 기본적인 사고 과정 개발	2. 건강 3. 민주 시민의 권리와 책임
3. **건강한 가족 성원**: 개인을 가족의 가치 있는 일원으로 만드는 자질 개발	4. 성공적인 가족생활 조건 5. 현명한 소비 행동
4. **직업**: 학생들이 생활비를 벌고, 직업을 통해 사회에 봉사하며 개인적인 발달을 도모할 수 있도록 지원	6. 과학과 인간의 본성 이해 7. 예술, 음악, 문학 감상
5. **시민 교육**: 개인이 지역 사회에서의 역할을 담당하고 국제적인 문제를 이해하는 데 도움이 되도록 자질 함양	8. 여가 선용 9. 윤리적 가치의 존중
6. **여가 선용**: 인성을 풍요롭게 하는 신체적 · 정신적 오락을 발견하도록 지원	10. 합리적으로 사고하고 명료하게 생각을 전달할 수 있는 능력
7. **윤리적 인격**: 수업 방법뿐만 아니라 학생들과 교사들 간의 사회적 접촉을 통해 윤리적 인격 개발	

출처: Commission on the Reorganization of Secondary Education, *Cardinal Principles of Secondary Education*, Bulletin no. 35 (Washington, D.C.: U.S. Government Printing Office, 1918), pp. 11–15; and Educational Policies Commission, *Education for All American Youth* (Washington, D.C.: National Education Association, 1944).

었고 국가의 목적들이 위협받게 되었다.

■ 국가 차원의 입법

항존주의와 본질주의 교육 이론들에 영향을 받은 비판가들은 학문적 정수와 정신 도야로의 복귀를 요구하였다. Sputnik을 따라잡기 위해 국방에 필수적인 것으로 간주되었던 분야들에서의 프로그램들과 훈련 장비들을 국가 입법으로 지원하게 된다. National Defense Education Act는 과학, 수학, 현대 언어 그리고 생활 지도—젊은이들을 앞의 세 가지 분야와 대학으로 이끌어 가는 것으로 생각됨—를 선정하였다. 과학자 단체, 대학의 학자들, 교육과정 전문가들에게는 교과 내용, 특히 고등학교 수준에서의 교과 내용을 재구성할 것이 요구되었으며 정부에서는 기금을 제공하였다(Til, 1965). 이러한 새로운 교육적 분위기 속에서 학문적 재능을 가진 아동들에게는 최고의 교육이 제공되었다.

■ 대학 진학을 준비하지 않는 학생들에 대한 우려

가난과 인종 차별 그리고 균등한 교육 기회 등에 대한 관심이 증대함에 따라, 1960년대는 이러한 변화가 진보주의와 사회 재건주의의 교육 이론들과 종종 관련되어 있음을 보게 된다. 교육자들은 대부분의 학생들이 대학에 가지 않으며 많은 학생들이 학교를 이탈하거나 기능적 문맹으로 졸업하고 있는 것에 주목하였다. 이러한 상황 속에서 교육 목적들이 계속해서 가장 유능한 학생들만을 우대하는 쪽으로 좁혀지는 것에 대한 우려의 목소리가 높았다.

■ 다문화 및 이중 언어 프로그램과 장애 학생

1980년대에 이르러 불리한 위치에 있는 학생들이 관심의 대상이 되었고, 이러한 관점은 다문화 학생들과 이중 언어 학생들 그리고 학습 장애 학생들을 포함하는 것으로

확대되었다. 미국의 다문화 및 이중 언어를 위한 노력들은 스페인계 미국인, 아시아계 미국인 그리고 인디언 학생들을 위한 연방 정부의 지원 증대 및 제한된 영어 능력을 가진 학생들을 위한 법적인 지원으로 특징지어진다.

1980년대와 1990년대 동안 특수 교육, 특히 학습 장애나 다른 특별한 요구를 가진 학생들에 대한 관심 또한 크게 표면화되었다. 두 개의 중요한 법, 즉 Education for All Handicapped Children Act(1975)와 Individual with Disabilities Education Act (IDEA)는 학습 장애를 가진 학생들을 가능한 정규 교실에서 공부할 수 있는 정책들과 절차들을 명세화하였다.

■ 계속되는 논쟁

그러나 1990년대에 이르러 이러한 추세들에 대한 보수적 반응들이 커진다. 11장에서 지적하였듯이, 다문화 및 이중 언어 프로그램들은 문화적 결속보다는 분절(fragmentation)과 분리주의에 기여한다는 비판이 일었다. 또한 특수 교육을 실시하는 가장 효과적인 방법을 놓고 교육자들 간에 의견이 충돌하였다. 완전 통합을 원하는 교육자들이 있는가 하면 부분통합을 원하는 교육자들도 있었다. 특수 교육 학생들만을 위한 완전히 독립된 교실을 원하는 교육자들도 있었다(Fuchs & Fuchs, 1995; Noll, 1999).

■ 결과에 초점을 둠

20세기 말에는 교육 책무성에 대한 요구가 커졌다. 교육은 성과나 산출에 더 초점을 두어야 한다고 많은 사람들이 주장하였다. 다시 말해 돈, 프로그램, 노력, 의지와 같은 투입이 아니라 유의미하고 측정 가능한 학문적 결과에 초점을 두어야 한다는 것이었다. 이러한 일부 비판가들은 학생들이 실제 삶의 맥락에서 교육을 활용하지 못한다면 교육과정을 단지 이수한다는 것은 큰 의미가 없다고 하였다. 이러한 새로운 초점의 결과, 25개 주에선 성과 중심 교육(outcomes-based education: OBE) 접근을 개발하거나 시행해 왔으며, 11개의 주에서는 성과를 주의 평가 절차의 일부로 삼아 왔다. 물론 많은 교육자들은 학생들의 성과에 대한 초점이 교육 목적들을 측정하는 타당한 방식이라고 믿고 있지만, OBE에 대한 비판도 제기되고 있다. 어떤 사람들은 성과 중심 교육이 종교적 신념과 가족의 가치를 희생양으로 정의적 성과들과 비판적 사고를 강조하고 있다고 우려한다. OBE는 최소한의 학문적 기준들을 증진시키며 교육과정을 "쓸모없게 만든다"고 하는 사람도 있다. OBE는 비용만 많이 들지 별로 성과가 없다고 주장하는 사람들도 있다(Manno, 1995; Lee, 2002).

■ 주의 기준

일부 교육자들은 학생들의 수행 결과에 초점을 두었지만, 21세기 초반 또다른 교육자들은 모든 학생들을 가르치는 데 필요한 명확한 주의 기준을 요구하였다. 주 기준들을 지지하는 사람들은 진보와 숙달을 평가하는 참된 방법들을 개발하려고 했다. 명료한 기준과 성취도 평가는 학생, 교사, 학교 그리고 학교구로 하여금 학습에 대한 책무성을 갖는 데 도움을 줄 것이다. 연방의 2002년 "No Child Left Behind(NCLB)" 법은 기준과 학생 성취도 향상("적절한 매년의 진보"로 알려진)에 대한 평가를 강조하고 있다.

■ 고부담 평가

당신 주의 기준들은 교사로서 당신의 수업 계획에 큰 영향을 미칠 것이다. 49개 주들은 기준들을 만들었으며, 이 기준들은 이러한 기준들에 의해 영향을 받는 사람들을 평가하는 책무성 체제를 수반하고 있다. 이러한 기준 운동에 대해 많은 사람들은 평가가 "고부담" 결과와 연결되어 있다는 것을 우려하고 있다. 많은 주에서 평가 결과는 학년 진급, 졸업, 대학에서의 장학금에 관한 의사결정에 도움이 되고 있으며, 학교 승인과 임금 인상 그리고 보너스 지급을 포함하여 학교구와 그러한 시험을 준비시키는 교원들의 성과와 연결되고 있다.

여러 주가 직면한 이런 저런 장벽들에도 불구하고 기준들은 지속될 만한 가치가 있다. 미국 공교육사에서 최초로 모든 아동들을 위한 높은 목적이 설정되었으며, 최소한 한 명은 뒤처질 수도 있다는 생각은 더 이상 수용될 수 없다. 분명한 것은 아동들의 학습 속도와 학습 방식은 각기 다르며 따라서 아이들은 다양한 수준에서 다양한 방식으로 평가될 필요가 있다는 것이다(Welburn, 2000).

다시 한 번 생각해 보기

수십 년 동안 교육 목적들은 학문적인 재능을 가지거나 위험에 처한 학생들과 같은 다양한 집단의 학생들을 표적으로 삼아 왔다. 이 중 어떤 집단의 학생들이 지금 대부분의 교육 목적들의 표적으로 등장하고 있는가?

수월성 요구

■ 개혁을 요구하는 국가적 보고서

미국 교육 목적들이 장기간에 걸쳐 어떻게 변화해 왔는지를 유념했을 때, 우리는 학교 개혁에 대한 당대의 요구를 보다 면밀히 살펴볼 수 있다. 최근의 다양한 제안들은 미국 교육 목적들에서의 중요한 변화들을 어떻게 반영하고 있는가? 특정한 개혁들은 교육 목적에 관한 당신의 생각에 얼마나 부합하는가?

정책 보고서 개관

1980년대 초에 이르러 모든 학생들(특히 그동안 주목을 받지 못했던 "평균적인" 학생들)의 교육적 수월성과 보다 높은 수준의 학문적 기준에 국가적 관심사가 모아졌다. 그 후 몇 년 동안, 많은 국가 정책 보고서들은(이 보고서의 대부분은 이른바 신본질주의 관점을 반영하고 있다) 미국 교육의 질을 향상시킬 수 있는 여러 개혁들을 촉구해 왔다. 이 중에서 가장 영향력이 있는 것 여섯 가지를 들면 다음과 같다.

- Action for Excellence(1983)
- Educating Americans for the 21st Century(1983)
- High School(1983)

- A Nation at Risk(1983)
- First Lessons: A Report on Elementary Education in America(1986)
- The National Education Goals(1990, 1994, 1997)

보고서에 담긴 여러 제안들을 정당화하기 위해 이 정책 보고서들은 미국 교육의 심각한 쇠퇴를 나타내는 통계치들과 문제점들을 제시하였다. 예를 들면 다음과 같다.

1. SAT 평균 성취 점수가 1963년부터 1990년에 이르기까지 계속해서 낮아졌다. 평균 언어 점수는 34점 하락하였다(466에서 432로). 수학 점수는 10점 낮아졌다(492에서 482로). 최근 언어와 수학 점수는 반등하기는 했지만 유의한 수준은 아니다(언어는 5점 오른 437점, 수학은 13점 오른 495점). ■ 성취도와 능력 저하
2. 수학과 과학 성취 점수를 향상시키기 위한 연방과 주 그리고 지역의 지속적인 노력에도 불구하고, 1995년과 1999년 사이의 8학년 수학과 과학 성취도에서 변화가 거의 없었다.
3. 새로운 세기를 바라보면서 미국의 8학년 학생들은 다른 14개의 선진국 학생들에 비해 성취 수준이 떨어진다. 이는 National Education Goals에서 요구하는 "세계 수준의 수업 기준(world class standards)"에 훨씬 못 미치고 있다. (국제 비교에 관해서는 15장을 참조) ■ 국제 비교
4. 미국 성인 중 약 21%가 읽기와 쓰기에서 기능적 문맹이다. 더욱이 미국의 모든 17세 아이들 중 약 13%가 기능적 문맹으로 간주되고 있으며, 이 문맹률은 소수계 아이들인 경우는 40%에 육박한다. 더욱 놀라운 것은 초·중등학생들 모두의 평균 교양 기술은 1993년부터 2001년에 이르기까지 불변하고 있으며, 상위권 학생들(백분위 점수 75에서 90)의 향상된 점수는 하위권 학생들(백분위 점 ■ 기능적 문맹

학년 진급과 졸업에 관한 결정에 사용되는 고부담 평가의 활용을 포함하여 학생, 교사와 학교에 대한 평가 및 책무성을 강조하는 새로운 흐름이 나타나고 있다.

TECHNOLOGY @School

국가, 주, 지역 학교구의 목적 확인 및 평가

초임 교사든 경력교사든 교사들은 국가, 주, 지역의 교육 목적들에 대해서 그리고 이러한 목적들이 교실에서 하는 그들의 일에 어떤 영향을 미치는지를 숙지하고 있어야 한다. 이러한 목적을 위해 당신은 **www.ed.gov/G2K/GoalsRpt/**에서 8개의 국가적 목적들을 검토할 수 있다. 이러한 것들이 21세기를 시작하면서 "국가적 목적들"로서 얼마나 가치가 있는지를 자문해 보라. 당신은 이외에 어떤 목적들을 추가하겠는가? 국가 교육 목적위원회의 상호작용 자료 사이트인 **www.negp.gov/datasystemlinks.html**에서 국가적 목적들을 성취하는 것과 관련한 가장 최근의 자료를 검색하라. 여기에서 당신은 각 주의 발전, 국가의 발전에 관한 10년 동안의 자료를 검토할 수 있다. 당신의 견해에 따르면 국가적 목적들을 충족시키기 위해 어떤 진보가 이루어졌는가?

주의 목적들을 위해서 당신은 당신 주 교육부의 웹사이트를 방문할 수 있다(**www.nasbe.org**에 가서 "주 교육국 링크"를 클릭하라.) 주 수준의 결과와 목적들은 국가 목적들과 어떻게 다른가? 예컨대 당신은 메릴랜드 주 사이트인 **www.marylandpublicschools.org/MSDE**를 방문해 "목적들"을 검색할 수 있을 것이다. "메릴랜드 학교 수행 사정 프로그램(Maryland School Performance Assessment Program: MSPAP)" 성과(outcomes)와 3학년 5학년 8학년을 위한 학습 목적들은 국가적 목적들과 어떻게 다른가?

당신의 주 교육부 웹사이트가 학생과 교사들을 위한 공학 기준들을 언급하고 있는지를 알아내는 것 또한 중요하다. 학생들과 교사들은 이렇게 급변하는 세계에서 어떤 공학 지식과 기술들을 가져야 한다고 믿는가? **http://cnets.iste.org/Students**에서 "학생들을 위한 국가 교육 공학 기준(National Educational Technology Standards for Students: NETS)"을 검색해서 "학생들을 위한 기준들"을 클릭하라. 이러한 6개의 기준들은 교실에서 공학 기반 활동들을 설계하기 위한 지침들로서 얼마나 도움이 되는가? 또한 "교사들을 위한 수행 프로파일들"을 클릭하라. 이러한 기준들은 "학생들을 위한 기준들"과 어떻게 다른가? 교사들을 위한 공학 기준들에 관한 추가적인 정보를 위해 Google을 이용해 "기준 프로젝트"와 "NCATE 기준 프로젝트"를 검색하라.

수 10)의 하락하는 점수에 의해 상쇄되고 있다는 것이다.

■ 학생-교사 비율

5. 이러한 문제들은 1 : 6이라고 하는 교사 대 학생 비의 적정성에도 불구하고 발생하였다. 일본이나 한국의 경우 교사 대 학생 비는 1 : 25이다. 미국의 K-12 교육 비용은 세계에서 핀란드 다음으로 높다.

■ 보고서들의 공통된 주제

■ 기술의 중요성

이 모든 보고서들은 영어, 수학, 과학, 외국어, 사회과의 교육과정을 강화할 필요성을 강조하고 있다. 기술과 컴퓨터 과목들이 종종 언급되고 있으며, 21세기 초반에는 학생들의 컴퓨터 관련 기술을 향상시키고 학교를 기술적으로 업그레이드할 필요성은 거의 "진언(眞言)"이며, 어떤 사람들은 이것을 제4의 "R(the fourth R)"이라고 한다. (더 많은 정보를 위해서는 "Technology @ School" 참조.) 고도의 인지적 기술과 사고 기술 또한 강조되고 있다. 또한 일부 보고서들은 불리한 위치에 있는 학생들과 학습 장애를 가진 학생들을 위한 프로그램들과 인적 자원을 강조하기도 하는데, 이러한 메시지는 항상 그 목소리가 크고 명료한 것은 아니다.

■ 더 높은 기준, 보다 엄격한 요구

보고서들은 보다 엄격한 평가 체제와 시험 그리고 훈육을 법제화할 것과 함께 보다 엄격한 기준과 과목, 대학 입학 요건 강화, 숙제 분량과 학습 시간 증대, 학생들의 학교 체류 시간 연장을 제안하고 있다. 교사 자격 강화, 교사 임금 인상, 과학과 수학교사의 수 증대 및 봉급 인상, 우수 교사에 대한 성과급 제공 등을 주문하기도 한다. 전반적으로 볼 때 이 보고서들은 학문적 성취(모든 학생들을 위한 것이 아닌)와 생산성 증대(관용이나 인간주의가 아닌)를 강조하고 있다.

■ 너무 많은 역할을 수행하는 학교

대부분의 보고서는 학교가 너무 많은 사회적 역할을 담당하고 있으며, 학교는 이 모든 기대들을 충족시킬 수 없고, 학교가 그 본연의 목적, 즉 기초 기술들과 핵심 교과들, 새로운 컴퓨터 활용 능력, 그리고 고도의 인지적 기술들을 가르친다는 기본 목적을 상실할 위기에 놓여 있다는 우려를 표명하고 있다. 학문적 생산성뿐만 아니라 국가적 생산성에 대해 우려하는 많은 보고서들은 인간 자본과 경제 자본을 연계시키고 있다. 학교에 대한 투자는 경제에 대한 투자 그리고 미래 국가의 안정에 대한 투자가 될 것이다. 교육이 실패하면 우리의 노동력뿐만 아니라 국가도 실패할 것이다. 그러므로 기업체와 노동계 그리고 정부는 교육자들과 협력하여 국민들을 교육하고 훈련시키는 데 도움이 되어야 한다.

다음 절들에서 가장 널리 알려져 있고 영향력이 큰 두 개의 보고서, 즉 1983년에 출판된 A Nation at Risk와 1990년에 처음 인쇄된 보고서의 1994년 개정판인 The National Educational Goals를 보다 면밀히 검토할 것이다.

■ 평범화의 흐름 확대

A Nation at Risk. 미 교육부에 의해 임명된 한 패널에 의해 편찬되고 National Commission on Excellence in Education이 발표한 이 보고서는 "평범화의 흐름 확대"는 국가의 안녕을 저하시키고 있다고 지적하고 있다. 이 평범화는 우리의 교육기관들의 토대와 연관되어 있으며 일터와 사회의 다른 영역으로 흘러들어가고 있다. 이 보고서는 1970년대 후반과 1980년대 초반에 교육자들과 시민 모두에게 명확한 여러 교육적 쇄락의 측면들을 담고 있다. 즉, 보다 낮은 성취 점수, 보다 낮은 시험 요건, 보다 낮은 졸업 요건, 보다 낮은 교사 기대, 보다 적은 학문적 코스, 보다 많은 보충 코스, 보다 높은 문맹률을 지적하고 있다. 보고서는 미국은 전국의 학교에 부과된 갈등적 요구들의 결과로서 교육의 질에 헌신하지 못하고 있으며, 학교는 가정과 다른 사회 기관에서 해결하지 않거나 할 수 없는 너무도 많은 사회적 문제들과 씨름해 왔다고 결론지었다.

■ A Nation at Risk의 제안

이 보고서는 부분적으로 보다 엄격한 졸업 기준을 요구하고 있다. 그리고 과학, 수학, 외국어 및 컴퓨터 기술과 같은 "새로운 기초들"에 관한 보다 많은 과목들을 포함해야 한다고 주문하고 있다. 그리고 학교 수업 일수를 늘리고, 숙제량을 늘리고, 교과서의 질을 높이고, 학생들의 성취 기준을 높이고, 수행에 기초해 교사들의 임금을 인상하고, 신규 및 숙련된 교사 그리고 수석 교사를 구분하는 경력 계단을 요구하고 있다. 또한 초임 교사의 질을 높이고 교사 자격 기준을 보다 강화시킬 것과 교육자들과 정책 입안자들의 책무성을 높이고 시민들로부터의 보다 큰 재정적 지원을 요구하고 있다.

A Nation at Risk와 Educational Policies Commission 보고서와 같은 보고서들은 종종 변화하는 시대에 공교육의 질에 관한 큰 우려로부터 나온다. 이런 보고서들의 목적은 교육 향상을 위한 실제적 권고들을 하기 위한 것이며, 그렇기 때문에 이 보고서들은 주와 지역의 교육위원회, 학교구, 그리고 궁극적으로는 수업을 설계하는 교사들에게 지침을 제공하기 위한 것이다. A Nation at Risk의 영향력은 막대해서 고등학교 졸업 요건의 강화, 수학 및 과학 과목의 확대, 학문적 기초로의 복귀, 기술의 변화, 대학 입학 요건의 강화와 같은 결과를 초래해 왔다. 대부분의 이런 변화들은 지역 학교구 수준에서 일어났으며, 당신이 이 시기 동안 공립학교에 다녔더라면 이러한 변화들을 실감했을 것이다.

연방 정부의 현재 "No Child Left Behind" 법 발의는 변화하는 시대에 공교육의 전반적인 질 관리 및 교육 발전을 위한 연방 정부의 실제적인 권고에 관심을 두는 국가 보고서의 전통을 계승하고 있다. 이 발의는 부분적으로 연방 기금으로 지원되며 주와 교육위원회 그리고 학교구에게 명확한 방향을 제시하고 있다는 점이 특징적이다.

■ "광범위한 변화" 요구

국가 교육 목적. 1994년 의회는 "Goals 2000: Educate America Act"를 통과시켰다. The National Education Goals로 출판되고 단순히 Goals 2000으로 종종 언급되는 완성된 목적들은 표 13.3에 기술되어 있다. 이런 목적들 중에서 최우선의 테마는 교육받은 시민성을 추구하는 것이었다. 즉 잘 훈련받고 책임성 있으며, 변화하는 세계에 적응할 수 있고, 문화유산과 세계 공동체에 대한 식견이 있는, 21세기에 미국의 지도적 위치를 수용하고 유지하려는 의지가 강한 시민을 길러 내는 것이었다. 교육자에게는 능력이나 흥미에 상관없이 모든 학생들에게 도움이 되는 교수 학습 전략들을 개발할 수 있는 보다 큰 유연성이 주어져야 한다. 동시에 교사들은 자신의 수업에 대한 책임을 져야 한다. 학부모들은 자기 아이들의 교육에 관여해야 하며 취학 전 시기에는 더욱 그렇다. 지역 사회, 시민, 비즈니스 집단 모두는 학교 개혁에 중요한 역할을 한다. 마지막으로 학생들은 자신의 교육에 대한 책임을 받아들여야 하며, 이는 그들이 학교에서 열심히 공부해야 함을 의미한다.

■ 전국 기준의 개발

2001년, National Education Goals Panel은 Goals 2000에 8개의 목적과 26개의 "지표"에 관한 최종 보고서를 제시하였다. 비록 2000년까지 국가적 목적들이 전국적으로 충족되지는 않았지만, 그리고 사실 이 8개의 야심적인 목적에 충분히 이를 것 같지도 않지만, 많은 주는 놀라운 진전을 보여 주었다. 2002년 National Education Goals Panel이 해산되고 "No Child Left Behind" 법이 출현함에 따라 미국의 교육적 기대는 수학과 읽기 분야에서 학생의 성취도 향상, 우수 교사 확보, 학생들이 이러한

Taking Issue	질문 미국 교육의 쇠락에 대한 대중적 우려를 고려할 때 교육에 관한 국가 보고서들은 학교 개혁을 위한 적절한 지침과 방향을 제공하는가?	
국가 보고서들은 유용한가	**찬성**	**반대**
1980년대와 1990년대에 국가 보고서들은 미국 공교육에 있어서의 교육 목적, 학생 수행 및 성취, 학문적 엄격성, 교수 방법, 교사 준비성 등에 대해 비판하였다. 우리가 21세기를 위해 교육 개혁과 학교 개선을 위한 목적들을 설정함에 있어서 교육자와 정치가, 그리고 일반 대중이 말이 아닌 행동으로 나아가는 것이 필요하다.	1. 국가 보고서들은 공교육의 문제점과 비판들에 대해 관심을 갖게 하는 데 도움을 준다. 오늘날, 과거 그 어느 때보다도 많은 사람들이 미국 교육의 쇠퇴에 대한 두려움을 느끼고 있으며 학교 개혁은 점증적으로 의원, 정치가, 일반 대중으로부터 정치적 · 재정적 후원을 받아 왔다.	1. 미국의 일반 대중들이 교육에 더 많은 돈을 쓰겠다는 의지에도 불구하고 그들은 투자에 대한 실제적인 결과들, 다시 말해 진정한 의미에서의 책무성을 원하고 있다. 의원들과 정치가들 또한 학생들과 교육자들로부터 이러한 책무성을 주문하고 있다.
	2. 국가 보고서들에 담긴 권고 사항들은 여러 교육 개혁 노력들의 우선순위를 고려하게 함으로써 학부모, 기업, 교육 집단 간의 합의를 이루는 데 도움을 줄 수 있다.	2. 경험이 많은 교육자들은 학교를 개혁할 "마법의 탄환(magic bullets)"은 없다는 것을 배워 왔으며 David Cohen이 지적하듯이, "미국은 학교를 구하기 위한 경쟁적 도식들로 가득 차 있다." 이는 목적의 명료화보다는 혼란을 야기하고 있다.
	3. 국가 보고서들은 특히 주 및 국가 수준에서 교육적 기준들을 강화하려는 노력을 경주하고 있다. 이것은 가장 최근의 두 명의 대통령 Bill Clinton과 George W. Bush의 교육 프로그램에 반영되어 있다. 이 둘 모두는 국가 시험과 학생 성취에 대한 매년의 사정은 물론 교육에의 보다 큰 연방의 참여와 투자를 지지해 왔다.	3. 국가 보고서들 그리고 이어지는 정부 명령들은 평등을 희생시켜 수월성을 강조함으로써 종종 범위에 있어 이상적인 경향이 있으며 시행 비용이 비싸다. 국가 시험들과 관련해 교사들, 정치가들, 그리고 일반 시민들은 누가 시험을 봐야 하고 무엇에 대해 시험을 보고, 학생들은 언제 어떻게 시험을 보아야 하는지에 대해 상이한 입장을 보이고 있다.
	4. 일부 개혁가들은 공교육이 총체적으로 변화할 필요가 있으며, 이 변화를 지지할 정치적 분위기가 조성되어 있다고 믿고 있다.	4. 국가 보고서들은 학교 변화와 개선에 관한 다음의 기본적인 사실을 간과하고 있다. 과정은 복잡하며, 개혁에 관한 상이한 시각을 가진 교사, 행정가, 학부모, 지역 사회 구성원, 정치가의 협력이 수반되어야 한다는 사실이다.

목적을 달성하지 못하는 학교의 확인 및 개선에 초점을 두는 것으로 변하였다(www.ed.gov/). 미래의 보고서들은 이러한 NCLB 목적들을 향한 각 주들의 향상을 나타내게 될 것이다.

다시 한 번 생각해 보기

국가 보고서들은 중핵 교육과정 교과, 보다 엄격한 기준, 책무성을 강조했다. 이 중 어떤 것이 학생으로서 당신의 생애에 가장 큰 영향을 미쳤는가? 이 중 어떤 것이 교사로서 당신에게 가장 중요한 것인가?

표 13.3 국가 교육 목적

■ **목적 1: 학교 준비성**
2000년경, 미국의 모든 아이들은 배울 준비를 하고 학교 공부를 시작한다.

■ **목적 2: 학교 졸업**
2000년경, 고등학교 졸업을 최소한 90%까지 늘린다.

■ **목적 3: 학생 성취 및 시민성**
2000년경, 모든 학생들은 영어, 수학, 과학, 외국어, 공민과, 정치, 경제, 예술, 역사, 지리 등에서의 능력을 보여 주고 4학년 8학년 그리고 12학년을 수료하며, 미국의 모든 학교는 모든 학생들이 자신들이 마음을 잘 활용하는 법을 배우고 책임 있는 시민성을 준비하고 보다 많이 배우고 국가 현대 경제에서 생산적인 일꾼이 되도록 해야 한다.

■ **목적 4: 교사 교육과 전문성 계발**
2000년경, 국가의 교사 집단은 교사들의 전문적인 기술의 지속적인 향상과 모든 미국 학생들을 다음 세기에 준비하도록 가르치는 데 필요한 지식과 기술들을 습득할 기회를 위한 프로그램들에 접근할 것이다.

■ **목적 5: 수학과 과학**
2000년경, 미국 학생들은 수학과 과학 성취에서 세계 최고가 될 것이다.

■ **목적 6: 성인 문해력 및 평생 학습**
2000년경, 미국의 모든 성인은 문맹에서 탈피하며 글로벌 경제에서의 경쟁력에 필요한 지식과 기술들을 소유하며 시민의 권리와 책무성을 행사할 것이다.

■ **목적 7: 안전하고 절제되며 알코올과 마약으로부터 자유로운 학교**
2000년경, 미국의 모든 학교는 마약, 폭력, 불법 무기, 알코올로부터 자유로울 것이며 배움에 도움이 되는 절제된 환경을 제공할 것이다.

■ **목적 8: 학부모 참여**
2000년경, 모든 학교는 아이들의 사회적 · 정서적 · 학문적 성장을 촉진하는 데 학부모의 참여를 증대하는 파트너십을 촉진할 것이다.

출처: Goals 2000: Educate America Act (March 31, 1994); *The National Education Goals* (Washington, D.C.: U.S. Department of Education, 1994).

진자의 흔들림

■ 오래된 주제의 재등장

20세기부터 지금까지의 교육 목적들을 검토해 보았을 때, 우리는 상당한 변화를 목도하면서도 또한 과거의 아이디어들이 새로운 모습으로 재등장하고 있음을 알 수 있다. 예컨대 20세기 초에 강조되었던 엄격한 지적 훈련은 1950년대 냉전기에 재등장하였으며, 이것은 다시 다른 국가들과의 경제적 경쟁이라는 논리로 1980년대부터 21세기 초에 다시 나타났다. 이와 유사하게 1960년대와 1970년대의 사회적 소요가 저임금 소수민 집단의 권리와 열망에 대한 관심을 고조시켰듯이, 초기 진보주의 교육자들의 아이디어들이 재부상하였으며, 불리한 위치에 있는 학생들을 교육시키는 것에 다시 관심을 가지게 되었다. 이러한 빈자들이나 위기에 처한 학생들에 대한 관심은 여전하지만 지금 진자는 보다 중심 가까이에서 흔들리고 있다. 우리의 현재 관심 분야는 보다 확산되고 있으며, 보통의 그리고 학문적으로 재능이 있는 집단들을 포함해 다양한 부류의 학생들에 대한 관심이 커지고 있다.

■ 학교에 대한 너무 많은 기대?

미국의 교육 목적들을 살펴보았을 때, 당신은 과연 학교들이 능력 이상의 것을 할 수 있을까? 라고 자문할지 모르겠다. 학교는 종종 국가적 문제들을 해결할 수 있는 이상적인 기관들로 비춰진다. 그러나 학교는 과연 그렇게 할 수 있을 것인가? 사회 전반에 걸쳐 많은 사람들은 아동들이 발달하고 배우는 것을 도와야 한다는 자신들의 책무성을 받아들이기를 거절한다. 비슷하게 학부모와 교육 정책가들은 종종 교사들과 학교 행정가들이 학교 개혁에 유일하게 책임이 있다고 본다. 사실 학부모들과 지역 구성원들로부터의 중요한 협력 없이는 학교들은 좋은 일을 할 수 없으며 개혁 노력들은 실패할 것이다.

■ 변화 대처

의심할 여지없이 교육 목적은 시대와 연관되어야 한다. 만일 학교들이 변화하는 조건들과 사회적 세력들에 적응할 수 없다면 생산적인 사람들을 어떻게 길러 낼 수 있을 것으로 기대할 수 있겠는가? 오늘날 우리는 매우 기술적이고 자동화된 관료주의 사회에 살고 있다. 우리들은 노화되는 도시들, 수세기 동안의 인종적 · 성적 차별의 영향들, 노령화 인구, 경제적 혼란들, 테러리즘, 물리적 환경의 오염 등과 같은 절박한 사회적 · 경제적 문제들에 직면해 있다. 시대가 우리를 삼켜버리도록 허락할 것인지 아니면 우리의 새로운 환경을 극복할 수 있는지는 현재의 우리 학생들에게 가르치는 기술들 그리고 적절한 교육적 우선순위들을 개발하는 것에 상당 부분 달려 있다(Nevi, 2001).

다시 한 번 생각해 보기

교사로서 당신의 최고 목적은 무엇인가? 이 질문을 다른 여러 교육자들과 예비 교육자들에게 물어본다. 당신의 대답과 그들의 대답을 비교 대조해 본다.

요 약

1. 교육 목적들은 교육 철학 및 이론뿐만 아니라 변화하는 사회적인 힘들의 영향을 받는다.
2. 국가나 주 수준에서 생성된 교육 목적에 대한 광의적 진술들은 대개 학교구나 개별 학교에 의해 보다 구체적인 목적들로 번역된다.
3. 세기의 전환 이래 미국의 교육 목적들은 적어도 다섯 번의 변화가 있었으며, 각각의 강조점은 달랐다. 학문적 엄격성과 정신 훈련, 모든 아동, 학문적 재능이 있는 학생들, 불이익을 당하는 소수민 집단의 학생들과 장애 아동들 그리고 1980년대부터 20세기 초의 모든 학생들을 위한 보다 엄격한 학문적 기준들이 그것들이다.
4. 1983년 이후 발표된 대부분의 보고서들은 교육의 수월성과 보다 높은 기준들이 필요하다는 것을 강조하고 있다. 보고서들의 권고 사항들에 대해서는 교육자들 간의 이견도 있었지만, 대부분의 주들은 이 보고서들에 기초해 변화들을 시행해 왔다.
5. 우리는 학교 교육의 목적들에 관한 다소의 이견과 조화롭게 사는 법을 배워야 한다. 다양한 집단의 사람들은 향후 교육적 우선순위들을 형성하는 데 협력할 필요가 있다.
6. 우리는 종종 학교들이 기술적 혹은 사회적 문제들을 해결하고 미래의 노동력을 준비할 것을 기대하고 있다. 향후 몇 년은 이러한 기대를 심각하게 테스트할 것이다.

14 교육과정과 수업

아마도 미국인들은 다른 어떤 나라의 국민들보다도 학교로부터 가장 많은 것을 요구해 왔을 것이다. 우리는 학교가 아동에게 사고하도록 가르치고, 사회화시킬 것을 기대한다. 그리고 가난과 불평등을 완화시키고 범죄를 줄이며, 우리의 문화유산을 보존하고 지적이며 애국심이 강한 시민들을 길러 내기를 기대한다. 미국 학교는 이 모든 책임을 다하지 못하고 있다. 그럼에도 불구하고, 이런 요구들은 교육과정—수업을 통해 제공되는 계획된 경험들—에 초점을 두고서 지속되고 있다. 교육과정은 교육 목적이 개정되고, 학생 인구가 변화하고, 사회적 이슈가 논의되고, 새로운 이익 집단이 출현하면서 지속적으로 수정된다.

13장에서는 변화하는 국가적 우선순위와 사회적 압력에 따라 교육의 목적이 어떻게 수정되어 왔는지를 기술하였다. 이 장에서 우리는 변화하는 국가적 목적들을 충족시키는 데 도움이 되는 최근 수십 년 동안의 주요 교육과정 접근들을 살펴볼 것이다. 당신은 교육과정 접근이 4장에서 논의한 철학, 이론들과 밀접한 관계가 있음을 알게 될 것이다. 이러한 교육과정 접근들이 당신 자신의 교육 철학과 어떻게 관련되는지를 생각해 본다.

교육과정을 검토하면서 또한 교육과정과 관련된 수업 활동을 검토할 것이다. 이 장은 다음 질문들에 대해 답하는 데 도움이 될 것이다.

핵심 질문

- 교육과정 내용은 사회의 변화를 어떻게 반영하는가?
- 교육과정은 어떤 식으로 조직되는가?
- 협동학습이나 완전학습의 활용은 교사로서 당신의 일에 어떻게 영향을 미치는가?
- 수업 향상을 위해 당신은 교실에서 컴퓨터와 그 외 전자기기들을 어떻게 활용할 수 있는가?
- 어떤 추세들이 향후 교육과정과 수업에 영향을 미칠 것으로 보이는가?

교육과정 조직

우리는 두 가지 관점에서 미국 학교에서의 교육과정 조직의 다양한 유형을 볼 수 있다. 하나는 가르칠 교과를 강조하며, 다른 하나는 학생을 강조한다. 전자의 관점은 교육과정을 어떤 성취 결과나 산물로 이끄는 과목이나 내용으로 보는 관점이다. 후자는 교육과정을 학생의 요구와 태도 측면에서 정의한다. 이것은 학생들이 배우는 과정과 교실, 학교 분위기에 초점을 둔다. 교수 학습 과정에서 전적으로 교과 중심(인지적)이거나 전적으로 학생 중심(심리적)의 접근을 하는 학교는 거의 없다. 대부분의 교사들은 이 두 가지 중 하나에 무게 중심을 두는 경향이 있지만, 교실 실제에서는 이 두 가지를 혼용하고 있다.

■ 교과 v. 학생의 요구

교과 중심 교육과정

교과는 교육과정 조직에서 가장 긴 역사를 가지고 있다. 그리고 가장 보편적인 틀이며 가장 흔한 조직이다. 그 주된 이유는 중등학교와 대학의 학과 구조에서 알 수 있듯이, 편리하기 때문이다. 혼자 모든 것을 다 가르치기 때문에 교사들로 하여금 만능(generalists)이 되도록 요구하는 초등학교에서조차 교육과정은 대개 교과들로 조직된다.

■ 교과에 의한 조직

교과 중심 교육과정의 지지자들은 교과가 학습을 조직하고 해석하는 논리적 기초를 제공하고, 교사는 교과 전문가로 훈련되어 있으며, 교과서와 다른 교수 자료는 대개 교과에 의해 조직된다고 주장한다. 비판가들은 교과 중심 교육과정은 종종 고립적으로 배우는 사실과 개념덩어리라고 주장한다. 이들은 이런 교육과정은 삶의 경험들을 경시하고 학생들의 요구와 관심을 고려하지 못하고 있다고 본다. 교과 중심 교육과정에서는 교사가 수업을 지배하고 학생들의 투입을 거의 허용하지 않는다고 비판가들은 주장한다.

■ 찬성과 반대 주장

다음 절에서는 교과 영역 접근, 기초로의 복귀, 중핵 교육과정과 같은 몇몇 교육과정에 대한 교과 중심 접근의 변형들을 논의한다. 이것들은 유일하게 가능한 변형도 아니며 확고한 범주도 아니다. 많은 학교와 교사들은 이러한 접근들을 혼용해 쓰고 있다.

교육과정에 대한 교과 영역 접근. 교과 영역 접근은 가장 널리 활용되는 교육과정 조직 형태이다. 이 오랜 접근은 고대 그리스와 로마의 7자유과(문법, 수사학, 변증법, 산술, 지리, 천문학, 음악)에 그 뿌리를 두고 있다. 현대의 교과 영역 교육과정은 그 기원을 1870년대 St. Louis 학교구의 교육감 William Harris의 업적에서 찾는다. 고전적 전통에 몰두해 있었던 Harris는 교과 오리엔테이션(subject orientation)을 설정하였는데, 이는 사실상 그의 시대로부터 지금까지 미국 교육과정을 지배하고 있다. 예컨대,

■ 고전적 전통에 의존

표 14.1 1895년 15인 위원회에서 제안한 초등학교 교육과정

<table>
<tr><th>과목</th><th>1학년</th><th>2학년</th><th>3학년</th><th>4학년</th><th>5학년</th><th>6학년</th><th>7학년</th><th>8학년</th></tr>
<tr><td>읽기</td><td colspan="2">주당 10시수</td><td colspan="6">주당 5시수</td></tr>
<tr><td>쓰기</td><td colspan="2">주당 10시수</td><td colspan="2">주당 5시수</td><td colspan="2">주당 3시수</td><td></td><td></td></tr>
<tr><td>스펠링 리스트</td><td></td><td colspan="2"></td><td colspan="3">주당 4시수</td><td></td><td></td></tr>
<tr><td>영문법</td><td colspan="4">작문을 겸한 구두 수업</td><td colspan="3">교과서로 주당 5시수</td><td></td></tr>
<tr><td>라틴 어</td><td></td><td></td><td></td><td></td><td></td><td></td><td></td><td>주당 5시수</td></tr>
<tr><td>산수</td><td colspan="2">구두, 주당 60분</td><td colspan="5">교과서로 주당 5시수</td><td></td></tr>
<tr><td>대수학</td><td></td><td></td><td></td><td></td><td></td><td></td><td colspan="2">주당 6시수</td></tr>
<tr><td>지리</td><td colspan="2">구두, 주당 60분</td><td colspan="4">*교과서로 주당 5시수</td><td colspan="2">주당 3시수</td></tr>
<tr><td>자연과학 및 위생학</td><td colspan="8">주당 60분</td></tr>
<tr><td>미국 역사</td><td></td><td></td><td></td><td></td><td></td><td></td><td>주당 5시수</td><td></td></tr>
<tr><td>미국 헌법</td><td></td><td></td><td></td><td></td><td></td><td></td><td></td><td>*주당 5시수</td></tr>
<tr><td>일반 역사</td><td colspan="8">구두, 주당 60분</td></tr>
<tr><td>체육</td><td colspan="8">주당 60분</td></tr>
<tr><td>보컬 뮤직</td><td colspan="8">4시수로 나누어 주당 60분</td></tr>
<tr><td>그림</td><td colspan="8">주당 60분</td></tr>
<tr><td>공예 훈련이나 바느질 및 요리</td><td></td><td></td><td></td><td></td><td></td><td></td><td colspan="2">각각 반나절</td></tr>
<tr><td>총 암송 시간 (암송하고 질문에 답하기)</td><td>12시간</td><td>12시간</td><td>11시간</td><td>13시간</td><td>16시간 15분</td><td>16시간 15분</td><td>17시간 30분</td><td>17시간 30분</td></tr>
</table>

질문

1. 만일 당신의 전공이 유아교육이나 초등교육이라면 1~5학년을 위한 15인 위원회의 제안들을 살펴본다. 위원회가 제시한 과목 및 내용과 당신이 오늘날 학생들이 배워야 한다고 생각하는 것을 비교해 본다. 추가할 것 또는 삭제할 부분을 제시한다.
2. 당신의 전공이 중등교육이라면 6~8학년을 위한 15인 위원회의 제안들을 살펴본다. 제안된 교과들과 처치는 오늘날 학생들이 받아야 한다고 당신이 느끼는 교육과정 처치와 어떻게 비교되는가? 보탤 것이나 뺄 것을 목록으로 만들어 보라.
3. 4장에서 기술한 교육 이론 중 어떤 것이 15인 위원회의 제안에 가장 적합한가? 위 표에서 어떤 증거가 당신의 이론 선택을 지지하는가?

*2학기에 시작함.

출처: Committee of Fifteen, "Report of the Sub-Committee on the Correlation of Studies in Elementary Education", *Educational Review* (March, 1985), p. 284.

1895년, 15인 위원회에서 제시한 내용들을 반영하고 있는 표 14.1을 살펴보자. 위원회의 권고는 1세기가 지난 것이지만, 이러한 교과목의 범주들은 매우 잘 알아볼 수 있다. 학생이었을 때 당신은 "지리"와 "역사"뿐만 아니라 "대수"와 "영어 문법", "읽기"와

"쓰기"를 배웠을 가능성이 가장 컸을 것이다.

현대의 교과 영역 교육과정은 각 교과를 하나의 전문화된 그리고 대체로 자율적인 지식체로 본다. "기초"로 언급된 교과들은 모든 학생들에게 필수적인 것으로 간주된다. 여기에는 대개 초등학교 수준에서의 3R와 중학교 수준에서의 영어, 역사, 과학, 수학이 포함된다. 다른 전문화된 교과들은 특별한 직업과 전문직을 위한 지식과 기술을 개발하는데, 예컨대 비즈니스 수학이나 물리학과 같은 것이다.

■ 교과의 범주

보다 새로운 용어인 탐험적 교과들(exploratory subjects)은 다양한 학습 양식, 요구, 관심에 적합하도록 설계된 교과 목록에서 학생들이 선택하는 교과를 말한다. 이러한 교과에는 학습 기술, 컴퓨터 과학, 창의적 글쓰기, 드라마가 포함될 수 있는데, 이러한 교과들로 말미암아 학교는 학생들에게 다양한 선택을 하게 할 수 있다. 이 교과들은 중학교와 초등학교 고학년 교육과정에서 가장 많이 나타난다(Ornstein, 1992; Brazee, 2002). 탐험적 교과를 교육과정에 포함하는 학교들은 전통적인 중핵 학문 교과를 선호하는 학교들보다 진보적인 성향을 띤다.

■ 탐험적 교과

교육과정에 대한 항존주의적 접근과 본질주의적 접근. 4장에서 기술한 교육 이론들 중에서 항존주의와 본질주의는 교과 중심이다. 교육의 주된 목적을 지성을 함양하고 노동, 도덕성과 가족생활과 관련한 어떤 시공을 초월한 가치를 길러 내는 것으로 믿는 항존주의자들은 초등학교 수준에서는 3R, 라틴 어, 논리학을, 중학교 수준에서는 이외에 고전 공부를 교육과정의 중심으로 삼는다. Robert Hutchins에 따르면, 교육과정에 대한 항존주의 접근의 기본 가정인 과거의 최고의 것—이른바 영원한 학문(permanent studies), 즉 고전들—은 오늘날에도 여전히 유용하다(Hutchins, 1936; Bloom, 1987).

■ 항존주의: 고전

본질주의자들은 초등학교 교육과정이 3R로 구성되어야 하며, 고등학교 교육과정은 대여섯 개의 주요 학문인 영어(문법, 문학, 작문), 수학, 과학, 역사, 외국어, 지리로 구성되어야 한다고 믿는다(Conant, 1959). 교육과정에 대한 본질주의 접근을 옹호하는 사람들은 이러한 교과 영역이 오늘날의 지식 폭발을 체계화하고 그것을 따라잡을 수 있는 최선의 방식이라고 생각한다. 이들은 단순한 "기초" 기술만으로는 삶을 제대로 준비할 수 없다고 주장한다. 학생들은 새로운 아이디어와 도전에 대처하기 위해서는 학문적 지식 기초—본질주의자들이 "문화적 문해(cultural literacy)" 혹은 "본질적 지식"이라고 부르는—를 필요로 한다.

■ 본질주의: 주요 교과, 문화적 문해

본질주의는 항존주의와 마찬가지로 교육과정은 엄격한 지적 훈련, 다시 말해 특정한 교과들을 공부함으로써만 가능한 훈련에 초점을 두어야 한다고 본다. 항존주의자와 본질주의자는 공히 교육적 능력주의 사회(educational meritocracy)를 옹호한다. 이들은 학교가 학생의 능력을 선발할 수 있는 높은 학문적 기준과 엄격한 점수 및 시험 체제를 선호한다. 오늘날, 많은 교구 부속학교들과 학문 지향적인 공립학교들은 항존주의와 본질주의 교육과정을 강조하고 있다.

■ 엄격한 지적 훈련 및 평가

■ "기초"를 선호하는 여론

■ 딱딱한 교과 강조

교육과정에 대한 기초로의 복귀 접근. 최근 몇 년 동안 많은 교육자들과 일반 국민들은 기초로의 복귀 교육과정을 요구해 왔다. 본질주의 교육과정 접근처럼, "**기초로의 복귀**"는 읽기, 쓰기, 수학을 강조한다. 소위 딱딱한 교과들－영어, 역사, 과학과 수학－은 모든 학년에서 요구되며, 기초로의 복귀 찬성자들은 이 딱딱한 기초 너머로 교육과정을 확장하려는 본질주의자들의 시도에 의혹을 가지고 있다. 이 접근을 비판하는 사람들은 기초에 대한 초점은 학생들의 창의성을 말살하고 다른 영역의 학습을 경시함으로써 권위에 대한 순종과 의존을 낳는다고 우려한다(Jordina, 2001; Eisner, 1991).

■ 기준과 평가

기초로의 복귀 지지자들은 최소한의 기준을 준수할 필요성을 주장하며, 최근 몇 년 동안 통과된 주의 많은 학교 개혁 입법은 이러한 공적인 입장을 반영하고 있다. 주요 과목 영역에서의 국가고사를 치러야 하며, "No Child Left Behind" 법에 의해 요구되는 읽기와 수학에서의 학생들의 발전을 평가해야 한다는 압력은 기초 교과를 습득해야 할 중요성을 한층 강조하고 있다. 대부분의 주에서 표준화 검사들은 교육적 사다리의 특정한 지점에서 "문지기" 역할을 하고 있다. 또한 49개 주는 학생들로 하여금 고등학교 졸업 자격을 얻기 전에 주 차원의 졸업 시험에 합격할 것을 요구하고 있다(Ornstein, 1990; Natale, 1995). 주의 능력 검사에 대해 더 알고자 한다면 "Taking Issue"를 살펴본다.

교육과정에 대한 중핵적 접근. 교육과정에 있어서 기초 교과의 중요성은 중핵 교육과정에서도 제시된다. 불행하게도 2차 세계대전 이후 이 용어는 교육과정 조직에 대한 두 개의 상이한 접근을 기술하는 데 사용되어 왔다.

■ 최초의 중핵 교육과정

첫 번째 접근은 우리가 중핵 교육과정이라고 부르는 것으로, 이 접근의 뿌리는 1940년대와 1950년대로 거슬러 올라갈 수 있으며 오늘날에 다시 인기를 얻고 있다. 특히 중학교에서 인기가 높다. 이 접근에서 학생들은 동일한 교사가 가르치는 두 개의 밀접하게 관련된 교과들(예를 들어 수학과 과학, 혹은 영어와 사회과)을 공부한다. 교사는 수업 단원을 간학문적인 방식으로 조직한다(Ornsten & Hunkins, 1998; Fowler-Finn, 2000; Hirsch, 2003). 블록 시간제(수학 시간과 과학 시간으로 구성)라고도 불리는 이 접근은 진보주의 교육 이론과 관련되어 있다.

■ 새로운 중핵 교육과정

두 번째 접근은 이와는 대조적으로 1980년대 교육 개혁 운동으로부터 탄생했으며 보다 보수적인 본질주의 이론을 반영하고 있다. 이 관점은 **새로운 중핵 교육과정**(중핵 교과 접근)이라고 할 수 있다. 이 접근에서 학생들은 공통된 필수 교과, 즉 이 입장을 지지하는 사람들이 모든 학생들을 위한 교육에 중심적이라고 생각하는 교과를 경험한다(Riley, 1993; Goodlad, 1986). Mortimer Adler는 초등학교 수준에서 이 새로운 중핵 교육과정 아이디어를 대중화한 인물로 가장 유명하며, Ernest Boyer, John Goodlad, Theodore Sizer는 고등학교 수준에서 이 접근을 널리 확산시킨 인물로 널리 알려져 있다(Boyer, 1983; Sizer, 1985; Creech, 1996).

Taking Issue	**질문** 모든 주는 학생들로 하여금 고등학교 졸업장을 얻기 위해서는 주의 능력 평가에 통과할 것을 요구해야 하는가?	
학생들을 위한 주의 능력 검사	**찬성**	**반대**
기초로의 복귀 운동의 한 특징은 학생들에 대한 주의 평가를 확대하는 것이 되어 왔다. 많은 학생들이 특히 읽기, 쓰기, 수학, 역사에서의 가장 기본적인 기술을 습득하지 못하는 것은 주의원, 심지어 연방 의원들로 하여금 학교들이 최소 기준을 충족시키고 있다는 증거를 요구하도록 하였다. 교사로서 당신은 필시 당신의 학생들에 대한 주의 평가에 관여하게 될 것이다. 모든 주들은 현재 교육과정의 하나 혹은 그 이상의 단계에서 주 시험을 채택하고 있다. 많은 주들은 사실상 학생들이 고등학교를 졸업하기 전에 반드시 통과해야 하는 최소한의 능력 평가를 실시해 왔다.	1. 고등학교 졸업을 위한 주 평가는 학교들로 하여금 최소한의 기준을 향상시킬 것을 강제하고 있다. 학생들은 자동적으로 학교 체제를 통과할 수 없으며, 모든 학생은 기초 교양으로 요구되는 기술을 배우고 있다. 2. 주 평가에 따른 최소 기준의 요건은 불이익을 당하는 학생들에게는 특히 중요하다. 가난과 실직의 고리를 잘라내려면 이 학생들은 생산적인 고용에 필요한 기술들을 습득해야만 한다. 3. 최소 기준을 향상시키는 것 외에 주 평가는 교육과정 강조를 기초로의 복귀로 이동하는 것에 도움이 된다. 우리의 모든 학생들은 읽기, 쓰기, 수학과 같은 주요 교과에서 보다 확고한 기초를 다질 필요가 있다. 4. 졸업 시험은 학교가 수행에 대한 책무성을 지니고 있다는 사실을 대중에게 보여 주고 있다. 시험 결과는 주어진 역할을 적절히 수행하지 못하는 학교를 식별하는 데 도움이 된다. 5. 주 평가에 의해 제공되는 자료를 활용하면서, 교육자들은 총체적인 문제가 어디에 있는지를 발견할 수 있다. 이러한 발견에 기초해 정책이 수정될 수 있으며, 교육과정은 문제 영역을 다루도록 설계될 수 있다.	1. 주 평가는 성가시고 비용이 많이 들며 최소 기준을 향상시키는 데 별로 도움이 되지 않는다. 그 노력은 지역 수준에서 이루어져야 한다. 지역 교육자들이 지역 학교의 장단점을 잘 알고 있다. 2. 주 평가는 소수 인종과 도시 및 농촌의 가난한 사람들에 대한 차별이다. 이들 중 상당수가 주 평가에서 실패하고 있다. 이 실패는 이들을 굴욕적으로 만들며, 나아가 이들의 취업에도 악영향을 미친다. 3. 학교들이 "기초"에 초점을 두려고 할 때, 그것들은 문제 해결력과 창의적 사고 같은 교육의 다른 중요한 요소들을 종종 무시한다. 이러한 고도의 능력의 중요성은 공학 사회에서 점증하고 있다. 4. 시험 점수 그 자체는 효과적인 학교를 식별할 수 없으며, 이러한 목적을 위해 시험 점수를 활용하는 것은 위험하다. 학생들의 가정환경과 사회경제적 배경 같은 많은 복잡한 요인들이 있다. 5. 대부분의 교사들은 이미 문제가 어디에 있는지 알고 있다. 더욱이, 주 평가가 실시되자마자 많은 교사들은 "평가 가르치기"를 시작하고 있다. 그러므로 이러한 평가로부터 얻어지는 자료는 무의미하거나 오도되고 있다.

■ 중핵 단원의 확대

Boyer와 Sizer는 인문학, 의사소통 및 언어, 기술, 과학, 수학, 공학을 강조한다. Boyer는 졸업에 요구되는 중핵 교과들은 총 교육과정의 절반에서 약 2/3까지로 확대되어야 한다고 생각한다. Goodlad는 교육과정의 약 80%가 중핵 교과, 나머지 20%는 개인의 재능과 흥미 개발에 두어야 한다고 보고 있다(Boyer, 1983; Goodlad, 1984).

■ 강화된 요구사항

새로운 중핵 교육과정 지지자들은 전국의 학교구에서 교과 요건을 변화시키는 데 도움이 되었다(Digest of Education Statistics, 2002). 이러한 변화는 그림 14.1에 요약되어 있다. 1982년 이후 수십 년 동안, 중핵 교과들로 기초 교육과정을 이수한 고등학교 졸업생 비율은 14%에서 44%로 늘었다(Digest of Education Statistics, 2000).

■ 새로운 중핵 교육과정에 대한 비판

새로운 중핵 교육과정 접근에 대한 비판은 기초로의 복귀 교육과정에 대한 비판과

그림 14.1 1982~2002년의 고등학교 필수 과정의 변화

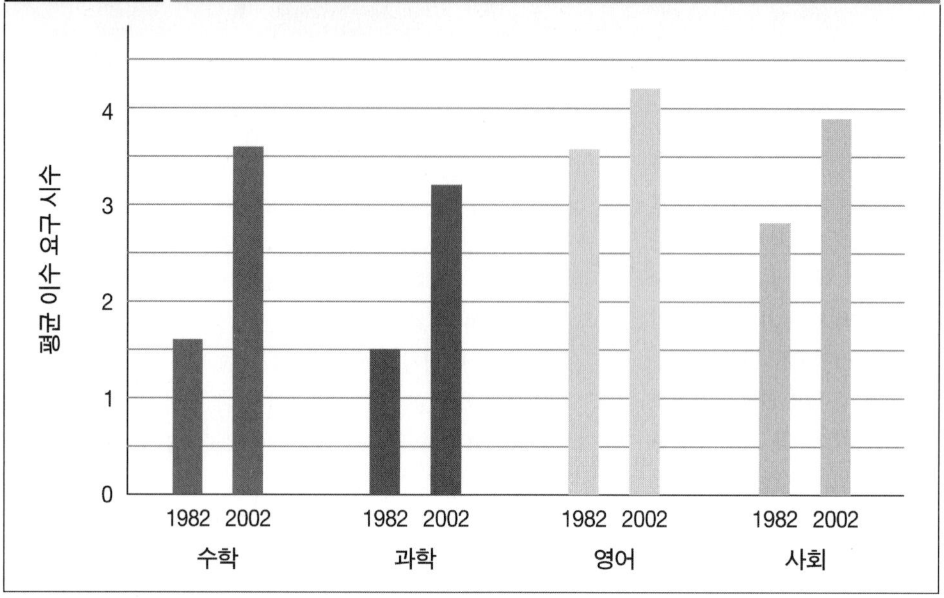

출처: *The Condition of Education 1987* (Washington D.C.: U.S. Government Printing Office, 1987), Table 1.37B, p. 84; and *Digest of Education Statistics, 2002* (Washington D.C.: U.S. Government Printing Office, 1987), Table 139.

비슷하다. 새로운 중핵 교육과정은 시계를 1900년대로 돌려 놓았다는 것이다. 요즘 더 많은 학생들이 대학을 지향하고 있으며, 이들에게는 학문적 중핵 교과가 더 적절할 수도 있다. 그럼에도 불구하고 기능적 문맹으로 학교를 졸업하는 학생들이 늘고 있다. 중핵 교육과정이 모든 학생들에게 가치로운 것이 되려면 다양한 부류의 학생들 및 이들의 개인차와 직업 선호도를 고려해야 한다.

학생 중심 교육과정

■ 학생의 욕구 강조

교과 중심 교육과정과는 반대로, 다양한 유형의 학생 중심 교육과정은 학습의 정의적 측면을 포함한 학생들의 흥미와 요구를 강조한다. 극단적인 경우의 학생 중심 접근은 아동기 자기 표현(childhood self-expression)을 강조하였던 J. J. Rousseau의 철학에 뿌리를 두고 있다. Rousseau 철학에 함축되어 있는 것은 성장에 필수불가결한 창조성과 자유를 허용하면서 아이들을 제멋대로 하게 내버려 둘 필요가 있다는 것이다.

■ 진보주의의 영향

진보주의 교육은 학생 중심 교육과정을 촉진하였다. 진보주의 교육자들은 학습자의 흥미와 요구가 교육과정에 통합되었을 때, 학생들은 내적으로 동기화되며 학습은 보다 성공적인 것이 될 것이라고 믿었다. 이는 학생들의 변덕이나 일시적 유행이 교육과정을 지배한다는 것을 의미하지 않는다. 그러나 학생 중심 교육과정은 중요한 인지적 내용을 종종 간과하고 있다는 비판을 받고 있다.

■ Dewey의 균형 요구

학생 중심 교육과정의 주요 주장자 중의 한 명인 J. Dewey는 교과와 학생의 흥미 및 요구를 균형 있게 반영하는 교육과정을 만들려고 하였다. 1902년, 그는 양극단의 오류를 지적하였다. 학습자는 "사실을 단순히 받아들이는 존재"도 아니며, 학교 활동의 "출발점이거나 중심이거나 끝도 아니다"라고 하였다(Dewey, 1902; Debore, 2002). Dewey는 균형의 필요성을 강조하려고 했던 것이다.

학생 중심 교육과정 조직에는 최소한 다섯 가지의 주요 접근이 있다. 즉, 활동 중심 접근, 상관 교육과정, 인본주의 접근, 대안학교 혹은 자유학교, 가치 중심 교육과정이 그것이다.

■ 실생활, 유목적적인 활동

활동 중심 접근. 활동 중심 교육과정 운동은 공립 초등학교에 강력한 영향력을 미쳐 왔다. Dewey의 동료인 W. Kilpatrick은 초기의 지도자였다. Dewey는 달리 Kilpatrick은 교사들이 아이들의 흥미와 요구를 예견할 수 없기 때문에 사전에 어떤 교육과정을 계획하는 것은 불가능하다고 생각하였다. 그는 실제 삶의 문제들과 관련이 없다고 기존의 학교 교육과정을 공격했다. 대신에 그는 집단 게임, 극화, 이야기 프로젝트, 현장 학습, 사회사업(social enterprise), 흥미 센터와 같이 학생의 요구와 흥미를 연결시키고 가능한 한 생동감 넘치는 유목적적인 활동을 옹호하였다(Kilpatrick, 1918). 활동 중심 교육과정의 이 모든 측면들은 문제 해결, 적극적인 학생 참여와 관련되었다. 이들은 또한 사회화와 학교, 지역 사회 간의 강력한 결속 형성을 강조하였다. 이들은 오늘날에도 여전히 그 중요성을 인정받고 있다.

■ 구성주의

4장에서 기술한, 최근의 구성주의 학습 이론의 발달은 이들 및 이와 비슷한 개념들에 기초하고 있다. 구성주의자들은 학생들에게 의미 있고 새로운 지식을 구성하기 위해 지식과 학생들 간의 (정신적 · 신체적으로) 활발한 상호작용을 강조하는 활동 중심 교육과정을 선호한다(Stover et al., 1993).

상관 교육과정. 1930년대, 몇몇 개혁가들은 전통적인 학교 교육과정은 적절하지 못하다고 비판하였다. 즉, 전통적인 학교 교육과정은 사회 변화에 부응하지 못하고 있고, 그 결과 현대 사회와 무관한 기술과 지식을 강조하고 있다는 것이다. 1960년대와 1970년대에는 그 강조점이 다소 달랐지만 상관 교육과정에 대한 관심이 새롭게 제기되었다. 비판가들은 교육과정은 사회적 상황의 변화를 반영하는 것보다는 학생들의 개인적 요구 및 흥미와 관련되어야 한다고 하였다.

■ 상관 교육과정의 요구 사항

오늘날 이 접근의 지지자들은 교육자들이 (1) 독립적 탐구와 특수한 프로젝트 같은 교수 방법을 통해 수업을 개별화하고, (2) 기존 교과들을 수정해 환경 보호, 마약 중독, 도시 문제, 문화적 다원주의와 같은 학생들이 관심을 갖는 주제에 대한 새로운 교과를 개발하며, (3) 보다 많은 선택의 자유를 허용하는 교육적 대안(선택 과목, 미니 코스, 개방 교실 따위)을 제공하고, (4) 원격 교육(이 장의 후반에서 다룸)과 같은 수단을 통해 교육과정을 학교 울타리 밖으로 확장시킬 것을 제안하고 있다(Menchase,

2001).

■ 심리학적 토대

교육과정에 대한 인본주의적 접근. 교육과정에 대한 인본주의적 접근은 인지적 성과 외에 정의적, 태도적 혹은 정서적 측면을 강조한다. 이 접근의 교육과정은 A. Maslow 및 C. Rogers와 같은 심리학자들의 연구에 힘입은 바 크다. 인본주의 교육 옹호자들은 현재의 학교 교육과정은 대단히 실패작이라고 주장한다. 그리고 교사들과 학교들은 인지적 행동을 강조하고 있으며, 학생이 아닌 성인의 이익을 위해서 학생들을 통제하고 있다고 주장한다. 인본주의자들은 정의적 과정을 더 강조한다. 이들은 보다 고차원적인 정신, 의식, 미학, 도덕성을 추구한다(Eisner, 1993; Miller, 1992). 이들은 학생들과 교사들 간의 보다 의미 있는 관계를 강조한다. 학생의 독자성과 자기 주도, 그리고 자아와 타인에 대한 보다 큰 수용을 강조한다. 인본주의적 접근에서 교사의 역할은 학습자들이 자신의 심리적 요구와 문제를 해결하는 것을 돕고 학생들 간의 자기 이해를 촉진하는 것이다.

■ 의식의 고차원적인 영역

■ 학생들을 위한 자유

대안학교 혹은 자유학교 프로그램. 오늘날 당신은 공립학교에 불만을 품은 학부모들이나 교사들이 설립한 사립 또는 실험학교인 대안학교나 자유학교에서 학생 중심 교육과정 프로그램을 발견할 것이다. 이런 학교들의 전형적인 특징은 학생들의 자유가 충분히 허용되고 교실이 다소 시끄럽다는 것이다. 그리고 학생들은 비구조화된 학습 환경 속에서 자유롭게 자신의 관심사를 탐색한다. 대부분의 이런 학교들은 그 아이디어의 상당 부분이 진보주의의 학생 중심 원리에 뿌리를 두고 있지만 급진적이며 반체제적(antiestablishment)인 특징을 지니고 있다.

■ 자유학교에 관한 논쟁

P. Freire, H. Giroux, I. Illich, H. Kohl, J. Kozol은 학생 중심의 대안학교 혹은 자유학교의 필요성을 주장하였고, 이들 중에는 실제로 이런 학교를 설립한 사람들도 있었다. 그러나 비판가들은 이런 학교에서는 인지적 학습이 거의 없으며 훈육과 질서가 없다고 비난한다. 지지자들은 아이들은 학생 중심의 대안학교에서 배워야 한다고 반박한다. 이런 학교가 학생들에게 적합하며, 학생들에게 순종을 강요해서는 안 된다는 것이다.

■ 공립 대안학교

두 번째 유형의 대안학교는 지속적인 훈육 문제를 경험하는 (그리고 학습 문제를 종종 겪는) 학생들을 위해 공립학교 체제 내에서 운영되는 것이다. 이런 유형의 학교는 학교가 배움에 대한 보다 유연한 접근을 제공할 수 있도록 변화해야 한다는 가정에서 출발한다. 이런 학교는 교육과정은 물론 수업 방법에 있어서 교사들 간의 그리고 교사와 학생들 간의 보다 큰 협력을 강조한다. 매우 창의적인 접근을 개발해 온 많은 학교들의 대표적인 예는 학생의 성취도 향상, 효과적인 수업, 학교 조직 개선을 위해 학교를 재조직한 재구조화된 학교에서 찾아볼 수 있다(Martin, 2002; 재구조화에 대한 추후 논의를 위해서는 16장을 참조하기 바란다).

■ 재구조화

가치 중심 교육과정. **인성 교육**(character education)으로 널리 알려진 가치 중심 교육과정은 도덕적 · 윤리적 문제를 강조한다. 예컨대, 다문화 교육 지지자들은 미국 사회의 다양한 문화와 윤리적 경험에 대한 지식뿐만 아니라 다른 문화에 대한 인정과 존경을 강조한다. 그러므로 다문화 교육은 가치 중심 교육과정에 부합된다. 보다 근본적으로, 몇몇 교육자들, 학부모들, 지역 사회 구성원들은 옳고 그름에 대한 판단 능력이 부족한 학생들이 너무 많다고 결론을 내렸다. 이들은 학교가 정직, 책임감, 예절, 자기 조절, 동정심, 관용, 타인의 권리에 대한 존중과 같은 기초적인 가치들을 가르쳐야 한다고 주장한다.

■ 가치 혼란

■ 다문화주의와 가치

■ 옳고 그름

Center for the Advancement of Ethics and Character 소장인 Kevin Ryan은 도덕적 권위와 윤리적 언어가 점차 결핍되어 가고 있는 학교 교육과정은 메마르고 무의미하게 되었다고 주장한다. 그러나 Ryan은 인성 교육은 임기응변식(quick-fix) 접근 이상의 것을 요구한다고 경고한다. 교육자들 및 관련 단체들은 인성 교육을 명료하게 정의하고 그것을 핵심적인 학교 임무로 삼아야 하며, 종교적 가치와 가족적 가치를 해치지 않는 공통의 시민적 가치의 기반을 찾아야 한다(Erb, 2002; Darling, 2002).

■ 임기응변 금지

인본주의적 교육과정과 마찬가지로, 가치 중심 교육과정은 인지적 학습을 소홀히 할 가능성을 가지고 있다. 보다 심각한 것은, 교육자들과 지역 사회 구성원들은 어떤 가치를 가르치고 그것들을 어떻게 가르칠 것인가에 대해 합의하기가 어렵다는 것이다. 성, 종교, 사회 정의와 같은 논란의 여지가 많은 영역에서 가치 교육은 지뢰밭이 될 수 있다. "In This Case"는 교육과정에 가치를 포함하는 것에 대한 교육자들의 관심을 보여 주고 있다.

■ 어떤 가치를 가르쳐야 하는가?

이러한 문제들에도 불구하고, 많은 교육자들은 다양한 문화와 다양한 종교를 갖는 미국에서조차도 미국을 대표할 일련의 중핵 가치를 설정하는 것이 가능하다고 본다(Erb, 2002; Godwin et al., 2001). 예컨대, 표 14.2는 메릴랜드 주의 볼티모어 카운티의 학교 체제에 의해 개발된 "공통의 중핵 가치"를 기술하고 있다. 이런 가치들은 교

■ 합의 모색

표 14.2 볼티모어 카운티 공립학교에 의해 정의된 "공통의 중핵적 가치"

동정심	합리적 주장	정의
적법한 과정 절차	책임	충성
자유	관용	합리적 동의
인간의 가치 및 존엄	예의	타인의 권리 존중
지식	비판적 탐구	책임성 있는 시민
애국심	정직	평화적인 갈등 해결

질문

1. 이 표에서 어떤 중핵적 가치가 가장 중요하다고 생각하며, 그 이유는 무엇인가?
2. 이 표에 추가하고 싶은 중핵적 가치는 무엇인가?

출처: Task Force on Values Education and Ethical Behavior, *1984 and Beyond: A Reaffirmation of Values* (Towson, Md.: Baltimore County Public Schools, 1994).

In This Case

교육과정 선택

Sandra Helenski는 Winkler 중학교에 근무하는 신규 교사들 중의 한 명이다. Bobby Owens와 Laura Rittilini 역시 그렇다. 이들 모두는 7학년 학생들을 가르치고 있다. Sandra는 영어, Bobby는 생명과학, Laura는 음악부를 가르치고 있다. 이들 모두는 학생을 가르치는 것이 우선이고 교과는 나중이라고 이야기한다.

교무실에서 이들이 Winkler에 있는 가장 노련하고 이른바 "구세대"로 알려진 교사들과 함께 벌이는 논쟁을 보자. 구세대의 한 사람인 Mrs. Whipper는 "만일 선생님이 다음 3월에 있는 주 평가에서 학생들이 합격하기를 바라신다면 어찌하여 선생님이 학생들에게 가치를 가르치는지 잘 이해가 안 됩니다. 선생님은 기초, 다시 말해 평가 내용에 초점을 두어야 합니다. 만일 이곳에서 몇 년 동안 계속 근무하시려면 선생님은 아이들이 정확하게 쓰고 잘 읽을 수 있도록 해야 합니다. 선생님은 지역 사회나 학부모의 가치를 알고 있다고 확신하십니까? 만일 선생님이 게이와 레즈비언을 포함하는 다양성에 대한 관용을 가르치신다면 보수적이고 종교적인 많은 학부모들은 달갑게 생각하지 않을 것입니다. 오해받기 쉽고 상처를 줄 수 있습니다."라고 말하였다.

"그러나 제가 주 교육과정에서 가치와 관련된 개념들을 가르치면서 학생들의 요구와 흥미를 활용할 수 있는 좋은 기회가 있을 때, 왜 제가 그것을 하지 않겠습니까?"라고 Sandra가 응답했다. "예컨대, 왜 학생들은 은유를 찾고 평가하는 것을 배울 수 있을 만큼 쉽게 정직에 관한 저자들의 진술을 찾고 평가하는 것을 배울 수 없습니까?"

"저는요, 환경에 대한 존경을 강조하는 활동들을 포함시키고 있습니다."라고 Bobby가 말했다. "학생들은 수질을 검사하고 인근 쓰레기 매립장에서 공기 샘플을 채취합니다. 학생들은 팀별로 실험 결과들을 분석해서 지역 위원회에 보고서를 제출합니다. 분명히 우리는 이 접근으로 가치를 포함할 수 있습니다." 그는 구세대들을 돌아보면 "어떻게 생각하십니까?" 라고 물었다.

좀 경험이 많은 한 교사는 "글쎄요, 전 제 시간을 잘 활용했다고 믿습니다. 그런 활동은 시간이 많이 소요됩니다. 보세요, 벌써 3월인데 선생님의 아이들은 주 시험 준비가 안 되었잖아요? 그렇기 때문에 선생님의 아이디어를 어떻게 계획하고 실행할 것인지 신중하셔야 합니다."

Laura는 음악부 학생 개개인의 기술과 지식 그리고 기질이 그녀에게는 중요했다는 자신의 관찰에 기초해 맞장구를 쳤다. 각 학생은 팀의 일원으로 존중되어야 하며, 음악부 경연대회에서 좋은 성적을 얻으려면 열심히 해야 한다고 믿는 그녀는 다음과 같이 말하였다. "맞습니다. 우리 각각은 자신의 방식대로 여하튼 가치를 가르치고 있습니다. 아마도 우리는 우리가 일상적으로 가르치는 가치에 대해 곰곰이 생각해 볼 필요가 있을 것입니다."

질 문

1. 위 대화에 나오는 세 명의 신규 교사들의 공통적인 견해는 무엇인가? 위 토론에는 어떤 종류의 교육과정 조직이 있는가?
2. 중견 교사들이 Sandra에게 하는 코멘트에 대해 당신은 어떻게 반응하겠는가? 어떻게 대답하겠는가?
3. 당신은 어떤 교육과정 접근을 선호하는가? 왜 그런가?
4. 모든 교사들이 가치를 가르치고 있다는 Laura의 말에 대해 동의하는가? 경험이 있는 교사들은 Laura의 말에 어떻게 반응할 것이라고 보는가?

육과정 전반에 걸쳐서 특히 사회과와 영어에서 강조되고 있다. "자유", "애국심", "관용"과 같은 것은 명확히 그 개념을 정의하기가 어렵지만, 많은 교육자들은 이러한 중핵적 가치를 찾는 것이 미국 학교들의 중요한 책임이라고 믿고 있다.

교육과정 비교: 개관

■ 학교 철학의 영향

앞에서 언급했듯이, 교과 중심 교육과정과 학생 중심 교육과정은 연속선상의 양극단적인 관점을 나타낸다. 그러나 미국의 대부분의 학교 교육은 분명하지는 않지만 교과와 학생 요구, 그리고 인지적 차원과 정의적 차원의 학생 발달 간에 균형을 유지하면서 이 양극단의 어느 곳에 위치해 있음을 발견하게 될 것이다.

당신이 무엇을 가르치고 당신이 가르치려는 교육과정이 어떻게 조직되어야 할 것인지를 결정하는 것은 당신의 학교 체제나 학교의 철학적 성향에 영향을 받을 것이다. 항존주의와 본질주의 철학을 지향하는 전통적인 학교들은 대체로 교과 중심 교육과정을 사용한다. 진보주의나 재건주의 교육을 지향하는 학교들은 학생 중심 접근에 기울어져 있다. "Overview 14.1"은 교육과정에 대한 다양한 교과 중심 및 학생 중심 접근, 그리고 이에 부응하는 철학, 내용 강조점, 수업 강조점을 요약하고 있다. 어떤 학교구와 학교에서 가르치고 싶은지에 대해 진지하게 생각하기 시작하면서, 당신의 철학과 학교구나 학교의 철학이 "부합"되는지 확인하기 위해 인터뷰를 할 때 교육과정 조직에 관한 질문을 해 본다. 다음 절에서, 우리는 교육과정 개발 과정 그리고 이와 관련한 주요 쟁점을 다룬다.

다시 한 번 생각해 보기

이 장을 시작하면서 했던 여러 가지 질문들 중의 하나는 당신으로 하여금 교육과정 내용이 사회 변화를 어떻게 반영하는지에 대해 초점을 둘 것을 요구하였다. 당신은 어떤 사회적 변화들이 교육과정 강조를 추동하는 데 가장 중요한 것이 되어 왔다고 믿는가? 당신이 보기에, 어떤 사회적 변화가 가장 중시되어야만 하는가? 왜 그런가?

교육과정 개발의 쟁점

교육과정이 교과 중심이든 학생 중심이든, 교육과정을 개발하는 과정에는 (1) 학습자들의 요구와 능력을 사정하고(문화적으로 다양한 사람들, 학습 장애를 가진 학습자들, 재능 있는 학생들, 대학 지향의 학생들, 취업하려는 학생들의 요구와 능력을 포함), (2) 수업 자료와 활동을 선정하고 만드는 것이 포함된다.

■ 연방 및 주 수준의 교육과정

국가 수준에서 교육과정 작성은 최근의 국가적 목적, 기준 및 평가에 관한 작업에도 불구하고 최소한적이며 간접적이다. 주 수준에서의 교육과정 개발은 주마다 다르다. 교육과정 개발에 적극적으로 참여하는 주도 있고 거의 관여하지 않는 주도 있다. 어떤 주의 교육부에서는 교육과정 안내서와 해설서의 출판으로 한정시키기도 한다. 이것들은 교육과정 컨설턴트들과 대학 교수들의 협조하에 주 교육부의 전담 직원들에 의해 이루어진다. 이들은 수학 및 과학 교과의 중요성 강조와 같은 대규모의 관심

[Overview 14.1] 교육과정 조직 접근

교육과정 접근	상응하는 철학과 이론	내용 강조	수업 강조
〈교과 중심〉			
교과 영역	항존주의, 본질주의	3R, 학문적 · 직업적 · 선택적 교과	지식 · 개념 · 원리, 전문적 지식
항존주의자	항존주의	3R, 교양, 고전, 항존적 가치들, 학문적 엄격성	반복 암기, 전문적 지식, 정신 도야
본질주의자	본질주의	3R, 교양 및 과학, 학문적 훈련, 학문적 수월성	개념 및 원리, 문제 해결, 핵심적인 기술
기초로의 복귀	본질주의	3R, 학문적 교과	구체적 지식 및 기술, 반복, 측정 가능한 목적이나 능력의 성취
새로운 중핵 교육과정 (중핵 교과)	항존주의, 본질주의	모든 학생을 위한 공통의 교육과정, 학문에의 초점	공통 지식, 지적 기술 및 개념, 가치 및 도덕적 문제
학생 중심			
활동 중심	진보주의	학생 요구 및 흥미, 학생 활동, 학교 · 지역 사회 활동	활동적이고 실험적인 환경, 프로젝트 방법, 효과적인 삶
상관	진보주의, 사회적 재건주의	학생 경험 및 활동, 느껴진 요구	사회적 · 개인적 문제, 반성적 사고
인본주의적	진보주의, 사회적 재구성주의, 실존주의	내적 통찰, 선택, 정의적 과정	개별 학습 및 집단 학습, 유연하고 예술적이며 심리적인 방법, 자아실현
대안학교나 자유학교	진보주의	학생의 요구 및 흥미, 학생 경험	놀이 중심, 창의적 표현, 자유로운 학습 환경
가치 중심(인성 교육)	사회적 재구성주의, 실존주의	민주적 가치, 윤리적 · 도덕적 가치, 비교 문화 및 보편적 가치, 선택과 자유	느낌, 태도와 감정, 실존주의자 사고, 의사결정

사에 초점을 두는 경향이 있다. 그러나 많은 주에서 지침들은 보다 구체적이며 의무적이거나 권고된 혹은 어떤 경우에는 금지된 "중핵 학습 목적"과 수업 자료 목록을 포함하고 있다.

■ 지역 수준의 교육과정

교육과정 개발에 대한 가장 큰 책임은 일반적으로 지역 학교구에 있다. 혹은 학교단위 책임경영제가 확산되면서 일선 학교가 책임을 지기도 한다. 대규모 학교구들은 종종 교과 전문가와 평가 자문가를 포함한 교육과정 전문가들을 고용한다. 보다 작은 학교구들은 일반적으로 교과나 학년 수준에서 조직된 교사 집단에게 교육과정 개발을 위임한다. 때로는 학부모, 학교 행정가, 심지어 학생들도 참여한다.

대학 입학 기준은 교육과정 선택에 상당한 영향을 미친다. 또한 지역 교육과정 개발자들은 주 기준과 교과별 필수 요구 사항(자발적인 국가 기준을 포함)에 주의를 기울여야만 한다.

■ 교과서의 영향

일반적으로 그 중요성이 과소평가되고 있지만, 교육과정에 영향을 미치는 또다른 요인은 교과서이다. 교과서는 모든 학년에 걸쳐서 수업 매체로서 오랫동안 가장 빈번히 활용되어 왔다. 그렇기 때문에, 교과서는 한 교과의 속성과 계열성을 지배할 수 있으며 학생들의 학습 경험에 가장 큰 영향을 미칠 수 있다. 교과들은 종종 교과서 저자의 지식과 편견을 반영하기 때문에, 교육과정 개발자들은 교과서를 선택하는 것만으로도 전체 교과를 구성할 수도 있다. 이런 이유로 교과서 저술과 출판을 좌우하는 요인들을 이해하는 것이 중요하다.

■ 교과서의 한계

널리 활용되고 많이 팔리기 위해서 교과서는 일반적이고 논란의 여지가 있는 내용은 피하며 온건한 경향이 있다. 교과서는 전국의 모든 학생들을 겨냥해 만들어지기 때문에 지역의 이슈나 지역 사회 문제들을 무시한다. 수적으로 가장 많은 "보통" 학생들을 겨냥하기 때문에 교과서는 어떤 특정한 집단이나 개인의 요구와 흥미를 충족시키는 데 실패할 수 있다(Ornstein, 1989; House, 2003). 대량의 자료를 요약할 때 교과서는 추상적이기 쉽고, 개념적 사고나 비판적 분석 및 평가를 방해할 수 있다. 더욱이, 수학 교과서를 제외한 대부분의 교과서는 금방 낡은 것이 된다. 따라서 교과서는 교체되어야 함에도 불구하고 비싸기 때문에 오랫동안 사용되는 경우가 많다.

■ 교과서의 장점

이러한 비판에도 불구하고 왜 교사들은 교과서에 많이 의존하는가? 그 대답은 교과서가 갖는 장점도 많기 때문이다. 교과서는 교사들에게 수업을 계획할 수 있는 개요(outline)를 제공하고, 상당히 많은 관련 정보를 요약하고 있으며, 학생으로 하여금 편리하게 교과 내용의 대부분을 집으로 가져가는 것을 허용하고, 모든 학생들이 따라야 할 공통의 자료원(resource)을 제공하며, 이해를 촉진하는 그림, 그래프, 지도, 예시 자료가 들어 있고, 요약이나 검토 질문과 같은 수업 보조물들(teaching aids)을 담고 있다(Ornstein, 1994). 게다가, 교과서 저자와 출판사들은 교사들이 주의 기준을 충족시키는 데 도움이 되는 자료를 만들기 위해 노력하고 있다. 요컨대, 교과서는 적절히 선정되고 활용된다면 수용할 만한 도구이다. 그러나 교과서가 학생들을 위한 지식의 유일한 원천이 되어서는 안 되며, 교과서가 전체 교육과정을 규정해서도 안 된다.

■ 검열

교육과정 개발에 있어서 또 하나의 쟁점은 검열(censorship)의 문제이다. 수업 자료 목록을 제시하는 여러 주에서는 "학생들이 읽어야 할 것을 제한"하는 경향이 증가하고 있다. 7장에 언급되어 있는 것과 같이, 반대할 만한 작품 목록에는 『Little Red Riding Hood』와 『Huckleberry Finn』 같은 고전이 때때로 포함된다. 오늘날, 정치적 혹은 경제적 메시지를 담고 있거나 외설적인 자료나 신성을 모독하는 자료, 윤리적 혹은 인종적으로 민감한 자료, 반가족적이고 반윤리적이며 반미국적으로 해석될 수

TECHNOLOGY @ School

웹상의 바람직하지 않은 자료로부터 학생 보호

교육자들과 학부모들은 공히 학생들이 집에서든 학교에서든 웹사이트를 선정할 때 성인의 감독이 중요하다는 것에 동의한다. 교사로서 당신은 책임 있는 온라인 행동과 안전 문제에 대해 학생들을 교육시킬 필요가 있다. 이를 위한 최상의 웹사이트는 **www.media-awareness.ca/english/teachers/wa_teachers/index.cfm**에 있는 Media Awareness Network이다. 여기에 들어가 "Safe Passage"로 스크롤 다운한다. 이 사이트는 교사와 학생들로 하여금 웹사이트, 채팅방, 뉴스그룹, e메일과 관련한 안전 문제를 환기시켜 준다. 이 사이트는 또한 이런 활동의 혜택과 위험성에 관한 정보를 제공하며, 당신의 학생들이 안전하면서도 보상적인 경험을 어떻게 확보할 것인지에 대한 실제적인 권고를 제공하고 있다. 이 사이트에는 학부모들에게도 동일한 정보를 제공하는 버튼이 있다.

인터넷 안전에 관해 학생들에게 정보를 제공하는 것 외에, Media Aware Group들은 학생들이 온라인상의 부적절한 자료에 노출되지 않도록 하는 조치를 제안하고 있다. 우선, 학생들과 적절한 인터넷 행동에 관련한 계약을 맺는다. 또한 학생들이 방문하는 사이트를 가끔 모니터해야 한다. Media Awareness Network는 학생들이 방문하는 웹사이트를 찾을 수 있는 용이한 방법을 "Tracking Where Kids Have Been Online"에서 제시하고 있다(**www.media-awareness.ca/english/resources/special_initiatives/wa_resources/wa_shared/blackgrounders/tracking_kids_online.cfm**).

만일 학생들이 학교에서 무관하거나 부적절한 웹사이트를 방문하는 것이 발견되면, 당신은 그들의 선택을 제한하는 공학을 활용할 수 있다. 상업용 프로그램인 WebWhacker는 당신으로 하여금 웹사이트를 당신의 학급 컴퓨터에 다운로드하도록 해서 인터넷 접속 없이 그 사이트를 이용하도록 한다(**www.bluesquirerel.com/products/whee/**). 컴퓨터가 인터넷과 실제 연결이 안 되기 때문에 이 프로그램은 아이들이 보는 웹 내용을 완전히 통제할 수 있다.

교사들을 위한 또 하나의 효과적인 도구는 EduHound HotList인데, 이것을 이용하면 교사들(그리고 학부모)은 교육 관련 링크, 질문, 방향, 설명, 과제로 구성된 웹페이지를 만들 수 있다(**www.eduhound.com/hotlist/default.cfm**).

위에서 제안한 접근들을 활용하면 교사들과 학부모들은 아이들이 인터넷상에서 생산적인 학습 시간을 보내도록 할 수 있다. 그리고 부적절하고 바람직하지 못한 자료를 차단하고 아이들을 먹잇감으로 사냥하는 사람들로부터 보호할 수 있다.

있는 자료는 모두 검열의 대상이 될 수 있다. 상업적 비디오나 검열을 받지 않은 인터넷 사이트의 접근 역시 검열 대상에서 예외일 수 없다. 덧붙인다면, "Technology @ School"에서 논의한 상업적 비디오의 활용과 미검열의 인터넷 접근은 교사와 학부모에게는 매우 큰 걱정거리이다(Schlozman, 2002; Weiss, 2002).

■ 은밀한 검열

대개 검열은 공공연히 이루어지지만 은밀히 이루어지기도 한다. 교육과정 개발자들은 지역 사회에서 논란을 일으킬 수 있는 쟁점과 자료를 조용히 피해 갈지 모른다. 더욱이, 교과서는 잠재적 고객들과 이익 집단들을 분노케 할지 모르는 주제를 종종 빠뜨린다. 그림도 중요하다. 어떤 조직들은 한 인종 집단 대 다른 인종 집단, 남자 대 여자, 기업가 대 노동자에 대한 그림의 숫자를 헤아린다. 교원 단체 또한 교과 내용에서의 어떤 변화를 추천할 때 그리고 다른 접근을 은밀히 좌절시키려고 할 때 일종의 검열을 행사할 수 있다. 어떤 형태로든 항상 검열이 이루어지기 때문에 교육자들은 검열에 민감해야만 한다. 그러한 쟁점들을 다룸에 있어, 우리는 "어떤 지식이 가장 가치로운 것인가"라는 Herbert Spencer의 근본적인 질문이 "누구의 지식이 가장 가치로운 것인가"가 된다는 사실을 종종 발견한다(Fattore, 1992).

가르치는 것이 전문화됨에 따라, 교사들로 하여금 더욱더 교육과정 선택에 잘 대응하고 그것들이 제공하는 복잡한 이슈를 잘 다룰 수 있기를 기대하고 있다. Michael Apple의 표현대로, 교육과정이 "정치적 풋볼"이 되지 않기 위해서 당신은 지역 사회의 관심사, 주 수준의 기준과 목적, 학생들의 요구를 충분히 이해할 필요가 있다.

다시 한 번 생각해 보기

만일 자료 검열 및 규정된 교육과정을 따라야 한다는 압박감을 느낀다면 교사로서 당신은 어떻게 대응할 것인가?

수업 접근

■ 교육과정과 수업의 상호 관련성

교육과정에 대한 교사들 간의 상이한 개념 정의에도 불구하고, 대부분의 교사들은 교육과정과 수업이 서로 관련이 있다고 인식한다. 교육과정을 실행하기 위해서는 수업에 의존해야 한다. 다양한 교육과정 접근과 함께 대부분의 교사들은 다양한 수업 전략을 교실에서 활용한다. 새로운 프로그램과 수업 방법을 계속해서 탐색한다. 특히 과거 40년은 새로운 수업 도구들로 학습 성과를 높이고, 기술을 수업에 적용하고 학생들을 참여시키려는 주요한 노력을 해 왔다.

우리는 모든 주요한 수업 혁신을 조사할 수는 없지만, 다음 절들은 교육자들로부터 상당히 주목을 받았던 몇몇 수업 혁신을 기술하고 있다. 16장은 학교 개혁과 학교 효과성의 맥락에서 다양한 수업 접근에 관한 주제를 다루고 있다.

개별화 수업

최근 수십 년 동안, 여러 모델들이 개별화 수업을 위해 발전해 왔다. 이런 접근들은 다양하지만 이 접근 모두는 일대일의 학생-교사 혹은 학생-컴퓨터 관계를 제공하려고 시도한다. 학생들은 신중하게 계열화되고 구조화된 수업 자료를 가지고 자신의 학습 속도에 맞춰 수업에 임하며 반복 연습을 한다.

■ IPI

초기의 예들 중의 하나인 개별적으로 처방된 수업(IPI: the Individually Prescribed Instruction) 프로젝트는 1950년대 후반과 1960년대 초반 Pittsburgh 대학에서 개발되었다(Glaser & Resnick, 1972). 교사들은 각 기술이나 교과에서의 학생들의 요구를 진단하고 모든 학생을 위한 개별 계획을 준비하였다. 목표는 행동적 용어로 진술되었다. 교사들은 학생들에게 개별화된 학습 과제를 부과하고 학생들의 과정을 지속적으로 평가하였다.

■ 상당한 성취도 향상

지금까지의 개별화 수업 프로그램에 대한 현장검증은 대개 긍정적이었다. IPI나 다른 접근들에 대한 보고서들은 학생들의 학업 성취도가 크게 향상되었다는 결과를 제시하고 있다. 학생들의 개인적 장단점에 맞춘 적응 수업(Adaptive Instruction)은 모든 학생들, 특히 학업 성취도가 낮거나 약간의 학습 장애를 가진 학생들에게 도움이 되는 듯하다(Dunn, 2000; Malloy, 1994). 그럼에도 불구하고, 오늘날 대부분의 학교는 계속해서 집단 수업 방법과 집단 기대를 활용하고 있다. 자료 및 일대일의 교사-학생 관계로 인한 비용 때문에 학교들은 종종 개별화된 계획을 시행하기에는 너무 비싸다고 본다.

협동학습

■ 경쟁 v. 협동

경쟁학습이 아닌 협동학습은 학생들을 가르치는 중요한 방법으로 수용되고 있다. 전통적인 교실 구조에서 학생들은 교사의 눈에 들기 위해서 그리고 성적을 위해서 경쟁한다. 똑같은 학생들이 수년에 걸쳐 "승자"와 "패자"가 되는 경향이 있는데, 이는 능력과 성취의 차이 때문이다. 높은 학업 성취를 보이는 학생들은 계속해서 보상을 받으며 학습 동기가 고취된다. 반면에 성취가 낮은 학생들은 계속해서 실패(혹은 실패에 가까운)와 좌절을 경험한다. 협동학습의 아이디어는 학생들 간의 경쟁을 완화하고 협동을 증진함으로써 전통적인 구조를 변화시키려는 것이다. 이렇게 함으로써 가능한 한 학생들 간의 적대감과 긴장을 줄이면서 모든 학생들의 학업적 성취를 높이려고 한다.

■ 경쟁의 장점

이것은 경쟁이 교실이나 학교에서 설 자리가 없다는 것을 의미하지는 않는다. 상황에 따라 경쟁은 재미, 흥분, 동기의 원천이 될 수 있다. 협동에 대한 주요 옹호자들은 경쟁이 성공적으로 활용되면 단순한 연습 활동이나 속도 관련 과제(철자, 어휘, 단순한 수학 계산과 같은), 그리고 긴장감이 덜한 게임이나 운동 분야에서의 수행을 증진시킬 수 있다고 본다(Johnson & Johnson, 1999; Slavin, 1988).

■ 협동의 장점

그러나 협동학습에서 경쟁은 두 번째의 자리를 차지한다. 연구들에 따르면, 참여자들 간의 협동은 (1) 긍정적이고 일관된 개인적 정체성, (2) 자기 실현과 정신 건강, (3) 타인에 대한 지식과 신뢰, (4) 타인과의 의사소통, (5) 서로 간의 수용과 지지, (6) 갈등 완화와 인간관계를 촉진시키는 데 도움이 된다. 또한 경쟁적이거나 개별적인 노력보다 협동과 집단 학습이 이러한 사회적 기술과 대인 관계 기술을 촉진하는 데 상당히 효과적이다(Slavin, 1995; Stevens & Slavin, 1995).

■ STAD

협동수업 중 Robert Slavin이 개발한 STAD(Student-Teams Achievement Divisions)와 TAI(Team-Assisted Individualization)가 가장 인기가 높다. 이 두 가지 방법 모두

협동학습은 학생들에게 학교에서 성공을 경험할 수 있는 새로운 기회를 제공하며, 대인 간 및 개인적 기술의 개발을 도와준다.

적절한 절차에 따라 수행되었을 때 학생들의 학업 성취를 향상시켰다(Slavin, 1983, 1991). STAD에서 팀은 4명이나 5명으로 구성되며 4명으로 구성되는 것이 선호되고 있다(4명의 집단 구성은 2명씩 떼어 놓는 경향이 있다는 연구 결과와는 상반되는 배열임). 팀은 능력, 성별과 인종적으로 균형을 이룬다. 팀원들은 서로에게 도움과 피드백을 제공하며 퀴즈로 집단 수행 점수를 받는다. 이들은 또한 게시판, 수료증, 특별한 활동과 특권, 부모님께 보내는 편지 등을 통해 인정을 받는다. 팀은 5주나 6주마다 바뀌면서 모든 학생들이 돌아 가면서 활동하고, 낮은 점수를 받은 팀에게는 새로운 기회가 주어진다(Slavin, 1986).

■ TAI

TAI 접근은 사전 · 사후 검사를 통한 특정한 기술 용지(skill sheet) 숙달과 개별적 진단에 보다 많은 강조점을 두고 있다. 학생들은 우선 자기 자신의 기술 용지로 작업을 한다. 그리고는 파트너나 팀원들끼리 자신들의 대답을 확인하고 도움을 제공한다. 모의 평가에서 정답을 80%나 그 이상을 맞추기 전에는 누구도 최종 시험에 참여하는 것이 허락되지 않는다. 팀의 점수와 인정은 STAD와 동일한 방식으로 이루어지지만, "상위 수행(superteams)", "보통 수행(great teams)", "최저 통과 점수(good teams)"를 위한 준거가 설정된다. 매일 교사는 45분의 수업 중 5분에서 15분 정도를 교육과정상의 거의 동일한 시점에서 두세 개의 집단에 할애한다. 이 시간 동안에 다른 팀들은 자기 팀의 활동을 한다(Guskey, 2001; Good & Brophy, 1997).

완전학습

완전학습은 모든 학년 수준과 교과를 위한 수업 계획이다. 공립학교에서 가장 널리 활용되는 접근은 LFM(Learning for Mastery) 모델로서 이는 종종 완전학습으로 언급된다. 완전학습은 학업 성취도를 향상시킬 필요성을 절실히 느끼는 농촌 지역에서 특히 많은 지지자를 확보하고 있다(Carroll, 1989).

■ 대다수의 학생들을 위한 비슷한 정도의 숙련

완전학습 접근들(mastery approaches)은 다음과 같은 중심적 주장, 즉 거의 모든 공립학교 학생들은 실제적으로 동일한 수준까지 교육과정을 배울 수 있다는 주장에 기반하고 있다. 느린 학생들은 동일한 자료를 배우는 데 더 많은 시간을 필요로 하지만, 이런 학생들은 초기 지식 수준이 정확히 진단되고 적절한 방법과 자료를 활용해 배운다면 성공할 수 있다(Block, 1971; Gentile & Lalley, 2003).

■ 소단원 수업

이러한 목적을 달성하기 위해 교사는 수업의 소단원에 초점을 맞추고, 학습 계열 각 단계에서 성공하기 위해 요구되는 기술들을 습득했는지를 결정하기 위해 준거 지향 평가를 활용한다. 3학년 수학과 같은 전체 과정은 대단원으로 공부하기에는 너무 복잡하다. 그 대신 이것을 보다 작은 모듈로 나누고, 학생들이 다음 모듈로 나가기 전에 각각의 모듈을 숙달했는지(시험에서 80~90점 이상)를 확인한다.

■ 긍정적인 연구 결과

완전학습에 대한 수백 편의 연구가 이루어졌다. 이러한 연구들을 분석한 후, 여러 관찰자들은 완전학습 전략은 전통적인 방법에 비해 학생의 학습에 상당한 효과가 있다는 결론을 내렸다. 전체 학교구에 대한 연구들에 따르면, 완전학습 접근은 또한 후속 학습의 기초가 되는 읽기와 수학 같은 기초 기술을 성공적으로 가르칠 수 있다. 더욱이, 도시 빈민 지역의 학생들은 전통적인 수업 집단보다 이 접근에서 더 많은 것을 얻었으며, 위기에 처하거나 학습 장애를 가진 학생들조차도 숙달 수준에 이르렀다(Passaro et al., 1994).

■ 완전학습에 관한 질문

그러나 완전학습과 관련된 여러 가지 의문과 비판이 제기되고 있다. 예컨대, 많은 교육자들은 Bloom의 완전학습 접근과 관련된 고차원적 사고 기술에서의 긍정적인 효과를 보고하고 있지만, 완전학습 접근이 "고차원적인(higher-order)" 학습에 이를 수 있다는 것에 대해 확신하지 못하고 있다(Bloom, 1990; Morse, 2001). 교육자들은 또한 다양한 완전학습 접근이 정의적 학습이나 다양한 유형의 학생들에게 얼마나 잘 작용될 것인지에 대해서 확신을 하지 못하고 있다(Walberg, 1995; Ornstein, 1987). 읽기, 쓰기 및 수학 관련 내용을 숙달한다고 하더라도, 학생들은 읽거나 쓰지도, 또는 계산을 더 잘 하지도 못하고 있다는 비판이 제기되기도 한다(Darling-Hammond, 1984). 끝으로 완전학습과 다른 개별화 수업 체제를 시행하기는 어렵다. 그 책임은 교사에게 돌아가는데, 교사가 각 학생들에게 수업을 처방하기 때문이다. 이러한 계획을 시행하기 위해서 교사는 지속적으로 각 학생의 작업을 모니터하고, 각 학생들이 숙달해야 할 기술 및 과제를 결정하며, 즉각적인 피드백을 제공해 주어야 하는데, 이는 학생 수가 25명 혹은 그 이상의 학급에서는 쉽지 않은 일이다.

비판적 사고

■ 가르칠 수 있는 지력

오늘날, 우리는 문제 해결 능력을 표현하기 위해 비판적 사고와 사고 기술에 대해 이야기한다. 이 개념에 대한 관심은 많은 전문 학술지 논문, 학술대회, 보고서, 그리고 모든 학생들로 하여금 비판적인 사고를 기르게 하려는 대대수의 주의 노력에서 나타난다.

■ 초인지

대부분의 논평가들은 **비판적 사고**는 가르칠 수 있는 지능의 한 형태라고 주장한다. 이러한 관점의 대표적인 학자는 Matthew Lipman과 Robert Sternberg이다. Lipman은 초등학교 학생들을 위해 설계된 30개의 비판적 사고 기술을 촉진하려고 한다. 이러한 기술에는 개념 이해, 일반화, 인과 관계, 유추, 부분과 전체 및 전체와 부분 간의 관계, 실제 상황에의 원리 적용과 같은 것이 포함된다(Lipman, 1984, 1988). Lipman의 비판적 사고를 가르치기 위한 전략은 아이들로 하여금 사고에 관한 사고(초인지로 알려진 과정), 그리고 효과적인 사고와 비효과적인 사고를 구분하는 방식에 관한 사고에 상당 시간을 할애하도록 하는 것이다.

■ 비판적 사고에 대한 비판

비판적 사고에 대한 일부 비판가들은 어떤 사람에게 사고하는 것을 가르치는 것은 누군가에게 골프채나 테니스 라켓을 휘두르는 법을 가르치는 것과 같다고 주장한다. 그것은 총체적 접근이며, Lipman과 같은 지지자들에 의해 암시되는 단편적인 노력이 아니다. 비판적 사고는 너무 복잡한 정신적 조작이므로 작은 과정들로 나눌 수 없다고 비판가들은 말한다. 그 결과는 "학생들의 총체적인 지적 기능에 의존하는 것이지, 협소하게 정의된 기술"에 의존하는 것이 아니라는 것이다(Sadler & Whimbey, 1985). 더욱이 Sternberg가 경고했듯이, "옳은" 답과 객관적으로 점수화된 검사 항목을 강조하는 비판적 사고 프로그램은 학생들이 일상생활에서 직면하는 문제들과는 거리가 있을지 모른다(Sternberg, 1990). 그러므로 많은 교육자들은 개별적 프로그램이나 특정하게 정의된 기술로써 비판적 사고를 가르치려는 시도들은 자기 기만적이라고 믿는다. 혹자는 비판적 사고는 학생들이 탐구적인 태도와 비판적인 마음의 틀을 계속해서 도전적으로 개발할 수 있도록 교육과정 전반에 걸친 모든 교과에 통합되어야 한다는 이상적인 주장을 할지 모르겠다.

컴퓨터를 이용한 수업

학교에서의 컴퓨터 역할이 계속해서 커지고 있다. 1980년대에는 전국의 학교에서 약

■ CAI

5만 대의 컴퓨터가 활용되었다. 20년 뒤인 20세기 말쯤에 그 숫자는 800만 대 이상으로 급증하였고 그 숫자는 계속 증가하고 있다(Digest of Education Statistics, 2002).

초기에 컴퓨터를 학교에 도입했던 사람들 중의 한 명인 Patrick Suppes는 컴퓨터 보조 학습(CAI)이라는 용어를 만들어 냈다(Digest of Education Statistics, 2002). Suppes는 세 수준의 CAI를 정의했는데, 그것은 반복 연습(practice and drill), 교수(tutoring), 대화(dialogue)이다. 가장 단순한 수준에서 학생들은 컴퓨터를 이용한 반복 학습을 통해 철자, 독서, 외국어, 단순 계산 등과 같은 것을 익힌다. 두 번째 수준에서 컴퓨터는 교사(tutor)의 역할을 하면서 새로운 개념들을 제공하는 기능을 한다. 학생이 명확하게 이해하면 다음 단계로 이동한다. 세 번째의 최고 수준인 대화에서는 학생과 컴퓨터 간의 상호작용이 이루어진다. 학생은 기계와 의사소통을 할 수 있으며－반응을 할 뿐만 아니라 새로운 질문을 한다－컴퓨터는 적절하게 이해하고 반응한다.

■ 하이퍼미디어 검색

보다 최근에는 하이퍼미디어(hypermedia) 접근이 활용되고 있는데, 이는 정보가 학생들에 의해 어떻게 제시되고 접근되는가에 있어서의 중요한 변화를 나타낸다. 하이퍼미디어는 정보를 비계열적으로 구조화한다. "노드(nodes)" 혹은 정보덩어리는 주제별로 관련된 링크를 통해 연결되며, 문자나 삽화 또는 소리를 통해서 프로그램에 제시된다. 그러므로 하이퍼미디어 접근은 학습자들로 하여금 정보 베이스를 돌아다니면서 그들 자신의 관계를 구성할 수 있도록 한다. 이 과정은 배움을 보다 의미 있는 것으로 만드는데, 그 이유는 그것이 교사나 교과서의 지식 구조라기보다는 학생의 지식 구조와 관련되기 때문이다(Betrus, 2002). 많은 교육용 CD-ROM은 하이퍼미디어 접근을 활용한다. 다양하고 광범위한 사이트들과 신속히 연결할 수 있는 World Wide

컴퓨터, 비디오와 위성 시스템을 포함한 현대 기술은 원격 교육 프로그램과 같은 교육과정상의 혁신을 가져왔다.

Web도 마찬가지이다. 점증적으로 Web은 교육과정 프로그램을 보충하려는 교사들에게 다양한 교육과정 선택을 제공하고 있다.

■ 동등한 접근 기회의 문제

과거에 컴퓨터에 회의적이었던 많은 교사들이 컴퓨터 단말기를 선호하면서 칠판을 버리고 있는데, 그 이유는 컴퓨터가 도전적이고 동기 유발적인 기능을 한다고 생각하기 때문이다. 오늘날, 많은 교육자들이 관심을 가지고 있는 문제점은 컴퓨터에 대한 접근성이다. NEA 회장을 지냈던 Keith Geiger의 말대로, "모든 학생들—농촌 학생이든 도시 학생이든, 부자 학생이든 가난한 학생이든—을 오늘날 가장 중요한 학습 도구에 어떻게 접근시킬 것인가" 하는 것이 과제이다. 지금 대다수의 학생들은 적어도 어느 정도는 컴퓨터에 접근하고 있다(Geiger, 1995). 2002년 National Center for Educational Statistics의 보고에 따르면, 전국에 있는 학교의 99%가 인터넷에 연결되어 있다(이는 1994년 35%를 훨씬 상회하는 비율이다). 1996년에는 전국에 있는 교실의 약 14% 정도만이 인터넷에 접속했지만, 2002년쯤에는 그 수치가 87%였다. 학생들이 가정에서 컴퓨터를 사용할 수 있는 비율은 1993년에는 36%였으나 2002년에는 90%에 이르렀다(Reichmann, 1998). 향후의 과제는 컴퓨터를 교육적으로 잘 활용하는 것이다.

■ 비인간적인 기계 또는 대인 접촉 기회의 증가?

컴퓨터 혁명 초기에 일부 교육자들은 컴퓨터 수업이 학생들을 정서적으로 메마르게 하는 기계와 자료에 노출되도록 한다고 우려하였다. 이러한 비판가들은 인간 교사를 기계로 대체하는 것은 학생에게 어떤 참된 안내도 할 수 없으며 인간적인 상호작용도 할 수 없다고 주장했다. 인터넷이 확산되고 많은 학교에서 인터넷에 접근하는 일이 많아짐에 따라 컴퓨터의 비인간적 측면에 대한 우려는 줄어들고 있다. 이메일과 다른 전자 접촉 수단으로 학생들은 서로 접촉하면서 정보를 수집하고 있다(Dyrli, 1995). 더욱이 컴퓨터는 탐구심을 기르고, "시간 보내기 좋으며", 탐험하고 사고 기술을 향상시키는 데 활용될 수 있다. 컴퓨터로 사고하고 탐험하는 법을 배울 때 학생들의 혁신과 창의성을 위한 잠재성은 무한하다고 할 수 있다(Johnston, 1995; Kelley et al., 2001).

비디오 및 위성 시스템

컴퓨터와 함께 비디오 기술의 발전은 수업에 매우 유용한 도구들을 가져왔다. 외국어, 영어, 과학, 역사, 지질, 행정, 예술(음악, 드라마, 댄스, 창작, 시각예술)에서 교사들은 비디오테이프, 비디오디스크, CD-ROM, DVD, 위성 연결, 원거리 통신망, 케이블 TV를 매우 유용하게 활용하고 있다. 교사들은 이러한 기술이 수업을 보다 접근이 용이하고 생산적인 것으로 만들고 있다고 믿는다(Knapczyk, 1993).

■ 보편화된 비디오 사용

Corporation for Public Broadcasting의 연구에 따르면 텔레비전, 비디오, 인터넷의 활용도는 점증하고 있으며 교육과정에 더욱더 통합되고 있다(Corporation for Public

Broadcasting, 1997). 다른 연구들은 비디오 통합 수업에서 학생들의 학업 성취도가 증가하였다고 보고하였다(Harwood & McMahon, 1997). 비디오테이프, DVD, 디스크는 교실 수업, 도서관, 자원 센터, 학생들의 집에서 유용하다. 아무 때나 편안하게 이것들을 작동할 수 있어 학생들은 수업을 놓치지 않는다. 다양한 주제의 수백 개의 목록과 웹사이트가 있으며, 많은 학교들과 교사들은 특별한 수업 목적을 위해서 자기 나름대로의 비디오를 제작하기 시작했다. 비디오프린터는 추후의 공부를 위해 스크린으로부터 개별적 이미지들—사진, 표, 그래프, 기타 유용한 사진—을 종이에 재생할 수 있다. 교육자들은 또한 교수 목적을 위해 비디오 게임의 대중성을 이용하는 방법을 모색하고 있다. 수학 · 읽기 · 쓰기 수업을 비디오 게임 포맷으로 만들어 학생들이 게임 분위기에서 보다 생생하게 반복 연습을 하게 할 수 있다.

■ 상호작용적 비디오

점점 더 비디오는 상호작용적이 되도록 설계되고 있다. 다시 말해 학생의 투입에 반응하도록 설계되고 있다. 상호작용 비디오 수업(interactive video instruction: IVI)이라는 용어는 수업 프로그램의 일부로서 실제 시뮬레이션과 행동-반응 상황에 적용되고 있다. 이 프로그램은 시청자들에게 어떤 응답이 옳은지 혹은 그른지를 알려 줄 수 있으며, 정답을 선택하게 해서 그에 대한 결과를 보여 줄 수도 있다. 상호작용 비디오는 개별 수업이나 소집단 수업을 제공한다.

■ 가상 현실

어떤 교육자가 말하듯이, 비디오 기술은 "현존하는 것들 중에서 최고의 것이다!" 학생들을 교실에서 멀리 떨어진 가상현실에 들어가기도 한다. 학생들은 San Diego 동물원의 관리자들과 상호작용하고, 백악관 직원들과 의회에 상정된 주요 이슈들을 놓고 이야기를 나눈다. 학교에서의 비디오 활용이 놀라울 정도로 급증하고 있어 교사들은 비디오를 교육과정에 통합하는 방법을 계획해야 한다(Peterson, 1994). 비디오 가게에서 비디오를 대여하는 숫자가 도서관에서 책을 대여하는 숫자를 압도하는 시대에, 시각적 이미지들이 개인적으로 그리고 사회적으로 우리에게 어떤 영향을 끼치고 있는지를 인식하고, 당신의 학생들이 비판적인 비디오 소비자들이 되도록 도와야 한다(Ornstein, 1991).

원격 교육. 앞에서 논의한 많은 전자 시스템들은 교육 자료와 수업을 멀리 전달할 수 있는 잠재력을 지니고 있다. "**원격 교육**(distance education)"이란 학교들이 이러한 기술을 활용하는 많은 방법을 말한다.

■ 교육적 텔레비전 v. 위성 또는 케이블

예컨대, 학교는 교육 목적을 위해 특별히 개발된 텔레비전 프로그램을 선정하고 그것들을 인공위성을 통해 교실로 방영하도록 할 수 있다. 이것은 제한된 지역 자원을 가진 작은 농촌 학교에게 특히 유용하다. 학교에서는 또한 가정용 케이블 시스템을 이용해 Discovery, Learning, History 채널과 같은 교육용 프로그램을 활용할 수 있다. 이 채널들에서는 다양한 주제로 특별한 프로그램들을 제공하고 있다.

■ 화상회의

기업과 산업체에서 널리 활용되는 원격 화상회의 또한 학교 체제에 등장하기 시작했다. 전형적인 회의에서 시청자들은 교사와 학생 집단이 대화를 나누거나 다른 학생들이나 참여자들에게 가르치는 것을 텔레비전 화면으로 볼 수 있다. 시청자들은 수천 마일 떨어져 있을지라도 마치 테이블에 마주 앉아 있는 것처럼 시청할 수 있다. 시청자들은 질문을 할 수도 있고, 어떤 추가 정보가 제공되어야 하는지를 결정할 수도 있다(Ornstein, 1990).

■ 원격 교육의 급속한 확산

비디오 폰과 인터넷의 확산으로, 원격 교육은 고립되거나 규모가 작은 학교뿐만 아니라 학생 자원을 넓히려는 어떤 학교에게도 하나의 방안이 되고 있다. 널리 확산된 직장에서의 컴퓨터 활용—직장인 중 50% 이상이 직장에서 컴퓨터를 활용하고 있음—은 교육자들로 하여금 컴퓨터 지식과 기술을 교실 수업에 통합하는 동기를 제공하고 있다. 평생학습에서 웹 기반 수업과 기업체 훈련 프로그램이 급증하고 있다. 대학에서는 웹 강화 코스(Web-enhanced courses), 원격 교육, 웹 기반 코스(Web-based courses), 심지어 완전한 웹 기반 학문적 프로그램을 많이 활용하고 있다. 공립학교 교사들도 이러한 창의적인 노력에 동참할 필요가 있다(West, 1995). 덧붙이자면, 평생학습에서의 웹 기반 수업과 기업체 훈련 프로그램이 급증하고 있다. 초·중등학교 교사들이 이런 추세를 따라잡고 있는지를 보면 흥미롭다(Liaw & Huang, 2000; Hall & Watkins, 2000). 그러나 교사들은 또한 학생들이 전세계의 전문가, 교사, 학생들과 접촉할 수 있도록 전자공학을 활용하고 있다. 접촉점은 인근 학교만큼이나 가까울 수도 있고 추운 남극만큼이나 먼 곳일 수도 있다.

■ 교사에게는 기술적 능력이 요구됨

어떤 교육자들에게는 우리의 급속한 기술 발전이 이른바 "연필 기술"의 소멸을 의미한다. 21세기에 교과서는 과거의 것과는 다를 것이다. 그것은 우연적이거나 아니면 지금과는 다른 어떤 형태를 지닐지 모른다. 무선 기술, 손에 지니고 다니는 장치와 이메일 대화 같은 것일 수도 있다. 그것은 학생들의 진전을 모니터하고 매우 시각적이고 자극적인 방식으로 정보를 제공할지 모른다. 여하튼 전문가들은 모든 교사들은 반드시 공학적 지식과 기술을 구비해야 한다고 입을 모으고 있다.

다시 한 번 생각해 보기

이 장에서 다룬 수업 방법(개별화 수업, 협동학습, 완전학습, 비판적 사고, 기타 다양한 전자적 수업 방법) 중에서 교사로서 당신은 어떤 것이 가장 편하다고 느끼는가? 그 이유는 무엇인가? 아직 편하다고 느끼지 못하는 방법들을 효과적으로 활용하기 위해서 당신은 어떻게 준비할 수 있는가?

교육과정 동향: 미래의 의제

컴퓨터 링크와 의사소통 기술을 논의하면서, 우리는 이미 현재에서 미래로 발을 들여놓기 시작했다. 학생들의 배움은 컴퓨터와의 상호작용을 통해 증대할 것이다. 모든 학습이 학교 교실 중심이 될 수 없을 것이며, 학교와 가정에서의 컴퓨터와 인터넷의 활용은 당신과 당신의 학생들이 어떻게 정보에 접근하며 당신이 어떤 정보에 접근하는지를 크게 확장시킬 것이다. 미래의 미국 교실에는 어떤 다른 추세가 있을 것인가? 우리는 아래에서 가장 있을 법한 몇몇 추세들을 기술한다.

■ 인생의 여러 단계에서의 교육

1. **평생학습**. 급속한 사회적 · 기술적 · 경제적 변화는 사람들로 하여금 그들의 개인적 목적과 사회적 목적에 영향을 미치는 새로운 사태에 뒤쳐지지 않도록 제2의 혹은 제3의 생애를 준비하도록 하고 있다. 평생학습은 교사로서 당신의 전문적 생애에 특히 중요한 요소가 될 것이다(Purdie et al., 2003).

   어떤 관측자들은 미래에는 초 · 중등 및 대학의 학교 교육에서 제공하는 학습의 상당 부분은 특히 하이테크 정보 기반 산업에서 요구되는 숙련된 노동력을 충족시키기 위해서 기업과 산업체에서 나올 것이라고 믿는다(Ornstein, 1999). 또다른 시나리오는 지역 사회 자원의 네트워크, 소규모의 학습 센터와 도서관을 통해서 청소년들과 성인들을 교육시키는 것을 구상해 볼 수 있다.

■ 전국 차원의 노력

2. **지리의 복원**. 1984년 National Geographic Association은 Association of American Geographers와 Association for Geographic Education과 제휴하여 지리의 기본 원리와 그 분야를 가르치는 특별한 방법에 대한 이해력을 증진시키기 위한 국가적 프로그램을 시작하였다. 이러한 노력으로 지리는 학교 교육과정에서 르네상스를 경험하고 있으며, 또한 기초로의 복귀, 다문화 교육, 환경 교육, 글로벌 교육과 같은 다양한 교육과정 초점들과 연결되고 있다(Rallis & Rallis, 1995; Shearer, 2003).

■ 국가 기준에 관한 계속되는 논쟁

3. **국가 교육과정 기준**. 미국 교육부는 7개의 교과 분야(역사, 지리, 경제, 영어, 외국어, 수학, 과학)에서 국가 교육과정 기준 개발 예산을 지원하고 있다. 이런 노력들 중 많은 것은 American Historical Association, National 아카데미 of Science, National Council of Teachers of Mathematics와 같은 전문 기관들에 의해 추진되어 왔다. 기초로의 복귀 찬성자들은 교육과정에 기본 내용을 최우선적으로 복원시키기 위한 방도로써 국가 교육과정 기준을 강화하고 있으며, 연방 정부는 주들이 국가 교육과정 기준을 채택하도록 재정적인 인센티브를 제공해 왔다. 그러나 국가 교육과정 기준이라는 개념은 주들이 국가적 기준으로써 받아들일 만큼 충분히 수용적이지 못했다. 그렇기 때문에 이 개념은 국가, 주, 지역 수준에서 교육과정 개발자들 간에 상당한 논란거리로 남아 있다(Sommerfield, 1995).

■ 외국 언어 연구의 현실

4. **국제교육**. 많은 교육자들과 일반 시민들이 지적해 왔듯이, 국가 간의 점증하는 상호 의존성은 미국인들이 먼 나라들에 대해 보다 많이 알 것을 요구하고 있다. 미국 학교들이 특히 다룰 필요가 있는 국제교육 영역의 하나는 외국어 수업이다. 40개의 주가 학교들로 하여금 2년 동안 외국어 공부를 제공할 것을 요구하

고 있지만, 27개 주만이 그것을 중핵 교육과정의 일환으로 제공하고 있다. 2001년, 미국 중등학교 학생들 중 46%가 외국어 수업에 등록했다. 초등학교에서 외국어 수업 비율은 30%로, 이는 1987년의 20%보다 크게 높아진 것이다 (Schulz, 2003).

■ 가장 일반적인 언어

학생들은 실제 외국어를 배울 때 현재 세계 경제에서 가장 중요한 것들에 반드시 집중할 필요는 없다. 세계에서 가장 많이 사용되는 언어는 중국어(mandarin)이며, 세 번째로 가장 많이 쓰이는 것은 북인도어(Hindi)이지만, 이것들을 가르치는 미국의 공립학교는 드물다. 세계에서 가장 많이 쓰이는 언어들을 가르치는 데 실패하는 것은 미래 미국 무역의 성장을 심각히 제한할 수 있다.

미국 교육은 다른 방식에서도 보다 국제적이어야 하며, 교육자들은 학생 교류 프로그램을 확장하고 타문화 공부를 졸업 요건으로 삼아야 할 것이다. 국제지리, 역사, 정치과학, 경제학은 더욱 강조될 것이다. 세계가 보다 상호 연관적이고 상호 의존적이 됨에 따라 이러한 요구들은 보다 분명해질 것이며, 보다 많은 기금이 글로벌 교육과정 분야에 투입될 것이다.

■ AIDS 전염병

5. **보건교육 및 신체 건강**. 미국인들의 건강 추세는 교육과정을 확장하거나 변화하라는 새로운 압력을 낳고 있다. 예컨대, 에이즈 전염병은 교육자들로 하여금 새로운 방식으로 학생의 건강 문제를 다루도록 하고 있다. 그러나 27개의 주만이 건강이나 성교육을 요구하고 있다. 건강교육은 자격을 갖춘 보건 교사들이 아닌 과학이나 물리교육 혹은 다른 교과 영역의 교사들에 의해 이루어지는 경향이 높다. 초등학교 교사들은 대개 이 분야에 대한 훈련이 부족하다(Robenstine, 1994; Blanchett, 2000). 많은 교육자들은 이 문제가 향후에 반드시 다루어져야 하고 그렇게 될 것이라고 믿고 있다.

■ 약물 사용

마약은 또다른 중요한 문제이다. 10장에서 상술했듯이, 지난 10년 동안 10대들의 불법 마약 복용이 잠시 줄어들었다가 다시 마리화나, 알코올, 기타 마약 복용이 증가 추세에 있으며, 점점 더 많은 마약들이 학교에서 발견되고 있다.

■ 다이어트와 운동

비만, 식사 습관, 운동 또한 건강과 관련된 문제이다. 체중은 불고 운동은 부족하고 흡연은 늘고 있다. 초등학생들의 비만도 심각한 수준이다. 이런 이유로, American Cancer Society와 American Public Health Association은 보건교육을 위한 국가적 기준을 만들고, 이것을 중핵 교과로서 고등학교 교육과정에 포함시킬 것을 요구해 왔다.

■ 급격한 변화 따라가기

6. **기술교육**. 교사, 학생, 학부모들은 자신들이 직장과 집에서 점증적으로 기술적인 환경에서 기능하고 있다는 것을 발견한다. 불과 15년 전만 해도 우리는 오디오테이프, CD-ROM, 슬라이드를 사용하다가 이제는 그것들이 각기 비디오테이프, CD 굽기와 DVD, 파워포인트 슬라이드로 바뀌었다. 향후 10년 사이에 우리가 어떤 공학을 사용할지에 대해서는 아무도 모르겠지만, 공학이 우리의

삶에 중요한 영향을 끼칠 것임에 틀림없다. 현재의 학생들 세대는 선생님과 부모들보다 기술적으로 우수한 능력을 보이고 있으며, 초등학생들 역시 예외가 아니다. 학교 체제는 재정적 · 인적 자원을 지원해 교직원의 기술 활용 능력을 도와야 한다. 교사 교육 프로그램은 초임 교사들에게 이러한 기술적 세계를 준비시켜야 한다. 그리고 교사로서 당신은 학생들이 당신을 능가하기 전에 가장 최신의 기술을 따라잡고 있어야 한다(Christie, 2003).

■ 높은 이민율

7. **이민자 교육**. 미국에서의 이민자 아동을 위한 교육이 교육과정에 시사하는 바가 점증해 왔다. 20세기 이래로 제2의 최대 이민 물결이 현재 미국에서 진행 중이다. 합법적인 이민은 현재 매년 미국 인구 성장의 절반에 이르고 있다. 1999년 미국 주민의 10명 중 1명 정도가 외국인인데 이는 1970년 수치의 2배이다(Capps, 2000).

■ 이민자 가족이 직면하는 어려움

학습 스타일이나 사고 패턴에 있어서의 문화적 차이는 이주민 아동들을 "학습 장애"나 "지체"로 이끌지 모르는데 이는 잘못된 꼬리표이다. 가치 위계 구조는 문화에 따라 상이하고, 따라서 이주민 아동들은 학교, 교사 권위, 성차, 사회 계층, 행동 등에 관한 상이한 태도를 지니고 있으며, 이 모든 것은 이주민 학생들이 학교에서의 성공에 시사하는 바가 있다.

■ 특수 프로그램에 대한 논쟁

많은 교육자들은 이주민 아동들의 적응을 돕기 위해서는 이중 언어 교육의 확대 및 다문화 교육과 같은 특별한 교육이 필요하다고 믿고 있다. 다문화 프로그램들은 또한 보다 오랫동안 정착한 집단들로 하여금 새로 이주한 사람들이 미국 사회에 얼마나 공헌할 수 있는지를 이해하도록 돕는다. 그러나 12장에서 살펴보았듯이 다문화 교육은 논란의 여지가 있으며, 학교들은 이 새로운 이민 붐에 대한 학교 나름의 대응책을 강구해 나가고 있다. 어떤 교육자들은 영어-언어 합병이 가능한 빨리 이뤄져야 한다고 믿는다. 예컨대, 1998년에 제정된 캘리포니아의 proposition 227은 이 주의 1,000개의 학교구들로 하여금 제한적이지만 영어에 능통한 학생들을 2개 국어 학급이 아닌 영어 전용 학급에 배치할 것을 요구하였다(Schnalberg, 1998).

당부의 말

교육과정은 변화하는 사회에 봉사하도록 변화해야 하나 유의할 것이 있다. 변화를 위한 변화는 좋은 것이 아니다. 오랫동안 학교는 자신들의 프로그램이 진보의 최첨단에 서 있다고 생각해 왔지만 틀리는 경우도 종종 있었다.

■ 신구 간의 균형 유지

사실 새로운 지식이 옛 지식보다 반드시 나은 것은 아니다. 우리들은 Aristotle, Galileo, Kelper, Darwin, Newton의 대부분을 지금 세기의 것이 아니라고 버릴 것인가? 만일 과학적 지식과 기술적 지식만을 강조한다면 우리는 물리적으로, 심미적으로, 도덕적으로, 정신적으로 괴로울 것이다. 우리는 교육과정의 낡고 유관 적합성이 결여된 부분은 잘라내고 새로운 지식을 통합하고 균형화하는 법을 배워야 한다. 내용을 수정하고 새로운 것으로 바꿀 때, 우리는 일시적 유행(fad)과 허식(frill)으로부터, 특히 극단적인 관점으로부터 학교들과 학생들을 보호할 필요가 있다. 우리는 우리가 지니고 있는 사회 유형, 우리가 소중히 하는 가치, 우리가 성취하려고 하는 교육 목적을 견지해야 한다.

다시 한 번 생각해 보기

여기서 기술한 동향 중 어떤 것이 교사로서의 당신의 생애에 가장 강력한 영향을 끼칠 것이라고 생각하는가? 당신은 어떤 방식으로 영향을 받을 것인가?

요 약

❶ 교육과정을 조직할 때 대부분의 교육자들은 교육과정의 개념을 주제 모음(the body of subjects) 혹은 교과(subject matter)라고 하는 전통적인 개념을 견지하고 있다. 그럼에도 불구하고, 당대의 학습자의 경험에 보다 관심이 많은 교육자들은 학생을 교육과정의 초점으로 간주한다.

❷ 교과 중심 접근의 예로는 (1) 교과 영역, (2) 항존주의자와 본질주의자, (3) 기초로의 복귀, (4) 새로운 중핵과 같은 교육과정 유형이 있다.

❸ 학생 중심 접근의 예로는 (1) 활동 중심 접근, (2) 상관 교육과정, (3) 인본주의적 접근, (4) 대안학교 혹은 자유학교 프로그램, (5) 가치 중심 교육과정과 같은 교육과정 유형이 있다.

❹ 최근 수십 년 동안 (1) 개별화 수업, (2) 협동학습, (3) 완전학습, (4) 비판적 사고력, (5) 컴퓨터 수업, (6) 비디오와 인공위성 시스템 활용, 중요한 수업 혁신이 만들어져 왔다. 이 혁신들 중 마지막 두 분야는 원격 교육을 점증적으로 중요한 자원이 되게 해 왔다.

❺ 미래의 교육과정 추세에는 아마도 (1) 평생학습, (2) 지리의 복원, (3) 국가 교육과정 기준, (4) 국제교육, (5) 건강교육 및 신체적 건강, (6) 공학교육, (7) 이주민 교육과 같은 것들이 포함될 것이다.

제6부

국제적 및 미국적 관점에서의 효과적인 교육

제15장

세계 각국의 교육

제16장

학교의 효과성 및 개혁

15 세계 각국의 교육

수많은 교육 개혁가들은 다른 나라의 교육 체제를 모방한다면 미국의 교육 체제를 한층 개선시킬 수 있다고 주장한다. 지난 50년간 일본이 보여 준 눈부신 경제 성장의 배경에는 일본의 교육 체제가 한몫 했다는 의견 때문에 특히 일본의 교육 체제가 주목을 받고 있다. 하지만 다른 나라의 교육 체제를 무턱대고 모방하는 것도 문제를 야기한다. 그 제도가 미국 실정에 맞을 것인가? 미국인의 신념이나 가치관과도 조화를 이룰 것인가?

이러한 질문에 답하기에 앞서 우선 각국의 다양한 교육 체제에 관해 살펴볼 필요가 있다. 즉, 각 교육 체제는 서로 어떻게 다른지 또 유사한 점은 무엇인지 그리고 각각의 맥락에서 가장 효율적이라고 할 수 있는 특성은 무엇인지 등에 대해 살펴보아야 한다. 이 장에서는 우선 상술한 부분에 대한 분석을 시작으로 개발 도상 국가의 교육 및 학교 개선에 관한 국제적인 연구를 검토할 것이다. 마지막으로 국제적인 맥락에서 미국 교육 체제에 관해 간략히 논평할 것이다. 이 장을 읽으면서 다음과 같은 질문들을 생각해 본다.

핵심 질문

- 각국 교육 체제의 공통점은 무엇인가? 차이점은 무엇인가?
- 교육 부문에 투여하는 자원의 양 및 입학률이라는 측면에서 각 교육 체제는 어떤 차이를 보이는가?
- 다른 나라 학생과 비교하여 미국 학생들의 학력 수준은 어느 정도인가?
- 모방할 만한 가치가 있는 교육 체제로는 어떤 나라의 체제를 들 수 있는가?
- 개발 도상 국가의 교육 체제 개선을 위해서는 어떤 노력을 기울여야 하는가?
- 다른 나라와 비교할 때 미국 교육 체제의 목표 및 학업 성취도는 어떠한가?

교육 체제의 공통점

각국의 교실 환경을 살펴보면 공통점이 거의 없어 보인다. 수단의 시골 학교와 일본 학교의 예를 들어 보자. 수단의 경우, 학교에는 전기도 들어오지 않고 교실 바닥도 그냥 흙바닥이다. 그리고 학생은 전부가 남자다. 교사들은 고등학교 졸업장도 없으며 교육 당국이 교육과정과 교수법(암기 위주로 이루어짐)을 결정한다. 이와는 대조적으로 선진국 일본에서는 현대식 학교 건물에서 남녀 학생이 공부하고 있으며 이들 가운데 거의 대부분이 고등학교를 졸업한다. 교사들은 모두 대학교를 졸업한 고학력자들이다. 국가가 정한 교육 방침에 맞는 교육 활동을 개발하고 교재를 채택하는 데 주력하는 한편, '전인 교육'을 표방하는 사회적 · 도덕적 · 신체적 측면의 교육과 더불어 학생의 사고 및 문제 해결 능력을 특히 강조한다.

각국은 매우 다양한 교육 체제를 채택, 운영하고 있지만 그럼에도 불구하고 이들 교육 체제 간에는 공통점도 존재한다. 이하에서는 학생의 출신 계층과 학업 성취도 간의 강한 상관관계, 다민족 국가가 당면한 교육적 문제, 전형적인 교수법, 교사의 직업 환경 등 교육 체제상의 다양한 특성 및 문제점에 관해 설명할 것이다. "Overview 15.1"에서도 역시 각국 교육 체제의 공통점과 차이점에 대해 정리하였다.

출신 계층과 학업 성취도

■ 특권층 학생 대 비특권층 학생

11장에 제시된 것과 같이 미국 및 여러 국가들을 대상으로 한 여러 연구들은 학생의 사회경제적 배경과 학업 및 경제적 성공 간에는 강한 상관관계가 있음을 제시하고 있다. 예를 들어, 세계 은행이 연구한 바에 의하면 선진국이나 개발 도상 국가를 막론하고 가족의 사회경제적 배경은 학생의 학업 성취도를 예측하는 주요 요인인 것으로 나타났다. 이와 마찬가지로, Donald Treiman이나 기타 여러 연구자들도 부국이든 빈국이든 또 정치적으로 진보적인 사회이든 보수적인 사회이든 간에 개인의 출신 사회 계층과 배경은 학업 성취도와 관계가 있다는 것을 발견하였다(Treiman, 1977). 이외에 다른 수많은 연구에 따르면 미국의 경우에서와 같이 다른 나라에서도 가정환경과 학업 성적 간에 상관이 있는 것으로 나타났다(Purves & Levine, 1975).

다문화 인구와 문제점

■ 다양성 증대

소수의 동질적인 국가를 제외하고 대부분의 국가는 인종 및 종교, 언어, 문화 등이 각기 다른 다양한 집단의 학생들을 대상으로 교육 정책을 수립해야 한다. (지리적 및 문화적 고립이라는 측면에서 볼 때 일본은 매우 이례적인 경우에 속한다고 할 수 있다) 역사적으로 볼 때 대다수 거대 국가는 수많은 민족/인종 및 문화적 하위 집단들로 구성되었지만, 20세기에는 이러한 양상이 더욱 가속화되어 한 국가 내에 매우 다양한

[Overview 15.1] 세계 각국 교육 체제의 공통점과 차이점

공통점 – 각국은 교육 체제상의 유사한 문제에 직면하고 있다	
출신 사회 계층과 학업 성취도	대부분의 국가에서 저소득층 가정의 학생은 학업 성취도가 낮다.
다민족 문화	다양한 인종 및 민족 출신의 학생을 효과적으로 교육하는 방법을 고안해 내야 하는 문제에 직면해 있다.
교수법 및 조건	세계 각국의 교사들은 서로 동일한 이유로 좌절하고 또 서로 비슷한 이유로 보람을 느낀다. 연구자들은 각기 다른 교육 체제하의 학습 및 지도법에 유사성이 있다는 발견하였다.
차이점 – 각국의 교육 체제에는 수많은 차이점이 있다	
교육에 투여되는 자원	각 나라마다 수입 수준 및 교육적 우선순위가 각기 다르기 때문에 국내 총생산 대비 교육에 지출하는 자원 비율이 각기 다르다. 교육 부문에 대한 투자 비율이 높을수록 입학률이 증가하고 교육 서비스의 질도 높아진다.
중앙 집권화의 정도	정부 차원에서의 교육적 의사결정이 어느 정도로 이루어지는지는 나라마다 다르다.
교과 과정 및 교육적 강조점	각기 주안점을 두고 있는 학습 주제 및 방법에는 각 나라의 문화와 그 나라에서 우선시하는 가치가 담겨 있다.
직업 교육 대 인문(academic) 교육	일부 국가에서는 몇 년간의 의무교육기간이 끝난 후 학생들의 진로를 직업 교육 대 인문 교육으로 구분한다.
고등 교육기관의 입학률	순수 학문 교육과 직업 교육 가운데 어느 부문에 중점을 두고 자원을 투자하느냐에 따라 나라마다 대학 입학 및 졸업 비율에 큰 차이가 나타난다.
사립학교	각국의 문화와 정부 구조에 따라 사립학교의 규모 및 그 기능에 차이가 있다.
학업 성취도 수준	대부분의 학업 성취도 검사에서 미국 학생들이 중간 정도의 순위를 차지했다. 이는 미국 교육 체제 개선의 필요성을 시사하는 부분이라 할 수 있다.

집단들이 존재하게 되었다. 세계대전 및 국지전, 경제 공황, 경제적 기회 확대를 위한 도시로의 이주 등 최근 수십 년간의 격동적 흐름을 보고 역사가들은 이 시기를 '이주자와 난민의 시대'라고 명명하기에 이르렀다(Cohen, 2000). 이러한 흐름이 지속된다면 향후에는 외국에서 온 학생이 섞여 있는 교실에서 아이들을 가르쳐야 할 상황을 맞게 될 것이다. "In This Case"에 기술되어 있는 바와 같이 다국적 학생들을 가르쳐야 하는 상황에 대비하여 세계 각국을 돌아다니는 방법을 고려할 수도 있을 것이다.

■ 다문화의 문제

별로 놀랄 일도 아니겠지만, 다른 나라 역시 비효율적인 전통적 교수법, 이중 언어 교육 실시, 소수 집단 출신 학생에 대한 차별 폐지 문제 등 미국과 유사한 문제에 직면하고 있다는 사실을 알게 될 것이다(12, 13장 참조). 미국에서와 마찬가지로 대다수 국가의 경우, 소수 인종 및 민족이나 소수 종교 집단이 대체적으로 사회경제적 지위가 낮다는 데 부분적인 원인이 있다. 예를 들어 영국이나 프랑스, 네덜란드 및 기타

In This Case

새로운 관점

Harris 박사는 교육학 강의 시간에 다음과 같이 이야기했다. "Mineapolis나 뉴욕, Houston, 로스앤젤레스 등지의 학교에서 사용되는 언어가 얼마나 다양한지를 여러분이 알고 있는지 궁금합니다." Harris 교수는 특유의 수사가 섞인 이 물음에 답하는 것으로 그날의 강의 주제를 끌어냈다. "여기 Mineapolis만 예를 들어도, 줄잡아 90개 이상의 서로 다른 언어가 사용되고 있습니다."

"여러분 중에 한 가지 이상의 언어를 구사할 수 있는 사람이 몇 명이나 됩니까? 각국의 학생들이 어떤 식으로 교육을 받고 있는지 알아보기 위해 다른 나라를 방문한 사람이 몇 명이나 됩니까? 다른 나라에 가본 적이 있든 없든, 또 2개 국어를 구사할 수 있든 없든 간에, 여러분들은 나중에 각기 다른 문화적 배경을 지닌 학생들 그리고 교육에 대한 기대가 서로 다른 부모들과 함께 해야 할 것입니다."

Harris 박사는 말을 이었다. "우리에게는 우리 아이들 모두를 잘 돌보아야 할 책임이 있습니다. 예비 교사인 여러분이 세계 각지에서 온 학생들을 효율적으로 지도할 수 있으려면 무엇을, 어떻게 준비해야 한다고 생각합니까?"

"한 가지 확실한 방법 가운데 하나는 각국이 사용하는 상이한 교수법이나 교육 형태 등에 관한 책을 읽는 것입니다." Michael Ervin이 제안하였다.

"각국의 학교가 어떻게 조직 · 구성되어 운영되는지 인터넷을 통해 알아보는 방법도 있습니다." Sally Newman이 말했다.

"우리 학교 학생들을 활용하는 것도 방법이지요. 출신 국가가 다른 학생들을 인터뷰하여 각 나라의 교육과정에 대해 알아보는 것입니다." Bob Barrett이 말했다.

이번에는 Tanghe Yu가 덧붙였다. "교육에 대한 각국의 상이한 관점에 대해 알아보는 데 가장 좋은 방법은 뭐니뭐니 해도 그 나라를 직접 방문하는 것입니다. 우리가 학생의 신분이든 아니면 예비 교사의 신분이든 간에 그런 방법을 이용하면 그 나라 학생의 교육적 경험에 대해 몰두할 수 있습니다. 저는 여덟 살 때 타이완에서 이곳으로 왔습니다. 여러분에게 감히 말할 수 있는 것은 아주 어렸을 때의 경험이긴 하지만 타이완에서의 교육과 이곳 미국에서의 교육 경험은 본질적으로 차이가 있었다는 점입니다."

이러한 여러 가지 의견을 듣고 나서 Harris 박사가 말했다. "모두 다 좋은 의견들입니다. Tanghe Yu, 당신의 생각에는 특별한 장점이 있다고 생각합니다. 9 · 11 테러 사건 이후 서로 다른 집단 간에 더 많은 이해가 필요하다는 것을 절실히 느끼게 되었습니다. 다른 나라에 직접 가서 그 나라의 교육 체제에 대해 알아보고 싶은 사람이 있으면 손을 들어보세요." 그러자 교실에 있던 학생의 반 정도가 손을 들었다. "좋아요. 그런데 지금 당장은 그럴 만한 돈이 없어요. 하지만 앞으로 좋은 기회가 올 것입니다."

질 문

1. 예비 교사로서 자신과 다른 언어와 문화적 배경을 지닌 학생 및 그 가족과 의사소통을 효과적으로 할 수 있으려면 무엇을, 어떤 방법으로 준비해야 하는가?
2. 여러분이 지역 사회 내에서 관찰한 각 학교에서는 다양한 문화적 배경을 지닌 학생들을 어떻게 다루고 있는가? 여러분이 생각하는 가장 효과적인 전략으로는 어떤 것이 있는가?
3. Harris 박사가 제안한 것과 같은 프로그램에 참여할 의향이 있는가? 그렇다면 방문하고 싶은 나라는 어디이며 그 이유는 무엇인가? 반면에 프로그램에 참여하고 싶지 않다면 그 이유는 또 무엇인가?

유럽 국가에는 아프리카나 아시아, 카리브 해 연안국, 기타 국가에서 온 저소득층 출신 학생들이 많이 있다. 독일의 경우 집시, 슬라브족, 터키 이주민 출신 학생들과 소수 부족 및 소수 언어 사용 집단 출신 학생들을 효과적으로 교육하기 위해 고심하고 있다(Grant, 1997).

교수법 및 교육 여건

■ 유사한 교수법

교수법은 교사마다 다를 수 있고 교수 학습 여건은 학교나 교실마다 다를 수 있지만 각국이 강조하는 교육 방침에는 유사한 측면이 있다. 10개국의 5학년에서 9학년까지 학생을 대상으로 수학, 사회학, 과학 교과를 분석한 두 연구자는 각국의 학습 및 지도 과정과 관련하여 유사한 점이 있다는 것을 발견하였다. 즉, 연구 대상이었던 10개국 모두 기본적인 학습 활동에 교사의 강의 또는 시범, 자습 등이 포함되어 있었다(Hilgard & Bourke, 1985).

■ 교사 측면에서 본 문제의 유사성

여러 나라의 많은 학자들은 교사들이 좌절하거나 보람을 느끼는 원인은 서로 비슷하다는 것을 발견하였다. 각국의 교사들은 공통적으로 우선순위의 목표를 달성할 만한 시간 부족, 여러 가지 역할에 대한 기대(경우에 따라 서로 상반되는 역할이 강요될 때도 있음), 관리자의 지원 부족 등의 상황에 처했을 때 '직업적 회의'를 느낀다고 한다. 반면에 학생과의 관계, 학생의 학업 성취도에 대한 만족 등에서 '직업적 보람'을 느낀다고 한다. 미국의 경우와 마찬가지로, 교사가 좌절하거나 보람을 느끼는 상황에는 그 나라의 '교육 현실'이 반영되어 있다(Eibler et al., 1998).

다시 한 번 생각해 보기

이외에 각국의 교육 환경이나 제도상의 유사점으로는 어떤 것이 있는가?

교육 체제 및 그 성과상의 차이점

중요 사항에 관해 각국의 교육 체제는 서로 여러 가지 차이점을 가지고 있다. 이제 그러한 차이점 가운데 주요한 몇 가지를 살펴볼 것이다.

교육 부문에 대한 자원 투자

■ 교육 부문에 대한 지출

각국의 교육 체제상의 가장 두드러진 차이는 고속도로나 보건, 군대 등의 부문과 비교하여 교육 부문에 투자하는 자원의 비율이 어느 정도인가 하는 점이다. 평균 소득 수준이 낮거나 상대적으로 교육 부문에 대한 중요도가 떨어지는 국가는 K-12와 대학 교육에 대한 공공 지출이 국내 총생산의 3~4.5%에 불과한 반면, 평균 소득 수준이 높거나 교육에 대한 관심과 중요도가 높은 국가에서는 교육 부문에 대한 지출 비율이 국내 총생산의 7%를 넘는다. 세계 최빈국에 속하는 나라가 군대에 사용하는 1인당 지출 금액은 교육 부문에 대한 1인당 지출 금액보다 거의 1/3 이상 많다(Psacharo- poulos, 1985).

■ 학생 대 교사의 비율

초등학교의 학생-교사의 비율. 교육 부문에 자원을 많이 배분하는 국가뿐만 아니라 상

세계 각국의 교실, 학교와 학교 체제는 옆의 사진에서와 같이 여러 면에서 상당한 차이를 보이고 있다. 또한 학교는 학생들과 함께 생활하면서 교사들이 발견하게 되는 즐거움 등과 같은 공통점들도 공유하고 있다.

대적으로 부국에 속하는 국가에서는 교육 부문에 상대적으로 자원을 많이 배분하지 못하는 빈국에 비해 양질의 교육 서비스를 제공할 수 있다. 예를 들어 초등학교의 경우, 빈국의 평균 학생 대 교사 비율은 부국에 비해 높은 편이다. 아프리카 지역 국가의 절반 이상이 평균 학생 대 교사의 비율을 30 : 1 이상으로 나타나고 있는 데 비해 유럽이나 북미 지역 국가는 그 비율이 20 : 1 이하인 것으로 나타나고 있다. 그런데 같은 부국끼리 또는 빈국끼리 이 비율을 비교할 때도 큰 차이가 나타난다.

■ 부국의 높은 입학률

입학률. 교육에 투자하는 자원의 비율은 대부분의 아이들이 학교에 다니는지 또 졸업을 하는지 여부를 결정하는 중요한 근거가 된다. UNESCO 자료에 따르면 선진국(오스트레일리아, 일본, 뉴질랜드, 북미, 대다수 서유럽 국가)의 경우 대부분의 아동이 초등학교에 다니는 것으로 나타났다. UNESCO 가 '저개발 국가'로 분류한 나라(대부분의 아프리카 및 아시아 지역 국가, 아랍권 국가, 남미 등 포함)의 경우는 초등학교 연령층의 아동 가운데 20% 정도가 학교에 다니지 않는 것으로 나타났다(리베리아나 수단과 같은 미개발 국가의 경우는 60% 이상의 아동이 학교에 다니지 않는다). 중등학교 및 고등학교, 대학교 등 고등 교육기관으로 올라가면 선진국과 저개발 국가 간의 격차가 더욱 커진다(Parks, 2003).

■ 여학생 입학률의 증가

남아와 여아의 입학률. 10장에서 우리는 미국 여학생이 남학생에 비해 읽기 능력이 우수하며 여학생이 고등교육을 이수하는 비율이 매우 높다는 것을 언급한 바 있다. 이와 같은 양상은 다른 선진국에서도 비슷하게 나타난다. 일본 및 터키와 같은 소수의 국가를 제외하고 대부분의 선진국에서는 여성이 대학에 입학하는 비율이 증가하여 수석을 차지하는 여학생이 더 많아지는 수준에까지 이르렀다. 하지만 대학교와 고등학교, 중학교, 심지어 초등학교에 이르기까지 남학생 수가 여학생 수를 능가하는 대부분의 개발 도상 국가에서는 이와는 다른 양상을 보인다. 대부분의 분석가들은 아프리카와 아시아 등 저소득 국가에서 남아보다 여아의 입학 비율이 낮은 것은 경제적인 문제가 그 원인이자 결과라고 보고 있다(Dasgupte, 1995).

다른 선진국과 미국. 특정한 목적을 위해서는 가난하거나 경제적으로 발전이 안 된 나라와 선진국을 비교하는 것보다 같은 선진국 또는 경제적으로 부유한 나라끼리 비교하는 것도 가치 있는 일이다. 다른 요소는 모두 동일하다고 간주할 때, 자원이 부족하고 경제적으로 어려운 국가는 경제적 기반이 탄탄한 국가에 비해 교육이나 기타 공공부문을 지원하는 데 큰 어려움을 겪는다. 따라서 미국이 교육 부문에 자원을 어느 정도 배분하였는지를 분석하려면 이와 같은 빈국이 아니라 같은 선진국을 대상으로 비교할 필요가 있다.

■ 미국의 교육 부문 지출 순위

이 부분에 관해서는 최근에 몇 가지 논란이 있었다. 공교육 비평가들은 미국의 교육 부문 지출 수준은 '타의 추종을 불허할 정도'로 막대하다고 주장하고 있으나 대부분의 연구자들은 이 의견에 동의하지 않는다. 고등교육 부문에 대한 교육 지출 비용을 제외하면 미국의 교육 부문 지출 순위는 중간 정도를 차지한다. 그림 15.1에서는 이러한 사실을 그래프 형태로 보여 주고 있다. 국내 총생산 대비 공교육 부문 지출 순위를 매긴 결과 미국은 선진 12개국 가운데 겨우 5위를 차지하는 데 그쳤다(Sherman et al., 1998).

■ 교사 급여 비교

분석가들은 미국 내 교사의 급여 수준이 다른 선진국에 비해 높은 편인지 아니면 낮은 편인지에 대해서도 논쟁을 벌이고 있다. 교사의 평균 급여 수준을 비교한 결과 초봉 및 중견 교사의 급여 수준 모두에서, 아일랜드와 노르웨이를 제외하고 다른 선진국이 미국보다 높았다(Levine, 1994).

■ 사회-복지 부문의 지출 비교

경우에 따라 아동의 복지 및 발전을 지원하는 또다른 부문에의 자원 투자에 대한 비교로까지 논의를 확장하기도 한다. 예를 들어, Timothy Smeeding은 오스트레일리아와 캐나다, 독일, 스웨덴, 영국 등 5개국과 미국을 비교한 결과 국내 총생산 대비 아동의 복지 및 보건에 투자하는 자원의 비율이 거의 동일하다는 것을 알게 되었다. 가정의 수입 안정성 보장을 위한 투자 비율은 다른 국가에 비해 낮다는 것도 밝혀냈다. 따라서 Smeeding은 미국의 높은 이혼율, 혼인 외 자녀의 출생률 증가, 기타 사회적인 문제 등이 "도시와 지방의 저소득층을 양산하여 결과적으로 평등한 삶을 누려야 할

그림 15.1 산업 국가들 중 초·중등교육에 대한 공공 지출 정도(GDP 대비 공공 교육 부분의 지출)

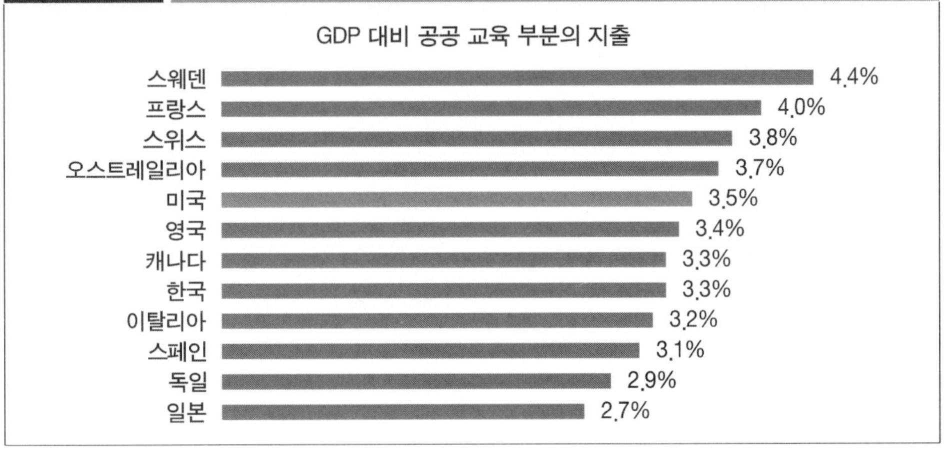

주: 초등학교~고등학교까지의 지출 자료. 단, 설비 투자비와 채무 변제액은 제외되었다.

출처: *Education at a Glance* (Paris: Organisation for Economic Co-operation and Development, 2003), Table 82.1b에서 인용함.

아동의 기회를 더욱 좁히고 있다"는 결론을 내렸다(Smeeding, 1990).

다시 한 번 생각해 보기

미국 정부가 교육 및 이동의 복지 부문에 대한 투자를 늘리면 미국의 교육계에는 어떤 변화가 있을 것이라고 생각하는가? 반대로 이 부문에 대한 투자를 감소시키면 어떤 결과가 발생하리라고 생각하는가?

집권화의 정도

■ 분권형 대 집권형

각국 정부는 각 지방의 여건에 맞는 수업을 계획하고 실행하도록 허용하는 분권형 의사결정 체계를 강조할 것인지 아니면 국가 및 지역 명령 시스템상에서 책임이 부여되는 집권형 의사결정 체계에 주안점을 둘 것인지를 결정해야 한다. 미국은 수천 개에 달하는 다양한 학교구별로 중요 결정을 내릴 수 있게 허용하는 분권형 시스템을 취하고 있다. 반면에 프랑스와 그리스, 일본 등은 고도로 집권화된 교육 체제 및 의사결정 체계를 채택하여 학급 규모라든가 각 학년별 학습 사항 및 학습 시간 등에 이르기까지 대부분의 사항을 정해진 표준에 따라 수행해야 한다. 중앙 집권형 체계를 취한 일부 국가에서는 전국 각지에 서 몰려든 사람들이 어떤 학교에 입학시킬 것인지 또 학생을 어떻게 다룰 것인지 등을 담당하는 중앙 교육 공무원과 만나기 위해 교육부 밖에서 길게 줄을 서는 풍경을 연출하기도 한다(Voollansky & Bar-Elli, 1996). 중앙 집권형 대 분권형 교육 체제에 대해서는 다음 "Taking Issue"에서 다룰 것이다.

Taking Issue

질문 미국이 각 학교구나 개별 교사별로 나름의 학습 목표 및 교재를 선택할 수 있는 분권형 교육 정책보다 국가 공통적 교과 과정을 선택하는 것이 더 바람직하다고 생각하는가?

교과 과정의 수립	찬성	반대
일반적으로 중앙 집권형 교육 정책을 취하는 국가에서는 교사들이 각 학년 수준에서 강조해야 할 학습 목표와 교재, 지도해야 할 학습 주제 등을 비교적 상세하게 지시한 전국 공통의 교과 과정을 따르도록 되어 있다. 반면에 분권형 교육 형태를 취하는 국가에서는 주로 각 지역 단위별(학교구 등)로 또는 각 학교장이나 개별 교사가 학습 주제 및 교재를 결정하게 되어 있다. 미국과 같이 분권화 수준이 높은 국가의 공무원은 교수 및 교육 계획을 수립하는 데 좀더 표준화된 접근법을 제공할 수 있도록 교과 과정을 수립하는 데 몰두한다.	1. 일본이나 한국, 기타 국가의 경우 공통적 교과 과정을 택한 것이 부분적으로는 높은 학업 성취도와 연관이 있다.	1. 국가 공통적 교과 과정 수립은 학교 주도의 관리 및 교사의 자치를 중시하는 흐름에 역행하는 것이다.
	2. 공통적 교육과정은 학습 주제 분야의 전문가와 경험이 많은 교사들의 세심한 노력을 기반으로 수립된 것이기 때문에 좀더 심도 있는 주제와 잘 정리된 교재를 통해 학습 지도를 할 수 있다.	2. 공통적 교과 과정은 어떤 학생에게는 너무 쉽고 또 어떤 학생에게는 너무 어려워 바람직하지 못하다.
	3. 학습 목표와 교재가 전국적으로 통일되었기 때문에, 학생이 전학을 하거나 반을 바꾸는 경우에 발생할 수 있는 교육의 비효율성과 학습 문제를 줄일 수 있다. 한마디로 학습의 일관성이 유지된다는 말이다.	3. 특히 미국과 같이 다양성 정도가 높은 거대 국가의 경우에는 표준화된 교과 과정은 흥미가 떨어질 뿐더러 많은 학생들을 동기화시키는 데도 역부족이다.
	4. 교과 과정이 통일되어 있으면 예비 훈련 과정을 통해 예비 교사들이 막상 교사가 되었을 때 가르치게 될 학습 주제 및 교재에 주안점을 둘 수 있기 때문에 교사를 교육하는 데도 장점이 있다.	4. 공통적 교과 과정의 경우에도 학습 주제 및 교재를 선택하는 데 어느 정도의 융통을 주고 있기는 하지만 아무래도 교사들은 다른 사람들과 똑같은 방식을 따라야 할 것 같은 부담감을 느끼게 된다. 그리고 대안적 교재에는 그만큼 자원 투자가 되지 않는다. 따라서 대안적 교재를 사용했을 때 큰 혜택을 볼 수 있었을 학생들은 계속해서 어려움을 겪을 수밖에 없다.
	5. 국가 공통적 교과 과정은 막대한 자원을 토대로 하기 때문에 각 교과목에 최상의 현행 사고를 반영할 수 있고 기술적으로 보다 우수한 검사 방법을 고안하는 데 도움이 된다.	5. 방대한 범위의 모든 교실 수준에 적합한 교과 과정을 수립하려다 보니 결과적으로 낮은 수준의 기술 및 독창적인 것과는 거리가 있는 교재를 선택할 수밖에 없게 된다.

교과 과정 내용 및 교육적 강조 사항

이미 살펴본 바와 같이 세계 각국의 수업은 대부분 교사의 강의와 학생의 자습 등으로 구성되어 있지만 교과 과정의 내용이나 교육적 강조점 등에 있어서는 나라마다 차이가 있다. 이러한 국가들 간의 차이점은 다음과 같이 잘 알려진 특성들에서 찾아볼 수 있다(Jarchow, 1992).

■ 독특한 유형의 교과 과정 및 지도법

- 뉴질랜드의 초등학교에서는 '자연 언어 학습'을 통한 읽기 학습에 주안점을 두고 있다. 이 학습법에 따르면 아이들은 단어의 발음이나 해석법이 아니라 글을 읽어 나가는 과정에서 문맥 속의 단어를 자연스럽게 깨우치게 된다.

- 핀란드의 교육 체제는 취학 전 단계에서부터 고등교육 단계에 이르는 전 단계에서 높은 수준의 학업 성취도를 보이는 것으로 유명하다(표 15.1, 15.2 참고). 관찰자들은 핀란드의 이러한 교육적 성과를 다양한 이유를 들어 설명하고 있다. 즉, 사고 및 학습 과정에 대한 학생의 능동적 참여를 강조하는 교과 과정, 능력별 반 편성의 부재, 최신 과학 실험 기구와 교재 및 컴퓨터 하드웨어/소프트웨어의 공급 및 현대화, 초등학교 및 중 · 고등학교에서 학습에 어려움을 겪는 학생들을 지원하기 위한 조기 개입 등을 그 이유로 들고 있다.
- 일부 이슬람 국가에서는 종교에 관한 내용을 중심으로 교과 과정을 수립하고 있으며 종교 교리를 암송하는 데 주력한다.

직업 교육 대 인문 교육

■ 초등교육기간 이후의 다양성

고등교육에 이르기까지 교육 기구를 어떻게 조직하고 구성하는지에 대해서도 나라마다 큰 차이가 있다. 비록 대부분의 국가에서는 적어도 4년간의 초급 교육을 제공하고 있지만(이때 모든 학생들은 초등학교에 다닌다), 그 이상의 교육 기회는 국가에 따라 다양하게 나타난다. 대부분의 학생들은 몇 년간 더 초급 교육을 받지만, 상당수의 국가에서 학생들은 4~8년간의 초급 교육을 이수한 후 학문계열 학교와 직업학교로 나뉘어 배치된다. 3장에서 기술한 전통적인 유럽형 이중 진로 체제에 해당하는 이러한 방법을 복선형 체제라고 부른다.

■ 진로의 다양성

중 · 고등학교 학생이 직업 교육 프로그램에 등록하는 비율은 나라마다 매우 다양하게 나타난다. 즉, 덴마크와 미국 같은 나라는 이 비율이 1/10 이하이고 독일과 같은 나라는 1/5 이상이다. 진학반으로 진로를 선택하는 학생의 비율도 이와 유사한 양상을 보인다. 중등 교육기관에서부터 시작하여 중 · 고등교육 이후의 교육과정에 이르는 과정에서 많은 학생들이 진학 쪽으로 진로를 택하는 경우도 있다. 이러한 경우에 학생들은 인문계 고등학교 또는 대학을 졸업하고 이른바 '엘리트' 집단에 속하려는 목표를 가지게 된다. 캐나다와 미국을 포함한 다른 나라에서는 대부분의 중 · 고등학교 학생이 '보통학교(common schools)' 또는 '종합학교(comprehensive schools)'에서 계속 수학하고 많은 학생들이 상대적으로 필수 과정이라 할 수 있는 대학에 입학한다 (Medrich & Kagehiro, 2002).

고등 교육기관에의 입학률

■ 고등교육 이수에 영향을 주는 요인

직업 교육 프로그램에 주안점을 두는 국가에서는 학생들이 고등 교육기관, 즉 대학교에 입학하는 비율이 낮은 편이다. 반면에 대부분의 고등학교 학생들에게 기초 학문 교육을 실시하는 국가에서는 대학에 진학하는 비율이 높다. 대학 입학률을 결정하는 또다른 요인에는 고등교육에 대한 국가의 투자, 직업 전선에 진출하는 것보다 고등교

표 15.1 고등교육을 받은 비율(25~34세)

국가	비율	국가	비율
오스트레일리아	34	이탈리아	12
벨기에	38	일본	48
캐나다	51	한국	40
덴마크	29	네덜란드	27
핀란드	38	노르웨이	38
프랑스	34	스페인	36
독일	22	스웨덴	37
아이슬란드	26	영국	29
아일랜드	48	미국	39

출처: *Education at a Glance* (Paris: Organization for Economic Co-operation and Development, 2003), Table A2.4에서 인용함.

육 이수 강조, 고등교육을 교육 기회의 평등으로 여기는 전통, 대학에서 학업 성취도가 높은 학생만을 입학시키는 정도 등이 포함된다.

상대적으로 고등교육에 대한 투자가 거의 이루어지지 않고 초등학교 및 중·고등학교 입학 수준을 높이는 데 주안점을 두고 있는 개발 도상 국가에서는 대학교에 입학하는 학생의 비율이 낮은 편이다. 따라서 아프가니스탄이나 중국, 에티오피아, 가나 및 다른 개발 도상 국가의 대학교 입학률은 20% 미만이다. 선진국의 경우는 1/3 이상의 학생이 대학교에 입학한다(표 15.1 참조).

일단 고등학교를 졸업한 학생이 대학에 진학한 후 졸업까지 하게 되는 과정에는 여러 가지 요인이 작용한다. 즉, 교과 과정의 난이도, 재정적 지원 기회, 동기화 수준 등이 결정적 요인이 된다. 선진국에서도 대학교를 졸업하는 학생의 비율에는 나라마다 큰 차이가 있다. 예를 들어, 표 15.1에서 보는 바와 같이 그 비율이 12%인 이탈리아에서부터 50%인 캐나다까지 그 격차가 큰 편이다.

■ 미국의 순위 하락

미국의 대학 입학률 순위 하락. 1990년대까지만 해도 미국 학생의 대학 입학 및 졸업 비율은 다른 나라에 비해 높은 편이었다. 이때는 캐나다 정도만이 미국과 버금가는 수준이었다. 그런데 표 15.1을 보면 이제는 상황이 많이 달라졌다는 것을 알 수 있다. 몇몇 나라들은 미국을 능가하고 있고 다른 나라들도 급속히 미국의 수준에 육박하고 있다. 주 교육위원회의 의뢰를 받아 연구를 진행한 학자는 "이 같은 경향이 그대로 유지되고 미국 학생의 대학 진학률이 현재와 같은 수준에서 멈춘다면 머지않아 미국은, 지난 10여 년 간 교육적 성과를 높이기 위해 노력을 경주해 왔던 다른 선진국에 밀리게 될 것"이라는 결론을 도출하기에 이르렀다. 이 학자는 더 나아가 '공공 부문의 경쟁이 심화되고 투자 자원이 축소되면 더 많은 미국인들이 질 좋은 고등교육을 받는 일은 물 건너가게 된다'고 경고하면서 이는 더 심각한 위기라고 주장하였다(Ruppert, 2003).

사립학교

■ 사립학교 학생의 비율

각국의 역사, 정치 구조, 종교적 구성 양태, 법과 기타 요인 등에 따라 사립학교의 규모 및 그 기능에는 큰 차이가 있다. 네덜란드와 같은 일부 소수 국가에서는 초 · 중고 학생 가운데 절반 이상이 사립학교에 다닌다. 이와는 반대로 쿠바나 북한, 기타 국가의 경우에는 국가에서 지지하는 이데올로기(사상)와 다른 것을 억압하기 위해 학생들이 사립학교에 입학하는 것이 금지되어 있다. 대부분의 국가의 경우, 사립학교에 다니는 학생의 비율은 10% 미만이다(Caldwell, 2000).

■ '사립학교'의 정의를 내리는 것의 문제점

국가가 사립학교 및 그 학생에게 공적인 지원을 하는 정도는 나라마다 차이가 있다. 사립학교에 대한 정부의 규제, 공립학교와 사립학교에 대한 국민의 인식, 사립학교가 국가 발전에 기여하는 역할 등에 따라 국가의 공적 지원 정도는 달라진다. 일부 국가의 경우, 사립학교에는 비교적 소수의 엘리트 학생들이 입학하여 나중에 소위 일류 대학에 입학하게 된다. 반면에 대부분의 일반 학생들이 사립학교에 들어가는 나라도 있다. 이처럼 사립학교의 의미와 역할에 차이가 많이 나기 때문에 '사립학교'를 한마디로 정의하기는 매우 어렵다. 사립학교에 대한 보다 생산적인 정책이 되기 위해서는 국가별 환경과 상황, 과제 등을 고루 반영해야 한다는 점은 분명하다(Nesdale, 2003).

학업 성취도

■ IEA, PISA, PIRLS, TIMSS 연구

1960년대에 International Association for the Evaluation of Educational Achievement(IEA)에서 각국을 대상으로 연구 조사를 시작한 이래로 국가별 학업 성취도의 차이에 대해 지대한 관심이 쏠려 있다. IEA가 실시한 첫 번째 프로젝트 가운데 하나는 19개국의 학생 25만 8,000명을 대상으로 하여 시민 교육, 외국어, 문학, 읽기 능력, 과학 등에서의 학업 성취도 결과 자료를 수집, 분석하는 일이었다. 이 연구 결과, 나라마다 학업 성취도에 큰 차이가 있는 것으로 드러났다. 일반적으로 볼 때 미국은 연구 대상국 가운데 중간 정도 수준이었다. 이후 Program for International Student Assessment(PISA), Progress in International Reading Literacy Study(PIRLS), Third International Mathematics and Science Study(TIMSS)와 같은 연구 조사에서도 4학년 이상 학생의 학업 성취도는 다른 선진국에 비해 중간 정도 수준인 것으로 나타났다(표 15.2 참조).

■ 연구자의 결론

이러한 국제적 연구 자료를 분석한 결과 학자들은 다음과 같은 결론을 내렸다(Forgione, 1998).

- 읽기, 수학, 과학 등의 성적은 서로 높은 상관관계가 있다. 예를 들어, PISA 자료 가운데 읽기에서 높은 점수를 받은 8개국 가운데 7개국은 수학과 과학 성적에서

표 15.2	읽기 능력 점수 (31개국의 15세 학생 대상)		
핀란드	546	스위스	494
캐나다	534	스페인	493
뉴질랜드	529	체코	492
오스트레일리아	528	이탈리아	487
아일랜드	527	독일	484
한국	525	리히텐슈타인*	483
영국	523	헝가리	480
일본	522	폴란드	479
스웨덴	516	그리스	474
오스트리아	507	포르투갈	470
벨기에	507	러시아*	462
아이슬랜드	507	라트비아*	458
노르웨이	505	룩셈부르크	441
프랑스	505	멕시코	422
미국	504	브라질*	396
덴마크	497		
		평균	500

주: *=비 OECD 국가. Organization for Co-operation and Development에 속한 27개국의 점수이다.
출처: Marianne Lemke 등의 *Outcomes of Learning: Results From the 2000 Program for international Student Assessment of 15-Year-Old in Reading, Mathematics and Science Literacy*(Washington, D.C.: Department of Education, 2002), Table A3.1에서 인용함, available at **http://search.nces.ed.gov**에서도 볼 수 있음.

도 높은 점수를 받은 것으로 나타났다.

■ 편차가 큰 미국

■ 표 15.2에서 보는 바와 같이 미국 학생들은 높은 점수를 얻은 국가의 학생들에 비해 점수가 낮은 편이었다. 미국을 포함한 일부 국가의 경우는 점수가 높은 학생과 낮은 학생 간의 격차가 핀란드나 일본, 한국의 학생 간 격차보다 더 높게 나타난다. 하지만 점수가 높았던 미국 학생은 역시 점수가 높았던 다른 나라 학생들의 수준과 비슷하다.

■ 대부분의 국가에서 사회 계층과 학업 성취도 간에는 높은 상관관계가 있다. 하지만 평균적으로 높은 성취도를 보이고 상대적으로 높은 점수와 낮은 점수를 받은 학생 간의 격차가 적었던 핀란드나 일본에 비해 미국은 노동자 계층과 중산층 학생 간의 격차가 더 큰 것으로 나타났다.

■ 수동적 지도 방법

■ 일반적으로 교육적 특성(학급의 규모, 학습 시간, 교사의 경험, 과제량 등)은 검사 점수와 상관이 없다. 예를 들어, 미국을 포함한 대다수 검사 대상국에서는 수학을 가르칠 때 수동적이며 기계적인 학습 방법, 즉 '말하고 시범으로 보여 주는' 방법을 사용하였다. 높은 점수를 받은 국가에서도 이와 비슷한 학습 방법을 사용하였기 때문에 유독 미국이 그저 보통 수준에 머문 이유를 여기서 찾을 수는 없다. 따라서 미국이 보통 수준의 성취도를 보인 것은 이외에도 다른 변인들이 혼

합적으로 작용한 것으로 봐야 한다.

- 일부 분석가들은 미국의 교과 과정과 학습 지도 방법, 특히 수학의 경우에 '범위는 넓으나 깊이가 얕다'는 결론을 내렸다. 이처럼 피상적인 학습법으로 인해 보통 수준의 점수를 얻게 되면 국제 경쟁력에 심각한 타격을 입을 수밖에 없다고 지적한다. 미국의 수학 교과 과정을 국제적 맥락에서 연구한 학자에 따르면 너무 많은 주제를 다뤄 깊이가 없고 산만하고, 주제에 논리적 순서가 없어 반복적이고 일관성이 없으며, 특히 중등학교 수준에서는 너무 쉬운 경향이 있다고 결론지었다. 게다가 다른 나라와는 대조적으로 미국의 수학 교과 과정은 매우 특화되어 있다. 즉, 중등학교에서 성적이 좋은 학생들은 대수학이나 기타 고급 수학을, 성적이 낮은 학생은 쉬운 것을 학습하는 반으로 나뉘어 공부하는 경향이 있다. 따라서 중하류에 속하는 많은 학생은 기본적인 수준 이상의 과정을 공부할 기회가 거의 없다. 이 점은 대부분의 학생이 고급 수준의 학습에 도전하는 핀란드, 헝가리, 일본, 기타 국가와 확연히 다른 점이다. 이러한 학습 형태를 검토한 대다수 분석가들은 이러한 교육과정상의 차이를 좀더 감소시키는 노력을 기울여야 한다고 지적한다(Loveless & Diperna, 2000).

■ 반복적이며 일관성이 없는 미국의 수학 교과 과정

- 미국 학생의 학업 성취도를 높이려면 기준 설정, 학생의 평가, 교사 양성, 교수법, 기타 교육 체제의 다른 측면 등에서의 체계적 변화가 필요하다.

PIRLS, PISA, TIMSS 등의 연구 결과가 발표되자 열띤 논쟁이 일어나게 되었다. 미국의 교육 체제는 생각했던 것보다 훨씬 우수하다고 주장하는 사람도 있었다. 이러한 주장을 펴는 사람들은 교육적 개선이 이루어져야 한다는 점에는 동의하면서도 다음과 같은 의견을 내놓았다(Purves & Levine, 2000).

■ 미국 학교에 대한 옹호

- 미국 학생의 읽기 능력 수준은 비교적 높은 편이다.
- 학교 자체의 결함이 아니라 문화적인 차이 때문에 상대적으로 낮은 학업 성취도가 나온 것이다. 예를 들어, 수학에서 높은 점수를 받았던 헝가리나 일본, 한국 등의 경우는 수학 성적이 좋은 것에 높은 가치를 두는 문화적 경향이 있고 가족들도 이를 강하게 뒷받침하는 분위기가 형성되어 있다.
- 미국의 교육 체제를 비판하는 사람들이 있지만 지난 수십 년 동안 미국 학교도 많은 발전을 이룩해 냈다. 특히, 저소득층 출신 소수 집단 학생의 입학률이 증가한 점에서도 이러한 사실을 알 수 있다. 이러한 발전은 보상 교육 및 학교 차별 철폐(11장 참고)의 긍정적 효과와 교육 개혁을 위한 노력 등에서 부분적인 원인을 찾을 수 있다.

■ 미국 학교의 문제

이와 같은 옹호론에도 불구하고 미국 학생의 낮은 학업 성취도에 대한 비판은 수그러들지 않고 있다. 특히 '문제 해결 능력' 부문에서 낮은 점수를 얻었다는 점을 자주

거론하면서 이해력과 지리, 수학, 과학, 기타 과목의 점수를 향상시키는 일이 무엇보다 중요하다는 점을 지적한다. 이들은 미국의 교육 체제를 개혁하거나 심지어 근본적으로 제도를 손보지 않고서는 국제적인 비교 평가에서 현재와 같은 통탄할 점수를 얻는 일이 되풀이될 것이라고 결론내리고 있다(Finn, 1991).

다시 한 번 생각해 보기

국제적 비교 평가 결과에 대해 교사로서 어떤 생각을 하는가? 이에 대해 어떻게 대처해야 한다고 생각하는가?

개발 도상 국가의 문제점 및 전망

■ 교육과 경제 발전

이 장을 시작하면서 우리는 개발 도상 국가의 교육이 부실한 것은 빈곤이 그 원인이자 결과라고 언급한 바 있다. 이러한 이유 때문에 각국 정부와 국제기구에서는 개발 도상 국가의 교육 체제를 확대·개선시켜 경제를 부흥시키려는 지원을 계속해 왔다. 교육은 그 나라 국민들에게 기술과 지식을 제공하여 국제 시장에 진출할 수 있게 해 주며 평등 분배를 실현하여 빈부의 격차를 줄여 주어 결과적으로 정치적 안정과 장기적 경제 성장을 도모하기 때문에 경제 발전이라는 측면에서 교육은 매우 중요한 역할을 한다.

■ 교육 수준 향상의 문제점

하지만 개발 도상 국가에서 광범위하고 지속적이며 균형적인 교육 체제 개선을 도모하기란 그리 쉬운 일이 아니다. 예를 들어, 최빈국에 속하는 르완다 같은 나라는 초등학생 1인당 연간 가용 자금이 100달러에도 미치지 못한다. 인도와 나이지리아와 같은 다른 개발 도상 국가는 사용되는 언어만도 수십 개가 넘는 다인종 국가라는 점 때문에 교육 문제가 더욱 심각하다. 또한 수많은 개발 도상국은 '두뇌 유출'이라고 알려진 인재의 해외 이주 문제가 심각한 정도다. 이들 국가에서는 고등학교와 대학교 졸업생이 증가하고 있지만 이들의 교육 수준에 걸맞은 보수 좋은 직장이 거의 없기 때문에 교육 수준이 높은 이들은 더 나은 취업 기회를 찾아 부유한 국가로 이주해 가는 것이다.

개발 도상 국가의 교육 수준을 향상시키기 위해 연구자들은 다음과 같은 단계를 제시하고 있다(Stix & Wallich, 1993).

■ 개발 도상 국가를 위한 조언

1. 초등학교에 대한 지원을 늘려 더 많은 학생이 고등교육을 받을 수 있도록 그 기반을 조성한다.
2. 고등교육 문제에 너무 치중해서는 안 된다. 학생들이 해외에 나가 공부한 후 고국으로 돌아오지 않을 수 있다.
3. 사립학교를 교육 확대 계획에 포함시킨다.

4. 학생의 인지적 기능 향상을 위해 노력한다.
5. 여성의 교육을 제한하는 갖가지 장애를 극복한다.
6. 교사 양성 체제를 개선한다.
7. 최신 기술을 사용하여 전 수준에 걸쳐 교육 기회를 확대시킨다.

다시 한 번 생각해 보기

이러한 제안 가운데 개발 도상 국가에 가장 적합한 방법은 무엇이라고 생각하는가?

교육 개혁의 실례

미국의 경우에서와 같이 세계 각국의 교육 담당자들은 보다 효율적인 학교를 만들기 위한 다양한 개혁 정책을 도입하고 있다. 이러한 개혁 정책 가운데는 이례적인 성공을 거둔 학교와 그 학교가 어떻게 기능하는지에 대한 연구 결과를 기반으로 한 것이 있다. 이처럼 효율적인 학교를 대상으로 한 연구는 미국에서도 있었지만 중요한 연구는 오스트레일리아, 캐나다, 네덜란드, 영국, 기타 국가 등지에서도 진행되었다. 이 장에서는 많은 나라가 자국의 교육 체제에 도입했던 주요 개혁 정책에 관해 검토할 것이다(Rides, Campbell, & Gagatis, 2000). 조기 교육 기회, 수학 학습법, 직업 교육, 기타 중요한 교육적 경험 등에서의 효율성과 질을 높이는 데 수십 년을 투자한 나라도 있었다. 다음 장에서는 체계적 변화와 장기적 개입이 성공적 교육의 열쇠라는 점을 나타내는 연구와 함께 효율적인 학교의 세부적 특성에 관해 다룰 것이다.

프랑스의 유아 교육

■ 다양한 유아 보육 형태

취학 전 기간이 아동의 사회적 · 신체적 · 교육적 발달 측면에서 매우 중요한 시기라는 인식이 높아짐에 따라 많은 국가에서는 모든 유아를 대상으로 자극 학습 기회 확대 및 적극적 보육 정책 등을 실시하려는 노력을 기울였다. 예를 들어, 벨기에와 홍콩, 이탈리아 등의 경우 3~5세 아동의 90% 이상이 유아 교육 프로그램에 참여하고 있다. 이에 비해 미국은 그 비율이 50% 정도에 불과하다. 스칸디나비아 반도국의 경우 탁월한 유아 보육 기관이 있어 국민 누구나 쉽게 이용할 수 있게 되어 있다. 유아 교육 시설과 보육 시설의 혼합 수준은 나라마다 차이가 있으며 유아 교육 전문가들이 부모나 가족과 협력하는 정도도 나라마다 다르다. 하지만 전반적으로 볼 때 유아 교육 문제는 전세계적으로 시급한 주제로 떠올랐다.

■ 프랑스의 유아 교육 프로그램

프랑스에는 많은 전문가들이 '빈티지(vintage)' 접근법이라고 부르는 취학 전 교육 서비스 제도가 마련되어 있다. 3~5세 아동 대부분이 이 프로그램에 참여하고 있으며 교사의 급여 수준도 미국이나 기타 다른 나라의 경우보다 높은 편이다. 참여 아동은 방과 전후 및 방학 중에도 계속해서 활동을 자극하는 프로그램에 노출된다. 이에 못지않게 중요한 것은 부모들은 아동을 위한 양질의 소아과 및 예방 의학 서비스 지원을 받을 수 있다는 점이다. 프랑스의 유아 교육 체제를 관찰한 보육 전문가와 시민운동 지도자들은 미국이 본받을 만한 몇 가지 측면을 아래와 같이 제시하였다(Whiten, 1995).

■ 프랑스 교육 프로그램의 긍정적 측면

- 거의 모든 아동이 유아 교육 및 보육, 보건 서비스가 연계된 협력 시스템의 혜택을 누린다.
- 출산 및 입양 후 부모들은 유급 휴가를 받기 때문에 긍정적인 부모-자녀 관계를 형성하는 데 큰 도움이 된다.
- 유아 교육 교사들의 급여 및 훈련 수준이 높아 이직률은 낮고 교육의 질은 높아진다.
- 거의 대부분의 아동이 취학 전 교육 프로그램에 참여한다.
- 정부는 저소득층 출신 아동의 교육 기회 확대를 위해 추가 자원을 지원한다.

독일의 직업 및 기술 교육

■ 장점과 단점

대다수 유럽 국가와 많은 개발 도상 국가에서는 중 · 고등학교 학생들이 직업 또는 기술 교육을 받을 길을 열어놓고 있다. 특수한 직업에 필요한 양질의 훈련을 받은 학생들은 졸업장이나 자격증을 따면 바로 해당 직업에 진출하게 된다. 이러한 '복선형 체계(직업 및 기술 교육 대 학문 교육으로 구분하는 시스템)'의 장점은 대학 공부를 하지 않을 많은 학생들이 필요한 직업 훈련을 성공적으로 이수할 수 있다는 점이다. 따라서 청소년기에서 사회인으로의 전환이 보다 쉽고 자연스럽게 이루어진다. 단점이라면 캐나다나 미국, 기타 국가의 학생보다 이들 학생이 순수 학문을 추구하고 대학교육을 이수할 기회가 적다는 점이다.

이러한 딜레마에 봉착한 각국의 교육 행정가들은 직업 교육에 일반 학업 프로그램을 도입하고 인문계 고등학교와 대학교에 참여할 기회를 증대시키며 학위를 딸 수 있는 특수 과정을 마련하는 등 여러 가지 노력을 경주하고 있다. 이와는 반대로 미국에서는 유럽식 도제 프로그램이나 기타 직업 및 기술 교육 프로그램을 마련하여 고등학생이 고등교육과정에서 이탈되지 않으면서도(유럽처럼 직업 학교에 들어가 버리면 대학에 진학할 수 있는 진로가 막혀버리기 때문) 적절한 직업 교육을 받을 수 있게 하고 있다(McKernan, 1994).

■ 독일의 도제 프로그램

직업 교육 전문가들은 독일의 전통적 도제 프로그램을 세계에서 가장 효율적인 프로그램의 하나라고 생각한다. 독일에서는 고등학교에 다닐 연령층의 3분의 1만이 대학 진학을 위한 학교에 다니고 있으며 나머지는 모두 견습공으로서의 직업 교육과 학업을 병합시킨 직업 및 기술 학교에 다닌다. 이 학교에서는 숙련된 전문가가 학생을

많은 경험 또는 전문 자격을 가진 교사들이 학생들을 세밀하게 감독하는 독일의 도제 제도는 다른 국가에도 성공적으로 도입되고 경쟁력을 확보할 수 있다.

지도하고 보건 전문 기관이나 산업협회 등과 같은 유관 기관이 감독을 하게 된다. 유관 기관에서는 시험을 주관하여 학생들에게 자격증을 주거나 직접 취업을 돕는 일도 맡고 있다. 분석가들도 이 같은 독일식 도제 프로그램은 수백 년간에 걸쳐 발전되어 온 유서 깊은 제도이며 이를 쉽게 다른 나라에 적용하는 것은 무리가 있다는 것을 잘 알고 있다. 하지만 견습 학생들을 감독한다든가 자격증을 발부하여 학생의 취업 가능성을 높여 주는 방식 등 몇 가지는 다른 나라에서 충분히 활용할 만한 제도라고 생각한다(Kantor, 1994).

영국의 읽기 및 수학 교육

가장 인상적인 교육 개혁 정책 가운데 하나는 영국이 실시했던 읽기 · 쓰기 및 수학 능력 증진법이다. 읽기 · 쓰기 및 간단한 계산 능력 증진을 위한 특별연구위원회의 권고에 따라 영국 정부는 2만 개 초등학교의 300만 학생을 대상으로 다음과 같은 방법을 실시하였다(Barber, 2001).

■ 영국의 읽기 · 쓰기 및 수학 학습법

- 5~11세 아동을 대상으로 각 학년별 수준에 따른 안내 지침 및 기준과 함께 각각 최소한 하루에 한 시간씩 읽기와 수학 공부를 한다.
- 이러한 핵심 과목 이외의 교육과정은 과감히 줄인다.
- 성취도가 낮은 학교에는 추가 예산과 기타 자원을 지원한다.
- 읽기 및 계산 학습 분야 전문 자문가 수백 명을 각 지방 학교에 파견한다.
- 방과 후반, 주말반, 방학반 등을 마련하여 보충 지도가 필요한 학생을 집중적으로 지도한다.

TECHNOLOGY @ School

영국의 교육 개혁 정책을 다룬 인터넷 주소

이 장에서는 세계 각국에서 실시된 효율적 교육 개혁 정책이 비슷한 요구 사항을 지닌 다른 나라에서도 유용하게 활용할 수 있다는 점을 언급하였다. 교사의 한 사람으로서 여러분은 인터넷을 이용하여 다른 나라의 교육 개혁 정책이 어떻게 실시되었는지 상세하게 알 수 있다. 이러한 방법을 통해 상세한 정보를 얻게 되면 여러분이나 여러분의 동료 교사들이 세계 각국의 교육 개혁 정책이 자국의 학교 상황에 잘 접목될 수 있는지를 판단하는 데 큰 도움이 될 것이다.

예를 들어, 인터넷을 이용하면 이 장에서 언급했던 초등교육 개혁 정책에 관해 더 많은 정보를 입수할 수 있다. 영국 교육기술부의 **www.standards.dfes.gov.uk**에 있는 'Standards Site'로 들어가 보라. 2004년에 읽기 및 수학 교육 정책 부문은 'Primary National Strategy(기초 국가 전략)'로 통합되었다. 표제 부분을 보면 이 교육 개혁 정책의 목표를 알 수 있다. 교과 과정 부문에서 여러분이 활용할 만한 것을 검토하고 특수한 학습 주제 및 교재에 필요한 지도 계획을 내려 받는다.

처음 화면 오른쪽 하단에 있는 'Beacon Schools'를 클릭하면 초등학교의 교육 정책에 관한 설명이 나와 있다. 다음 화면에서 'Case Studies Index'를 클릭하면 특별히 관심이 가는 주제로 들어갈 수 있다.

www.standards.dfes.gov.uk/seu로 들어가서 'Boys and Girls Achievement' 또는 'Excellence in Cities'를 클릭하면 특별히 관심 있는 분야의 정보를 입수할 수 있다.

이러한 사이트를 검색하면서 다음과 같은 질문을 하게 될 것이다.

1. 읽기 및 수학 부문에서 사용된 교과 과정이 우리 학교에서 사용하는 것과 유사한가?
2. Beacon Schools에 제시된 정책을 학교 정책 개혁에 일반적으로 적용시킬 수 있는가?
3. 이러한 인터넷 사이트에서 설명하고 있는 정책이나 방침을 강조하는 영국 학교에서 학생들을 지도하고 싶은 생각이 있는가?
4. 이 사이트가 영국 교사나 교육 행정가에게 구체적인 도움을 준다고 생각하는가?

이외에 Electronic Telegraph의 웹사이트인 **www.telegraph.co.uk**으로 가서 'school reform(교육 개혁)'과 같은 단어를 검색하는 것도 좋은 방법이다.

- 2000명 이상의 수학 교사와 역시 수백 명에 달하는 읽기 지도 교사를 지정하여 동료 교사들에게 학습 지도 모형을 제시한다.
- 교재에 대해 과감한 투자를 한다.
- 국가 조사 기관이 정기적 감독과 확대 평가를 실시한다.

이러한 조치를 취한 결과, 읽기에서 최소한 4점(5점 만점 척도)을 얻은 학생 비율이 1996년에 48%에서 2000년에는 75%로 증가하였다. 수학의 경우에도 1996년에 44%에서 2000년에 73%로 증가하였다. 영국 교육부 담당자는 이제 학생의 이러한 성취도를 그대로 유지하면서 고학년의 성취도도 높이려는 노력을 계속하고 있다. 영국의 교육 개혁에 대해 더 자세한 사항을 알고 싶다면 "Technology @ School"을 참고하기 바란다.

일본의 수학 및 과학 교육

국제 학업 성취도 평가 조사 결과 일본은 수학과 과학, 기타 주요 과목에서 꾸준히 높은 점수를 받은 것으로 나타났다. 예를 들어, 2차 국제 수학 능력 평가 연구 보고서에 따르면 일본의 8학년(중2 정도에 해당) 학생은 평균 62%가 정답을 맞춘 반면 미국 학생은 45%, 다른 연구 대상국 학생은 47%만이 정답을 맞혔다. 과학의 경우(3차 연구 조사), 다른 연구 대상 국가의 8학년 학생은 평균 541점을 받은 반면 일본의 학생은 평균 571점을 얻었다(Reyes & Reyes, 1995).

■ 높은 성취도

일본의 교육 및 사회의 특정 측면이 일본 학생의 높은 학업 성취도와 연관이 있을 수 있다. 아래에 열거한 요인들은 비단 수학이나 과학뿐 아니라 일본 교육 전반에 그 영향을 미치는 것으로 보인다. 일본 학생의 높은 학업 성취도를 설명해 줄 만한 요인을 꼽으라면 여러 가지가 있겠지만 그 중에서 어떤 것이 가장 중요한 요인인지는 확실치 않다(Hess & Azuma, 1991).

■ 이유

- 효율적인 보육 제도는 아이들이 나중에 학교생활을 성공적으로 수행할 수 있게 하는 데 도움이 된다. 게다가 가정과 유아 교육과정에서 이루어지는 사회화 교육을 통해 학생들은 교실 환경 및 그 요구 사항에 적응하는 방법을 학습하게 된다. 이와는 대조적으로, 미국 학교에서는 엄격한 규율이나 높은 학력 기준 등과는 관계없이 수업을 흥미 있게 진행하여 학생의 순종을 받아 내는 방법으로 학생들을 통제한다.
- 부모의 적극적이고 강력한 개입을 기초로 하고 있다. 특히 어머니는 자녀가 학교생활을 성공적으로 수행하는 것에 대해 강한 책임감을 느낀다. 가족들은 아동이 초등학교에 입학하면 열렬히 축하해 주는가 하면 방과 후에 또는 주말에는 주입식 학원(juku)에 가서 공부하게 하는 등 전폭적인 지원과 동기 부여를 해준다. 학생이 학교생활을 잘하거나 못하는 결정적인 이유가 무엇이냐고 물었을 때 미국 부모와 대조적으로 일본 부모는 재능보다는 노력이 훨씬 중요하다고 하였다.

■ 부모의 적극적 개입

- 1년에 240일 동안 학교 수업을 받는다(미국은 1년의 수업 일수가 200일 이하).

■ 긴 수업 일수

- 수업 내용과 관련된 엄청난 양의 과제가 학생들의 높은 학업 성취도와 연관되어 있다.

■ 국가 공통 교과 과정

- 국가 공통의 세심한 교육과정 계획 및 실천은 학생들이 계열적이며 포괄적인 기본 틀 내에서 중요 개념을 습득할 수 있게 하는 데 도움이 된다.
- 미국이나 다른 많은 국가의 초등학교 정책과 달리 기계적 학습을 중시하지 않는다.
- 일본을 비롯한 다른 아시아 국가의 언어 형태가 학습을 더 용이하게 해준다. 예를 들어, 일본의 언어 특성 때문에 영어를 사용하는 국가에 비해 수학을 배우기가 훨씬 쉽다. 일본의 언어 구조상에서 숫자는 '10 더하기 1, 2…'라는 식의 형식

을 취하기 때문이다.

■ 인성 교육 강조

■ 학교에서는 학생에게 자질구레한 일을 맡긴다거나 공부하는 것을 서로 도와주는 습관을 통해 책임감을 가르치고 학생의 인성 발달을 강조한다.

■ 교육 담당자들은 학생의 학업 성취도에 책임감을 느끼는 경향이 있다. 예를 들어, 많은 교사들이 학부모에게 연락하여 과제 일정이라든지 통금 시간 등에 대해 조언한다.

■ 교사의 지위

■ 예비 교사들은 엄격한 시험을 통과해야 하며 철저한 장학을 통해 교사 자격을 얻게 된다.

■ 일본의 교육 담당자들은 사회적 지위가 비교적 높은 편이어서 학생이나 학부모를 대할 때 권위를 느낄 수 있다. 부분적으로는 이러한 이유 때문에 교사 지망생들이 많이 몰리고 결과적으로 교육 당국에서는 우수한 인재를 교사로 맞이할 가능성이 커진다.

■ 학교 일정에서는 학생 상담, 학습 지도 계획 수립, 좀더 유능한 교사가 되기 위한 기타 활동에의 참여 등에 많은 시간을 할애한다.

■ 학습 진도가 느린 학생들에게 시간의 여유를 주고 지원을 하기 때문에 미국이나 다른 나라의 학생들보다 학생 간 학업 성취도의 격차가 작다. 일본 학교의 경우에는 성적이 극단적으로 부진한 학생이 거의 없는 편이다.

■ 일본 교육 체제에 대한 비판

이 같은 장점에도 불구하고 일본의 교육 체제에 대해 잘 알고 있는 사람들은 몇 가지 부정적인 측면을 지적하기도 한다(Schoolland, 1990).

■ 창의적 사고의 빈약

■ 상대적으로 일본 학교에서는 창의적인 사고를 별로 강조하지 않는다. 일본의 학교를 관찰한 사람 중에는 일본이 창의성을 별로 강조하지 않는 교육 형태를 계속 유지한다면 미래의 사회적 · 경제적 발전이 심각한 위협을 받게 될 것이라고 생각하는 사람도 있다.

■ 사회 계층과 성별상의 격차

■ 노동자 계층 출신 학생과 여학생의 경우에는 대학교에 진학하여 높은 사회적(직업적) 지위를 얻을 수 있는 기회가 극히 제한되어 있다. 예를 들어, 한 연구에 따르면 인문계 고등학교 학생 가운데 아버지가 고등학교를 졸업하지 않은 경우는 단 11%에 불과했다. 반면에 비인문계 고등학교 학생의 경우는 이 비율이 32%였다.

■ 대학 교육을 받을 기회가 제한되어 있기 때문에 중 · 고등학교 교육은 입시 위주로 이루어지고 있다. 즉, 대입 시험에 나올 만한 사실 정보 위주로 학습 및 교육과정이 구성되어 있다. 따라서 입시에 대한 부담감 때문에 다양한 사고가 불가능해지고 이러한 압박감이 심지어는 우울증이나 자살로까지 이어지는 일도 있다.

■ 그러다가 일단 대학에 입학하기만 하면 학습에 대한 부담이나 요구 사항은 현저히 줄어들게 된다.

■ 일본의 대다수 학교의 경우 행동 기준이나 기대 범위가 상당히 좁고 엄격하게 제한되어 있어서 일부 교육 전문가들은 일본이 지나친 획일성을 양산한다고 생각한다. '모난 돌이 정 맞는다' 또는 '삐져 나온 못이 망치 맞는다'라고 하는 일본의 오래된 속담에 따라 일본 학생들은 학년별로 똑같은 교복을 입어야 한다. 학교 규율에 맞추기 위해 머리를 염색하는 경우도 간혹 있다. 하지만 학생의 외양과 행동을 통제하는 이러한 엄격한 규율도 최근 들어서는 많이 느슨해졌다.

■ 행동의 획일성

■ 전에 비해 일본 젊은이들은 일본의 교육 체제가 정착되었던 당시의 전통적 관습이나 가치를 거부하려는 경향이 커진 것 같다.

■ 장애를 가진 많은 학생들은 도움을 거의 받지 못한다.

■ 상대적으로 일본 학교는 컴퓨터나 기타 최신 기술을 거의 도입하지 않았다.

■ 무시도 모방도 하지 않음

이와 같은 장점과 단점을 두루 검토한 후 사려 깊은 관찰자들은 일본의 교육 체제에서 배울 것이 많지만 아무리 좋은 정책이라고 해도 그것이 자국 실정에 맞는 것인지, 현지에서와 같은 실효성을 거둘 수 있는 것인지를 진지하게 고려해야 한다는 결론을 내렸다. 이와 마찬가지로 일본 정부의 교육위원회에서는 미국의 교육 정책 가운데 바람직하다고 생각되는 것(예: 획일성을 별로 강조하지 않는 점)을 자국의 교육 체제에 도입하려고 하였다. Harvard대학에서 일본에 대한 연구를 하고 있는 한 교수는 이와 같은 상황을 다음과 같이 정리하였다. "거울을 들여다보듯 우리의 단점을 관찰하고 자처럼 우리의 노력을 측정하고 평가한다." 일본의 교육 체제는 우리에게 매우 가치 있는 본보기가 된다. 하지만 일본식 접근법을 무조건 무시하지도 또 모방해서도 안 된다. 우리는 주기적으로 '일본이라는 거울'을 바라보면서 미국적 문화, 사회적 맥락 안에서 미국 학교 및 교육 체제에 대한 나름의 장점을 확대시켜 나가야 한다(Rohlen, 1986).

유럽과 북미 국가의 다문화 교육

문화적 배경이 서로 다른, 다양한 인종으로 구성된 국민들을 적절히 교육하는 일 때문에 고심하지 않은 나라는 아마 한 나라도 없을 것이다. 하지만 많은 국가들은 다양한 집단 출신, 특히 인종적 · 종교적 차별을 경험한 일이 있으며 가정에서는 그 나라의 언어가 아니라 모국어를 사용하는 소수 집단 학생들에게 적합한 교육 서비스를 제공하기 위해 노력하고 있다. 아래는 향후 다중 문화 교육의 모델이 될 수 있는 것들이다(Carrington & Bonnett, 1997).

■ 다문화 프로그램 모델

■ 12장에서 충분히 살펴본 바와 같이 미국은 영어를 배워야 하는 수백만 명의 학생들을 위해 이중 언어 교육을 실시하려고 하고 있다.

■ 캐나다는 다인종 교육과정 및 학습 지도 개선을 위한 다양한 접근법을 시도하는

동시에 이중 언어 교육을 실시하였다.

- 프랑스는 교사들이 프랑스 어를 제2외국어로 가르칠 수 있도록 현직 교사를 대상으로 한 연수 교육을 제공하였다.
- 벨기에는 "리셉션 클래스(예비반)"를 두어 외국에서 이주해 온 학생이 벨기에 어 교사와 모국어 교사로부터 최대 2년간 공부를 할 수 있게 하였다.

다시 한 번 생각해 보기

자국의 교육 체제 개선을 위해 다른 나라의 교육 개혁 정책을 활용하는 것에는 어떤 장점이 있는가? 또한 단점은 무엇인가? 다른 나라의 개혁 정책을 자국에 적용할 때 주의해야 할 점은 무엇인가?

결론: 국제적 맥락에서 본 미국의 학교

■ 국가 간 유사성 증대

일부 관찰자들은 선진 사회가 서로 점점 더 비슷해지고 있기 때문에 국제적 맥락에서 교육 체제를 연구하는 것이 점차 중요성을 더해가고 있다고 생각한다. 전세계적으로 볼 때, 세계인들은 점차 중산층화되어 가고 있으며 교육 체제 및 기타 제도는 최신 기술과 급속한 사회 변화에 대처할 수 있는 능력을 기르는 데 주안점을 두고 있다. 대중매체와 기타 기술상의 진보로 인해 지리적 국경을 넘어 전세계인이 거의 비슷한 영향권하에 놓이게 되었다. 이처럼 국가 간의 차이가 줄어들고 있는 것은 사실이지만 그렇다 해도 완전히 똑같은 나라는 없고 문화적 · 사회적 차이가 완전히 사라진 것도 아니다. 하지만 사회 제도(가정이나 학교 포함)상의 특성이 한 곳으로 수렴되고 있는 것 또한 사실이다. 예를 들어, Kenichi Ohmae는 일본의 'Nintendo Kids', 즉 컴퓨터와 비디오 게임, 글로벌 매체 등과 함께 성장한 일본 젊은이들은 일본 내 다른 세대보다 외국의 젊은이들과 공통점이 더 많다고 하였다(Ohnae, 1995).

■ 더 많이 배우고 더 많이 제공하고

이러한 상황이 모두 사실이라면 다른 나라의 효율적인 교육 체제를 연구하는 것이 큰 도움이 된다. 마찬가지로 다른 나라는 미국의 교육 체제에서 좋은 점을 배울 수 있다. 이 책에서 살펴보았던 수많은 단점에도 불구하고 미국은 학생의 사회적 배경이나 이전의 학업 성취도와 관계없이 모든 학생들에게 적절한 교육을 실시하기 위한 노력했으며 이 점에 있어서는 세계적으로도 주도적인 역할을 해 왔다고 볼 수 있다. Richard Kahlenberg와 Bernard Wasow는 각국의 교육 체제와 그 성과 등을 연구한 후 미국이 염두에 두어야 할 부분에 관해 다음과 같은 결론을 내렸다. "… 미국의 학교는 긴 이민 행렬이 끝난 후 그 어지러운 파고 속에서 미국인을 구해 내는 데 도움을 주었다. 이는 다시 말해, 미국의 공립학교 교육은 미국의 대다수 인구에 대한 교육에는 실패했다는 것을 의미한다. 이러한 실패는 인종이나 사회 계층과 같은 요인과 밀접한 연관이 있다." 개혁은 제도의 잘못된 부분을 고치는 한편 좋은 점을 그대로 유지시키는 방향으로 이루어져야 한다(Kahlenberg & Wasow, 2003).

다시 한 번 생각해 보기

선진국 간에 유사성이 증가하면 교육 체제상의 유사성도 증가된다고 생각하는가?

요 약

❶ 교육 체제는 나라마다 매우 다르지만 학생의 교육 기회와 학업 성적이 사회적, 문화적 배경과 연관되어 있는 수많은 학생들을 효과적으로 교육하는 부분에 관해서는 모두 유사한 문제에 봉착하고 있다.

❷ 각국의 학습 지도 조건은 본질적으로 서로 유사하다. 대부분의 국가에서 교사와 교과 과정이 정보의 제시를 강조하고 있으며 교사들은 어렵고 또 때로는 상충되는 목표를 달성하기 위해 노력한다.

❸ 각국의 교육 체제는 교육 부문에 투자하는 자원의 양, 입학률, 교사 대 학생의 비율, 남학생 대 여학생의 비율, 집중화 또는 분권화의 정도, 교과 과정의 내용 및 학습상의 강조점, 고등교육 및 직업 교육 기회, 사립학교의 가용성 및 그 역할, 학업 성취도 등에서 서로 차이를 나타낸다.

❹ 개발 도상 국가의 교육 체제를 연구하는 학자들은 교사에 대한 훈련 및 초등교육 개선, 학생의 인지적 기능 향상, 여성에 대한 교육 확대 등에 주안점을 둔다.

❺ 교육 서비스 및 정책 부문에서 각기 본보기가 되는 모델을 보여 주는 국가가 있다. 즉, 프랑스의 유아 교육, 독일의 직업 및 기술 교육, 영국의 초등학교 수준 읽기 및 수학 교육, 일본의 수학 및 과학 교육 등이 그것이다. 유럽과 북미 지역 국가는 다중 문화 교육에서 장점을 보인다. 다른 나라의 교육 체제를 연구함으로써 배울 수 있는 것이 많지만 그 제도가 왜 성공했는지 또 왜 실패했는지에 대한 원인을 규명하는 것이 쉽지 않으며 다른 나라에서는 어떤 결과를 나타낼지에 대해서도 확실하게 단정할 수 없다.

❻ 미국은 모든 집단 출신의 학생에게 평등하고 효과적인 교육 서비스를 제공하기 위해 노력해 왔고 이 부분에 있어서는 주도적인 역할을 했다. 하지만 다른 나라와 비교할 때는 좀 밀리는 감이 있다.

16 학교의 효과성 및 개혁

이 책에서는 초등학교와 중·고등학교의 교육 개혁 방향과 문제점 등을 주로 다루었다. 이 장에서는 학교 효과성 및 개혁이라는 주제하에 선정된 문제들을 더 상세하게 다룰 것이다. 미국의 현 교육 제도가 당면하고 있는 주요 과제들을 먼저 살펴보고 효과적 학습 지도 및 효과적인 학교의 특성에 관한 연구 자료를 검토할 것이다. 학교의 개선 및 개혁 과정 그리고 학교 효과성이라는 주제하에 자주 논의되었던 기타 중요 문제에 대해서도 살펴볼 것이다.

학교 개혁에 관한 논쟁은 실제 연구 결과 자료를 분석함으로써만 해결될 수 있다. 이 장에서 제안된 모든 변화에 대해 논의할 수는 없다. 하지만 특별히 유망한 제안이라고 생각되는 것이나 광범위하게 주목받고 있는 제안에 대해 검토할 것이다. 이 장의 내용을 읽어 가면서 그러한 제안을 뒷받침하는 강력한 증거가 무엇인지 생각하도록 한다. 또한 성공적 개혁의 선결 요건은 무엇인지, 또 제안 사항에 적절한 조건 또는 부적절한 조건은 무엇인지, 각각의 제안이 교사로서의 자신에게 어떤 영향을 주는지 등을 생각해 봐야 한다. 아래 질문을 염두에 두기 바란다.

핵심 질문

- 효과적인 교수법 및 효과적인 학교의 특성은 무엇인가?
- 효과적인 학교 개혁을 이룩하는 데 핵심이 되는 것은 무엇인가?
- 교실 및 학교 수준에서 어떻게 학습 지도 개선을 도모하는가?
- 학교는 저소득층 학생, 지방(벽지) 학생, 수재 또는 영재로 불리는 우수한 학생 등 다양한 집단의 학생을 어떻게 지원해야 하는가?
- Magnet School 또는 Alternative School의 역할은 무엇인가?
- 학교구 및 주 교육 제도에서 시작된 개혁 운동에는 어떤 것이 있는가?
- 사립학교가 공립학교보다 더 효과적인가?
- 학교 선택 기회의 확대는 교육의 개선을 가져올 것인가?

교육 개혁의 필요성

■ 미숙한 근로자

미국 학교의 주된 관심은 학생들에게 직업 관련 기술을 가르쳐서 미국 경제의 국제 경쟁력을 향상시켜야 할 필요성, 불우한 학생의 성취도 향상과 관련된 의무 등에 기울어져 있었다.

미국 내 주요 보고서 및 연구 결과를 보면 미국 학생들은 날로 정교해지고 복잡해지는 기술 기반 경제 구조 속에서 복잡하고 비정형화된 지적 과업을 요구하는 자신의 업무를 효과적으로 완수하는 데 필요한 기술을 습득하지 못한 채 사회에 나오는 것으로 나타났다. 예를 들어, 근로자들을 대상으로 한 연구 결과에 따르면 현재 근로자의 절반 이상이 기본적인 기술도 습득하지 못한 상태에 있다(Barton, 2001).

■ 평등에 대한 요구

교육 개혁 문제를 다룬 최근의 연구 및 보고서의 거의 대부분이, 보다 평등한 교육적 성과를 이룩하기 위해서는 경제적으로 불우한 학생의 성취 능력 향상이 필요하다고 지적하고 있다. 공정성이라는 측면에서도 그렇지만, 교육 기회의 평등 문제는 경제적 측면에서의 경쟁력 확보와도 연관되어 있다. 예를 들어, Forum of Educational Organizational Leaders는 "미국의 생활수준을 현재대로 유지하거나 향상시키려면 우리는 지금보다 더 현명하게 일해야 한다. 안정된 가정 출신의 중산층만 더 현명하게 일하는 것으로는 소기의 목적을 달성하기가 어렵다. 인류 역사상 처음 있는 일이겠지만 구성원의 대다수가 그렇게 해야 한다."는 결론을 내렸다.

불우한 학생에 대한 교육 기회 확대에 주안점을 둔 교육 개혁에 몰두하고 있는 교육 담당자들은 다음과 같은 사항에 주로 관심을 보인다.

■ CCSSO의 권고

- **위기의 학생 및 학교.** 학업 성취도가 낮은 학생과 대학 졸업장이 없는 학생들의 사회경제적 기회는 급속도로 감소되고 있다. 위기에 빠진 불우한 학생들을 도와주는 데 가장 적절한 제안은 Council of Chief State School Offers(CCSSO)의 정책 보고서에서 찾아볼 수 있다. CCSSO는 이 보고서를 통해 "모든 사람이 고등학교를 졸업할 수 있도록 하는 데 적합하다고 생각되는 교육 프로그램과 기타 서비스의 제공을 주(州) 법으로 보장해야 한다"고 주장하였다. CCSSO가 지적했듯이 이러한 보장 정책이 실효를 거두려면 가난한 학교구의 관리권을 주에서 획득한다든가, 성과가 좋지 않은 학교나 학교구에서 "성공적인" 다른 학교로 전학 갈 수 있도록 학생을 지원하는 것, 저소득층 학교로 학생이 몰리는 것을 방지하는 것 등과 같은 강력한 조치를 필요로 한다. NEA의 전회장이었던 Bob Chase는 이와 비슷한 취지로 다음과 같이 말했다.

> 나를 포함하여 중산층 부모들이 자신의 자녀를 보내고 싶어하지 않는 그런 공립학교가 있다. 이런 학교는 대부분 상태가 매우 열악하다. 교사 자격증이 없는 교사도 종종 있다. 학교 건물은 낡았고 교실은 학생들로 미어터진다. 이런

환경은 학생들에게는 정말 바람직하지 않다. 윤리적인 측면에서도 문제가 된다. 우리는 여기서 미국 교육이 당면한 매우 어렵고도 까다로운 과제를 다루고 있는 것이다. 학교별로 또 학생별로 좀더 과감한 조치가 취해져야 한다(State Responsibility for Student Opportunity, 1995; Chase, 2003).

■ 기회 감소 현상을 극복하기 위한 종합적 개혁

- **도시 빈민.** 11장과 그 외 부분에서 지적했던 바와 같이 교육 문제는 도시 빈민이 모여 살고 있는 곳에서 특히 심각하다. 이러한 도시 빈민의 문제를 해결하는 것은 고용, 교통, 주택, 차별 철폐 조치, 사회 복지 지원, 빈민 인구의 분산, 범죄와 청소년 비행의 감소 정책 등과 밀접한 연관이 있으며 이 지역의 초·중등교육은 이 분야 문제의 핵심을 이룬다.

■ 빈곤 지역

- **가난한 농촌 지역.** 대도시 빈민 지구와 마찬가지로 일부 농촌 지역에도 빈민층이 모여 살고 있다. 미국 동부의 애팔래치아 지역, 남부의 오자크스 지역을 그 예로 들 수 있다. 이 지역민들은 대다수가 비소수계 집단 출신이지만 10대의 높은 임신율, 광범위하게 퍼져 있는 청소년 범죄, 극히 낮은 학업 성취도, 만연되어 있는 무력감 등 사회적 해체 및 무질서를 반영하는 이러한 현상의 발생 수준은 도시 빈민 지역에 버금가는 정도다. 미국 경제 측면에서 모두가 "좀더 열심히 일하는" 사회를 만들기 위해서는 도시 빈민층 출신의 학생과 마찬가지로 이러한 지역의 학생들도 효과적인 교육을 받아야 할 필요가 있다.

많은 관찰자들은 이러한 문제에 올바로 대처하느냐의 여부는 21세기를 맞아 미국이 성장과 번영을 계속하느냐 아니면 쇠퇴의 길로 들어서느냐를 결정짓는 매우 중요한 요인이라고 주장하고 있다.

다시 한 번 생각해 보기

교육 개혁을 이루어 내야 하는 가장 절박한 이유는 무엇이라고 생각하는가?

효과적인 학급 및 학교의 특성

1983년, 교육의 효과성을 높이려는 노력은 국가 산업 발전을 이룩한 성장 동인이 되었고, 그 이후 수천 건에 이르는 토론 보고서와 발전 계획, 수백 개의 연구 조사가 이루어졌다. 대부분의 연구는 효과적인 학습 지도 및 효과적인 학교의 특성을 밝히는 것에 그 목적을 두고 있었다.

효과적인 교수-학습

■ 효과적인 지도법에 대해 많이 배웠다

우리는 교실에서의 효과적인 수업 방식에 대해 많은 것을 배웠다. 이 부분에서는 효과적인 교수-학습 방법에 대한 연구가 교실 및 수업 관리, 교수법, 학생의 집단화, 기타 관련 문제 등을 다루는 데 어떤 영향을 미치는지에 대해 정리하였다.

학급 경영. 학급 경영에 관한 연구 결과를 보면, 유능한 교사는 생산적인 환경을 조장하고 학생에게 동기를 부여하기 위해 다양한 기법을 사용한다는 점을 알 수 있다. 효과적인 교사는 다음과 같은 기법을 강조한다(Reynolds, 1992; Brophy & Alleman, 1998).

■ 효과적인 학급 경영

1. 교사의 기대를 학생이 제대로 알고 있는지 확인한다.
2. 도움을 받는 방법을 학생에게 알려 준다.
3. 계속해서 상기시키고 보상을 주는 방법으로 규칙을 습득시킨다.
4. 여러 가지 학습 활동을 서로 자연스럽게 연결, 전환시킨다.
5. 학생의 관심을 유지하기 위해 다양성을 추구한다.
6. 잘못 알아들은 것은 아닌지, 산만한 것은 아닌지 등을 항상 감독한다.
7. 반 친구들 앞에서 난처한 상황에 처하지 않도록 배려한다.
8. 생각지 않았던 사항에 대해서도 유연하게 반응한다.
9. 학생의 이전 지식이나 경험을 기초로 한 과제를 설계한다.
10. 학생이 자기 관리 기술을 개발하도록 도와준다.
11. 학생의 문화적 배경에 주의를 기울인다.
12. 모든 학생을 교실 학습의 구성 요소로 생각한다.

과제 참여 시간. 여러 연구 결과에 따르면, 효과적인 수업은 상대적으로 많은 **과제 참여 시간**, 즉 학생이 학습 활동에 참여하는 시간을 가져온다. 누구나 예상할 수 있는 것과 같이 관련 학습 활동에 적극적으로 참여한 학생은 그렇지 않은 학생에 비해 학습 효과가 더 좋은 것으로 나타났다. 과제 참여 시간에 대한 연구에 따르면 학생이 실제 학습 활동에 참여하는 시간을 늘리는 방법으로 학급을 운영할 수 있다고 한다. 하지만 학습은 학업에 참여한 시간에만 좌우되는 것은 아니다. 활동의 적합성, 참여한 과제에서의 성공 또는 실패, 지도 방법과 교재의 동기화 특성 등 다른 요인 역시 중요한 역할을 한다(Rohrkemper & Corno, 1988; Sadowski, 1998).

■ 능동적 참여 시간

질문. 학생을 수업에 참여하도록 자극하는 가장 좋은 방법 가운데 하나는 학생에게 수업 참여 및 학습 내용의 이해를 촉진하는 형태의 적절한 질문을 던지는 것이다. 몇몇 연구에 따르면 질문 기술은 효과적인 수업의 중요한 요인이라고 한다. 특히 "대기 시간", 즉 질문을 하고 학생을 선정하고 대답할 때까지의 시간이 길수록 학생의 수업 및 학습 참여 수준이 높아진다고 한다. 또한 단순한 사실에 초점을 맞춘 질문이나 "인지적 노력" 정도가 낮은 질문보다는 생각과 정보를 조작해야 대답할 수 있는 보다 수준 높은 질문을 하는 것이 더 효과적이라고 한다(Chuska, 1995; Cotton, 2000).

■ 질문 기술 및 기다려 주는 시간

직접(지시적) 교수법 및 명시적 수업법. **직접 교수법 및 명시적 수업법**(보통은 양자 모두 동일한 의미로 사용됨)이라는 말은 교사가 주도하는 수업 방식을 의미한다(직접 교수법은 적극적 수업법이라는 의미로 사용되기도 한다). 연구 결과에 따르면, 이 방법은 잘만 사용하면 학생의 높은 학업 성취도와 상관이 있는 것으로 나타났다. Barak Rosenshine은 직접 교수법의 여섯 가지 "단계" 또는 "기능"에 대해 다음과 같이 제시하였다(Rosenshine, 1987).

■ 6단계 교수법

1. 현재 학습과 관련이 있는 이전 학습 내용을 복습하고 난 후 학습 주제에 대해 간단히 소개한다.
2. 여러 단계로 나누어 새로운 자료를 제시한다. 분명하고 상세하게 설명하고 각 단계가 끝나면 학생이 연습할 수 있게 한다.
3. 학생들이 처음 연습할 때 도와준다. 질문을 통해 제대로 이해했는지 확인한다.
4. 체계적인 피드백과 교정 단계를 거친다.
5. 자율적 연습 과정을 감독하고 개별 활동을 지도, 감독한다.
6. 매주 및 매월 복습과 시험을 실시한다.

Jere Brophy, Thomas Good, Madeline Hunter, Jane Stallings 등을 비롯한 저명한 연구자들도 직접 교수법에 대해 이와 유사한 내용을 제시하고 있다(Stahl & Hayes, 1996; Marzano, et al., 2000).

■ 명시적 수업법에 대한 비판

명시적 이해력 교수법 및 전략적 수업법. 직접적 교수법은 수업 내용을 여러 단계로 나누어서 학습하기 때문에 중요한 고차적 학습(추론, 비판적 사고, 개념 이해 등)을 무시하는 경향이 있다는 이유로 종종 비판을 받았다. 이러한 직접적 교수법을 채택한 교

대기 시간과 고차원적인 질문 같은 질문 기술은 효과적인 수업의 중요한 부분이다.

사들은 저차원적 학습과 단순한 사실의 재생에 초점을 맞추기 때문에 창조성이나 분석적 사고 같은 것을 학습할 여지가 없다(Wise, 1988; McNeil, 2000).

■ 고차적 학습

하지만 직접적 교수법이라고 하여 저차원적 학습에만 초점을 맞출 필요는 없다. 교육자들은 명시적 방식으로 이해력 학습을 시키기 위해 수업 기법을 더욱 정교하게 가다듬어 모든 과목에 이를 이용할 수 있도록 하였다. David Pearson과 그 동료들은 이러한 접근법을 **명시적 이해력 교수법**이라고 언급하였다. Barak Rosenshine은 교육 담당자들이 자부심을 느껴도 될 정도로 1970년 이후 이 접근법이 "눈부신 성과"를 나타냈다고 주장하였다(Pearson & Dole, 1987; Brown, 1994).

명시적 교수법과 마찬가지로 명시적 이해력 교수법 역시 복습과 예습, 피드백과 교정, 지시적 연습 및 자율적 연습 등을 강조한다. 하지만 전문가들은 교사들이 개념 학습을 위한 체계적인 모형을 만들어 학생이 새로운 지식을 이전 지식에 통합하는 것을 돕고, 학생의 이해 정도를 감독하며 요약, 추론, 기타 학습 전략 등에 관해 훈련시켜야 한다고 주장한다. 명시적 이해력 교수법과 관련된 기법 및 전략으로는 다음과 같은 것이 있다(Rosenshine & Meister, 1994; Alfassi, 1994).

■ 명시적 이해력 교수법의 다양한 기법

- "예측" 활동을 통해 학생들은 자신의 기존 지식을 바탕으로 예측을 한다.
- "상호 학습"은 학생들이 팀을 이루어 학습하거나 서로 협력하는 것이다. 이러한 방법을 통해 학습 내용을 이해할 수 있게 서로 도와준다.
- "의미 지도" 및 "의미망"으로 정보를 조직, 구성한다.
- 컴퓨터 시뮬레이션을 이용하여 개념 및 사고 기술 향상을 도모한다.
- "초인지" 학습 전략은 스스로의 학습 과정을 감시 및 평가하는 것이다.
- "학습하는 방법 학습" 전략
- 문제 해결 모형은 학생들이 학습 상황을 분석하는 데 도움이 된다.
- 복잡한 질문 및 문제에 대한 공동 학습 전략

■ 전략가로서의 교사

Beau Jones와 그 동료들은 이러한 기법을 효과적으로 사용하는 것은 **전략적 교수법**이라고 기술하고 있다. 이는 교사를 하나의 전략가로 보려는 개념이다. 전략적 교수법은 의미 구성 및 독립 학습상의 발전을 강조한다. 이때 교사는 학습의 모델 또는 매개자 역할을 하게 된다. 1장에서 언급하였다시피 많은 분석가들은 이러한 접근법을 "반성적 교수법(reflective teaching)"이라고 표현하기도 한다(Pressley et al., 1995; Pressley, 1998).

성적이 부진한 학생을 위한 인지적 수업. 특히 노동자 계층 출신의 학생과 성적이 부진한 학생들이 집중적으로 모여 있는 학교에서 낮은 수준의 기술을 습득하는 수동적 학습을 강조하는 경향이 있다. 이러한 교수 형태를 변화시키려면 교육 체제 전반에 걸친 프로그램의 개선뿐만 아니라 인지적 수업을 위한 새로운 접근법이 필요하다(Levine,

1988; Cooper & Levine, 1999).

성적 부진 학생의 사고 기술 향상을 목적으로 한 특수 프로그램에는 고차원적 사고 기술 프로그램(이 장의 후반부에서 설명), 생산적 사고 프로그램, 시카고 완전 학습(통찰력) 프로그램 등이 있다. 연구자들은 이러한 접근법이 실제로 학업 성적을 올리는 데 효과가 있었다고 주장한다. 하지만 저차원 학습에 대한 학생들의 선호, 성적 부진 학생에 대한 교사들의 낮은 기대 및 인지 발달을 강조하는 효과적인 수업에 대한 재정적 부담 등과 같은 특수한 장애 요소들도 이해해야 한다(Pogrow, 1990, 1995).

간단히 요약하자면, 효과적인 교수 및 수업법에 대한 연구들은, 성공적인 개혁 프로젝트에는 교사의 학급 경영 능력 및 질문 기술의 향상, 과제 참여 시간의 증가, 직접 교수법 및 명시적 수업법의 확대, 성적 부진 학생을 위한 인지적 수업의 도입 등이 포함되어야 한다고 제안하고 있다.

다시 한 번 생각해 보기

효과적인 교수법의 특성 가운데 가장 신뢰할 만한 것은 무엇이라고 생각하는가? 어떤 부분에 더 노력을 기울여야 하는가?

효과적인 학교에 관한 연구

■ 보다 넓은 맥락의 관점

이전 부분에서는 학급 수준에서의 효과적인 교수법 및 수업법에 대해 다루었다. 하지만 교육 개혁가들은 학급 수준에서뿐만 아니라 학교 또는 더 나아가 학교 운영의 바탕이 되고 있는, 학교구라는 보다 넓은 맥락을 고려할 필요가 있다. 효과적인 학교 및 전체 학교구가 어떤 도움을 주는가 하는 것은 교실에서 일어나는 여러 가지 현상들에 영향을 미친다.

■ Edmonds의 연구

초등학교. 효과적인 학교에 관해 최근에 진행된 대부분의 연구는 초등학교 교육에 초점을 맞추고 있다. 일반적으로, 연구자들은 학생의 학업 성취도 측면에서 학교의 효과성을 정의한다. 예를 들어, Ronald Edmonds를 비롯한 여러 연구자들은 효과적인 학교의 특성을 다음과 같이 제시하였다(Schoemaker, 1982; Picucci et al., 2002).

■ 효과적 학교의 특성

1. 억압적 환경이 아니라 교수-학습에 도움이 되는 **안전하고 질서 있는 환경**
2. 교직원이 수업의 우선순위, 평가 절차, 책임 등에 관한 사항을 공유하는 **명확한 학교 임무**
3. 수업 효과성의 특성을 이해하는 학교장의 수업 **지도성**
4. 모든 학생이 도전적인 기술을 습득할 수 있다고 믿는 교직원의 **높은 기대**
5. 학생이 기본 기술을 습득할 수 있게 하려는 목적으로 계획된 학습 활동에 참여

하여 많은 시간을 보내도록 하는 **과제 참여 시간 증가**

6. 수시로 **학생의 진행 과정에 대해 확인**하고 그 결과를 이용하여 학생 개개인의 성취도 및 학습 지도 프로그램의 향상
7. 학부모가 학교의 기본 사명 및 임무를 지원하고 그 사명을 달성하는 데 중요한 역할을 하는 긍정적인 **가정-학교 관계**
8. 모든 교직원이 성취도 향상에 책임을 지는 **통일된 노력**

■ 교수법 및 교재 조정

학교 효과성에 영향을 미치는 또다른 특성은 **교육과정의 조정**이다. 즉 수업 계획, 방법, 교재, 시험 등을 효과적으로 조정, 정리하는 것이다. 이러한 작업에 초점을 맞추면 교사들은 교재에만 의지하지 않아도 되고, 특수한 학생 집단에 걸맞은 특수한 기술을 가르치는 데 가장 적당한 교재를 선택하거나 고안할 수 있다(Levine & Stark, 1982).

■ 기타 핵심 요인

최근 연구 결과에 따르면, 효과적인 학교의 또다른 특성으로 (1) 문화적 다원주의 및 다문화 교육과 관련된 목표에 대한 관심, (2) 학생 개인의 문제에 대한 반응 및 사회적 기술 개발 강조, (3) 학생의 자기 효능감 향상을 위해 노력하는 교사, (4) 현실적이며 관리 가능한 교수법에 대한 지속적인 관심, (5) 학업 성취도가 낮은 학생을 대상으로 한 보충 지도 등을 들 수 있다. Northwest Regional Educational Laboratory의 연구자들은 학교 효과성에 도움을 주는 100여 개 이상의 정책을 확인, 검토하여 이를 18개 범주로 나누었다(Levine, 1990; Cotton, 1995).

고등학교. 효과적인 학교 특성에 관한 연구 가운데 고등학교만을 대상으로 한 연구는 거의 없다. 고등학교의 경우에는 그 목표와 문제가 매우 복잡하고 다양하기 때문에 어떤 것이 효과적인지 간단히 결론내리기가 어렵다. 특히 사회 계층에 따른 학생의 출신 요인까지 고려하게 되면 더욱 복잡해진다. 게다가 노동자 계층 출신의 학생들이 입학해 있는 학교가 상대적으로 좋은 학업 성취도를 보이는 경우는 거의 없다(Levine & Eubanks, 1998; Quelmalz & Shields, 1995).

■ 성적 부진 학생을 위한 지원

하지만 최근에는 연구자들이 다양한 배경을 가진 학생들을 효과적으로 교육한 것으로 나타난 고등학교를 조사하여 그 특성을 기술하였다. 일반적으로 이런 학교는 고등학교 저학년 학생(9~10학년) 가운데 성적이 부진한 학생에게 도움을 주는 데 주안점을 두고 있으며, 고학년 학생에게는 추가적 도움을 주고 있다. 또한 교수법을 개별화하려고 노력하며 학생을 초급, 중급, 고급반으로 영구 구분하지 않으려고 한다(Traub, 1999; Codding & Tucker, 2000). 이 외에 다음과 같은 방법들이 성공을 거두고 있다(Wehlage et al., 1992; Cotton, 2000).

1. **성적 부진 학생을 위한 학교 안의 학교.** 신입생 가운데 읽기 수준이 2~3년 이상 뒤처지는 학생을 선별하여 80~100명을 한 단위로 한 특수반에 배정한다. 이러한 특수반 학생을 가르칠 의향이나 능력이 있는 교사가 이들 학생을 전담하여 가

르치면 이런 학생들도 기본적인 기술을 학습할 수 있게 되고, 더 나아가 정규 과정으로 올라갈 수 있게 된다.

2. **경력반(career academies).** 일종의 "학교 안의 학교"로서 다양한 능력이나 소질을 갖춘 여러 학년의 학생들이 참여하는 경력반 프로그램은 컴퓨터, 생물학이나 기타 과학, 인문과학, 예술 그리고 법률이나 언론과 같은 직업 교육 등에 초점을 맞춘다. 경력반 프로그램에 대한 학생의 참여도와 성취도 모두 긍정적이라는 결과가 나왔다.
3. **소단위 학교.** 재학생 수가 적거나 학교 안의 학교와 같은 프로그램을 활용하여 전체 학교를 작은 단위로 구분하면 그렇지 않은 학교에 비해 학생의 참여도와 성취도가 더 높은 것으로 나타났다. 소규모 학교 또는 소단위에 학생을 배정하면 개별화된 환경이 조성되어 학생 개개인에 대해 더 많은 도움을 줄 수 있게 된다.

■ 정의의 다양성

효과적 학교 연구에 대한 평가. 효과적 학교에 대한 연구를 평가할 때는 다음과 같은 사항을 염두에 두어야 한다. 첫째, 이 연구에 사용된 정의가 혼동을 일으킬 정도로 매우 다양하여 하나로 통일되어 있지 않다는 점이다. 어느 정도인가 하면 효과적 학교를 연구한 사람마다 제 각각의 정의를 하고 있을 정도이다. 어떤 사람은 높은 학업 성취도가 높은 학교를 효과적인 학교라고 하고(사회 계층 고려), 또 어떤 사람은 내부 문제를 스스로 찾아내서 해결할 능력이 있는 "자기 재생적" 학교를 효과적 학교라고 생각한다. 이 외에도 학생 개인의 성장을 촉진하는 학교, 학업 성취도를 향상시킨 학교, 독립적인 학습 기술 및 학습에 대한 열의를 강조하는 학교 등을 각기 효과적인 학교라고 정의하였다.

■ 빈곤층 학교에 초점을 맞춘 연구

둘째, 많은 연구들은 비슷한 상황에 있는 학교들에 비해 학업성취도가 높은 빈곤 지역 초등학교에 초점을 두고 있다. 그런데 고등학교 및 도심 지역(빈민구역) 이외의 학교 가운데 다른 학교에 비해 매우 효과적인 학교를 찾아내기란 그리 쉬운 일이 아니다. 이들 학교의 경우에는 전반적으로 학생의 학업 성취도가 높기 때문이다. 또한 도심 지역 이외의 학교를 대상으로 할 때는 효과성을 결정지을 만한 핵심 요인이 빈곤층 학교의 경우보다 매우 다양하다(Levine & Stephenson, 1987; Corcoran & Goetz, 1995).

■ 연구 방법상의 문제

셋째, 연구 방법상의 문제 때문에 연구 자체가 많은 비판을 받고 있다. 예를 들어, 일정 기간 동안 특정 과목(말하자면 읽기 등)에서 효과적이라고 판단된 학교가 다른 과목을 측정할 때나 다음 해에 측정할 때는 그 효과성을 인정받지 못하는 경우가 있다. 게다가 학생의 출신 배경(사회 계층)과 가정환경 같은 변인을 제대로 통제하지 못한 경우도 있다. 예를 들어, 도심 지역의 빈민층 학생들이 다니는 Magnet School이 높은 학업 성취도를 보여 이 학교를 효과적인 학교로 평가했다. 그런데 나중에 조사해 본 결과 이 학생들은 빈민층 출신이기는 했지만 동기화 수준이 높은 가정에서 자랐다. 이들 학생의 부모는 주변의 학교가 마음에 들지 않아서 자녀를 Magnet School에 입학시킨 것이다. 그렇기 때문에 이런 학생이 높은 학업 성취도를 보인 것은 학교 자체의 특성 때문이라기보다는 학생의 가정환경에 기인한 것이라고 보는 것이 옳다(Thomas & Bainbridge, 2001; Bainbridge, 2002).

■ 질문 구하기

넷째, 연구 과정에서 교사와 학교장이 학교에서 해야 할 일이 무엇인가를 질문하는 경향이 많다. 예를 들어, 학교에서는 훌륭한 지도력과 생산적인 환경의 조성을 필요로 한다는 주장은 이러한 문제를 설명하거나 해결 방법을 제시하지 못한다(Chapman, 1993; Cotton, 2003).

이러한 여러 가지 문제점에도 불구하고, 효과적인 학교에 대한 연구는 학교 개혁 및 개선 프로젝트를 수립할 때 고려해야 할 특성이 무엇인지 제시해 주었다. 또한 프로젝트를 수행할 때 가장 바람직한 방법이 무엇인지에 대해서도 유용한 자료를 제공하였다.

다시 한 번 생각해 보기

예비 교사 훈련 프로그램 과정에서 상술한 내용 가운데 효과적인 교사가 되기 위한 기술을 개발하는 데 도움이 되는 것이 무엇이라고 생각하는가?

성공적인 학교 개혁의 특성

■ 일상적인 문제 해결

과거에 있었던 학교 개선 노력을 검토한 결과 보다 장기적이며 결정적인 영향을 미치는 개혁 운동이 무엇인지에 대해 더 많이 알게 되었다. 과거 노력으로부터 얻은 교훈은 다음과 같다.

1. **적응적 문제 해결**. 혁신이 학생의 수행 성과를 높이는 데 별다른 영향을 주지 못하거나 아무런 효과가 없는 경우가 종종 있다. 혁신 내용을 실제로 적용할 때 수많은 문제가 발생하기 때문이다(적용상의 문제). 예를 들어, 전문가들이 매우 훌륭한 과학 교과 과정을 개발하였고 학교구에서는 이 새 교과 과정에 맞는 교재를 다량 구입하였다. 그런데 막상 교사가 이를 사용하지 않거나 사용법을 모르는 경우가 있다. 이렇듯이 새로운 것을 도입하는 기관에서 일상적인 문제를 찾아내서 해결할 수 있는 상황에 적응하지 못하면 혁신은 실패로 끝나기 쉽다(Lambert, 1998; Fullan & Watson, 2000).

■ 단위 학교 강조

2. **단위 학교 강조**. 혁신 기구는 일상 문제를 해결해야 하기 때문에 수많은 문제가 실제로 발생하는 단위 학교 수준에서 문제를 바라보아야 한다(Levine, 1994).

■ 적합성 및 접근성

3. **실현 가능성**. 성공적인 학교 개혁은 새로운 변화를 일반적인 학교 상황에서 쉽게

실현할 수 있느냐에 달려 있다. 실현 가능성을 높여 주는 특성으로는 잠재적 사용자의 맥락에서 혁신의 적합성(compatibility), 기본 개념에 대해 잘 알지 못하는 사람을 대상으로 한 접근성(accessibity), 교사의 시간과 에너지 측면에서의 실행성(doability) 등 세 가지를 들 수 있다. Levine과 Levine은 실현 가능성 측면을 중시하지 않았기 때문에 실패하는 접근법이 상당히 많다고 지적하였다(Crandall et al., 1986; Foley, 1996).

■ 비전 공유

4. **지도성 및 합의.** 바람직한 혁신은 교직원과 학생의 일정, 교수법 및 교재의 사용, 의사결정 메커니즘 등을 비롯하여 수많은 측면에서의 조정을 필요로 한다. 이런 경우에 조정 작업의 핵심 인물은 학교장이지만 교직원 역시 변화의 가능성 및 필요성에 대해 동일한 비전을 가지고 있어야 한다. 그렇지 않으면 변화 과정에서 중요한 역할을 담당해야 할 교직원들이 시큰둥한 반응을 보이게 된다(Leithwood, 1992; Taylor, 2002).

■ 교사의 의견 수용

5. **교사의 참여.** 어떤 개혁이나 혁신으로 인해 자신의 작업 형태를 바꿔야 하는 사람들은 그러한 변화를 설계하고 실현하는 과정에서 자신의 목소리를 충분히 반영하지 못하는 상황이라면 이러한 작업에 협조를 하지 않게 된다. 따라서 교사들에게 혁신 과업을 선택하고 평가하는 작업에 참여할 기회를 주어야 한다(Johnson, 1990; March & Peters, 2002).

■ 자기 계발

6. **교직원 연수.** 교직원 개발은 학교 개선 과정에서 핵심적인 활동이라고 할 수 있다. 초등학교 수준에서는 전 직원이 참여하고 중·고등학교에서는 부서별로 특정 연수 활동에 참여할 수도 있을 것이다. 직원 개발은 매 단계에서 교사와 교육 행정가들이 함께 협력하는 쌍방적 과정이다(Joyce & Weil, 1991; Sturtevant, 2003).
7. **일관성.** 학교 개혁 운동의 일관성 문제는 적어도 두 가지 주요 차원으로 구성된다. 첫째는 전 학년 차원의 일관성이다. 즉, 각 학년의 교사는 학년별로 수립된 교육과정이나 학습 기준을 학생들이 달성할 수 있도록 도와야 한다. 그렇게 하지 않으면 학생들은 다음 학년에서 필요로 하는 학습 기술이 결여되어 있을 수 있다. 두 번째는 수업 프로그램이나 접근법상의 일관성 또는 적합성을 의미한다. 예를 들어, 읽기 시간에 교사가 서로 다른 시점에서 필요로 하는 핵심 기술을 가르치기 위해 일관성이 없는 교재를 사용하면 각 교재가 상승 작용을 하기보다는 서로 혼동을 일으켜서 학생이 읽기 과제를 제대로 습득할 수 없게 된다. 교사가 경우에 따라 서로 다른 행동 규칙을 수립, 적용하게 되면 학생이 올바른 사회적 기술을 습득하는 데 어려움을 겪게 된다(Newman et al., 2001).
8. **전문적 공동체.** 학교는 교사들이 서로 협력하고, 동료들을 신뢰하며, 성적이 부진한 학생들이 점차 복잡하고 어려운 학습 과제를 습득할 수 있게 하는 어려운 과제에 대한 책임을 질 때 모든 학생들은 학습할 수 있다는 것을 확신할 수 있

다. 분석가들은 개혁의 이러한 측면을 "전문적 공동체(professional community)"의 개발이라고 한다(Fullan, 2000; Brewster & Railsback, 2003).

"In This Case"에서는 다양한 효과성을 대표하는 학교 개선 계획을 제시한다. 이 부분과 이 장의 나머지 부분을 읽는 동안 앞서 기술한 개혁 프로그램이 어디에 해당되는지 생각해 본다.

다시 한 번 생각해 보기

교사의 한 사람으로서 자신의 학교 개혁 프로그램에 어떻게 참여하고 있는가? 개혁 프로그램이 성공적으로 실현될 수 있도록 하기 위해 교사는 무엇을 해야 할까?

전학년 수준의 접근법

이 장의 앞부분에서 설명한 효과적인 교수법은 개별 교실 상황에 적용이 가능하지만, 한 학교의 여러 학년 또는 전 학년을 대상으로 하여 계획된 접근법도 많이 있다. 예를 들어, 읽기 능력 향상 프로그램은 유치원과 초등학교 학생 전부를 대상으로 하고 있다. 이제부터 여러 학년을 아우르는 이러한 접근법에 대해 설명할 것이다.

고차원적 사고 기술(HOTS) 프로그램

■ HOTS의 요소

Stanley Pogrow가 개발한 HOTS 프로그램은 4~6학년을 대상으로 한 읽기 교정 활동을 대체하기 위해 설계된 것이다. HOTS 접근법은 (1) 컴퓨터를 이용한 문제 해결, (2) 학생의 구술을 통해 언어 발달을 자극하는 데 필요한 극적 기법에 대한 강조, (3) 소크라테스식 질문, (4) 초인지 학습, 학습하는 방법 학습, 기타 이해력 증진 기법 등을 강조하는 사고 기술 과정 등 네 가지 주요 요소로 구성된다. 이 방법은 이제 2,000개가 넘는 학교에서 사용하고 있으며, 읽기와 수학에서 학생의 학업 성취도를 향상시킨 것으로 나타났다(Pogrow, 2002).

■ 빠른 행보

HOTS를 개발한 사람들은 사고 기반 수학 교육과정도 고안하였고, 성적이 부진한 학생들이 과학이나 사회, 기타 과목에 대한 이해력을 증진시킬 수 있도록 도와주는 교재 및 교수법을 찾아냈다. Pogrow는 HOTS 프로그램의 결과를 분석해 보면 학업적 위기 상태에 놓인 학생들도 "지적, 학문적 잠재력"을 가지고 있으나 "이해하는 것"에 대한 이해가 부족한 탓에 저조한 성적을 내는 것이라고 주장한다. 이러한 "기본적 학습 문제"는 충분한 시간과 충분한 자원이 있다면 얼마든지 극복할 수 있다(Pogrow, 1992).

In This Case

학교 개혁

Paul과 Henry는 같은 교육대학에 다니는 친구다. Paul은 도서관 책상 너머로 편지 한 장을 흔들어 보인다. "Henry, 이 얘기 좀 들어 봐! 우리 누나 Melanie가 작년에 작은 시골 학교에 교사로 취직했거든. 그런데 그 학교구에서 학생들을 위해 어떻게 하고 있는지 한번 들어 봐. 이 학교구에는 많은 것이 부족해. 그런데도 주 학력고사에서 학생들이 높은 점수를 받았다는 거야. 여기서 교사를 모집하면 나도 졸업한 다음에 이곳에 지원해야겠어."

노트를 보던 Henry가 고개를 들었다. "학생들이 정말 실력이 좋은 건지 어떻게 알 수 있니?"

"누나가 주 학력고사의 결과를 보내 줬어." Paul이 대답했다. "그 학교구에 속한 세 학교 모두를 대상으로 평가한 거래. 그런데 모든 시험 과목에서 세 학교 학생의 90% 이상이 통과했다는 거야. 규모가 큰 학교라면 어림도 없는 일이지. 누나도 그러더라. '작을수록 좋다'고 말야."

이번에는 Henry가 말했다. "가진 것이 많지 않은 학교라며? 뭐가 별로 없다는 거야?"

"다른 학교라면 갖추고 있는 모든 장비가 없다고 할 수 있지. 교직원도 부족해서 일과를 보좌할 사람도 없대. 그래서 교육감이 통학 버스를 운전하고 각 학교장도 버스를 몬대. 학교 도서관에도 책이나 잡지가 별로 없대. 고등학교에 컴퓨터가 15대밖에 없는데 이것도 전부 도서관에 두었대. 관리자들은 각자 책상 위에 한 대씩 놓고 있지만 교사들은 컴퓨터를 사용하려면 도서관으로 가야 한대."

"야, 정말이야? 세상에, 컴퓨터 없이 어떻게 산대? 그런 상황에서 어떻게 그렇게 좋은 성과를 거뒀다는 거야? 그 성적이 아직도 유지되고 있대?" Henry가 말했다.

"방학 동안 누나한테 가서 누나하고 동료 교사들을 인터뷰했지." Paul이 대답했다. "그곳의 교사들은 아주 긴밀하게 얽혀 있어서 교직원들이 모두 가족 같다고 말하더라. 모든 사람들이 서로에 대해 잘 알고 있대. 마치 옛날로 돌아간 것 같지 않니? 학생들도 교사들이 자기 부모나 심지어 조부모까지도 알 수 있다는 점을 잘 알고 있대. 누나가 그러는데 교육감이나 교장이 학생들을 정말 잘 배려하고 있다는 거야. 학생 한 사람 한 사람을 모두 책임 있는 주체로 본대. 그리고 교사들끼리 서로 협력하고 학생들을 도와주기를 바란대. 그리고 교육 관리자들이 도움을 필요로 할 때는 이들도 도와야 하고 말이지. 물론 관리자들도 교사들을 적극 지원하고, 훈련이 필요하다고 생각하는 교사한테는 필요로 하는 훈련을 시켜 주고 일을 할 때는 정말 열심히 한대. 물론 놀 때는 또 열심히 즐기면서 말이야. 그리고 말야, 학생의 학업 성과를 더 높이기 위해 계속 노력하고 있대. 목표는 주 학력고사에서 100% 통과하는 거래."

"그런데 그렇게 좋은 점말고 나쁜 점은 없어?" Henry가 웃으면서 말했다.

"음… 보수가 너무 적은 게 흠이지. 그렇지만 뭐, 그런 동네에 가면 돈을 사용할 곳도 별로 없잖아." Paul이 응수했다.

질 문

1. 이 학교구의 예에서 볼 수 있는 효과적인 학교의 특성은 무엇인가?
2. 이 학교구에서는 학교 개선 및 개혁 과정을 어떻게 지원하고 있는가?
3. 낮은 보수 외에 이처럼 작은 학교에 교사로 부임하는 것을 꺼리는 이유가 있다면 무엇인가?
4. 이 학교에서 일하고 싶은 생각이 있는가? 그렇다면 그 이유는 무엇인가? 일하고 싶지 않다면 또 그 이유는 무엇인가?

Successful for All

■ 전반적인 변화

불우한 환경에 있는 학생의 학업 성취도를 향상시키기 위한 가장 포괄적인 방안은 "Success for All"이라는 프로그램일 것이다. 이 프로그램은 초등학교 학생들을 위한 집중적인 수업 지원을 제공한다. 또한 전일제 조정 책임자와 학교 업무에 배정된 자원 담당자가 제공하는 기술적 지원 및 직원 계발 훈련, 협력학습 및 교수법(14장에서 설명) 등을 강조한다. 이를 통해 도시와 지방의 빈민층 학교 학생들의 학업 성취도가 향상되었다는 보고가 있다. 이 프로그램을 개발한 사람들에 따르면, 이 프로그램은 학교가 예외적으로 또는 특별하게 불우한 학생의 성공을 보장할 수 있는 것은 아니라는 것을 시사한다. 하지만 이 프로그램은 초등학교의 재구조화 및 가용 자원의 재분배 등 강력한 개입을 필요로 한다.

Degrees of Reading Power Comprehension Development

부분적으로는 원래 College Board가 개발한 Degree of Reading Power(DRP) 검사를 바탕으로 한 DRP 접근법은 수많은 도시 지역 학교에서 성공적으로 시행되고 있다. 이 검사는 다른 표준화된 읽기 검사법과 달리 학생의 읽기 능력 정도가 해당 학년 수준 이상인가 이하인가를 평가하는 것이 아니라, 학생이 학교 내외에서 마주치는 글을 실제로 얼마나 잘 이해할 수 있는지를 평가한다. 교사는 DRP를 이용하여 학생의 이해 수준을 평가한 다음 이를 바탕으로 다른 교과의 수업을 조정한다. 숙제나 기타 개별 과제의 경우 도전적이지만 학생들을 좌절시키지 않을 내용을 선택한다. 또한 학생의 이해 수준을 약간 웃도는 과제물을 이용하여 학생의 이해력 증진을 도모한다.

■ 실생활에서의 이해력에 초점

Comer School Development Program

Yale 대학의 James Comer와 그 동료들이 개발한 School Development Program은 학생에 대한 사회적 · 심리적 서비스를 강화, 학부모의 참여 강조, 적극적 학습에 대한 격려와 지원 등을 통해 도시 빈민 초등학교 학생의 학업 성취도를 높이는 데 그 목적이 있다. 학부모는 학교 운영 전반에 걸친 모든 과정에 참여하고 교사와 학부모, 사회복지사, 기타 전문가 등이 "Mental Health Teams"을 구성하여 특수한 문제를 가진 학생에 대한 개별화된 학습법을 설계, 감독한다. 언어 학습과 사회 기술을 강조하는 형태로 전 과목에 걸쳐 교육과정 및 수업이 조정된다. 다른 혁신 정책과 함께 학교 발전 프로그램을 실시한 많은 학교에서 학생의 학업과 행동상에 긍정적인 변화가 있었다.

■ Comer의 방법

Algebridge 및 Equity 2000

Educational Testing Service와 College Board가 공동 개발한 Algebridge는 학생들이 기초 수학에서 대수학으로 넘어갈 수 있게 도와준다. Algebridge는 중등학교 수학 교육의 또 다른 측면을 다루는 Equity 2000 프로젝트로 발전되었다. 학생들은 대수학 이전 단계, 대수학, 기하학, 기타 과목에서 도움을 받는다. 최근 자료에 따르면, 이런 프로그램이 아니었다면 결코 그런 점수를 얻지 못했을 많은 학생들이 대수학이나 다른 고급 수학 과목에서 좋은 점수를 얻은 것으로 나타났다.

■ 대수학으로 발전

접근법의 병용

■ 접근의 빈번한 병용

앞서 설명했던 여러 가지 접근법들은 서로 배타적인 것이 아니다. 교육 담당자들은 학교 차원의 관리, 포괄적인 교직원 개발 훈련, 시험 방법의 변화, 교수법 등에 관한 접근법을 다른 유망한 혁신 정책이나 개입법과 혼합하는 경우가 종종 있다. 예를 들어, School Development Program을 사용하면서 HOTS 접근법이나 협력학습, 완전 습득 학습, 기타 교과 과정 및 교수법상의 혁신적 정책 등을 병행할 수 있다. 미국의 학교장들은 한 학교구의 일부분 또는 여러 학교를 대상으로 한 프로젝트로서 이러한 접근법을 혼합, 사용한다.

다시 한 번 생각해 보기

이 장에서 설명한 것과 같은 프로그램을 실시하는 학교를 방문한 적이 있는가? 교사의 입장에서 볼 때 가장 설득력 있게 느껴지는 프로그램은 무엇인가? 그렇게 생각하는 이유는 무엇인가?

전(全) 학교 개선을 위한 개혁 프로그램

■ 전반적인 개혁

앞서 살펴본 바와 같이 단일 수업에 사용하거나 몇 개 학년을 대상으로 사용하기 위해 설계된 개혁안들도 많이 있다. 하지만 좀더 야심찬 프로그램에서는 전체 학교의 모든 학년을 대상으로 대다수 또는 전체 과목에 대한 수행 성과를 향상시키기 위한 목적으로 광범위하고 포괄적인 접근을 시도한다. 이러한 시도에 대해서는 다양한 명칭이 부여되는데 "전 학교 개혁", "전반적 학교 개혁", "학교 단위의 재구조화" 등으로 불리고 있다. 일반적으로 이러한 프로그램은 변화 노력의 성공 여부를 결정하는 것은 궁극적으로 학교장이라는 연구 결과를 반영하고 있다. 이들 프로그램에서는 교직원 개발 계획 및 교사들이 새로운 또는 다른 교수법을 완전히 습득할 수 있도록 해주는 기술적 지원을 집중적으로 그리고 지속적으로 하는 데 중점을 둔다. 이 가운데 가장 주목을 받은 것으로는 New American Schools 프로젝트와 Compre- hensive School Reform Demonstration Program 등 두 가지를 들 수 있다.

New American Schools

■ 전 학교 대상 계획

NAS는 1991년에 창설된 비영리 단체로서 참여 학교의 모든 측면을 다루는 특수한 접근법(NAS는 이를 "계획"이라 명명)의 시행을 통해 교육 개혁을 지원하는 데 그 목적이 있다. NAS는 연방 정부 기금과 몇몇 재단을 통해 마련한 자금으로 "전 학교 대상 계획" 정책을 후원하고 있다. 이는 학교가 이 프로그램을 시행한 처음 약 3, 4년간의 기간 동안 학교를 도와주는 것이다. 이 계획에는 이 절의 앞부분에서 소개한 Success for All 접근법, 고등학교와 그 부속 학교를 결합·조정하는 ATLAS 접근법,

Accelerated Schools Teacher-Empowerment Approach, 중학교를 대상으로 한 Turning Point 접근법 등이 포함된다(Glennan, 1998; Bodilly, 2001).

■ 성공적인 개혁의 핵심 특징

성공적인 실행을 위해 필요한 사항들을 학습한 후, NAS는 일부 학교에서 성공을 거둔 계획을 선택하고 이를 다른 학교에 적용하였다. 이때 주어진 방안이 성공을 거두기 위해 학교가 가져야 하는 일련의 특성을 적용하였다. 이러한 특성에는 각 학교와 계획을 연계시키는 효과적인 절차, 필요로 하는 자원을 충분히 확보하는 능력, 학교의 적절한 권한, 학생과 학교 성과에 대한 평가를 바탕으로 한 책무성 체계, 전문성 개발 활동 및 외부 지원의 조화 등이 있다(Berends et al., 2002; Fuhrman, 2003). 이러한 특성을 이 장의 전반부에서 논의했던 학교 개혁에 관한 바람직한 정책 특성으로 인식해도 무리는 없을 것이다.

■ 멤피스에서의 NAS

NAS 계획은 1995년에 설립된 Memphis Public Schools Restructuring Initiative의 중요한 일부다. 이러한 운동의 일환으로 34개 학교에서 NAS 계획의 하나 또는 그 이상을 채택하였다. 처음 1년이 지난 후 조사한 자료에 따르면 많은 교사들이 열의와 생동감을 느꼈으며, 새롭거나 또는 매우 상이한 교수법을 활용하려고 노력한 것으로 나타났다. 그러나 집중 훈련 및 협력을 위한 더 많은 시간 그리고 교육과정, 수업, 시험의 조정 필요성을 느꼈다. 또한 분석자들은 학교의 구조 개혁에는 엄청난 에너지와 시간 그리고 교사와 관리자, 학교 사회 등의 참여를 요한다는 결론을 내렸다. 2001년, 연구자들은 멤피스 및 그 외 지역의 NAS 학교가 같은 학교구 내 다른 학교에 비해 더 좋은 성과를 나타낸 것으로 보고하였다. 하지만 이러한 결과는 각 계획에 따라 또는 학교구에 따라 차이를 나타내며 모든 사례, 모든 계획이 다 긍정적인 결과를 나타낸 것은 아니다. 따라서 연구자들은 계획 실행의 질, 특정 학교와 각 계획의 적합성 정도에 따라 성패가 좌우된다는 결론을 내렸다(Berends et al., 2001; Murihead & Collum, 2004).

Comprehensive School Reform Demonstration Program

■ 전 학교 개혁 모형

연방 Comprehensive School Reform Demonstration Program(CSRD)은 1998년에 시작되었다. 이 프로그램은 학교 운영 전반에 걸쳐 영향을 미치며, 다른 지역 학교에서 성공적으로 시행되었던 "전 학교 개혁" 모형을 도입하는 Title I 학교들을 3년간에 걸쳐 학교당 매년 최대 7만 5,000달러를 지원한다. 이 프로그램에 지원하는 학교는 27개 모형 가운데 하나를 선택하게 되어 있다. 모형 가운데는 NAS 계획(앞의 내용 참조), 초등학교 대상의 "직접 교수법", HOSTS 지도 접근법, Edison 학교(이 장의 후반부에 설명), Comer School Development Program, 효과적 학교 접근법, Paideia "고전 읽기" 접근법(4장에서 설명) 등이 있다. 이처럼 이미 개발된 접근법에 대한 대안으로서 정부에서 정한 기준을 충족시키는 범위에서 개발된 다른 접근법에 대해서도 예산 지원을 받을 수 있다. 의회는 1999년 이후 CSRD 프로그램에 수억 달러의 예산을 승인하였다(Murphy & Datnow, 2003).

교육 효과성을 위한 여러 가지 측면과 노력

지금까지 논의된 교육 혁신과 관련된 모든 활동 및 제안을 설명할 공간은 부족하지만, 이와 관련한 몇 가지 중요한 노력에 대해 기술하고 "Overview 16.1"에서 이를 간략히 요약할 것이다.

기업체, 지역 공동체, 기타 기관의 참여 및 협력

많은 학교 및 학교구에서는 다른 기관, 특히 기업체나 산업체와 협력함으로써 교육의 질을 높이려 하고 있다. 이와 같은 노력으로는 다음과 같은 것을 들 수 있다(Richardson, 1995).

■ 협력의 유형

- 기업, 교회, 대학, 기타 지역 사회 기관과 개별 학교가 긴밀한 협력 관계를 유지하는 "파트너십" 또는 "자매학교(adopt-a-school)" 프로그램. 이들부터의 튜터 또는 강사, 직업 교육을 위한 예산 또는 기자재, 컴퓨터 교육 또는 교육과정 개발 지원
- 연수 및 수업 향상을 위해 교사와 교사 훈련 담당자가 협력하는 전문성 신장 프로그램 운영
- 독서 또는 기타 긍정적인 행동에 대한 학생 포상
- 기자재나 기타 물품 기부
- 고용주가 채용 관련 결정을 내리기 전에 학생 시절의 성취도를 확인할 수 있게 하는 방법 개발

■ 보스턴 협약

공립학교와 지역 사회 기관 및 기업과의 협력 가운데 가장 주목할 만한 것이 바로 보스턴 협약(Boston Compact)이다. 1982년에 체결된 이 협약에서 기업가들은 보스턴 지역 공립학교 졸업생을 고용하기로 한 기업체를 최소한 200여 개 모집하기로 결정하였다. 이에 대해 학교 측은 엄격한 졸업 요건을 정하고 학생들이 졸업 후 정규 직장에 취업하거나 대학에 입학하는 비율을 증가시키는 한편, 중도 탈락이나 결석률을 낮추려는 노력을 기울이기로 합의하였다. 이 도시의 학생들은 "학교에 다니고 있다면 열심히 공부해서 기초 기술을 습득하라. 그러면 취직을 하는 데 큰 도움이 될 것이다."라는 메시지를 받았다.

■ 보스턴 협약의 확대

2000년대 초가 되자 400개가 넘는 기업이 이 협약에 참여하게 되었고, 그 활동은 20개 이상의 지방 대학과 종합 대학으로 확대되었으며, 수만 명의 보스턴 지역 학생

[Overview 16.1] 학교 개혁 또는 개선과 관련한 노력 사례 및 그 경향

개혁 또는 개선 분야	사례 및 경향
기업체 및 지역 사회의 참여	• 지역 사회와 기업의 자원 봉사, 기부, 학교에 대한 포상 • 보스턴 협약 • 학교 민영화 • 고등학교 졸업생의 대학 진학 보장
기술	• 컴퓨터의 광범위한 도입, 인터넷 접근성 강화 • 효과적인 기술 이용을 위한 연구 • 기술 사용상의 평등성을 향상시키려는 학교의 노력 • 연구자 및 교육 담당자의 비효과적인 기술 사용에 대한 주의 및 관심
지방(벽지) 학교의 교육	• 지방은 매우 광범위하기 때문에 단일 접근법의 필요성을 강조하는 지방(벽지) 학교 상황에 적합한 효과적인 개선 프로그램 결정을 위한 연구 • 지방 학교 학생을 위한 원거리(원격) 학습
영재 교육	• 영재에게 알맞은 교육법이 무엇인지 결정하기가 쉽지 않음 • 대부분의 영재 교육 프로그램은 월반이나 교과 과정을 충실히 하는 정도, 아니면 이 두 가지를 혼합한 정도 • 학교는 소수 집단이나 빈곤층 출신 학생 가운데에서도 영재를 발굴하는 데 노력을 기울여야 함
수업 및 학습 시간 증가	• 수업 연한 연장 및 연중 학교 운영 • 수업 일수 연장 • 방과 후 학습 또는 여름 학습 프로그램 • 21세기 지역 사회 학습 센터

들은 여름 직업 학교에 참석하거나 졸업 후 전일제 직장에 취업하기 위한 도움을 받았다. 이 협약 관계자가 수집한 자료에 따르면 보스턴 지역 고등학교를 졸업한 학생들은 대학에 진학하거나 정규 직장에 취업한 비율이 높았으며, 대학에 입학한 학생도 졸업하는 비율이 높은 것으로 나타났다(Dewar & Sprong, 1991).

■ 기업 프로젝트

■ 각종 재단의 지원

보스턴 협약의 가장 두드러진 성과는 주요 기업과 재단들이 교육 개선을 위한 노력을 기울이도록 자극했다는 점이다. 예를 들어, MacAthur 재단은 시카고 공립학교의 개혁 운동을 지원하기 위해 4,000만 달러를 제공했고 Bill & Melinda Gates 재단과 Annenberg 재단도 시카고와 로스앤젤레스, 뉴욕, 기타 지역 학교구의 학교 개선을 위해 각각 수억 달러를 내놓았다.

■ Edison 학교

민영화. 공립학교의 운영을 민간 기업에게 위탁하는 계약이 체결되면서 학교의 민영화 현상이 나타났다. 이 가운데 가장 유명한 학교가 바로 Edison 학교이다. Edison은 수업 일수 연장 및 최신 기술 도입과 같은 개혁 요소를 찾아내기 위한 연구 및 개발 작

상당수의 학교구들은 학교 교육의 질을 향상시키기 위해 기업체·산업체들과 협력하고 있다. 기업체에서는 멘토, 비품, 재정, 실습 기회 또는 대학 등록금 등을 학교에 제공한다.

업을 3년간 진행한 후 1995년에 4개 학교와 운영 계약을 체결하였다. 그 이후로 이 학교는 Charter School 및 포괄적 개혁 기금을 사용하는 학교(이 장의 초반부에서 언급) 등을 비롯하여 100여 개가 넘는 학교 운영을 위해 해당 학교구와 계약을 맺었다. 하지만 Edison 학교가 성공적으로 운영되었는지에 대한 연구는 거의 이루어지지 않았으며, 연구자들은 Edison 학교가 학생의 학업 성취도 향상에 실질적인 영향을 주었는지에 대해서도 회의적인 반응을 보이고 있다(Nelson & Maeter, 2003).

고등학교 졸업생의 대학 진학 보장. 앞서 언급한 바와 같이, 보스턴 협약(및 이와 유사한 프로젝트)의 핵심 요소는 학생들이 고등 교육기관에 입학할 수 있도록 기업이 지원한다는 것이다. 개인 자산가들이나 재단, 지역 사회 단체, 대학, 주 또는 지방 정부 등으로부터 이와 유사한 지원을 제공받는 지역이 점차 증가하고 있다.

■ 프로그램의 확산

Eugene Lang이 "나에게는 꿈이 있다(I Have a Dream)"라는 프로젝트를 만들어 뉴욕의 6학년 학생 61명에게 대학 등록금을 지원해 준 1981년 이후 대학 진학을 보장하는 프로그램이 널리 확산되었다. 이 프로그램의 지원을 받고 있는 45명의 수혜자 가운데 90% 이상이 고등학교 졸업장 또는 자격증을 수여받았으며 60% 이상이 대학에 진학하였다. 2003년 현재, 수많은 자선사업가들이 이와 유사한 프로그램을 창시하여 60개가 넘는 도시에서 1만 3,000명이 넘는 저소득층 학생들에게 학비를 지원하고 있다(Chelimsky, 1990; Winerip, 2003).

학교 개혁과 기술

교육자들은 학교 개혁 운동의 한 부분으로 신기술 및 새롭게 등장하고 있는 최신 기술의 도입과 관련된 많은 의문과 도전에 직면하고 있다. 우리는 여기서 신기술을 학교 및 교실에 효과적으로 도입하는 문제, 교육 현장에서의 기술의 평등한 이용, 지난 10여 년 동안 이루어진 기술 발전과 관련된 문제에 대한 주의 사항 등을 다룰 것이다.

■ 기술 관련 정책

컴퓨터 및 기타 기술의 효과적 도입. 분석가들은 컴퓨터를 기반으로 한 기술을 도입하는 것이 초등학교와 중·고등학교 학생의 학업 성취도를 높이는 데 기여하는지 여부를 알아보기 위해 여러 가지 요인을 분석하였다. 이러한 요인들이 각 교육 제도상의 단위, 즉 연방 정부, 주, 학교구, 학교, 교실 등의 차원에서의 정책 및 실제에 시사하는 바가 크다고 보는 것이 도움이 된다. 연방 공무원과 의회 의원들은 학교에 대한 인터넷 보급, 컴퓨터를 효과적으로 이용하는 것과 관련된 연구 결과 획득 및 전파 방법, 수업 기술의 측면에서 대학이 교사 교육 프로그램을 개선할 수 있도록 지원하는 방법 등 광범위한 문제를 해결하고자 노력하고 있다. 주 및 학교구의 정책 결정자들은 다음과 같은 권고안을 염두에 두고 종종 이를 바탕으로 한 정책을 시행하기도 한다(Charp, 1999; Oelrich, 2001).

- 주 및 학교구 지도자들은 신기술을 도입하도록 지원하는 확고한 계획을 마련해야 한다.
- 교사는 계속적인 연수 및 기술을 효과적으로 사용하는 방법에 관한 기술적 지원을 받아야 한다. 학교구 및 학교 수준에서 기술 지원 요원의 도움을 받을 수 있어야 한다.
- 하드웨어, 소프트웨어, 연수 등에 대한 투자는 균형을 유지해야 한다.
- 교사 자격 기준에는 신기술을 수업 시간에 활용하는 능력과 기술을 평가하는 것이 포함되어야 한다.
- 학교는 전문 지식과 지원을 제공해 주는 지역 사회 파트너를 보유하고 있어야 한다.
- 학교에서 컴퓨터를 사용하는 것에 관한 연구를 실시해야 한다.

연구자들은 교실 수준에서 컴퓨터 기반 기술을 성공적으로 활용하는 것과 관련된 다양한 변인을 제시하고 있다. 이러한 변인에는 다음과 같은 것이 포함된다(Mann & Schfer, 1997).

■ 집중화 요건

- 컴퓨터 활용 교육이 효과를 보려면 집중적으로 사용할 수 있어야 한다. 예를 들어, 교실에 컴퓨터 한 대를 비치하는 것으로는 효과를 볼 수 없다. 적어도 교실마다 3~4대 정도는 있어야 좋은 성과를 기대할 수 있다.
- 연수도 집중적으로 이루어져야 효과가 있다. 예를 들어, 몇몇 연구 결과를 보면 10시간 이상 연수를 받은 교사들이 이보다 짧은 시간 연수를 받은 교사들에 비해 훈련 효과가 좋았다.

- 교사가 컴퓨터를 사용하는 방법은 학생의 성취도에 영향을 미친다. 예를 들어 수백여 개 학교를 대상으로 실시한 한 연구에 따르면, 저차원 학습에 비중을 둔 교사에 비해 컴퓨터를 이용한 문제 해결 및 개념 학습을 강조한 경우 학생의 성취도가 더 높은 것으로 나타났다.

■ 조화 요건

- 컴퓨터 사용 계획은 일과표, 시험, 반 학생 수, 기타 학습 지도 측면 등과 조화를 이루어야 한다. 수업 시간이 너무 짧거나 학생 수가 너무 많아서 교사가 수업 내용을 효과적으로 전달할 수 없는 경우 또는 교사가 시험 준비나 기타 긴급한 과제에 더 신경을 쓰는 경우에는 컴퓨터 활용 학습이 별 효과를 얻지 못한다.
- 수업 시간에 신기술을 많이 활용하는 교사는 동기화 및 교수법상의 장점 등의 측면을 무시해서는 안 된다.

■ 훈련 요건

지금까지 설명했던 컴퓨터 기반 기술의 활용이나 성공적인 학교 개혁에서 가장 중요한 전제 요건은 바로 교사에 대한 적절한 연수이다. 연방 정부는 이 점을 인식하고, "No Child Left Behind" 법에서 주 정부는 교사가 신기술을 효과적으로 이용할 수 있게 보장하는 계획을 수립해야 한다고 명시하고 있다. 이러한 취지의 많은 계획은 개선된 기술을 교실에서 이용할 수 있도록 교사를 훈련하는 데 주안점을 두고 있다 (Reiss, 1998; Tenbusch, 1998).

■ 빈곤층 학교에 대한 관심

평등 및 기술의 이용. 특히 국가적 또는 주 정부 차원에서 중요한 또다른 핵심 문제는 모든 학생이 기술 발전의 혜택을 평등하게 누릴 수 있도록 보장하는 것이다. 학교에서든 가정에서든 간에 저소득층 출신 학생은 중산층 출신 학생에 비해 컴퓨터를 이용한 학습 기회가 적다. 최근까지 수많은 저소득층 가정에서는 컴퓨터를 구입할 여력이 없었다. 저소득층 학생이 많이 다니는 학교에서는 이들이 이용할 수 있는 컴퓨터를 비치해 놓고 있다. 하지만 최근 몇 년 동안 미국에서 인터넷과 멀티미디어 이용에 대한 의존도가 높아지면서 빈곤 지역의 학교는 이러한 기술의 불모지로 남게 되었다. 더구나 10장에서 이미 언급한 바와 같이 여학생들은 컴퓨터 사용과 관련된 부문에서 남학생에 비해 뒤처져 있다. National Educational Technology Consortium의 교육자들은 컴퓨터 기반 기술을 활용한 학습 기회에 관한 집단 간의 불평등에 관해 연구하였다. 이들은 학교 또는 학교구의 상황을 전달하기 위해 아래와 같은 권고안을 제시하고 있다(Dertouzos, 1999; Gordon, 2002).

■ 불평등 해소안

- 컴퓨터 활용 및 과목 이수 자료를 수집하여 인종, 성별, 언어, 경제적 상황, 수입 정도 등을 토대로 자료를 분석한다.
- 유용한 개입 전략을 수집 · 유포하고 교직원들과 이러한 가능성에 대해 논의한다.
- 평등성을 확대하기 위한 계획을 지원한다.

- 평등한 컴퓨터 활용을 이끌어 내기 위해 어떤 활동을 수행했는지에 대해 교직원을 평가한다.

■ 지역 사회 기술 센터

기술 활용에의 접근성을 확대하려는 노력은 컴퓨터를 학교에서만 이용할 수 있게 하는 것이 아니라 지역 사회 내의 다른 장소에서도 이용할 수 있게 하는 것과 관련되어 있다. 가난한 도시 및 농촌 지역에 설치된 컴퓨터 센터를 통해 인근 주민들(성인과 아동 포함)은 진보된 기술을 이용한 학습 및 신기술의 혜택을 두루 받을 수 있다. 한 연구자는 "지역 사회 기술 센터가 생기는 바람에 모두가 21세기 경제 사회로 나아가는 요즘, 19세기적 기술 상황 안에 갇혀 있는 주민을 끌어 내게 되었다"고 말한다. 이 접근법은 향후에도 널리 퍼져 나갈 것이며 기술 관련 불평등을 해소하는 데 큰 도움이 될 것이다.

■ Silicon Snake Oil

교육 현장에서 컴퓨터 기반 기술을 활용과 관련된 주의점. 모든 사람이 기술이 교육 제도 개선에 긍정적인 결과를 초래할 것이라고 믿는 것은 아니다. 이에 회의적인 생각을 가진 사람도 많이 있다. 예를 들어, 인터넷 발전에 지대한 공헌을 한 것으로 잘 알려진 Clifford Stoll은 자신의 저서 『Silicon Snake Oil』에서 교실에서 컴퓨터를 이용하면 흥미를 유발할 수 있는 것은 사실이지만 오락과 학습은 분명히 다른 것이라고 지적하였다. Stoll은 컴퓨터를 교사들이 몇 년 전에 학생들의 흥미를 끌기 위해 사용했던 슬라이드 정도로 생각한다(Stoll, 1995).

■ 무의미한 클릭

Stoll과 비슷한 입장을 취하는 사람으로 Jane Healy가 있다. Jane Healy는 컴퓨터의 잠재력을 맹신하며 컴퓨터가 학생들에게 새로운 세계를 선사할 것이라고 말했던 사람이었다. 그런데 1998년에 자신의 저서를 통해 신기술이 학교 안팎에 있는 학생들에게 긍정적인 영향을 미칠 수 있는지에 의문을 제기하면서 많은 독자들에게 충격을 안겨 주었다. Healy는 2년간에 걸쳐 학교를 방문 조사한 결과 교실에서 사용하고 있는 컴퓨터는 준비가 되어 있지 않은 교사들의 감시하에서 그저 학생들의 장난감 도구로만 이용되고 있다는 사실을 발견하였다. 학생들은 교사들이 제대로 관리·감독을 하지 못하는 것을 틈타 학습 주제와는 전혀 무관한 게임을 하거나 무의미한 인터넷 서핑에 컴퓨터를 사용하고 있었다. 많은 학교와 교실을 견학했던 다른 분석가들도 이와 비슷한 결론을 내렸다. 값비싼 멀티미디어 시설은 학습 도구가 아니라 교실 및 수업을 통제하는 수단으로 사용되고 있었다. 학교에서 컴퓨터 기반 기술 사용 실태를 검토한 후 Healy와 다른 많은 회의론자들은 아래와 같은 비판을 내놓았다(Tyack & Cuban, 1995; Healy, 1998).

■ 창의력 감소

- 컴퓨터를 활용하면 학생의 학업 성과가 전반적으로 향상된다고 하는 결론을 내린 연구는 대부분이 결함이 있거나 타당성이 없다.
- 컴퓨터는 미리 규정된 사고 및 행동 범위 내에 학생을 가두기 때문에 창의력 향

상을 방해한다.

- 학교는 곧 무용지물이 된 값비싼 장비를 구입하여 교실에 최신 기술을 도입해야 한다는 인지된 또는 실질적인 일반 대중의 요구와 기대에 부응하고 있다.
- 곧 구식이 될 기술에 대해 고비용을 지불해야 하기 때문에 학교는 산업 미술이나 음악, 미술, 그 밖에 "겉치레"로 보이는 과목에 대한 지출을 삭감하게 된다.
- 특히 어린 학생들은 운동 기술이나 논리적 사고를 발달시킬 시간을 컴퓨터 앞에서 보내고 있다.
- 학생들은 인터넷을 하며 보내는 시간의 대부분을 충성스런 고객을 만드는 상업적 자료를 탐색하는 데 사용한다.

■ 주의 집중 시간 감소

- 디지털 기술은 텔레비전보다 아동이나 "스크린에이저(screenager: 인터넷 시대에 성장한 청소년)"의 주의 집중 시간 범위를 더 단축시킨다.
- 환상 세계 또는 디지털이 만들어 낸 허구 환경은 학생들의 현실감을 왜곡시킨다.
- Paul Saffo에 따르면, 디지털 기술은 텔레비전보다 더한 "시간 죽이기(time-sink)" 도구이다. 부모들은 폭력이 난무하는 허황된 사이버 세상에서 아이들이 시간을 허비할까 노심초사하고 있다.

■ 확대 적용

- 제한된 소수의 교실, 학교, 학교구 등에서 컴퓨터 기반 기술을 효과적으로 활용한 사실이 있다고 하여도 그러한 사실을 섣불리 다른 학교에 일반화할 수는 없다. 사실, 소수의 성공 사례를 전체로 확대 적용하려다 낭패를 본 사례는 수도 없이 많았다.

이러한 주의 사항을 재검토함에 있어 학교 개혁을 위한 컴퓨터 기반 기술의 성공적인 활용 및 기타 노력과 관련된 활동을 다루었던 이 장의 전반부 및 이 절의 앞부분에 제시된 내용들을 명심해야 한다. 학교 및 학교구는 교사가 신기술을 효과적으로 사용할 수 있게 하는 데 필요한 광범위한 연수를 제공할 것인가? 교육자는 신중하게 그러한 기술을 도입하고 이를 교과 과정의 목표, 시험, 학교 환경 개선 등의 요소와 잘 조화시킬 것인가? 다행스럽게도 많은 교육자들이 이를 위해 열심히 일하고 있다.

농촌 지역의 교육

■ 지방(도서 벽지)의 다양성

공립학교 학생의 1/3 이상은 농촌 지역의 학교에 다니고 있고, 학교구의 절반 가량이 농촌 지역에 위치하고 있다. 농촌 지역의 교육 개선을 위해 노력하는 교육자들은 지역 간의 엄청난 차이에 직면하게 되며, 이러한 차이는 지역 사회 간의 일반화를 어렵게 만들고 있다. 일련의 학자들은 스퀘어($100ft^2$)당 150명 이하가 거주하며 최소한 주민의 60%가 인구 5,000명 이하의 지역에 살고 있는 곳을 농촌 지역 학교라고 정의하고 있다. 이렇게 제한된 정의에도 불구하고 농촌 사회는 인종 구성, 거리 정도, 경제적 상태, 기타 특성 등에서 상당한 편차를 보이며 수백 개에 달하는 "하위 문화"가 존재하고 있다(Johnston, 1998; Arnold, 2000).

이러한 다양성이 존재하기 때문에 지난 50여 년간 농촌 지역 학교는 관심의 대상에서 제외되어 있었다. 그러나 최근에는 소수의 학자들이 농촌 학교에 양질의 교육 서비스를 제공하는 방법에 대해 연구하고 있다. 이들은 다음과 같은 결론을 얻었다(Howley, 1997; Sparks, 2000).

■ 지방 학교에 관한 결론

1. 농촌 학교 개선을 위한 가장 중요한 요소는 지역 사회의 종속성이다. 이러한 이유 때문에 도시 지역에서 성공을 거두었던 혁신책이 농촌 지역에서는 실패하고 있다.
2. 미국 농촌 사회의 이 같은 다양성 때문에 다문화 교육 목표가 제시하는 것과 비슷한 다양한 학교 개선 노력이 요구된다.
3. 농촌 학교의 규모가 작다는 것은 장점으로 작용한다. 교사들이 학생과 학부모를 개인적으로 잘 알고 있고 학교는 지역 사회 단체와 긴밀한 협조가 가능하다.
4. 주기적으로 반복되는 경기 침체로 인해 농촌에 유능한 인재와 직장을 제공해야 한다는 의무가 가중되고 있다.
5. 교육자들은 농촌에 있는 아동과 청소년들이 자기 존중감을 느낄 수 있도록 해주어야 한다. 장래에 그 지역 사회에서 뭔가 해야 할 일이 있다는 점을 이해해야 한다.
6. 농촌 학교의 교사들은 실질적인 기술 지원을 필요로 한다.
7. 수많은 농촌 학교는 원거리(원격) 학습 및 진보된 기타 기술 형태의 혜택을 받을 수 있다.

다른 연구자들은 농촌 지역을 위한 교사 양성 프로그램은 종래의 프로그램과 달리 좀더 많은 내용 그리고 좀더 다양한 연령의 학생들을 지도할 수 있도록 준비시켜야 한다고 지적하였다. 7장에서 지적한 바와 같이 교육자들은 소규모 학교가 제공할 수 있는 장점의 측면에서 학교의 통합 문제를 재평가하고 있다.

■ 교사의 부족과 원거리 학습

상당수의 농촌 지역 학교들은 유능한 교사 유치라는 문제에 직면하고 있다. 주 정부는 교사의 자격 요건을 강화하여 적절한 자격증이 없는 사람을 교사로 채용할 수 있는 융통성을 줄여 버렸다. 따라서 농촌 학교는 자격증을 갖춘 교사를 찾기도 힘들고 또 채용할 여력도 없다. 과학이나 수학, 외국어 교사의 경우는 특히 더하다. 하지만 텔레비전이나 컴퓨터, 기타 저렴한 비용으로 학습을 가능하게 하는 원격 교육 형태를 이용하면 이러한 문제를 극복할 수 있다(Corley, 1998; Christie, 2001).

■ 교과 과정 및 교수법의 채택

애팔래치아*나 다른 빈민 지역에 있는 저소득층 학생을 지도하고 있는 교사들은 학생의 사회문화적 배경에 어울리는 교육과정이나 교수법을 찾으려고 노력한다. Fox-

* [역자 주] 미국의 동부, 애팔래치아 산맥 남부 지역.

fire 접근법은 구술을 이용한 역사 교육, 지역 문화 교재를 활용한 방법 등으로 학생의 이해와 동기화 증진에 도움을 준 예이다(Wigginton, 1993; Starnes, 2000).

영재 교육

■ 영재 교육의 경향

영재 교육에 대한 연구가 늘고 있다. 광범위한 영재 교육 프로그램에는 영재 학생에 대한 "급속 월반" 학습 기회 제공, 특별 "지도" 지원, 개별 연구 및 탐구 학습 강조, 개별화된 교육 프로그램(IEPs), 상급 프로그램에 참여할 기회, 학생의 학습 유형에 따른 학습 지도, 특수 학교, 토요 프로그램, 여름 학교, 지역 사회의 자원 이용 확대, 학생의 흥미와 능력에 걸맞은 다양한 교수법, 학생이 미리 알고 있는 내용은 생략하고 더 어려운 과제를 내는 식의 압축형 교육과정 등이 포함된다(Feldhusen, 1996; Johnson, 2000).

■ 다양한 접근법

영재 교육과 관련된 주요 논점은 효과적인 교육과정 및 교수법의 선택 문제와 관련되어 있다. 일반적으로 교육자들은 정규 과정 내에서의 월반이나 좀더 심화 학습 내용을 추가한 과정을 제공하는 방법을 강조하고 있다. 하지만 이 두 가지 관점을 서로 통합하는 방법을 주장하는 사람도 있다. 이러한 맥락에서 분석가들은 (1) 월반 학습을 강조하는 "내용" 모형, (2) 개별 연구와 탐구 학습에 주안점을 둔 "과정 생산성" 모형, (3) 지식 체계에 대한 이해와 평가를 강조한 "인식론적" 모형 등의 요소를 서로 혼합해야 한다고 주장하고 있다(Tassel-Baska, 1980; Robinson et al., 1998).

■ 소수 집단 출신 학생의 참여

영재 교육 프로그램에서 소수 집단이나 빈곤층 출신 학생이 상대적으로 배제되어 있다는 문제에 관심이 높아지고 있다. 영재 학생 선발 기준에 문제가 있기 때문에 이러한 프로그램의 혜택을 누려야 할 빈곤층 출신 영재를 선별하지 못하고 있다는 증거도 있다. 이러한 이유 때문에 "영재"의 개념 정의를 확대하여 우수한 문제 해결, 뛰어난 창의력, 구술적 또는 비구술적 유창성, 뛰어난 예술적 감각 및 재능 등을 보유한 학생을 영재 범위에 포함시켜야 한다는 목소리가 높아지고 있다(Gallagher, 1995; Schwartz, 1997).

수업 시간 확대

A Nation at Risk와 Prisoners of Time을 비롯한 몇몇 보고서는 수업 시간을 더 연장해야 한다고 주장하였다. 가능한 방법으로는 수업 일수를 늘리거나 수업 시간을 연장하는 방법, 방과 후 학습이나 여름 학교 프로그램을 제공하는 방법 등이 있다.

■ 시간 확대에 따른 논란

수업 일수 또는 수업 시간의 확대. 많은 학교구에서는 수업 일수 또는 수업 시간을 확대하고 있다. 일부 학교구에서는 3/4에 해당하는 학생들이 9주일 동안 수업에 참여하고 나머지 1/4에 해당하는 학생은 3주간의 방학을 맞을 수 있도록 학사 일정을 순환 적용하는 연중 학교 제도를 실시하고 있다. 연중 학교 제도는 과밀 학교에서 주로 사용하는 방법이다. 현재 200만 명 이상의 학생이 연중 학교에 다니고 있다.

그런데 이러한 제도를 시행하려면 인건비 지출이 늘어나고 학부모가 자녀를 관리하는 것도 어렵기 때문에 논란이 일고 있다. 학습 시간을 늘리는 것도 학생의 학업 성취도를 향상시키는 방향으로 이루어지려면 교육과정이나 교수법의 변화가 불가피하다. 이 문제에 대한 논쟁에 대해서는 "Taking Issue"를 참고하기 바란다.

■ 21세기 학습 센터

방과 후 및 여름 학교 프로그램. 많은 학교구에서는 수업 일수나 수업 시간을 늘리는 방법(모든 학생 대상)보다는 방과 후 학습이나 여름 학교 프로그램을 실시하고 있다. 방과 후 학습이나 여름 학교 프로그램은 학습에 어려움을 겪고 있는 학생에게 학습 시간을 더 제공하고 맞벌이 부부의 자녀나 기타 아동(10장 참조)에게 안전한 교육 기회를 제공할 수 있다. 이러한 프로그램은 최근에 "No Child Left Behind" 법을 통해 제대로 진급하지 못하는 학생이 있는 학교가 수천 개에 달한다는 사실이 드러난 후 급속도로 확대되고 있다. 연방 정부는 21st Century Community Learning Centers 법안하에서 매년 수백만 달러를 지원하고 있다. "No Child Left Behind" 법의 지원을 받는 21세기 지역 사회 학습 센터는 개인 지도, 방과 후 반, 여름 학교, 학습 부진 학생이 참여하는 기타 학습 활동 등을 제공한다. 이 센터 및 이와 유사한 작업을 연구한 분석가와 평가자들은 다음과 같은 결론을 내리고 있다(Lumsden, 2003; Wagner & Kane, 2004).

■ 잘만 시행하면 성공적인 모형

1. 적절하게 실행될 경우 방과 후 학습이나 여름 학교 프로그램은 좋은 성과를 올릴 수 있다.
2. 이 방법을 실행할 때는 교사 선발 및 훈련, 적절한 교재 제공, 충분한 자원의 가용성 등을 고려해야 한다.
3. 정규 학습 과정에 대한 평가에서는 상대적으로 낮은 점수를 받기 때문에 이러한 프로그램에 참여한 학생의 성취도는 측정하기가 어렵다. 따라서 담당자들은 출석률, 부모의 지원, 학생의 노력, 성취도 향상과 관련이 있다고 여겨지는 기타 요인들을 평가해야 한다.
4. 안전한 환경 제공, 학생의 흥미 확대, 사회적 기술 신장 등과 같은 비학문적 목표 역시 매우 가치 있는 것이므로 방과 후 학습이나 여름 학교 프로그램을 실시할 때 이 점도 고려해야 한다.
5. 특별히 성공적인 프로그램을 분석하여 모방한다.

다시 한 번 생각해 보기

이 부분에서 언급한 개혁안을 채택한 학교나 학교구에서 일하면 좋겠는가? 예를 들어, 연중 학교에서 학생을 가르치고 싶은 생각이 있는가? 영재 학생을 가르치려면 어떤 준비를 해야 하는가?

Taking Issue	질문 학생들이 학교에서 보내는 시간을 연장해야 하는가?	
학교에서 더 많은 시간 보내기	**찬성**	**반대**
학생의 학업 성취도를 높이기 위한 방법의 하나는 수업 일수나 수업 시간 또는 이 양자를 모두 늘려 학생이 학교에서 보내는 시간을 더 늘리는 것이다. 이러한 제안은 일본과 같은 나라를 관찰한 결과 미국 학생에 비해 학교에서 보내는 시간이 많은 일본 학생이 성적이 좋다는 사실에 그 기반을 두고 있다. 또한 '과제 참여 시간(time-on-task)'이 학생의 수행 성과에 중요한 역할을 한다는 연구 결과도 한 몫 하고 있다.	1. 수업 일수나 수업 시간을 늘리면 교사가 학생과 접촉할 시간이 많아져 보다 깊은 학습 지도 기회가 생긴다. 특별한 서비스나 교정 과제가 필요한 소위 "위기에 처한 학생"들에게 특히 유용하다.	1. 학교에서 보내는 시간을 늘린다고 해서 현재 많은 학교에서 발생하고 있는 빈약한 학습 지도의 문제가 해결되지는 않는다. 문제는 "양"이 아니라 "질"이며 시간, 즉 "양"을 늘리면 "질"이 떨어지게 된다.
	2. 일본과 같은 나라를 보면 학교에서 보내는 시간이 많을수록 학업 성적이 높다. 특별 연구팀의 보고서도 학교에서 보내는 시간을 늘려야 한다고 권하고 있다.	2. 일본과 미국 사이에는 사회문화적 차이가 존재하기 때문에 양자를 단순 비교하는 것은 타당하지 않다. 미국의 경우에 학교에서 보내는 시간을 늘리면 학생의 성적이 올라간다는 증거 자료는 거의 없다.
	3. 맞벌이 부모를 둔 자녀의 경우, 부모가 일하러 가 있는 동안 자기 자신을 돌보아야 하는데 학교에서 보내는 시간을 늘리면 이런 학생에게 큰 도움이 된다. 학교는 이 학생의 학습에 도움을 줄 뿐 아니라 그 가족을 돕는 역할도 하는 것이다.	3. 아동이 학교에서 보내는 시간이 늘어나면 제도 및 기관이 가정사에 간섭하는 일이 증가하게 된다. 이는 현대 사회의 큰 문제라고 할 가족 해체를 조장하는 원인일 수도 있다.
	4. 학교에서 보내는 시간을 늘리는 것은 납세자들에게 환영받을 일이다. 납세자들은 학교는 교육 수준 향상을 위해 기여해야 한다고 생각하기 때문이다. 따라서 납세자는 이런 학교를 지지할 것이다.	4. 학교에서 보내는 시간을 늘리면 인건비 및 건물 보수 등에 들어가는 비용이 증가하게 된다. 납세자들도 이러한 추가 비용을 부담하고 싶어하지 않을 것이다.
	5. 현재의 출석 체계는 농경 시대에 형성된 것이다. 그 당시에는 학생들이 부모를 도와 농사일을 거들어야 했다. 하지만 산업 사회 시대인 현재의 학생은 학교에서 더 많은 시간을 보내면서 21세기에 맞게 자기 자신을 성장시켜야 한다.	5. 우리는 수업 일수나 수업 시간을 늘리는 것이 어떤 영향을 미칠지에 대해 아는 바가 거의 없다. 미국 문화의 맥락에서 아동들은 학교와 떨어져 있는 시간을 더 필요로 하지는 않는가? 학교에 더 오래 있으면 창의력이나 독창성이 저하되지는 않는가? 등등의 질문에 대한 해답을 알기 전까지는 학생이 학교에서 더 많은 시간을 보내게 해서는 안 된다.

학교 선택

최근에는 교육 부문의 융통성과 책무성을 확대하는 방안의 하나로 학교 선택안이 널리 주창되고 있다. 이 계획의 기본 개념은 어느 학교에 입학할지 또 어떤 공부를 할지에 대한 학생의 선택 기회를 확대시킨다는 것이다. 학교 선택은 매우 광범위한 목표이며 다양한 프로그램이 있어 학생과 학부모에게 다양한 수준의 선택권을 부여한다. 학교 선택을 주창하는 사람들은 일반적으로 부모들은 인근 공립학교에서 제공하는 단일 교육 모형만을 선택하는 경향이 있다고 지적한다. 일부는 공립학교 체제 내에서 이러한 선택이 이루어져야 한다고 주장하는 반면 어떤 사람들은 그 체제 밖에서만 올바른 대안을 찾을 수 있다고 말한다. 학교에 대한 선택권을 늘리려는 최근의 노력은 극단적인 두 가지 관점 사이에서 다양한 형태로 이루어지고 있다. 여기에는 다음과 같은 것이 포함된다(Meyerson, 1999; Meyer et al., 2000).

■ Magnet School

- **Magnet School 및 Alternative School.** 많은 학교구에서 학생들에게 해당 학교구 내 magnet school이나 alternative school에 입학할 기회를 제공한다. **magnet school**(12장에서 설명)은 인근 여러 지역에서 온 학생들에게 도움이 될 만한 특별 프로그램 또는 교육과정을 제공함으로써 학생들을 모집한다. 이 학교는 차별을 감소시키는 데 일조하고 있으며 학생들에게 지역 학교에서는 제공하지 않는 학습 프로그램에 참여할 기회를 제공한다. 현재 1,000여 개가 넘는 magnet school이 운영되고 있다.

■ Alternative School의 유형

  alternative school는 일반 공립학교에서는 볼 수 없는 학습 기회를 제공한다. 이러한 관점에서 보면 magnet school도 일종의 alternative school이라고 할 수 있다. 도심 지역 학생들의 교육을 위해 만들어진 street academy, storefront school, high school outpost 등과 같은 수많은 교구 학교(가톨릭계) 및 기타 사립학교도 모두 alternative school에 속한다. alternative school에 대한 연구 결과 일반 학교에 적응하지 못하거나 다른 종류의 교육을 받고자 하는 학생들이 alternative school에 입학하는 것으로 나타났다.

■ Alternative School의 장점

  전통적인 일반 학교와 비교할 때 alternative school은 개별화, 개별 연구, 외부 지역 사회에 대한 개방성의 정도가 더 높다. 이들 학교는 규모가 작고 교사의 사기가 높은 편이며, 학생의 출석률도 높고 외부적 통제로부터 자유로우며, 비인지적 교육 목표에 관심이 높다(Levine, 1975, 2000).

■ Charter School

- **Charter School.** 8장에서 논의한 바와 같이 공립학교 학교구의 예산으로 운영되는 charter school은 학부모와 학생들에게 학교를 선택할 기회를 제공하고 있다. 현재 40개 이상의 주에서 charter school을 설립하였고 전국적으로 3,000개 이상의 charter school이 운영되고 있다(Good & Braden, 2000).

■ NCLB 선택

- **공립학교 입학 개방.** 12장에서 지적한 바와 같이 NCLB의 규정은 연간 성적 향상 목표를 달성하지 못한 것으로 분류되는 학교의 학생들에게 해당 학교구 내의 다른 학교로 전학할 기회를 주도록 요구하고 있다.

■ 입학 선택권

  몇몇 주에서는 모든 학생들에게 자신이 속한 학교구 또는 학교구 외 지역에 있는 공립학교 가운데 한 곳을 선택하여 전학할 수 있는 기회를 제공하고 있다. 예를 들어, 콜로라도 주법은 모든 학교구가 학생들에게 해당 경계 지역 내에서 자유롭게 전학할 수 있는 기회를 주도록 규정하고 있다. 미네소타 주의 포괄적 선택 계획은 학교구 내외로의 전학을 가능하게 하였을 뿐 아니라 alternative school 및 그러한 프로그램으로 선택의 범위를 넓혔다. 워싱턴 주법은 "특별한 어려움이나 유해 상황"을 경험한 학생들에게 다른 학교구에 속한 학교로 전학할 수 있는 절대적 권리를 부여하였다. 또한 학교구에서는 부모의 직장이나 탁아소 인근의 학교로 전학 온 학생을 받아들여야 한다.

■ 민간 부담 voucher

- **민간 부담 학교 선택 voucher.** 여러 지역의 자선사업가들이 voucher를 제공하여 학생들이 사립학교에 입학할 수 있도록 하고 있다. 일련의 기업 경영자들이 장학금을 모금하여 1998년과 1999년에 2,200명(4만 명 이상의 지원자 가운데)에 달하는 뉴욕 지역 학생이 사립학교에 들어갈 수 있었다. 이보다 규모가 더 큰 집단에서는 국가 프로그램을 위해 수백만 달러를 모금하여 도시 빈민층 학생에게 이와 유사한 장학금을 제공하였다. 수천 명의 학생이 이런 장학금의 혜택을 받고 있다. 플로리다와 펜실베이니아 주에서는 민간 voucher 프로그램에 기부한 금액에 대한 소득세 공제 혜택을 주고 있다.

■ 애리조나 주 세액 공제

- **수업료 세액 공제.** 1997년에 처음 실시된 애리조나 주 일반 세액 공제법은 공립학교 또는 사립학교에 다니는 자녀의 수업료를 납부한 납세자에게 수업료에 대한 세금 공제를 허용하고 있다(지역 공립학교에서 지출했을 비용의 최대 절반까지). 또한 납세자가 저소득층 학생에 대한 수업료 지원을 위해 최소한 세금 공제액의 90%를 "민간 수업료" 자선 단체에 기부하면 최고 500달러까지 세액 공제를 받을 수 있다.

■ 정부 부담 voucher

- **정부 부담 학교 선택 voucher.** 클리블랜드, 콜로라도, 플로리다, 메인, 오하이오, 버몬트 주 등지에서 소규모 정부 부담 voucher 프로그램이 시행되었지만 가장 유명한 voucher 프로젝트는 위스콘신 주 의회에서 밀워키 지역의 저소득층 학생들을 위해 예산을 지원한 프로그램이다. 본래 비종교계 사립학교에 다니는 학생을 대상으로 한 프로그램이었으나 밀워키 프로그램은 1998년에 종교계 학교에 다니는 학생에까지 그 범위가 확대되었다. 2004년 초, 워싱턴 D.C. 학교구에서도 정부 부담 voucher 프로그램이 승인되었다.

학교 선택에 관한 논란

학교 선택 프로그램이 확대 실시됨에 따라 이 안을 지지하거나 반대하는 의견이 많이 제기되고 있다. 완전 선택권을 지지하는 사람들은 학교구 간 학교 선택 기회 제공, 공립학교와 사립학교 모두에 다닐 수 있는 voucher, 전체 학교구와 지역의 magnet화 또는 charter화, alternative school 네트워크 구축 등과 같은 정책을 주장하고 있다. 학교 선택을 지지하는 사람들은 다음과 같은 논거를 강조한다(Brouillette, 2001; Chubb, 2003).

■ 선택권 지지

- 빈곤층 학생에 대한 학교 선택 기회 부여는 부실하게 운영되는 학교에서 이들이 벗어날 수 있게 할 수 있을 것이다.
- 자신이 선택한 학교라면 학업을 성공적으로 수행할 수 있는 동기 부여가 잘되기 때문에 많은 학생들의 성취도, 열망, 기타 성과가 향상될 것이다.
- 교직원들이 학생을 끌어 모으기 위해 경쟁하게 되므로 기존의 공립학교와 대안 학습기관(공립/사립 불문) 모두 개선된 교육 서비스를 제공할 것이다.
- 학교 프로그램 및 서비스를 학생의 요구에 맞추는 기회가 증가하게 될 것이다.
- 학부모는 자녀의 교육에 적극적으로 중요한 역할을 담당하도록 격려받고 권한이 부여될 것이다.

학교 선택을 비판하는 사람들은 이러한 주장에 대해 회의적인 반응을 나타낸다. 특히 사립학교에 공적 자금을 투입해야 하는 문제에 대해서는 더욱 그러하다. 비판자들의 주장은 다음과 같다(Grover, 1991; Carnoy, 2000).

■ 선택권 반대

- 동기 수준이 높거나 고소득층 출신인 소수 백인 학생들은 성적이 낮거나 저소득층 학생이 많이 다니는 학교를 선택하지 않을 것이기 때문에 학교 선택안은 계층화 현상 및 인종 차별 경향을 강화시킨다.
- 전학을 하는 학생의 대부분이 사립학교를 선택할 것이다. 이렇게 되면 중산층은 공립학교를 지원할 의지가 없어질 것이다.
- 공적 자금을 사립학교에 지원하는 것은 헌법에 위배되는 일이다.
- 전학하려는 학생을 끌어들이기 위해 학교가 서로 경쟁한다고 해서 그 자체로 학생의 학업 성취도가 향상되는 것은 아니다. 이 장에서 설명했던 다른 개혁 정책이 더 중요한 것일지도 모른다.
- 학생을 끌어들이는 정도를 기준으로 하여 학교의 개 · 폐교가 결정된다면 이는 전체 교육 체계를 뒤흔드는 매우 바람직하지 못한 현상이다.
- 상대적으로 부유한 계층의 학생을 받아들였다고 그 학교의 전체적인 성취도가 더 나아지리라는 보장은 거의 없다.
- 학교 선택의 기회가 주어지면 학업 성적이 낮은 학생의 성취도를 높여 줄 수 있는 학교를 선택할 수 있을 것이라고 믿는 사람도 있다. 하지만 현실적으로 학생이나 학부모는 학교 선택에 필요한 정보가 거의 없으며, 소위 일류 학교라고 하는 곳에서는 성적이 낮은 학생은 받아들이지 않을 것이다.
- 학생을 끌어들일 만한 장점이나 특성이 없는 학교는 학생이 줄어들어 결국 문을 닫게 될 것이라는 관점에서 보면 책무성이 높아질 수도 있겠지만 공적 자금을 지원받은 사립학교는 정부의 기준을 따르지 않을 것이기 때문에 전반적인 책무성은 감소될 것이다. 사립학교의 참여는 이러한 학교에 대한 정부의 규제가 더욱 늘어나는 결과를 초래한다.

- 사립학교에 대해 공적 자금을 지원하게 되면 분열적 인종주의자 또는 종교적 이데올로기를 기반으로 한 숭배(cult) 학교의 설립을 조장하는 결과를 가져오게 될 것이다.

■ 분리주의 심화에 대한 우려

학생의 선택권을 확대해야 한다고 주장하는 사람들까지도 이러한 반대 의견에 대해 동조하는 입장이다. 예를 들어, John Leo는 학교 선택권이 "개혁을 위한 최선의 선택"이기는 하지만 "600파운드나 나가는 고릴라"이기도 하다고 생각한다. 이 안은 사회적 · 인종적 · 경제적 분리주의를 조장하는 학교에 자금을 지원하게 되어 교육에 해가 될 수도 있다고 본다. 이러한 맥락에서 많은 분석가들은 학교 선택 계획을 좀더 건설적인 것으로 만들기 위한 정책이 무엇인지 알아내려고 노력하고 있다. 이들은 다음과 같은 정책을 제안하고 있다(Leo, 1991; Smith, 1998).

■ 건설적인 학교 선택을 위한 정책

- 학생과 학부모들이 적절한 조언과 정보를 입수할 수 있도록 보장한다.
- 무료 통학, 장학금, 기타 사회적 지위에 관계없이 학교 선택권을 충분히 활용할 수 있는 지원을 한다.
- 인종 차별 및 재차별을 피할 수 있는 지침을 마련한다.
- 등록 및 입학 허가 절차를 공정하게 하여 상당수 학생들이 가고 싶어하는 학교에 가지 못하는 일이 없도록 한다.
- 공립학교에 대한 규제나 규정 가운데 사립학교에는 적용되지 않는 규제는 삭제하는 조항을 포함한다.
- 일반 공립학교와 alternative school 모두가 효과적인 학습 지도를 할 수 있는 환경을 조성한다. 많은 관찰자들은 일반 학교나 alternative school 모두에 저소득층 학생을 입학시키면 교사 단체 협약의 주요 특성이라고 할 선임자 우선 원칙이 약화 또는 제거되는 효과가 있을 것으로 본다. 이러한 변화가 생기면 학교는 자격이 미달되거나 무능한 교사 대신 학생의 요구에 부응할 수 있는 우수한 교사를 영입할 수 있게 된다.
- 다른 개혁 정책의 필요성이나 가능성을 무시해서는 안 된다. 오히려 학교 선택안도 이 장에서 소개한 체계적 개혁 정책과 관련된 포괄적 개혁 의제의 일부라고 생각하는 것이 옳다.

■ 학교 선택에 대한 연구

지금까지 학교 선택권이 있는 학생이 일반 학교에 다니는 학생에 비해 성적이 더 좋다고 결론내린 연구는 없다. Edison School이나 기타 민영화된 학교, voucher 프로그램, charter school 등에 대한 평가들은 학업 성취도의 향상 수준은 미미한 정도이고 그 결과도 일관성이 부족하다는 결론을 내리고 있다(Allen et al., 2003; Fowler, 2003)

■ 사립학교의 효과성

공립학교와 사립학교의 효과성을 비교한 연구들이 많이 발표되자 사립학교에 다니는 학생에게도 예산을 지원하는 문제를 포함하여 학교 선택안에 관심이 많은 사람들과 다른 연구자들 간에 격론이 일어나고 있다. 예를 들어, James Coleman과 그 동료들은 공립학교와 사립학교를 비교한 후 다음과 같은 결론을 내렸다. (1) 가정환경이라는 변수를 통제했다고 볼 때, 사립학교 학생이 공립학교 학생보다 성적이 좋다. (2) 사립학교는 보다 안전하고 정돈된 환경을 제공한다. (3) 가톨릭계 학교를 제외하고 사립학교는 공립학교에 비해 규모가 작고 학급당 학생 수도 적으며 학생의 참여를 더욱 조장한다. (4) 사립학교는 숙제를 더 많이 내주고 출석률도 높은 편이다. (5) 학교환경과 교육 분위기가 공립학교에 비해 우월하기 때문에 학업 성취도가 더 높다 (Coleman et al., 1981; Kahlenberg, 2001).

■ Chubb와 Moe의 결론

Brooking Institution의 John Chubb와 Terry Moe도 공립학교와 사립학교의 성적 차이에 대해 연구하였다. 이러한 차이의 주요 원인은 사립학교가 좀더 자율적으로 운영되고 관료적 속성이 덜하기 때문이라는 것이다. 예를 들어, 공립학교의 교장은 사립학교의 교장보다 교사를 채용하고 해고하는 권한이 제한되어 있다. 게다가 공립학교는 다양한 외부 세력(중앙 정부 공무원, 주 정부 공무원, 납세자를 대표하는 집단 등)의 압력에 대해 더 민감하고 복잡하게 반응하는 편이다. 결과적으로 공립학교의 학생이나 교사들은 학교의 목표가 무엇인지 혼동이 될 정도로 다양한 메시지를 접하게 되어 이러한 목표를 달성하는 데 다소 소극적이 되기 쉽다(Chubb & Moe, 1990).

■ 연구 결과에 대한 논란

하지만 많은 교육자들은 사립학교가 공립학교보다 더 좋은 성적을 낸다는 이 같은 결론에 동의하지 않는다. 비판자들은 다음과 같은 근거를 제시한다. (1) 좀더 나은 측정법을 사용하고 가정환경 변인을 좀더 잘 통제한 상태에서 연구하면 이 같은 차이는 사라질 것이다. (2) 입학 당시의 성적을 하나의 변인으로 추가하여 이 역시 통제한다면 공립학교와 사립학교 학생의 성적 차이는 많이 줄어들거나 아예 없어질 것이다. (3) 연구자가 사용한 통계적 방법에 문제가 있어서 타당한 결론에 이르지 못했다. (4) 가톨릭 학교 또는 기타 사립학교와 공립학교 간에 차이가 있다 해도 이는 매우 사소한 정도이며, 또 이 차이가 장기적이거나 영속적인 것도 아니다(Page & Keith, 1981).

Chubb와 Moe 그리고 Colman과 그 동료들은 자신들의 주장을 뒷받침할 만한 자료와 논거로 이를 반박하고 있다. 특히 이들은 사립학교에서는 학생들을 진학반에 많이 참여시키는 방법으로 성적을 높일 수 있었다고 주장한다. 하지만 이렇게 되면 “동기”라는 변인을 적절히 통제하지 못한 것이 된다. 즉, 가정환경이나 사회적 지위와 같은 변인을 통제했다고 해도 학생의 동기 수준이 다르다는 사실을 간과했기 때문에 결론의 타당성을 주장할 수 없게 된다. 따라서 공립학교와 사립학교 간의 효과성 차이의 문제는 앞으로도 논란이 계속될 것으로 보인다(Coleman & Hoffer, 1983).

■ 학교 선택 계획에 대한 전반적 결론

학교 선택과 관련하여 가장 생산적이고 건설적인 정책이 무엇인지에 관한 연구와 노력 가운데 가장 두드러진 것은 K-12 학제에 대한 National Working Commission on Choice의 2003년 보고서다. “School Choice: Doing It the Right Way Make a

Difference"라는 제목의 이 보고서는 앞서 언급했던 것과 같은 정책들을 지지하고 있다. 또한 학교 선택안을 확대하는 것의 장점과 단점에 대해서도 언급하면서 이 계획의 실효성은 적절한 예산 지원, 신중한 설계, 지속적인 평가, 바람직한 책무성 절차 등에 달려 있다고 지적하였다. 보고서는 이러한 상황을 아래와 같이 요약하였다(NWCC, 2003).

> 학교 선택안의 설계 및 시행과 관련한 정치적 문제 및 정책 등과 같은 여러 가지 요인이 맞물려 있기 때문에 학교 선택은, 이를 주창하는 사람들의 말처럼 미국 교육 개혁의 만병통치약은 절대 될 수 없다. 또한 반대자들이 우려하는 바와 같이 미국 교육에 대한 공적 자원 중단을 야기하지도 않을 것이다. 학교 선택안은 지역 사회가 이를 어떻게 구성하고 실행하느냐에 따라 좋은 정책이 될 수도 있고 나쁜 정책이 될 수도 있다. 지역 사회는 학교 선택을 확대하거나 자연적으로 전파되도록 내버려 두는 방안 가운데 하나를 선택할 수 있다. 선택권을 확대한다는 것은 지역 사회가 새로운 방식으로 일부 학교를 지원할 수 있다는 말이고, 이는 학교구에서 운영하는 학교가 빈곤층 학생에 대한 지원을 하지 못하게 하는 불평등한 정책을 폐지하게 할 수 있다는 의미이기도 하다.

다시 한 번 생각해 보기

앞으로의 계획은 공립학교 근무인가 아니면 사립학교 근무인가? 어떤 경우이든 간에, 학교 선택 프로그램의 확대가 자신에게 어떤 영향을 줄 것이라고 생각하는가?

체계적 재구조화 및 기준 지향적 개혁

■ 전 시스템의 개선

최근의 교육 개혁은 교육 제도 전반 또는 일부에 걸친 재구조화의 측면에서 논의되고 있다. 이 용어는 다양한 의미로 해석될 수 있지만 여기서는 주로 체계적 개선, 다시 말해 체제 전반에 걸쳐 주요 요소 전부 또는 그 대부분을 동시적으로 개혁할 필요성이라는 의미로 사용된다. 예를 들어, 주 교육위원회 위원들은 "학교"에서부터 "주 정부"에 이르기까지 교육 제도의 모든 부분에 걸친 재구조화를 통해 학습 지도 및 교수법상의 개선을 도모할 필요가 있다고 말했다. 체계적 구조 개혁은 교수법, 전문 직업 개발 훈련, 학생에 대한 평가, 학교 재정, 교사 및 학교의 수행 정도, 교과 과정 및 교재, 관리, 교과 과정 요건, 기타 교육적 측면 등을 두루 그 대상으로 한다(Wolk, 1999, 2000).

■ 개혁의 통일성 및 조화

여러 가지 변화가 동시에 도입되는 경우, 재구조화 및 기타 개혁 활동은 서로 통일된 조화를 이루어야 한다. 서로 적합하고 서로 지지할 수 있는 그런 것이어야 한다. 각 변화 정책들이 서로 독립되어 있으면 우선적 목표 달성에 쏟아야 할 시간과 노력이 분산될 수 있다. 체계적 구조 개혁은 학생의 수행 평가 기준을 정한 다음 시험과 교수법, 교재, 전문성 개발, 기타 교육적 측면 등을 서로 조정함으로써 개혁의 통일성을 추구하기 때문에 "기준 지향적" 개혁이라고 불린다.

주 차원의 체계적 개혁

주 차원의 체계적 개혁 가운데 가장 두드러진 것은 켄터키 주이다. 1989년, 켄터키 주 대법원은 비효과적이고 불평등하다는 이유에서 "공립 초등학교 제도"는 헌법에 위배된다고 판시하였다. 주 대법원은 법적 실행 기구를 설치하여 전반적인 "제도 개선"을 시행할 것을 지시하였다. 그 결과, Kentucky Education Reform Act (KERA)의 일환으로 아래와 같은 변화 조치들이 단계적으로 도입되었다(Guskey & Peterson, 1995).

■ 켄터키 계획 내용

- 교육과정, 교수법, 학생에 대한 평가는 성취도에 토대를 두며, 완전 학습 및 준거 지향적 평가를 강조한다.
- 학교는 교육과정과 교수법 및 예산 책정 등에 관하여 의사결정 권한을 갖는 운영위원회를 구성한다.
- 학부모는 불만족스럽다고 생각되는 학교에서 다른 학교로 자녀를 전학시킬 수 있다.
- 성공적이지 못한 학교의 교직원은 주 정부가 지정한 전문가의 도움을 받는다.
- 학생의 20% 이상이 저소득층 가정 출신인 지역에는 청소년 및 가족 서비스 센터를 설립한다.
- 모든 학교구에서는 빈곤층 가정의 4세 아동을 위해 취학 전 아동 프로그램을 실시한다.
- 이러한 변화를 위해 수십억 달러 수준까지 세금을 증액한다.

■ 텍사스 주의 경우

텍사스 주 지역 교육자와 의회 의원들도 체계적 개혁 요소를 많이 도입하고 있다. 학업 성취도가 낮은 학교나 학교구에서의 수업상의 변화를 확인하고 이를 지원하기 위해 Texas Assessment of Academic Skills(TAAS)의 자료를 이용하였다. 특히 저소득층이나 소수 집단 출신 학생의 성취도 향상이 보고되고 있다. 예를 들어, 브래조스포트에 있는 학교 중에는 집중적 교직원 연수, 성적이 낮은 학생에 대한 개인 지도, 기타 개혁적 노력을 통해 저소득층 출신 학생의 수학 시험 통과 비율이 1992년 55%에서 2001년에는 96%로 증가하였다. 주 전체적으로 볼 때 저소득층 학생이 TAAS의 읽기, 쓰기, 수학 등의 과목에서 합격한 비율이 1994년 39%에서 2000년에는 70%로 높아졌다. 일부 관찰자들은 학생들에게 시험 준비를 많이 시켰으며 성적이 아주 낮은 학생은 시험에 응시하지 않았다는 이유를 들어 회의적인 입장을 보이지만, 대부분의 분석가들은 모든 학생의 성적 향상을 위해 노력한 텍사스 주 지역 학교 교사들의 노고에 박수를 보내고 있다. 텍사스 주의 교육 개혁에 관해 상세한 내용을 알고 싶다면

TECHNOLOGY @School

각 주의 평가 및 책무성 실제에 대한 정보 검색

학생의 학업 성취도를 평가하는 각 주의 기준은 어떤 형식으로든 교사들에게 영향을 미칠 것이다. 학생과 교사 및 학교에서 성취도 수준에 대한 책임을 지도록 하는 흐름이 점차 확대되고 있다.

Consortium for Policy Research(CPRE)의 Margaret Goertz와 Mark Duffy는 주 정책에 대한 연구 조사 작업을 지원하고 「Assessment and Accountability Across the 50 States」라는 제목의 2001년도 보고서를 준비하였다.

이 보고서는 **www.cpre.org/Publications/Publications_Policy_Briefs.htm**과 펜실베이니아 대학 대학원 교육학과의 CPRE에서 무료로 받아 볼 수 있다.

저자들은 모든 주에서, 전체 학생을 대상으로 한 "공통적 학력 기준"과 관련한 높은 수준의 기준 및 도전적 내용, 학생의 학력 수준을 측정하는 평가법, 적어도 부분적으로는 학생의 학업 성취도 결과에 영향을 미치는 책임 체계 등에 관한 교육 정책을 도입했다는 사실을 알게 되었다. 또한 모든 주에서 주의 성적표를 발행하도록 하거나 학교구 성적표를 학교구가 발행하도록 하고 있다는 것도 알게 되었다. 하지만 평가의 난이도나 우수하다고 생각되는 수행 수준, 주 또는 학교구의 수행 성과를 기준을 한 상벌, 수행 성적이 저조한 학교가 이용할 수 있는 지원 유형과 그 규모 등에 대해서는 편차가 심하다는 것을 인정한다. 12장에서 살펴보았다시피 이러한 과제들은 NCLB를 비롯하여 기준에 따른 표준화 노력에 지속적인 영향을 미친다.

주지사와 기업가들이 1996년에 설립한 비영리 단체, Achieve, inc. 웹사이트에 가서 검색을 하면 주별로 정해 놓은 학년별, 과목별 평가 기준 정보를 입수할 수 있다. 예를 들어, **www.archieve.org** 홈페이지로 가서 검색을 하면 알래스카 주에서 정한 6학년 학생의 영어 능력 기준에 대한 정보를 알 수 있다. 여기에는 "단어의 기원, 구조, 문맥 단서, 어원, 사전 및 용어집 사용법 등에 대한 지식을 새로운 단어의 의미를 추론하거나 문장을 이해하는 데 응용하는 능력"과 관련된 평가 기준이 나와 있다. 교육부의 다른 기관 웹사이트를 검색하는 것도 www.nasbe.org에서 이러한 웹사이트를 전부 찾을 수 있다. 여러분이 속한 주의 6학년 영어 학력의 기준은 무엇인가?

"Technology @ School"을 참조하기 바란다.

학교구 차원의 체계적 개혁

■ 학업 성취도 수준이 높은 학교구

1장에서 뉴욕 주 로체스터 공립학교의 체계적 개혁 운동에 대해 언급하였으며 이전 부분에서는 텍사스 주의 브래조스포트와 기타 학교구에서 있었던 체계적 개혁에 관해 설명하였다. 전국의 여러 학교구에서는 눈에 띄는 개혁안들을 실행하고 있으며, 그 결과 기준 지향적 성취도 평가에서 상당한 성적 향상을 이끌어 내고 있다. 또한 우리는 이러한 개혁 노력이 성공을 거두기 위해서는 학교구에서 어떤 노력을 기울여야 하는지에 대해서도 알게 되었다. 예를 들어, Educational Research Service에서 실시한 연구는 저소득층 학생이 많이 다니고 있으면서도 높은 학업 성취도를 나타낸 6개 학교구의 특성에 대해 다음과 같이 기술하고 있다.

- 교육감이나 다른 교육 관계 지도자들이 높은 기대 수준 설정에 대한 공감대를 형성하였다.
- 책무성의 증대를 위해 일선 학교 수준으로 예산권을 이양하였다.
- 교과 과정을 주 시험에 맞게 조정하기 위해 광범위한 노력을 기울였다.
- 학생의 성취도를 정기적으로 평가하여 개인 지도가 필요한 학생에게 적절한 도움을 주었다.

주에서 실시하는 기준 지향적 평가에서 좋은 성적을 거둔 학교구에는 최근에 신설된 학교구도 포함되어 있다. 이 학교구에는 저소득층이나 소수 집단 출신, 영어 능력이 제한된 학생 등이 많이 다니는 곳이었다. Council of Great City School는 대도시에 속한 학교구를 조사하여 아래와 같은 결과를 발표하였다(CGCS, 2001; Lutkus & Weiner, 2003).

■ 대도시 학교의 성과

- "대도시 학교들"은 주 학력평가 및 NAEP(National Assessment of Educational Progress)와 같은 시험에서도 수학 교과에서 유의미한 성과를 올리고 있다.
- 주 학력평가의 읽기 분야에서도 좋은 성적을 올렸으나 다른 시험 결과와는 일관성이 없었다.
- 이 같은 "잠정적 증거"는 일부 학교들에서 격차가 줄어들고 있다고 학교구들이 발표하고 있기 때문에 소수 집단과 비소수 집단 출신 학생 간의 수학 성적의 격차를 줄일 수 있다는 것을 나타낸다.

■ 볼티모어와 Charlotte-Mecklenberg

주 학력평가와 기타 시험에서 인상적인 성과를 나타낸 예는 볼티모어와 Charlotte-Mecklenberg(노스캐롤라이나 주)다. 볼티모어의 경우는 주에서 실시한 읽기와 수학 평가에서 전 학년 학생의 성적이 향상되었다. 볼티모어 초등학교 학생들은 전국 학력평가에서도 좋은 성적을 나타냈다. 5학년 읽기 평가에서 전국 평균 이상의 점수를 받은 학생의 비율이 1998년에 18%에서 2001년에는 41%로 증가하였다. 1학년 학생의 경우에는 같은 기간 동안 각각 29%에서 66%로 증가하였다. Charlotte-Mecklenberg의 경우에는 3학년 읽기 평가에서 전국 평균 이상의 점수를 받은 학생의 비율이 1997년에 63%에서 2002년에는 78%로 증가하였다. 5학년 학생의 경우에는 같은 기간 동안 각각 66%에서 81%로 증가하였다. 관찰자들은 이러한 성과는 균형적 읽기 및 쓰기 등을 위한 전문적 노력, 읽기/쓰기/수학 등에서의 표준 기반 교수법 그리고 유아 교육, 방과 후 교육, 여름 학교 학습 프로그램의 증가, 진급 요건 적용 등에 기인한 것이라고 한다. 이러한 성과는 코네티컷, 메릴랜드, 노스캐롤라이나, 버지니아 및 기타 다른 지역 학생의 학업 성취도 향상으로 이어지고 있다(Bowie & Niedowsi, 2001; Casserly, 2003).

결론: 교육의 과제

■ 새로운 교사의 핵심 역할

국가 경쟁력을 높이고 빈곤층의 문제를 해결하기 위한 과제를 충실히 수행하려면 미국의 교육은 지금보다는 더 효과적이어야 한다. 모든 학생들, 특히 빈곤층 학생들의 고차적 사고 기술 습득이라는 문제와 관련해서는 더욱 그러하다.

교육 개혁에 관해 최근에 제시된 제안에는 이러한 관심 사항이 반영되어 있다. 이와 동시에 우리는 학교구 및 학교, 교실 수준에서의 교육 효과성을 높이기 위한 노력에 대해 배웠다. 하지만 기본적으로 학교 교육 개선을 위해 이러한 지식을 사용하기란 매우 어렵고도 복잡한 일이다. 교사의 한 사람으로서 여러분은 이러한 과제에 당면할 것이다. 여러분은 개혁 노력이 성공적인지 아닌지를 판단하는 데 중요한 역할을 하기 때문이다.

요 약

❶ 미국의 국가 경쟁력을 향상시키고 빈곤층이나 기타 위기에 빠진 학생들에게 평등한 기회를 제공하기 위해 학업 성취도를 증진시키려는 방향으로 교육 제도 개선의 노력을 기울이고 있다.

❷ 효과적인 학습 및 교수법에 대한 연구는 효과적인 학교 운영, 직접 교수법, 과제 참여 시간 확대, 질문 기술의 향상, 명시적 이해력 지도, 기타 학업 성취도를 높이는 방법 등에 관한 관심을 촉발시켰다.

❸ 연구 결과 학생의 학업 성취도를 향상시킬 수 있는 요소로 확실한 사명 의식, 뛰어난 지도력, 학생에 대한 높은 기대 수준, 긍정적인 가정-학교 간의 관계, 과제 참여 시간에 대한 비중 증가, 학생의 학업 성과에 대한 수시 감시, 정돈되고 인간적인 분위기 등을 들고 있다.

❹ 학교 개선 절차에 관해 지금까지 배웠던 것과 같은 것을 교육자가 잘 활용한다면 더욱더 효과적인 학교를 만들 수 있을 것이다.

❺ 고차적 사고 기술 프로그램을 비롯한 수많은 노력의 결과 전 학년을 아우르는 교수법의 향상이 있었다.

❻ 연구 결과, 개별 학교 차원의 노력이 교육 개혁에 대단히 중요한 역할을 한다는 것을 알게 되었다.

❼ 수많은 학교구와 학교에서는 기업 및 지역 사회의 협력, 연중 학교 운영, 농촌 지역 교육 개선 및 영재 교육 등과 관련한 정책을 시행하고 있다.

❽ 최신 기술은 초등학교 및 중 · 고등학교 교육의 개선 잠재력을 높여 주는 것이 사실이지만 이러한 기술을 효과적으로 사용하는 데는 상당한 노력과 자원이 필요하다.

❾ 학교 선택 확대는 교육 개선의 가능성을 높여 주지만 이에 못지않은 위험도 내포하고 있다.

❿ 체계적이며 통일감 있는 재구조화 및 기타 혁신 노력이 기울여지고 있다.

참고문헌

제1장

Allen Glenn, "Passing the Test", *AACTE Briefs,* August 10, 1998.

Andrew J. Rotherham, "The Wrong Teacher Shortage", *Blueprint* (March/April 2003), available at www.ndol.org/ blueprint.

Andrew S. Latham, "Teacher Satisfaction", *Educational Leadership* (February 1998) pp. 82-83.

Anne Lieberman and Lynne Miller, "Teacher Development in Professional Practice Schools", *Teachers College Record* (Fall 1990), pp. 105-122.

Ayres G. D'Costa, "The Impact of Courts on Teacher Competence Testing", *Theory into Practice* (Spring 1993), pp. 104-112.

Bess Keller, "States Claim Teachers Are 'Qualified'", *Education Week,* October 29, 2003.

C. Emily Feistritzer, "Alternative Teacher Certification: A State-by-State Analysis", 2003 summary available at www.ncei.com.

Carla Claycomb, "High-Quality Urban School Teachers", *The State Education Standard* (Winter 2000), available at www.nasbc.org/Standard.

Carol Strawderman and Pamela Lindsey, "Keeping Up with the Times", *Journal of Teacher Education* (March-April 1995), pp. 95-100.

Catherine E. Cardina and John K. Roden, "Academic Proficiency of Students Who Reported Intentions of Majoring in Education", *Journal of Teacher Education* (January-February 1998), pp. 38-46.

Connie Anderson, "Time Well Spent", *Teaching K-8* (January 1999), pp. 80-81.

David Baker and Cornelius Riordan, "The 'Eliting' of the Common American Catholic School and the National Education Crisis", *Phi Delta Kappa* (September 1998), pp. 16-23.

David C. Berliner, "A Personal Response to Those Who Bash Teacher Education", *Journal of Teacher Education* (November-December 2000), pp. 358-371.

David J. Hoff, "Massachusetts to Put Math Teachers to the Test", *Education Week,* May 31, 2000.

Deborah S. Yost, Sally M. Sentner, and Anna Forlenza-Bailey, "An Examination of the Construct of Critical Reflection", *Journal of Teacher Education* (January-February 2000), pp. 39-49.

Donald B. Cruickshank, *Research That In forms Teachers and Teacher Educators* (Bloomington, md.: Phi Delta Kappa, 1990).

Donald R. Coker and Mary Wilson, "Reconceptualizing the Process of Teacher Preparation", *Education* (Summer 1997), pp. 500-506.

Dorothy K. Stewart, "Reflective Teaching in Preservice Teacher Education", *Journal of Teacher Education* (September 1994), pp. 298-302.

Elizabeth A. Kaye, ed., *Requirments for Certification of Teachers, Counselors, Librarians, and Administrators of Elementary and Secondary Schools, 2003-2004,* 7th ed. (Chicago: University of Chicago Press, 2003).

Elizabeth F. Fideler, Elizabeth D. Foster, and Shirley Schwartz, *The Urban Teacher Challenge* (Washington, D.C.: Council of Great City Schools, 2000).

F. Howard Nelson and Rachel Drown, *Survey and Analysis of Teacher Salary Trends 2002* (Washington, D.C.: American Federation of Teachers, AFL-CIO, 2003), available at www.aft.org.

G. Jeffrey MacDonald, "Prep Schools Open Their Doors Wider", *Christian Science Monitor,* October 28, 2003.

G. Pritchy Smith, *Common Sense About Uncommon Knowledge* (Washington, D.C.: American Association of Colleges of Teacher Education, 1998).

Gilbert Brown, "The Role of the African-American Teacher", *Black Collegian* (October 2000), pp. 88-91.

Holmes Group, *Tomorrow's Teachers* (East Lansing, Mich.: Holmes Group, 1986).

Iris C. Rotberg, Mary H. Futrell, and Joyce M. Lieberman, "National Board Certification", *Phi Delta Kappan* (February 1998), pp. 462-466.

Jay Chambers and Sharon Bobbitt, *The Patterns of Teacher Compensation* (Washington, D.C.: U.S. Department of Education, 1996).

Jennifer McNulty, "Breaking Down the Barriers that Keep Asian Americans Out of Teaching," *UC Santa Cruz Currents,* February 14, 2000, available at www.ucsc.edu/currents/99-00/02-14.

Joanna Richardson, "Rochester, N.Y., Contract Links Accountability, Resources", *Education Week,* December 15, 1993, p. 3.

John Gehring, "Minority-Serving Colleges Call for Teacher-Training Help," *Education Week*, October 4, 2000.

John M. Miller and Michael C. McKenna, "A Comparison of Alternatively and Traditionally Prepared Teachers", *Journal of Teacher Education* (May-June 1998), pp. 167-176.

John Silber, "Those Who Can't Teach", *New York Times,* July 7, 1998.

Judy Swanson, "Systemic Reform in the Profesionalism of Educators", *Phi Delta Kappan* (September 1995), pp. 36-39.

Linda Darling-Hammond, "Teachers and Teaching", *Educational Researcher* (January-February 1998), pp. 5-15.

Linda Darling-Hammond, *The Evolution of Teacher Policy* (Santa Monica, Calif.: Rand, 1998).

Linda McNeil, "Creating New Inequalities", *Phi Delta Kappan* (June 2000), pp. 729-734.

Lisa D. Delpit, "The Silenced Dialogue: Power and Pedagogy in Educating Other People's Children", *Harvard Educational Review* (August 1988), pp. 280-298.

Michael A. Rebell and Molly A. Hunter, "'Highly Qualified' Teachers", *Phi Delta Kappan* (May 2004), pp. 690-696.

Minority Teacher Supply and Demand (Washington, D.C.: American Association of Colleges of Teacher Education, 1990), p. 3.

National Center for Education Statistics, *America's Teachers Ten Years After "A Nation at Risk"* (Washington, D.C.: U.S.

Department of Education, 1995).

National Commission on Excellence in Education, *A Nation at Risk: The Imperitive for Education Reform* (Washington, D.C.: U.S. Department of Education, 1983), p. 5.

National Reports. Since the mid-1980s numerous reports have focused on problems of education in the United States. *A Nation at Risk* (1983), the best known and most influential of the national reports, was prepared by the National Commission on Excellence in Education sponsored by the U.S. Department of Education. Arguing that the United States is "at risk" in the sense that its "once unchallenged preeminence in commerce, industry, service, and technological innovation is being overtaken by competitors throughout the world", the commission concluded that one major aspect of decline has been a "rising tide of mediocrity" in

Patrick Murphy and Michael DeArmond, "A National Crisis or Localized Problems? *Education Policy Analysis Archives,* July 31, 2003, available at **http://epaa.asu.edu.**

Paul D. Houston, "Do We Suffer from Educational Glaucoma?" *School Administrator* (January 1999).

Raymond Macke, Stephen H. Fletcher, and Javier Luque, "Teach For America: An Evaluation of Teacher Differences and Student Outcomes (Houston, Texas)", 2001 paper prepared for the Houston Independent School District, available at **www.teachforamerica.org/pdfs/TFAfinal.pdf.**

Richard J. Murname, "The Case for Performance-Based Licensing", *Phi Delta Kappan* (October 1991), pp. 137-142.

Richard W. Riley, "High Quality Teachers for Every Classroom", *Teaching K-S* (January 1999), p. 6.

Somini Sepgupta, "A Traditional Career Gains New Class", *New York Times,* August 3, 1997.

Susan H. Fuhrman and Richard F. Elmore, *Ruling Out Rules* (New Brunswick, N.J.: CPRE, 1995).

Susan M. Johnson, "Can Professional Certification for Teachers Reshape Teaching as *a* Career?" *Phi Delta Kappan* (January 2001), pp. 393-399.

The organizations include the National Association of State Directors of Teacher Education Certification (NASDTEC), the Council of Chief State School Officers, and the Educational Testing Service. See the *NASDTEC Communicator* and other documents available at **www.nasdtec.org.**

U.S. Department of Education, *No Child Left Behind: A Toolkit for Teachers* (Washington, D.C.: U.S. Department of Education, 2003).

Wade A. Carpenter, "Ten Years of Silver Bullets", *Phi Delta Kappan* (January 2000), pp. 383-389.

Wendy Kopp, "A Case for Professional Corps", *National Civic Review* (Fall 1997), pp. 211-217.

William R. Johnson, "Empowering Practitioners: Holmes, Carnegie, and the Lessons of History", *History of Education Quarterly* (Summer 1987), pp. 221-240.

제2장

AACTE, "NCATE Creates Task Force to Improve Program Reviews", *AACTE Briefs,* August 25, 2003, pp. 1, 3.

Alan B. Henkin, Peter J. Cistone, and Jay Dee, "Conflict Management Strategies of Principals in Site-Based Managed Schools", *Journal of Educational Administration* (February 2000), pp. 42-58.

Alfred G. Hess, "The Changing Role of Teachers: Moving from Interested Spectators to Engaged Planners," *Education and Urban Society* (May 1994), pp. 248-263.

Allan C. Ornstein, "Teacher Salaries in Social Context", *High School Journal* (December-January 1990), pp. 129-132.

Amitai Etzioni, *The Semiprofessions and Their Organizations: Teachers, Nurses, and Social Workers* (New York: Free Press, 1969), p. v.

Ann E. Harman, "A Wider Role for the Professional Boards", *Educational Leadership* (May 2001), p. 54-55.

Ann L. Wood, "What Does Research Say About Teacher Induction and IHE/LEA Collaborative Programs", *Issues in Teacher Education* (Fall 2001), pp. 68-81.

Arthur E. Wise, "Legislative Learning Revisited", *Phi Delta Kappan* (January 1988), pp. 328-333.

Arthur E. Wise, "Teaching the Teachers", *American School Board Journal* (June 1994), pp. 22-25.

Arthur E. Wise, Linda Darling-Hammond, and Barnett Berry, *Effective Teacher Selection: From Recruitment to Retention* (Santa Monica, Calif.: Rand Corporation, 1987).

Barry A. Farber, *Crisis in Education: Stress and Burnout in the American Teacher* (San Francisco: Jossey-Bass, 1991).

Brian Rowan, "Comparing Teachers' Work with Work in Other Occupations: Notes on the Professional Status of Teaching", *Educational Researcher* (August-September 1994), pp. 4-17, 21.

C. C. North and Paul K. Hatt, "Jobs and Occupation: A Popular Evaluation", *Opinion News,* September 1,1947, pp. 3-13.

Dan C. Lortie, *Schoolteacher: A Sociological Study* (Chicago: University of Chicago Press, 1975).

Denny G. Bolton, "Better Bargaining: Common Mistakes in Contract Negotiations and How to Avoid Them", *American School Board Journal* (March 2001), pp. 16-20.

Eric Hoyle, "Teaching: Prestige, Status and Esteem", *Educational Management and Administration* (April 2001), pp. 139-152.

Hendrik D. Gideonse, *Relating Knowledge to Teacher Education* (Washington, D.C.: American Association of Colleges for Teacher Education, 1989).

Ismat Abdul-Haqq, *Professional Development Schools: Weighing the Evidence* (Thousand Oaks, Calif.: Corwin Press, 1997).

James D. Koerner, *The Miseducation of American Teachers* (Boston: Houghton Mifflin, 1963).

Jo Anna Natale, "Why Teachers Leave", *Executive Educator* (November 1993), pp. 8-15.

John Norton, "Grounded in Research", *Journal of Staff Development* (Summer 2001), pp. 30-32.

John Smyth, Geoff Shacklock, and Rob Hattam, "Teacher Development in Difficult Times", *Teacher Development,* November 1, 1997, available at **www.triangle.co.uk.**

John W. Porter, "A Call for National Certification of Teachers", *NASSP Bulletin* (October 1990), pp. 64-70.

Judith Duffield, "Trials, Tribulations and Minor Successes: Integrating Technology into a Preservice Teacher Preparation Program", *Tech Trends* (September 1997), pp. 22-26.

Lee S. Shulman, "Knowledge and Teaching: Foundations and the New Reform," *Harvard Educational Review* (February 1987), p. 324.

Linda M. McNeil, *Contradictions of Control* (New York: Routledge and Kegan Paul, 1986).

Louis Fischer, David Schimmel, and Leslie Stellman, *Teachers and the Law* (New York: Long-man, 2003), pp. 45-58.

Mary Apodaca-Tucker, "School-Based Management: Views from Public and Private Elementary School Principals", *Education Policy Analysis Archives* (April 2002), p. 23.

Mary L. Radnofsky, "Empowerment and the Power Not to Change: Teachers' Perceptions of Restructuring", *International Journal of Educational Reform* (April 1994), pp. 154-164.

Michael W. Apple, "Is There a Curriculum Voice to Reclaim?" *Phi Delta Kappan* (March 1990).

Patricia Gonzales, "Strategies for Teacher Retention", *NSTEP In formation* Brief (Alexandria, Va.: National Association of State Directors of Special Education, 1995).

Perry A. Zirkel, "Striking Results", *Phi Delta Kappan* (February 2003), pp. 478-479.

Robert B. Howsam et al., *Educating a Profession* (Washington, D.C.: American Association of Colleges for Teacher Education, 1976).

Robert J. Yinger and Amanda L. Nolen, "Surviving the Legitimacy Challenge", *Phi Delta Kappan* (January 2003), pp. 386-390.

Robert Rothman, *Measuring Up* (San Francisco: Jossey-Bass, 1995).

Ron Brandt, "On Research on Teaching", *Educational Leadership* (April 1992), pp. 14-19.

Ronald G. Corwin, *Militant Professionalism: A Study of Militant Conflict in High Schools* (New York: Appleton-Century-Crofts, 1970).

Ronald G. Corwin, *Sociology of Education* (New York: Appleton-Century-Crofts, 1965).

Stephen Jacobsen, "Money Incentives and the Reform of Teacher Compensation: A Persistent Dilemma", *International Journal of Educational Reform* (January 1995), pp. 29-35.

Susan J. Rosenholtz, *Teachers' Workplace: The Social Organization of Schools* (New York: Longman, 1989).

Susan Moore Johnson, "Can Professional Certification of Teachers Reshape Teaching as *a* Career", *Phi Delta Kappan* (January 2001), pp. 393-399.

Thomas Guskey, "What Makes Professional Development Effective", *Phi Delta Kappan* (June 2003), pp. 748-750.

Victor R. Lindquist and Frank S. Endicott, *The Northwestern Lindquist-Endicott Report: Employment Trends for College Graduates,* Forty-sixth Annual Survey (Evanston, Ill.: Northwestern University, 1992).

William Keene, *"Win/Win or Else": Collective Bargaining in an Age of Public Discontent* (Thousand Oaks, Calif.: Corwin Press, 1996).

Wunder, NCEA, March 16, 2001. www.pt-a.org/aboutus (2003).

제3장

Arvind Sharma, ed. *The Study of Hinduism* (Columbia: University of South Carolina Press, 2003.

C. Stephen Jaeger, *The Envy of Angels: Cathedral Schools and Social Ideals in Medieval Europe, 950-1200* (Philadelphia: University of Pennsylvania Press, 1994), p. 153.

Christopher Rowe and Sarah Brodie, *Aristotle: Nicomachean Ethics* (Oxford U.K.: Oxford University Press, 2002).

Confucius, *The Analects,* Book II, in D. C. Lau, "Introduction", *The Analects,* trans. D. C. Lau (New York: Penguin Books, 1979), p. 64.

Conrad Schirokauer, *A Brief History of Chinese Civilization* (New York: Harcourt Brace Jovanovich, 1991), pp. 57, 124, 128.

Daniel Feller, *The Jacksonian Promise: America, 1815-1840* (Baltimore: Johns Hopkins University Press, 1995), pp. xiii-xiv.

Devin Stauffer, *Plato's Introduction to the Question of Justice* (Albany: State University of New York Press, 2001).

Edward Schiappa, *Protagoras and Logos: A Study in Greek Philosophy and Rhetoric* (Columbia: University of South Carolina Press, 2003.

Edward Shaughnessy, *China: Empire and Civilization* (New York: Oxford University Press, 2000).

Ekaterina V. Haskins. *Logos and Power in Isocrates and Aristotle* (Columbia: University of South Carolina Press, 2004).

Francis J. Selman, *Saint Thomas Aquinas: Teacher of Truth* (Edinburgh, Scotland: T&T Clark, 1994).

Gary Alan Scott, *Plat&s Socrates as Educator* (Albany: State University of New York Press, 2000), pp. 1-12.

J. R. Hale, *Renaissance Europe* (New York: Basil Blackwell, 2000).

James J. Murphy, ed., *Quintilian on the Teaching of Speaking and Writing* (Carbondale: Southern Illinois University Press, 1987).

James Mulhern, *A History of Education, A Social Interpretation* (New York: Ronald Press, 1959), pp. 55-79.

John W. Donohue, *St. Thomas Aquinas and Education* (New York: Random House, 1968), pp. 76-89.

Judith M. Bennett, *Medieval Women in Modern Perspective* (Washington, D.C.: American Historical Association, 2000).

Kevin Robb, *Literacy and Paideia in Ancient Greece* (New York: Oxford University Press, 1994).

Louis Goldman, "Homer, Literacy, and Education", *Educational Theory* (Fall 1989), pp. 391-400.

Lucien Febvre and Henri-Jean Martin, *The Coming of the Book: The Impact of Printing, 1450- 1800* (London: Verso, 1990).

Martin Bernal, *Black Athena: The Afroasiatic Roots of Classical Civilization: The Fabrication of Ancient Greece 1785-1985* (New Brunswick, N.J.: Rutgers University Press, 1987), pp. 2-3.

Mary Jo Maynes, *Schooling in Western Europe: A Social History* (Albany: State University of New York Press, 1985).

Nigel M. Kennell, *The Gymnasium of Virtue: Education and Culture in Ancient Sparta* (Chapel Hill: University of North Carolina Press, 1995).

Robert D. Sider and John B. Payne, eds. *Collected Works of Erasmus* (Toronto: University of Toronto Press, 1994).

Robert Holmes Beck, "The *Iliad:* Principles and Lessons", *Educational Theory* (Spring 1986), pp. 179-195.

Robert S. Brumbaugh, "Plato's Ideal Curriculum and Contemporary Philosophy of Education", *Educational Theory* (Spring 1987), pp. 169-177.

Roxann Prazniak, *Dialogues Across Civilizations: Sketches in World History from the Chinese and European Experiences* (Boulder, Cob.: Westview of HarperCollins, 1996).

Stanley A. Wolport, Herman Kulke and Dietmar Rothermund, *A History of India* (New York: Routledge, 1998).

T. R. Reid, *Confucius Lives Next Door: What Living in the East Teaches Us About Living in the West* (New York: Vintage Press, 2000).

U.S. Department of Education, Office of the Secretary, *No Child Left Behind,* 2001 (Washington D.C.: U.S. Department of Education, 2001), pp. 3, 8.

Ulrich urn Hoff, *The Enlightenment* (Cambridge, Mass.: Basil Blackwell, 1994).

W. Robert Godfrey, *Reformation Sketches: Insights into Luther, Calvin, and the Confessions* (Phillipsburg, N.J: P&R Publishers, 2003).

William H. Woodward, *Desiderius Erasmus: Concerning the Aim and Method of Education* (New York: Teachers College Press, 1964).

제4장

Allan Bloom, *The Closing of the American Mind* (New York: Simon and Schuster, 1987).

Andrew Newman,. *The Correspondence Theory of Truth: An Essay on the Metaphysics of Prediction* (New York: Cambridge University Press, 2002).

Angeline Martel and Linda Peterat, "Margins of Exclusion, Margins of Transformation: The

Place of Women in Education", in Rebecca A. Martusewicz and William M. Reynolds, *Inside! Out: Contemporary Critical Perspectives in Education* (New York: St. Martin's Press, 1994), p. 152.

Angeline Martel and Linda Peterat, "Margins of Exclusion~ Margins of Transformation: The Place of Women in Education", in Rebecca A. Martusewicz and William Reynold, eds., *Inside! Out: Contemporary Critical Perspectives in Education* (New York: St. Martin's Press, 1994), pp. 151-154.

Arthur Zilversmit, *Changing Schools: Progressive Education Theory and Practice, 1930-1960* (Chicago: University of Chicago Press, 1993).

Christine E. Sleeter and Peter L. McLaren, eds. *Multicultural Education, Critical Pedagogy and the Politics of Difference* (Albany: State University of New York Press, 1995).

David E. Cooper, *World Philosophies: An Historical Introduction* (Oxford, U.K., and Cambridge, Mass.: Blackwell, 1996), p. 467.

Diane Ravitch, *Left Back: A Century of Failed School Reforms* (New York: Simon and Schuster, 2000), pp. 465-467.

Elizabeth Ellsworth, "Representation, Self-Representation, and the Meanings of Difference: Questions for Educators", in Rebecca A. Martusewicz and William M. Reynolds, *Inside!Out: Contemporary Critical Perspectives in Education* (New York: St. Martin's Press, 1994), p. 100. 24 Ibid., pp. 100-101.

Friedrich Nietzsche, *The Will to Power.* trans. Walter Kaufmann (New York: Vintage, 1967).

Gerald L. Gutek, *Philosophical and Ideological Perspectives on Education,* 2nd ed. (Boston: Allyn and Bacon, 1997), pp. 13-25.

Gerald L. Gutek, *Philosophical and Ideological Voices in Education* (Boston: Allyn and Bacon, 2004), pp. 15-27.

Henry A. Giroux and Peter L. McLaren, "Schooling, Cultural Politics, and the Struggle for Democracy", in Henry A. Giroux and Peter McLaren, eds., *Critical Pedagogy the State, and Cultural Struggle* (New York: State University of New York Press, 1989), pp. xi-xii.

Joe L. Kincheloe, *Toward A Critical Politics of Teacher Thinking: Mapping the Postmodern* (Westport, Conn.: Bergin & Garvey, 1993), p. 35.

John A. Zahorik, *Constructivist Teaching* (Bloomington, md.: Phi Delta Kappa Educational Foundation, 1995), pp. 10-13.

John Dewey, *Democracy and Education* (New York: Macmillan, 1916).

John Dewey, *Experience and Education: The 60th Anniversary Edition* (West Lafayette, md.: Kappa Delta Pi, 1998).

John Dewey, *The Child and the Curriculum* (Chicago: University of Chicago Press, 1902).

John Dewey, *The School and Society* (Chicago: University of Chicago Press, 1923).

Larry A. Hickman, *Philosophical Tools for Technological Culture* (Bloomington: Indiana University Press, 2001).

Lawrence A. Cremin, *The Trans formation of the School* (New York: Random House, 1961).

Lawrence J. Dennis and George W. Stickel, "Mead and Dewey: Thematic Connections on Educational Topics", *Educational Theory* (Summer-Fall 1981), pp. 320-321.

Martin Carnoy, "Education, State, and Culture in American Society", in Henry A. Giroux and Peter L. McLaren, eds., *Critical Pedagogy the State, and Cultural Struggle* (Albany: State University of New York Press, 1998), pp. 6-7.

Maxine Greene, *Landscapes of Learning* (New York: Teachers College Press, 1978).

Maxine Greene, *The Dialectic of Freedom* (New York: Teachers College Press, 1988).

Michael W. Apple, *Official Knowledge: Democratic Education in a Conservative Age* (New York and London: Routledge, 2000), pp. 132-133.

Mortimer J. Adler, *The Paideia Proposal: An Educational Manifesto* (New York: Macmillan, 1982).

National Commission on Excellence in Education, *A Nation at Risk: The Imperative for Educational Reform* (Washington, D.C.: U.S. Department of Education, 1983), pp. 5, 24.

No Child Left Behind (Washington, D.C.: U.S. Printing Office, 2001), p. 1.

No Child Left Behind (Washington, D.C.: U.S. Printing Office, 2001), pp. 8-9.

Philip H. Phenix, *Philosophies of Education* (New York: Wiley, 1961), pp. 22-24.

Robert B. Westbrook, *John Dewey and American Democracy* (Ithaca, N.Y.: Cornell University Press, 1991), pp. 151-156.

Robert M. Hutchins, *A Conversation on Education* (Santa Barbara, Calif.: The Fund for the Republic, 1963), p. 1.

Stephen M. Fishman and Lucille McCarthy, *John Dewey and the Challenge of Classroom Practice* (New York: Teachers College Press, 1998).

Van Cleve Morris, *Existentialism in Education* (New York: Harper and Row, 1966).

William E. Doll, Jr., *A Post-Modern Perspective on Curriculum* (New York: Teachers College Press, 1993).

William R. Caspary, "Judgments of Value in John Dewey's Theory of Ethics", *Educational Theory* (Spring 1990), pp. 155-169.

Williarn P. Alston, *A Realist Conception of Truth* (Ithaca, NY: Cornell University Press, 1996).

제5장

Andreas Kazamias, *Herbert Spencer on Education.* (New York: Teachers College Press, 1966).

C. J. Brainerd, "Jean Piaget, Learning Research, and American Education", in Barry J. Zimmerman and Dale H. Schunk, ed., *Educational Psychology: A Century of Contributions* (Mahwah, N.J.: Lawrence Erlbaum, 2003), p. 257.

David B. Owen, "History and the Curriculum in Rousseau's *Emile", Educational Theory,* 32 (1982), pp. 117-130.

David Elkind, "Piaget, Jean (1896-1980)", in James W. Guthrie, ed., *Encyclopedia of Education,* 2nd ed., vol. 5 (New York: Macmillan Reference USA/Thomson Gale, 2003), p. 1895.

David Elkind, "Piaget, Jean (1896-1980)", in James W. Guthrie, ed., *Encyclopedia of Education,* 2nd ed., vol. 5 (New York: Macmillan Reference USA/Thomson Gale, 2003), p. 1897.

Edward A. Power, *A Legacy of Learning: A History of Western Education* (Albany: State University of New York Press, 1991), pp. 195-197.

Freire, *Pedagogy of the Oppressed,* trans. Myra Bergman Ramos (New York: Continuum, 1984), pp. 57-59.

Gerald L. Gutek, "Maria Montessori: Contributions to Educational Psycholo~", in Barry J. Zimmerman and Dale H. Schunk, *Educational Psychology: A Century of Contributions* (Mahwah, N.J.: Lawrence Erlbaum, 2003), pp. 171-186.

Gerald L. Gutek, *Pestalozzi and Education* (Prospect Heights, Ill.: Waveland Press, 1999), pp. 21-51.

Jane Addams, *Democracy and Social Ethics* (New York: Macmillan, 1905), pp. 178-181.

Jane Addams, Emily G. Balch, and Alice Hamilton, *Women at the Hague: The International Congress of Women and Its Results* (Urbana and Chicago: The University of Illinois Press, 2002).

Jane Addams, *The Spirit of Youth and the City Streets* (New York: Macmillan, 1909), pp. 98-103.

Jean Piaget, *The Origins of Intelligence in Children,* trans. Margaret Cook (New York: Norton, 1952), pp. 24-40.

Johann Heinrich Pestalozzi, *How Gertrude Teaches Her Children,* trans. L. E. Holland and F. C. Turner (Syracuse, N.Y.: Bardeen, 1900).

John Dewey, *Democracy and Education* (New York: Macmillan, 1916), p. 192.

John Dewey, *Democracy and Education* (New York: Macmillan, 1916), pp. 89-90.

John Dewey, *The Child and the Curriculum* (Chicago: University of Chicago Press, 1902).

John Locke, *An Essay Concerning Human Understanding* (New York: Prometheus Books, 1994).

John Locke, *Essays on the Law of Nature* (New York: Oxford University Press, 2002).

John Locke, *The Second Treatise of Government and A Letter Concerning Toleration* (New York: Dover 2002).

Laurel N. Tanner, *Dewey's Laboratory School: Lessons for Today* (New York: Teachers College Press, 1997).

Maria Montessori, *The Montessori Method,* introduction by J. McV. Hunt (New York: Schocken Books, 1964), pp. 48-70.

Paulo Freire, *Pedagogy of Freedom: Ethics, Democracy, and Civic Courage* (Lanham, Md.: Rowman and Littlefield, 1998), p. 51.

R. S. Dreyer, "Take a Tip from Herbert Spencer", *Supervision* (May 1993), pp. 22-23.

Richard Shaull, preface to Paulo Freire, *Pedagogy of the Oppressed* (New York: Continuum, 1984), pp. 9-11.

Ruth W. Grant and Nathan Tarcov, eds. *John Locke: Some Thoughts Concerning Education and the Conduct of the Understanding* (Indianapolis: Hackett, 1996), p. 187.

Stanley Aronowitz, introduction to Freire, *Pedagogy of Freedom,* p. 4.

Valerie A. Haines, "Spencer's Philosophy of Science", *British Journal of Sociology* (June 1992), pp. 155-172.

제6장

Andrew Gyory, *Closing the Gate: Race, Politics, and the Chinese Exclusion Act* (Chapel Hill:

Barbara M. Cross, ed., *The Educated Woman in America: Selected Writings of Catharine Beecher, Marga ret Fuller, and M. Carey Thomas* (New York: Teachers College Press, Columbia University, 1965), pp. 73-75.

Benjamin E. Andrews, *The Land Grant of 1862 and the Land-Grant College* (Washington, D.C.: U.S. Government Printing Office, 1918).

Booker T. Washington, *Selected Speeches of Booker T Washington* (New York: Doubleday, 1932).

Booker T. Washington, *Up from Slavery* (New York: Doubleday, 1938).

Colin G. Calloway, *New Worlds for All: Indians, Europeans, and the Remaking of Early America* (Baltimore: Johns Hopkins University Press, 1997), p. 42.

Commission on the Reorganization of Secondary Education, *Cardinal Principles of American Secondary Education,* Bulletin no. 35 (Washington, D.C.: U.S. Government Printing Office, 1918).

David J. O'Brien and Stephen S. Fugita, *The Japanese American Experience* (Bloomington: Indiana University Press, 1991), pp. 4-17.

David W. Adams, "Fundamental Considerations: The Deep Meaning of Native American Schooling, 1880-1900", *Harvard Education Review* (February 1988), pp. 1-28.

David W. Adams, *Education for Extinction: American Indians and the Boarding School Experience, 1875-1928* (Lawrence: University Press of Kansas, 1995).

Edward A. Krug, *The Shaping of the American High School, 1880-1920* (New York: Harper and Row, 1964).

Edward A. Krug, *The Shaping of the American High School, 1920-1941* (Madison: University of Wisconsin Press, 1972).

Elizabeth Boosahda, *Arab-American Faces and Voices: The Origins of an Immigrant Community* (Austin: University of Texas Press, 2003), pp. 84-86.

Frederick Rudolph, *The American College and University: A History* (Athens: University of Georgia Press, 1990).

George Pierre Castile, *To Show Heart: Native American Self-Determination and Federal Indian Policy, 1960-1975* (Tucson: University of Arizona Press, 1998).

Gerald L. Gutek, *American Education 1945-2000: A History and Commentary* (Prospect Heights, Ill.: Waveland Press, 2000), pp. 9-14.

Gerald L. Gutek, *An Historical Introduction to American Education* (Prospect Heights, Ill.: Waveland Press, 1991), pp. 206-207.

Gervasio Luis Garcia, "I Am the Other: Puerto Rico in the Eyes of North Americans, 1898", *Journal of American History* 38 (June 2000), p. 41.

H. W. Brands, *The First American: The Life and Times of Benjamin Franklin* (New York: Anchor Books/Random House, 2000).

Harlow Giles Unger, *Noah Webster, The Life and Times of an American Patriot* (New York: Wiley, 1998).

Herbst, *The Once and Future School,* pp. 95-106.

Ira Berlin, *Many Thousands Gone: The First Two Centuries of Slavery in North America* (Cambridge, Mass.: Belknap Press, 1998).

Jacqueline S. Reinier, *From Virtue to Character: American Childhood, 1775-1850* (New York: Twayne of Macmillan, 1996), p. xi.

James D. Hendricks, "Be Still and Know: Quaker Silence and Dissenting Educational Ideals, 1740-1812", *Journal of the Midwest History of Education Society* (Annual Proceedings, 1975), pp. 14-40.

John H. Westerhoff, *McGuffey and His Readers: Piety Morality and Education in Nineteenth Century America* (Nashville, Tenn.: Abingdon, 1978).

Jonathan Messerli, *Horace Mann: A Biography* (New York: Knopf, 1972).

Julius P. Boyd, ed., *The Papers of Thomas Jefferson,* vol. II (Princeton, N.J.: Princeton University Press, 1950), pp. 526-533.

Krug, *The Shaping of the American High School, 1920-1941,* p. 7.

Lawrence A. Cremin, *American Education: The Colonial Experience, 1607-1783* (New York: Harper and Row, 1970).

Lisbeth Haas, *Conquests and Historical Identities in California, 1769-1930* (Berkeley and Los Angeles: University of California Press, 1995), p. 151.

Maclver and Ruby, "Middle Schools", p. 1630.

Mitchell T. Maki, Harry H. L. Kitano, and S. Megan Berthold, *Achieving the Impossible Dream: How Japanese Americans Obtained Redress* (Urbana: University of Illinois Press, 1999).

National Education Association, *Report of the Committee on Secondary School Studies* (Washington, D.C.: U.S. Government Printing Office, 1893).

Paul A. Cimbala, *Under the Guardianship of the Nation: The Freedmen's Bureau and the Reconstruction of Georgia, 1865-1893* (Athens: University of Georgia Press, 1997).

Rodriguez and Ruiz, "At Loose Ends: Twentieth-Century Latinos in Current United States History Textbooks", p. 1696.

Ross W. Beale, Jr. "In Search of the Historical Child: Miniature Adulthood and Youth in Colonial New England", in N. Ray Hiner and Joseph H. Hawes, eds. *Growing Up in America: Children in Historical Perspective* (Urbana: University of Illinois Press, 1985), pp. 7-24.

Shiffi-Shan Henry Tsai, *The Chinese Experience in America* (Bloomington: Indiana University Press, 1986), pp. 1-20.

Stan Crock and Michele Galen, "A Thunderous Impact on Equal Opportunity", *Business Week* (June 26, 1995), p. 37.

Victoria-Marie MacDonald, "Hispanic, Latino, Chicano, or 'Other'? Deconstructing the Relationship between Historians and Hispanic-American Educational History", *History of Education Quarterly* 41 (Fall 2001), pp. 368-369.

W.E.B. Du Bois, *The Philadelphia Negro: A Social Study* (Philadelphia: University of Pennsylvania Press, 1998).

Walter Isaacson, *Benjamin Franklin: An American Life* (New York: Simon and Schuster, 2003), pp. 146-147. Other biographies of Franklin are Edmund S. Morgan, *Benjamin Franklin* (New Haven: Yale University Press, 2002).

Wayne E. Fuller, *One-Room Schools of the Middle West: An Illustrated History* (Lawrence: University of Kansas Press, 1994), pp. 7-19, 18-27, 30-40.

William R. Johnson, "'Chanting Choristes': Simultaneous Recitation in Baltimore's Nineteenth-Century Primary Schools", *History of Education Quarterly* (Spring 1994), pp. 1-12.

제7장

A. Y. Ramirez, "High School Teachers View of Parent Involvement", *American Secondary Education* (Summer 2000), pp. 27-32.

Allan C. Ornstein, "School Superintendents and School Board Members: Who They Are", *Contemporary Education* (Winter 1992), pp. 157-159.

April Gresham, Frederick Hess, Robert Maranto, and Scott Milliman, "Desert Bloom: Ari's Free Market in Education," *Phi Delta Kappan* (June 2000), pp. 751-757.

"Characteristics of the 100 Largest", at National Center for Education Statistics, www.nces.gov/pubs200l/100largest/table03.asp.

Charles Majkowski, "The Essential Role of Principals in Monitoring Curriculum Implementation, *NASSP Bulletin* (February 2000), pp. 76-83.

Craig Howley and Robert Bickel, "The Influence of Scale", *American School Board Journal* (March 2002), pp. 28-30.

Digest of Education Statistics, 2002 (Washington, D.C.: U.S. Government Printing Office, 2002), at National Center for Education Statistics, www.nces.ed.gov, Table 157.

Digest of Education Statistics, 2002, at www.ed.gov. Table 96.

Digest of Education Statistics, 2002, available at National Center for Education Statistics, www.nces.ed.gov.

Digest of Education Statistics, 2002, Table 25.

Digest of Education Statistics, 2002, Table 89.

Digest of Education Statistics, 2002, Tables 87 and 89.

Donna Harrington-Leuker, "School Boards at Bay", *American School Board Journal* (May 1996), pp. 18-22.

Education Vital Signs, 2002 (Alexandria, Va.: National School Boards Association, 2002), pp. 32-47.

Fenwick W. English, *Educational Administration: The Human Science* (New York: HarperCollins, 1992).

Fred C. Lunenburg and Allan C. Ornstein, *Educational Administration: Concepts and Practices* (Belmont, Calif.: Wadsworth, 1991).

Herbert J. Walberg and Richard P. Niemiec, "Is Chicago School Reform Working?" *Phi Delta Kappan* (May 1994), pp. 713-715.

James B. Conant, *The American High School Today* (New York: McGraw-Hill, 1959).

James P. Comer, "Empowering Black Children's Educational Environment", in H. P. McAdoo and J. L. McAdoo, eds., *Black Children* (Beverly Hills, Calif.: Sage, 1985), pp. 114-139.

Jerome Delaney, "Principal Leadership: A Primary Factor in School-Based Management and School Improvement", *NASSP Bulletin* (February 1997), pp. 107-111.

Judith Saks, *The Basics of Charter Schools: A School Board Primer* (Alexandria, Va.: National School Boards Association, 1997).

Kathleen Vail, "Teamwork at the Top", *American School Board Journal* (November 2001), pp. 23-25.

Kathleen Vail, "The Changing Face of Education", Education Vital Signs, 2003, at www.nsba.org.

Lamar Alexander, "A Horse-Trade for K-12 Education", *Phi Delta Kappan* (May 2002), pp. 698-699.

Laura A. Cooper, "The Principal as Instructional Leader", *Principal* (January 1989), pp. 13-16.

Laura Pappano, "In Parent-Teacher Conferences, 'Enemies' Can Be Friends." *Boston Sunday Globe,* September 28, 2003, p. B6.

Lawrence Handy, "Main Events: the Year of NCLB", *Education Vital Signs, American School Board Journal* (Supplement 2003).

Linda Darling-Hammond and Barnett Berry, *The Evolution of Teacher Policy* (Santa Monica, Calif.: Rand, 1988).

Lloyd Campbell, "Parents and Schools Working for Student Success", *NASSP Bulletin* (April 1992), pp. 1-4.

Miles Bryant, "Rural School District Reorganization on the Great Plains", *Rural Educator* (Spring 2002), pp. 14-18.

Paul Houston and Anne Bryant, "The Roles of Superintendents and School Boards in Engaging the Public with the Public Schools", *Phi Delta Kappan* (June 1997), pp. 756-759.

Peter J. Negroni, "A Radical Role for Superintendents", *School Administrator* (September 2000), pp. 16-19.

Rosalind Eichenstein et al., *Project Achieve, Part I: Qualitative Findings, 1993-94* (Brooklyn: New York City Board of Education. 1994).

"Size of High Schools" at National Center for Education Statistics, www.nces.gov/programs/coe/2003/SCCtiOfl4.

"State Education Governance at a Glance", (2002), www.nasbe.org.

Steven B. Mertens, "School Size Matters in Interesting Ways", *Middle School Journal* (May 2001), pp. 51-55.

Steven Taylor, "Appointing or Electing the Boston School Committee", *Urban Education* (Janhary 2000), pp. 4-26.

"Summary of the 2003 Budget at President's Budget Request for the U.S. Department of Education" at www.ed.gov.

The Council, 2002, available at http:publications.ccsso.org.

Thomas B. Gregory and Gerald R. Smith, *High Schools as Communities: The Small School Reconsidered* (Bloomington, md.: Phi Delta Kappa, 1987).

Thomas Shannon, "The People's Choice: A Blueprint for Involving the Community in Superintendent Selection", *American School Board Journal* (March 1997), pp. 29-32.

U.S. Department of Education, *Strong Families, Strong Schools: Building Community Partnerships for Learning* (Washington, D.C.: U.S. Government Printing Office, 1994).

William E. Eaton, *Shaping the Superintendency* (New York: Teachers College Press, Columbia University, 1990).

제8장

Alex Molnar, "Corporate Branding of Our Schools", *Education Leadership* (October 2002), p. 59.

Allan Odden, "The New School Finance", *Phi Delta Kappan* (September 2001), pp. 85-91.

Bruce Biddle and David C. Berliner, "Unequal School Funding in the U.S.", *Educational*

Leadership (April 2002), p. 48. Robert E. Slavin, "After the Victory: Making Funding Equity Make a Difference", *Theory into Practice* (Spring 1994), pp. 98-103.

Carol Ascher and Arthur Greenberg, "Charter Reform and the Education Bureaucracy", *Phi Delta Kappan* (March 2002), pp. 506-512.

Daniel U. Levine and Rayna F. Levine, *Society and Education,* 9th ed. (Needham Heights, Mass.: Allyn and Bacon, 1996).

David Osborne, "Schools Got Scary", *Mother Jones* (January-February 1996), pp. 47-48.

David Ritchey, "The Disparities in Public School Financial Support", *School Business Affairs* (September 2000), pp. 29-30, 32-36.

David W. Harvey and Mark Schmidt, "Support for School Construction: Blending Sales Tax with Property Tax." School Business Affairs (December 2002), pp. 34-37.

Edward C. Keller and William T. Hartman, "Prevailing Wage Rates: The Effects on School Construction Costs, Levels of Taxation, and State Reimbursements", *Journal of Education Finance* (Fall 2001), pp. 713-728.

Estimates of School Statistics, 1994-95 (West Haven, Conn.: National Education Association, 1995), Table 11, p. 41.

Fischer, Schimmel, and Kelly, *Teachers and the Law,* pp. 427-428.

Gerald W. Bracey, "The Eleventh Bracey Report on the Condition of Public Education", *Phi Delta Kappan* (October 2001), pp. 157-169.

Government Accounting Office, *School Facilities: Profiles of School Condition by State* (Washington, D.C.: U.S. Government Printing Office, 1996).

Harold G. Shane, "Improving Education for the Twenty-first Century", *Educational Horizons* (Fall 1990), pp. 11-15.

Harold Hodgkinson, "Reform Versus Reality", *Phi Delta Kappan* (September 1991), pp. 8-16.

James Guthrie and Rodney J. Reed, *Education Administration and Policy,* 2nd ed. (Needham Heights, Mass.: Allyn and Bacon, 1991).

Jean Johnson, "Will Parents and Teachers Get on the Bandwagon to Reduce School Size", *Phi Delta Kappan* (January 2002), pp. 353-356.

Joe Nathan and James Ysseldyke, "What Minnesota Has Learned About School Choice", *Phi Delta Kappan* (May 1994), pp. 682-688.

John Sikula, "Why Our Educational System is Not Working", *Action in Teacher Education* (Spring 2003), pp. 89-92.

Joseph T. Viteritti, "Will the Supreme Court's Decision in Zellman End the Debate?" *Education Next* (Summer 2002) pp. 24-33.

Julie Wakefield, "Learning the Hard Way: The Poor Environment of America's Schools", *Environmental Health Perspectives* (June 2002), pp. A298-A305.

Louis Fischer, David Schimmel, and Leslie Stellman, *Teachers and the Law,* 6th ed. (White Plains, N.Y.: Longman, 2003), p. 427.

Maryland State Department of Education, *MSDE Bulletin,* February 8, 2001, p. 1.

Michael Bowler, "Vouchers", *The Sun,* May 2, 2001, pp. Al, 9.

Mike Bowler, "President Concedes Loss on Vouchers", *The Sun,* May 2, 2001, pp. Al, 9.

"Projected Resident Population of the United States as of July 1, 2025" and "Projected Resident Population of the United States as of July 1, 2003" at **www.census.gov/population/www/projections.**

Richard J. Fenton et al., "Rethinking Cuts in Public Education: An American Example", *Education Economics* (April 2001), pp. 53-68.

Robert W. Wassmer and Ronald C. Fisher, "Interstate Variation in the Use of Fees to Fund K-12 Public Education", *Economics of Education Review* (February 2002), pp. 87-100.

Sales Tax Clearinghouse (2003) at **http:theSTC.com/STrates.stm.**

Sales Tax Clearinghouse, **www.theSTC.org,** "State Sales Tax Rate".

Sandy Catshall, "Is Smaller Better? When It Comes to Schools, Size Does Matter", *Techniques: Connecting Education and Careers* (March 2003), pp. 22-25.

Theodore J. Kowalski and Robert Schmielau, "Potential for States to Provide Equality in Funding School Construction", *Equity and Excellence in Education* (September 2001), pp. 54-61.

Tony Weaver, "Reinventing America's Schools", *Phi Delta Kappan* (May 2003) pp. 665-668.

제9장

Agostini v. Felton, 96 5. Ct. 552 (1997).

Albert Shanker, "Discipline in Our Schools", *New York Times,* May 19, 1991, p. E7.

Andrew Trotter, "The Perils of Strip Searches", *Executive Educator* (June 1995), pp. 29-30.

Benjamin Dowling-Sendor, "A Defeat for Pregame Prayer", *American School Board Journal* (August 2000), available at **www.asbl.com.**

Benjamin Dowling-Sendor, "A Matter of Disruption, Not Dress", *American School Board Journal* (August 1998), available at **www.asbj.com.**

Benjamin Dowling-Sendor, "Is Speaking Out Cause for Dismissal?" *American School Board Journal* (March 1990), pp. 8, 46.

Benjamin Dowling-Sendor, "Opening Your Schools", *American School Board Journal* (May 1999).

Bess Keller, "Keep Your Pants On", *Teacher Magazine* (April 1997).

Board of Education of the Westside Community Schools v. Mergens, 88 S. Ct. 1597 (1990).

Brooke Grone, "School Discipline: What Process Is Due?" *American Journal of Criminal Law* (Spring 2000), pp. 233-247.

Carol Shakeshaft and Audrey Cohan, "Sexual Abuse of Students by School Personnel", *Phi Delta Kappan* (March 1995), pp. 513-519.

Caroline Hendrie, "One Strike, You're Out", *Teacher Magazine* (February 1998).

Charles C. Haynes and Oliver Thomas, eds., *Finding Common Ground* (Nashville, Tenn.: Freedom Forum First Amendment Center, 2001), available at **www.firstamendmentcenter.org**: click on "First Amendment publications".

Chris Pipho, "Living with Zero Tolerance", *Phi Delta Kappan* (June 1998), pp. 725-726.

Clark v. Furch, 567 S.W. 2d 457 (Mo. App. 1978).

Clint Bolick, "Blocking the Exits", *Policy Review* (May-June 1998), available at **www.heritage.org**: search for "Blocking the Exits".

Daniel Gursky, "Spare the Child?" *Teacher Magazine* (February 1992), pp. 17-19.

David A. Splitt, "Drawing a Line on Liability", *Executive Educator* (March 1992), pp. 13, 42.

David A. Splitt, "Respecting a Review Process", *Executive Educator* (January 1996), pp. 9, 31.

David A. Splitt, "Sorting Out What Is and Isn't Religious", *Executive Educator* (March 1995), pp. 13, 47.

Dorianne Beyer, "School Safety and the Legal Rights of Students", *ERIC Clearinghouse on Urban Education Digest* (May 1997), pp. 1-4.

Edward B. Jenkinson, *Student Privacy in the Classroom* (Bloomington, md.: Phi Delta Kappa, 1990).

Edwin M. Bridges, *Managing the Incompetent Teacher,* 2nd ed. (Eugene, Ore.: ERIC Clearinghouse on Educational Management, 1990).

Engle v. Vitale, 370 U.S. 421 (1962).

Eugene C. Scott, "Monkey Business", *Policy*

Review (January-February 1996), pp. 20-25.
Finot v. Pasadena City Board of Education, 58 Cal. Rptr. 520 (1976).
Gebser v. Lago Vista Independent School District, 98-1866 5. Ct. (1998).
J. Gary Knowles, Stacey E. Marlow, and James Muchmore, "From Pedagogy to Ideology", *American Journal of Education* (March 1991).
Jack L. Nelson, Kenneth Carlson, and Stuart B. Palonsky, *Critical Issues in Education* (New York: McGraw-Hill, 1996).
John Rukavina, "Pickering Still Rules Roost in First Amendment Law", *Fire Chief,* June 1, 2002, available at www.firechief.com: search for "Pickering."
Jonathan Schorr, "A Trust Betrayed", *Teacher Magazine* (February 1996), pp. 37-41.
Judith A. Browne, *Derailed: The Schoolhouse to the Jail Track* (Washington, D.C.: Advancement Project, 2003), available at www.advancementproject.org/bpub1ications.html "The Untolerated", *NEA Today Online* (April 2003), available at www.nea.org/neatoday/0304 and "Walking the Fine Legal Line", *School Principal's Legal Alert* (April 2003), pp. 4-5.
Karen M. Blum, "11th Circuit Is Out of Step", *National Law Journal* (April 2003).
Kenneth T. Murray, "Copyright and the Educator", *Phi Delta Kappan* (March 1994), pp. 552-555.
Kevin Bushweller, "The Return of Laura Marks", *Teacher Magazine* (November/December 2001), pp. 22-29.
Kevin C. McDowell, "Teacher Competency Tests", *State Educator Standard* (Winter 2000), available at www.nasbe.org/Standard.
Landers v. School District No. 203, O'Fallon, 383 N.E. 2d 645 (Ill. App. Ct. 1978).
Laurel S. Walters, "Value Ed Also Tests Teachers", *Christian Science Monitor,* November 5, 1997.
Linda Lindroth, "How to Improve Online Safety", *Teaching PreK-8* (April 1998).
Lisa Goldstein, "Discipline Split at Heart of IDEA Overhaul Debate", *Education Week,* June 18, 2003.
Mark Clark and Larra Clark, "Harry Potter Again Tops List of Most Challenged Books" (2001), press release posted at the American Library Association Internet site, available at www.ala.org/bbooks: search for "Harry Potter."
Michael D. Richardson et al., "Science Lab Liability for Teachers", *Journal of Chemical Education* (August 1994), pp. 689-690.
Michael D. Simpson, "Big Legal Victories for Gay Students and Teachers", *NEA Today* (January 2003), available at www.nea.org/neatoday.
Michael D. Simpson, "Big Legal Victories for Gay Students and Teachers", *NEA Today Online* (January 2003), available at www.nea.org/neatoday: search for "legal victories."
Miller v. School District No. 167 of Cook County, Illinois, 495 F. 2d 65 (7th Cir. 1974).
Mitchell L. Yell and Reece L. Peterson, "Disciplining Students with Disabilities and Those at Risk for School Failure", *Clearing House* (July-August 1996), pp. 365-370.
Mitchell L. Yell, *"Honig v. Doe", Exceptional Children* (September 1989), pp. 60-69.
Mitchell v. Helms, 98 5. Ct. 1648 (2000).
Mozert v. Hawkins County Board of Education, 86-6144 (E.D. Tenn. 1986).
Naomi Gitins, ed., *Religion, Education, and the U.S. Constitution* (Alexandria, Va.: National School Boards Association, 1990).
Perry A. Zirkel and Ivan B. Gluckman, "Due Process in Student Suspensions and Expulsions", *Principal* (March 1997), pp. 62-63.
Perry A. Zirkel and Ivan B. Gluckman, "Pledge of Allegiance", *NASSP Bulletin* (September 1990), pp. 115-117.
Perry A. Zirkel and Ivan B. Gluckman, "Search of Student Automobiles Revisited *"NASSP Bulletin* (November 1993), pp. 101-104.
Perry A. Zirkel and Ivan B. Gluckman, "Verbal Abuse of Students", *Principal* (May 1991), pp. 51-52.
Perry A. Zirkel and Ivan Gluckman, "Regulating Offensive T-Shirts", *Principal* (May 1995), pp. 46-48.
Perry A. Zirkel, "Manifest Determination?" *Phi Delta Kappan* (February 2001), pp. 478-479.
Perry A. Zirkel, "Safe Promises?" *Phi Delta Kappan* (April 2000), pp. 635-636.
Perry A. Zirkel, "Student-to-Student Sexual Harassment", *Phi Delta Kappan* (April 1995), pp. 448-450.
Perry A. Zirkel, "The Case of the Purloined Letter", *Phi Delta Kappan* (April 2003), pp. 628-630.
Perry A. Zirkel, "You Bruise, You Lose", *Phi Delta Kappan* (January 1990), pp. 410-411.
R. Craig Wood and Michael C. Petko, "Assessing *Agostini v. Felton* in Light of *Lemon v. Kurzman", BYU Education and Law Journal,* vol. 2000, no. 1, available at www.byu.edu.
Richard S. Vacca, "Student Speech and Expression 2004", *CEPI Education Law Newsletter* (February 2004), available at www.cepi.vcu.edu/newsletter.
Rob Boston, "The Klan, a Cross, and the Constitution", *Church and State* (March 1995), pp. 7-9.
Rod Paige, "Guidance on Constitutionally Protected Prayer in Public Elementary and Secondary Schools" (2003), paper posted at the U.S. Department of Education Internet site, available at www.ed.gov/inits/religionandschools.
Roger Clegg, "Passing the Test" (2000), paper prepared for the Center for Equal Opportunity, available at www.ceousa.org/htmI/c1egg.html.
S. L. Guerke, "The Supreme Court and Religious Exercise in the Public Schools" (2000), paper posted at the Apathia Internet site, available at www.apathia.org: click on "Library".
Samantha Shutler, "Random, Suspicionless Drug Testing of High School Athletes", *Journal of Criminal Law and Behavior* (Summer 1996), pp. 1265-1304.
Sarah Wildman, "Credit Is Due", *New Republic,* February 26, 2001, pp. 15-16.
Scott Holleran, "Restore the Pledge of Allegiance to Its Original Meaning", *Capitalism Magazine,* March 2, 2003, available at www.capmag.com: search for "pledge."
Stewart J. Douglas, "A Comparative Analysis of Funding Non-Government Schools", *Education and the Law* (March 2001).
Susan B. Reis, "Teacher Tenure in Pennsylvania" (2000), paper prepared for the Pennsylvania Education Policy Center, available at www.ed.-psu.edu/pepc/TenurePart2.html.
Tim Beardsley, "Darwin Denied", *Scientific American* (July 1995), pp. 12-13.
Tom Loveless, ed., *Conflicting Missions* (Washington, D.C.: Brookings Institution, 2000).
Watts v. Seward School Board, 454 P. 2d 732 (Alaska 1969), cert. denied, 397 U.S. 921 (1970).
Wendy A. Grossman, "Downloading as a Crime", *Scientific American* (March 1998).
William R. Mason Jr., "CAUTION: Litigation May Lie Ahead", *Best Practices* (May/June 2002), available at www.schoo1match.com/artic1es/bpmay-june02.htm.
Wolman v. Walter, 433 U.S. 229 (1977).
Zelman v. Simmon-Harris et al., No. 00-175 1 S. Ct. (2002).

제10장

A. D. Pellegrini, "Bullying, Victimization, and Sexual Harassment During the Transition to Middle School", *Educational Psychologist*

(Fall 2002), pp. 151-164.
"Addressing Bullying as Part of Violence Prevention", *Health and Health Care in Schools* (May 2001), available at **www.healthinschools.org.**
Adele M. Brodkin and Melba Coleman, "Teachers Can't Do It Alone", *Instructor* (May-June 1995), pp. 25-26.
Adrienne D. Coles, "Proms, Graduations Spur Schools to Redouble Anti-Drinking Efforts", *Education Week,* June 10, 1998.
Alyce Holland and Thomas Andre, "Participation in Extracurricular Activities in Secondary Schools", *Review of Educational Research* (Winter 1987), pp. 437-466.
"American Academy of Pediatrics Reports on School Health Centers", *Health and Health Care in Schools* (February 2001), available at **www.healthinschools.org:** click on "e-journal".
Amy Benfer, "One for the Lads" (2002), posting at the Salon.com Internet site, available at **www.salon.com:** search for "laddism."
Andrew S. Latham, "Gender Differences on Assessments", *Educational Leadership* (January 1998), pp. 88-89.
Andrew Sullivan, "Mother Nature Strikes Back", *Independent Women's Quarterly* (Summer 2000), available at **www.iwf.org/pubs/twq.**
Angela T. Clark and Beth Kurtz-Costes, "Television Viewing, Educational Quality of the Home Environment, and School Readiness", *Journal of Educational Research* (May-June 1997), pp. 279-286.
Annette Lareau, *Unequal Childhoods* (Berkeley: University of California Press, 2003).
Barbara B. Tye, "The Deep Structure of Schooling", *Phi Delta Kappan* (November 1987), pp. 281-284.
Barbara B. Tye, *Hard Truths* (New York: Teachers College Press, 2000).
Barbara F. Mates and Linda Strommen, "Why Ernie Can't Read: Sesame Street and Literacy", *Reading Teacher* (December 1995-January 1996), pp. 300-307.
Barrie Thorne, *Gender Play* (New Brunswick, N.J.: Rutgers University Press, 1993).
Brenda Feigen, *Not One of the Boys* (New York: Knopf, 2000).
Bruce A. Baldwin, *Beyond the Cornucopia Kids* (New York: Direction Dynamics, 1988).
Cathrine E. Matthews et al., "Challenging Gender Bias in Fifth Grade", *Educational Leadership* (January 1998), pp. 54-57.
Cathy Young, "Where the Boys Are", *Reason Online* (February 2001), available at **www.reason.com:** search for "Cathy Young".
Chris Richards, "Popular Culture, Politics, and the Curriculum", *Educational Researcher* (June-July 1998), pp. 32-34.
Christina H. Sommers, *The War AgainstBoys* (New York: Simon and Schuster, 2000).
Christopher Jencks, *Rethinking Social Policy* (Cambridge, Mass.: Harvard University Press, 1992).
Daniel R. Anderson, "Educational Television Is Not an Oxymoron", *Annals of the American Academy of Political and Social Science* (May 1998), pp. 24-38.
David A. England, *Television and Children* (Bloomington, md.: Phi Delta Kappa, 1984).
David Elkind, *The Hurried Child: Growing Up Too Fast Too Soon,* 3rd ed. (Cambridge, Mass.: Perseus, 2001).
David Popenoe, "Sex Without Strings, Relationships Without Rings" (2000), paper at the "National Marriage Project" Internet site, available at **http:marriage.rutgers.edu/publications/pubsexwostrings.htm.**
David Popenoe, "Where's Papa?" *Utne Reader* (September-October 1997), pp. 68-71, 104-106.
David Popenoe, *Disturbing the Nest* (New York: Aldine de Gruyter, 1988), pp. 329-330.
David Schimmel, "The Bill of Rights and the School Curriculum", *Insights on Law and Society* (Fall 2002), available at **www.rutherford.org.**
David Tyack and William Tobin, "The 'Grammar' of Schooling", *American Educational Research Journal* (Fall 1994).
David W. Johnson, Roger T. Johnson, and Edythe J. Holubec, *The New Circles of Learning* (Alexandria, Va.: Association for Supervision and Curriculum Development, 1994).
David W. Johnson, Roger T. Johnson, and Karl A. Smith, "Constructive Controversy", *Change* (January-February 2000), pp. 28-37.
David Walsh, "Whoever Tells the Stories Defines the Culture", Statement to the U.S. Senate Committee on Commerce, Science, and Transportation (March 21, 2000), available at **www.mediafamily.org/press.**
Dean F. Miller, *The Case for School-Based Health Clinics* (Bloomington, md.: Phi Delta Kappa, 1990).
Denise E. Agosto, "Girls and Gaming" (2003), paper posted at the Girls Tech Internet site, available at **www.girlstech.douglass.rutgers.edu.**
Diana Schaub, "Marriage Envy", *Public Interest* (Winter 1996), pp. 99-102.
Don Tapscott, *Growing Up Digital* (New York: McGraw-Hill, 1998), p. 26.
Donald J. Willower and William L. Boyd, *Willard Waller on Education and Schools* (Berkeley, Calif.: McCutchan, 1989).
Doreen Kimura, "Male Brain, Female Brain: The Hidden Difference", *Psychology Monthly* (March 1988), pp. 7 7-82.
Doreen Kimura, *Sex and Cognition* (Cambridge, Mass.: MIT Press, 2000).
Ed Donnerstein et al., *National Television Violence Study* (Santa Barbara: University of California at Santa Barbara, 1998).
Edgar H. Schuster, "The Persistence of the 'Grammar of Schooling",' *Education Week,* April 30, 2003.
Edward Shorter, *The Making of the Modern Family* (New York: Basic Books, 1975).
Eileen V. Hilke and Carol Conway-Gerhardt, *Gender Equity in Education* (Bloomington, md.: Phi Delta Kappa, 1994).
Elizabeth Duffrin, "Winning Students' Hearts and Minds", *Catalyst* (March 2001), available at **www.catalyst-chicago.org.**
Elizabeth Fennema et al., "New Perspectives on Gender Differences in Mathematics", *Educational Researcher* (June-July, 1998), pp. 19-21.
Enrique Garcia, "Visible but Unreported", *Child Abuse and Neglect* (September 1995), pp. 1083-1094.
Evans Clinchy, *The Rights of All Our Children* (Portsmouth, N.H.: Heinemann, 2002).
Frank E. Furstenberg, "The Sociology of Adolescence and Youth in the 1990s", *Journal of Marriage and the Family* (November 2000), pp. 896-9 11.
Fritz K. Oser, "Ethnographic Inquiries into the Moral Complexity of Classroom Interaction", *Educational Researcher* (April 1995), pp. 33-34.
Gerald Handel, ed., *Childhood Socialization* (New York: Aldine de Gruyter, 1990).
Gita Kedar-Voivodas, "The Impact of Elementary Children's School Roles and Sex Roles on Teacher Attitudes: An Interactional Analysis", *Review of Educational Research* (Fall 1983), p. 417.
Goodlad, "A Study of Schooling", pp. 469-470.
Heather Voke, "Motivating Students to Learn", *ASCD Infobrief (February* 2002), available at **www.ascd.org/readingroom:** search for "motivating".
Helen Gouldner, *Teachers' Pets, Troublemakers, and Nobodies* (Westport, Conn.: Greenwood, 1978), pp. 133-134.
Helen L. Parks and Joe Parks, "Society Cannot Continue to Exclude Women From the Fields of Science and Mathematics", *Education* (Spring 2000), pp. 529-538.

How Schools Shortchange Women: The A.A. U. W Report (Washington, D.C.: American Association of University Women, 1992).

Jackson, *Life in Classrooms,* p. 32.

James E. Cote, *Arrested Adulthood* (New York: New York University Press, 2000).

James Q. Wilson, *The Marriage Problem* (New York: HarperCollins, 2002).

James S. Coleman, "Families and Schools", *Educational Researcher* (August-September 1987), pp. 32-38.

James S. Coleman, "Reflections on Schools and Adolescents", in Derek L. Burleson, ed., *Reflections* (Bloomington, md.: Phi Delta Kappa, 1991), p. 64.

James S. Coleman, *The Adolescent Society* (New York: Free Press, 1961).

Jan Jewett and Karen Peterson, "Stress and Young Children", *ERIC Digest* ED471911 (December 2002), available at www.ericfacility.net/databases/ERICDigests/ed471911.html.

Jane Mauldron and Kristin Luker, "Does Liberalism Cause Sex?" *American Prospect* (Winter 1996), pp. 80-85.

Janet B. Hardy and Laurie S. Zabin, *Adolescent Pregnancy in an Urban Environment* (Washington, D.C.: Urban Institute Press, 1991).

Janis B. Kupersmidt et al., "Childhood Aggression and Peer Relations in the Context of Family and Neighborhood Factors", *Child Development* (April 1995), pp. 361-375.

Jason Field, "Children's Living Arrangements and Characteristics", *Current Population Reports* (June 2003).

Jean Anyon, "Social Class and the Hidden Curriculum of Work", *Journal of Education* (Winter 1980), pp. 67-92.

Jean Anyon, *Ghetto Schooling* (New York: Teachers College Press, 1997).

Jeanne Weiler, "Girls and Violence", *ERIC Review* (Spring 2000), pp. 14-15.

Jennifer A. Hendricks, "The Net Generation", *Current Issues in Education 7,* no. 1 (2004), available at http:cie.asu.edu.

Jennifer McGee, "Study Finds High Concentration of Welfare Cases in Cities", *Nation's Cities Weekly* (October 7, 2002), p. 12.

Jesse McKinnon, "The Black Population of the United States", *Current Population Reports* (April 2003).

Jessica Portner, "Complex Set of Ills Spurs Rising Teen Suicide Rate", *Education Week,* April 12, 2000.

Jill S. Williams, "Grouping High-Risk Youths for Prevention May Harm More Than Help", *NIDA Notes* (January 2003).

Joan Acocella, "Little People", *New Yorker,* August 18 and 25, 2003, pp. 138-143.

Joan Almon, ed., *Fools' Gold: A Critical Look at Computers and Childhood* (College Park, Md.: Alliance for Childhood, 2000), available at www.allianceforchildhood.net/projects/computers.

John E. Chubb and Tom Loveless, eds., *Bridging the Gap* (Washington, D. C.: Brookings, 2002).

John Goodlad, *A Place Called School,* pp. 123-124, 236, 246.

John H. Holloway, "Addressing the Needs of Homeless Students", *Educational Leadership* (December 2002/January 2003).

John Hagan, "Defiance and Despair", *Social Forces* (September 1997), pp. 119-134.

John I. Goodlad, "A Study of Schooling: Some Findings and Hypotheses", *Phi Delta Kappan* (March 1983), p. 468.

John I. Goodlad, *A Place Called School* (New York: McGraw-Hill, 1984), p. 75.

John J. Dilulio Jr., "Liberalism's Last Stand?" *Public Interest* (Winter 1995), pp. 119-124.

John P. Hoffmann, "A Contextual Analysis of Differential Association, Social Control, and Strain Theories of Delinquency", *Social Forces* (March 2003), pp. 753-785.

John Ramsey, "Savor the Slump", *Education Week,* April 16, 2003.

Jonathan D. Glater, "Women Are Close to Being Majority of Law Students", *New York Times,* March 26, 2001.

Julian R. Betts, Andrew C. Zau, and Lorien A. Rice, *Determinants of Student Achievement* (San Francisco: Public Policy Institute of California, 2003).

Julie Blair, "New Breed of Bullies Torment Their Peers on the Internet", *Education Week* (February 5, 2003).

Kaaren Stabiner, "Speaking Out", *Principal* (November/December 2002), available at www.naesp.org.

Karen F. Osterman, "Preventing School Violence", *Phi Delta Kappan* (April 2003), pp. 622-623.

Kathleen Vail, "Where the Heart Is", *American School Board Journal* (June 2003), available at www.asbj.com.

Kay S. Hymowitz, "It's Morning After in America", *City Journal* (Spring 2004), available at www.city-journal.org.

Kingsley Davis, "A Theory of Teenage Pregnancy in the United States", in Catherine S. Chilman, ed., *Adolescent Pregnancy and Childbearing* (Washington, D.C.: U.S. Government Printing Office, 1980).

Kristin F. Seefeldt and Pamela J. Smock, "Marriage on the Public Policy Agenda", *Poverty Research Insights* (Winter 2004), available at www.npc.umich.edu.

Larry Cuban, *How Can I Fix It?* (New York: Teachers College Press, 2001).

Laura D. Lindberg, Scott Boggess, Laura Porter, and Sean Williams, "Teen Risk-Taking" (2000), paper posted at the the Urban Institute Internet site, available at www.urban.org: search by author for "Lindberg."

Lauren Bradway, "Cornucopia Kids" (2000), posting at www.atozkidsstuff.com/ article2O.html.

Lawrence Steinberg, *Adolescence,* 4th ed. (New York: McGraw-Hill, 1996).

Lawrence Stone, *Road to Divorce: England 1537-1987* (New York: Oxford University Press, 1991).

Leon Cass, "The End of Courtship", *Public Interest* (Spring 2001).

Leon Lederman, "Blackboard Bungle", *Sciences* (January-February 1995), pp. 16-20.

Lesley Rogers, *Sexing the Brain* (New York: Columbia University Press, 2001).

Linda J. Rubin and Sherry B. Borgers, "The Changing Family: Implications for Education", *Principal* (September 1991), pp. 11-13.

Linda Lantieri, "Waging Peace in Our Schools", *Phi Delta Kappan* (January 1995), pp. 386-388.

Linda M. McNeil, *Contradictions of School Reform* (New York: Routledge, 2000).

Lisa Feder-Feitel, "Teachers Against Child Abuse", *Creative Classroom* (January-February 1992), pp. 55-62.

Lottie L. Joiner, "Life-Saving Lessons", *American School Board Journal* (March 2002), available at www.asbj.com.

Lowell C. Rose and Alec M. Gallup, "The 34th Annual Phi Delta Kappa Gallup Poll", *Phi Delta Kappan* (September 2002), pp. 4 1-56.

Lynn Friedman, "The Space Factor in Mathematics: Gender Differences", *Review of Educational Research* (Spring 1995), pp. 22-50.

Maggie Gallagher and David Blankenhorn, "Family Feud", *American Prospect* (July-August, 1997), pp. 12-15.

Maggie Rosen, "The Hidden Curriculum", *Principal* (September 1995), p. 60.

Marshall Poe, "The Other Gender Gap", *Atlantic* (January-February 2004), available at www.theatlantic.com.

Martin Haberman, "The Ideology of Nonwork in Urban Schools", *Phi Delta Kappan* (March 1997), pp. 499-503.

Mary P. Larner, Carol S. Stevenson, and Richard E. Behrman, "Protecting Children

from Abuse and Neglect", *The Future of Children* (Spring 1998), pp. 4-22.
Max Angus, *The Rules of School Reform* (London: Falmer, 1998).
Melissa Etlin, "How to Help a Suicidal Student", *NEA Today* (May-June 1990), p. 6.
Michael A. Rebell and Joseph J. Wardenski, "Of Course Money Matters" (2004), paper prepared for the Campaign for Fiscal Equity, available at www.cfequity.org. and www.afterschoolalliance.org.
Michael Apple, *Education and Power,* 2nd ed. (New York: Routledge, 1995).
Michael Gurian and Patricia Healey, *Boys and Girls Learn Differently* (San Francisco: Jossey-Bass, 2001).
Michael W. Sedlak et al., *Selling Students Short* (New York: Teachers College Press, 1986), p. 13.
Mike Males, "Kids and Guns", *Youth Today* (April 2000).
Mike Males, "Leave the Kids Alone", *In These Times,* June 12, 2000.
National Commission on Children, *Beyond Rhetoric: A New American Agenda for Children and Families* (Washington, D.C.: U.S. Government Printing Office, 1991), pp. xvii-xviii.
Nigel Baeber, "Marital Opportunity, Parental Opportunity, and Teen Birth Rates", *Cross-Cultural Research* (August 2001), pp. 263-279.
Pamela Mendels, "Who's Managing Now?" *Working Woman* (October 1995), pp. 44-45.
Paul V. McNulty, "Natural Born Killers", *Policy Review* (Winter 1995), pp. 84-87.
Penelope Leach, *Children First* (New York: Viking, 1995).
Peter Benson and Eugene Roehlkepartain, "Making a Difference" (1999), paper posted at the Connect for Kids Internet site, available at www.connectforkids.org: search for "Peter Benson", and Jody Seidler, "Single Parent Support" (undated), posting at the Digital Women Internet site, available at www.digital-women.com/howto01d.htm.
Peter Smith and Sonia Sharp, *School Bullying* (New York: Routledge, 1995).
Philip W. Jackson, *Life in Classrooms* (New York: Holt, 1968), pp. 8-9, 13.
Philip W. Jackson, *The Practice of Teaching* (New York: Teachers College Press, 1986).
Priscilla Pardini, "A Supportive Place for Teen Parents", *Rethinking Schools* (Summer 2003).
Ralph Parish and Frank Aquila, "Cultural Ways of Working and Believing in the School", *Educational Leadership* (December 1996), pp. 298-305.
"RAND: Early Alcohol Use Linked to Adult Behavior Problems", *Alcoholism and Drug Abuse Weekly,* May 12, 2003, pp. 2-3.
Raphaela Best, *We've All Got Scars: What Boys and Girls Learn in Elementary School* (Bloomington: Indiana University Press, 1983).
Ray C. Rist, *The Urban School: A Factory for Failure* (Cambridge, Mass.: MIT Press, 1973).
Rebecca Jones, "Suicide Watch", *American School Board Journal* (May 2001), available at www.asbj.com.
Renee L. Spraggins, "Women and Men in the United States: March 2002", *Current Population Reports* (March 2003).
Richard M. Restak, "The Other Difference Between Boys and Girls", *Educational Leadership* (December 1979), pp. 232-235.
Robert J. Havighurst, "Sex Role Development", *Journal of Research and Development in Education* (Winter 1983), p. 61.
Ron Banks, "Bullying in Schools", *ERIC Review* (Spring 2000), pp. 12-13.
Ronald E. Comfort and Jacqueline Giorgi, "In a Different Voice", *High School Journal* (February-March 1997), pp. 178-183.
Sara L. McLanahan, "Life Without Father" (2001), paper prepared for the Princeton University Center for Research on Child Wellbeing, available at http:crcw.princeton.edu/working-papers/WPO1-21-McLanahan.pdf.
Simon D. Cohen, *The Essential Differences* (New York: Basic Books, 2003).
Simon Garfinkel, "The Net Effect", *Technology Review,* August 8, 2003, available at www.techreview .com.
Stanford T. Gotto, "Nerds, Normal People, and Homeboys", *Anthropology and Education Quarterly* (March 1997), pp. 70-84.
Stephanie Coontz, "The American Family and the Nostalgia Trap", *Phi Delta Kappan* (March 1995), pp. K1-K10.
Steve Goodman, *Teaching Youth Media* (New York: Teachers College Press, 2003).
Steven S. Schlozman, "To View or Not to View", *Educational Leadership* (December-January 2003), pp. 87-88.
Survey of Sixth Grade School Achievement and Television Viewing Habits (Sacramento: California State Department of Education, 1982).
Susan Black, "Angry at the World", *American School Board Journal* (June 2003), available at www.asbj.com.
Susan Black, "The Well-Rounded Student", *American School Board Journal* (June 2002), available at www.asbj.com.
Susan K. Dyer, ed., "Under the Microscope" (2004), paper posted at the American Association of University Women Internet site, available at www.aauw.org/research/microscope.cfm.
Susan L. Gabriel and Isaiah Smithson, eds., *Gender in the Classroom* (Urbana: University of Illinois Press, 1990).
Suzie Boss, "The Barefoot Hours", *NW Education* (Summer 2002), pp. 2-7, available at www.nwrel.org/nwedu.
Thomas Armstrong, *Awakening Genius in the Classroom* (Alexandria, Va.: Association for Supervision and Curriculum Development, 1998).
Thomas Davey, "Considering Divorce", *American Prospect,* January 1-15, 2000, pp. 42-44.
Thomas Newkirk, "The Quiet Crisis in Boys' Literacy", *Education Week,* September 10, 2003.
TimothyJ. Lensmire, "Learning Gender", *Educational Researcher* (June-July 1995), pp. 31-32.
U.S. Department of Health and Human Services, *Television and Human Behavior: Ten Years of Scientific Progress and Implications for the Eighties,* vol. 1, Summary Report (Washington, D.C.: U.S. Government Printing Office, 1982), pp. 6, 38-39.
Victor M. Parachin, "Teen Suicide: A Preventable Tragedy", *Scouting* (May-June 2002), available at www.scoutingmagazine,org.
Walter Doyle, "Academic Work", *Review of Educational Research* (Summer 1983), pp. 184-185.
Walter Kern and Wendy Cole, "What Ever Happened to Play?" (2001), paper at the *Time* Internet site, available at www.hyper-parenting.com/time.htm.
William Jeynes, *Divorce, Family Structure, and the Academic Success of Children* (Binghamton, N.Y.: Haworth, 2002).
William Zinsmeister, "Growing Up Scared", *Atlantic Monthly* (June 1990), p. 67.
Yupin Bae et al., *Trends in Educational Equity of Girls and Women* (Washington, D.C.: National Center for Education Statistics, 2000), available at www.nces.ed.gov: search for "Bae".
Yvonne Rafferty, "Meeting the Educational Needs of Homeless Children", *Educational Leadership* (January 1998), pp. 48-52.

제11장

A. Wade Boykin and Caryn T. Bailey, "The Role of Cultural Factors in School Relevant Cultural Functioning" (2000), paper prepared for the Center for Research on

Students Placed at Risk, available at www.csos.jhu.edu/crespar/reports.htm.

Alan J. DeYoung and Barbara K. Lawrence, "On Hoosiers, Yankees, and Mountaineers", *Phi Delta Kappan* (October 1995), pp. 104-112.

Alex Molnar, "2001 Results of the Student Achievement Guarantee in Education (SAGE) Program Evaluation" (2001), paper by the Sage Evaluation Team, available at www.uwm .edu/Dept/CERAI.

Andrew Hacker, "American Apartheid", *New York Review of Books,* December 3, 1987, pp. 32-33.

Andrew Hacker, *Two Nations* (New York: Ballantine, 1995).

Andrew Sum, Irwin Kirsch, and Robert Taggart, "The Twin Challenges of Mediocrity and Inequality", *ETS Policy In formation Center Report* (February 2002), pp. 3 1-32. Both reports are available at www.ets.org/research/pic.

Anne C. Lewis, "Rural Schools", *Education Digest* (April 2003), pp. 69-72.

Annette Lareau, "Social Class Differences in Family-School Relationships: The Importance of Cultural Capital", *Sociology of Education* (April 1987), pp. 73-85.

Annette Lareau, *Unequal Childhoods* (Berkeley: University of California Press, 2003).

Armando Laguardia, "Toward a More Equitable Future", *NW Education* (Fall 2002), pp. 32-33, available at www.nwrel.org/nwedu.

Arthur J. Reynolds, *Success in Early Intervention* (Lincoln: University of Nebraska Press, 2000).

Arthur R. Jensen, "g: Artifact or Reality?" *Journal of Vocational Behavior* (December 1986), pp. 330-33 1.

Arthur R. Jensen, "How Much Can We Boost IQ and Scholastic Achievement?" *Harvard Educational Review* (Winter 1969), pp. 1-123.

Arthur R. Jensen, "Race Differences, C, and the 'Default Hypothesis",' *Psychology,* January 1, 2000.

Arthur R. Jensen, *Bias in Mental Testing* (New York: Free Press, 1980).

Arthur R. Jensen, *The g Factor* (Westport, Conn.: Praeger, 1998).

Bahash Mazdumder, "Analyzing Income Mobility Over Generations", *Chicago Fed Letter* (September 2002), available at www.chicagofed.org/other/publications.cfm.

Barbara A. Nye, "Do the Disadvantaged Benefit More From Small Classes?" *American Journal of Education* (November 2000), pp. 1-25.

Barbara K. Given, *Teaching to the Brain's Natural Learning Systems* (Alexandria, Va. :Association for Supervision and Curriculum Development, 2002).

Bart Landry, *The New Black Middle Class* (Berkeley: University of California Press, 1987).

Basil Bernstein, *The Structuring of Pedagogic Discourse* (New York: Routledge, 1990).

Benjamin S. Bloom, *Human Characteristics and School Learning* (New York: McGraw-Hill, 1976).

Benjamin S. Bloom, *Stability and Change in Human Characteristics* (New York: Wiley, 1964).

Bernard Weiner, "Integrating Social and Personal Theories of Achievement Striving", *Review of Educational Research* (Winter 1994), pp. 55 7-563.

Betty Hart and Todd R. Risley, "The Early Catastrophe", *American Educator* (Spring 2003), available at www.aft.org/american educator.

Brian Grow, "Is America Ready?" *Business Week,* March 15, 2004, pp. 59-70.

Bryan Goodwin, "Raising the Achievement of Low-Performing Students", *McREL Policy Briefs* (May 2000), available at www.mcrel.org.

Carl L. Bankston and Stephen J. Caldas, "Race, Poverty, Family Structure and the Inequality of Schools", *Sociological Spectrum* (January-March, 1998), pp. 55-74.

Carol C. Burris, "When Excellence and Equity Thrive", *Education Week,* January 28, 2004.

Cathy Young, "Where the Boys Are", *Reason Online* (February 2001), available at www.reason.com: search for "Cathy Young."

Charles M. Payne, *Getting What We Ask For* (Westport, Conn.: Greenwood, 1984).

Christopher Jencks and Joseph Swingle, "Without a Net", *American Prospect,* January 3, 2000.

Christopher Jencks and Paul E. Peterson, eds., *The Urban Underclass* (Washington, D.C.: The Brookings Institution, 1991).

Christopher Jencks et al., *Inequality* (New York: Basic Books, 1972).

Christopher Jencks et al., *Who Gets Ahead?* (New York: Basic Books, 1979).

Christopher Jepsen and Steven Rivken, "Class Size Reduction, Teacher Quality, and Academic Achievement in California Public Elementary Schools" (2002), paper prepared for the Public Policy Institute of California, available at www.ppic.org.

Clara Claycomb, "High-Quality Urban School Teachers", *State Education Standard* (Winter 2000), available at www.nasbe.org/Standard.

Craig Burnett, "Is Blade Runner in Our Future?" *Law and Society Review* 2 (2002- 2003), available at www.lawso.ucsb.edu/projects/review.

Craig St. John, "Interclass Segregation, Poverty, and Poverty Concentration", *American Journal of Sociology* (March 1995), pp. 1325-1333.

Cynthia D. Prince, "The Challenge of Attracting Good Teachers and Principals to Struggling Schools" (2002), paper prepared for AASA, available at www.aasa.org/issuesandJnsights/issuesdept.

Daniel P. McMurrer and Isabel V. Sawhill, *Getting Ahead* (Washington, D.C.: Urban Institute, 1998).

Daniel U. Levine and Beau Fly Jones, "Mastery Learning", in Richard Gorton, Gail Schneider, and James Fischer, eds., *Encyclopedia of School Administration and Supervision* (Phoenix, Ariz.: Oryx, 1988).

Daniel U. Levine and Rayna F. Levine, *Society and Education,* 9th ed. (Needham Heights, Mass.: Allyn and Bacon, 1996).

David Brooks, *Bobos in Paradise* (New York: Simon and Schuster, 2000).

David L. Featherman and Robert M. Hauser, *Opportunity and Change* (New York: Academic Press, 1978).

David Pacchioli, "Not by Jobs Alone", *Penn State Online* (January 2003), available at www.rps.psu.edu/0301.

Deborah Moffit, "Success by Design"(2003), paper posted at the New Horizons for Learning Internet site, available at www.newhorizons.org/strategies/styles/frontstyles.htm.

Delbert C. Miller, *Handbook of Research Design and Social Measurement,* 5th ed. (Newbury Park, Calif.: Sage, 1991).

Dennis Sparks, "Low Incomes, High Hurdles", *Journal of Staff Development* (Summer 2000).

Derek Neal, "Resources and Educational Outcomes Among Black Children" (2004), paper prepared for the Harvard University conference on "50 Years After Brown", available at www.ksg.harvard.edu/pepg/pdf/BrownConf/PEPG_04-06Neal.pdf.

Diana T. Slaughter-Defoe, "Revisiting the Concept of Socialization", *American Psychologist* (April 1995), pp. 276-286.

Doris R. Entwistle and Nan M. Astone, "Some Practical Guidelines for Measuring Youth's Race/Ethnicity and Socioeconomic Status", *Child Development* (December 1994), pp. 1521-1540.

Elaine Mensh and Harry Mensh, *The IQ Mythology* (Carbondale: Southern Illinois

University Press, 1991).

Elizabeth C. Cohen and Rachel A. Lotan, *Working for Equity in Heterogeneous Classrooms* (New York: Teachers College Press, 1997).

Eric J. Cooper, "Quality Counts But Just Counting Doesn't Reveal All the Qualities that Count", 2002 paper posted at the National Urban Alliance Internet site, available at **www.nuatc.org.**

Eric Turkheimer et al., "Socioeconomic Status Modifies Heritability of IQ in Young Children", *Psychological Science* (November 2003), pp. 623-628, available at **www.people.virginia.edu/~ent3c/papers2/papers.htm.**

Frank Miele and Arthur R. Jensen, *Intelligence, Race, and Genetics* (Boulder, Cob.: Westview, 2002).

Frederick Mosteller and Daniel P. Moynihan, eds., *On Equality of Educational Opportunity* (New York: Random House, 1972).

From Risk to Opportunity (Washington, D.C.: President's Advisory Commission on Educational Excellence for Hispanic Americans, 2003), available at ***www.yic*** **.gov/paceea/final.html.**

G. Thomas Kingsley and Kathryn L. S. Pettit, "Concentrated Poverty: A Change in the Course", *Neighborhood Change in America* (May 2003), available at **www.urban.org.**

Gaea Leinhardt and Allan Pallay, "Restrictive Educational Settings: Exile or Haven?" *Review of Educational Research* (December 1982), pp. 55 7-558.

Gary Orfield and Chungmei Lee, "Brown at 50" (2004), paper posted at the Harvard University Civil Rights Project Internet site, available at **www.civilrightsproject .harvard.edu/research/reseg04/resegregation04.php.**

Gerald Coles, "Danger in the Classroom", *Phi Delta Kappan* (January 2004), pp. 344-352.

Glenn Loury, "The Impossible Dilemma", *New Republic,* January 1, 1996, pp. 2 1-25.

Gregory J. Fritzberg, "Schools Can't Do It Alone" (2003), paper posted at the New Horizons for Learning Internet site, available at **www.newhorizons.org/strategies/multicultural/fritzberg.htm.**

Gueorgui Kambourov and Iourii Manovskii, "Rising Occupational and Industry Mobility in the United States: 1968-1993" (2004), paper posted at the Penn State University Internet site, available at **www.econ.upenn.edu/-manovski.**

H. Nyborg, ed., *The Scientific Study of Human Intelligence* (New York: Pergamon, 2003).

Harold L. Hogkinson, "Leaving Too Many Children Behind" (2003), paper posted on the Institute for Educational Leadership Internet site, available at **www.iel.org/manychildren.pdf.**

Helen Silvis, "Forget Isolation, We're Online Now", *NW Education* (Winter 2000), pp. 43-44, available at **www.nwrel.org:** search for "Silvis".

Henry A. Giroux, "Public Time and Educated Hope" (2003), paper posted by The Initiative Anthology, available at **www.units.muohio.edu/eduleadership/anthology.**

Henry A. Giroux, "Youth and the Politics of Representation", *Educational Researcher* (May 1997), pp. 27-30.

Henry A. Giroux, *Cultural Workers and the Politics of Education* (New York: Routledge, 1991).

Henry A. Giroux, *Teachers as Intellectuals* (Granby, Mass.: Bergin and Garvey, 1988).

Henry A. Giroux, *The Abandoned Generation* (New York: Palgrave Macmillan, 2003).

Henry L. Gates Jr., "The Two Nations of Black America", *Brookings Review* (Spring 1998), pp. 4-7.

Hout, "More Universalism". Nancy Birdsall and Carol Graham, eds., *New Markets, New Opportunities?* (Washington, D.C.: Brookings Institution Press, 2000).

Howard Gardner, "Cracking Open the IQ Box", *American Prospect* (Winter 1995), pp. 7 1-80.

Ian McCallum and Feyisa Demie, "Social Class, Ethnicity and Educational Performance", *Educational Research* (Summer 2001), pp. 147-159.

Isabel V. Sawhill, "Still the Land of Opportunity?" (1999), paper prepared for the Urban Institute, available at **www.urban.org.**

J. Larry Brown and Ernesto Pollitt, "Malnutrition, Poverty, and Intellectual Development", *Scientific American* (February 1996), pp. 38-43.

Jack Shonkoff et al., *From Neurons to Neighborhoods* (Washington, D.C.: National Academy of Sciences Press, 2000).

Jacqueline J. Irvine, *Black Students and School Failure* (Westport, Conn.: Greenwood, 1990).

James Atherton, "Language Codes" (2002), paper posted at the Doceo Internet site, available at **www.doceo.co.uk/background.**

James P. Spillane, "Challenging Instruction for 'All Students'" (2002), paper posted by the Joint Center for Poverty Research, available at **www.jcpr.org.**

James R. Flynn, *How to Defend Humane Ideals* (Lincoln: University of Nebraska Press, 2000).

James S. Coleman et al., *Equality of Educational Opportunity* (Washington, D.C.: U.S. Government Printing Office, 1966).

James S. Coleman, *Equality and Achievement in Education* (Boulder, Cob.: Westview, 1990).

Janelle Miller, *Brain Research and Education* (Denver Education Commission of the States, 1998).

Jeanne Brooks-Gunn, "Do You Believe in Magic?" *Social Policy Report* 17, no. 1 (2003).

Jeanne S. Chall and Vicki A. Jacobs, "Poor Children's Fourth-Grade Slump", *American Educator* (Spring 2003), available at **www.aft.org/ american_educator.**

Jennifer A. Hendricks, "The Net Generation", *Current Issues in Education 7,* no. 1 (2004), available at **http://cie.asu.edu.**

Jennifer Washburn, "The Tuition Crunch", *Atlantic* (January-February 2004), available at **www.theatlantic .com.**

Jens Ludwig, "Educational Achievement and Black-White Inequality", *Education Next* (Summer 2003), available at **www.educationncxt.org.**

Jensen, "How Much Can We Boost IQ and Scholastic Achievement: A Discussion", *Harvard Educational Review* (Winter 1969), pp. 273-356.

Jeremy D. Finn and Charles M. Achilles, "Answers and Questions About Class Size: A Statewide Experiment", *American Educational Research Journal* (Fall 1990), pp. 557-577.

Joel H. Spring, *The Sorting Machine* (New York: McKay, 1976).

John H. McWhorter, *Losing the Race* (New York: Free Press, 2000).

John Newson and Elizabeth Newson, *Seven Years Old in the Home Environment* (London: Allen and Unwin, 1976), p. 406.

John Rennie, "Outsmarting Our Genes", *Scientific American* (May 1998).

John U. Ogbu, *Black American Students in an Affluent Suburb* (Mahwah, N.J.: Erlbaum, 2003).

Judith Ireson and Susan Hallan, *Ability Grouping in Education* (London: Paul Chapman, 2001).

Julia B. Smith, Valerie E. Lee, and Fred M. Newmann, *Instruction and Achievement in Chicago Elementary Schools* (Chicago: Consortium on Chicago School Research, 2001), available at **www.consortium-chicago.org.**

Justine C. Baker and Frances G. Martin, *A Neural Network Guide to Teaching*

(Bloomington, md.: *Phi Delta Kappan,* 1998).

Katharine Boo, "The Marriage Cure", *New Yorker,* August 17 and 25, 2003, pp. 102-120.

Kathleen K. Abowitz, "A Pragmatist Revisioning of Resistance Theory", *American Educational Research Journal* (Winter 2000), pp. 87 7-907.

Kevin C. Weiner, *Legal Rights, Local Wrongs* (Albany: State University of New York Press, 2001).

LaVonne Neal et al., "The Effects of African American Movement Styles", *Journal of Special Education* (Spring 2003), pp. 49-58.

Levine and Levine, *Society and Education.*

Linda Darling-Hammond, "Teacher Quality and Student Achievement", *Education Policy Analysis Archives* (January 2000), available at http://epaa.asu.edu.

Linda Jacobson, "JQ Study Weighs Genes, Environment", *Education Week,* September 10, 2003.

Linda S. Gottfredson, "What Do We Know About IQ?" *American Scholar* (Winter 1996), pp. 15-30.

Lisa Delpit and Joanne Dowdy, eds., *The Skin That We Speak* (New York: New Press, 2002).

Lisa Delpit, *Other People's Children* (New York: New Press, 1995), pp. 173-174.

Lisa Finnernan and Morgan Kelly, "Social Networks and Inequality", *Journal of Urban Economics* (March 2003), pp. 282-299.

Madge C. Willis, "Learning Styles of African American Children: A Review of the Literature and Interventions", *Journal of Black Psychology* (Fall 1989), pp. 47-65.

Marguerite Holloway, "Flynn's Effect", *Scientific American* (January 1999).

Marlaine E. Lockheed, Bruce Fuller, and Ronald Nyirongo, *Family Background and School Achievement* (Washington, D.C.: World Bank, 1988), p. 23.

Martin Carnoy, ed., *Schooling in a Corporate Society* (New York: McKay, 1975).

Martin Deutsch, "The Role of Social Class in Language Development and Cognition", in A. H. Passow, M. I. Goldbery, and A. J. Tannenbaum, eds., *Education of the Disadvantaged* (New York: Holt, 1967), pp. 214-224.

Martin Haberman, "The Pedagogy of Poverty Versus Good Teaching" (1991), paper posted at the Eisenhower National Clearinghouse Internet site, available at www.enc.org/topics/equity/articles: click on "urban".

Martin M. Wooster, "Inside the Underclass", *American Enterprise* (May-June 1998), pp. 83-84.

Marvin Marshall, "Metacognition", *Teachers Net Gazette* (June 2003), available at www.teachers.net/gazette/JUNO3.

Matthew R. Lee, "Concentrated Poverty, Race and Homicide", *Sociological Quarterly* (Spring 2000).

Maxine Seller and Lois Weis, *Beyond Black and White* (Albany: State University of New York Press, 1997).

Michael A. Rebell and Joseph J. Wardenski, "Of Course Money Matters" (2004), paper prepared for the Campaign for Fiscal Equity, available at www.cfequity.org.

Michael Apple, *Education and Power,* 2nd ed. (New York: Routledge, 1995).

Michael B. Teitz and Karen Chapple, "The Causes of Inner-City Poverty", *Cityscape* 3, no. 3 (1998) available at www.huduser.org: click on "Periodicals".

Michael Hout, "Money and Morale" (2003), paper posted at the University of California Berkeley Survey Research Center Internet site, available at www.unc.edu/depts/soc/MoraleWorkingPaper.pdf.

Michael Hout, "More Universalism, Less Structural Mobility: The American Occupational Structure in the 1980s", *American Journal of Sociology* (May 1988), pp. 1358- 1400.

Michael Lind, "Are We Still a Middle-Class Nation?" *Atlantic* (January-February 2004), available at www.theatlantic.com.

Michael S. Knapp and Patrick M. Shields, eds., *Better Schooling for the Children of Poverty* (Berkeley, Calif.: McCutchan, 1991).

Michael Scriven, "Problems and Prospects for Individualization", in Harriet Talmage, ed., *Systems of Individualized Education* (Berkeley, Calif.: McCutchan, 1975), pp. 199-210.

Michael W. Apple and Lois Weis, eds., *Ideology and Practice in Schooling* (Philadelphia: Temple University, 1983).

Michelle Fine and Lois Weis, *Silenced Voices and Extraordinary Conversations* (New York: Teachers College, 2003).

Mike Schmoker, "Planning for Failure?" *Education Week,* February 12, 2003.

Narayan Sastry and Anne R. Pebley, "Neighborhoods, Poverty and Children's Well-Being" (2003), paper prepared for Rand, available at www.rand.org/labor.

OECD/UNESCO, *Literacy Skills for the World of Tomorrow* (Paris: Organisation for Economic Cooperation and Development, 2003), available at www.pisa.oecd.org.

OECD/UNESCO, *Literacy Skills for the World of Tomorrow* (Paris: Organisation for Economic Cooperation and Development, 2003).

Paul E. Barton, "The Closing of the Education Frontier", *ETS Policy In formation Center Reports* (September 2002), available at www.ets.org/research/pic.

Paul E. Barton, "Toward Inequality", *ETS Policy In formation Center Report* (October 1997), no page number provided.

Paul Skilton-Sylvester, "Less Like a Robot", *American Educational Research Journal* (Spring 2003), pp. 3-42.

Paul Willis, *Learning to Labour* (Westmead, England: Saxon House, 1977).

Pauline Lipman, *Race, Class, and Power in School Restructuring* (Albany: State University of New York Press, 1998).

Pedro A. Noguera, "How Racial Identity Affects School Performance", *Harvard Education Letter* (March/April 2003), available at www.edletter.org/past.

Peter Dreier and David Moberg, "Moving from the 'Hood",' *American Prospect* (Winter 1996), pp. 75-79.

Peter McLaren, "Critical Pedagogy and Class Struggle", *Democracy and Nature* (March 2003), pp. 65-80.

Prudence L. Carter, "A Review: The Role of Race and Culture in the Academic and Social Attainment of African American Youth", *African American Research Perspectives* (Fall 2000), pp. 65-73.

Quoted in Keith Bradsher, "Productivity Is All, But It Doesn't Pay Well", *New York Times,* June 25, 1995, p. 4E.

Ray C. Rist, "Student Social Class and Teacher Expectations", *Harvard Education Review* (Fall 2000), pp. 25 7-266.

Ray C. Rist, *The Urban School: A Factory for Failure* (Cambridge, Mass.: MIT Press, 1973), p. 91.

Ricardo D. Stanton-Salazar, "A Social Capital Framework for Understanding the Socialization of Racial Minority Children and Youth", *Harvard Educational Review* (Spring 1997), pp. 1-40.

Richard D. Kahlenberg and Bernard Wasow, "What Makes Schools Work?" *Boston Review* (October-November 2003), available at www.bostonreview.net.

Richard D. Kahlenberg, "Socioeconomic Integration", *Principal* (May 2000), available at www.naesp.org: search for "Kahlenberg".

Richard D. Kahlenberg, "The New Brown", *Legal Affairs* (May-June, 2003), available at www.legalaffairs .org.

Richard D. Kahlenberg, *All Together Now* (Washington, D.C.: Brookings, 2000).

Richard D. Kahlenberg, ed., *A Nation at Risk*

(New York: Century Foundation, 2000), available at www.equaleducatiofl .org/Notion.

Richard Hatcher, "Class Differentiation in Education", *British Journal of Sociology of Education* (March 1998), pp. 5-24.

Richard J. Coley, "An Uneven Start" (2002), paper prepared for the Educational Testing Service, available at www.ets.org/ research/pic.

Richard J. Herrnstein and Charles Murray, *The Bell Curve* (New York: Free Press, 1994).

Richard Rothstein, "Testing Our Patience", *American Prospect* (February 2004), available at www.prospect.org.

Richard Rothstein, *Class and Schools* (New York: Teachers College Press, 2004).

Robert C. Nichols, "Policy Implications of the JQ Controversy", in Lee S. Shulman, ed., *Review of Research in Education* (Jtasca, Ill.: Peacock, 1978).

Robert Everhardt, *Reading, Writing and Resistance* (Boston: Routledge and Kegan Paul, 1983).

Robert Howard, "Bright Young Things", *New Scientist,* May 13, 2000, p. 45.

Robert J. Marzano, *What Works in Schools* (Alexandria, Va.: Association for Supervision and Curriculum Development, 2003).

Robert J. Steinberg and Elena L. Grigorenko, eds., *The General Factor of Intelligence* (Mahwah, N.J.: Erlbaum, 2002).

Robert M. Hauser, "Meritocracy, Cognitive Ability, and the Sources of Occupational Success", *CDE Working Paper* No. 98-07, August 17, 2002.

Robert S. Lynd and Helen M. Lynd, *Middletown: A Study in American Culture* (New York: Harcourt, Brace and World, 1929).

Robert W. Connell et al., *Making the Difference* (Boston: George Allen and Unwin, 1982).

Roberto Suro, *America's Racial Divide and the Latino Challenge* (New York: Knopf, 1998).

Rodger Doyle, "Bad Things Happen", *Scientific American* (June 2002), pp. 26-27.

Ronald F. Ferguson and Jal Mehta, "An Unfinished Journey", *Phi Delta Kappan* (May 2004), pp. 656-669.

Ronnie Hopkins, *Educating Black Males* (Stony Brook, N.Y.: SUNY Press, 1997).

Sally Shaywitz, *Overcoming Dyslexia* (New York: Knopf, 2003).

Samuel Bowles and Herbert Gintis, *Schooling in Capitalist America* (New York: Basic Books, 1976).

Samuel Bowles, Herbert Gintis, and Melissa Osborne-Groves, eds., *Unequal Chances* (Princeton: Princeton University Press, 2004).

Samuel C. Carter, *No Excuses* (Washington, D.C.: Heritage, 2000), available at www.noexcuses.org.

Samuel S. Peng, DeeAnn Wright, and Susan T. Hill, *Understanding Racial-Ethnic Differences in Secondary School Science and Mathematics Achievement* (Washington, D.C.: U.S. Department of Education, 1995).

Sandra S. Ruppert, "Closing the College Participation Gap" (2003), paper prepared for the Education Commission of the States, available at www ecs.org.

Sandra Scarr and Richard A. Weinberg, "I.Q. Test Performance of Black Children Adopted by White Families", *American Psychologist* (July 1976), pp. 726-739.

Sharon Cromwell, "Homogeneous or Heterogeneous: Which Way to Go?" (1999), paper with links prepared for "Education World", available at www.educationworld.com/a_admin/admin095.html.

Sheldon Danziger and Ann C. Linn, "Coping with Poverty", *African American Research Perspectives* (Fall 2000), pp. 41-53.

Signithia Fordham, "Racelessness as a Factor in Black Students' School Success", *Harvard Educational Review* (February 1988), pp. 54-84.

Sonia M. Perez, *Latino Education: Status and Prospects* (Washington, D.C.: National Council of La Raza, 1998).

Stanley Pogrow, "Making Reform Work for the Educationally Disadvantaged", *Educational Leadership* (February 1995), pp. 20-24.

Stanley Pogrow, "Teacher Feature", *Teachers .Net Gazette* (January 2002), available at www.teachers.net/gazette/JAN02.

Stephanie Cuccaro-Alamin, *Postsecondary Persistence and Attainment* (Washington, D.C.: U.S. Department of Education, 1997).

Steve Olson, "The Genetic Archeology of Race", *Atlantic* (April 2000), pp. 69-80, available at www.theatlantic.com.

Susan Ohanian, "Capitalism, Calculus, and Conscience", *Phi Delta Kappan* (June 2003), pp. 729-735, available at www.pdkintl.org.

Thomas G. Mortenson, "The Challenge of Broadening Opportunity through Public Policy" (2003), paper posted at the Postsecondary Education Opportunity Internet site, available at www.postsecondary.org.

Thomas G. Mortenson, "The Crisis of Access in Higher Education", *Academe* (November-December 2000), pp. 1-5.

Thomas Sowell, "Race and IQ", *Capitalism,* October 18, 2003.

Tomoe Kanaya, Matthew H. Scullin, and Stephen H. Cecci, "The Flynn Effect and U. S. Policies", *American Psychologist* (October 2003), available at www.apa.org/journals/amp.html.

W. Lloyd Warner, Marcia Meeker, and Kenneth Eells, *Social Class in America* (Chicago: Science Research Associates, 1949).

Wendy S. Grigg et al., *The Nation's Report Card: Reading 2002* (Washington, D.C.: U.S. Department of Education, 2003).

Wendy Schwartz, "Class Size Reduction and Urban Students", *ERIC Digest* (February 2003), available at www.ericfacility.net/databases/ERICDigests/ed472486.html.

"White/Latino Achievement Gap", *No Excuses Notes* (June 2003), available at www .noexcuses.org.

William A. Galston and Elaine C. Kamarck, "Five Realities That Will Shape 21st Century Politics", *Blueprint* (Fall 1998), available at www.dlc.org/blueprint. A bibliography is at www.pbs.org/peoplelikeus. At the latter site you participate in an interactive game to characterize your home furniture preferences in social-class terms.

William G. Domhoff, *Who Rules America?* (New York: McGraw-Hill, 2002).

William J. Wilson et al., *The Roots of Racial Tension* (New York: Knopf, 2003).

William J. Wilson, *The Truly Disadvantaged* (Chicago: University of Chicago Press, 1987).

William T. Dickens and James R. Flynn, "Great Leap Forward", *New Scientist,* April 21, 2001.

William T. Dickens and James R. Flynn, "Heritability Estimates Versus Large Environmental Effects", *Psychological Review* (April 2001), pp. 346-369.

Yiping Lou et al., "Within-Class Grouping", *Review of Educational Research* (Winter 1996), pp. 423-458.

Yossi Shavit and Hans-Peter Blossfeld, eds., *Persistent Inequality* (Boulder, Cob.: Westview, 1993).

Yvette Jackson, "Comprehension and Discipline Literacy", *New Horizons for Learning* (December 2002), available at www.newhorizons.org.

제12장

Abha Gupta, "What's Up wif Ebonics, Y'All?" (1999), posting at Reading Online, available at http://readingonline.org/articles/gupta.

Andrew R. Brulle, "Appropriate, with Dignity", *Phi Delta Kappan* (February 1991), p. 487.

Angela Kim and Christine J. Yeh, "Stereotypes of Asian American Students", *ERIC Digest*

EDO-UD-02-1 (February 2002), available at http://iume.tc.columbia.edu.

Ann C. Dybvik, "Autism and the Inclusion Mandate", *Education Next* (Spring 2004), available at www.educationnext.org.

Beverly J. Klug and Patricia Whitfield, *Widening the Circle* (New York: Routledge/Falmer, 2002).

Brian Willoughby, "Brown v. Board: An American Legacy", *Teaching Tolerance* (Spring 2004), available at www.tolerance.org.

Buffy Sainte-Marie, "Beyond Autumn's Stereotypes", *Education Week,* October 27, 1999, pp. 37, 39.

Carlos Ovando, "Beyond 'Blaming the Victim",' *Educational Researcher* (April 2001), pp. 29-31, 39, available at www.aera.net/pubs/er.

Charles J. Fillmore, "A Linguist Looks at the Ebonics Debate" (1997), posting at the Center for Applied Linguistics Internet site, available at www.cal.org/ebonics.

Christine H. Rossell, "The Desegregation Efficiency of Magnet Schools", *Urban Affairs Review* (May 2003).

Christine L. Salisbury and Barbara J. Smith, "The Least Restrictive Environment: Understanding the Options", *Principal* (September 1991), pp. 24-27.

Christine Rossell, *Different Questions, Different Answers* (Washington, D.C.: Institute for Research in English Acquisition and Development, 2000).

Christopher Vasillopulos, "Prevailing upon the American Dream", *Journal of Negro Education* (Summer 1994), pp. 289-298.

Daniel U. Levine, "Educating Alienated Inner City Youth: Lessons from the Street Academies", *Journal of Negro Education* (Spring 1975), pp. 139-149.

Daniel U. Levine, "Implementation of an Urban School-Within-a-School Approach", in Hersholt C. Waxman et al., eds., *Students at Risk in At-Risk Schools* (Newbury Park, Calif.: Sage Corwin, 1992).

Deirdre A. Almeida, "Countering Prejudice Against American Indians and Alaska Natives Through Antibias Curriculum and Instruction", *ERIC Digest* EDORC-96-4 (October 1996).

Diana L. Ryndak and Douglas Fisher, eds., *Foundations of Inclusive Education,* 2nd ed. (Baltimore: TASH, 2003).

Diane S. Rentner et al., "From the Capital to the Classroom" (2003), report prepared for the Center on Education Policy, summary available at www.cep-dc.org/nclb.

Diane S. Rentner et al., "From the Capital to the Classroom" (2004), report prepared for the Center on Education Policy, available at www.cep-dc.org/nclb.

Elizabeth R. Howard, Julie Sugarman, and Donna Christian, "Trends in Two-Way Immersion Education" (2003), report prepared for the Center for Research on the Education of Students Placed at Risk, available at www.csos.jhu.edu/crespan techReports/report63.pdf.

Ellen Wolpert, "Using Pictures to Combat Bias", *Rethinking Schools* (Summer 1995), p. 25.

Ester Lee Yao, "Asian-Immigrant Students' Unique Problems That Hamper Learning", *NASSP Bulletin* (December 1987), pp. 82-88.

Frank Brown, "*Brown* and Educational Policy Making at 40", *Journal of Negro Education* (Summer 1994), pp. 336-348.

Gary Orfield and Chungmei Lee, "Brown at 50" (2004), paper posted at the Harvard University Civil Rights Project Internet site, available at www.civilrightsproject.harvard.edu/research/reseg04/resegregation04.php.

Gwen Kin Kead, "Chinatown-i", *New Yorker,* June 10, 1991, pp. 45-83.

Harriett D. Romo, "Improving Ethnic and Racial Relations in the Schools", *ERIC Review* (Spring 2000), pp. 25-26.

Indian Reading Series (Portland, Oreg.: Northwest Regional Educational Laboratory, 1990).

J. E. Coulson, *National Evaluation of the Emergency School Aid Act* (Washington, D.C.: System Development Corporation, 1976).

J. R. Harber and D. N. Bryan, "Black English and the Teaching of Reading", *Review of Educational Research* (Summer 1976), pp. 39 7-398.

Jamal Abedi and Ron Dietel, "Challenges in the No Child Left Behind Act for English-Language Learners", *Phi Delta Kappan* (June 2004), pp. 782-785.

James A. Ferg-Cadima, "Black, White, and Brown" (2004), paper prepared for the Mexican American Legal Defense and Educational Fund, available at www.maldef.org/pdf/LatinoDesegregation.pdf.

Jane W. Torrey, "Black Children's Knowledge of Standard English", *American Educational Research Journal* (Winter 1983), pp. 627-643.

Jill K. Mora, "A Road Map to the Bilingual Education Controversy" (2003), paper prepared at San Diego State University, available at http://coe.sdsu.edu/people/jmora.

John Ogbu and Herbert D. Simons, "Voluntary and Involuntary Minorities", *Anthropology and Education Quarterly* (June 1998), pp. 155-188.

John Ogbu, "Racial Stratification and Inequality in the United States", *Teachers College Press* (Winter 1994), pp. 264-298.

John R. Wachtal, "We'll Never Turn Back", *American Educational Research Journal* (Summer 1998), pp. 167-198.

Joyce S. Choate and Thomas A. Rakes, *Inclusive Instruction for Struggling Readers* (Bloomington, Ind.: Phi Delta Kappa, 1998).

Justine Maloney, "A Call for Placement Options", *Educational Leadership* (December 1994- January 1995), p. 31.

Kathryn H. Au and Alice J. Kawakami, "Research Currents", *Language Arts* (April 1985), pp. 406-411.

Kathryn H. Au and Jacqueline H. Carroll, "Improving Literary Achievement through a Constructivist Approach", *Elementary School Journal* (January 1997), pp. 203-221.

Kay M. Losey, "Mexican American Students and Classroom Interaction", *Review of Educational Research* (Fall 1995), pp. 283-318.

Kenji Hakuta, *Mirror of Language* (New York: Basic Books, 1986).

Kenneth A. Kavale and Steven R. Forness, "History, Rhetoric, and Reality", *Remedial and Special Education* (September/October 2000), pp. 279-3 10.

Lee Little Soldier, "Is There an Indian in Your Classroom?" *Phi Delta Kappan* (April 1997), pp. 650-653.

Lee Little Soldier, "The Education of Native American Students", *Equity and Excellence* (Summer 1990), pp. 66-69.

Linda Chavez, *Out of the Barrio* (New York: Basic Books, 1991).

"Long-Term Outcomes of Early Childhood Programs", *The Future of Children* (Winter 1995), available at www.futureofchildren.org.

Louis Menand, "Civil Actions", *New Yorker,* February 12, 2001, pp. 91-96.

Luis M. Laosa, "School Desegregation of Children Who Migrate to the United States from Puerto Rico", *Education Policy Analysis Archives,* January 1, 2001, available at http://epaa.asu.edu.

Maria R. Montecel and Josie D. Cortez, "Successful Bilingual Education Programs", *Bilingual Research Journal* (Spring 2002), pp. 1-21, available at http://brl.asu.edu.

Martha A. MacIver and Elizabeth Kemper, "Research on Direct Instruction in Reading", *Journal of Education for Students Placed at Risk 7,* no. 2 (2002), pp. 107-116.

Mary A. Zehr, "A Long Struggle for Equality", *Education Week,* March 10, 2004.

Mary A. Zehr, "Early Bilingual Programs Found to Boost Test Scores", *Education Week,* September 4, 2002.

Mary S. Hanley, "The Scope of Multicultural Education" (2002), paper prepared for New Horizons for Learning, available at **www.newhorizons.org/strategies/multicultural/hanley.htm.**

Mindy Cameron, "In the Language of Our Ancestors", *NW Education* (Spring 2004), available at **www.nwrel.org/nwedu.**

Nancy Cloud, Fred Genesee, and Else Hamayan, *Dual Language Instruction* (Boston: Heinle and Heinle, 2000).

Naomi Zigmond, "Where Should Students with Disabilities Receive Special Education Services?" *Journal of Special Education* (Fall 2003), pp. 193-199.

Noel Epstein, *Language, Ethnicity, and the Schools* (Washington, D.C.: George Washington University Institute for Educational Leadership, 1977).

"Observing the Five Standards in Practice", *CREDE Research Briefs* (March 2004), available at **www.crede.ucsc/products/print/research_briefs.html.**

Paul Tough, "The Harlem Project", *New York Times Magazine,* June 20, 2004.

Paulette Running Wolf and Julie A. Rickard, "Talking Circles", *Journal of Multicultural Counseling & Development* (January 2003), pp. 39-43.

Pete Idstein, "Swimming Against the Mainstream", *American Educator* (Winter 1995-1996), pp. 28-3 1, 46.

Rebecca A. Marcon, "Doing the Right Thing for Children", *Young Children* (November 1994), pp. 8-20.

Reinhard Nickisch, "Strategies for Integrating Handicapped Students", *Principal* (January 1992), pp. 20-21.

Richard D. Kahlenberg, "An Unambitious Legacy", *Education Week,* February 21, 2001.

Roland Tharp et al., *Teaching Transformed* (Scranton, Pa.: Westview, 2000).

Ron Haskins, "Competing Visions", *Education Next* (Winter 2004), available at **www.educationnext.org.**

Rosalie P. Porter, "Language Choice for Latino Students", *Public Interest* (Fall 1991), pp. 48- 60.

Rosalie P. Porter, "The Case Against Bilingual Education", *Atlantic* (May 1998), pp. 28-38.

Rosalie P. Porter, *Forked Tongue* (New York: Basic Books, 1990).

Sandra Stein, "Student Diversity", *Teachers College Record* (February 2002), pp. 109-127.

Seth Stern, "Conversion to Immersion", *Christian Science Monitor,* November 5, 2002.

Sharon L. Kagan, "Early Care and Education", *Phi Delta Kappan* (November 1993), pp. 184- 187.

Sheldon H. Danziger and Ann C. Lin, eds., *Coping with Poverty* (Ann Arbor: University of Michigan Press, 2000).

"Special Education and the Individuals with Disabilities Education Act" (2003), statement posted by the National Education Association, available at **www.nea.org/specialed.**

T. Alexander Aleinikoff, "A Multicultural Nationalism?" *American Prospect* (January-February 1998), pp. 80-86.

Teresa L. McCarty, *A Place to Be Navajo* (Mahwah, N.J.: Erlbaum, 2002).

Thomas P. Carter and Michael L. Chatfield, "Effective Bilingual Schools", *American Journal of Education* (November 1986), pp. 200-232.

U.S. Department of Education, *To Assure the Free Appropriate Education of All Handicapped Children* (Washington, D.C.: U.S. Department of Education, 1996).

Vera John-Steiner and Larry Smith, "The Educational Promise of Cultural Pluralism" (1978), paper prepared for the National Conference on Urban Education, St. Louis, Mo..

"What the Numbers Say", *Curriculum Review* (April 1998), p. 2.

W. Steven Barnett and Colette M. Escobar, "The Economics of Early Educational Intervention: A Review", *Review of Educational Research* (Winter 1987), pp. 387-414.

William J. Tikinoff, *Applying Significant Bilingual Instruction Features in the Classroom* (Roslyn, Va.: Inter-America Research Association, 1985).

제13장

Allan C. Ornstein and Francis P. Hunkins, *Curriculum: Foundations, Principles, and Issues,* 3rd ed. (Boston: Allyn and Bacon, 1998).

Allan C. Ornstein and Linda S. Behar-Horenstein, *Contemporary Issues in Curriculum.* Boston: Allyn and Bacon, 2003.

Bruno V. Manno, "The New School Wars: Battles over Outcome-Based Education", *Phi Delta Kappan* (May 1995), pp. 720-726.

Charles Nevi, "Saving Standards", *Phi Delta Kappan* (February 2001), pp. 460-461.

Douglas Fuchs and Lynn S. Fuchs, "What's 'Special' About Special Education?" *Phi Delta Kappan* (March 1995), pp. 522-529.

Ellwood P. Cubberley, *Public Education in the United States,* rev. ed. (Boston: Houghton Miffin, 1947), p. 543.

George J. Posner and Alan N. Rudnitsky, *Course Design: A Guide to Curriculum Development for Teachers,* 5th ed. (New York: Longman, 2001).

James O. Lee, "State v. Local Control of Educational Standards: Effects on Teaching", *Educational Forum* (Fall 2002), pp. 36-46.

James William Noll, ed., "Is Full Inclusion of Disabled Students Desirable?" in *Taking Sides: Clashing Views on Educational Issues* (Guilford, Conn.: Dushkin/McGraw-Hill, 1999), pp. 224-238.

Linda Matlock, Kay Fielder, and Dawn Walsh, "Building the Foundation for Standards-Based Instruction for All Students", *Teaching Exceptional Children* (May-June 2001), pp. 68-72.

Randall B. Parsons, "Ten Principles for Principals", *Principal* (March 2001), pp. 49-5 1..

Robert F. Mager, *Preparing Instructional Objectives,* rev. 3rd ed. (Atlanta: Center for Effective Performance, 1997).

W. James Popham, *Modern Educational Measurement,* 2nd ed. (Englewood Cliffs, N.J.: Prentice-Hall, 1990).

William Van Til, "In a Climate of Change", in E. F. Carlson, ed., *Role of Supervisor and Curriculum Director in a Climate of Change,* 1965 ASCD Yearbook (Washington, D.C.: Association for Supervision and Curriculum Development, 1965), p. 21.

제14장

Allan Bloom, *The Closing of the American Mind* (New York: Simon and Schuster, 1987).

Allan C. Ornstein and Francis Hunkins, *Curriculum: Foundations, Principles and Theory,* 2nd ed. (Boston: Allyn and Bacon, 1998), pp. 160-161.

Allan C. Ornstein, "Curriculum Trends Revisited", in Allan C. Ornstein and Linda S. BeharHorenstein, *Contemporary Issues in Curriculum,* 2nd ed. (Boston: Allyn and Bacon, 1999), pp. 265-276.

Allan C. Ornstein, "Curriculum Trends Revisited", *Peabody Journal of Education* (Summer 1994), pp. 4-20.

Allan C. Ornstein, "Emphasis on Student Outcomes Focuses Attention on Quality of Instruction", *NASSP Bulletin* (January 1987), pp. 88-95.

Allan C. Ornstein, "National Reform and

Instructional Accountability", *High School Journal* (October-November 1990), pp. 5 1-56.
Allan C. Ornstein, "Textbook Instruction: Processes and Strategies", *NASSP Bulletin* (December 1989), pp. 105-111.
Allan C. Ornstein, "The Textbook-Driven Curriculum", *Peabody Journal of Education* (Spring 1994), pp. 70-85.
Allan C. Ornstein, "Video Technology and the Urban Curriculum", *Education and Urban Society* (May 1991), pp. 335-341.
Allan C. Ornstein, *Middle and Secondary School Methods* (New York: Harper and Row, 1992).
Anthony K. Betrus, "Historical Evolution of Instructional Technology in Teacher Education", *TechTrends* (September-October 2002), pp. 18-21, 33.
Bloom, "The Search for Methods", pp. 220-222.
Boyer, *High School*.
Christopher Shearer, "Geography Education: Learning the Why of Where", *Principal* (January-February 2003), pp. 32-35.
Clark Robenstine, "The School and HIV Education After the First Decade of AIDS" (ERIC Document 379250, 1994), p. 8.
Corporation for Public Broadcasting, *Study of School Uses of Television and Video: 1996-1 997 School Year Summary Report* (Washington, D.C.: Corporation for Public Broadcasting, 1997).
David W. Jardina, "Back to Basics: Rethinking What Is Basic to Education", *Alberta Journal of Educational Research* (Summer 2001), pp. 187-190.
David W. Johnson and Roger T. Johnson, *Learning Together and Alone: Cooperative, Competitive, and Individualistic Learning*, 4th ed. (Needham Heights, Mass.: Allyn and Bacon, 1999).
Deb Reichmann, "Nerd Discipline Needed in Schools", *The Sun*, September 7, 1998, p. C4.
Dennis Knapczyk, "Staff Development in Rural Schools Through Distance Education", *Educational Media International* (June 1993), pp. 72-82.
Digest of Education Statistics, 2000, Table 141.
Digest of Education Statistics, 2002 (Washington, D.C.: U.S. Government Printing Office, 2002), Table 142.
Digest of Education Statistics, 2002, Figure 31.
Donald Rallis and Helen Rallis, "Changing the Image of Geography", *Social Studies* (July-August 1995), pp. 167-168.
Ed Brazee, "Exploratory Curriculum in the Middle School" (December 2000), ERIC Clearinghouse on Elementary and Early Childhood Education at http://ericeec-e.org/pubsl digests/2OOO/brazeeOO.html.
Elliot Eisner, *The Educational Imagination*, 3rd ed. (New York: Macmillan, 1993).
Elliot W. Eisner, "What Really Counts in School", *Educational Leadership* (February 1991), pp. 10-17.
Ernest L. Boyer, *High School* (New York: Harper and Row, 1983).
Ernest L. Boyer, *The Basic School: A Community of Learning* (Princeton: Carnegie Foundation, 1995).
George Debore, "Student-Centered Teaching in a Standards-Based World: Finding a Sensible Balance", *Science and Education* (July 2002), pp. 405-417.
George Peterson, "Geography and Technology in the Classroom", *NASSP Bulletin* (October 1994), pp. 25-29.
Herbert J. Walberg, "Productive Teaching", in Allan C. Ornstein, ed., *Teaching: Theory into Practice* (Boston: Allyn and Bacon, 1995), pp. 43-44, 49.
James B. Conant, *The American High School Today* (New York: McGraw-Hill, 1959).
James H. Block, *Mastery Learning: Theory and Practice* (New York: Holt, Rinehart and Winston, 1971).
Jerry M. Weiss, "Rumbles, Bangs, Crashes! The Roar of Censorship", *ALAN Review* (Spring-Summer 2002), pp. 54-57.
Jess E. House "Leverage on Learning: Test Scores, Textbooks and Publishers", *Phi Delta Kappan* (March 2003), pp. 537-541.
Jo Anne Natale, "Write This Down", *American School Board Journal* (December 1995), pp. 16-20.
Joan Del Fattore, *What Johnny Shouldn't Read: Textbook Censorship in America* (New Haven: Yale University Press, 1992).
John B. Carroll, "The Carroll Model: A 25-Year Retrospective and Prospective View", *Educational Researcher* (January-February 1989), pp. 26-3 1.
John Dewey, *The Child and the Curriculum* (Chicago: University of Chicago Press, 1902), pp. 8-9.
John I. Goodlad, "A New Look at an Old Idea: Core Curriculum", *Educational Leadership* (December 1986-January 1987), pp. 8-16.
John I. Goodlad, *A Place Called School* (New York: McGraw-Hill, 1984).
John Miller, *The Holistic Curriculum: Revised and Expanded Edition* (Ontario: OISE Press, 1996).
Joseph Creech, *High School Graduation Standards: What We Expect and What We Get* (Atlanta: Southern Regional Educational Board, 1996).
Karen Morse, "Is Homeschooling Right for You and Your Highly Gifted Child?" *Understanding Our Gifted* (Fall 2001), pp. 25-26.
Kathy Christie, "Even Students Are What They Eat", *Phi Delta Kappan* (January 2003), pp. 341-342.
Keith Geiger, "Computer Learning Achieves Lift Off", *Education Week*, May 24, 1995, p. 11.
Kenneth Godwin, Carrie Ausbrooks, and Valerie Martinez, "Teaching Tolerance in Public and Private Schools", *Phi Delta Kappan* (March 2001), pp. 542-546.
Linda Darling, "The Essential Moral Dimensions of Citizenship Education: What Should We Teach?" *Journal of Educational Thought* (December 2002), pp. 229-247.
Kevin Ryan, "Character and Coffee Mugs", *Education Week*, May 17, 1995, pp. 37, 48.
Linda Darling-Hammond, "Mad-Hatter Tests of Good Teaching", *New York Times*, January 8, 1984, sect. 12, p. 57.
Lois T. Stover, Gloria A. Neubert, and James C. Lawlor, *Creating Interactive Environments in the Secondary School* (Washington, D.C.: National Education Association, 1993), pp. 20-23.
Lynn Schnalberg, "Schools Gear Up as Bilingual Education Law Takes Effect", *Education Week*, August 5, 1998, p. 29.
Mary Anna Dunn, "Staying the Course of Open Education", *Educational Leadership* (April 2000), pp. 20-24.
Matthew Lipman, "Critical Thinking-What Can It Be?" *Educational Leadership* (September 1988), pp. 38-43.
Matthew Lipman, "The Cultivation of Reasoning Through Philosophy", *Educational Leadership* (September 1984), pp. 51-56.
Meg Sommerfield, "Sciences Group Quietly Unveils Final Standards", *Education Week*, December 13, 1995, pp. 1, 9.
Nola Purdie et al., "The Learning Needs of Older Adults", *Educational Gerontology* (February 2003), pp. 29-49.
Odvard E. Dyrli, "Surfing the World Wide Web to Education Hot Spots", *Technology and Learning* (October 1995), pp. 44-5 1.
Perry D. Passaro et al., "Instructional Strategies for Reclaiming Schools", *Journal of Emotional and Behavioral Problems* (Spring 1994), pp. 3 1-34.
Peter West, "Satellite Space Crunch Seen Impeding Distance Learning", *Education Week*, March 22, 1995, p. 3.
Randy Capps, "Hardship Among Children of Immigrants: Findings from the 1999 Survey of America's Families", at http://www.urban.org/Content/Research/N

ewFederalism.

Renate A. Schulz, "Foreign Language Education in the United States: Trends and Challenges." See Eric Review at http://nces.ed.gov/programs/coe/2003/section4/indicator[24] .asp.

Richard H. Hall and Steve E. Watkins, "The Horse and the Cart in Web-based Instruction: Prevalence and Efficacy" (2000), paper presented at the annual meeting of the American Educational Research Association, April 24-28, 2000 (ERIC Document No. 443425).

Richard W. Riley, "World Class Standards: The Key to Educational Reform" (Washington, D.C.: Department of Education, 1993).

Robert C. Johnston, "Connecting with Technology", *Education Week,* May 10, 1995, pp. 27- 28.

Robert E. Slavin, "Synthesis of Research on Cooperative Learning", *Educational Leadership* (February 1991), pp. 71-82.

Robert E. Slavin, "When Does Cooperative Learning Increase Student Achievement?" *Psychological Bulletin* (November 1983), pp. 429-445.

Robert E. Slavin, *Cooperative Learning: Theory, Research, and Practice* (Boston: Allyn and Bacon, 1995).

Robert E. Slavin, *School and Classroom Organization* (Hillsdale, N.J.: Erlbaum, 1988).

Robert E. Slavin, *Using Student Team Learning,* 3rd ed. (Baltimore: Johns Hopkins University Press, 1986).

Robert Glaser and Lauren B. Resnick, "Instructional Psychology", *Annual Review of Psychology* (no. 23, 1972), pp. 207-276.

Robert J. Sternberg, "Thinking Styles: Key to Understanding Student Performance", *Phi Delta Kappan* (January 1990), pp. 366-371.

Robert J. Stevens and Robert E. Slavin, "Effects of a Cooperative Learning Approach in Reading and Writing on Academically Handicapped and Nonhandicapped Students", *Elementary School Journal* (January 1995), pp. 24 1-262.

Robert M. Hutchins, *The Higher Learning in America* (New Haven, Conn.: Yale University Press, 1936).

Robin Ann Martin, *Alternatives in Education: An Exploration of Learner-Centered Progressive and Holistic Education,* 2002 (ED 466453).

Ronald Gentile and James P. Lalley, *Standards and Mastery Learning: Aligning Teaching and Assessment So All Children Can Learn,* 2003 (ED 473455).

She-sheng Liaw and Hsiu-mei Huang, "Enhancing Interactivity in Web-based Instruction: A Review of the Literature", *Educational Technology* (May-June 2000), pp. 41-45.

Steven C. Schlozman, "To View or Not to View", *Educational Leadership* (December 2002), pp. 87-88.

Theodore R. Sizer, *Horace's Compromise: The Dilemma of the American High School,* rev. ed. (Boston: Houghton Mifflin, 1985).

Thomas Fowler-Finn, "I Think, I Can", *American School Board Journal* (October 2000), pp. 36-39.

Thomas L. Good and Jere E. Brophy, *Looking in Classrooms,* 5th ed. (New York: HarperCollins, 1997).

Thomas R. Guskey, "Benjamin Bloom's Contributions to Curriculum, Instruction and School Learning", 2001 (ED 457185).

Tom Erb, "Nurturing Good People: The Editor Reflects", *Middle School Journal* (September 2002), pp. 1-4.

Velma Menchase "Providing a Culturally Relevant Curriculum for Hispanic Children", *Multicultural Education* (Spring 2001), pp. 18-20. Michael W. Apple and Linda Christian-Smith, *The Politics of the Textbook* (New York: Routledge, 1991).

Wanda Blanchett, "Sexual Risk Behaviors of Young Adults with LD and the Need for HIV/AIDS Education", *Remedial and Special Education* (November- December 2000), pp. 336-345.

William A. Sadler and Arthur Whimbey, "A Holistic Approach to Improving Thinking Skills", *Phi Delta Kappan* (November 1985), p. 200.

William Harwood and Maureen McMahon, "Effects of Integrated Video Media on Student Achievement and Attitude in High School Chemistry", *Journal of Research in Science Teaching* (August 1997), pp. 617-631.

William Malloy, *Inclusion: An Educational Reform Strategy for All Children* (ERIC Document 379856, 1994).

제15장

Alan C. Purves and Daniel U. Levine, eds., *Educational Policy and International Assessment* (Berkeley, Calif.: McCutchan, 1975).

Ami Voollansky and Daniel Bar-Elli, "Moving Toward Equitable School-Based Management", *Educational Leadership* (December 1995-January 1996), pp. 60-62.

Angela Hilgard and Sid Bourke, "Teaching for Learning: Similarities and Differences Across Countries." Paper presented at the annual meeting of the American Educational Research Association, Chicago, April 1985, p. 17.

Barbara J. Reyes and Robert E. Reyes, "Japanese Mathematics Education", *Teaching Children Mathematics* (April 1995), pp. 474-475.

Brian J. Caldwell, "Scenarios for Leadership and Abandonment in the Transformation of Schools", *School Effectiveness and School Improvement* (December 2000), pp. 475-499.

Bruce Carrington and Alastair Bonnett, "The Other Canadian 'Mosaic",' *Comparative Education* (November 1997), pp. 411-432.

Chester E. Finn Jr., *We Must Take Charge* (New York: Free Press, 1991).

Daniel U. Levine, "Educational Spending: International Comparisons", *Theory into Practice* (Spring 1994), pp. 126-131.

Donald J. Treiman, *Occupational Prestige in Comparative Perspective* (New York: Academic Press, 1977).

Elaine Jarchow, "Ten Ideas Worth Stealing from New Zealand", *Phi Delta Kappan* (January 1992), pp. 394-395.

Elliott A. Medrich and Susan A. Kagehiro, *Vocational Education in G-7 Countries: Profiles and Data* (Washington, D.C.: U.S. Department of Education, 1994).

Gary Stix and Paul Wallich, "A Digital Fix for the Third World?" *Scientific American* (October 1993), p. 89.

George Psacharopoulos, *Planning of Education: Where Do We Stand?* (Washington, D.C.: World Bank, 1985).

Harvey Kantor, "Managing the Transition from School to Work", *Teachers College Record* (Summer 1994), pp. 442-461.

Herbert Eibler et al., "A Cross-Cultural Comparison of the Sources of Professional Enthusiasm and Discouragement." Paper presented at the annual meeting of the American Educational Research Association, San Francisco, April 1986, p. 21.

Joel Sherman and Marianne Perie, *International Resources and Expenditures for Elementary and Secondary Education* (Washington, D.C.: Pelavin Research Center, 1998).

John R. McKernan Jr., *Making the Grade* (Boston: Little, Brown, 1994).

Karen Whiten, *Promoting the Development of Young Children in Denmark, France, and Italy* (Washington, D.C.: U.S. Government Accounting Office, 1995).

Ken Parks, *The World Almanac and Book of Facts* (New York: World Almanac Books, 2003).

Ken Schoolland, *Shogun's Ghost: The Dark Side of Japanese Education* (New York: Bergin and Garvey, 1990).

Kenichi Ohnae, "China's 600,000 Avon Ladies",

New Perspectives Quarterly (Winter 1995), p. 15.

L. Kyria Rides, R. J. Campbell, and A. Gagatsis, "The Significance of the Classroom Effect in Primary Schools", *School Effectiveness and School Improvement* (December 2000), pp. 501-529.

Michael Barber, "Large-Scale Reform Is Possible", *Education Week,* November 15, 2000.

Nigel Grant, "Some Problems of Identity and Education", *Comparative Education* (March 1997), pp. 9-28.

Partha S. Dasgupta, "Population, Poverty, and the Local Environment", *Scientific American* (February 1995), pp. 40-45.

Pascal D. Forgione Jr., "Responses to Frequently Asked Questions About 12th-Grade TIMSS", *Phi Delta Kappan* (June 1998), pp. 769-7 72.

Pauline Nesdale, "International Perspectives on Government Funding of Non-Government Schools", *Education Forum Briefing Papers* (March 2003), available at www.educationforum.org.nz.

Purves and Levine, *Educational Policy and International Assessment.*

Richard D. Kahlenberg and Bernard Wasow, "What Makes Schools Work?" *Boston Review* (October-November 2003), available at www.bostonreview.net.

Robert D. Hess and Hiroshi Azuma, "Cultural Support for Schooling", *Educational Researcher* (December 1991), pp. 2-12.

Roger Cohen, "Europe's Love-Hate Affair with Foreigners", *New York Times* (December 24, 2000).

Sandra S. Ruppert, "Closing the College Participation Gap" (2003), paper prepared for the Education Commission of the States, pp. 6-7, available at www.ecs.org.

Thomas P. Rohlen, "Japanese Education: If They Can Do It, Should We?" *American Scholar* (Winter 1985-1986), p. 43.

Timothy M. Smeeding, "Social Thought and Poor Children", *Focus* (Spring 1990), p. 14.

Tom Loveless and Paul Diperna, "How Well Are American Students Learning?" *Brown Center Report on American Education* (September 2000).

제16장

Adam Meyerson, "A Model of Cultural Leadership", *Policy Review* (January-February, 1999), available at www.policyreview.com.

All C. Picucci et al., "Driven to Succeed" (2002), report prepared for the Charles A. Dana Center, available at www.utdanacenter.org: click on reports".

Ann L. Brown, "The Advancement of Learning", *Educational Researcher* (November 1994), pp. 4-12.

Ann Robinson and Pamela R. Clinkenbeard, "Giftedness", *Annual Review of Psychology* no. 49 (1998), pp. 117-139.

Anne Reynolds, "What Is Competent Beginning Teaching? A Review of the Literature", *Review of Educational Research* (Spring 1992), pp. 1-36.

Anthony D. Lutkus and Arlene W. Weiner, "Results of the NAEP 2003 Trial Urban District Assessment" (Washington, D.C.: National Center for Education Statistics, 2003), available at http://nces.ed.gov/nationsreportcard/pdf/dst2003/2004459Pdf

Arthur E. Wise, "Legislated Learning Revisited", *Phi Delta Kappan* (January 1988), pp. 328-329.

Barak Rosenshine and Carla Meister, "Reciprocal Teaching: A Review of the Research", *Review of Educational Research* (Winter 1994), pp. 479-530.

Barak Rosenshine, "Explicit Teaching and Teacher Training", *Journal of Teacher Education* (May-June 1987), pp. 34-36.

Barbara O. Taylor, "The Effective Schools Process", *Phi Delta Kappan* (January 2002), pp. 375- 378.

Bob Chase, "Answering the Alarm", available at www.nea.org: search for "Answering the Alarm".

Bobby A. Starnes, "On Dark Times, Parallel Universes, and Deja Vu", *Phi Delta Kappan* (October 2000), pp. 108-114.

Bruce B. Joyce and Marcia Well, *Models of Teaching,* 2nd ed. (Englewood Cliffs, N.J.: Prentice-Hall, 1991).

Celia B. Richardson, "Gift-in-Kind Clearing House", *Phi Delta Kappan* (June 1995), pp. 792-793.

Clifford Stoll, *Silicon Snake Oil: Second Thoughts on the In formation Superhighway* (New York: Doubleday, 1995).

Con Brewster and Jennifer Railsback, "Building Trusting Relationships for School Improvement" (2003), paper prepared for the Northwest Regional Educational Laboratory, available at www.nwrel.org/request.

Craig R. Howley, "Studying the Rural in Education", *Education Policy Analysis Archives* (April 30, 1997), available at http://epaa.asu.edu.

Dana T. Johnson, "Teaching Mathematics to Gifted Students in a Mixed-Ability Classroom", *ERIC Clearinghouse on Disabilities and Gifted Education Digest* (April 2000).

Daniel U. Levine and Eugene E. Eubanks, "Organizational Arrangements in Effective Secondary Schools", in John J. Lane and Herbert J. Walberg, eds., *Organizing for Learning* (Reston, Va.: National Association of Secondary School Principals, 1988).

Daniel U. Levine and Joyce Stark, "Instructional and Organizational Arrangements That Improve Achievement in Inner-City Schools", *Educational Leadership* (December 1982), pp. 4 1-48.

Daniel U. Levine and Robert S. Stephenson, "Are Effective or Meritorious Schools Meretricious?" *Urban Review* no. 1 (1987), pp. 25-34.

Daniel U. Levine, "Creating Effective Schools Through Site-Level Staff Development, Planning and Improvement of Organizational Cultures", in David H. Hargreaves and David Hopkins, eds., *Development Planning for School Improvement* (London: Cassell, 1994), pp. 37- 48.

Daniel U. Levine, "Educating Alienated Inner City Youth: Lessons from the Street Academies", *Journal of Negro Education* (Spring 1975), pp. 139-148.

Daniel U. Levine, "Teaching Thinking to At-Risk Students: Generalizations and Speculation", in Barbara Z. Presseisen, ed., *At-Risk Students and Thinking: Perspectives from Research* (Washington, D.C.: National Education Association and Research for Better Schools, 1988).

Daniel U. Levine, "Update on Effective Schools: Findings and Implications from Research and Practice", *Journal of Negro Education* (Fall 1990), pp. 577-584.

David Myers et al., *School Choice in New York City After Two Years* (Washington, D.C.: Mathematica Policy Research, 2000).

David P. Crandall, Jeffrey W. Eiseman, and Karen E. Louis, "Strategic Planning Issues That Bear on the Success of School Improvement Efforts", *Educational Administration Quarterly* (Summer 1986), pp. 21-53.

David Tyack and Larry Cuban, *Tinkering Toward Utopia* (Cambridge, Mass.: Harvard University Press, 1995).

Dennis Sparks, "Low Income, High Hurdles", *Journal of Staff Development* (Summer 2000).

Edys Quellmalz and Patrick M. Shields, *School-Based Reform* (Washington, D.C.: U.S. Government Printing Office, 1995), available at www.ed.gov/pubs/Reform.

Eleanore Chelimsky, *Private Programs Guaranteeing Student Aid for Higher*

Education (Washington, D.C.: General Accounting Office, 1990), p. 2.
Eliot Wigginton, "Foxfire Grows Up", *Reform Report* (January 1993), pp. 1, 4-7.
Elizabeth G. Sturtevant, "The Literacy Coach" (2003), paper prepared for the Alliance for Excellent Education, available at www.a114ed.org/pub1ications.
Ellis B. Page and Timothy Z. Keith, "Effects of U.S. Private Schools", *Educational Researcher* (August-September 1981), pp. 7-22.
Eric J. Cooper and Daniel U. Levine, "Teaching for Intelligence", in Barbara Presseisen, ed., *Teaching for Intelligence: A Collection of Articles* (Arlington Heights, Ill.: Skylight, 1999).
F. Howard Nelson and Nancy V. Meter, "Update on Student Achievement for Edison Schools Inc." (2003), paper prepared for the American Federation of Teachers, available at www.aft.org/research/edisonschoo1s.
Frances C. Fowler, "School Choice", *Educational Researcher* (March 2003), available at www.aera.net/pubs/er.
Fred M. Newman, BettsAnn Smith, Elain Allensworth, and Anthony S. Bryk, *School Instructional Program Coherence* (Chicago: Consortium on Chicago School Research, 2001), available at www.consortium-chicago.org: search for "School Instructional Program Coherence".
Fred Reiss, "Project T.E.A.C.H.-Technology Enrichment and Curriculum Help", *TH.E. Journal* (October 1998), pp. 70-7 1, available at www.thejournal.com.
Gary Wehlage, Gregory Smith, and Pauline Lipman, "Restructuring Urban Schools", *American Educational Research Journal* (Spring 1992), pp. 51-96.
Herbert J. Grover, "Private School Choice Is Wrong", *Educational Leadership* (January 1991), p. 51.
James Coleman, Thomas Hoffer, and Sally Kilgore, *Public and Private Schools* (Washington, D.C.: National Center for Education Statistics, 1981).
James J. Gallagher, "Education of Gifted Students: A Civil Rights Issue?" *Phi Delta Kappan* (January 1995), pp. 408-410.
James P. Tenbusch, "Teaching the Teachers", *Electronic School* (March 1998), available at www .electronic-school.com.
James S. Coleman and Thomas Hoffer, "Response to Taeuber-James-Cain-Goldberger and Morgan", *Sociology of Education* (October 1983), pp. 218-234.
James T. Gordon, "Curriculum Access in the Digital Age", *Harvard Education Letter* (January-February 2002), available at http://edletter.org/past.
James Traub, "Subject Matters", *Blueprint* (Fall 1999).
Jane Foley, "A Recipe for Restructuring", *School Administrator* (January 1996), p. 30.
Jane M. Healy, *Failure to Connect* (New York: Simon and Schuster, 1998).
Jeanne Allen, Meghan E. Cotter, and Anna V. Marcucio, "Charter Schools" (2003), report prepared for the Center for Education Reform, available at www.edreform.com.
Jere Brophy and Janet Alleman, "Classroom Management", *Social Education* (January 1998), pp. 56-58.
Joan Shoemaker, "Effective Schools: Putting the Research to the Ultimate Test", *Pre -Post Press* (1982), p. 241.
John E. Chubb and Terry M. Moe, *Politics, Markets, and America's Schools* (Washington, D.C.: Brookings Institution, 1990).
John E. Chubb, "Ignoring the Market", *Education Next* (Spring 2003), available at www.educationnext.org.
John F. Feldhusen, "How to Identify and Develop Special Talents", *Educational Leadership* (February 1996), pp. 66-69.
John Leo, "School Reform's Best Choice", *U.S. News and World Report,* January 14, 1991, p. 17.
Joseph Murphy and Amanda Datnow, *Leadership Lessons from Comprehensive School Reforms* (Thousand Oaks, Calif.: Corwin, 2003).
Joyce Van Tassel-Baska, "Effective Curriculum and Instructional Models for Talented Students", *Gifted Child Quarterly* (Fall 1980), pp. 162-168.
Judith Chapman, "Leadership, Management, and the Effectiveness of Schooling", *Journal of Educational Administration* 31, no. 4 (1993), pp. 4-18.
Judith K. March and Karen H. Peters, "Curriculum Development and Instructional Design in the Effective Schools Process", *Phi Delta Kappan* (January 2002). pp. 379-382, available at www.pdkintl.org/kappan/karticle.htm.
Judy B. Codding and Marc S. Tucker, "A New High School Design Focused on Student Performance: Part I", *NASSP Bulletin* 84, no. 615 (2000), pp. 79-92.
Kathleen Cotton, "Back to the Future", *NW Education* (Winter 2000), available at www.nwrel.org/nwedu.
Kathleen Cotton, *Effective Schooling Practices: A Research Synthesis 1995 Update* (Portland, Oreg.: Northwest Regional Educational Laboratory, 1995).
Kathleen Cotton, *Principals and Student Achievement* (Alexandria, Va.: Association for Supervision and Curriculum Development, 2003).
Kathleen Cotton, *The Schooling Practices That Matter Most* (Alexandria, Va.: Association for Supervision and Curriculum Development, 2000).
Kathy Christie, "The Rural Bellwether", *Phi Delta Kappan* (February 2001), pp. 425-427.
Keith Oelrich, "Virtual Schools", *TH.E. Journal* (June 2001), available at www.thejournal.com.
Kenneth A. Leithwood, "The Move Toward Transformational Leadership", *Educational Leadership* (February 1992), pp. 8-12.
Kenneth R. Chuska, *Improving Classroom Questions* (Bloomington, md.: Phi Delta Kappa, 1995).
Linda Lambert, *Building Leadership Capacity in Schools* (Alexandria, Va.: Association for Supervision and Curriculum Development, 1998).
Linda Lumsden, "After-School Programs", *Research Roundup* (Fall 2003), available at http:// eric.uoregon.edu/publications/roufldup.
Linda M. McNeil, *Contradictions of School Reform* (New York: Routledge, 2000).
Liz Bowie and Erika Niedowsi, "Improving Test Scores Hailed as Turnaround", *Baltimore Sun,* May 18, 2001.
M. Donald Thomas and William L. Bainbridge, "All Children Can Learn: Facts and Fallacies", *Phi Delta Kappan* (May 2001), pp. 660-663.
Marilyn S. Muirhead and Eric Collurn, "Brokering External Policies to Raise Student Achievement", *CSR Connection* (Spring 2004), available at www.goodschools.gwu.edu.
Mark Berends, Sheila N. Kirby, Scott Naftel, and Christopher McKelvey, *Implementation and Performance in New American Schools* (Santa Monica, Calif.: Rand, 2001), available at www.rand.org.
Martin Carnoy, "School Choice? Or Is It Privatization?" *Educational Researcher* (October 2000), pp. 15-20, available at www.aera.net/pubs/er.
Mary Rohrkemper and Lyn Corno, "Success and Failure in Classroom Tasks", *Elementary School Journal* (January 1988), pp. 297-311.
Matthew J. Brouillette, "The Case for Choice in Schooling" (2001), paper posted at the Mackinac Center for Public Policy Internet site, available at

www.mackinac.org/s2001-01.

Michael Casserly, "Beating the Odds III" (2003), report prepared for the Council of Great City Schools, available at http://cgcs.org/pdfs/bto3.Pdf and "Baltimore Builds for Success", *American Teacher* (December 2003-January 2004), available at www.aft.org/publicatiofls.

Michael Dertouzos, "The Rich People's Computer?" *Technology Review* (January-February 1999), available at www.techreview.com.

Michael Fullan and Nancy Watson, "School-Based Management", *School Effectiveness and School Improvement* (December 2000), pp. 453-474.

Michael Fullan, "The Three Stories of Education Reform", *Phi Delta Kappan* (April 2000), pp. 581-584, available at www.pdkintl.org/kappan/karticle.htm.

Michael L. Arnold, "Rural Schools: Diverse Needs Call for Flexible Policies", *McREL Policy Brief* (May 2000), available at www.mcrei.org/topics/policybrief.asp.

Michael Pressley, Rachel Brown, Peggy Van Meter, and Ted Schuder, "Transactional Strategies", *Educational Leadership* (May 1995), p. 81.

Michael Pressley, *Reading Instruction That Works* (Washington, D.C.: International Reading Association, 1998).

Michael Sadowski, "Time and Learning", *Harvard Education Letter* (March-April 1998).

Michael Winerip, "When Data Don't Mean That One Way Is Best", *New York Times,* July 16, 2003.

Miriam Alfassi, "Reading for Meaning", *American Educational Research Journal* (Summer 1998), pp. 309-332.

National Working Commission on Choice in K-12 Education, "School Choice" (2003), report prepared for the Brookings Institution, pp. 4, 36, available at www.brookings.edu.

P. David Pearson and Janice A. Dole, "Explicit Comprehension Instruction", *Elementary School Journal* (November 1987), pp. 15 1-165.

Paul E. Barton, *Raising Achievement and Reducing Gaps* (Washington, D.C.: National Education Goals Panel, 2001).

Randy L. Dewar and Barbara Sprong, "No Diploma, No Job", *American School Board Journal* (October 1991), pp. 38-39.

Richard D. Kahlenberg, "Learning From James Coleman", *Public Interest* (Summer 2001), pp. 54-73.

Robert C. Johnston, "Rural Education", *Education Week,* December 16, 1998.

Robert C. Wagner and Thomas Kane, "Improving the Quality of After-School Programs", *Education Week,* February 18, 2004.

Robert J. Marzano, Barbara B. Gaddy, and Ceri Dean, *What Works in Classroom Instruction* (Aurora, Cob.: Midcontinent Regional Educational Laboratory, 2000).

Ronald A. Wolk, "Empower Schools", *Teacher Magazine* (January 1999).

Ronald A. Wolk, "What Is Systemic Reform?" (2001), posting at the National Academies Internet site, available at www.nas.edu/rise/backg3.htm.

Stacy Smith, "The Democratizing Potential of Charter Schools", *Educational Leadership* (October 1998), pp. 55-58.

Stanley Pogrow, "Challenging At-Risk Students", *Phi Delta Kappan* (January 1990), pp. 389-397.

Stanley Pogrow, "Teacher Feature...", *Teachers .Net Gazette* (January 2002), available at http://teachers.net/gazette/JAN02. Information about the HOTS Program is available at www.hots.org.

Stanley Pogrow, "What to Do About Chapter 1,', *Phi Delta Kappan* (April 1992), pp. 624-630.

State Responsibility for Student Opportunity (Washington D.C.: Council of Chief State School Officers, 1995).

Steven A. Stahl and David A. Hayes, eds., *Instructional Models in Reading* (Mahwah, N.J.: Erlbaum, 1996).

Susan J. Bodilly, *New American Schools' Concept of Break the Mold Designs* (Santa Monica, Calif.: Rand, 2001), available at www.rand.org.

Susan Moore Johnson, *Teachers at Work* (New York: Basic Books, 1990).

Sylvia Charp, "Classrooms of Tomorrow", *TH.E. Journal* (January 1999), available at www .thejournal.com.

Thomas Corcoran and Margaret Goetz, "Instructional Capacity and High Performance Schools", *Educational Researcher* (December 1995), pp. 27-3 1.

Thomas J. Glennan Jr., *New American Schools After Six Years* (Santa Monica, Calif.: Rand, 1998), available at www.rand.org.

Thomas L. Good and Jennifer S. Braden, "Charter Schools", *Phi Delta Kappan* (June 2000), pp. 745-750.

Thomas R. Guskey and Kent Peterson, "The Road to Classroom Change", *Educational Leadership* (December 1995-January 1996), pp. 10-15.

Troy K. Corley, "Tapping into Technology in Rural Communities", *Educational Leadership* (May 1998), pp. 7 1-73.

Wendy Schwartz, "Strategies for Identifying the Talents of Diverse Students", *ERIC Clearinghouse on Urban Education* (May 1997), available at www.ericfacility.net/databases/ERIcDigests/ed41o323.html.

William L. Bainbridge, "Leaving Children Behind", *Technos Quarterly* (Summer 2002), available at www.findarticles.com.

찾아보기

<ㅁ>

<ㅂ>

<ㅅ>

<ㅇ>

<기타>

역자 소개

김성봉

한양대학교 대학원(교육학 박사, 교육과정 전공)

현, 제주대학교 교육대학원 교육학과 교수

edutopia@cheju.ac.kr

박정환

한국교원대학교 대학원(교육학 박사, 교육공학 전공)

현, 제주대학교 교육대학원 교육학과 교수

edu114@cheju.ac.kr

박종필

The University of Texas at Austin(Ph. D., 교육행정 전공)

현, 제주대학교 교육대학원 교육학과 교수

parkjp@cheju.ac.kr

박태수

중앙대학교 대학원(교육학 박사, 교육심리 전공)

현, 제주대학교 교육대학원 교육학과 교수

yosan@cheju.ac.kr

양진건

단국대학교 대학원(교육학 박사, 교육사 전공)

현, 제주대학교 교육대학원 교육학과 교수

yjgeon88@cheju.ac.kr

오성배

중앙대학교 대학원(교육학 박사, 교육사회학 전공)

현, 서강대학교 박사후 연구원

osb69@chul.com

교육학 개론

Foundation of Education, 9/E

초판 인쇄 2007년 8월 28일
초판 발행 2007년 9월 1일
저 자 Allan C. Ornstein | Daniel U. Levine
역 자 김성봉 · 박정환 · 박종필 · 박태수 · 양진건 · 오성배
발 행 인 홍진기
발 행 처 아카데미프레스

주 소 158-840 서울시 양천구 신월4동 547-1
전 화 (02)2694-2563
팩 스 (02)2694-2564
전자우편 info@academypress.co.kr
웹사이트 www.academypress.co.kr
등 록 일 2003. 6. 18, 제2005-000044호
I S B N 978-89-91517-26-4

가격 22,000원